Ronald Lewin · „Entschied ULTRA den Krieg?“
Alliierte Funkaufklärung im
2. Weltkrieg

Ronald Lewin

Entschied ULTRA den Krieg?

Alliierte Funkaufklärung im 2. Weltkrieg

Herausgegeben und mit einem Vorwort versehen von Prof. Dr. Jürgen Rohwer

mit 29 Fotos, Zeichnungen und Karten

wehr & wissen

Die deutsche Ausgabe dieses Buches wurde im Auftrag der Bibliothek für Zeitgeschichte und des Arbeitskreises für Wehrforschung von Prof. Dr. Jürgen Rohwer herausgegeben.

Übersetzung aus dem Englischen durch Theodor W. Fuchs, München.

Der Titel der engl. Originalausgabe lautet »Ultra goes to war, The Secret Story« und erschien 1978 bei Hutchinson & Co. (Publisher) Ltd.

Umfang: Seiten 485 + 16 Seiten Bildteil

Lithos: Repro GmbH, Landshut
Satz, Druck + Bindung: Wiener Verlag, Himberg
Printed in Austria

ISBN 3-8033-0314-1

Inhalt

Den Polen, die die Saat säten,
und denen, die die Ernte einbrachten.

Vorbemerkung

Besonderen Dank schulde ich Group Captain F.W. Winterbotham, CBE, der seine Erinnerungen, seine Unterlagen und seine Freundschaft mit mir teilte.
Für jene, die zum Ultra-Geheimnis während des Krieges zugelassen waren, herrschte sogar noch nach 1974 quälende Ungewißheit, wieweit es ihnen zu sprechen erlaubt war, als damals die Spitze des Eisberges zum erstenmal an die Oberfläche kam. Allen, die diese Hemmungen spürten, bin ich dankbar für die Rücksicht und konstruktive Diskretion, mit der sie mit mir sprachen. Ebenso danke ich Rear Admiral Kenneth Farnhill, Secretary of the Defence, Press and Broadcasting Committee, für seine ständige hilfreiche Verbindlichkeit.
Für Rat, Auskunft und Ermutigung stehe ich besonders in tiefer Schuld bei Sir Philip Adams, Lieut. General Sir Terence Airey, Mrs. Joan Bright Astley, Tony Allen QC, Corelli Barnett, Commander Barrow-Green, Keith und Mavis Batey, Prof. Geoffrey Barraclough, Patrick Beesly, Ralph Bennett, Colonel John Bevan †, Lord Briggs, Air Vice Marshal Sydney Bufton, Wing Commander Bugden, Peter Calvocoressi, Lord William Cavendish-Bentinck, Air Vice Marshal Sir Edward Chilton, Ronald Clark, Wing Commander Crawshaw, D.M. Davin, Vice Admiral Sir Norman Denning †, Giulio Divita, Colonel Peter Dunphie, Marshal of the RAF Lord Elworthy, Norman Evans, Squadron Leader Fawssett, Prof. M.R.D. Foot, Josef Garlinski, Frank Gillard, Harry Golombek, Prof. I. J. Good, Peter Gray Lucas, S.J. Hamer, Field Marshal Lord Harding, Peter Henessey, Miss Wendy Hinde, Prof. Stuart Hood, Major D.M. Horner (Australian Army), Prof. Michael Howard, Mrs. Roger Howard, Sir David Hunt, Miss Judy Hutchinson, David Irving, Lieut. General Sir Ian Jacob, Prof. R.V. Jones, Paul de Laszlo, Asher Lee, Lieutenant Colonel Tadeus Lisicki, Colonel Kenneth MacFarlan, Vice Admiral Sir Ian McGeoch, Major K.J. Macksey, Sir Herbert Marchant, Sir John Martin, Sir John Masterman †, Oberst S.A. Mayer (polnisches Heer), Sir Stuart Milner Barry, Brigadier C.J.C. Molony †, John Monroe, David Mure, Prof. Oeser, Prof. und Mrs. Roland Oliver, John Poole, the Rt. Hon. Enoch Powell, MP, Mrs. Anthony Quayle (Dorothy Hyson), Prof. B. Randell, General Sir Charles Richardson, Colonel T.A. Robertson, Squadron Leader Robin-

son, Group Captain Shephard, Brigadier John Shearer, Marshal of the RAF Sir John Slessor †, General Sir James Steele †, Dr. Ian Steward, Field Marshal Sir Gerald Templer †, Edward Toledano, Prof. Hugh Trevor-Roper, Prof. E.R. Vincent †, Gordon Welchman, Sir Edgar Williams, Sir Ronald Wingate †, the Hon. C.M. Woodhouse und Kenneth Young.
In den Vereinigten Staaten erhielt ich die großzügigste Unterstützung von Yorke Allen, Ernest Bell, William Bundy, Prof. Raymond Callahan, William J. Casey, General Ira Eaker, Alfred Friendly, General James M. Gavin, Landis Gores, Miss Kay Halle, Benjamin King, Dr. Forrest C. Pogue, the Hon. Lewis Powell, General E.R. Quesada, Prof. Edwin O. Reischauer, Adolph G. Rosengarten, Prof. Telford Taylor, Langdon van Norden, Robert Wolfe und the Hon. Inzer Wyatt. Bei der Vorbereitung dieser deutschen Ausgabe wurde ich weitgehend durch die fachkundige Hilfe von Prof. Dr. Jürgen Rohwer und meinem Übersetzer, Major a.D. Th.W. Fuchs, unterstützt.

R.L.

Vorwort des Herausgebers der deutschen Ausgabe

Die deutschen militärischen Schlüsselsysteme und ihre Entzifferung

Mit diesem Band legt der Arbeitskreis für Wehrforschung das zweite Standardwerk zur Geschichte der alliierten Funkaufklärung im Zweiten Weltkrieg in einer deutschen Übersetzung vor.* In mehrjähriger Forschungsarbeit hatte der Autor sich bemüht, aufgrund der im Public Record Office in London freigegebenen Akten und der Befragung zahlreicher Zeugen aus den Bereichen der Kryptologie, der Intelligence-Experten sowie der operativen Führer und ihrer Helfer, herauszufinden, welchen Einfluß die Erkenntnisse der alliierten Funkaufklärung auf den Verlauf des Zweiten Weltkrieges hatten. Da er frühzeitig von der parallelen Arbeit Patrick Beeslys zur Seekriegführung aus der Sicht des Operational Intelligence Centre der Admiralität erfuhr, legte Ronald Lewin das Schwergewicht seiner Darstellung auf die Vorgänge der Land- und Luftkriegführung auf dem europäischen Kriegsschauplatz, während der Seekrieg nur insoweit berücksichtigt wurde, als er zum Verständnis des Gesamtablaufes erforderlich war. Ebenso blieben die entsprechenden Vorgänge auf dem pazifischen Kriegsschauplatz einem vom Autor geplanten zweiten Buch, „The Other Ultra“, vorbehalten.

Da die deutsche Ausgabe dieses Bandes etwa zwei Jahre nach der englischen Originalausgabe erscheint, war es möglich, in die deutsche Ausgabe eine Reihe von neuen Erkenntnissen aus den in Großbritannien und den USA freigegebenen Akten einzubeziehen und einige kleinere, auf der seinerzeit unzulänglichen Quellenlage beruhende Irrtümer zu korrigieren. In enger und vertrauensvoller Zusammenarbeit konnten so der Autor und der Herausgeber die deutsche Ausgabe auf den Forschungsstand des Sommers 1980 bringen.

---

* Vergleiche dazu Patrick Beesly: Very Special Intelligence – Der Geheimdienstkrieg der Britischen Admiralität. Berlin – Ullstein Verlag 1978, Herausgegeben vom Arbeitskreis für Wehrforschung.

Um dem deutschen Leser die weiterführende Literatur möglichst vollständig vorlegen zu können, entschlossen sich Autor und Herausgeber, eine auf den gegenwärtigen Stand gebrachte Bibliographie zum Thema „Funkaufklärung im Zweiten Weltkrieg" anzufügen. Dabei ist darauf hinzuweisen, daß der Autor bei der Abfassung des Originalwerkes naturgemäß nur die bis Ende 1977 erschienenen Werke benutzen konnte, während für die Bearbeitung der deutschen Ausgabe zusätzlich die bis Anfang 1980 erschienenen Werke herangezogen werden konnten.

In vielen Veröffentlichungen der letzten Jahre wurde mit den Begriffen der Fernmeldetechnik und der Funkaufklärung wenig sorgfältig umgegangen. So sind in der Öffentlichkeit weithin Vorstellungen von Ergebnissen und Auswirkungen dieser Techniken auf den Kriegsverlauf entstanden, die dringend einer Korrektur bedürfen. Es ist das besondere Verdienst von Ronald Lewin, am Beispiel des britischen Nachrichtendienstes aufgezeigt zu haben, welche Rolle der Funkaufklärung im Rahmen der gesamten Intelligence für die strategische Planung und operative Führung der Operationen des Zweiten Weltkrieges auf den europäischen Kriegsschauplatz zukam. Es gelang ihm dabei nicht nur, viele Legenden zu zerstören, die sich in der Folge sensationeller Veröffentlichungen zum Thema „Enigma/Ultra" gebildet hatten, sondern dem Leser vor allem ein anschauliches Bild der Arbeitsweise der verschiedenen Bereiche der Funkaufklärung aufzuzeigen, von der Funkhorchstelle über die Verkehrs- und Peilauswertung zur eigentlichen Entzifferung und von dort zur endlichen analytischen Bearbeitung und weiter zu den operativen Führungsstellen, aufzuzeigen, in denen die Entscheidungsprozesse abliefen. Dabei wurde deutlich, daß nicht die sensationelle Entzifferung einzelner Sprüche, in denen Operationsbefehle Hitlers und der Obersten Führung enthalten waren, die Bedeutung dieser Quelle ausmachten. Es war vielmehr die langanhaltende kontinuierliche Arbeit der namenlosen Kryptologen, Analytiker und Peilexperten an Tausenden und Abertausenden von Telegrammen und Funksprüchen oft banalen Inhalts, die in ihrem Ergebnis maßgeblich die Lagebeurteilungen beeinflußten, auf denen die großen strategischen Entscheidungen und operativen Befehle aufbauten.

Die Fernmelde- und Schlüsselverfahren

Für die Übermittlung von Nachrichten verwendete man im Zweiten Weltkrieg neben mündlichen und schriftlichen sowie akustischen und optischen Verfahren vor allem die Telegraphie und die Telephonie. Bei beiden gab es jeweils eine drahtgebundene und eine drahtlose Übermittlungsform. Die drahtgebundene Telegraphie wurde über den Fernschreiber, die drahtgebundene Telephonie über den Fernsprecher (Telephon) abgewickelt. Bei den drahtlosen Verfahren gab es einerseits die Funktelegraphie oder andererseits Funktelephonie (Sprechfunk).

Da die draht- oder kabelgebundenen Verfahren jeweils nur die betroffenen Partner miteinander verbanden und die Leitungen Unbefugten ohne weiteres nicht zugänglich waren, boten sie eine relativ hohe Übermittlungssicherheit. Sie waren allerdings an feste Anschlußpunkte an das Leitungsnetz gebunden. Das war für den Nachrichtenverkehr zwischen ortsfesten militärischen Kommandobehörden oder politischen Zentralen kein Nachteil. Aufgrund der Ausbreitungseigenschaften der Funkwellen war dagegenen der drahtlose Fernmeldeverkehr durchweg auch dem Unbefugten, ja bei entsprechender Reichweite auch dem Gegner zugänglich. Er erlaubte jedoch auch die Verbindung zwischen beweglichen Stationen.

In der Politik, in der Diplomatie und den Streitkräften wurde deshalb weltweit nach dem Grundsatz gehandelt, höchstrangig geheime Nachrichten, Weisungen oder Befehle, wenn irgend möglich mit Kurier oder auf dem sicheren Drahtweg zu übermitteln. Funk durfte also nur dann verwendet werden, wenn keine Kurier- oder Drahtverbindungen zur Verfügung standen. Operationsbefehle höherer Kommandostellen an in ihren Stellungen verharrenden Landtruppenteile, an fliegende Verbände vor dem Start oder an Schiffe vor dem Auslaufen wurden nur in Ausnahmefällen gefunkt. Funkverkehr war allerdings unerläßlich, wenn Truppenteile in Bewegung waren, wenn die Flugzeuge sich in der Luft befanden oder wenn Schiffe in See Meldungen abgeben mußten oder Befehle und Nachrichten erhalten sollten.

Nur dieser Teil der Nachrichtenübermittlung war normalerweise der Erfassung durch den Gegner zugänglich und konnte von dessen Funkaufklärung bearbeitet werden. Im internationalen Durchschnitt dürfte das wohl kaum mehr als ein Viertel des gesamten Nachrichtenverkehrs gewesen sein. Die Masse der auf dem Funkwege übermittelten Nachrichten gehörte darüber hinaus nicht in die obere strategische Ebene, sondern mehr in die mittlere operative oder die untere taktische. Die „Intelligence“ gewann also ihre Erkenntnisse aus der Funkaufklärung nur in Ausnahmefällen durch die Entzifferung von Nachrichten der gegnerischen oberen Führungsebene, viel höheres Gewicht kam der detaillierten Erarbeitung des Funklagebildes der gegnerischen Kräfteverteilung zu, das sich aus der mosaikartigen Zusammenfügung einer Vielzahl von Informationen aus der Funkentzifferung, der Verkehrsanalyse und der Peilauswertung ergab. Je vollständiger und sicherer dieses Funklagebild durch die Kompilation einer Fülle von im einzelnen oft bedeutungslos erscheinenden Nachrichten wurde, um so größer konnte dann aber auch sein Einfluß auf die eigene strategische Planung werden.

Um der allgemein bekannten Gefahr eines Mitlesens der übermittelten Nachrichten durch Unbefugte oder den Gegner vorzubeugen, wurden schon seit langer Zeit kryptographische Verfahren verwendet. Viele Mißverständnisse rühren nun daher, daß zwischen den verschiedenen kryptographischen Verfahren, insbesondere zwischen dem Schlüsseln und dem Codieren nicht unterschieden wurde.

Die Verschlüsselung eines Klartextes kann auf zweierlei Weisen geschehen: Entweder werden die im Klartext verwendeten Buchstaben oder Zahlen mit einem Tausch- oder mit einem Verwürfelungsverfahren durch andere ersetzt. Das kann entweder anhand vorbereiteter Tafeln mit Papier und Bleistift oder aber mit Hilfe von mechanischen, elektromechanischen oder elektronischen Schlüsselmaschinen geschehen.

Eine andere Möglichkeit ist die Verwendung eines Codes, bei dem für im Nachrichtenverkehr auftretende Sätze oder Begriffe in einem Code- oder Satzbuch festgelegte Gruppen von 2 – 5 Buchstaben oder Zahlen benutzt werden.

Die Sicherheit eines Schlüssels hing ganz wesentlich davon ab, daß der gegnerische Kryptologe nicht so viele mit der gleichen Schlüsseleinstellung oder -tafel verschlüsselte Funkspruchtexte in die Hand bekam, daß es ihm möglich wurde, die verwendeten Buchstaben- oder Zahlenfolgen des Schlüssels mittels mathematisch-analytischer Methoden zu rekonstruieren. Man mußte deshalb verhindern, daß sich die gleichen Additions- oder Subtraktionsfolgen zwischen Klar- und Schlüsseltext wiederholten. Nur dann konnten Parallelstellen vermieden werden, die dem Kryptologen einen Einbruch ermöglichten. Da die Gefahr umso größer wurde, je länger der mit der gleichen Einstellung verschlüsselte Text wur-

de, war man dazu übergegangen, die längeren Sprüche zu teilen und die Teile mit jeweils separaten Spruchschlüsseln zu verschlüsseln. Weiter suchte man die Menge der mit der gleichen Grundstellung oder Tafel verschlüsselten Sprüche durch einen häufigen Wechsel dieser Schlüsselunterlagen zu begrenzen. Eine zusätzliche Möglichkeit bot die Unterteilung des Funkverkehrs in verschiedene Verkehrskreise mit unterschiedlichen Frequenzen und darüber hinaus in verschiedene parallel nebeneinanderstehende Schlüsselkreise, die mit jeweils voneinander unabhängigen Einstellungen arbeiteten.
Die optimale Lösung bildete, das war allgemein bekannt, der sogenannte Einwegschlüssel, dessen zufallsverteilte Buchstaben- oder Zahlenfolgen tatsächlich nur einmal benutzt wurden. Auf diese Weise konnten sich keine Parallelstellen ergeben, und der Schlüssel war mathematisch beweisbar einbruchsicher. In einem großen Apparat jedoch stellte die Produktion und die Verteilung der bei einer allgemeinen Verwendung erforderlichen ungeheuer großen Zahl von Schlüsselunterlagen ein unlösbares Problem dar, so daß dieses Verfahren auf einige höchstrangige Nachrichtenkreise beschränkt bleiben mußte.
Zwischen den meisten vielverwendeten Hand- und Maschinenschlüsselverfahren bestand ein für die Entzifferung wichtiger Unterschied. Bei den Schlüsselmaschinen bewirkten drei bis fünf, in Ausnahmefällen bis zu zehn Schlüsselwalzen mechanisch oder elektromechanisch die Ersetzung der Klartextbuchstaben durch die für die einzelnen Walzen programmierten Buchstaben- oder Zahlenfolgen. Ausgangspunkt für das Ver- und Entschlüsseln war die an den Walzen einzustellende, für einen Schlüsselkreis geltende Schlüsseleinstellung, die nach einem im voraus festgelegten Plan geändert wurde. Wenn nun die Schlüsselmaschine vorhanden, das angewandte Schlüsselverfahren bekannt und dann die Schlüsseleinstellung vom Kryptologen entziffert werden konnte, war anschließend die einfache Entschlüsselung des gesamten, mit dieser Einstellung in dem betreffenden Schlüsselbereich anfallenden Funkspruchmaterials möglich.
Bei den Handverfahren wurden jeweils mehr oder weniger lange Tausch- oder Verwürfelungsfolgen (Buchstaben- oder Zahlenwürmer) vorbereitet und an die Teilnehmer eines Schlüsselkreises verteilt. Aus dem Bestand wurde dann für jeden Spruch eine andere Folge ausgewählt und mit einer bestimmten Einsatzstelle zum Verschlüsseln verwendet. Der Kryptologe mußte sich deshalb hier mit dem einzelnen Spruch auseinandersetzen und konnte

erst dann einen Einbruch erzielen, wenn bei den zum Verschlüsseln verwendeten Zeichenfolgen des Bestandes durch Überschneidungen Parallelstellen gefunden werden konnten. Je länger ein solcher Bestand von Zeichenfolgen in Gebrauch war, umso größer wurde die Gefahr, daß der gegnerische Kryptologe einen zunehmenden Teil dieser Zeichenfolgen rekonstruieren und dann mit Hilfe mechanischer Systeme, wie z.B. der Hollerith-Maschine, sowohl die zum Verschlüsseln verwendete Zeichenfolge als auch die Einsatzstelle erkennen konnte.
Codes waren bei längerer Verwendung vor allem deshalb gefährdet, weil bestimmte, im Verkehr zwangsläufig häufig vorkommende Begriffe und damit Codegruppen für den mit den Praktiken der Gegenseite vertrauten Kryptologen relativ leichter zu lösen waren und ihm ein schrittweises, immer tieferes Eindringen in den Code ermöglichten. Da Codes meist auf umfangreichen Codebüchern (Satz- oder Wörterbüchern) aufbauten, deren Herstellung und Verteilung recht aufwendig waren, konnte man sie auch nur in größeren zeitlichen Abständen auswechseln. Um der mit der Dauer der Anwendung stetig anwachsenden Gefahr der Kompromittierung zu begegnen, wandte man deshalb auch vielfach die Überschlüsselung des Codes mit einem Hand- oder Maschinenschlüsselverfahren an. Außerdem ging man dazu über, besonders gefährdete Teile des Codes, wie z.B. die An- und Unterschriften, in einem separaten Codebuch aufzuführen, um damit leichte Kompromittierungen des Codebuches zu vermeiden.
Da alle Staaten für ihren diplomatischen und militärischen Nachrichtenverkehr eine ganze Anzahl verschiedener kryptographischer Verfahren der beschriebenen Art verwendeten, ist die Kenntnis der im zu untersuchenden Fall angewandten Verfahren für den Historiker eine unerläßliche Voraussetzung. Nur vor dem Hintergrund der Kenntnis der für die Nachrichtenübermittlung und die Verschlüsselung angewandten Methoden und Verfahren ist eine sachgerechte Bewertung der von den Funkaufklärungsdiensten der gegnerischen Seite erbrachten Leistungen, aber auch der ihren Bemühungen gezogenen Grenzen möglich.

Die deutschen Schlüsselverfahren

Da sich das vorliegende Buch in erster Linie mit der Entzifferung der deutschen Funkschlüsselverfahren beschäftigt, die mit einer der „Enigma“-Schlüsselmaschinen verschlüsselt waren, soll im folgenden ein kurzer Überblick über die Entwicklung dieser Ver-

fahren gegeben werden. Vielfach wird in der Literatur der Eindruck erweckt, als habe es sich um „das“ deutsche „Enigma“-Schlüsselverfahren gehandelt, das – nach der Rekonstruktion und dem Nachbau der „Enigma“-Schlüsselmaschine durch die Polen und nach der Erbeutung von Schlüsselmaschinen, z.B. von U-Booten, – es der alliierten Funkaufklärung ermöglicht habe, den deutschen Funkverkehr praktisch zeitgleich „mitlesen“ zu können. Diese Vorstellung ist jedoch grundfalsch.
Die „Enigma“-Schlüsselmaschine war tatsächlich eine aus einer Urversion „Enigma-A“ hervorgegangene Familie von Maschinenreihen, die zwar auf einer gemeinsamen Grundidee aufbauten, jedoch in ihren einzelnen Versionen wesentliche Unterschiede aufwiesen.
Die „Enigma-A“ und „-B“ waren zwei noch verhältnismäßig unhandliche Versionen, die schon 1923 auf einem internationalen Postkongreß Interesse bei den Fachleuten, aber kaum Käufer gefunden hatten. 1926 führte die deutsche Reichsmarine eine wesentlich kleinere und funktionstüchtigere Version als „Funkschlüssel-C“ für den höchstrangigen Funkverkehr ein. Dieser „Funkschlüssel-C“ besaß 3 Schlüsselwalzen, die aus einem Vorrat von 5 ausgewählt wurden. Jede hatte 29 Buchstaben, einschließlich der Umlaute. Parallel war die „Enigma-D“ in verschiedenen Ländern zum Patent angemeldet und auch nach Großbritannien, den USA, nach Polen, in die Schweiz und nach Schweden verkauft worden. 1934 hatte auch Japan diese Version erworben. Während des spanischen Bürgerkrieges erhielten sowohl Italien als auch Nationalspanien Exemplare dieser Maschine. Sie besaß, im Gegensatz zum „Funkschlüssel C“, vier eingesetzte Schlüsselwalzen, die unter sich austauschbar waren, jedoch hatte jede Schlüsselwalze nur 26 Buchstaben.
Es ist interessant, daß diese Version der Schlüsselmaschine einerseits dem polnischen Dechiffrierbüro bekannt war und andererseits auch bei der Entwicklung von auf der alliierten Seite verwendeten Schlüsselmaschinen eine gewisse Rolle spielte. Boris Hagelin, der schwedische Erfinder, kannte diese Maschine, als er seine „C-36“-Schlüsselmaschine für die französische Armee entwickelte, aus der dann die wesentlich verbesserte „M 209“ hervorging, die in 140.000 Exemplaren während des Zweiten Weltkrieges für die US-Army gebaut wurde. Der berühmte amerikanische Kryptologe Oberst William F. Friedman kannte die „Enigma-D“, als er seine Schlüsselmaschine „M 134 C“ entwickelte, die dann später als „Sigaba“ bei der US-Army und als „ECM Mark II“ bei der

US-Navy benutzt wurde. Auch bei der Entwicklung der bei der Royal Air Force entwickelten und benutzten Schlüsselmaschine „Type-X“ dürfte die „Enigma-D“ mit Pate gestanden haben. Es ist natürlich, daß diese Weiterentwicklungen Schwächen dieser frühen „Enigma“-Maschine vermieden.
Das gleiche taten jedoch auch die von der Reichswehr eingeführten Maschinen, so die vom Heer ab 1928 verwendete „Enigma-G“, bei der man ebenfalls wieder zu drei Walzen mit 26 Buchstaben überging, da die Umlaute zu oft zu Irrtümern geführt hatten. Zusätzlich besaß diese Walze jedoch ein Steckerbrett, dessen 26 Buchsen durch kleine Kabel mit Stöpseln paarweise verbunden werden konnten.
Nach wenig erfolgreichen Versuchen mit einer schreibenden „Enigma-II“-Version führte das Reichsheer 1934 eine verbesserte „Enigma-I“ ein, die ab 1935 auch von der Luftwaffe benutzt wurde. Sie basierte ebenfalls auf 26 Buchstaben und besaß das Steckerbrett sowie einen Walzenteil für drei einsetz- und austauschbare Schlüsselwalzen. Von den vorgesehenen fünf Walzen waren die Walzen IV und V zunächst gesperrt.
Bei dem 1934 eingeführten „Funkschlüssel-M“ der Marine, der weitgehend der „Enigma-I“ entsprach, wurden dagegen von Anfang an alle fünf Walzen benutzt. Heer und Luftwaffe nahmen diese Walzen IV und V 1938 während der Sudetenkrise in Betrieb, während die Marine gleichzeitig zwei neue Walzen VI und VII einführte und ihnen kurz vor Kriegsausbruch 1939 noch eine Walze VIII hinzufügte. Verschiedene kleine technische Verbesserungen führten bei den Marinemaschinen zu den verschiedenen Versionen „Funkschlüssel M/alt“, „M 1“, „M 2“, „M 2A“ und „M 3“. Anfang 1942 wurde eine grundlegend erweiterte Version „M 4“ im Bereich der U-Bootwaffe in Betrieb genommen, bei der zusätzlich zu den drei aus den Walzen I bis VIII ausgewählten Schlüsselwalzen in einer zusätzlichen Position links noch eine weitere, im späteren Stadium 4 sogenannte Griechenwalzen „Alpha“, „Beta“, „Gamma“ und „Delta“ eingesetzt werden konnten.
Während des Krieges lief die Entwicklung sowohl bei der Wehrmacht als auch bei der Marine weiter, doch kamen die Versionen „M-5“ und „M-10“ nicht mehr zur Fronteinführung.
Mit den verschiedenen Versionen der „Enigma“-Familie wurde der überwiegende Teil des deutschen Funkverkehrs oberhalb der Divisionsebene beim Heer, der Geschwaderebene bei der Luftwaffe und der Schiff/Bootebene bei der Marine abgewickelt. Ältere Versionen der „Enigma“-Schlüsselmaschinen wurden von

der Abwehr und der SS sowie anderen Parteidienststellen und Reichsbehörden, wie z.B. der Reichsbahn, verwendet. Daneben darf nicht vergessen werden, daß beim Heer im taktischen Bereich, bei der Luftwaffe im Flugfunkverkehr und bei der Marine vor allem als Reserveverfahren und als Methode für die Verbindung zwischen Hilfsschiffen und Handelsschiffen, die verschiedensten Handtausch- und Verwürfelungsverfahren in Gebrauch waren.
Der von den höheren Kommandobehörden ab Mitte des Krieges häufiger benutzte Funkfernschreibverkehr, mit dem man in dringenden Fällen gestörte Drahtleitungen überbrücken konnte, sofern die entsprechenden Richtfunksende- und Empfangsanlagen vorhanden waren, wurde jedoch mit dem sonst im Fernschreibverkehr verwendeten Siemens „SFM T-52-Geheimschreiber" verschlüsselt, einer von der „Enigma" grundsätzlich zu unterscheidenden Schreibschlüsselmaschine mit 10 Schlüsselwalzen, die ebenfalls in verschiedenen Versionen A, B, C, C (a) und D existierte. Zeitweise wurde auch in einem begrenzten Bereich der Marine mit dem Nachbau „T-41" der in Frankreich erbeuteten Hagelin-Schlüsselmaschine „C-36" experimentiert.
Im Verlauf des Krieges spielte die enorme Ausweitung des Funkverkehrs und die damit verbundene Aufgliederung der Verkehrs- und Schlüsselkreise eine bedeutende Rolle.
In einem Verkehrskreis wurden aus organisatorischen, operativtaktischen oder geographischen Gründen zusammenfassende Funkstellen vereinigt. Beim Heer und der Luftwaffe gab es horizontal geordnete Verkehrskreise für die Verbindung der höheren Führungsstellen untereinander, sowie vertikal geordnete Kreise, in denen der Funkverkehr z.B. zwischen Armeen, Korps und Divisionen oder Luftflotten, Fliegerkorps und Geschwadern zusammengefaßt war. Während des Krieges wurden gelegentlich bei regional begrenzten Operationen Sonderverkehrskreise gebildet, die teilweise auch die Wehrmachtteile übergreifend angelegt waren. Bei der Marine wurden die Verkehrskreise „Schaltungen" genannt und nahmen mit der Ausweitung des deutschen Machtbereiches nach 1940 bis 1943 erheblich zu.
Parallel waren auch die Schlüsselbereiche nach operativen Gesichtspunkten gegliedert. Bei Heer und Luftwaffe gab es ähnlich wie bei den Verkehrskreisen vertikal und horizontal geordnete Schlüsselbereiche, deren Zahl im Verlauf des Krieges, ganz besonders beim Heer, stark zunahm. Gelegentlich, wie z.B. während der Norwegenunternehmung, wurden auch eigene Wehrmacht-

schlüsselbereiche eingerichtet. Bei der Marine gab es zu Beginn des Krieges nur zwei Schlüsselbereiche, die den „Schlüssel-M“ benutzten, doch stieg deren Zahl bis 1943 auf 24 an, während die Gesamtzahl der von der Marine verwendeten Schlüsselbereiche einschließlich der Handverfahren zu diesem Zeitpunkt vierzig betrug. Innerhalb der Schlüsselbereiche der Marine gab es noch zwei bis drei Geheimhaltungsstufen, „M-Allgemein“, „M-Offizier“ und „M-Stab“, für die jeweils besondere Schlüsselverfahren und Einstellungen angewandt wurden, die teilweise einer doppelten und dreifachen Überschlüsselung gleichkamen. Zusätzlich zu einer allgemein üblichen Klartextverschlüsselung gab es in einzelnen Bereichen und bei bestimmten Verfahren auch die Code-Überschlüsselung, bei der z.B. Wettermeldungen zuerst in einem Wettercode oder Fühlunghaltermeldungen mit einem Kurzsignalheft in ein Kurzsignal umgewandelt und erst dann verschlüsselt wurden.
Es leuchtet ein, daß eine derartige Vielfalt von Funk- und Schlüsselverfahren die Kryptologen der Gegenseite vor keine leichte Aufgabe stellte. Aus Tausenden von täglich aufgefangenen Funksprüchen mußten sie zunächst anhand äußerer Merkmale und im Rahmen der Verkehrsanalyse und der Peilauswertung die zu einem Schlüsselbereich und zu einer Tageseinstellung gehörenden Sprüche heraussieben. Denn nur wenn dabei jeweils eine ausreichend große Anzahl von Sprüchen anfiel, war die Chance einer ausreichend schnellen Lösung gegeben. Das galt besonders dann, wenn in einem betreffenden Schlüsselbereich viel mit stereotypen Wendungen und Begriffen gearbeitet wurde, sodaß man Schlüsseltexten vermutete Klartexte unterlegen und durch den Vergleich der Ergebnisse – teilweise maschinell – auf die Schlüsseleinstellungen durchstoßen konnte.
Erst vor diesem Hintergrund lassen sich die von Ronald Lewin geschilderten großen Leistungen der Männer und Frauen von Bletchley Park voll würdigen, aber zugleich werden auch die Grenzen, die ihrer Arbeit gesetzt waren, erkennbar.

Prof. Dr. Jürgen Rohwer
Direktor der Bibliothek für Zeitgeschichte und
Präses des Arbeitskreises für Wehrforschung

Prolog: „Die Schlacht ist Zahltag“

Ein Vierteljahrhundert, nachdem sie den Feindlageraum in Feldmarschall Alexanders Hauptquartier im Königlichen Palast von Caserta, Italien geleitet hatte, begann Judy Hutchinson an Gehirnblutung zu leiden. Ihr Zustand war kritisch. Als sie von ihrem Haus auf dem Lande eilends in das Oxforder Krankenhaus transportiert wurde, wo ihr Leben durch eine lange Operation gerettet wurde, litt sie große Schmerzen und war geistig verwirrt. Doch, als sie später auf diese Zeit zurückblickte, erinnerte sie sich, daß die einzige Angst, die sie fühlte, nicht die um sich selbst war: Es war die panische Angst, die alle anderen Sorgen überdeckte, im Delirium etwas vom Ultra-Geheimnis zu verraten. Es könnte kaum einen besseren und treffenderen Beweis für die der Sache ergebene Haltung geben, die durch den ganzen Zweiten Weltkrieg hindurch – und noch drei Jahrzehnte lang danach – das umfassendste und wirkungsvollste System zum Eindringen in das Denken des Feindes schützte, das jemals entwickelt worden ist.

Tausende von anderen in Britannien und in den Vereinigten Staaten hielten ihren Eid aus der Kriegszeit, Stillschweigen zu bewahren. Der Umfang dieses Personenkreises ist außergewöhnlich. Die höchsten Staatsmänner und Regierungsbeamten, die an den verantwortlichsten Stellen stehenden Führer der Streitkräfte und eine hervorragende Generation von Wissenschaftlern teilten ihre geheime Kenntnis mit einer Vielzahl von bescheidenen Fernmeldesoldaten und Verschlüßlern sowie mit dem großen Heer von schlichten jungen Mädchen aus der Royal Navy und der britischen Luftwaffe, die die wesentlichen Maschinen und Geräte bedienten. Es gab keine undichten Stellen. Vielleicht hat es auch niemals ein so langes Schweigen einer Behörde gegeben. Von Anfang an hatte man dieses zwingende Sicherheitsbewußtsein zu einem Teil des Ultra-Systems gemacht, und seine Stärke kann mit einfachen Worten dargestellt werden. Während der schweren zweiten Hälfte des Krieges war der Mann, der die ungeheure Last der Leitung von Bletchley Park in Buckinghamshire trug, Commander Edward Travis. Alles, was mit Ultra zu tun hatte, stammte aus den komplexen Operationen in Bletchley. Doch als Travis am Ende des Krieges für seine Dienste geadelt wurde, fragte seine Frau, die völlig arglos war: „Wofür eigentlich?“

Jetzt dürfen wir über Ultra reden. Bis 1974 war jede offene Bezugnahme darauf verboten. In jenem Jahr erhielt jedoch Group

Captain Winterbotham die Erlaubnis, sein Buch *The Ultra Secret* zu veröffentlichen, das schließlich diesen lebenswichtigen Aspekt des Krieges der Öffentlichkeit bekannt machte. Eine Pionierarbeit kann kaum enzyklopädisch sein oder immer genau. Der Group Captain schrieb nach dem Gedächtnis ohne Zugang zu noch zurückgehaltenen Unterlagen und lediglich über ein begrenztes Gebiet eines ungeheuren Unternehmens, das kein einziger Mann als Ganzes mit eigenen Augen gesehen hatte. Dennoch stieß er damit eine Tür auf, und Klio, die Muse der Geschichte, schuldet ihm Dank.

Noch ist die Tür nicht weit offen. Seit 1974 wurde es ein paar wenigen derjenigen, die auf verschiedenen Ebenen der Verantwortlichkeit Ultra-Nachrichten während des Krieges benutzten, erlaubt, Bücher zu veröffentlichen, in denen sie das schilderten, was in jedem einzelnen Falle nur eine Teilerfahrung sein konnte. Die Tätigkeiten waren so auf einzelne Stellen aufgeteilt und so ungeheuer, daß kein Einzelner den Wald erblicken konnte, der sich jenseits seines besonderen kleinen Gehölzes erstreckte. Es gibt auch andere und phantasievollere Bücher, die von Autoren geschrieben wurden, deren Einbildungskraft ihr Verständnis für die Fakten übertrifft. Und dann entschloß sich die britische Regierung im Oktober 1977, eine wesentliche Anzahl der tatsächlichen Ultra-Meldungen verfügbar zu machen. Ihre Freigabe im Public Record Office in Kew war und ist ein Segen für die Historiker. Obwohl jetzt jedoch viele Tausende von Meldungen zugänglich gemacht worden sind, betreffen sie bisher nur ein sehr begrenztes Gebiet eines sich über die ganze Welt erstreckenden Bereiches. Und das ist noch nicht alles. Die durch Ultra gewonnenen Feindnachrichten wirkten sich auf den ganzen Krieg gegen Deutschland, Italien und nicht selten auch Japan aus. Von der Luftschlacht über England bis zur Planung für den Tag der Landung und zum Kampf in der Normandie, von den Küsten des Mittelmeeres bis zu den Inseln im Pazifik und zum fernen China, während des Krieges zur See und während der großen Bomberoffensiven gegen Deutschland, bei Täuschungsplänen und bei der Behandlung und Führung von Doppelagenten wirkte sich der Einfluß von Ultra unmittelbar und oft unverzüglich aus. Er wird als Energie verleihende Ader sichtbar, die sich durch die gesamte Führung des Krieges hindurch erstreckt. Churchill und seine Chiefs of Staff benutzten diese geheime Quelle ständig und bestanden sogar darauf. Als die anglo-amerikanische Allianz geschmiedet wurde, widmeten die Befehlshaber der amerikanischen Truppen im Feld Ultra ebenso große Aufmerksamkeit wie General George Marshall bei seinen täglichen Stabsbesprechungen in Washington.

Da Ultra in aller Munde war, schien ein dringendes Bedürfnis für ein Buch zu bestehen, in dem das System als Ganzes behandelt werden konnte. Studien und Reminiszenzen über und an Teile dieses großen Unternehmens besitzen offenkundigen Wert, aber erst die Kumulativwirkung, das lange aufrechterhaltene eifrige Bemühen und die außergewöhnliche Breite seiner Nutzanwendung machten Ultra zu dem einzigartigen Unternehmen, das es war. Darüber hinaus ist das Beschaffen von militärischen Feindnachrichten im Krieg keine romantische Angelegenheit. Es ist, genau genommen, nur insofern wertvoll, als es einen praktischen Beitrag zur Niederlage des Feindes leistet. Die Schlacht ist Zahltag. Ein Versuch, der aufzeigen soll, inwiefern Ultra an allen Fronten und Kriegsschauplätzen der Alliierten ein positiver Faktor von höchster Bedeutung bei allen Land-, See- und Luftschlachten war, sollte daher ein tieferes Verständnis dafür fördern, wie der Zweite Weltkrieg tatsächlich gewonnen wurde.

In den britischen, amerikanischen und deutschen Archiven kann von einem informierten und wißbegierigen Forscher vieles, das für die Geschichte von Ultra relevant ist, entdeckt werden, obgleich noch viel zuviele Dokumente Verschlußsachen sind und zurückgehalten werden. Nichtsdestoweniger trifft Goethes Bemerkung auf die Kriegsgeschichte zu: „Das Wichtigste ist nicht immer zwischen den Aktendeckeln zu finden." Das ist besonders der Fall bei Feindnachrichten. Das alles beherrschende Bedürfnis nach Sicherheit, das niemals strenger als im Falle von Ultra beachtet wurde, schafft für den Historiker außergewöhnliche Verhältnisse. Ich erkannte, daß ich an die Wirklichkeit nicht nahe genug herankommen könnte, wenn ich nicht jene aufsuchte und befragte, die als Erzeuger oder Verbraucher von Ultra die wichtigen Dinge kannten, die niemals zwischen die Aktendeckel gelangen.

Da der ganze Krieg die Bühne abgab, war die Rollenbesetzung enorm. Im Mittelpunkt der Handlung standen die für Feindnachrichten verantwortlichen Stäbe von Wavell, Auchinleck, Alexander und Montgomery während ihres Marsches von Kairo nach Berlin. Hinter ihnen befanden sich die Männer und Frauen, die, zuletzt nach Tausenden zählend, Ultras Kraftwerk geschaffen und erweitert hatten, – die Anlage von Bletchley Park, wo, wie wir noch sehen werden, der geheime Krieg gewonnen wurde. Dann gab es die Leute im Horchdienst und noch früher die Polen, deren Vorkriegsleistung beim Knacken der deutschen Schlüssel für die ganze Geschichte entscheidend war. Das glänzende Team in der Operationszentrale für Feindaufklärung (Operational Intelligence Centre) der Marine, die Männer, die die Bomberoffensive leiteten, die Koordinatoren der weltweiten Täuschungsmaßnahmen, diejenigen, die auf Grund von Ultra-Nachrichten über deutsche Agenten diese festnahmen und sie für unsere Zwecke „umdrehten", – sie alle waren wichtige Zeugen, genauso wie die so wenig bekannten Offiziere und Unteroffiziere, die in ihren Special Liaison Units (Sonderverbindungseinheiten) Erkenntnisse über den Feind von Bletchley an die Befehlshaber an der Front weitergaben.

Dann mußten die Männer in den Vereinigten Staaten gefunden werden, die es meisterhaft fertiggebracht hatten, die Amerikaner in Europa und im Fernen Osten in Ultra einzubeziehen, sowie die besonders ausgesuchten Offiziere, die sich um Ultra bei den Hauptquartieren im Feld kümmerten. Die Amerikaner benutzten Ultra bei ihrer gewaltigen Luftoffensive im Westen als ergiebige Quelle: Was hatten die zu den Stäben gehörenden Offiziere und die Befehlshaber der amerikanischen Luftwaffe dazu zu sagen? Auf allen diesen Ebenen der Nachforschung teilten mir die Schlüsselfiguren ihre Erinnerungen mit, – und vieles, wovon ich hörte, befindet sich bestimmt nicht zwischen den Aktendeckeln!

* * *

In möglichst einfachen Begriffen ausgedrückt, umfaßt heute die Ultra* genannte Operation das Abhören feindlicher Funksprüche, die mechanisch verschlüsselt worden waren; sie mußten lesbar gemacht und ihr übersetzter Wortlaut dann mit sicheren Mitteln an die zuständigen Hauptquartiere verteilt werden. Während der großen Feldzüge zu Land oder in verzweifelten Phasen des Krieges zur See, konnten so genaue und äußerst zuverlässige Nachrichten regelmäßig, oft sofort und druckfrisch an die alliierten Befehlshaber weitergeleitet werden. Alles beherrschend, war die Frage der Sicherheit: Diese ganze Operation bewegte sich auf des Messers Schneide, denn, wenn die Deutschen zu der Überzeu-

* „Ultra" war während des Krieges ein Codewort, mit dem die allerhöchste Geheimhaltungsstufe bezeichnet wurde, welcher die aus der Funkentzifferung gewonnenen Erkenntnisse bei ihrer nachrichtentechnischen Übermittlung an militärische Führungsstellen unterlagen. Für die Information selbst gab es verschiedene Begriffe wie „Z-Information" oder bei der Navy „Special Intelligence" u. a. (Prof. Rohwer).

gung gelangt wären, ihr wichtigstes Schlüsselverfahren wäre geknackt worden, wäre das Unheil für die Briten unermeßlich und vielleicht endgültig gewesen. Auch die Amerikaner wären schwer aus der Fassung geraten, wenn die Japaner ihre den Deutschen ähnliche Selbstgefälligkeit aufgegeben und erkannt hätten, daß ihre eigenen Fernmeldewege nicht sicher waren. Den Schwachen unterstützt die geheime Feindaufklärung jedoch am meisten, und, um es klar zu sagen, stark waren die Briten niemals. Ultras Sieg war lebenswichtig, wenn sie auch im Feld die Sieger bleiben wollten. Aber es gab eine Voraussetzung für den Erfolg. Wurde nicht gefunkt, so konnte auch Ultra nicht wirken. Ultra war himmlisches Manna, die Ausgeburt eines Funkkrieges ohnegleichen. Gewiß, Funk wurde auch von den wichtigsten kriegführenden Mächten 1914–1918 eingesetzt, aber erst im Zweiten Weltkrieg machten moderne Technologie und erhöhte Verfeinerung das Funkgerät zu einem gewöhnlichen Werkzeug der Übermittlung, und zwar auf jeder Ebene, vom Premierminister oder Präsidenten, Duce oder Führer bis hinab zur kleinsten Infanterie- oder Panzerteileinheit. Ultra war der glückliche Schmarotzer dieser Weiterverbreitung. Den ganzen Krieg hindurch wurde die Atmosphäre über dem Erdball von einem immensen, komplexen und ständig wechselnden Muster von Funksprüchen durchkreuzt und überzogen. Als der große Physiologe Sir Charles Sherrington nach einem Ausdruck zur Beschreibung des Zentralnervensystems des menschlichen Körpers suchte, nannte er es „den Zauberwebstuhl". Dieses Bild erfaßt auf schöne Weise die Vorstellung von unendlichen Mustern, die ständig im ganzen Weltraum von den unaufhörlichen Funksprüchen der Achse und der Alliierten, – ihrer Oberkommanden, Armeen, Marinen, Luftwaffen, Diplomaten und Geheimdienste –, gewoben wurden. Und gerade diese Vielfältigkeit machte sich Ultra zunutze; denn solange die Deutschen der Sicherheit ihrer Schlüssel vertrauten (und dieses Vertrauen verloren sie trotz gelegentlichen Mißtrauens nicht), wurde die Funkverbindung auf höchster Ebene in höchstem Maße – bis zu Tausenden von Funksprüchen pro Tag – aufrechterhalten. Das war von grundlegender Bedeutung. Wären die Deutschen in der Lage gewesen, zu jeder Zeit über Landkabel miteinander zu telefonieren, so gäbe es keine Ultra-Geschichte zu schreiben. Heimliches Anzapfen von Teilen des Telefonnetzes ist technisch möglich (wie es zum Beispiel die patriotischen Arbeiter durch das ergiebige Anzapfen einiger Fernleitungen aus dem besetzten Frankreich nach Deutschland bewiesen), aber offenkundig konnten solche Ein-

griffe nicht jenen Fluß an Nachrichten über die deutsche Kriegsanstrengung liefern, wie sie Ultras Füllhorn bot.
So gab es also einen psychologischen Faktor – die deutsche Selbstgefälligkeit, und es gab einen technischen Faktor, der darin bestand, daß der Funk ein bequemes Fernmeldemittel im Krieg darstellt. Aber es gab auch einen geophysikalischen Faktor von profunder Bedeutung. In den hochindustrialisierten Gebieten Westeuropas mit seinen vielen Städten hätten es die Deutschen zur Not fertig bringen können, allein über Telefon und Fernschreiber zu führen und Funk nur in außerordentlich begrenztem Maße zu benutzen. Aber das Mittelmeer trennt Europa von Nordafrika. In den ungeheuren Weiten Rußlands mußte dem Funk eine wichtige Rolle zukommen. Es gibt keine Landverbindungen zu den U-Boot-Rudeln, und ohne ein bestimmtes Maß an zentraler Führung und Leitung von Küstenbasen aus wäre die Rudel-Taktik während der Schlacht im Atlantik stark behindert gewesen. Im weiteren Verlauf des Krieges brachte außerdem Hitlers wachsend zentralisierter werdende Kontrolle über alle militärischen Operationen es mit sich, daß, wo er auch immer sein Hauptquartier errichtete, Funksprüche zwischen dem Obersten Führer und den Oberbefehlshabern auf den fernen Schlachtfeldern hin und her schwirrten. Daraus ergab sich, daß die Deutschen nicht nur glücklich waren, ihre Meldungen und Befehle auf höchster Ebene über Funk durchgeben zu können, sie waren sogar dazu gezwungen. Ultras Jagdgründe wurden dabei ungeheuer weit.

Viele andere Freibeuter drangen in dieses reiche Jagdgebiet ein. Zwischen 1939 und 1945 setzten alle kriegführenden Nationen ihre Praxis aus der Friedenszeit fort und intensivierten sie. Ständig überwachten sie den Funkverkehr von Freund und Feind, und diese Überwachung wurde pausenlos, mit immer ausgeklügelteren Methoden und über die größtmögliche Reichweite hinweg durchgeführt. Natürlich ragt unter einer Myriade von Beispielen jene Kombination von geheimer Feindaufklärung als hervorragend heraus, die sich aus der Entschlüsselung von Code- oder mechanisch verschlüsselten japanischen Funksprüchen ergab. Diese Beherrschung der japanischen diplomatischen und Marineschlüssel- und Codeverfahren hätte eigentlich die Überraschung von Pearl Harbor vereiteln können. Sie machte es für die Vereinigten Staaten selbst möglich, die entscheidende Überraschung bei Midway durchzuführen.* Die außerordentlich tüchtigen Horchstellen der deutschen Kriegsmarine, der Beobachtungs-Dienst oder B-Dienst, unter welchem Namen er gewöhnlich bekannt ist, verfügten noch viele Monate lang nach Kriegsausbruch über die verhängnisvolle Fähigkeit, Funksprüche der britischen Flotte zu entziffern, und ihr Einbruch in den Geleitzug-Code hatte bis weit ins Jahr 1943 hinein eine verhängnisvolle Auswirkung auf die Schlacht im Atlantik. Sogar Staatsoberhäupter bildeten keine Ausnahme. Roosevelt und Churchill unterhielten sich scheinbar vertraulich über die transatlantische Funksprechlinie. Heute ist jedoch bekannt, daß die Forschungsabteilung der Deutschen Reichspost in der Lage war, wenigstens einen brauchbaren Teil dieses geheimen Zwiegesprächs aufzuzeichnen und zu entziffern. Magic und B-Dienst erzielten aufsehenerregende Erfolge, aber auf ihrem dramatischsten Höhepunkt stellte ihre Leistung nur Gipfelleistungen bei einer ununterbrochenen und weltweiten Tätigkeit dar, die von jedem zur Anwendung der notwendigen Techniken befähigten Land eifrig praktiziert wurde. Hunderte von Abhör- und Entschlüsselungseinheiten bestanden, und – die Munition, die sie lieferten, wurde von den militärischen Stäben genauso willkommen geheißen wie Granaten für Geschütze. In einer solchen Perspektive gesehen, wird es sofort offenkundig, daß die allgemeinen Charakteristika des Ultra-Systems nicht einzigartig dastanden. Sowohl die Alliierten als auch ihre Feinde nutzten das Muster aus, das auf dem „Zauberwebstuhl" gewoben wurde. Sie alle fingen Funksprüche aus der Luft ab, knackten den dazugehörigen Code oder Schlüssel und gaben die sich daraus ergebenden Nachrichten an ihre Stäbe und Regierungen weiter. Was Ultra von der großen Vielzahl von Funkhorchdiensten unterscheidet ist nicht sein *der Natur nach* verschiedenes Wesen: Es war einfach der beste Dienst.

Überlegenheit auf einem Gebiet, auf dem einige der besten Köpfe der kämpfenden Nationen ihren Verstand bis zur Grenze des Möglichen anstrengten, wurde ohne beispiellose und unaufhörliche Anstrengungen, besonders von seiten der Entzifferer bei Ultra, weder erzielt noch aufrechterhalten. Denn den innersten Kern

---

* Das Codewort „Ultra" wurde auch im pazifischen Bereich zur Kennzeichnung der Geheimhaltungsstufe verwendet, mit der die aus der Entzifferung des militärischen Funkverkehrs gewonnenen Erkenntnisse bezeichnet wurden. Das bisher irrtümlich für diese Zwecke benutzte Codewort „Magic" bezog sich dagegen nur auf die Kennzeichnung der aus der Entzifferung des diplomatischen Funkverkehrs gewonnenen Erkenntnisse. (Prof. Rohwer). Der Autor schreibt zur Zeit ein Buch über die Funkaufklärung im Pazifik.

bei diesem Geniestreich der geheimen Feindaufklärung bildete die Fähigkeit, die vielen tausend unverständlichen Funksprüche verständlich zu machen, die die Deutschen in der Gewißheit der Luft anvertrauten, daß ihre wichtigste Schlüsselmaschine sie absolut sicher gemacht hätte. Diese Maschine, Enigma (von der die Deutschen im Verlauf des Krieges einige 100.000 bauten), war das übliche Werkzeug für den geheimen Funkverkehr des Reiches von den 1920er Jahren an, bis die letzten Abarten Anfang Mai 1945 ihr Klappern im Hauptquartier von Hitlers kurzzeitigem Nachfolger, des Großadmirals Karl Dönitz, aufgaben. Aber wahrscheinlich gab es vor dem Siegestag in Europa keinen Augenblick, in dem die Experten in England nicht offen oder im Unterbewußtsein befürchteten, daß eine neue Variante im kniffligen Mechanismus von Enigma ihrer Herrschaft über die feindlichen Funkverbindungen ein Ende setzen oder sie wenigstens beträchtlich verringern würde. Wie die Intellektuellen und Technologen, die in Los Alamos um die Fertigstellung der Atombombe kämpften, bevor der Feind ihnen zuvorkam, wurden die Entzifferer und ihre Kollegen täglich von Gedanken an ein *Morgen* gepeinigt, an dem ein radikaler Wechsel der deutschen Schlüsseltechnik oder, noch schlimmer, ein Loch in den Sicherheitsmaßnahmen ihres eigenen Systems zum Unheil oder zur Katastrophe führen könnten. Der Preis für den anhaltenden Erfolg war immerwährende Wachsamkeit.

KAPITEL 1

Die Glühlampenmaschine

„Es ist ein in ein Geheimnis gehülltes Rätsel innerhalb einer rätselhaften Sache; aber vielleicht gibt es dafür einen Schlüssel.“
Winston Churchill

Die Enigma-Maschine steht einzigartig da. Keine andere Maschine begann ihr Dasein als gewöhnliche Handelsware und beendete es als eine Sache, die größten Einfluß auf den Ausgang eines interkontinentalen Konfliktes besaß.

Die kommerzielle Karriere der Enigma-Maschine nahm im Zusammenhang mit den Nachwirkungen des Ersten Weltkrieges ihren Anfang. Im Jahre 1919 ließ ein Holländer, Hugo Alexander Koch, ein Patent für die Konstruktion einer Schlüsselmaschine eintragen. Die „Geheimschrijfmachine“ oder „Geheimschriftmaschine“, die dieser Mann aus Delft sich im Geiste vorstellte, barg Gedanken, die möglich, aber noch nicht praktikabel waren; ein Ingenieur aus Berlin, Dr. Arthur Scherbius, aber war ihr echter Pionier. Bis zum Juli 1923 gehörte Scherbius zum Vorstand einer Chiffriermaschinen-Aktiengesellschaft, die ihren Sitz in Berlin, Steglitzer Str. 2, mit der Absicht genommen hatte, die Erfindung, die Scherbius Enigma taufte, praktisch herzustellen und auf den Markt zu bringen.

Eine ins einzelne gehende Beschreibung der fertig entwickelten Enigma-Maschine soll später an geeigneterer Stelle gegeben werden. Zur Vermeidung von Konfusionen – denn die technischen Einzelheiten sind tatsächlich verwirrend – genügt es hier festzustellen, daß das Modell von Scherbius, das verschiedene Verbesserungen erfuhr, viele der Grundgedanken und -ausführungen enthielt, die schließlich in die militärischen Versionen der Deutschen aufgenommen worden sind. Dennoch scheint die Chiffriermaschinen-Aktiengesellschaft keinen großen Gewinn aus den 300,000.000 Mark Inflationsgeld gezogen zu haben, mit dem sie die Aktienmehrheit für die Nutzbarmachung dieses neuen Gerätes erwarb.

Aber die Aktiengesellschaft war nicht träge. David Kahn berichtet in seinem meisterlichen Buch *The Codebreakers*, daß „sie die

Enigma-Maschine auf dem Kongreß der Internationalen Postunion 1923 ausstellte und im folgenden Jahr die Deutsche Reichspost veranlaßte, mit Hilfe der Enigma verschlüsselte Grüße mit dem Kongreß auszutauschen". Eine sorgsam ausgearbeitete Verkaufsbroschüre* wurde (auf englisch) unter dem Titel „The Glow-lamp Ciphering and Deciphering Machine ‚Enigma'* herausgegeben. Wem soll sie dienen und wie?" Mit Worten, die heute ironisch klingen, begann sie ihren Angriff auf die Kunden. „Entscheidende Schlachten sind zu Land und zu Wasser, in der Luft und bei der Debatte miteinander verlorengegangen, weil der Gegner eine bessere Methode besaß, um seine Korrespondenz geheimzuhalten." Das genau war der Fehler der Deutschen. Er hielt Ultra von 1940 bis 1945 am Leben.

Doch in den zwanziger Jahren stagnierte der Handel. Die Geschäftsleute auf der ganzen Welt, an die die Broschüre über die Glühlampenmaschine gerichtet war, zeigten sich nicht begeistert. Die Industriespionage war noch nicht erfunden worden. Warum sollte man da Geld zum Schutz der Korrespondenz ausgeben? Die Enigma-Maschine war zu früh auf dem Markt erschienen. Scherbius selbst machte bankrott, und seine Patente gingen an andere über. Nichtsdestoweniger hatte das Interesse, das vier Länder – sein eigenes, Deutschland, Polen, Japan und die Vereinigten Staaten – in jenen Jahren an seiner Maschine gezeigt hatten, so enorme Folgen, daß sie unmöglich zu berechnen sind.[1]

Von allen Nationen war Deutschland die erste, welche die Möglichkeiten von Enigma erkannte und rasch für den geheimen Zweck der Sicherung ihrer militärischen Fernmeldeverbindungen ausnutzte. Dafür gab es einen guten Grund: In den Jahren unmittelbar nach der Niederlage von 1918 und dem Versailler Vertrag hatte Deutschland eine ganze Menge zu verbergen. Obgleich nach dem Friedensvertrag Deutschlands Streitkräfte auf die Stärke von 100.000 Mann begrenzt wurden, nutzte deren brillanter Chef der Heeresleitung, Generaloberst von Seeckt, jeden unerlaubten Kunstgriff, um das Kriegspotential seines Landes zu vergrößern, – einschließlich der Ausbildung seiner Truppen im kommunistischen Rußland. Ein System, das es möglich machte, militärische Meldungen und Befehle in einem anscheinend nicht zu knackenden Schlüssel zu funken, war für ihn unwiderstehlich. Daher führte er am 15. Juli 1928 das Modell »Enigma G« ein.Bei der Marine

* Eine Fotografie des Umschlags ist gegenüber S. 240 abgedruckt.

[1] Anmerkungen s. S.439 f.

wurde vom 9. Februar 1926 bis Oktober 1934 der »Funkschlüssel C« benutzt und dann durch einen bessern Typ ersetzt. Diese „Schlüsselmaschine M“ wurde zum Standardgerät der Marine; es war ein Grundtyp, der Möglichkeiten zur progressiven Verfeinerung bot. Es war nur natürlich, daß die Marine als erste an die Reihe kam. Schiffe hängen vom Funk ab, dessen Sendungen abgefangen werden können; Heere können den Fernsprecher benutzen. Spätestens 1932 hatte auch das deutsche Heer die verbesserte „Enigma I“ eingeführt. Die Luftwaffe folgte mit der vom Heer eingeführten „Enigma I“ erst, als Hitler 1933 an die Macht kam und 1935 begann, seine Luftstreitkräfte auszubauen. (Im übrigen wurde das handelsübliche Modell damals aus dem Handel genommen.) Als die unruhigen dreißiger Jahre sich auf ein weiteres Armageddon zubewegten, besaß das Nazi-Reich auf dem Gebiet einen Vorsprung, das alle Berufssoldaten am höchsten einschätzen: auf dem Gebiet der Geheimhaltung und der Sicherheit.

Es gibt keinerlei Beweis dafür, daß die Briten ein positives Interesse an diesen Entwicklungen zeigten,* – ganz anders dagegen die Amerikaner, die wenigstens so vorsichtig waren, für ihren eigenen Gebrauch ein Modell der Scherbius-Maschine zu erwerben. Diese Transaktion wurde zwischen dem Chief Signal Officer – der sich des Assistant Chief of Staff G 2 bediente – und dem amerikanischen Militärattaché in Berlin, Colonel A. L. Conger, abgewickelt, der am 17. Oktober 1927 nicht weniger als fünf Glühlampenbroschüren nach Washington sandte. Conger hatte seine Hausaufgaben gemacht, denn er fügte auch einen Bericht von Hptm. Koot vom Generalstab des niederländischen Heeres über einen zweimonatigen Test der Enigma bei. Diesen Test hatte er Ende 1926 und Anfang 1927 durchgeführt. Koot erklärte:

„Zur Beurteilung der Maschine im Hinblick auf die von ihr gegen unbefugte Entzifferungsversuche gewährte Sicherheit wage ich zu behaupten, daß sie alle Forderungen, und seien sie auch noch so hoch, erfüllt. Als Fachmann auf dem Gebiet der Ver- und Entschlüsselung scheue ich nicht davor zurück festzustellen, daß sogar der Besitz einer gleichen Maschine mit den gleichen elektrischen Verbindungen zu den Schlüsselwalzen und anderen Teilen der Maschine es einem Unbefugten, selbst wenn er ein Entzifferungsfachmann wäre, nicht gestattet, ein bestimmtes Dokument zu ent-

---

* Die bisher zugänglichen Akten lassen nicht erkennen, ob die in Großbritannien angemeldeten Patente in irgendeinem Zusammenhang mit der Entwicklung der britischen Schlüsselmaschine „Type X“ standen.

ziffern oder durch wissenschaftliche Methoden die Lösung zu finden, wenn er nicht den ganzen Schlüssel kennt . . ."
„Den Schlüssel finden", den „Tagesschlüssel"; im Laufe der Darstellung der Geschichte von Ultra wird es sich zeigen, daß diese Worte die ständige Suche der Entzifferer zusammenfassen, die zu lösen suchten, was Churchill „ein in ein Geheimnis gehülltes Rätsel innerhalb einer rätselhaften Sache" nannte. Die Worte passen darauf so wunderschön, obwohl man fairerweise daran erinnern muß, daß Churchill sie in Wirklichkeit in bezug auf die Sowjetunion gebrauchte! In der Zwischenzeit sandte der Chief Signal Officer in Washington am 29. November 1927 das folgende Telegramm: „Es wird gebeten, die Kosten für eine einzelne Maschine, einschließlich der Kosten für Verpackung, Lattenkiste und Transport, Preise in Dollar, an meine Dienststelle zu überweisen."
Tatsächlich betrug der Preis für eine Scherbius-Maschine im Jahre 1927 144 Dollar, zusätzlich weiteren 3,80 Dollar für Verpackung. Da die Maschine als Diplomatengepäck zu schwer war, kostete sie die Vereinigten Staaten weitere acht Dollar fünfzig Cents, damit sie von Bremen nach New York an Bord von SS *President Harding* verschifft werden konnte. Der Erwerb ist in einem Spruch von Colonel Conger aus Berlin vom 12. Mai 1928 an den Assistant Chief of Staff festgehalten: „Eine ‚Enigma'-Schlüsselmaschine wurde von meiner Dienststelle gekauft und nach Beleg Nr. 3 in der Rechnungslegung von Major H. H. Zornig, Ord. Dept., für den Monat Mai 1928 bezahlt." Bis Juni hatte die Maschine das General Depot des Quartermaster Supply Officer in Brooklyn erreicht; es trug die weitere sorgfältig ausgefüllte Anschrift „Signal Property Office, Research and Engineering Division".[2]
In der Rückschau kann festgestellt werden, daß dieses besondere Stück Eigentum zu diesem Preis billig war: 144 Dollar plus Transportkosten! Doch das Ergebnis war das Gegenteil von dem, was man erhofft hatte. Die Enigma traf genau zu dem Zeitpunkt in den Vereinigten Staaten ein, als die berühmte (oder, wie viele meinten, berüchtigte) „Black Chamber"* in Schwierigkeiten geriet. Unter dem geschickten Entschlüsselungsfachmann Herbert Yardley hatte sich die „Black-Chamber"-Einheit, die insgeheim für den

* Die „Black Chamber" unterstand nach dem Ersten Weltkrieg dem State Department, erhielt aber auch Gelder aus dem Etat der U. S. Army. Nach ihrer Schließung 1929 wurde die Kryptologie von Heer und Marine weiterbetrieben. (Prof. Rohwer)

Intelligence Service der Armee oder die Fernmeldetruppe arbeitete, auf das Knacken von Codes oder Schlüsseln spezialisiert, die ausländische Diplomaten für Geheimmeldungen an ihre Regierungen zu Hause benutzten. Aber im Mai 1929 verkündete ein neuer Außenminister, Henry Stimson, das Prinzip, daß „Gentlemen nicht die Post eines anderen lesen", und als Mann von Ehre schloß er die „Black Chamber". Der *Christian Science Monitor* kommentierte diese Worte als „diese feine Geste". „Die Praxis ist ein Überbleibsel der Geheimdiplomatie, die der Weltkrieg eigentlich umgestoßen hatte. Sie hat keinen Platz mehr in einer Welt, die für einen auf Vertrauen und guten Willen gegründeten Frieden arbeitet." Die Kryptoanalyse war von Wolken verhüllt.

Tatsächlich aber behielt die Praxis einen Platz in einer Welt, in der bestimmt nicht jeder für den Frieden arbeitete. Ein als Manuskript abgefaßtes Dokument in der George C. Marshall Research Library in Lexington, Virginia, mit dem Titel „US Army in World War II: The Signal Corps" stellt ausdrücklich fest, daß „die militärische Abteilung für Nachrichtenbeschaffung, die ihre Entzifferungsarbeiten an Yardley vergeben hatte, diese Aufgabe jetzt der Dienststelle des Chief Signal Officer zusammen mit der Verantwortung dafür übertrug". Das Manuskript macht die innere Bedeutung des Satzes „und die Verantwortung dafür" klar. Obgleich nun das Lesen „der Post von Gentlemen" zugegebenermaßen nur in Kriegszeiten erlaubt wurde, sollten in der Praxis die heimlichen Versuche zum Knacken der verschlüsselten Nachrichten anderer Länder fortgesetzt werden. Das ist eine Argumentation, mit der der CIA vertraut ist: Wie sonst könnten die Nachrichtendienste der Vereinigten Staaten im Kriegsfall bereit sein? Daher wurde eine neue Organisation geschaffen, der Signal Intelligence Service (der Funkaufklärungsdienst der Fernmeldetruppe), der die Akten aus Yardleys „Black Chamber" übernahm und einfach deren Arbeit fortsetzte. An seiner Spitze stand einer der glänzendsten Entzifferungsfachleute unseres Jahrhunderts, William Friedman.[3]

Der erste Grund, warum sich aus der Ankunft einer handelsüblichen Enigma-Maschine in den Vereinigten Staaten das Gegenteil von einem Erfolg ergab, wird damit offensichtlich. Das Meinungsklima war für einen intensiven Angriff auf das deutsche Schlüsselsystem, den der Besitz einer Enigma gewiß erleichtert hätte, nicht günstig. Es stimmt, daß Ronald Clark, Friedmans Biograph, sagte, „Friedman wisse soviel wie jeder andere außerhalb Deutschlands auch über das, was mit der Enigma möglich war, und seine Papiere in den Akten der Fernmeldetruppe befaßten sich Seite um Seite

mit seinen Bemühungen zur Entdeckung einer Entzifferungsmethode für Enigma-Funksprüche". Aber die Wahrheit bestand darin, daß der Schlüssel nur wirkungsvoll und *auf Dauer* mit Hilfe von komplizierten mechanischen Geräten geknackt werden konnte. Obgleich aber gewisse Geräte während der dreißiger Jahre in den Vereinigten Staaten entwickelt wurden, waren die Amerikaner selbst zur Zeit von Pearl Harbor in bezug auf die deutschen Schlüssel noch nicht so weit gekommen.
Pearl Harbor liefert das Stichwort, denn der zweite Grund, der Amerikas Entzifferer von einer Lösung des deutschen Enigma-Problems ablenkte, war Japan. Nach dem Zwischenfall von Mukden im Jahre 1931 und der Besetzung der Mandschurei durch die Japaner war es offensichtlich, daß der Schwerpunkt bei Friedmans Bemühen – und bei dem der fähigen Entzifferer der US Navy – eher auf das andere Ufer des Pazifik als auf das andere Ufer des Atlantik hätte gerichtet werden müssen. Japan war tatsächlich ein weiteres fremdes Land, das eine handelsübliche Enigma von der Chiffriermaschinen-Aktiengesellschaft in Berlin gekauft hatte. Nach einigen Änderungen wurde sie zur Sicherheit des Fernmeldeverkehrs von der Kaiserlichen Marine eingesetzt. Dann übernahm sie das japanische Außenministerium, und nach weiteren Verbesserungen kam Tokio 1937 mit dem Modell 97-shiki-O-bun In-ji-ki, Alphabetische Schreibmaschine 97, heraus. Das war die berühmte Purpur-Maschine, deren verschlüsselte Sprüche wie ein roter Faden durch die amerikanische Geschichte laufen sollten, bis die Bomben über Hiroshima und Nagasaki detonierten. Während der nächsten paar Jahre pflegte Purpur Friedmans Hauptbeschäftigung zu sein. So geschah es, daß die Antwort auf das Problem Enigma, eine Maschine, die Scherbius für friedliche Zwecke entworfen und seine deutschen Landsleute in eine Kriegswaffe umgewandelt hatten, schließlich vom anderen Käufer der „Geheimschreibmaschine" kam. Da die Briten anscheinend ihm gegenüber gleichgültig und die Amerikaner anderweitig beschäftigt waren, fiel die Last der Lösung den Polen zu.
Zwischen 1926 und 1928, den Jahren, in denen die deutschen Streitkräfte zum ersten Mal begannen die Enigma zu benutzen, befanden sich die Polen in der Lage eines Mannes, dem plötzlich klar wird, daß er dabei ist, sein Sehvermögen zu verlieren.
Seit 1918 waren sie zwischen dem revolutionären Rußland und einem gedemütigten, rachsüchtigen Deutschland eingeklemmt. Sie wußten nur zu gut, daß zumindest für sie der Versailler Vertrag keinen ewigen Frieden geschaffen hatte. Von den geheimen Tä-

tigkeiten des Generalobersten von Seeckt hatten sie volle Kenntnis. Sie waren sich auch bewußt, daß die Deutschen ein kleines, aber sehr gut ausgebildetes Heer besaßen, das aus den Trümmern von Kaiser Wilhelms Reich gerade wieder entstanden war. Bei der Überwachung dieser Entwicklungen besaßen die Polen einen herausragenden Vorteil, – ihre hochentwickelte Geschicklichkeit als Codeknacker. Sie war ihnen schon beim Kampf um die nationale Unabhängigkeit nach dem Ersten Weltkrieg von Nutzen gewesen, und bis 1926 hatten sie weiter in aller Ruhe die geheimsten Funksprüche der Deutschen entziffert. Obwohl die Schatten der Deutschordensritter sie noch immer mit jahrhundertalten Mahnungen an Invasionen verfolgen mochten, konnten sie wenigstens lesen, was im Geist der Deutschen vorging. Aber nun, in den Jahren 1926/1928 entdeckten sie plötzlich, daß auch die Deutschen ein mechanisches Schlüsselverfahren benutzten, das selbst ihre besten Entzifferer nicht knacken konnten. Auf dem Gebiet der Nachrichtenbeschaffung kam das einem Blindwerden gleich.

Die Polen waren durch die rätselhaften Funksprüche, die ihre Funkhorchstellen in Posen, Starograd und Krzlawice zu registrieren begannen, zutiefst verwirrt. Sie kannten die unnachgiebige, peinlich genaue und unermüdliche Art der Deutschen, und nun erschien es auf höchst beunruhigende Weise möglich, daß ihre alten Feinde jenseits der Grenze beständige Fortschritte in der Praxis der mechanischen Verschlüsselung machten. Ihr erster Schritt bestand daher aus einer Art Kapitalinvestierung in Intelligenzkraft.* An der Universität Posen wurde 1928 eine kleine Gruppe Studenten aus denjenigen ausgewählt, die bereits Mathematik studierten. Sie wurden in einem Speziallehrgang in Schlüsselkunde ausgebildet. (Einer wurde später nach Deutschland zum Studium in Göttingen geschickt.) Die drei Männer, die in dieser Geheimgruppe sich durch hervorragende geistige Schärfe auszeichneten, waren Marian Rejewski, Jerzy Rózycki und Henryk Zygalski. Vom Jahre 1932 ab hatten alle ihre Arbeit im polnischen Geheimdienst unter Major Maksymilian Ciezki, dem Chef der deutschen Abteilung in der kryptologischen Sektion des Generalstabs, aufgenommen.

* In jenem Jahr hatte auch der polnische Geheimdienst für ein Wochenende eine militärische deutsche Enigma in Händen. Eine an die deutsche Botschaft in Warschau adressierte Kiste wurde taktvoll eines Freitags nachmittags aus der Paketabteilung der Bahnzollbehörde entnommen und nach einer Untersuchung noch vor dem Morgen des nächsten Montags wieder zurückerstattet. (Quelle: Oberst Lisicki.)

Das Problem des schwer in den Griff zu bekommenden Schlüsselverfahrens wurde jetzt direkt angegangen.
Die Eigenart des Rätsels kann am besten an Hand einer Beschreibung der Maschine selbst verstanden werden, da die Polen nicht nur herauszufinden hatten, wie sie zusammengesetzt war, sondern auch die theoretischen Prinzipien kennenlernen mußten, nach denen sie arbeitete. Wir wollen uns daher die Enigma aus der Sicht eines jungen deutschen Soldaten ansehen, der an ihr an einer Fernmeldeschule ausgebildet wurde.
Zunächst einmal sah er etwas, das wie eine plumpe, solide und primitive Schreibmaschine oder eine Kontrollkasse aussah. Vorne befand sich wie auf jeder gewöhnlichen Schreibmaschine ein Tastenfeld. Aber das erste, das der Auszubildende lernte, war, daß, wenn er z. B. die Taste mit dem Buchstaben X betätigte, kein X erschien, wie das normalerweise der Fall war. Dafür erblickte er auf dem flachen Oberteil der Maschine ein weiteres Alphabet. Wenn er nun die Taste X im Tastenfeld drückte, erschien nicht ein X, sondern ein anderer Buchstabe, zum Beispiel ein K, weil ein Licht ihn von unten beleuchtete. X war zu K geworden, und was bei diesem Ersetzen geschah, war das Rätsel, das die Enigma bot. Hier lag der Kernpunkt des deutschen Schlüsselsystems.
Der auf den ursprünglichen Buchstaben X ausgeübte Druck hatte einen elektrischen Kontakt hergestellt. Zwischen dem X und dem Aufleuchten des K war der so entstandene Impuls einem verrückt zu nennenden Weg gefolgt, von dem die Deutschen glaubten, er läge jenseits jeder Berechnung, wenn er durch die äußerst komplizierten Drähte der Enigma jagte. Hinten in der Maschine befanden sich drei kreisförmige Trommeln, Räder oder Schlüsselwalzen, die, wie schon der Name sagt, sich tatsächlich drehen konnten. Diese Schlüsselwalzen besaßen auf der einen Seite 26 Kontaktflächen, auf der anderen Seite 26 Kontaktstifte. Sie waren bei jeder der Walzen in verschiedener Weise im Inneren mit Drähten verbunden. Die Zuordnung der 26 Buchstaben des Alphabetes zu den Kontaktflächen konnte durch das Drehen eines Buchstabenringes jeweils verändert werden. Wurde die Taste X angeschlagen, so ging der erzeugte elektrische Impuls durch das komplizierte Drahtnetz innerhalb jeder der drei Schlüsselwalzen der Reihe nach. Dann traf er auf eine Umkehrwalze und lief den Weg durch die Walzen wieder zurück, folgte dabei diesmal aber einem anderen Weg in den Drähten.*
So ging der Impuls bei jeder der möglichen Einstellungen durch eine Folge von sieben Umsetzungen, – die von den drei Schlüssel-

walzen, der Umkehrwalze und wiederum den drei Walzen erzeugt wurde. Aber die Buchstaben- oder Zahlenringe waren in ihrer Stellung nicht fest. Sie besaßen sechsundzwanzig Kontaktflächen, die mit gleichem Abstand auf ihre Peripherie verteilt waren. Jedesmal, wenn sie in Funktion traten, drehten sie sich automatisch gerade noch genügend, um den nächsten Kontakt auf dem Perimeter des Ringes in Arbeitsstellung zu bringen. Auch konnte der Schlüßler die Ringstellung „mechanisch" verändern, wenn seine Schlüsselanweisung das erforderlich machte. Wenn also der Buchstabe X beim ersten Mal ein K ergab, so war es unmöglich, daß dies wiederum geschah: Jetzt waren andere Kontaktflächen miteinander verbunden, und der elektrische Impuls ging durch einen anderen Teil des inneren Drahtnetzes in der Schlüsselwalze. Einfach ausgedrückt, konnte X jetzt ein J hervorbringen, – aber kein K. Darüber hinaus konnte jede Schlüsselwalze herausgenommen und in die Fassung einer anderen eingebracht werden. (Änderung der Walzenlage.) Alle diese möglichen Variationen führten zu wesentlichen Momenten der Unkalkulierbarkeit.

Als wäre das noch nicht verwirrend genug gewesen, wurde der auszubildende Fernmelder noch mit einer weiteren Raffinesse bekanntgemacht. Da zu jeder Enigma Zusatzwalzen gehörten, war es möglich, eine der eingesetzten herauszunehmen und sie durch eine Ersatzwalze zu ersetzen, deren Drahtsystem eine andere Wirkung auf den Stromkreis ausübte und damit weitere ungeheure Verwirrung schuf. Zum Beispiel waren bei drei Schlüsselwalzen nur sechs mögliche Kombinationen vorhanden, um mit der Walzenlage zu variieren, in der sie in die Maschine eingesetzt waren. Aber drei Walzen mit zwei Ersatzwalzen ergaben nicht weniger als sechzig mögliche Variationen.** Es gab aber noch andere Umstände, die für Abwechslung sorgten, und deren wichtigste eine Anordnung von Steckbuchsenpaaren in der senkrechten Vorderseite der Maschine war. In diese Öffnungen wurden Dop-

---

* Diese Möglichkeit zeichnete sich bereits bei der Scherbius-Maschine ab. Die Patentbeschreibung im britischen Patent von 1927 besagt, daß „die verschiebbare Endtrommel so eingebaut ist, daß sie als Rücklauftrommel tätig werden kann, d. h. ihre elektrischen Verbindungen so angelegt waren, daß der durch die drehbaren Trommeln gehende Strom wieder durch die gleichen Trommeln zurückläuft."

** Zu Beginn des Krieges gehörten zum Schlüssel M der Marine vier, dann fünf Ersatzwalzen. Mit vieren waren 210 alternative Walzenlagen möglich, bei fünf Walzen wurden sie auf 336 erhöht.

pelstecker eingeführt, die den Stromkreis zwischen den Walzen und den zur Beleuchtung dienenden Lampen unter dem Alphabet umschalteten, das auf der Oberfläche der Maschine zu sehen war. Durch ein Variieren des Einsteckens der Doppelstecker war es so möglich, die Verbindungen zwischen den Walzen und den Lampen zu verändern. Das erhöhte die Unwägbarkeiten. Wenn die Doppelstecker auf die eine Weise eingesteckt waren, bewirkte das Anschlagen des Buchstabens X auf dem Tastenfeld die Schließung des Stromkreises und das Aufleuchten einer Lampe unter dem Buchstaben K. Wurden die Doppelstecker auf eine andere Weise eingesteckt, so war es möglich, daß etwa der Buchstabe R beleuchtet wurde.

Der Soldat mußte auf seiner Fernmeldeschule lernen, verschlüsselte Meldungen zu entschlüsseln und auch aufzusetzen. Ihm wurde daher gesagt, daß er als Verschlüßler und Empfänger von Funksprüchen nicht nur eine Enigma, sondern auch eine Liste brauchte, der er die gerade richtigen Schlüsseleinstellungen für seine Maschine entnehmen konnte. So ausgerüstet, war er in der Lage, seine drei Schlüsselwalzen in der richtigen Walzenlage in die Maschine einzusetzen, jede von ihnen soweit zu drehen, bis die richtige Ringstellung (aus einer Zahl von sechsundzwanzig auf jedem Buchstabenring) eingestellt war, und die Doppelstecker in die richtigen Steckbuchsenpaare einzustecken. Wenn er dann einen Funkspruch zu bearbeiten hatte, tippte er einfach den verschlüsselten Text auf seinem Tastenfeld ab, während ein zweiter Mann die Buchstaben der Klartextmeldung so ablas, wie sie auf dem Alphabet auf dem Lampenfeld oben auf der Maschine erleuchtet erschienen.

Derart war das Rätsel, mit dem die Polen konfrontiert waren (und das ist nur eine sehr vereinfachte Version). Sie mußten nicht nur herausbekommen, wie die Enigma arbeitete: Wenn sie die deutschen Funksprüche lesen wollten, ergab sich zwangsläufig, daß sie nicht nur herausfinden mußten, wie sie die Maschinen für den eigenen Gebrauch bauen konnten, sondern sie mußten auch Mittel und Wege finden, wie sie sie für jeden Tag richtig einzustellen hatten. Die Schlüsseleinstellungen waren lebenswichtig. Es gab so viele mögliche Alternativen und Kombinationen, daß der Entzifferer ohne den richtigen Schlüssel verloren war. Der Mathematiker I. J. Good, der während des Krieges in Bletchley arbeitete, schätzt, daß für eine Enigma mit drei Schlüsselwalzen die Zahl der möglichen Umsetzungen etwa 3×10^{18} betrug; das Einsetzen einer vierten Walze erhöhte die Zahl auf 4×10^{20}.[4] Ein anderer

Mann aus Bletchley, Peter Calvocoressi, nimmt Bezug auf eine astronomische Zahl, die nicht weit von „sechstausend Trillionen" lag.
Zum Unglück für die Polen hatten sie weit mehr zu meistern als einen gewöhnlichen deutschen Verschlüßler. Wie die Amerikaner und die Japaner hatte ihr Geheimdienst ein Modell einer handelsüblichen Scherbius-Maschine erworben. Major Ciezki erhielt wahrscheinlich das, was er wollte, mit Hilfe von Antoni Palluth, einem Partner in der Warschauer Funkgerätefabrik AVA, die noch eine wichtige Rolle bei den polnischen technologischen Errungenschaften in den nächsten paar Jahren spielen sollte. Aber Scherbius hatte lediglich die Grundbauart hervorgebracht, – das System der innen verdrahteten Walzen zum Beispiel, die sich mit ihren Kontaktflächen drehten, sowie das Glühlampenalphabet. Aber die Deutschen hatten bei ihrer militärischen Abart geniale Raffiniertheiten eingeführt, – die verbesserte *Umkehrwalze*, die Anordnung der Steckbuchsenpaare und Doppelstecker: *das Stekkerbrett*. Die Tatsache, daß diese oder andere Änderungen vorhanden waren, bedeutete, daß für Polens Funkaufklärungsdienst – trotz des Besitzes einer Scherbius-Maschine – die Enigma zunächst wahrhaftig „ein in ein Geheimnis gehülltes Rätsel" war.

Es hätte aber noch schlimmer sein können. Gerade zu der Zeit, als das brillante Trio Rejewski, Rózycki und Zygalski von der Posener Universität nach Warschau zurückkehren sollte, trat ein Ereignis ein, das, über die lange Perspektive des Zweiten Weltkrieges hinweg gesehen, heute unglaublich erscheint. Am 2. Juli 1931 reichte Major P. W. Evans von der US Fernmeldetruppe, der damals stellvertretender Militärattaché in Berlin war, einen Bericht ein, der direkt an den G 2 (Intelligence) des Generalstabs in Washington ging. Seine Überschrift lautete: ‚Deutsche Angelegenheit (Militär). Thema: Schlüsselgeräte, gebraucht im Fernmeldeverkehr des Heeres'.[5]
Evans begann, indem er auf einen vorhergegangenen Bericht vom 4. Oktober 1930 Bezug nahm, in dem er die Fernmeldeverbindungen bei den letzten Manövern des deutschen Heeres beschrieben hatte. Dabei deckte er nebenbei auf, daß „die deutsche Fernmeldetruppe im Feld ein Schlüsselgerät in Art einer Schreibmaschine benutzte". Er fuhr fort: „Die deutschen Kommandobehörden haben dem Unterzeichneten kürzlich Typen von Schlüsselmaschinen vorgeführt, wie sie im Heer und im Kriegsministerium gebraucht werden.

Die im Feld benutzte Maschine wird von der Enigma-Gesellschaft hergestellt. Sie ist der handelsüblichen Maschine recht ähnlich, die drei Schlüsselwalzen mit jeweils 25 Kontaktflächen besitzt. Sie dienen dazu, den Strom durch variierende (Verschlüsselungs-) Kanäle von einem Kontakt aus zu führen, der von einer Taste in einem Tastenfeld zu einer Endlampe oder einem Sichtanzeiger oben auf der Maschine hergestellt wird. Diese Maschine ist die gleiche, wie sie sich jetzt in der Dienststelle des Chief Signal Officer in Washington befindet. Die militärische Maschine ist der handelsüblichen sehr ähnlich und wird von der selben Firma hergestellt. Sie besitzt drei Schlüsselwalzen mit jeweils 25 numerierten Stellen an der Peripherie. Das Tastenfeld und das Lampenfeld sind gleich. Der einzige Unterschied, den die militärische Maschine aufweist, besteht darin, daß es vorne an der Maschine, gerade unterhalb des Tastenfeldes eine Reihe von Steckbuchsenpaaren mit Doppelsteckern und Schnurverbindungen gibt, die variable Stromkreise in der Maschine herstellen können.
Im deutschen Kriegsministerium gibt es in der Zentrale des Funknetzes des deutschen Heeres eine weitere ‚Enigma'-Maschine von ausgeklügelter Bauart. Diese größere Maschine wiegt ungefähr 200 lb. (90,6 kg) und besitzt zehn Schlüsselwalzen mit jeweils 25 Kontaktflächen. Diese Maschine ist so konstruiert, daß sie eine mit Schreibmaschine geschriebene Kopie des verschlüsselten Spruches in Gruppen von fünf Buchstaben oder einen Spruch im Klartext wiedergibt, wenn der Bediener den verschlüsselten Spruch auf dem Tastenfeld nachtippt.
Eine noch ausgeklügeltere Maschine wird in der Fernmeldezentrale der Marine benutzt, die sich im gleichen Gebäude (Reichswehrministerium) wie das Kriegsministerium befindet. Die Maschine besitzt 20 Zahlenringe mit jeweils 50 numerierten Kontaktflächen. Die ganze Maschine nimmt die Oberfläche eines Tisches ein und muß 400 bis 500 lb. (149,3 bis 186,6 kg) wiegen. Die Bedienung ist anscheinend ähnlich wie diejenige der Maschine in der Funkstelle des Kriegsministeriums."
Durch dieses bemerkenswerte Dokument werden viele Spekulationen hervorgerufen. Die erste und offensichtlichste Reaktion eines jeden besteht darin, daß er sich fragt, wie und warum ein Ausländer wie Major Evans die Erlaubnis erhielt, diese geheimen Dienststellen zu betreten. War es ein Versuch, Eindruck zu schinden, – wie bei den Besuchen hoher Offiziere der britischen Luftwaffe, die die Deutschen später in den dreißiger Jahren arrangierten, um mit der Stärke der eigenen Luftwaffe zu prahlen? War es

Verachtung für den amerikanischen Kapitalismus, der scheinbar rasch dem Zusammenbruch entgegenging? Oder war es ein Fall überzuversichtlicher Selbstzufriedenheit? Gewiß ist das Jahr – 1931 – bedeutungsvoll, denn nach 1933 und nachdem Hitler Deutschland im Würgegriff hatte, wäre Major Evans im Inneren des Reichswehrministeriums nicht willkommen geheißen worden. Zweitens unterstreicht der Evans-Bericht besonders stark eine Frage, die bereits vorher in diesem Kapitel in Betracht gezogen wurde. Mit dem vorhergehenden Bericht des Attachés über die Heeresmanöver von 1930, diesem neuen Augenzeugen und ihrer eigenen Scherbius-Maschine, auf der, wie Evans so genau hinwies, die deutsche Version basierte, hatte die amerikanische Funkaufklärung den notwendigen Antrieb für einen direkten Angriff auf das deutsche Schlüsselsystem. Aber die Enigma entging, wie wir gesehen haben, weil Washington mit anderen Dingen beschäftigt war, ihrem Schicksal. Zu viele Augen richteten sich damals auf das andere Ufer des Pazifik, und zwar mit beträchtlicher Berechtigung.

Wenn man aber den Bericht vom Standpunkt der Polen aus dem Jahre 1931 betrachtet, ergibt sich eine dritte und unheilschwangere Überlegung. Was bedeuteten diese Mammutmaschinen im deutschen Reichswehr- und Marineministerium? Welche weiteren Probleme stellten sich durch ihre Kompliziertheit für Major Ciezki und seine jungen Kryptologen in Warschau nun am Vorabend ihres Angriffs auf die Enigma? Das ausgeklügelte Modell des Reichswehrministeriums mit seinen zehn Schlüsselwalzen, die fünfzig Kontaktflächen auf jedem der zwanzig Zahlenringe bei der 400/500 lb. schweren Tischplattenversion? Ein Alptraum für jeden Kryptologen. Glücklicherweise waren das, was Major Evans gesehen hatte, ein paar Beispiele für die angeborene deutsche Neigung zur Elephantiasis, eine Neigung, die Europa nach ihrer Niederlage im Jahre 1945 mit Mustern von Panzern und Geschützen übersät zurückließ, die so gigantisch aufgebläht waren, daß sie die Grenzen der Tauglichkeit überschritten. In der Praxis entsprachen die vielen Tausend von den Deutschen für militärische Zwecke hergestellten Enigmas in ihrer Größe der „Maschine, die im Feld benutzt wurde", wie sie der Evans-Bericht beschrieb. Die Mammutmaschinen waren Abweichungen vom Standardmuster.*

---

* Hier kann es sich möglicherweise auch um frühe Versionen der Fernschreibschlüsselmaschine ST 52 oder „Geheimschreiber" gehandelt haben, die nicht aus der „Enigma" abgeleitet war (Prof. Rohwer).

Das wenigstens war eine kleine Erleichterung für die Polen. Nichtsdestoweniger könnte einem die Enigma im Gegensatz zu jenem elektrisch stimulierten Computer, dem menschlichen Gehirn, wie eine relativ einfache Angelegenheit erscheinen, wenn man sie in den heutigen Perspektiven betrachtet. Mit 10.000 Millionen Nervenzellen, 10.000 Meilen Fasern pro Kubikzoll und den Neutronen, die ihre Signale in einem möglichen Rhythmus von 1.000 Impulsen pro Sekunde geben, besitzt das Großhirn eine Komplexität und Feinheit, die bei weitem den Rahmen der Enigma überschreiten, und doch haben Forscher und Forschungsteams wenigstens weite Gebiete dieses unendlich komplizierten Systems in den Bereich des Verstehens gebracht. Was also machte die Enigma zu einer so schweren Herausforderung für den polnischen Generalstab? Zeit, Geld, Geheimhaltung. Ganz anders als moderne Gehirnforschungsteams konnte ihr Chiffrierbüro keine Informationen austauschen und Schwierigkeiten frei mit Kollegen auf der ganzen Welt diskutieren. Es mußte wie eine Geheimzelle in einer Widerstandsbewegung arbeiten. Die Geldmittel des Geheimdienstes waren für den verschwenderischen Ankauf von Geräten sehr beschränkt. Vor allem aber waren sie sich einer unsichtbaren, gebieterisch tickenden Uhr bewußt, deren schwindende Minuten Polen ständig näher an einen Krieg mit Deutschland heranbrachten, dem man nicht entkommen konnte. Einsam, schweigend und von der Zeit gejagt, richtete sich das jugendliche Team unter Ciezki in Warschau ein und konzentrierte sich auf eine abstrakte Gedankenarbeit für seinen Angriffsschwerpunkt. Durch intensive Anstrengungen auf jenen mathematischen Gebieten wie Gruppen- und Zyklustheorie wurden Gedanken entwickelt, die sich für die rasche Lösung des Enigma-Rätsels als grundlegend erwiesen.

Während dieser ganzen Zeit der Suche kam die einzige direkte Hilfe von den Franzosen. Der Chef der kryptologischen Abteilung beim *Service de Renseignement* oder der Nachrichtenabteilung des französischen Generalstabs war Capitaine Gustave Bertrand, der gerade seine eigenen Forschungsversuche unternahm und sich nun daran machte, eine Arbeitsverbindung mit den Polen aufzubauen. Von den Briten konnte man nichts lernen. Während der ganzen dreißiger Jahre kannte der polnische Nachrichtendienst die jeweils diensttuenden Vertreter des britischen Geheimdienstes in Warschau und stand mit ihnen in Verbindung, aber ihr Eindruck war, daß diese Herren sich in erster Linie für Rußland interessierten. Auf jeden Fall war das politische Meinungsklima in jenen Jah-

ren kaum günstig für den vertraulichen Austausch von Informationen zwischen Warschau und London auf den äußerst delikaten Gebieten der nationalen Sicherheit.
Bertrand veröffentlichte nach dem Krieg als General a. D. im Jahre 1973 einen abgeschmackten Bericht über seine Karriere mit dem Titel *Enigma*. Ein gewisser führender französischer Historiker kommentierte ihn: „*En ce qui concerne Enigma, l'épithète ‚boastful' appliquée au général Bertrand est un ‚understatement'*". (Was Enigma betrifft, so ist das Attribut „prahlerisch", auf General Bertrand angewendet, eine „Untertreibung".) Und gerade das ist für denjenigen, der die Vorgeschichte von Ultra studiert, das Dilemma dieses Buches. Alle jene Zeugen, Polen, Franzosen, Briten, die mit ihm in dieser abgeschlossenen Welt zu tun hatten, stimmen darin überein, daß er einen echten Beitrag leistete: Keiner würde jedoch mit seinen eigenen großen Ansprüchen übereinstimmen. Er war kein Kryptologe: Er war eingebildet und egoistisch. Nach der Veröffentlichung seines Buches schrieb er an frühere Kontaktpersonen und bat sie, eine Bescheinigung zu unterschreiben, die bestätigte, daß seine Geschichte, und seine Geschichte allein, die einzig echte Enigma-Geschichte wäre! Und Bertrand ist vielleicht der einzige höhere Offizier von einigem Ansehen, der in seiner Autobiographie vollausgedruckt die Nennungen und Orden druckte, die nicht nur er, sondern auch seine Frau erhielten.
Wenn man daher seinen Bericht mit echtem Skeptizismus betrachten sollte, so ist doch soviel wahr, daß im Oktober 1932 ein Angestellter der Chiffrierstelle der Reichswehr sich dem französischen Geheimdienst als Agent anbot. Er lieferte danach unter dem Decknamen Asché Bertrand und seiner ‚*Section D*' eine eindrucksvolle Sammlung von Dokumenten, die sich auf die deutsche Organisation und das deutsche Verfahren beim Chiffrieren und Verschlüsseln militärischer Funksprüche bezogen.* Bis zum Jahre 1939 hatten neunzehn Geheimtreffs zwischen Asché und französischen Offizieren, so erfahren wir, in Belgien, Dänemark, in der Schweiz, der Tschechoslowakei und in Frankreich stattgefunden. Das liegt alles auf der Linie der großen Tradition des Großen Spiels: Aber hat es mehr Gültigkeit als die oft wiederholte, aber unbegründete Legende, daß die Polen eine Enigma auf Grund des trügerischen

* Vgl. dazu Jürgen Rohwer: Der Einfluß der alliierten Funkaufklärung auf den Verlauf des Zweiten Weltkrieges. In: Vierteljahreshefte für Zeitgeschichte, Heft 3, 1979, Seite 325–369, insbesondere 334–340.

Mutes eines Arbeiters in einer deutschen Fabrik bauten, der – immer nach der Legende – eine Maschine in Einzelteilen wegbrachte und sie über die Grenze schmuggelte? Bertrand besitzt als Persönlichkeit keine Anziehungskraft, aber die Antwort muß „ja“ heißen.

Die beste Beurteilung scheint darin zu bestehen, daß Bertrand tatsächlich in den frühen dreißiger Jahren eine Anzahl relevanter Dokumente den Polen übergab und in den nächsten paar Jahren eine einigermaßen verläßliche Verbindung mit Oberst Gwido Langer, dem „Luc“ in Bertrands Memoiren, herstellte, der der fähige Kopf des polnischen Chiffrierbüros, *Biuro Szyfrów*, war. Bertrands eigener Deckname war, nebenbei gesagt, „Bolek“. Aber es muß bezweifelt werden, ob Bertrand jemals die *theoretischen* Anstrengungen verstand, durch die die Polen das Enigma-Problem lösten, oder ob sie ihm erlaubten, davon auch nur eine dunkle Ahnung mitzukriegen. Was die Dokumente selbst angeht, die von dem schemenhaften Asché kamen, so kann darüber vielleicht am besten Oberst S. A. Mayer, der Chef des polnischen Geheimdienstes ab 1930, urteilen. Im Mai 1974 schrieb er privat eine lange Arbeit mit dem Titel nieder *„Das Knacken der deutschen Schlüsselmaschine Enigma durch die kryptologische Sektion der 2. Abteilung des Generalstabs der polnischen Streitkräfte*“. Darin bestätigt er, daß *zwei* Dokumente aus dem Jahre 1931 nacheinander von den Franzosen übergeben worden wären. Im Zusammenhang mit den polnischen Forschungen zu jener Zeit sagt er: „Diese Dokumente schienen für die endgültige Lösung des Problems nicht unentbehrlich zu sein. Aber fraglos erleichterten sie es“.*

Bertrand stellt große Behauptungen in bezug auf das von Asché den Franzosen übergebene Material auf, aber das, was hier wichtig ist, sind Art und Qualität der Papiere, die er selbst den Polen übergab, da es gerade die letzteren sind, die, soweit es den Sieg über die Enigma betrifft, vor allem zählen. Die wichtigsten Dinge, die Langer im Dezember 1932 von Bertrand erhielt, waren gewisse deutsche Dokumente, die sich auf das vergangene Jahr bezogen. Sie umfaßten Tabellen, die genaue Instruktionen für das Einstellen der Enigma gaben (es gab verschiedene Tabellen für das Funknetz eines jeden Wehrmachtteils, des Heeres, der Marine, der Abwehr usw.), und Listen von Daten, nach denen die Grundstel-

---

* Später im Jahre 1974, nach der Veröffentlichung der Bücher von Bertrand und Winterbotham schrieb Oberst Mayer eine Ergänzung zu seinen Memoiren. Er stellte dem Autor seine persönlichen Kopien beider Arbeiten zur Verfügung.

lungen der Enigma geändert werden sollten. Weitere Dokumente umfaßten Ausbildungs- und Informationsunterlagen darüber, wie die Enigma tatsächlich zu benutzen war.*

Auf den ersten Blick erscheinen diese Asché-Dokumente als überholt und wertlos. Dieser Eindruck scheint durch die Tatsache bestätigt, daß die Schlüsselunterlagen, welche die Polen erhielten, nur für zwei Monate verschiedener Vierteljahre des Jahres 1932, den Sommer und den Herbst, gültig waren. In der Praxis aber wußte Oberst Mayer, worüber er sprach, als er sagte, sie hätten die Lösung des Enigma-Problems erleichtert. Die Polen bewahrten während dieser Aufklärungsphase natürlich die Texte aller abgefangenen deutschen Sprüche auf, sogar wenn sie sie nicht sofort entziffern konnten. Damit war der Besitz echter Schlüssel, sogar wenn sie überholt waren, eine beachtliche Hilfe. Wenn die Polen alte Funksprüche mit den in ihren Händen befindlichen Schlüsseln noch einmal genau überarbeiteten, konnten sie eine Menge über die theoretischen und mechanischen Prinzipien erfahren, die dem Enigma-Schlüsselverfahren zugrunde lagen.

Wie hoch auch immer der relative Wert dieser verschiedenen Wege, das Problem anzupacken, gewesen sein mag – sicher werden Kryptologen darin übereinstimmen, daß das erfolgreiche theoretische Herangehen an das Problem entscheidend war –, sahen sich die Polen mit erstaunlicher Schnelligkeit in der Lage, nicht nur zu begreifen, wie die Enigma arbeitete, sondern auch eine solche Maschine für ihren eigenen Gebrauch zu bauen. Nachdem sie einmal die innere Verdrahtung der Schlüsselwalzen kannten, machten sie sich schnell an die Herstellung.** Unter Leitung von Major Ciezki und unter der technischen Anleitung Palluths stellte die AVA-Fabrik in Warschau eine ganze Reihe von Enigma-Maschinen her, so daß zur Zeit des deutschen Einfalls im September 1939 nicht weniger als fünfzehn Maschinen bereits bestanden.

---

* Unter den von „Asché" übergebenen Materialien fanden sich Gebrauchsanleitungen und Bedienungsvorschriften für die „Enigma-"Maschine, vor allem aber Schlüsseleinstellungen für einen bestimmten Zeitabschnitt sowie Kopien von Funkkladden, aus denen sich nebeneinandergestellte Klartexte und Schlüsseltexte ergaben. Insgesamt sollen 303 verschiedene Dokumente übergeben worden sein. Dieses Material, soweit es an die Polen weitergegeben wurde, hat die Arbeit der polnischen Kryptologen etwas beschleunigt, war aber nicht die entscheidende Voraussetzung (Prof. Rohwer).

** Vgl. dazu Jürgen Rohwer: Der Einfluß der alliierten Funkaufklärung auf den Verlauf des Zweiten Weltkrieges. . . a.a.O.

Mit ihnen machten sich die Polen an die Arbeit. Für den größten Teil ihres Fernmeldeverkehrs benutzten die Deutschen im Frieden natürlich den Fernsprecher, aber ihre Übungen (und die Notfälle) verschafften den Polen gute Gelegenheiten zur Überwachung und Überprüfung des Enigma-Problems. Ein klassischer Fall trat in der Nacht des 29. Juni 1934 ein. Es war der Vorabend der von Hitler durchgeführten berüchtigten Säuberung zur Zerschlagung der Braunhemdenorganisation, der SA, und Ausschaltung ihrer führenden Männer, einschließlich ihres Führers, des schweinsgesichtigen Homosexuellen Ernst Röhm. (Die „Nacht der langen Messer" wurde auch ausgenutzt, um andere „unerwünschte Personen", einschließlich des Generals von Schleicher, loszuwerden, der zusammen mit seiner Frau an seiner eigenen Haustür erschossen wurde.) Damals war das Chiffrierteam in Polen gerade dabei, einen dringenden Funkspruch zu entziffern, der lautete: „An alle Flugplätze. Röhm ist tot oder lebendig hierherzubringen." Neben der routinemäßigen, aber unschätzbaren Aufklärung der Kriegsgliederung, d. h. des Standortes und der Stärke der deutschen Verbände, erfuhr man viel über die Rüstungsindustrie des Reichs, die Spionage in Polen und sogar über französische Politiker, die zur Zusammenarbeit geneigt waren. Ende 1937 fühlte sich Langers Abteilung im verschlüsselten deutschen Fernmeldeverkehr schon recht gut etabliert.

Im Januar 1938 wurde ein zwei Wochen dauernder Test ausgeführt, durch den bestätigt wurde, daß ungefähr 75 % der mitgehörten Funksprüche entziffert werden konnten. Oberst Mayer machte selbst eine Stichprobe, wobei er aus einer Gruppe abgefangener Funksprüche ein paar auswählte und befahl, sie in seiner Gegenwart zu entziffern. „Das Ergebnis", erinnerte er sich, „war vollkommen." Doch diese ruhige Periode war nur von kurzer Dauer. Im Sommer 1938 erhielt der polnische Geheimdienst von einem Agenten in einer Fernmeldeabteilung der Luftwaffe die Warnung, die Deutschen beabsichtigten zwei zusätzliche Schlüsselwalzen in ihrer Enigma zu benutzen.* Am 15. September – dem Vorabend von München – trat der Wechsel ein. Zu jener Zeit war er unheilvoll für die Polen, aber, in einer größeren Perspektive gesehen, stellte er einen der Wendepunkte in der Vorgeschichte zu Ultra dar.

---

* Hier handelt es sich um die Freigabe der 4. und 5. Schlüsselwalze in den Schlüsselbereichen des Heeres und der Luftwaffe, die bis dahin gesperrt waren. (Prof. Rohwer).

Operation *Wicher* („Sturmwind“ – der polnische Deckname für die Version von Ultra, die Pionierarbeit leistete) war in Unordnung geraten. Aus der vorhergehenden Beschreibung der Enigma ist zu erkennen, daß die Deutschen die Kniffligkeit ihres Schlüsselsystems durch die Einführung zweier zusätzlicher Walzen enorm vergrößert hatten. Die Polen hatten ihrerseits bis dahin die theoretischen und technischen Prinzipien, die der Maschine zugrunde lagen, so fest im Griff, daß selbst diese neue Entwicklung sie nicht aus der Fassung gebracht hätte, falls es nicht den einen, alles beherrschenden Faktor gegeben hätte, – die Zeit. Im Herbst und Winter 1938, einer Zeit, in der sich Hitlers aggressive Absichten fast monatlich mehr enthüllten, war Zeit Gold wert. Doch die Polen, die plötzlich außerstande waren, den deutschen Funkverkehr mitzulesen,* wußten, daß, falls nicht ein Wunder geschah, eine verzweifelte und lange geistige Anstrengung notwendig war, bevor ihr brillantes Team wieder Zugang zu dem Schlüsselverfahren erhielt. Das Eis war nun sehr dünn.

Die Zuversicht, daß der Schlüssel *letzten Endes* wieder geknackt werden würde, beruhte nicht nur auf der Geschicklichkeit und Erfahrung der jungen Männer unter Oberst Langer, sondern auch auf einem Phänomen, das einmal „als die Konsole eines verrückten Wissenschaftlers aus einem alten Film von Fritz Lang“ beschrieben wurde. Dies war die *„Bomba“*, der Hochgeschwindigkeits-Rechenmechanismus, den die Polen als wesentlichen Zusatz zum menschlichen Gehirn entwickelt hatten. Obwohl nämlich die korrekte Einstellung einer Enigma für einen bestimmten Tag nicht selten von den Entzifferern herausgefunden werden konnte, konnten die notwendigen Berechnungen Wochen dauern, und oftmals war das auch so. Aber ein mit großer Verzögerung entschlüsselter Funkspruch kann im Frieden eine Sache des Berufsstolzes darstellen; im Krieg ist er normalerweise nutzlos, ja oft sogar gefährlich. Obgleich die *„Bomba“* nichts weiter als ein primitiver Vorläufer jener großen und ausgeklügelten Einrichtungen war, welche sowohl die Briten als auch die Amerikaner später benutzten, ermöglichte sie es doch den Polen, einige der von der Enigma gestellten Probleme mit einer Schnelligkeit in Angriff zu nehmen, die weit jenseits des menschlichen Denkvermögens lag.

---

* Anfänglich war es nicht möglich, die Funksprüche der drei Wehrmachtsteile zu entziffern. Die Funksprüche des SD, des Himmler unterstehenden deutschen Sicherheitsdienstes, wurden dennoch für eine Zeitlang weiter entschlüsselt, aber im Juli 1939 waren auch diese mit den vorigen in Einklang gebracht worden.

Tatsächlich hatte man in das Konzept der „*Bomba*“ in gewisser Hinsicht die Parallelvorstellung des Prozesses eingebaut, der sich wirklich innerhalb der Enigma vollzog. Turing, der hervorragende britische Mathematiker, der bei Ultra eine vorrangige Rolle spielen sollte, erklärte einmal: „Ein von einer Maschine geschriebenes Sonett kann von einer anderen Maschine besser beurteilt werden.“ Ein ähnliches Denken erzeugte die „*Bomba*“, bei der Teile von sechs Enigmas tatsächlich in den Stromkreis eingeschlossen worden waren.

Aber weder die „*Bomba*“ noch der menschliche Intellekt vermochten das neue Dilemma sofort zu beseitigen. Die Schwierigkeit lag darin, daß die „*Bomba*“ es wirkungsvoll nur mit den sechs Alternativeinstellungen der Walzen aufnehmen konnte, was, wie wir gesehen haben, das höchste für eine Maschine mit drei Walzen war. Die Polen hatten weitere Geräte entwickelt, deren technische Einzelheiten zu schwierig zu beschreiben sind: Aber wie die „*Bomba*“ waren sie nicht in der Lage, mit den sechzig Alternativeinstellungen fertig zu werden, über die eine Enigma mit fünf Walzen verfügte. Was auch immer der Beitrag der Franzosen gewesen sein mag, sie hatten wenig hinzuzufügen, das genau genommen von kryptoanalytischem Wert war. Aber Bertrand, der 1938 mit einigen seiner Asché-Dokumente London besucht hatte und dort von den britischen Schlüsselexperten mit dem, was er einen *délirant* Empfang nannte, begrüßt worden war, wirkte jetzt als Katalysator. Auf sein Betreiben hin trafen sich am 9. und 10. Januar 1939 in Paris zwei Polen (Langer und Ciezki), zwei französische Offiziere (Bertrand und zeitweise ein Kryptologieexperte) und drei Briten (einschließlich Commander Alastair Dennistons, des Kommandanten der Government Code and Cipher School). Wir kommen Ultra damit einen Schritt näher. Aber es bleibt die außerordentliche Tatsache bestehen, daß weder dieses Treffen noch Ultra selbst jemals zustande gekommen wären, wenn es nach Bertrands Kopf gegangen wäre.

Bevor die Konferenz in Paris verabredet worden war, schlug Bertrand Langer eine Verhaltensweise vor, die er selbst als machiavellistisch ansah.[6] Da kein bedeutungsvoller Fortschritt beim Knakken des mit fünf Walzen hergestellten Schlüssels erzielt wurde, suggerierte er den Polen die Vorstellung, der französische Geheimdienst würde durch einen Agenten einen scheinbar schlüssigen Beweis dafür an die Deutschen durchsickern lassen, daß die Enigma ein offenes Buch wäre. Wenn die Deutschen davon überzeugt werden könnten, daß sowohl die Franzosen als auch die Polen ihre geheimsten Funksprüche mitlasen, so wären sie gezwungen, ihr ganzes System zu jener Zeit zu ändern, die als der Vorabend eines unvermeidlichen Krieges erschien. Tatsächlich wäre die Freigabe der 4. und 5. Walze in Warschau und Paris als ein Schritt zur Mobilmachung aufgefaßt worden. Bertrands Vorschlag entbehrt nicht einer gewissen Vernunft. Es ist schwer, die Wirkung auf die deutsche Kriegsmaschinerie abzuschätzen, wenn sich Anfang 1939 plötzlich die Notwendigkeit unerwartet ergeben hätte, eine neue unlösbare Schlüsselmethode für alle Funksprüche höchster Geheimhaltungsstufe und für die Truppenführung einzuführen. Bestimmt wären das Oberkommando und die drei Wehrmachtteile ernsthaft behindert und der Ablauf der Ereignisse von 1939 und 1940 beträchtlich berührt worden. Was aber nicht bezweifelt werden darf ist die Tatsache, daß Ultra, falls die Deutschen die Enigma aufgegeben hätten, niemals zustande gekommen wäre. Glücklicherweise war Langer von dem Vorschlag nicht überzeugt.

Im Januar trafen sich daher die drei kleinen Gruppen von Experten in Paris. (In seinen späteren Lebensjahren schätzte Bertrand noch immer die Speisekarte des Restaurants Drouant hoch, in dem sie speisten.) Ihre Diskussionen konnten nur vorsichtig und exploratorischer Art sein, denn jede Delegation nahm eine verschiedene Haltung ein. Langer und Ciezki, so begierig sie auch waren, einige Stichworte aufzuschnappen, die ihnen bei der Lösung der neuen Schlüssel helfen konnten, hatten strikten Befehl erhalten, nichts von dem, was sie über die Enigma wußten, verlauten zu lassen, es sei denn, ihnen würde klar, daß die anderen aus ihren eigenen Untersuchungen durch die Bekanntgabe von Ergebnissen etwas zu vergeben hätten. Das war nicht überraschend, denn diese Kenntnis war ein Schatz, der bis zum Tode gehütet werden mußte. Von den Briten mußte im Gegensatz dazu angenommen werden, sie hätten sich ihr eigenes theoretisches Bild von der Enigma gemacht (obgleich das Ausmaß und die Genauigkeit niemals bekanntgegeben worden sind). Aber sie konnten jene intime Kenntnis, die aus dem tatsächlichen Besitz und Gebrauch der Maschinen stammte und wie sie bis dahin zur zweiten Natur der Polen geworden zu sein schien, kaum nach Paris mitbringen. Die Franzosen standen tatsächlich abwartend zur Seite. Daher „wurde kein positives Ergebnis auf dieser Konferenz erzielt“, wie Mayer schriftlich festhielt. „Langer und Ciezki hatten den Eindruck, daß ihre Partner zwar offen und ehrlich waren, aber über die Enigma nichts zu sagen wußten.“ So sagten auch die Polen selbst nichts. Aber die

drei Gruppen trennten sich wenigstens mit dem Ausdruck der Hochachtung. Außerdem wurden freundschaftliche Vorschläge für weitere Treffen in Warschau und London gemacht.
Dann gab Neville Chamberlain am 31. März im Unterhaus bekannt, daß im Falle einer Handlung, die die Unabhängigkeit Polens klar bedrohte, „die Regierung Seiner Majestät sich zugleich verpflichtet fühlte, der polnischen Regierung jede Unterstützung zu leisten, die in ihrer Macht läge", eine Garantie, der sich die Franzosen ebenso offen verpflichteten. Was auch die Durchführbarkeit dieses optimistischen Versprechens in rein militärischen Begriffen bedeuten mochte, es schuf mit Gewißheit eine neue Lage und ein neues Meinungsklima für Langer und Bertrand. Gewitterwolken verdunkelten nun die internationale Szene, aber die Verschlüsselung mit fünf Walzen spottete noch immer allen Lösungsversuchen. Die Folge war ein Geheimtreffen zwischen den Polen, Bertrand und einer kleinen britischen Gruppe im Juli 1939 in Warschau. Anders als die Konferenz in Paris kam es gänzlich als Ergebnis einer polnischen Initiative zustande. Wenn man Zeit und Ort für den Übergang von Ultra vom Unvorstellbaren zum Möglichen genau festzulegen hätte, dann träfe dies für das Geheimtreffen im Pyrywald zu.*
Es stellt den Zusammenfluß zweier eigentlich voneinander unabhängiger Ströme dar. Da war einmal der starke Strom des polnischen Sachverstandes, der durch das tiefschürfende Studium der letzten Jahre verstärkt wurde und wenigstens bis zum nationalen Unabhängigkeitskampf nach 1918 zurückging, als sich das Codeknacken als eine starke Waffe im polnischen Arsenal erwies. Auf der anderen Seite rührten die britische Praxis, Tradition und Autorität auf diesem Gebiet von einer Legende her, die sich auf Wahrheiten gründete, – auf die Leistungen von Admiral „Blinker" Hall und seines „Room 40" im Ersten Weltkrieg, der kryptologischen Abteilung des Naval Intelligence, dessen Großtaten zum Beispiel im Zusammenhang mit dem „Zimmermann"-Telegramm ihn weltberühmt gemacht hatten. Zwei der drei britischen Vertreter auf der Juli-Konferenz waren Verkörperungen dieser Legende. Commander Dennistons „Government Code and Cipher School" war ein grobes Äquivalent zum polnischen *Biuro Szyfrów*.

* Die Briten waren im Hotel Bristol in Warschau untergebracht. Das Treffen fand im „Waldhaus" statt, einer geheimen Station für die Funkaufklärung, die, aus dunklem Beton gebaut, sich unterirdisch und vom dichten Wald geschützt, in Mokotov-Pyry befand.

Was dem Treffen seine historische Eigenheit verlieh war die Tatsache, daß sowohl er als auch sein Begleiter, Dillwyn Knox, einer der brillantesten und schöpferischsten Entzifferer Britanniens, ihre Lehrjahre im „Room 40“ der Admiralität durchgemacht hatten.

Ein außerordentlich seltenes kleines Buch erinnert an diese Beziehung: *Alice in I. D. 25* von F. L. Birch, Verse von A. D. Knox, Illustrationen von G. P. Mackeson. Der Untertitel lautet: „Zusammengestellt für ein Konzert vor I. D. 25 im Hause Edith Grove 19, Chelsea am Mittwoch, dem 11. Dezember 1918 und dort vorgelesen“. Der Große Krieg war vorbei. Die Codeknacker von „Room 40“ sagten einander Lebwohl. Als Abschiedsgruß verfaßte Frank Birch (dessen spätere Tätigkeit im gleichen Gewerbe weiter unten dargestellt werden soll) jenes geschickte Machwerk, bei dem Alice unterhalb Whitehall in ein unterirdisches Wunderland fällt, das von seltsamen Wesen bevölkert wird, die in sich Charakterzüge der von Lewis Carroll geschaffenen Gestalten mit denjenigen der Bewohner des „Room 40“ während des Krieges verbinden. Von Dillwyn Knox’ erheiternden Versen ist der letzte der relevanteste. Ein anschwellender Schlußchor, der von allen gemeinsam zu singen ist, beginnt mit den Worten:

> „Wenn einst die Zeit sollt’ kommen, zu der man uns entläßt,
> Wie werden wir vermissen, was jetzt uns noch umfäßt!“

Nachdem dann der Chor die verschiedenen Schrecken des „Room 40“ sardonisch aufgezählt hat, von denen sie die Demobilisierung tatsächlich befreit, endet er:

> „Die Freuden sind für uns vorbei, doch Denniston wird leben,
> Den stillen Posten wird er wohl nimmermehr aufgeben!“

Nun Denniston hat ihn nicht aufgegeben, und hier war er jetzt in Warschau, im Juli 1939, und Dillwyn Knox befand sich bei ihm. (Knox hatte seinen Posten auch nicht aufgegeben. Als der „Room 40“ aus dem Unterstellungsverhältnis zur Admiralität gelöst und nach 1918 dem Foreign Office zugeteilt wurde, arbeitete Knox zwischen den Kriegen ununterbrochen wie Denniston dort weiter. Dabei wurde der „Room 40“ in „The Government Code and Cipher School“ umgetauft. Knox diente sein hervorragender Ruf als Altphilologe als gute Tarnung.)

Weiter war ein dritter Mann mehr als Beobachter denn als Teilnehmer aus London gekommen. Als Professor aus Oxford getarnt, was ihm ohne Schwierigkeit gelang, war Colonel Stewart Menzies, der stellvertretende Leiter des britischen Geheimdienstes, unangemeldet anwesend. Bei einem offiziellen Lunch für seine Besucher fand sich Oberst Mayer wieder, wie er diesem ausgezeichneten Akademiker die Hände schüttelte, „der tatsächlich nicht zur kryptologischen Abteilung gehörte, mit ihr aber eng zusammenarbeitete!“ Nach 1945 traf Mayer zufällig wieder auf den Professor und erinnerte sich daran, daß sie sich schon einmal gesehen hatten. „Ja“, sagte Major General Sir Stewart Menzies, der den ganzen Krieg hindurch den Geheimdienst geleitet hatte, „ja, das war damals wegen der Enigma.“

Nach Oberst Mayer hatte es die ganze Zeit über häufige Diskussionen in der Nachrichtenabteilung des polnischen Generalstabes über das gegeben, was mit dem *Wicher*-Material im Falle von Feindseligkeiten geschehen sollte. Daraus ergaben sich klare Richtlinien: „Im Falle eines drohenden Krieges muß das Enigma-Geheimnis als unser polnischer Beitrag für die gemeinsame Sache der Verteidigung gebraucht und an unsere zukünftigen Verbündeten weitergeleitet werden.“ Als ein neuer Mann, Oberst Smolenski, die Abteilung im Januar 1939 übernahm, wurde er so von seinem Vorgänger eingewiesen. Nun, im Juli, glaubten die Polen, die Stunde der Wahrheit habe geschlagen. Sie entschlossen sich zur Weitergabe.

Denniston und Knox waren erstaunt, als ihnen am Morgen des 15. Juli bei der ersten Sitzung im Pyrywald Langer enthüllte, daß sein Team alles über die Enigma wüßte, – wie sie zu bauen war und wie ihre Schlüssel geknackt werden konnten, obgleich das leider für die laufende Reihe von Sprüchen, die aus der Version mit den fünf Walzen stammte, nicht zutraf. Als er ein echtes Modell vorzeigte, „*ce fut*“, wie Bertrand sich erinnerte, „*un moment de stupeur*“ („war das ein Augenblick höchster Überraschung“). (Bertrand sagt, „es geschehe jetzt vielleicht zum erstenmal, daß der Stolz der britischen Techniker durch die Leistung der Polen gedemütigt würde“. Er verrät aber nicht, daß er selbst verblüfft war, noch daß der ebenfalls anwesende Rejewski fand, Knox' theoretisches Verständnis der Enigma-Prinzipien wäre so aus eigenem Erkennen fundiert gewesen, daß sie über die echte Maschine auf gleicher Ebene diskutieren konnten.) Das britische Paar bat sofort um Erlaubnis, sich Zeichnungen ausleihen und sie nach England zur Auswertung durch Spezialisten für Elektrizität und Mechanik senden zu dürfen. Aber für Knox und Denniston gab es noch eine weitere Überraschung. Langer enthüllte ihnen, daß aus dem Bestand der polnischen Nachkonstruktionen zwei Enigma-Maschi-

nen übergeben werden sollten, die eine an die Briten und die andere an die Franzosen. Dazu sollten noch technische Zeichnungen der „*Bomba*" und weiterer kryptoanalytischer Geräte kommen, welche der polnische Erfindergeist hervorgebracht hatte. Aus ihrem angehäuften Kapital übergaben die Polen ein direktes Legat. Der Transport sollte unter Bertrands Verantwortung geschehen, denn man konnte bequem das französische Diplomatengepäck von Warschau nach Paris dafür benutzen.
Alles ging glatt. Am Abend des 16. August kam Bertrand, von einem Kurier der britischen Botschaft in Paris (mit einer Enigma in seinem Diplomatengepäck) und einem Angehörigen des Geheimdienstes begleitet, in London an. Am Victoria-Bahnhof wurden sie von Menzies selbst willkommen geheißen. Nach Bertrand wollte er dann an einer Party teilnehmen und erschien daher in Abendkleidung und angemessenerweise mit der Rosette der Ehrenlegion im Knopfloch: *Accueil triomphal!* Auf jeden Fall war die Enigma da, und Bertrand konnte sich selbst mit gutem Grund für einen der Geburtshelfer von Ultra einstufen, obgleich er, wie wir gesehen haben, ganz gut auch eine Abtreibung hätte bewirken können.
Obwohl es offensichtlich scheint, daß die Briten in diesem Sommer des Jahres 1939 von der Enigma weit weniger verstanden als die Polen, ist es schwer, etwas über das genaue Ausmaß ihrer Kenntnis auszusagen. Doch wenn vor mehr als zehn Jahren die Government Code and Cipher School im Herbst 1927 einen Mann ins Patentamt gesandt hätte, wäre dieser in der Lage gewesen, eine vollständige, auf englisch abgefaßte Beschreibung der Scherbius-Maschine zu lesen und die dazugehörige Zeichnung zu untersuchen. Am 17. Januar 1927 beantragten nämlich „Wir, die Chiffriermaschinen-Aktiengesellschaft aus der Steglitzer Straße 2, Berlin W. 35, Deutschland. . ." ein Patent zur Abdeckung der britischen Rechte an der bereits im vorhergehenden März in Deutschland patentierten Erfindung. Die Patentbeschreibung wurde beim britischen Patentamt am 11. August 1927 angenommen und registriert. Wie vorgeschrieben, lieferten die Patentpapiere eine Beschreibung der kleinsten technischen Einzelheiten. Besonders betont wurde die Bedeutung der Tatsache, daß man die Anordnung der drei Schlüsselwalzen in der Maschine ändern konnte. Außerdem hieß es – und das gab der Beschreibung eine unheilschwangere Note für die Zukunft –: „Es ist auch möglich, eine oder alle Schlüsselwalzen 1, 2, und 3 durch andere Schlüsselwalzen zu ersetzen, die miteinander auf verschiedene Weise verbun-

den werden." Es gab da noch eine andere Behauptung, die, falls sie von der Government Code and Cipher School gelesen worden wäre, zu denken gegeben hätte. „*Im Kriegsfall besteht der weitere Vorteil** darin, daß zum Beispiel bei einer Überraschung durch den Feind es nur notwendig ist, den Walzensatz oder auch nur eine Walze zu entfernen und damit die Schlüsselmaschine zum Entschlüsseln unbrauchbar zu machen." Als hätte das noch nicht genügt, wurde eine zweite Patentbeschreibung mit der Überschrift „Verbesserungen bei Schlüsselmaschinen" (die im November 1928 in Deutschland als Patent angemeldet worden waren) vom britischen Patentamt am 16. Februar 1931 angenommen.
Der Historiker erfaßt in seiner Rückschau, bei der er so trügerisch schnell mit dem Erkennen der Zusammenhänge der Ereignisse ist, sofort die Bedeutung dieser Dokumente in Beziehung auf die zukünftige militärische Geschichte der Enigma und alles dessen, was sie nach sich brachte. Es muß jedoch angenommen werden, daß die Dokumente ungestört in den Akten des Patentamtes ruhten, da sogar noch bis zum Jahr 1939 das britische Verständnis für die Enigma tastend und unsicher blieb. Im Jahre 1977 veröffentlichte die Nichte von Dwillyn Knox, Penelope Fitzgerald, eine gemeinsame Biographie der vier brillantesten Söhne des Bischofs von Manchester – ihres Vaters E. V. (des Herausgebers des *Punch*), des zum Katholizismus bekehrten Monsignore Ronald Knox, des anglikanischen Priesters Wilfred, und Dillwyns. Über die Arbeit des letzteren an der Government Code and Cipher School schrieb sie Anfang 1939: „Seine Abteilung konzentrierte sich damals die ganze Zeit über auf die Lösung des Enigma-Rätsels... Das Foreign Office hatte seiner Abteilung eine alte handelsübliche Enigma geliefert, die ungefähr 2.500 Pfund kostete. An ihr konnte man den allgemeinen Mechanismus studieren, aber auch nicht mehr als das."[8] (Wenn die Kosten dieser gebrauchten Maschine 2.500 Pfund wirklich betrugen, so hatten die Amerikaner einen weit besseren Kauf gemacht, als sie eine neue Scherbius für 144 Dollar erwarben!). Bertrand hat auch geschildert, wie er einige der Dokumente, die er durch seinen Agenten Asché erworben hatte, im Jahre 1938 nach London brachte.
Somit waren die Briten nicht ganz aus dem Spiel. Wenn man sich der Reaktionen des Teams der Government Code and Cipher School während des Treffens im Pyrywald im Juli 1939 erinnert,

* Vom Autor kursiv gesetzt.

kann man damit auch vernünftigerweise Spekulationen über den Fortschritt anstellen, den die Briten gemacht hatten, bevor die Polen ihnen zu Hilfe kamen. Es gibt Beweise für eine theoretische Untersuchung und ein begrenztes technisches Bewältigen des Problems, die aber beträchtlich weit davon entfernt waren, es wirksam zu meistern. Ein wichtiger Zeuge ist Professor R. V. Jones, der in dem Buch *Most Secret War* beschreibt, wie bei seinem ersten Besuch in Bletchley „Travis ihm sagte, daß, während des gesamten Ersten Weltkrieges eine ganze Generation von Kryptographen, zu denen Oliver Strachey und Nigel de Grey gehörten (die beim Knacken des berühmten Zimmermann-Telegramms halfen), glaubte, Maschinenschlüssel seien nicht zu knacken, ein paar aus der neuen Generation der jungen Kryptographen der Ansicht waren, der Enigma-Schlüssel könne geknackt werden, und sie damit bereits so weit vorangekommen wären, daß sie herausfanden, was ein Teil des Drahtgewirrs innerhalb der Walzen sein mußte."
Sogar, daß sie so weit gekommen waren, wurde offenkundig durch ein Arbeitsmodell der deutschen militärischen Version der Enigma erleichtert. Für den alliierten Geheimdienst war daher die Ankunft dieses flachen kleinen Instrumentes in einer Kuriertasche am Victoria-Bahnhof ebenso entscheidend wie es für die anglo-amerikanische Entwicklung des Radars fast ein Jahr später der Augenblick war, an dem Sir Henry Tizards Auftrag in den Vereinigten Staaten zur Übergabe der berühmten „Black Box" eintraf, jener lackierten Metallkiste aus den Army and Navy Stores (ein paar Meter von Victoria-Bahnhof entfernt), in der das erste und unbezahlbare Muster des Ventils war, das als „cavity magnetron" über den Atlantik gebracht wurde. Von diesem „einzigen höchst wichtigen Posten beim umgekehrten Lease-lend-Verfahren" behauptete der Physiker Sir John Cockroft, er habe die den US-Technikern zur Verfügung stehende Fähigkeit durch einen Faktor von 1.000 erhöht. Den Wert der Ankunft der Enigma in London zu bestimmen, geht über die Möglichkeiten der Mathematik hinaus, aber wenigstens läßt sich daran das Spiel des Zufalls in der Geschichte klar erkennen. Wenn Bertrands Idee, an die Deutschen durchsickern zu lassen, die Enigma sei geknackt worden, akzeptiert worden wäre oder sich der polnische Generalstab dazu entschlossen hätte, seine Geheimnisse für sich zu behalten, wären die Dinge vielleicht anders verlaufen.
Ganz anders sogar, denn um 4.45 Uhr morgens am 1. September fielen die ersten Bomben auf Warschau, und die deutschen Panzer

rollten über die polnische Grenze. Im folgenden Blitzfeldzug befanden sich Langer und sein Stab in keiner akut gefährlichen Lage. Sie waren nicht nur nicht in der Lage, die deutschen Funksprüche zu entziffern: Sogar wenn sie fähig gewesen wären, den Fünfwalzenschlüssel zu knacken, wären sie mit ihrer Kunst am Ende gewesen, da die Horchstellen, auf die sie angewiesen waren, bald überrannt wurden oder auf der Flucht waren. Nachdem sie jedoch einer Gefangennahme entgangen waren und ihr *Wicher*-Gerät zerstört oder erfolgreich versteckt hatten, gelang es ihnen, nach Rumänien zu entkommen. Oberst Mayer beschreibt, was dann folgte: „Am 26. September kam Capitaine de Winter vom französischen Heer in Calimanesti, einem Erholungsort in den Bergen an, in dem einige der Offiziere des polnischen Generalstabs von den Rumänen festgehalten wurden. Er kam zu mir und blieb sogar in meinem Appartement im Hotel. Er suchte nach einigen polnischen Offizieren, unter ihnen auch Oberst Langer, für den er eine Botschaft von Capitaine Bertrand hatte. Am nächsten Tag traf er Langer und schlug ihm vor, er solle mit allen seinen ihm unterstellten Kryptologen nach Frankreich reisen und seine Arbeit dort fortsetzen. Langer meldete dies pflichtgemäß sofort an mich und bat mich um Rat.“

Mayer stimmte zu. So erreichten Langer und fünfzehn seiner Experten – einige mit Sonderflugzeug und andere mit dem Orient-Expreß – bis zum 1. Oktober Paris. Der britische Geheimdienst hatte diesen angesehenen Flüchtlingen geholfen, – die besonders deshalb angesehen waren, weil mit ihnen nach Frankreich zwei Enigmas reisten, die sie aus ihrem ursprünglichen Bestand irgendwie hatten retten können.

Aber im Oktober hatten sich die relativen Stärkeverhältnisse verändert. Langers Gruppe befand sich jetzt im Exil aus einem geschlagenen Land. Die Franzosen, die bis dahin noch keine Haare gelassen hatten, befanden sich in den optimistischen frühen Tagen ihres eigenen Krieges und konnten somit den Ton angeben. Bei der Mobilmachung verlegte ihr 5. Büro, die Nachrichtenabteilung des Generalstabs, in den Raum Gretz-Armainvillers, das etwas mehr als 60 km nordostwärts von Paris liegt. Hier brachte der nun zum Major beförderte Bertrand seine Abteilung zur Bearbeitung und Entzifferung abgefangener Funksprüche unter. Der genaue Ort war das Château de Vignolles und sein Deckname *PC Bruno*. Die Gesamtheit der 70 Techniker setzte sich aus drei Elementen zusammen. Neben den Franzosen gab es eine kleine spanische Sektion, die *Equipe D*; es waren sieben Mann, die aus den Trümmern des Bürgerkrieges gerettet worden waren und deren Auftrag in der Überwachung des Funkverkehrs Spaniens und Italiens bestand. Das dritte Element war Langers Team, das nun *Equipe Z* genannt wurde, denn die polnische Exilregierung, die das Unvermeidliche realistisch akzeptierte, willigte ein, daß die starke und erfahrene Einheit, von einem Oberstleutnant geführt, einer französischen Organisation von deutlich geringerer Sachkenntnis unterstellt und von einem frisch beförderten Major befehligt wurde. Stark und erfahren war die *Equipe Z* gewiß, da sie neben Langer Ciezki und Paluth, Rejewski, Rózycki und Zygalski sowie drei Experten aus der ehemalig russischen Sektion des polnischen Geheimdienstes umfaßte.* Einer sauberen Verwaltungsführung wegen wurden die Spanier der französischen Fremdenlegion eingegliedert. Die Verbindung mit England und mit Lord Gorts Hauptquartier beim britischen Expeditionskorps in Frankreich wurde durch die Abstellung von Captain MacFarlan und durch eine direkte Fernschreibverbindung über den Kanal sichergestellt. *P. C. Bruno* war praktisch zum ersten alliierten Operational Intelligence Centre geworden, und *Wicher*, der Sturmwind, sollte bald seinem Nachkommen Ultra Platz machen.

Das Eis war gebrochen. Polen war untergegangen. Aber der Schatz, dessen Wegnahme der höchste Siegespreis der Deutschen gewesen wäre, ruhte nun sicher in Vignolles, – es waren zwei Enigma, die von der *Equipe Z* plus dem den Franzosen übergebenen Modell evakuiert worden waren. Außerdem war ein unersetzbares Team von Fachkryptologen intakt bestehen geblieben. Im Verlaufe des Krieges arbeiteten die Polen auf denkwürdige Weise für die gemeinsame Sache weiter, – in Jagd- und Bomberstaffeln der RAF, im belagerten Tobruk, auf den Höhen von Cassino in Italien und auf dem Schlachtfeld in der Normandie. Dennoch war ihre entscheidendste Heldentat die erste. Sie hatten die wichtige Friedensentscheidung ihres Generalstabs tadellos ausgeführt: „Im Falle eines drohenden Krieges muß die Enigma als unser polnischer Beitrag für die gemeinsame Sache der Verteidigung benutzt und an unsere zukünftigen Alliierten weitergegeben werden." Sie hatten Ultra möglich gemacht.[9]

---

* Rózycki ging im Mittelmeer 1942 mit *S. S. Lamoricière* unter. Nach dem Krieg ließ sich Zygalski in England nieder, und Rejewski kehrte nach Polen zurück.

KAPITEL 2

Der britische Durchbruch

> „Da wurden alle Weisen des Königs hereingebracht, aber sie konnten weder die Schrift lesen noch die Deutung dem König anzeigen. Darüber erschrak der König Belsazar noch härter und verlor seine Farbe; und seinen Gewaltigen ward bange.“
>
> Aus dem Buch Daniel.

Bei Belsazars Gastmahl war die Schrift an der Wand voll sichtbar, aber unverständlich. Dort auf dem Verputz wurden die Worte von den Fingern einer Menschenhand geheimnisvoll eingeschrieben. Sie waren unheilverkündend, aber rätselhaft, bis einer, der klüger war als alle Weisen des Königs, der Prophet Daniel, die furchtbare Botschaft entzifferte. *Mene, mene, tekel, upharsin:* Teilung und Zerstörung durch die Hände der Meder und Perser.

Beim Ausbruch des Zweiten Weltkrieges befanden sich die Briten in einer ähnlichen Lage. Wer konnte die potentielle Bedrohung beurteilen, die in diesen verwirrenden Funksprüchen enthalten war, die mit den Fingern einer Menschenhand auf einer Enigma-Maschine verschlüsselt worden waren? Die Funkhorchstellen hatten sie bereits abgefangen, aber keiner von des Königs Weisen in der Government Code and Cipher School konnte ihren Sinn entziffern. Der *Blitzkrieg* tobte durch Polen. Wenn Hitler sich gegen die französisch-britische Allianz wandte, mußte Deutschland einen ungeheuren Vorteil besitzen, falls der Enigma-Schlüssel nicht geknackt werden konnte. Und wo war Daniel? Obwohl die Schrift nur ein paar wenigen sichtbar war, erschien sie doch gewiß im September 1939 an der Wand, und die Ratlosigkeit von Belsazars Fürsten wurde, wie man annehmen darf, von der der Stabschefs übertroffen.

Die Code and Cipher School hatte in ihre Kriegsunterkunft verlegt. Als der Friede zu Ende war, verlegte sie Denniston aus dem Londoner Hauptquartier des Secret Service am Broadway Nr. 54 in der Nähe des Saint James's Park in Westminster in ein unauffälliges Gebäude etwa 80 km weiter nördlich in die Außenbezirke einer kleinen Landstadt in Buckinghamshire, die mit der Hauptstadt durch eine Hauptstraße und die Eisenbahn gut verbunden

war. (Diese Verlegung war bereits in den Tagen von München geübt worden.) Ein solides bürgerliches Gebäude in nachgeahmtem Tudor-gotischem Stil mit dem Namen Bletchley Park verdankt seinen Ruhm eher dem, was dort geschah, als seinen Reizen. Einer der Amerikaner, die später im Krieg dorthin kamen, Alfred Friendly von der *Washington Post*, erinnert sich wie folgt daran: „Ein Landgut irgendeines Industriellen, der ein schreckliches spätvictorianisches Schlößchen auf geräumigem Grund baute (nun standen auch einige Nissenhütten oder Schlimmeres darauf), mit einem Schwanenteich, einem lächerlichen Ding (einer verfallenen Mauer, um das grasende Vieh, aber nicht den Blick abzuhalten) und anderen orthodoxen Ausstaffierungen". Doch es war Platz vorhanden, die Verbindungen waren ausgezeichnet, und der Government Code and Cipher School erschien die nicht einnehmende Umgebung bezeichnend für den geheimen Krieg. Darüber hinaus liegt Bletchley bequem zwischen den Universitäten Oxford und Cambridge. Eher aus Cambridge als aus Oxford wurden jene Männer bald gezogen, die wie jener frühe Entzifferer Daniel sich schließlich als fähig erwiesen, „die Zweifel zu beseitigen, die Schrift zu lesen und die Interpretationen bekanntzumachen".
Der Junior Dean und Tutor für Mathematik am Sidney Sussex College in Cambridge meldete sich bei der Government Code and Cipher School noch am ersten Tag des Ausbruchs der Feindseligkeiten. Noch in seinen frühen dreißiger Jahren hatte Gordon Welchman schon einen kurzen kryptologischen Kurs am Broadway im Herbst 1938 absolviert. Über Enigma war ihm natürlich nur sehr wenig gesagt worden. Neben einigen allgemeinen Prinzipien der Kryptoanalyse kam das, was ihm am besten im Gedächtnis haften blieb, von Oliver Strachey, einem alten Hasen auf diesem Gebiet. Strachey hatte ihn zu erkennen gelehrt, daß es im Krieg ein systematisches Verfahren zur Bearbeitung von Feindnachrichten geben müßte. Welchman war nicht nur Mathematiker. Er besaß auch Voraussicht, Ansporn und eine geschickte Fähigkeit zum Organisieren und Führen. Bald nach seiner Ankunft in Bletchley Park erkannte er ganz einfach, daß nach Verfahrensweise und Praxis diejenigen Angehörigen der Government Code and Cipher School aus der Friedenszeit, die direkt mit Enigma betroffen waren, nicht bereit waren, nach den Richtlinien vorzugehen, von denen er bei Strachey gelernt hatte, daß sie im Krieg wesentlich wären. Nach Ansicht derjenigen, die in Bletchley Park als Entzifferer des Enigma-Verkehrs im Winter 1939/40 arbeiteten, war Welchman derjenige, der in erster Linie dafür verantwortlich

war, daß diese Abteilung so vorbereitet wurde, als Hitler den Scheinkrieg zu einem wirklichen machte und gegen Norwegen und Frankreich losschlug.
Hitler selbst bemerkte einmal, „der Anfang eines jeden Krieges sei wie das Öffnen einer Tür zu einem dunklen Raum. Man weiß niemals, was sich in der Dunkelheit verbirgt." Sowohl von der Persönlichkeit als auch von der Tradition abhängende Faktoren verhinderten es, daß die Government Code and Cipher School im Herbst 1939 in geeigneter Weise ausgerüstet war, um die Möglichkeiten zum Eindringen in die dunklen Geheimnisse der Enigma auszubeuten. Alastair Denniston an ihrer Spitze war ein geschickter und erfahrener Entzifferer, ein Mann von großem Charme und großer Integrität. Er hätte also zweifellos ein technischer Experte im Knacken des Enigma-Maschinenschlüssels werden können, aber er trug die schwere Last der Verwaltung. Sie bestand darin, die Government Code and Cipher School aus der Friedenszeit in eine Organisation für den Krieg auszubauen. Seine Gesundheit war schlecht. Weder er noch irgend jemand anders auf der ganzen Welt besaß persönliche Erfahrungen im Auswerten von feindlichen Funksprüchen, die mit der Maschine verschlüsselt worden waren, und im Beschaffen von Feindnachrichten für die Briten in einem großen Krieg. Er brauchte die Unterstützung eines praktischen Spezialisten. Aber der glänzendste Stern an seiner Seite war der mit hohen geistigen Fähigkeiten begabte Dillwyn Knox, ein ganz ausgesprochener Schriftgelehrter. Sein schneller Verstand tanzte elegant im Labyrinth der Kryptographie hin und her, aber von den praktischen Notwendigkeiten des kommenden Krieges war er weit entfernt.
Wie andere Arten der Nachrichtenbeschaffung hatte die Kryptoanalyse ihre Augenblicke des Triumphs dann, wenn ihre Taten als spektakulär und sogar romantisch erschienen. Aber der Glanz bleibt, selbst wenn er berechtigt ist, trügerisch. Die meisten Arbeitsstunden der Männer und Frauen in Bletchley waren langweiligen Verfahren und der Routine gewidmet, dem unendlich peinlich genauen und oft unendlich langweiligen Prozeß des Überprüfens und Tabulierens, Rechnens und Wiederüberprüfens. Aus diesen wesentlichen, genauen, aber häufig ständig zu wiederholenden Übungen konnte sich das Eindringen in einen Schlüssel ergeben. Aber nach Temperament und Denkweise war Knox für Routinearbeit schlecht geeignet. Sein Beitrag in der Schlacht gegen Enigma war beträchtlich, aber er leistete ihn auf seine eigene Weise. Intuitiv, original und eigensinnig bewegte sich sein Verstand

wie der blitzschnelle Flug eines Königsfischers über einen Teich. Ob im Room 40 während des Ersten Weltkrieges oder am Broadway zwischen den Kriegen, immer war er eher der visionäre Träumer als der sorgfältige Konformist.

Sein Verhalten war demgemäß. In Bletchley war seine Geistesabwesenheit als legendär bekannt. „Oh, Sie sind zu uns gekommen?" sagte er zu einer seiner jungen Damen. „Gut. Haben Sie einen Bleistift? Wir knacken Schlüssel." Doch unter der anscheinend unüberwindbaren Zerstreutheit befand sich eine Schicht aus Stahl. Der Krebs zerfraß ihn, aber er arbeitete von seinem Bett aus während der letzten Monate des Jahres 1942 weiter (nachdem man ihn im Krankenhaus dabei angetroffen hatte, wie er das Buch *Die Kunst des Sterbens* las). Kurz bevor das Ende am 27. Februar 1943 in seinem 60. Lebensjahr kam, hörte er die Stimme seines Bruders Ronald, des katholischen Priesters. „Ist Ronnie immer noch da", sagte Dillwyn, „und pfuscht Gott beim Hinübergehen ins Handwerk?" (Zweifellos lag sein Schatz im Himmel ganz anders als bei seinem Gegenstück an Ideosynkrasie, Alan Turing. In einem Anfall von Mutlosigkeit verwandelte Turing sein ganzes Geld in Bargeld und vergrub es als Reserve für den Notfall in den Wäldern von Bletchley. Das wahre Unglück aber bestand darin, daß Turing es niemals wieder finden konnte). So war Knox besser zu einer glänzenden Hilfskraft als zu einem Organisator geeignet oder gar zu einem Führer, es sei denn auf sehr begrenzter Ebene.

Es gab auch noch einen anderen Grund. Sowohl er als auch Denniston hatten den Krieg im Room 40 erlebt: Doch was auch immer die einzelnen Triumphe jenes bemerkenswerten Teams zwischen 1914 und 1918 gewesen sein mögen, die Weigerung der Admiralität, das Wesen und den Wert der geheimen Feindaufklärung zu erfassen, bedeutete, daß Room 40 in einem Vakuum dahinlebte. Es gab keine systematischen Verfahren für die Bearbeitung, Auswertung und Verteilung der Nachrichten, die durch das Knacken von Schlüsseln gewonnen worden waren. Es ist richtig, daß nach 1918 zwei Studien, deren Autor und Koautor Denniston war, die Arbeit des Room 40 und die Grenzen des Systems der Admiralität oder auch das Fehlen eines Systems zum Bearbeiten kryptoanalytischer und anderer Feindnachrichten untersuchten; es mag wohl sein, daß die Interpretation der Erfahrungen des Ersten Weltkrieges Denniston immer vor Augen stand, als er darum kämpfte, die Government Code and Cipher School zwischen den Kriegen am Leben zu erhalten und sich auf den Zweiten Weltkrieg vorzubereiten. Gewiß ist Welchman, der vielleicht den Ereignissen dieses ersten Herbstes und Winters so nahe war wie nur irgendein noch Lebender, der festen Überzeugung, daß Dennistons persönlicher Beitrag zum Erfolg von Ultra bis jetzt noch nicht voll und in geeigneter Weise gewürdigt worden ist. Als Welchman spezifische Vorschläge zur umfassenden Organisation der Entzifferung vorlegte, sahen Denniston und sein stellvertretender Direktor, Commander Travis, die darin liegenden Schlußfolgerungen klar voraus und handelten schnell; – denn Travis, der schließlich Denniston im Amt folgte, besaß die Führungseigenschaften, die gebraucht wurden, um Station X zusammenzuhalten und sie voranzutreiben. Aber Welchman stand als Quelle neuer Ideen nicht allein. Professor R. V. Jones, der Ultra mit einzigartigem Erfolg in so vielen Aspekten des Luftkrieges verwenden sollte, hat das Verdienst am schließlichen britischen Durchbruch „der großartigen Arbeit einer neuen Generation von Kryptographen in Bletchley Park in den frühen Tagen des Krieges" zugeschrieben. Einige kamen von weit her. Im September 1939 war die britische Mannschaft für die internationale Schach-Olympiade in Buenos Aires. Sie hatte sich gerade für das Endspiel qualifiziert, als der Krieg ausbrach. „Angesichts der Visionen eines in Flammen stehenden London", erinnert sich Stuart Milner-Barry, „glaubten die meisten von uns nicht, wir könnten mit dem Schachspielen fortfahren." Daher kehrte die Mannschaft an Bord der verdunkelten und nicht im Konvoi fahrenden *Alcantara*, die zufällig Argentinien in der Nacht verließ, in der sie ihren Entschluß faßten, sicher nach England zurück; – der einzige Alarm auf der Fahrt wurde von einem Tümmler verursacht, den Milner-Barry während seiner Nachtwache fälschlicherweise für ein U-Boot gehalten hatte.

Es war ein großes Glück. Eine torpedierte *Alcantara* hätte die Zukunft von Ultra schwer beeinträchtigt, denn die britische Mannschaft umfaßte ein paar Schlüsselpersonen der „neuen Generation" von Professor Jones. Es waren Männer von Rang. Milner-Barry, zur Zeit von Welchmans Jahr am Trinity College in Cambridge Student, war britischer Jugendmeister im Schach gewesen und wurde zum Präsidenten des britischen Schachbundes. Nach dem Krieg nahm er hohe Stellungen im Schatzamt ein und wurde 1975 geadelt. Sein Freund Conel Hugh O'Donel Alexander hatte 1931 eine Eins in Mathematik am King's College, Cambridge, erhalten. Ein Vierteljahrhundert lang war er Britanniens führender Schachspieler, und nach 1945 blieb er im Geheimdienst im Nachfolgeinstitut der Government Code and Cipher School, dem

„Communication Centre“ der Regierung in Cheltenham. Der Dritte des bemerkenswerten Trios war Harry Golombek, ein international anerkannter Schachmeister, der Britannien bei nicht weniger als neun Olympiaden repräsentierte.

Anfang 1940 wurden Milner-Barry und Hugh Alexander durch Welchman für die Government Code and Cipher School angeworben und teilten sich in „einem altmodischen, aber außerordentlich komfortablen Pub mit dem Namen ‚The Shoulder of Mutton‘“ im alten Bletchley eine Unterkunft. Golombek kam etwa eineinhalb Jahre später dazu, nachdem er vorher bei der Artillerie gedient hatte. Aber vor allen Dingen kamen aus Cambridge ständig neue Talente, – Männer, die sich nach dem Krieg in ihren akademischen Berufen in hohem Maße auszeichnen sollten. Ein gewisser anderer war der brillante junge J. R. F. Jeffreys, ein Gelehrter des Downing College und Inhaber der Isaak Newton Scholarship für Mathematik, der sehr früh an Tuberkulose im Jahre 1944 sterben sollte.

Im Kriege bildet die Anwerbung für Geheimorganisationen stets ein besonderes Problem. Das gemächlichere Tempo der Friedenszeit gestattet es dem Geheimdienst, vorsichtig und mit Bedacht die Zahl seiner Mitglieder aufrechtzuerhalten oder zu erweitern. Aber Bletchley bildete ein sich rasch ausbreitendes Reich. Das von ihm benötigte Personal bestand aus Männern und Frauen eines besonderen Typs. Man brauchte sie in ständig wachsender Zahl. Aber es war ja unmöglich, in der *Times* ein Stellenangebot für zwanzig Codeknacker oder einen neuen Schub Geheimdienstoffiziere aufzugeben. Auch war es, außer mit höchster Diskretion, nicht leicht, sie auf „dem üblichen Dienstweg“ aus den Reihen der Streitkräfte zu erhalten. Der Special Operations Executive hatte die gleichen Schwierigkeiten, Männer – oder gelegentlich auch Frauen – für die Arbeit in den Widerstandsbewegungen zu erhalten. „Wenigstens in einer Beziehung“, schrieb Professor M. R. D. Foot in seiner offiziellen Geschichte des S. O. E. in Frankreich, „war der S. O. E. wie ein Club, denn man konnte nur durch Einladung oder Aufforderung Mitglied werden.“ Auf diese Weise wurden die Mitglieder der *Huts* (Hütten) und Sektionen bei der Station X angeworben, – also nach dem Prinzip, das vor 1914 jener große Individualist Admiral Jacky Fisher verkündet hatte: „Günstlingswirtschaft ist das Geheimnis der Effizienz.“

Geradeso wie die Stadt London und das Balliol College in Oxford (die Manipulatoren der beiden effizientesten „Old-Boy-Netze“ im Land) die wichtigsten Stützpunkte für den SOE wurden, so versorgte Cambridge Bletchley. Es gab starke Anfangsverbindungen durch die alten Hasen wie Knox und Birch, die beide vom King's College kamen, oder durch jene, die wie Welchman vom Sydney Sussex College und Vincent vom Corpus Christi College bereits in den späten dreißiger Jahren für die Government Code and Cipher School vorgesehen worden waren. Cambridge hatte eine hervorragende mathematische Fakultät, was die Universität augenfällig zum geeigneten Jagdgrund machte. Auf persönlicher Basis wurden daher geeignete Akademiker in Cambridge durch Freunde angegangen, die bereits in BP arbeiteten; oder irgend jemand ging auf Grund einer privaten Vereinbarung in eins der Colleges, um eine verblüffte Gruppe von Studenten zu interviewen, die durch einen verläßlichen Tutor als mögliche Kandidaten ausgewählt worden waren. Natürlich war eine bestimmte Universität nicht die einzige Quelle. Akademiker von höchstem Ruf und Männer und Frauen mit allen möglichen Begabungen wurden auf viele Arten und an vielen Orten angeworben und leisteten dann wenigstens ebenso bemerkenswerte Beiträge wie jene von der Cambridge Universität. Doch dient Cambridge als exaktes Beispiel für die mündliche Anwerbungsmethode, die gebraucht wurde, um heimlich Mitarbeiter für Bletchley Park anzuwerben, – und vielleicht war es auch gar nicht anders möglich. Es ist kein zufälliges Zusammentreffen, daß genau das gleiche System der persönlichen und geheimen Auswahl benutzt wurde, als sich die Amerikaner 1943 dem Problem der raschen Anwerbung der richtigen Art Männer für den Special Branch als Ultra-Bearbeiter gegenübersahen.*

Die Vergangenheit eines jeden neu Angeworbenen wurde sorgfältig durchleuchtet. Diese Vorsichtsmaßnahme lag auf der Hand, war aber besonders wichtig für eine Organisation, die aus einer beträchtlichen Anzahl Intellektueller bestand, die man wegen ihrer Kenntnis des Deutschen und Deutschlands oder Italiens oder anderer Sprachen ausgewählt hatte. Nicht wenige von ihnen mochten tatsächlich aus dem Ausland Zuflucht in Britannien gesucht oder tiefe Wurzeln in anderen Ländern geschlagen haben. Sie bildeten stets eine Hefe, aber bei der Verstärkung von BP von Hunderten auf Tausende wurden weit mehr aus dem Heer, der Marine und der Luftwaffe übernommen, – vor allem Scharen von Wrens (Marinehelferinnen) und WAAFs (Luftwaffenhelferinnen) für die technischen Dienste und die Fernmeldedienste.

---

* Wegen der Anwerbung für Special Branch siehe Kapitel 9.

Doch war gerade diese Vergrößerung das Ergebnis des immer größere Ausmaße annehmenden Kriegsgeschehens, und das schuf für Station X eigene Probleme. Etwa während des ersten Jahres waren z. B. gute Mathematiker auf Grund der Talentsuche von Bletchley leicht zu haben. Als die Anstrengungen für den Krieg ins Unermeßliche stiegen, stiegen auch dic miteinander im Wettstreit stehenden Forderungen für jede Art von Können und Begabung, und die Zahl der für die Anwerbung in Frage kommenden Mathematiker wurde immer kleiner. Welchman stand in regelmäßigem Kontakt mit C. P. Snow (später Lord Snow), dessen Aufgabe in Withehall in der rationalen Kontrolle über die Zuweisung von Naturwissenschaftlern bestand. Dem Autor gegenüber erinnerte sich Lord Snow 1977 an das Problem:

„Zu der Zeit, als ich tatsächlich die Kontrolle hatte, d. h. im Sommer 1940, hatte sich die Lage geändert. Jeder versuchte, von Winston eine Aussage zu erhalten, daß seine Aufgabe die höchste Dringlichkeit erhielt. Beim Radar geschah das tatsächlich. . . Ich schätze, daß Bletchley der Zahl nach eher mehr als seinen Anteil erhielt. Das interessanteste Problem bestand in der Entscheidung, wie viele und welche Leute an der Atomenergie arbeiten sollten. Die Radar-Bosse, die ständig anmaßender wurden, wollten sie alle mit Beschlag belegen."

Lord Snows Mitteilung muß eine wichtige Anmerkung beigefügt werden. Er diente etwa als Filter für die naturwissenschaftliche Intelligentsia und den Zustrom an vielversprechenden Technikern, und dennoch war er nicht auf der Liste von Ultra. Das Prinzip, daß nur jeder das wissen durfte, was ihn persönlich anging, wurde sehr weit getrieben. Doch trotz der Einschränkungen, Verbote und Mängel kann gewiß behauptet werden, daß die Methoden und Mittel der Anwerbung für Bletchley das hervorbrachten, was Admiral „Bubbles" James, der einst dem Room 40 vorstand, „einen Verein sehr cleverer Burschen, die Funksprüche entziffern konnten", nannte.

Unter diesen Männern nahm Turing eine hervorragende Stellung ein. Mit der unvoraussagbaren Zerstreutheit des Genies beeindruckte Alan Turing seine Zeitgenossen, und damit blieb er auch in ihren Erinnerungen haften. Genie ist das richtige Wort, denn die Fähigkeit, mit schwer verständlichen mathematischen Gedankengängen fertig zu werden, war ihm angeboren; sie war spektakulär und schöpferisch. Er wurde 1912 als Sohn des leitenden Ingenieurs der Madras and Southern Mahratta Railway geboren. Als gelehrter Mathematiker und dann als Fellow am King's College in

Cambridge schuf er sich einen Ruf als originaler Denker mit einer Arbeit, die er 1937 der Londoner mathematischen Gesellschaft über komputierbare Zahlen vorlegte. Aber ein Original war er auch in bezug auf sein Temperament. Professor Good, der mit ihm in Bletchley eng zusammenarbeitete, erinnert sich daran, daß er in der ersten Juniwoche eines jeden Jahres einen schlimmen Anfall von Heuschnupfen zu bekommen pflegte und dann mit einer Dienstgasmaske vor dem Gesicht zur Abwehr der Pollen in sein Büro radelte. Sein Rad hatte einen Fehler: Die Kette sprang in regelmäßigen Abständen ab. Anstatt sie reparieren zu lassen, zählte er, wievielmal die Pedale sich drehten, und sprang so rechtzeitig von seinem Fahrrad ab, daß er die Kette wieder mit der Hand richten konnte. Eine weitere seiner Exzentrizitäten bestand darin, daß er seinen Becher mit einer Kette an die Heizungsrohre anschloß, um einen Diebstahl zu verhindern.
Dennoch war es ein glücklicher Zufall, daß er in den unmittelbar dem Krieg vorausgehenden Jahren seine ernsthafteren Überlegungen auf die Beziehungen zwischen dem Prozeß des menschlichen Denkens und dem der Rechenmaschinen konzentriert hatte. Ein noch glücklicherer Zufall brachte ihn nach Bletchley Park mit der ersten Welle der „neuen Generation“, die nun ihren schließlich erfolgreichen Angriff auf Enigma begann.
Mit dem Höhepunkt im Frühjahr 1940 wurde der Angriff in vier Hauptrichtungen geführt. Die Horchstellen fingen regelmäßig die verschlüsselten, deutschen Funksprüche auf. Obwohl sie noch nicht geknackt werden konnten, vermochte man sie intensiv nach Anhaltspunkten zu untersuchen, – wie sie z. B. aus Unachtsamkeit auf der Seite des Feindes im Gebrauch seiner Schlüssel einflossen. Es war ein Glück, daß in diesen frühen Tagen ein großer Teil des Enigma-Verkehrs von der Luftwaffe gesandt wurde, denn während des ganzen Krieges war die deutsche Luftwaffe bei ihrem Gebrauch von Enigma auf hilfreiche Weise unsicher und nachlässig.
Die zweite Angriffsrichtung befaßte sich mit mechanischen Problemen. Hier bestand eine feste Basis für das weitere Vorgehen in Form der nun in Bletchley befindlichen Enigma-Maschinen, zu der auch technische Informationen über die „*Bomba*“ und andere Geräte gehörten, die die Polen in Warschau übergeben hatten. Mit außergewöhnlicher Geschwindigkeit trieben die britischen Theoretiker und Techniker die polnische Methodologie bis zu einem neuen Punkt der Spitzfindigkeit weiter. Sie entwickelten tatsächlich ihre eigene Art eines Datenbearbeiters, der in die Geschichte

als „*the bomb*“ eingegangen ist. Wie bekannt, ist der menschliche Verstand nicht in der Lage, die fast unendlichen Möglichkeiten, die im Enigma-System stecken, mit ausreichender Geschwindigkeit zu beurteilen. Die „*Bomb*“, von der viele Modelle während des Krieges in Bletchley ins Spiel gebracht wurden, übernahm diese wesentliche Funktion.

Zu einem frühen Zeitpunkt wurde ein Anfangsvertrag mit der britischen Tabulating Company in Letchworth abgeschlossen. Harold Keen, der als leitender Ingenieur an ihrer Konstruktion arbeitete, erinnerte sich, daß „was sie tat, darin bestand, den elektrischen Stromkreisen der Enigma Parole zu bieten. Ihr Geheimnis lag in der inneren Verdrahtung der Enigma-Walzen, die ‚*the bomb*‘ nachzuahmen versuchte.“ In seinem Vortrag „Frühe Arbeiten an Computern in Bletchley“ wurde Professor I. J. Good, ein weiterer Mathematiker aus Cambridge, etwas genauer. „Ganz offensichtlich konnte es nicht genügen, die Enigma bloß zu simulieren und alle möglichen Einstellungen für eine Meldung auszuprobieren, weil sogar heute noch keine Maschine in der Lage ist, in einer vernünftigen Zeit die 310^8 möglichen Einstellungen zu durchlaufen. Daher mußte die „*Bomb*“ ein paar weitere Feinheiten besitzen. Ich kann das nicht beschreiben, sondern nur feststellen, daß Gordon Welchman eine der Grundideen und Turing die andere hatte. Mein Eindruck ist es, daß Turings Idee derart war, daß für eine ganze Zeitlang kein anderer sie gedacht haben könnte und diese Idee das Leistungsvermögen der „*Bomb*“ beträchtlich erhöhte“. Das ist ein faires Urteil. Denn obgleich die „*Bomb*“ mit gutem Grund oft die „Turing-Maschine“ genannt wird, lieferte Welchman dazu außerordentlich wichtige theoretische Unterlagen, die ihre Wirksamkeit in hohem Maße erhöhten.

Gewiß war Welchman für das dritte notwendige Element beim Angriff auf die Maschine verantwortlich, – und zwar für das der Organisation und der Verfahrensweise. Rigorose Regeln wurden für die methodische schriftliche Aufzeichnung und Analyse aller Beweisstücke aufgestellt. Sie umfaßten das Muster des deutschen Funkverkehrs, die verräterischen Rufzeichen, die Fehler und unbedachten Wiederholungen durch die Funker des Feindes, die den Entzifferern lebenswichtige Hinweise boten. Im Ersten Weltkrieg las William Friedman, der 1940 den japanischen Purpur-Schlüssel knackte, mit Erfolg die deutschen Codes an der Westfront. Er bemerkte dazu: „Die deutschen Funker zeigten oft das, was wir geistlose Pedanterie nannten, und versäumten es, die Art der Interpunktion bei Meldungen und Befehlen zu ändern, womit sie den

Entzifferern halfen. Sie hatten es sich auch angewöhnt, bei Übungssprüchen Sprichwörter zu senden." Eine Wiederholung des Sprichworts machte seine Erkennung möglich und führte so zur Auflösung des Codes. Genau die gleichen Pedanterien und Gewohnheiten wurden nun in Bletchley festgestellt und klassifiziert. Unter Welchmans Führung lief alles gut durchorganisiert und diszipliniert in *Hut 6* zusammen. Diese *Hut 6* war eines jener nur für die Kriegszeit bestehenden Gebilde, die Britannien wie Blattern überzogen, in diesem Falle aber die zentrale Domäne im Herzen Ultras darstellte.

Es war daher nicht überraschend, daß, als Oberst Langer während des Winters auf einen Besuch von Vignolles herüberkam, er von der Atmosphäre von Energie, Hingabe und Fortschritt beeindruckt war.[1] Das alles stand in schreiendem Gegensatz zu der Haltung seiner französischen Kollegen in *PC Bruno*, die für ihre Untersuchungsarbeiten kaum die Enigma-Maschinen benutzten und hauptsächlich damit beschäftigt schienen, sie in einem guten Zustand zu erhalten. Andererseits setzte die polnische Gruppe in Vignolles ihre Arbeit am Fünf-Walzen-Schlüssel genauso unverdrossen und fleißig fort wie in der vergangenen Dekade. In der Tat berichten die von Langer ausgearbeiteten Papiere, daß sie am 17. Januar 1940 ihren ersten Durchbruch erzielten. Sie ermittelten den Schlüssel für einige Einstellungen einer Enigma vom vorhergehenden 23. Oktober. Das war ein echter Schritt vorwärts in Richtung auf das Verständnis, sogar dann noch, wenn man bedenkt, daß ein solcher Zeitunterschied im Falle eines schon voll im Gang befindlichen Krieges nicht akzeptierbar war.

In Wahrheit waren nun das gesamte mechanische Wissen, die gesamte intellektuelle Potenz und die finanzielle Abstützung in Bletchley Park konzentriert. In immer höherem Grad lief auch hier die tatsächliche und wirksame Arbeit zum Finden der Schlüssel zusammen. Aber Bletchley Park und *PC Bruno* waren nun durch eine Fernschreibverbindung verbunden, mit deren Hilfe neue Informationen und Ideen rasch in beiden Richtungen weitergegeben werden konnten. Der britische Verbindungsoffizier in Vignolles war zur Überwachung und Unterstützung dieser Verbindung gut geeignet; denn Captain MacFarlan war ein erfahrener Funkaufklärungsoffizier aus dem Geheimdienst. Er war als Entzifferer ausgebildet und beherrschte Fremdsprachen. Außerdem hatte er wertvolle Einsichten und praktische Kenntnisse beim Lesen italienischer Codes während des Spanischen Bürgerkrieges gewonnen.

Und dann kam plötzlich der Durchbruch. „Er geschah genau an den ersten Tagen, als die Aprilsonne die bitterkalten Tage jenes eisigen Winters durchbrach“, erinnert sich Winterbotham, „und das Orakel von Bletchley sprach.“ Das tat es noch nicht in vollem Umfang, – denn es gab eine Vielzahl verschiedener Enigma-Schlüssel, von denen die Schlüssel der Marine z. B. erst nach Ablauf eines weiteren Jahres entziffert werden konnten. Ebensowenig konnte man ununterbrochen entziffern, – denn während niemals Durchbrüche absolut garantiert werden konnten, bestand in jenen frühen Tagen noch eine große Möglichkeit, daß danebengeschossen wurde. Doch die aufgefangenen Enigma-Funksprüche konnten nun verstanden werden. Obgleich einige Männer in Bletchley Park das Gefühl hatten, als würde ihnen die Luft genommen, als sie gewahr wurden, daß die zuerst entzifferten aufgefangenen Funksprüche Übungssprüche – oft Kinderreime wie jene Sprichwörter aus dem Ersten Weltkrieg – waren, erfaßte Welchman ihre Bedeutung für die kommende Zeit. Man übt eben an einer Maschine, um sie wirkungsvoll gebrauchen zu können, und bald sollten die Deutschen die Enigma in der Schlacht benutzen. Auf sein Drängen hin und gegen gewisse Widerstände wurde *Hut 6* sofort auf 24-Stundendienst umgestellt und ständig im Drei-Schichten-Wechsel besetzt. In den ersten Apriltagen wurden die ersten „echten“ Funksprüche entziffert.[2]

Die Deutschen machten viele Fehler. Obgleich der Durchbruch als Ergebnis ungeheurer Anstrengungen auf verschiedenen Gebieten erfolgte, war es doch ein besonderer Fehler des deutschen Schlüsselverfahrens, der unmittelbar zum Sieg über Enigma führte. Wenn der Verschlüßler seine Maschine nach dem Tagesschlüssel eingestellt hatte und dabei war, einen Funkspruch zu verschlüsseln, begann er gewöhnlich aufs Geratewohl eine kleine Buchstabengruppe einzutippen. Die Maschine lieferte ihm die Verschlüsselung für diese Gruppe, die er nun vor den zu sendenden Funkspruch setzte. Aus diesen wenigen Buchstaben erkannte dann der Empfänger des Spruchs, wie er die Walzen seiner eigenen Maschine zur Entschlüsselung dieses besonderen Textes einzustellen hatte. Das war, wie man wohl sagen könnte, der Schlüssel, der in den Funkspruch selbst eingegeben wurde. Auf ihre übergenaue Weise wiederholten die Deutschen jedoch die Gruppe am Anfang eines jeden Funkspruchs. Für *Hut 6* bot diese Duplikation, wenn die Bedeutung der Buchstaben einmal erkannt worden war, große Möglichkeiten.

Die Masse der abgefangenen Funksprüche kam zu jener Zeit von der Horchstelle in Chatham. Einer der vernünftigen und notwendigen Schritte beim Aufbau von *Hut 6* als glatt arbeitende Organisation durch Welchman bestand in der Verbesserung und Abschleifung ihrer Verbindungen mit der eigentlichen Quelle ihres Materials, den Horchstellen. Gute Verbindungen mit Chatham bedeuteten jetzt, daß die einleitenden wichtigen Buchstabengruppen eines jeden Funkspruches sofort durch Fernschreiber nach Bletchley gemeldet wurden und der Haupttext durch Sonderkurier folgte. Der Fernschreiber mit seiner Schnelligkeit blieb dann jenem Teil des Funkspruches vorbehalten, auf den sich die kryptoanalytische Bearbeitung konzentrierte.

Die Zeit drängte. Am 9. April besetzten die Deutschen Dänemark und fielen in Norwegen ein. Einen Monat später brach der Blitzkrieg über die Niederlande herein. Aber in Bletchley hatten bereits kleine Gruppen entzifferter Funksprüche jenen Prozeß eingeleitet, mit dem die Gedanken des Feindes genau gelesen werden konnten. Das sollte mit ständig zunehmender Effektivität die nächsten fünf Kriegsjahre so weitergehen. An sich entstammten die entzifferten Sprüche unbedeutenderen Schlüsselkreisen und lieferten z. B. Allerweltseinzelheiten über Kommandierungen und Versetzungen bei der Luftwaffe und über einen gewissen Verkehr innerhalb des Heeres. Aber es war genug. Wenn die Schlüssel der Enigma mit fünf Walzen einmal geknackt werden konnten, so konnten sie das im Prinzip auch wieder. Da die militärischen Operationen schließlich ernsthaft ihren Lauf nahmen, gab es bald auch keinen Mangel an echten wichtigen deutschen Funksprüchen, die den danach begierigen Entzifferern in *Hut 6* geliefert werden konnten.

Diese Überlegungen stellte Frederick Winterbotham mit besonderer Gedankenstärke an. Als Jagdflieger und Gefangener im Ersten Weltkrieg und führender Luftaufklärungsoffizier bei MI 6 kehrte er nach Deutschland in den dreißiger Jahren zurück, „um mit einer gut aufgebauten Legende den Aufbau der deutschen Luftwaffe zu überwachen.“ Trotz seiner abwegigen Ziele wurde er *persona grata* bei den Nazi-Führern Heß, Rosenberg, Reichenau, – ja sogar bei Hitler selbst. Auch in Bletchley Park und bei seinen Bewohnern war er kein Fremder, da seine RAF-Abteilung mit der Government Code and Cipher School bei Kriegsausbruch dorthin verlegt worden war. Nun gab ihm seine aus Erfahrung gewonnene Einsicht auf, daß, wenn diese neue Quelle der Nachrichtenbeschaffung auf höchster Ebene Früchte tragen sollte, zwei zusätzliche Dinge zur Organisation von Bletchley Park dringend notwendig waren: ein geeignetes System zur Übersetzung, Auswertung und Weitergabe der entzifferten Sprüche und eine völlig sichere Methode bei der Verteilung der aus Enigma geschöpften Nachrichten an die Generalstäbe und die Kommandeure im Feld. Im Frühjahr 1940 fehlten noch beide.

Von außerordentlicher Bedeutung im Krieg ist es, schon zu Anfang Ausrüstung und Gerät zur Verfügung zu haben, die in ihrer Entwicklung und ihrer Struktur so grundlegend vernünftig sind, daß sie ständig weiterentwickelt und verfeinert werden können. Die Spitfire wurde in der Schlacht um England eingesetzt, und, nachdem sie in vieler Hinsicht und für verschiedene Aufgaben umgebaut worden war, befand sie sich im Jahre 1945 immer noch im Einsatz. Auch Winterbothams ursprünglichem Konzept darf dieses höchste Verdienst zugeschrieben werden. Alle Konzeptionen waren einfach den im Augenblick gegebenen Erfordernissen angemessen und zur fast unbegrenzten Weiterentwicklung geeignet.

Auf der kryptoanalytischen Seite hatte Welchman seine *Hut 6* bereits auf einen hohen Grad der Effizienz gebracht. Aber was mit ihren Ergebnissen geschah, war immer noch nicht voll befriedigend. Einige Nachrichtenoffiziere arbeiteten bereits schichtweise in einem weiteren behelfsmäßigen Außengebäude, – fähige Männer wie Herbert Marchant, der es später in seiner diplomatischen Laufbahn bis zum Botschafter brachte. Die RAF-Abteilung war bereits eingezogen. Aber die Verfahren waren den Bedürfnissen der Heeresabteilung noch nicht angemessen. In *The Ultra Secret* beschrieb Winterbotham lebhaft die Eile und die Voraussicht, mit der er für die Lage Abhilfe schaffte. Da die ersten paar entzifferten Sprüche von der deutschen Luftwaffe gekommen waren, überredete er das Air Ministry, ihm drei besonders sorgfältig ausgewählte, deutsch sprechende RAF-Offiziere zuzuteilen, die er sofort dem Intelligence Team unterstellte. Dieses Team wurde für den Rest des Krieges als *Hut 3* bekannt. Am nächsten Tage war Winterbotham zufällig in der Lage, dem War Office ein paar entzifferte Funksprüche der Wehrmacht, die sich in seiner Hand befanden, zugehen zu lassen und den Director of Military Intelligence davon zu überzeugen, eine ähnlich kleine Gruppe von Heeresoffizieren nach Bletchley zu schicken, die bereits Spezialisten waren. Diese direkte Verbindung zwischen den Entzifferern und den Abteilungen der Teilstreitkräfte im Ministerium, die unter dem Druck der Ereignisse zustandegekommen war, erwies sich als von bleibender Bedeutung, – sowohl in praktischer als auch in psychologischer Beziehung. Von da ab bis zum Ende des Krieges blieb die *Hut* um die Uhr besetzt.

Diese kleine Einheit sollte sich während der folgenden Jahre zu einer Einrichtung von Experten ausweiten, die täglich viele Hunderte von Funksprüchen bearbeiteten. Ihr Dienst wurde von dem barschen Commander Saunders eingeteilt. Ihnen übergaben die Entzifferer aus *Hut 6* die Texte der entzifferten Funksprüche nunmehr in ihrer ursprünglichen deutschen Fassung. Nach der Übersetzung und Bearbeitung wurde entschieden, wer diese Funksprüche erhalten sollte. Die Spezialisten aus *Hut 3* verteilten die sich daraus ergebenden Informationen gemäß Zeichen für ein Dringlichkeitssystem, das von Z bis ZZZZZ mit der höchsten Dringlichkeitsstufe ging. Bevor sich noch die komplexe Struktur der Führung eines Weltkrieges voll entwickelt hatte, konnte die Verteilung innerhalb Britanniens selbst im Jahre 1940 sicher und einfach ablaufen: an den Premierminister, die Chiefs of Staff, die Leiter der Intelligence-Abteilungen der Teilstreitkräfte, das Fighter Command und den Oberbefehlshaber der Home Forces.

Aber die Verteilung ins Ausland brachte weit größere Sicherheitsprobleme mit sich, und hier erwies sich eine zweite Neuerung Winterbothams als unschätzbar. Wie bei den Vorkehrungen in *Hut 3* war sie anfänglich einfach. Aber es erwies sich dann, daß sie auf weltweiter Basis weiterentwickelt werden konnte. Diese Einrichtung war die Special Liaison Unit (besondere Verbindungseinheit), von denen jede im Grunde aus einem persönlich ausgewählten Offizier mit einer kleinen Abteilung von Unteroffizieren und Funkern bestand, die im Verschlüsseln ausgebildet waren. Sie befanden sich bei den Hauptquartieren im Feld, und die SLU erhielt ihre Sprüche über Funk aus England mit einem Spezialschlüssel. Nach Umwandlung der Texte in den Klartext übergab sie der SLU-Offizier dem zuständigen Generalstabsoffizier oder Befehlshaber und überzeugte sich durch ständige Überwachung – und das war ein Schlüsselelement in Winterbothams Plan –, daß völlige Sicherheit gewährleistet war.*

Bevor daher der Feldzug in Frankreich begann, befanden sich bereits SLUs jenseits des Kanals bei den britischen Expeditionskräften in Lord Gorts Hauptquartier und bei der Advanced Air Striking Force. Ein Fernmeldezentrum war bequem verfügbar, denn der Sender des Geheimdienstes in Whaddon Hall bot sich natürli-

* Wegen der Arbeit der SLU im einzelnen siehe Kapitel 5.

cherweise dafür an. Durch seine ständig größer werdende Reihe von Hütten, die als Windy Ridge bekannt wurde, gingen die Funksprüche aus *Hut 3* an die SLUs mit fortschreitendem Kriegsgeschehen in immer zunehmenderem Maße. Um sie ganz sicher zu machen, wurden sie zunächst mit der „One-time pad"-Methode verschlüsselt. (Sowohl der Absender als auch der Empfänger hatten einen Block mit abreißbaren Blättern, deren jedes spezifische Schlüsseldaten enthielt. Nachdem der Absender die zutreffende Seite angegeben hatte, benutzte er seine eigene Kopie zur Entschlüsselung des empfangenen Funkspruchs und vernichtete dann die Seite, die er gerade benutzt hatte.) „One-time pad" garantierte absolute Sicherheit. Aber damit waren langsame und mühselige Verfahren verbunden, und später im Krieg wurde ein großer Teil des SLU-Verkehrs durch die Type X-Maschine gegeben, ein Schlüsselsystem, das für die RAF nicht unähnlich dem der Enigma entwickelt worden war. Es war schnell wirksam – und sehr sicher. Hier also war wenigstens das Gerüst eines vollständigen Intelligence-Systems: eine Informationsquelle und eine Organisation für die Bearbeitung und Weitergabe der Informationen. Wie sollten dieses System und auch seine Ergebnisse genannt werden? Der Name Ultra, der schließlich sowohl das Intelligence-System als auch die Feindnachrichten selbst lose abdeckte, wurde von Winterbotham nach Rücksprache mit den Directors of Intelligence aller drei Teilstreitkräfte entwickelt. Noch über „secret" (geheim), „most secret" (sehr geheim) oder sogar „top secret" (höchst geheim) gab es „ultra secret". „Ultra" erschien einfacher.[3]
Seit es möglich geworden ist, über Ultra zu sprechen, entstand dadurch viel Verwirrung, daß, obgleich der Code-Name von Anfang an bestand, er nicht immer benutzt wurde, sogar in Bletchley nicht, und tatsächlich oft geheimgehalten wurde. Viele von denjenigen, die in Schreibstuben oder in Stäben arbeiteten, denen Ultra-Material tatsächlich geliefert wurde, konnten sich im nachhinein nur an Informationen erinnern, die angeblich aus einer „geheimen Quelle" oder „aus geheimer Nachrichtenbeschaffung", „von einem Agenten", „einer Gefangenenvernehmung" oder aus anderen geheimen Quellen stammten. Das geübte Auge wird, wenn es Dokumente aus der Kriegszeit im Public Record Office oder in den National Archives in Washington durchblättert, oftmals auf solche Dinge stoßen, die die Wahrheit verhüllen, und begreifen, daß Ultra dahintersteckt. In den ersten Kriegstagen war fast immer ein Deckmantel über sie gehängt. Darüber hinaus gab es noch eine weitere Schwierigkeit.

Gewisse Kreise erfanden ihre eigenen privaten Code-Wörter für die Feindnachrichten aus Bletchley, entweder weil sie sicher gehen wollten oder weil es sich um einen internen Witz handelte. Churchills Umgebung kannte Ultra als „Boniface“. Churchill selbst pflegte, wenn er nach Ultra-Unterlagen fragte, zu sagen: „Wo sind meine Eier?“. Er hatte die Angewohnheit, die Leute in Bletchley als „die Gänse“ zu bezeichnen, „die die goldenen Eier legten und niemals schnatterten“. Im Mittleren Osten pflegten die Generalstabsoffiziere sich mysteriöserweise auf „Uncle Henry“ zu beziehen, eine witzige Entlehnung aus Jerome K. Jeromes *Drei Mann in einem Boot:* „Glaube stets, was dein Onkel Henry dir sagt.“ Die Verbindung zu Winterbotham veranlaßte einige bei der Intelligence-Abteilung der RAF, von Ultra als von „Fred“ zu sprechen. Die Offiziere im Operational Intelligence Centre sprachen von Z, und in Berichten aus dem Submarine Tracking Room und in ähnlichen Geheimpapieren, „die sich auf Z-Informationen oder Special Intelligence stützten“, wurde gerade diese Formel gebraucht, um die Quelle in Bletchley zu verhüllen. Aber die Tatsache bleibt bestehen: Bevor die Schlacht im Mai 1940 begann, war ein neuer Intelligence-Mechanismus vorhanden, und er wurde Ultra getauft.
Bei der Entstehung von Ultra ging die Admiralität ihre eigenen Wege. Von Anbeginn an löste sie sich aus dem Komplex von *Hut 6* und *Hut 3* und dem System seiner Verbreitung durch SLUs und zog es vor, Marine-Material davon unabhängig zu bearbeiten und Ultra-Informationen direkt an das Operational Intelligence Centre zu liefern, das zuerst im eigenen Gebäude der Admiralität in Whitehall und nach 1941 in dem berühmten Betongebäude der Zitadelle untergebracht war. dessen häßliche Masse noch heute über der Horse Guards Parade drohend aufragt. Von Anfang an wurde eine Marine-Abteilung in Bletchley Park unterhalten. Für diese „Apartheid“ gab es einen vernünftigen praktischen Grund. Im Gegensatz zum War Office und dem Air Ministry besaß die Admiralty* sogar schon im Frühjahr 1940 eine funktionierende Operationszentrale, einen Gefechtsstand, der Befehle an Schiffe auf Patrouille oder bei Operationen zur See gegen U-Boote und

---

* Das War Office (Kriegsministerium) und das Air Ministry (Luftfahrtministerium) waren während des Krieges im wesentlichen Verwaltungsspitzen, sie hatten mit der operativen Führung unmittelbar nichts zu tun. Die Admiralty (Admiralität) dagegen war die höchste operative Führungsstelle der Royal Navy, und die Vorbereitungen für den Aufbau eines Operational Intelligence Centre hatten bereits während des Spanischen Bürgerkrieges begonnen.

Handelsstörer herausgab. Nachdem die Deutschen in Norwegen eingedrungen waren, führte es seinen Feldzug selbst. Seine bestehenden Informationsquellen waren vielfältig; sie bestanden aus dem Netz der Peilstationen, der Einzelanalyse des deutschen Funkverkehrs, britischen Kriegs- und Handelsschiffen auf See, Agenten, Marineattachés und anderen Informanten in der ganzen Welt.*

Darüber hinaus war Ultra für die Marine zunächst eine Sache, die nur etwas versprach, aber noch keine Leistung brachte. Obgleich die Schlüssel der deutschen Luftwaffe mit ständig zunehmender Regelmäßigkeit durchbrochen wurden, sollten die verschiedenen Muster der feindlichen U-Boot-Schlüssel und andere für ein weiteres Jahr lang noch nicht wirkungsvoll geknackt werden.** Während der ersten eineinhalb Jahre des Seekrieges waren andere Informationsquellen bedeutungsvoller und alles, was von Enigma gespeichert wurde, mußte erneut anhand dieser Quellen sorgfältig überprüft werden. Die britische Marine bestand daher aus guten praktischen Gründen von Anbeginn an darauf, die Kontrolle über ihre eigenen Ultra-Nachrichten zu behalten. Als endlich ein Durchbruch erzielt wurde, konnten die immer größer werdenden Einheiten zur Behandlung des Marinematerials in Bletchley – *Hut 8* für die Entzifferung und *Hut 4* für die Bearbeitung der Feindnachrichten – ebenso wirksam mit der Flut des zu bearbeitenden Funkverkehrs fertig werden wie ihre Paralleleinrichtungen des Heeres und der RAF in den *Huts 6* und *3*.

Gab es noch andere Gründe für die Haltung der Admiralität Ultra gegenüber? Einer war gewiß historisch. Bletchley erschien ihr wie der Nachfolger für Room 40. Während des Ersten Weltkriegs war der Room 40 eine Einrichtung der Marine gewesen, die von dem

---

* Vgl. dazu Patrick Beesly: Very Special Intelligence. Geheimdienstkrieg der britischen Admiralität 1939–45. Berlin, Ullstein 1978.

** Es erscheint fraglich, ob die Schlüsselbereiche der deutschen Luftwaffe tatsächlich alle regelmäßig entziffert werden konnten. Aus der bisher erschienenen und bis Mitte 1941 reichenden offiziellen Geschichte geht hervor, daß es sich bei den entzifferten Schlüsselbereichen um den Hauptschlüsselbereich der Luftwaffe und ab Frühjahr 1941 um den von der Luftwaffe im Mittelmeer verwendeten Schlüsselbereich handelte. Zweifellos besaß die Luftwaffe jedoch noch weitere Schlüsselbereiche, die durchaus nicht alle lösbar gewesen zu sein scheinen. Die deutschen U-Boote wurden bis zum 1. Februar 1942 mit dem gleichen Schlüsselbereich wie die Schiffe „Heimische Gewässer“ geführt. Ab 1. Februar 1942 wurden sie in einen besonderen Schlüsselbereich „Triton“ zusammengefaßt, der unabhängig von anderen war und eine verbesserte Schlüsselmaschine „M 4“ benutzte, die vier Walzen hatte. (Prof. Rohwer).

glänzenden Admiral „Blinker“ Hall geführt wurde. Der letzte Krieg dauerte noch nicht lange, aber bis zum Frühjahr 1940 arbeitete für die Admiralität bereits ein wachsames und effizientes Operational Intelligence Centre, das im besonderen ein kniffliges System zur Feststellung der Positionen feindlicher Schiffe durch Funkpeilung besaß. Darüber hinaus schien es anfänglich, als trüge die Marine die Hauptlast des Krieges. Sowohl nach ihrer Tradition als auch auf Grund ihres Vertrauens in die eigene derzeitige Fähigkeit war die Admiralität daher davon überzeugt, sie wäre, soweit es Ultra betraf, die natürliche Erbin wenigstens in bezug auf Feindnachrichten über die Marine.
Aber ein persönlicher Faktor kann auch nicht außer acht gelassen werden. Aus Tradition war auch der Leiter des Geheimdienstes selbst ein Marine-Offizier. Der ursprüngliche „Chef“ („C“), der einbeinige Kapitän zur See Smith-Cumming, hatte MI 6 den ganzen Krieg von 1914 bis 1918 hindurch geleitet, und sein Nachfolger war wieder ein Seemann, Admiral Hugh Sinclair. Aber im November 1939 starb Sinclair an Krebs, und an seine Stelle trat nicht ein Mann der Admiralität, sondern sein Stellvertreter Colonel Stewart Menzies. Während seines ganzen langen Dienstes unter dem Außenministerium bei MI 6 – seit 1915 – war Menzies Offizier der Life Guards. Wegen seiner Ernennung hat es einen Machtkampf gegeben. Sein Ausgang ist im Tagebuch von Sir Alexander Cadogan unter dem 28. November 1939 festgehalten. „6.30 Uhr Treffen in Nr. 10 mit PM, H [Lord Halifax], Winston. . . über Nachfolger des Chefs. H. spielte seine Karten gut aus und gewann.“ Das Außenministerium hatte über die Admiralität gesiegt.
Die Marine nahm ihre Niederlage im Geheimdienst nur schlecht hin. Dabei standen die Seeleute mit ihrem Zweifel über die Fähigkeit Menzies nicht allein, besonders als MI 6 kurz vor seiner Ernennung von einem Unglück betroffen wurde. Es war der berüchtigte Zwischenfall von Venlo vom 9. November, bei dem zwei Agenten Menzies, Major Stevens und Captain Best, von der SS nach Deutschland verschleppt wurden. Das hatte den Anschein – und zwar mit gutem Recht –, als gäbe es schwere Mängel in dem, was Professor Trevor-Roper als eine „wacklige Organisation“ beschrieben hat. Menzies’ so gar nicht berufsmäßiges Aussehen, das dem eines wohlerzogenen Clubmitglieds entsprach, war nur außerordentlich schwer zu durchschauen. Paul de Laszlo, der während des Krieges am Broadway eng mit ihm zusammenarbeitete, sagte dem Verfasser: „Er spielte sich selbst“. Da der Director of Naval Intelligence, Admiral Godfrey, ein Mann von schnellem

Verstand, komplex und ehrgeizig war, der nach seiner eigenen Ansicht gut Chef hätte werden können, überrascht es nicht, daß sich Kummer und Verdacht mit allen durchaus gültigen Führungsgründen verbanden und die Admiralität dazu gebracht wurde, sicherzustellen, daß sie einen tiefen Brückenkopf auf dem Gebiet von Ultra behielt.*

Nichtsdestoweniger machte Menzies den großen Fischzug. Er war sich der Bedeutung von Enigma von Anfang an bewußt und hatte sein persönliches Interesse durch seine Anwesenheit bei den Treffen in Warschau und bei der Ankunft der ersten Maschine in London bewiesen. Nachdem er im November 1939 Leiter des Secret Service geworden war, gehörte die Government Code and Cipher School formell ihm. Nun beauftragte er Winterbotham mit der Organisation der *Hut 3* und der Planung der Verteilung von Ultra-Nachrichten und stellte sicher, daß er trotz der Eigenbrötelei der Admiralität den Hauptfluß der Feindnachrichten von Bletchley nicht nur zum Heer und zur britischen Luftwaffe, sondern auch zum Premierminister und mit fortschreitendem Kriege zu einem breiten Spektrum von Einzelpersönlichkeiten und Ministerialabteilungen überwachte, wenn diese „auf die Liste" gesetzt worden waren. Damit hatte er eine Stelle mit ungeheurer Autorität im Zentrum aller Kriegsanstrengungen inne, und es ist leicht einzusehen, wie die sich dadurch ergebenden Möglichkeiten und Gelegenheiten in einem kommunistischen oder Nazi-Staat hätten mißbraucht werden können. Obgleich aber Menzies mörderische Kämpfe in den Korridoren der Macht ganz gern hatte, war er seinem Wesen nach ein Mann guten Willens, ein Patriot. In seinen Händen wandten sich Ultras Waffen stets gegen den Feind. Seine privilegierte Stellung führte zwangsläufig zu großen Eifersüchteleien, aber in geflüsterten Bemerkungen wurde er eher der Unfähigkeit als der Korruption gescholten.

Als sich das Ultra-Netz weiter auszudehnen begann, saß Menzies daher in dessen Herzen wie eine eher elegante und gutartige Spinne, die jeden Punkt während seines Wachstums überwachte. Daher konnte Churchill, als er Gelegenheit hatte, die Sache während der atemberaubenden Tage des Mai 1940 sich anzusehen, erkennen, daß das Land, dessen leitender Minister er gerade geworden war, bereits ein gut ausgebautes System zum Sammeln und Vertei-

---

* Vgl. dazu das Buch von Patrick Beesly: Very Special Admiral. The life of Admiral J. H. Godfrey. C. B. Verlag Hamish-Hamilton, London 1980.

len der geheimsten Feindnachrichten besaß: ein System, das, weil der „Chef“ eben an seiner Spitze stand, mit anderen Gebieten der Geheimdienstarbeit und durch Fernmeldeverbindungen mit allen Streitkräften verbunden war. Das war ein bemerkenswerter Fortschritt innerhalb von neun Monaten. In der Rückschau ist es klar, daß die britischen Vorkehrungen zur Behandlung Ultras vor der Schlacht um Frankreich, obwohl sie sich noch im Embrionalzustand befanden, sofort rationeller und realistischer als diejenigen der Amerikaner zur Bearbeitung von Purpur vor Pearl Harbor waren. Unglücklicherweise war der Ablauf der folgenden Ereignisse in beiden Fällen ein einziges Desaster. In Wahrheit kam für Ultra der Feldzug in Frankreich zu früh. Zwar war Bletchley ein arbeitsfähiger Konzern; aber trotz des lebenswichtigen Durchbruchs waren die von den Entzifferern erreichten Ergebnisse noch immer spasmodisch und ihre Entzifferungsarbeit oft zu langsam. Weit relevanter ist jedoch die Tatsache, daß die besten Feindnachrichten (und Ultra lieferte in Frankreich niemals die besten) nur dazu tendieren, das Unvermeidliche zu bestätigen, wenn die eigenen Truppen nicht ausreichen, nicht gut ausgebildet und schlecht ausgerüstet sind, die Verbündeten falsch geführt werden und keinen Kampfgeist besitzen und wenn der Feind nach der Erzielung der strategischen Überraschung mit unwiderstehlicher Kraft und überlegener Rüstung angreift. So sollte es ja dann auch sein.
Doch der Eindruck, den man von General Bertrand und aus seinem Buch erhält, ist der, daß in Vignolles eine Atmosphäre unaufhörlicher und fruchtbarer kryptoanalytischer Tätigkeit herrschte. Eine Änderung der Schlüsselverfahren gerade, bevor die Deutschen am 10. Mai angriffen, bedeutete, daß kein Enigma-Verkehr dort während der alles entscheidenden ersten zehn Tage entziffert werden konnte. Aber Bertrand behauptet, daß zwischen dem 20. Mai und 14. Juni nicht weniger als 3.074 Funksprüche vom polnischen Team der *Equipe Z* in Vignolles geknackt worden seien.* Unter den Papieren Oberst Langers, die sich jetzt in den Händen von Oberst Mayer befinden, gibt es ein rührendes kleines Notizbuch, in das er seinen eigenen Bericht über die erzielten Resultate eingetragen hat. Nach Langer wurden etwa 5.084 Funksprüche während des Feldzugs in Frankreich entschlüsselt. Auf den ersten Blick hin erscheint das als eine gewaltige Zahl.

* Der Skeptizismus des Autors ist hier durchaus angebracht, wie aus dem ersten Band der offiziellen britischen Geschichte hervorgeht, vgl. dazu die Darstellungen von Prof. Rohwer in den Vierteljahresheften, Seite 338/339, op. cit.

Gewiß stand dieser von den Polen gezeigte Fleiß in scharfem Kontrast zur Atmosphäre im französischen Offizierskasino in Vignolles, in dem Bertrand selbst den Vorsitz führte. Eine der lebhaftesten Erinnerungen von Kenneth MacFarlan aus Vignolles bezieht sich auf das Ritual des Mittagessens, das geheiligt und zeitlos war. Die Gespräche zogen sich an der Tafel bis spät in den Nachmittag hin, und niemand war es gestattet aufzustehen, bevor *„le Commandant“* fortgegangen war. War das ein Gradmesser für Frankreichs Haltung 1940, die MacFarlan zu seinem Erstaunen auch feststellte, als sogar nach dem deutschen Angriff am 10. Mai das Ritual ohne Veränderung festgesetzt wurde?[4]
Die zentrale Frage bleibt bestehen: Welche Resultate hatte *PC Bruno* erzielt? Hintergrund für jede Beurteilung muß die Tatsache sein, daß in Bletchley selbst man sich kaum bewußt war, daß Funksprüche entziffert worden waren, die *entscheidende* Bedeutung besaßen. Und das mit gutem Grund. Sogar wenn ein großer Teil der von Langer und Bertrand behaupteten entzifferten Sprüche von Enigma-verschlüsselten Funksprüchen stammte und nicht aus Codes von niedrigerer Ebene, so müssen sie sich in der Hauptsache auf Material bezogen haben, das Kriegsgliederung, Standorte von Verbänden, Fragen der Versorgungsführung, Auffüllung von Verbänden usw. betraf. Solche Daten sind in einem Stellungskrieg Goldkörner, aus denen die Feindbearbeiter allmählich ihre Lagebeurteilungen zusammenstellen. Und gerade während der tragischen Wochen des Mai und Juni wurde Bletchley mit der Praxis bekannt, an die sich die deutschen militärischen Führer in der Schlacht strikt hielten: Sie sandten jeden Abend einen detaillierten Lagebericht an ihre vorgesetzte Dienststelle. Allerdings konnten zu dieser Zeit nur die Lagemeldungen der Luftwaffe entziffert werden.
Aber in einer Schlacht im Stellungskrieg haben die Feindbearbeiter Zeit. In einem turbulenten und raschen Bewegungskrieg wie dem von 1940 war keine Zeit für Überlegungen über genaue Einzelheiten vorhanden, – sogar dann nicht, wenn die Nachrichten in die richtigen Hände gelangten. Denn auch hier bleibt ein Zweifel – und ein Punkt, der stets zu erinnern ist. Ein in Bletchley oder Vignolles entzifferter Funkspruch hatte nur wirklichen Wert, wenn er über ein wirksames Fernmeldesystem an die militärischen Führer im Feld weitergeleitet und durch diese bei den Operationen verwendet wurde. Am Schlachttag zahlt sich alles aus. Aber Gort, der bei Angriffsbeginn mit einem kleinen Stab und schlechten Fernmeldeverbindungen sein Hauptquartier blitzschnell verließ,

um die Schlacht auf seine eigene Weise zu führen, zerstörte von Anbeginn an jede Hoffnung, die geheimen Feindnachrichten in geeigneter Weise verwenden zu können. Bei seinen Alliierten führte das Chaos der französischen Kommandostruktur, verbunden mit der herrschenden Verwirrung und dem Defaitismus zu noch schlimmeren Ergebnissen. Wie groß auch der Teil des Enigma-Verkehrs war, der schließlich Gort erreichte, so konnten Gamelin und Weygand doch wenig mehr tun, als das Offensichtliche zu betonen, – nämlich daß die Deutschen auf Grund ihrer Panzer, Luftwaffe, Führung und Tüchtigkeit unwiderstehlich waren.
Eine Untersuchung der täglichen Bewegungen während des Frankreichfeldzugs bestätigt in der Tat, daß eigentlich jede von den Briten und Franzosen durchgeführte Bewegung eher eine Antwort auf eine deutsche Initiative war, als daß sie auf Grund von Ultra eingegangener Nachrichten erfolgte, wie es so oft bei den späteren Feldzügen der Fall sein sollte. Wir können das überprüfen, wenn wir uns das ansehen, was alle Historiker als Lord Gorts größten Augenblick ansehen, – den Entschluß von 6.30 Uhr nachmittags am 25. Mai zum Rückzug an die See nach Nordwesten. „So kam es in Britanniens schwerster Stunde", schrieb sein Biograph John Colville, „Gort zu, der keinerlei Instruktionen von seinen vorgesetzten Dienststellen besaß, an Zahl und Artillerie unterlegen, aber nicht überlistet worden war, eine rasche und einsame Entscheidung zu treffen, die von Bocks Pläne durchkreuzte und die gesamten britischen Expeditionsstreitkräfte vor Tod oder Gefangenschaft rettete." Aber wegen Ultra?
Winterbotham glaubt daran. In „*The Ultra Secret*" bezieht er sich auf eine Reihe von Ereignissen im Lager der Deutschen am 23. Mai, als ihr Ring sich schon um den kleiner werdenden alliierten Brückenkopf durch Rundstedts Heeresgruppe A mit den meisten Panzerverbänden auf der Westflanke der Briten und durch von Bocks Heeresgruppe B schloß, die von Osten her starken Druck auf die geschwächten Belgier und die britische linke Flanke ausübte. Der deutsche Oberbefehlshaber des Heeres von Brauchitsch befahl, die Einschließung dadurch zu vollenden, daß er zuerst von Bock die Verantwortung für den endgültigen entscheidenden Vorstoß übertrug, und zweitens dadurch, daß er ihm von der westlichen Heeresgruppe A von Kluges 4. Armee mit ihren Panzerdivisionen unterstellte. Die Funksprüche, mit denen diese Befehle übermittelt wurden, gelangten über Ultra in die Hände der Briten. Winterbotham behauptet, Gort hätte ihm daraufhin gesagt, der erste Funkspruch an von Bock hätte „seinen Entschluß, so schnell

wie möglich zur See auszuweichen, beeinflußt". Churchill gegenüber behauptet der Group Captain darüber hinaus, daß Brauchitschs Funkspruch* der Grund „für die Beschleunigung der Operation *Dynamo* und das Bereitstellen kleiner Schiffe für Dünkirchen" war.

Es wäre schön, wenn man beweisen könnte, daß Ultra bereits so früh zu dramatischen Einwirkungen fähig gewesen wäre, aber die Tatsachen widersprechen einer solchen Interpretation. Es stimmt, daß man am nächsten Morgen, dem 24., Gort den Befehl gab, Pläne für einen Rückzug auf den Kanal zu überprüfen, – aber das war eine Option, die er schon als offenkundige Vorsichtsmaßnahme in Erwägung gezogen hatte. Bereits am 19. hatte sein Chef des Generalstabs zweimal auf Gorts Anweisung hin mit London telefoniert, um diese Möglichkeit zu diskutieren. Nach dem Eingang der Meldungen von General Pownall wurden die ersten Vorsichtsmaßnahmen in England zur Bereitstellung kleiner Schiffe in Dover getroffen, die „ bereitgehalten werden sollten, nach Häfen und Landestellen an der französischen Küste zu fahren". Darüber hinaus erhielt Gort am 24. einen weiteren von Ultra aufgefangenen Funkspruch, – den berühmten „Halte-Befehl", durch den (ob auf Anregung Rundstedts oder Hitlers selbst, was stets eine Streitfrage bleiben wird) von Brauchitschs Befehle positiv *widerrufen* und von Kluges Panzer auf dem Vormarsch angehalten wurden. Die schnelle Vernichtung war wenigstens zeitweilig hinausgeschoben worden. Danach beobachten wir Gort, der weit davon entfernt war, sich zurückzuziehen, wie er unter großem politischen Druck sich weiterhin auf einen Angriff nach Süden vorbereitete, um die Speerspitzen der Heeresgruppe A abzuschneiden und die Vereinigung mit vordringenden französischen Streitkräften zu suchen, die Weygand versprach, aber niemals in Marsch setzte. Erst am späten Nachmittag des 25. gab Gort aus eigenem Entschluß den „Angriff nach Süden" auf: lange nach den Funksprüchen von Brauchitschs.

Aber der Grund, warum er seinen Angriff abbrach und die Divisionen, die er dafür zurückgehalten hatte, nach Norden in Marsch setzte, bestand darin, daß die belgische Armee, die auf dem letzten Atemloch keuchte, durch von Bock von ihrer Verbindung mit der

---

* Nachdem Group Captain Winterbotham diesen Abschnitt gelesen hatte, gab er dem Autor gegenüber an, Lord Gort hätte, wenn man auf den Feldzug in Frankreich rückblickend schaut, wohl ihm gegenüber den Wert von Ultra in diesem Feldzug überbetont.

britischen linken Flanke abgeschnitten worden war. Eine große Lücke war im Entstehen, durch die die Heeresgruppe B rasch nach Osten vordringen und das Expeditionskorps von den Kanalhäfen abschneiden konnte. In anderen Worten, vor den Funksprüchen Brauchitschs vom 23. zieht Gort bereits den Rückzug in Erwägung. Nach dem 23. bereitet er sich (auf Londons Befehl) auf ein Vorgehen vor. Was ihn schließlich zu seinen dramatischen Entschlüssen brachte, waren der Zusammenbruch der Verbündeten und die Stärke des Feindes. Er trug den Realitäten der Lage Rechnung. Während also Ultra-Funksprüche seine Gedanken beeinflußt haben mögen, waren sie doch ganz offensichtlich nicht die Grundlage für sein Handeln.[5]

Auf jeden Fall können Entzifferer allein keine zehn Panzerdivisionen aufhalten. Es ist vorgebracht worden und wird noch immer vorgebracht, es solle bei den klassischen „Prinzipien der Kriegführung", wie sie auf allen Kriegsschulen und Akademien gelehrt wird, wie Überraschung, Zusammenfassung der Kräfte, Haushalten mit den Kräften usw. ein Zusatz gemacht werden. Das zusätzliche Prinzip sollte lauten: „Und man muß stärker sein". Jener große amerikanische Historiker der britischen Marine, Admiral Mahan, drückte es ein klein wenig anders aus, als er bemerkte, daß „nicht durch verzettelte Operationen. . . Kriege entschieden werden, sondern durch massierte Kräfte, die in geschickt zusammengesetzten Verbänden eingesetzt werden." Die Lehre aus dem Feldzug in Frankreich war tatsächlich für Ultra nicht nur, daß die Entzifferung schnell und vernünftigerweise auch ständig geschehen muß, wenn sich das im Feld auszahlen soll. Es wurde auch auf erschreckende Weise offensichtlich, wie das auch ein Jahr später in Griechenland und auf Kreta der Fall sein sollte, daß sogar die besten Geheimnachrichten an Wert verlieren, wenn der Feind eine überwältigende Überlegenheit besitzt. Es sollte noch viel Zeit vergehen, bevor die Briten die verzettelten Operationen aufgeben und damit beginnen konnten, „massierte Kräfte in geschickt zusammengestellten Verbänden einzusetzen". Als es schließlich soweit war, kam auch Ultra zu seinem Recht. Denn das Klischee, daß in Dünkirchen die Niederlage einen Sieg verhüllte, hat viele Bedeutungen, von denen eine gewiß zutrifft: Ultra überlebte. Obwohl die Deutschen so viele französische Provinzen so rasch überrannten, fiel ihnen nichts in die Hände, das darauf hindeutete, daß ihre wichtigsten Schlüsselbereiche entziffert worden wären. Da sie auch von der Existenz Bletchleys nichts ahnten, konnte dieses damit ununterbrochen mit der erfolgreichen Verfeinerung seiner

Methoden fortfahren. Da sein Geheimnis während des Frankreichfeldzuges nicht gebrochen wurde, wurde es während der Schlacht um England niemals deutsches Angriffsziel, – auch später nicht.

Den beiden SLUs beim Hauptquartier des Heeres und der RAF gelang es, sicher zu entkommen. Robert Gore-Browne hatte wegen der Enigma-Probleme engen Kontakt mit Colonel Jean Joubert des Ouches, dem führenden Schlüsseloffizier beim französischen Oberkommando, aufrechterhalten. Beide entkamen, – Gore-Brown wurde eine Schlüsselfigur in der Ultra-Organisation, und Joubert des Ouches stand in Algier 1943 als führender Schlüsseloffizier General de Gaulles wieder von den Toten auf. Winterbothams Gegenstück Georges Ronin, ein Geheimdienstoffizier der Luftwaffe beim französischen Geheimdienst, entging ebenso der Gefangennahme. Als Bomberpilot hatte er sich in den letzten Schlachttagen beteiligt und sich darauf im Luftfahrtministerium der Vichy-Regierung verborgen. Dort blieb er mit Winterbotham über privaten Funkverkehr in Verbindung. Als er Ende 1942 ein Zivilflugzeug stiebitzte und mit Colonel Rivet* nach Algier flog, hielt das Menzies für so wichtig, daß er ebenfalls dorthin flog, um ihn zu treffen.[6] Die Verbindung mit den Franzosen blieb intakt.

Aber die Abenteuer des *PC Bruno* liefern die dramatischste Geschichte. Sie bilden eine Odyssee. Am 14. Juni marschierten die Deutschen in Paris ein. Aber eine Kolonne von zwölf Fahrzeugen, deren erstes ein Bus war, befand sich bereits auf dem Weg nach Süden, um an der Hauptstadt vorbeizufahren und den Stab und das Gerät aus Vignolles in Sicherheit zu bringen. MacFarlan fuhr mit ihnen, – bei Bordeaux entfernte er sich von ihnen, bestieg ein Flugzeug und wurde nach England und zu Ultra zurückgebracht. In der wilden Verwirrung jener Tage gelang es Bertrand selbst, drei französische Flugzeuge zu beschlagnahmen, mit denen die polnischen und spanischen Teams am 24. Juni von Toulouse nach Algier geflogen wurden.

Intensive und komplizierte Diskussionen schlossen sich nun an. Durfte man ihnen erlauben, in die unbesetzte Zone von Vichy zurückzukehren und dort zu arbeiten? Würde die polnische Exilregierung es ihren Offizieren in der *Equipe Z* gestatten, auf dem Territorium von Vichy zu arbeiten? Bei der Demobilmachung hat-

---

* Colonel Rivet war Menzies Gegennummer, der französische „Chef“. Er wußte 1940 bereits von Ultra, und dadurch erklärt sich Menzies Wunsch, ihn so bald wie möglich zu treffen.

ten sich die Franzosen aus Vignolles in der Hauptsache verkrümelt. Aber bis zum Oktober 1940 schuf Bertrand Vignolles in einem neuen Schloß und unter einem neuen Namen erneut. Die Domäne von Uzès war ein bescheidenes mittelalterliches Gebäude in der Provence, etwa in der Mitte zwischen Avignon und Nîmes. Hier errichteten die polnischen und spanischen Entzifferer mit der Kenntnis von „Männern mit gutem Willen“ in Vichy eine neue Station unter dem Decknamen *PC Cadix*.

Das geschah alles geschäftsmäßig. Ein Funkgerät wurde vom britischen Intelligence Service unerlaubt an *Cadix* gesandt. Damit wurde eine regelmäßige Fernmeldeverbindung mit der polnischen Hauptfunkzentrale in England hergestellt. Bertrand unternahm mehrere gewagte Reisen ins besetzte Frankreich, auf denen er in aller Seelenruhe Teile von Enigma-Maschinen aus verschiedenen Pariser Fabriken zusammensammelte; dort waren sie hergestellt worden, als der Blitzkrieg begann. Mit ihnen und dem vorhandenen Gerät hatten nun die Polen schließlich in *Cadix* vier Enigma-Maschinen zur Verfügung. Bis die Deutschen im November 1942 Vichy besetzten, konnte *Cadix* daher viele ihrer Funksprüche entziffern und in der Praxis eine Art Außenstelle für Ultra bilden.[7]

Während der Kämpfe vom Mai und Juni 1940 waren das britische Heer, die Marine und die Luftstreitkräfte stark angeschlagen worden. Die Tore zum Kontinent waren verschlossen. Der Verlust seiner Agenten und Kontaktmänner brachte den Secret Service in Gefahr. Von allen für den zukünftigen Sieg wichtigen Instrumenten war Ultra allein intakt geblieben. Es war noch nicht reif, doch wie die kommenden Monate zeigen sollten, eine Waffe mit unbegrenzten Möglichkeiten. In der Schlacht um England, die nun folgte, besaß bei Ultra niemand praktischere Erfahrung als Professor R. V. Jones. In der Rückschau erinnerte er sich, daß er „in den dunkelsten Nächten des Jahres 1940 wußte, was von unseren Code-Brechern vollbracht wurde, und fühlte, daß, falls wir nur das nächste Jahr durchstehen könnten, wir schließlich gewinnen müßten.“ Darin lag der wahre Wert des britischen Durchbruchs.

KAPITEL 3

Ein Plan mit dem Namen Smith

> „Am 8. September berichtete Sir Samuel Hoare, eine verläßliche Quelle, die aus Berlin zurückgekehrt war, hätte ausgesagt, daß die Invasion Englands in offiziellen Kreisen dort unter dem Decknamen Smith bekannt wäre."
> Zusammenfassung der Feindnachrichten des Air Ministry, 17. Oktober 1940.

Am 4. Juni 1940 um 2.23 Uhr morgens bestätigte die Admiralität, die Operation *Dynamo,* die Evakuierung der Truppen aus Dünkirchen, wäre erfolgreich abgeschlossen worden. Ein paar Tage später traf der Autor optimistisch bei seinem ersten Regiment ein, nachdem er die harte Offiziersausbildung überstanden hatte. Das Regiment sammelte sich allmählich wieder auf den Rennstrecken von Cheltenham so, wie seine Angehörigen nacheinander aus Frankreich eintrafen. Seine gesamten Waffen und Fahrzeuge waren auf der anderen Seite des Kanals verlorengegangen. Die gesamte Ausrüstung des 65. Feldartillerieregiments der königlichen Artillerie bestand in jenem historischen Augenblick aus einem eingezogenen zivilen Lastkraftwagen und ein paar Dutzend Gewehren. Mit diesen Schätzen marschierten wir kurz darauf nach Yorkshire ab, um die Great North Road gegen Luftlandetruppen zu verteidigen.

Wie konnte es auch anders sein? Diese triviale persönliche Episode war für die Tage nach Dünkirchen charakteristisch, als Großbritannien mit leeren Händen dastand und sich bereit machte, einen Angriff am Himmel und, wie man fürchtete, auch jene Invasion abzuwehren, die sogar Napoleon versäumt hatte, über die trennende See zu unternehmen. Während des Frankreich-Feldzuges waren fast 1.000 Flugzeuge verlorengegangen. Am Tage, nachdem *Dynamo* abgeschlossen war, konnte das Fighter Command lediglich 466 einsatzbereite Flugzeuge melden, von denen nur 331 moderne Hurricanes und Spitfires waren. Die Stärkemeldungen der Staffeln die ganzen kommenden Monate hindurch zeigen, daß sich die Durchschnittszahl an allen vorhandenen Jagdflugzeugen selten über 750 erhob. Was Panzer und Artillerie anbetraf, so war alles zerstört oder während des Rückzugs zur Küste stehengelassen worden. Die meisten der etwa 900 in England verbliebenen Panzer waren veraltet oder schwach gepanzerte Konservenbüchsen. Kaum gab es moderne Geschütze. Der Willkomm, der der ersten Schiffsladung aus Amerika voll französischer 75 mm Waffen aus dem Ersten Weltkrieg bereitet wurde, erzählt seine eigene pathetische Geschichte. Was die Infanterie anging, so war Montgomerys 3. Division vielleicht die einzige, die annähernd voll ausgerüstet und kampfbereit war. Kein Wunder also, daß die kommende Schlacht um England als „auf der Kippe stehend" bezeichnet wurde. Bei der Begegnung von David und Goliath, die im Frühsommer 1940 drohte, waren gute Feindnachrichten, der Freund der Schwachen, für die Briten lebenswichtig. Es war ein großer Vorteil, daß auf der anderen Seite des Kanals die eigenen Quellen der Deutschen recht schlecht und irreführend waren. Wenige der von den Deutschen bereits in Britannien eingesetzten Agenten blieben, wenn es überhaupt welche gab, aktiv, und sie zu ersetzen war eine schwierige Sache. Einer mit dem Decknamen „Summer", der mit dem Fallschirm absprang, wurde augenblicklich festgenommen. „Tate", der ebenso mit dem Fallschirm absprang, wurde „umgedreht" und zum Doppelagenten gemacht. Tatsächlich war für die 25 hoffnungsvollen Agenten, die während des Sommers und des Herbstes 1940 entweder in kleinen Booten oder mit Fallschirm nach England gebracht wurden, die Zukunft düster und unausweichlich. Sie waren erbärmlich schlecht ausgebildet, miserabel ausgerüstet und dazu noch außerordentlich unfähig. Im Vergleich mit dem Frankreichfeldzug fehlte den Deutschen während der Schlacht um England daher die segensreiche Unterstützung von Spionen am Erdboden.[1]

Zuerst mußten sie die Luftüberlegenheit erringen. Doch während des ganzen Konflikts ignorierte die deutsche Luftwaffe ständig das Radarsystem, von dem das britische Fighter Command abhing, oder sie mißverstand es. Wie nützlich hätten sich einige Berichte effizienter Agenten erwiesen! Die Breite dieser Ignoranz wird in der „Vergleichenden Studie der Schlagkraft der RAF und der deutschen Luftwaffe" vom 16. Juli 1940 bewiesen, die die Abteilung 5 des Generalstabs der deutschen Luftwaffe unter ihrem leitenden Feindnachrichtenbearbeiter, Major Josef Schmid, aufgestellt hatte. Schmid kam zu durchwegs falschen Ergebnissen. Er überschätzte die Jagdfliegerstärke der RAF um ein Drittel und unterschätzte in höchstem Maße die britische Kapazität zur Produktion und schnellen Reparatur von Flugzeugen. Dazu noch ließ er das lebenswichtige Radar ganz aus. Diese Halbblindheit dauerte

während der ganzen Schlacht selbst an, so daß das deutsche Oberkommando nicht ganz ungewollt in einem Zustand der Wonne über die Erfolge lebte, die seine Flugzeuge tatsächlich nicht erzielt hatten.[2]
Aber den Briten fehlte es ebenfalls an Augen auf dem Gebiet des Feindes. Westeuropa war nun feindbesetzt. Lange mühsame Monate waren notwendig, und viele tapfere Männer und Frauen mußten Tod oder Folterung erleiden, bevor effektive Verbindungen mit Untergrundbewegungen hergestellt waren, die sich in einer großen Kurve von Norwegen über Polen nach Frankreich erstreckten. Sogar die normalen Fühler der Luftaufklärung konnten kaum bis über die deutsche Frontlinie, die Kanalküste, vorgetrieben werden. Obgleich die Briten in hohem Maße die Kunst der Funkverkehrsanalyse entwickelten – die Kunst der Identifizierung einzelner Verbände der Luftwaffe und ihrer Standorte durch das genaue Studium der Art und Weise ihrer Rufzeichen, das Geschwätz der Piloten und die Menge ihrer Funksprüche –, kamen ihnen die Deutschen durch ihren Fleiß, wenn auch nicht durch vergleichbare Erfolge, im Hinblick auf die Funkverbindungen bei ihren Anstrengungen gleich. Wenn alle anderen Mittel beim Erwerb von Informationen beachtet wurden – Berichte aus neutralen Ländern, sogar Hitlers Reden –, so war es klar, daß für die Briten im Sommer 1940 das den größten Erfolg versprechende Mittel zur Durchdringung der Schweigemauer, die die deutschen Absichten umgab, Ultra sein mußte, – wenn es funktionierte.
Nur eine Handvoll Männer wußten zu jener Zeit, daß sogar noch vor Beginn der Schlacht um England – tatsächlich an dem Tag, an dem der Frankreichfeldzug formal abgeschlossen worden war –, einer der wichtigsten aller Funksprüche, die im Jahre 1940 entziffert worden waren, zur entscheidenden Tat führten. Ultra war bereits an der Arbeit.
Jener Tag war der 21. Juni. Um 3.15 Uhr an jenem Nachmittag traf Hitler in der kleinen Lichtung im Wald von Compiègne ein, um für den Waffenstillstand von 1918 Rache zu nehmen und im berühmten Eisenbahnwagen seine harten und gnadenlosen Bedingungen der französischen Delegation zu diktieren. Ein Musikkorps spielte *Deutschland über alles*, und William Shirer, der anwesende CBS-Korrespondent, notierte, daß der defaitistische General Weygand seiner Vermutung Ausdruck gegeben hätte, die Briten wären in weiteren drei Wochen überwunden. Ein wichtiges Beweisstück für das Gegenteil steckte jedoch hinter dem historischen Treffen, das Churchill am gleichen Morgen im Kabinett-

raum von Downing Street 10 einberufen hatte, um das zu besprechen, was der Fall *Knickebein* genannt werden könnte.
Hinter diesem Treffen steckten ein paar kürzliche und glänzende Untersuchungen durch einen jungen Naturwissenschaftler aus Oxford, R. V. Jones, der seit der Zeit vor dem Krieg im aktiven Dienst des Air Intelligence Service stand und bereits mit Bletchley und seiner Arbeit bekannt war.[3] Seit Anfang März war sich Jones in hohem Maße bewußt geworden, daß die deutsche Luftwaffe eine Art Funkstrahl entwickelt hatte, mit dem die Flugzeuge zu einem Ziel in der Dunkelheit oder bei schlechtem Wetter geleitet werden konnten. Ungefähr Ende Februar hatte Jones eine Unterhaltung zwischen zwei Kriegsgefangenen analysiert, in der sie etwas erwähnten, das X-Gerät genannt wurde. Sie schienen über ein Gerät zu sprechen, mit dem Bomber durch ein System von Funkimpulsen geführt werden konnten. Das war ein klein wenig irreführend, da, wie man noch sehen wird, das X-Gerät erst später im Jahr eingeführt wurde. Aber die Spekulationen, die darüber entstanden, wurden kurz danach durch einen Fetzen Papier bestätigt, der aus einem abgestürzten Heinkel-Bomber sichergestellt wurde. Die darauf befindlichen Bemerkungen lauteten:

> „*Navigationshilfe:* Leuchtfeuer *Plan A*: Nach Leuchtfeuer Plan A. Zusätzlich ab 06.00 Uhr Leuchtfeuer Dühnen. Leuchtfeuer ab Dunkelheit eingeschaltet. Funkzeichen *Knikkebein* ab 06.00 Uhr auf 315 Grad."

Was sollte dieses *Knickebein* bedeuten? Nach intensiven Studien war Jones am 23. Mai in der Lage zu melden:

> „Möglicherweise haben sie ein System sich überschneidender Funkstrahlen entwickelt, so daß sie ein Ziel wie etwa London mit genügender Genauigkeit für wahllosen Bombenabwurf orten können . . . Die von den Deutschen erwartete Genauigkeit der Ortung liegt etwa eine halbe Meile über London von der Westgrenze Deutschlands aus."

Das war eine bemerkenswerte Voraussage darüber, wie das *Knickebein*-System funktionierte. Aber auf welcher Wellenlänge? Von welchem Sender aus? Und wie sah die Technologie des Systems aus? Die Vorkehrungen für *Knickebein* waren, im Grunde genommen, einfach. Von einer einzigen Funkstelle aus wurde ein Paar Funkstrahlen gesendet. Der eine bestand aus Punkten, der andere aus Strichen. Die Strahlen waren so orientiert, daß, wenn sich der Pilot mit seinem Flugzeug innerhalb der sehr schmalen zentralen Zone der Töne befand, in der Punkte und Striche gleiche Stärke besaßen, er genau auf sein Ziel zugeführt wurde. Schwenkte er nach rechts oder links von seinem Kurs ab, so hörte er Punkte und Striche in übermäßiger Lautstärke und wußte, daß er auf seine Führungslinie zurückkehren mußte. Wenn er seinem Ziel näherkam, wirkte ein anderer Strahl, der von einer zweiten Sendestation irgendwo an seiner Flanke gesendet wurde, als Markierung und durchschnitt dabei die Punkt-Strich-Strahlen, was ein Warnsignal ergab. Während Jones die Theorie dieses Verfahrens erfaßt hatte, bestand das Problem nun darin, festzustellen, wie die Deutschen es in der Praxis anwendeten.

Hier kam Ultra ins Spiel, und Jones' Wissen um die Vorgänge in Bletchley zahlte sich aus. Am Morgen des 12. Juni besuchte er den Leiter des „Y-" oder Horch-Dienstes der RAF, der ein Blatt Papier von seinem Schreibtisch nahm und sagte: „Gibt das für Sie irgendwas her? Keiner von uns wird daraus recht klug". Es gibt sicher mehr als einen „historischen Papierzettel", aber was Group Captain Blandy nun Jones übergab, gehörte bestimmt in diese Kategorie. Alles was darauf stand, war: KNICKEBEIN KLEVE IST AUF PUNKT 53 GRAD 24 MINUTEN NORD UND 1 GRAD WEST EINGERICHTET. Aber das hatte für Jones seine volle Bedeutung.

Die allmähliche Lockerung der Sicherheitsbestimmungen ab 1974 erlaubte es Jones, seine Memoiren *Most Secret War* vier Jahre später zu veröffentlichen. Als er über diesen entscheidenden Augenblick schrieb, erinnerte er sich: „Ich erkannte schnell, daß es eine entzifferte Meldung war, weil ich wußte, daß Bletchley während der vorhergehenden beiden Monate begonnen hatte, mit Erfolg einige der Enigma-Funksprüche zu entziffern." Für jene Tage war das eine recht rasche Entzifferung. Am 5. Juni um 14.55 Uhr hatte der Fernmeldeführer des IV. Fliegerkorps den *Knickebein*-Funkspruch abgesetzt. Er wurde ab 9. entziffert. Sein Inhalt war für Jones entscheidend. Ein *Knickebein*-Sender war gerade jenseits der deutschen Grenze in Kleve, der alten Stadt zwischen Rhein und Maas, aufgebaut worden. Kleve, die Stadt, aus der die Dame Anna am 6. Januar 1540 zu ihrer Hochzeit mit König Heinrich VIII. von England abgereist war. Sie wurde von ihrem Gatten „die flandrische Stute" genannt. Er hatte sogar bei ihrer Hochzeit bemerkt: „Ich konnte sie schon vorher nicht gut leiden, aber jetzt mag ich sie noch weit weniger". Darüber hinaus war die Positionsangabe „53 Grad 24 Minuten Nord und 1 Grad West" ein Punkt in England, der anzeigte, daß der *Knickebein*-Strahl von Kleve direkt einen Kurs entlang gesandt wurde, der über die Great North Road bei

Retford in Nottinghamshire ging. Die Naivität dieser unschuldigen frühen Tage wird auf komische Weise durch die Tatsache erhellt, daß eine Abteilung des Air Staff, der wissenschaftlich nicht ganz im Bilde war, sofort ein Aufgebot nach Retford unter einem Group Captain in der Annahme sandte, bei *Knickebein* handelte es sich um eine Organisation der fünften Kolonne.

Alles paßte nun. Weitere Kriegsgefangenenbefragungen und die technische Untersuchung einer Heinkel He 111, die in Schottland während eines Angriffs auf den Firth of Forth abgeschossen worden war, ließen erkennen, daß die Bomber der deutschen Luftwaffe kein besonderes Gerät brauchten, um die *Knickebein*-Strahlen zu empfangen; – sie benutzten einfach die gewöhnlichen Empfänger (mit denen die Bomber der Luftwaffe bereits ausgerüstet waren). Sie wurden sonst beim Blindlandungssystem Lorenz benutzt, waren aber nun auf einen höheren Grad von Empfindlichkeit eingestellt worden. Jones war damit in der Lage, seine Fäden vertrauensvoll zu ziehen, – oder wenigstens einen sehr mächtigen Faden, der Professor Frederic Lindemann genannt wurde, unter dem er vor dem Krieg in den Clarendon Laboratories in Oxford gearbeitet hatte. Lindemann, (der 1941 als Lord Cherwell geadelt worden war) war seit langem mit Churchill befreundet, den er hingebungsvoll als wissenschaftlicher Berater unterstützt hatte, als der letztere in den 1930er Jahren sich außer Amt „in der Wüste" befand. Als Churchill bei Kriegsausbruch Erster Lord der Admiralität wurde, nahm er Lindemann als seinen Chefberater für wissenschaftliche und wirtschaftliche Angelegenheiten mit sich. Nach seinem Umzug als Premierminister zur Downing Street wurde Lindemann als Leiter der statistischen Abteilung im Privatbüro des Premierministers eingesetzt. In der Praxis war er viel mehr. Er war Churchills *Graue Eminenz*. Jones hatte damit einen mächtigen Verbündeten. Bei früheren Diskussionen hatte Lindemann das *Knickebein*-Konzept in Frage gestellt. Nun aber, am 13. Juni, beugte er sich der Überzeugungskraft des Beweismittels und legte für Churchill schriftlich nieder: „Es scheint Gründe für die Vermutung zu geben, daß die Deutschen einen Funkgerättyp besitzen, mit dem sie ihre Ziele zu finden hoffen . . . Es ist lebenswichtig, nachzuforschen, und vor allem herauszufinden, welche Wellenlänge das ist. Wenn wir das wüßten, könnten wir Mittel zu ihrer Irreführung entwickeln. . . .". Churchill gab die Notiz über den Air Minister Sir Archibald Sinclair mit dem schriftlichen Kommentar zurück: „Das erscheint mir höchst interessant, und ich hoffe, daß

Sie es gründlich untersuchen lassen." *Knickebein* wurde nun auf Kabinettsebene behandelt.

„Die Wellenlänge . . . Wenn wir das wüßten, könnten wir ein Mittel herausfinden, um sie in die Irre zu führen." Bis zum Nachmittag des 17. waren fünf Radaranlagen als Bodenstationen ausgewählt worden, um einen Versuch zur Identifizierung des Strahls zu unternehmen, und die Einheit zur Entwicklung von Blindlandeverfahren (Blind Approach Development Unit) in Boscombe Down auf der Ebene von Salisbury (die gewohnt war, das Lorenz-System zu gebrauchen) sollte die Anflugortung durchführen. Bei den ersten Flügen am 18. und 20. ergab sich nichts. Aber ein weiteres Stück Papier aus einem deutschen Bomber verriet den Standort eines zweiten *Knickebein*-Senders, der seinen Markierungsstrahl zum Schneiden des Haupt-Punkt-Striche-Strahls aussandte. Er stand nördlich von Kleve in Bredstedt in Schleswig-Holstein. Das mußte der Flankensender sein. So hatte also der Detektiv die meisten Anhaltspunkte gefunden, aber den Fall Knickebein nicht völlig gelöst, als er am 21. Juni morgens in seinem Büro ankam und entdeckte, daß man ihn in den Sitzungsraum des Kabinetts, Downing Street Nr. 10, bestellt hatte. Da er selbst ein erfahrener Witzbold war, vermutete Jones, es hätte ihn jemand auf den Arm genommen.

Er war erst 28 Jahre alt. Die Konferenz war schon fast eine halbe Stunde im Gange, als er eintraf. Die Auspizien waren nicht gut, und die Atmosphäre schien gespannt. „Als man mich durch die Doppeltüren in den Raum führte, erblickte ich einen langen, schmalen, mit einem Tuch bedeckten Tisch mit einem Schreibblock, Federhalterständern vor jedem Platz und Stapeln schwarz eingefaßten Downing Street-Notizpapiers, das auf dem ganzen Tisch verstreut lag. Churchill saß in der Mitte auf der linken Seite mit dem Rücken zum Kamin, neben ihm zu seiner Rechten Lindemann und Beaverbrook zu seiner Linken." Ihm gegenüber hatte eine Reihe von Männern Platz genommen, die Churchill in seinen Memoiren mit entwaffnender Leichtigkeit „verschiedene Luftwaffenbefehlshaber" nannte. Tatsächlich waren es der Chief of Air Staff, der Commander-in-Chief Fighter Command und der Commander-in-Chief Bomber Command, Air Chief Marshal Sir Philip Joubert (der die Radar- und Fernmeldeangelegenheiten der RAF überwachte), Sir Henry Tizard (Wissenschaftlicher Berater beim Air Staff, der Jones während seiner Tage in Oxford unterstützt hatte) und Robert Watson-Watt (Wissenschaftlicher Berater für Fernmeldeverbindungen und hervorragender Pionier des britischen Radarwesens). Aber Jones hatte Nerven. Mit fortschreitender Diskussion wurde es klar, daß man die *Knickebein*-Lage nicht voll verstanden hatte. Er ergriff daher die Gelegenheit, um Churchill zu fragen: „Wird es Ihnen helfen, Sir, wenn ich Ihnen die Geschichte von Anfang an erzähle?" Nachdem ihm die Erlaubnis erteilt worden war, sprach er 20 Minuten lang. Als er aufgehört hatte, berichtete Churchill, „daß eine Atmosphäre allgemeiner Ungläubigkeit herrschte".

Tatsächlich war Jones ein junger Daniel in einer Grube ziemlich reifer Löwen. Die Spannung, mit der er begrüßt worden war, beruhte auf tiefen und eigensinnigen Überzeugungen der Männer, die an dem Tisch saßen und ihm nicht glaubten. Es gab zwei oppositionelle Gruppen. Vor dem Krieg hatte der Air Staff Vorschläge für ein Funkführungssystem für Nachtbomber glatt verworfen. Die Navigationsoffiziere der RAF, so wurde behauptet, wären vollauf fähig, ihre Ziele auf konventionelle Weise mit Hilfe der Sternnavigation zu finden: Sie waren also, wie das so schien, die Erben des Columbus und des Sir Francis Drake. Bis zum Ende 1941 hatten sich die konventionellen Methoden als so ungenau erwiesen, daß die Zahl der RAF-Flugzeugbesatzungen, die über Deutschland verlorengingen, die Zahl der von ihnen getöteten deutschen Zivilisten übertraf. Für den Rest des Krieges war das Bomber Command gezwungen, sich auf die Funknavigation abzustützen. Aber im Juni 1940 erhob die Tradition im Sitzungsraum des Kabinetts noch immer ihre Stimme. Warum sollten die Deutschen so komplizierte Geräte benutzen? Warum benutzten sie nicht die Sterne?

Die andere Stimme war die der Wissenschaft. Sir Henry Tizard, der Jones während dessen Tagen in Oxford ermutigt hatte und für seine augenblickliche Stellung weitgehend verantwortlich war, sprach dennoch als Gegner, – und zwar aus zwei Gründen. Intellektuell verwarf er die theoretische Möglichkeit des *Knickebein*-Strahls. Emotionell war er durch eine lange Feindschaft mit Lindemann beeinflußt, der, wie gezeigt wurde, nicht allein den *Knickebein*-Grundsatz akzeptierte, sondern jetzt auch dort saß, wo Tizard glaubte, daß er eigentlich selbst sein sollte, nämlich an Churchills Seite.

Weder Tizard* noch die Luftwaffenoffiziere hatten jedoch erraten, was sich im Kopf und Herz des Premierministers vollzog. Jones enthüllte das nach dem Krieg. Als er eines Tages neben Churchills Bett saß, hörte er ihn erzählen, daß, „als dieser junge Mann hereinkam und ihm sagte, sie könnten dennoch . . . bei Nacht ihre

Bomben zu einer Zeit abwerfen, in der unsere Nachtjäger fast machtlos wären, dies für ihn einer der schwärzesten Augenblicke des Krieges gewesen wäre. Aber als der junge Mann fortfuhr, wurde die Last wieder einmal von ihm genommen, weil er sagte, es gäbe Mittel, um diesem Strahlen entgegenzuwirken und damit zu verhindern, daß unsere wichtigsten Ziele zerstört würden." Trotz der Opposition, die mit hoher Autorität sprach, behauptete daher Churchill seine eigene Autorität. „Als ich einmal von den Prinzipien dieses seltsamen und tödlichen Spieles überzeugt war, gab ich alle notwendigen Befehle noch am gleichen Tag im Juni; bei ihnen wurde die Existenz des Strahles vorausgesetzt, damit alle Gegenmaßnahmen ergriffen werden konnten, und diese sollten absolute Priorität erhalten."

Aber das Ende der Konferenz war nicht das Ende der Schlacht. An jenem Nachmittag nahm Jones noch an einer weiteren Konferenz im Büro des Director of Signals teil. Hier behauptete T. L. Ekkersley von der Marconi Company hitzig, daß ein Kurzwellenstrahl, der aus so großer Entfernung wie Kleve gesendet würde, begreiflicherweise nicht um die Kurve der Erde herumgeführt werden und die deutschen Bomber ihn somit nicht über England wieder auffangen könnten. Daraufhin sagte der stellvertretende Director of Signals nach Jones etwa folgendes: „Nun wohl, wir haben jetzt den größten Fachmann auf dem Gebiet der Verbreitung von Funkwellen, den wir im ganzen Lande haben, bei uns, und er sagt, diese Strahlentheorie sei falsch. Der Flug an diesem Abend sollte also gestrichen werden."

Aber Jones stützte sich auf zwei solide Grundlagen: Die erste war sein Vertrauen in Ultra, und die zweite bestand in Churchills eigener Genehmigung zur Durchführung des Fluges, die er im Sitzungsraum des Kabinetts erteilt hatte. Ein weiteres Argument gab es darüber nicht mehr. In der Nacht vom 21. wurde ein Flugzeug vom Flugplatz Wyton in Huntingdonshire mit einem Spezialteam an Bord losgeschickt. Sein Auftrag war es, nach Norden zu fliegen und Kontakt mit einem Strahl zu suchen, der nach der Beurteilung

---

* Tizard hatte beruflichen Selbstmord begangen. Nachdem er sich dessen bewußt wurde, ging er von der Konferenz zu seinem Club, dem Athenaeum und schrieb seinen Rücktritt als wissenschaftlicher Berater des Air Staff nieder. Obgleich er später noch andere, weniger wichtige Posten einnehmen sollte, war er aus dem Zentrum der Macht entfernt worden. Churchill vergaß niemals seinen Beurteilungsfehler an einem Tag, der so viel für den Premierminister selbst und für Großbritannien bedeutete.[4]

von Jones auf Derby, die Heimat von Rolls Royce gerichtet war, wo die wichtigen Motoren für die Jäger der RAF gebaut wurden. Am nächsten Tage zerstreute der Flugbericht alle Zweifel. Er begann: „Es gibt einen schmalen Strahl (ungefähr 400 bis 500 m breit), der durch eine Stellung etwa 1,6 km südlich von Spalding führt und nach Süden zu Punkte und nach Norden Striche auf 104 Grad – 284 Grad T aufweist." Dieser und ein zweiter Strahl, der auf dem gleichen Flug festgestellt wurde, paßten mit der Stellung des Senders in Kleve und Bredstedt überein. *Knickebein* gab es mit Sicherheit, und das nächste, das es nun zu tun galt, waren die Gegenmaßnahmen.

Als begeisterter Witzbold schloß Jones seinen persönlichen Bericht auf charakteristische Weise ab. „Wenn unser Glück hält, können wir *Knickebein* doch auf den Arm nehmen."*

Das war ein Triumph für Ultra: Nicht, weil andere Intelligence-Quellen nicht dazu beigetragen hätten, sondern weil von Bletchley der unbestreitbare Beweis erbracht worden war, durch den alle anderen Anhaltspunkte und -stücke ein Bild ergaben, von denen keins allein jedoch hätte aufschlußreich sein können. Weitere Bestätigungen folgten bald. In einem von Ultra entzifferten Spruch vom 27. Juni hieß es: „Es wird vorgeschlagen, *Knickebein*- und Wotan**-Einrichtungen bei Cherbourg und Brest aufzubauen." Gegen Ende Juli meldete dann Ultra, daß das *Kampfgeschwader 54* (ein Bomberverband von ungefähr 80 Flugzeugen) bis Anfang August *Knickebein* benutzen würde. Da bekannt war, daß der Einsatzraum für das Kampfgeschwader 54 entlang der Westküste Englands lag (außerhalb der Reichweite eines Strahles von Kleve), mußte das heißen, daß nun ein Strahl aus Cherbourg benutzt wurde und größere Luftangriffe unmittelbar bevorstanden. Als dann die intensiven nächtlichen Bombenangriffe schließlich begannen, war die britische Aufklärung – wie wir noch später sehen werden – vorbereitet, nicht nur *Knickebein* zu begegnen, sondern auch seinen verfeinerten Nachfolgern an Navigationssystemen für die deutsche Luftwaffe. Es war also kein Wunder, daß 1976 Pro-

* Es handelt sich um ein unübersetzbares englisches Wortspiel: „If our good fortunes hold, we may yet pull the Crooked Leg." (Anm. d. Übers.).

** Das war die erste Bezugnahme auf *Wotan*. Der Name des deutschen mythologischen, einäugigen Gottes brachte Jones dazu anzunehmen, die Deutschen setzten ein Leitsystem mit einem einzigen Strahl ein. In der Schlacht um die Strahlen sollte später diese erste und frühe Nachricht über *Wotan* ihre Früchte bringen (siehe dazu Seite 115).

fessor Jones in bezug auf Ultra feststellen konnte: „Sein besonderer Wert bestand darin, daß ich mich auf die Zuverlässigkeit der Information, die es lieferte, verlassen konnte. Bei der *Battle of the Beams* genügte die kurze Meldung über das *Knickebein* von Kleve, um aus der Bedrohung durch den Leitstrahl, mit dem bisher nur spekuliert worden war, Wirklichkeit werden zu lassen."

Aber der wichtigste Teil der *Battle of the Beams* wurde später im Jahr ausgefochten. Auf jeden Fall konnte damit die Schlacht um England nicht gewonnen werden, die nach dem Fall Frankreichs im Juni automatisch erwartet wurde. Es ist nicht ganz sicher, ob Churchill selbst jemals im Herzen glaubte, daß Hitler das wagen würde, wovor Napoleon Halt gemacht hatte. Aber selbst er nahm, wie er es ja mußte, an, daß die Möglichkeit real vorhanden war. Die ihn beratenden unbefangenen und ruhigen Generalstabsoffiziere, die im Zusammensetzen der Stücke des Aufklärungsgeduldspiels und im Ziehen richtiger Schlußfolgerungen ausgebildet waren, nahmen in der Hauptsache einen anderen Standpunkt ein. Sie hatten das Gefühl, daß die innere Logik und die Hitlers Laufbahn innewohnende dynamische Kraft diesen zur Invasion zwingen müsse, und die jenseits des Kanals im Gange befindlichen Vorbereitungen bestätigten diese Schlußfolgerung. Daher war für den Premierminister, die Chiefs of Staff, das Joint Intelligence Committee, die Admiralität, den Commander-in-Chief of Home Forces und besonders das Fighter Command die wesentliche Frage nicht, ob, sondern wann er dies versuchen würde. Denn die Verkehrsnetze im Hauptschlüsselbereich der deutschen Luftwaffe hatten den wesentlichen Punkt aus Hitlers berühmter Weisung vom 16. Juli durchgegeben: „. . . Ich habe mich dazu entschlossen, ein Landungsunternehmen gegen England vorzubereiten und es, wenn notwendig, durchzuführen . . ." Der Funkspruch wurde von Ultra entziffert und sofort an Churchill weitergegeben, der in seinen Memoiren feststellte, daß dank „unserer hervorragenden Intelligence . . . es gewiß schien, daß der Mann dabei war, es zu versuchen".

So hing in diesem heißen Mittsommer alles von ein paar hundert Jagdflugzeugen der RAF ab. Beide Seiten erkannten das. Die britischen und deutschen Oberkommandos waren sich gleichermaßen einer einzigen alles beherrschenden Tatsache bewußt: Bevor eine Invasion von See her gelingen konnte, mußte die deutsche Luftwaffe die Luftherrschaft bei Tage über Südengland erringen. Während des Juli bestätigte die Aufklärung der RAF in einem Bericht an Churchill, daß, falls den Deutschen die Luftherrschaft bis zum September verwehrt werden konnte, im Jahre 1940 keine Invasion mehr stattfinden würde. Neben dieser zentralen Wahrheit war alles übrige von zweitrangiger Bedeutung. Hitler selbst erkannte sie, als er immer wieder das Datum der Invasion in der Hoffnung verlegte, daß Görings Luftwaffe irgendwie die Prahlereien in Leistung umsetzen könnte. Für Panzer, Geschütze und Infanterie waren die jenseits des Kanals dicht gedrängt liegenden Schleppkähne so lange nutzlos, als genug Spitfires und Hurricanes – und deren Piloten – überlebten.

Die Deutschen konnten die Luftüberlegenheit nicht erringen, und so unternahm Hitler auch nicht seinen Invasionsversuch. Aber in den vielen nun vorhandenen maßgebenden Analysen der Schlacht um England sticht immer wieder eine Sache hervor: In dieser vielleicht entscheidendsten Schlacht des Krieges lagen Sieg und Niederlage tatsächlich ganz dicht beieinander. Der Ausgang der Schlacht hing an einem dünnen Faden. Viele wohlbekannte Faktoren trugen zum schließlichen Erfolg bei: – die Hingabe der Piloten, die Qualität der britischen Radargeräte und Görings Fehler. Aber im Kopf des Oberbefehlshabers des Fighter Command – Air Chief Marshal Sir Hugh Dowding – wurden täglich jene kritischen und schwierigen Entscheidungen getroffen, die letzten Endes zwischen Sieg und Niederlage entschieden. Oft handelte es sich dabei um ebenso dringende und die Geduld auf eine harte Probe stellende Entschlüsse, wie sie jeder andere Befehlshaber auch zu fassen hat. Was aber bisher noch nicht richtig gewürdigt worden ist, ist das Ausmaß, in dem Ultra Dowdings Berechnungen unterstützte. Das Hauptquartier des Fighter Command lag in Bentley Priory bei Stanmore in Middlesex. Als Beginn der Schlacht um England wird gewöhnlich der 10. Juli angegeben, da an diesem Tage die deutsche Luftwaffe ihre ersten Angriffe auf Schiffe und Ziele führte, die nicht weit landeinwärts von der englischen Küste lagen. Während der ersten paar Wochen der Schlacht gingen die Aufklärungsmeldungen von Ultra aus Bletchley direkt an das Air Ministry in London, wo sie der dortige Stab an Dowding in Stanmore weitergab, – eine mühselige Methode. Anfang August jedoch und noch rechtzeitig für die entscheidende Phase ließ Winterbotham eine Fernschreiblinie zwischen Bletchley und Stanmore installieren und stellte dafür eine kleine SLU ab, die in einem schalldichten Schlafraum tief unten in Bentley Priory und dicht bei der unterirdischen Operationszentrale des Fighter Command, „dem Loch“, untergebracht war. Dort wurden die anfliegenden Verbände der deutschen Luftwaffe auf der Karte festgehalten und Gegenan-

griffe angesetzt. Auf die eine oder andere Weise war daher Dowding mit Ultra von Anfang an verbunden.
Lange nach dem Krieg erinnerte sich Dowding: „Natürlich hatte ich alle Feindnachrichten zur Hand oder wenigstens das, was davon verfügbar war, was bedeutete, daß ich Informationen besaß, die nicht allgemein bekannt waren." Was davon vorhanden war, half ihm auf dreierlei Weise. Es setzte ihn in die Lage, die vom Feind angewandte Strategie in der Hauptsache zu verstehen: Er blieb ständig über Stärke, Standort und Einsatzbereitschaft der deutschen Luftwaffe informiert. Auch wurden in den Tagesabschlußmeldungen gelegentlich Absichten für den nächsten Tag angegeben, doch waren das für das Fighter Command weniger präzise Meldungen über anfliegende Verbände als Informationen über die Möglichkeiten der deutschen fliegenden Verbände auf den einzelnen Flugplätzen. Dann konnte man entsprechende Vorbereitungen in der eigenen Dislokation treffen. Ultra war nicht die einzige und auch nicht diejenige Dienststelle, die ihn am regelmäßigsten mit diesen Nachrichten versah. Nichts übertraf die schnellen, genauen Meldungen über Höhe, Flugrichtung und Stärke angreifender Feindverbände, wie sie die in England stationierten Radarstellen (Home Chain) lieferten. Sie standen zum Schutz entlang der gesamten Südküste wie die Martello-Türme, die als Verteidigungsposten angesichts der Invasionsdrohung zu Napoleons Zeiten errichtet worden waren. Die Analyse und Entzifferung des Funkverkehrs auf unterer Ebene, Peilstationen zum Orten von Anlagen und Verbänden der Luftwaffe jenseits des Wassers, das geschickte Verhören von Kriegsgefangenen durch Squadron Leader Denys Felkin von der Intelligence-Abteilung der Luftwaffe und die Untersuchung erbeuteter Dokumente und abgestürzter Flugzeuge trugen alle zu dem sich ständig erweiternden Szenario bei. Aber wenn Ultra mit Dowding sprach, hatte seine Stimme besonderes Gewicht, und seine Quelle war, wie er wußte, unfehlbar: Es waren die Worte seiner Gegner, die geheim miteinander sprachen.
Die Schlacht um England wurde nicht von Ultra „gewonnen", wie das manchmal behauptet wird. Sie wurde in erster Linie von den 900 gefallenen und verwundeten Piloten gewonnen und von denjenigen, die von Juli bis Oktober 1940 kämpften und die Kämpfe überlebten. Aber ihr Sieg bestand aus der sich steigernden Wirkung eines wütenden Gefechtes nach dem anderen, eines mörderischen Tages nach dem anderen, und Dowdings Triumph war das schöne Urteil, mit dem er seine Staffeln während dieser sich immer

wiederholenden ständigen Einzelkämpfe anspornte. Niemals setzte er dabei zu viele, oftmals sogar zu wenige ein. „Wir müssen die Führungsqualitäten, die hier gezeigt wurden", schrieb Churchill, „als geniales Beispiel der Kriegskunst ansehen". Das Thema dieses Buches lautet: „Die Schlacht ist Zahltag", und hier an diesem entscheidenden Punkt sorgte Ultra für Verstärkung. Die frühzeitigen und authentischen Meldungen aus Bletchley über zu erwartende Feindangriffe waren für Dowding bei der Führung der Schlacht eine starke Stütze.

Bei der Beurteilung des Beitrags von Ultra muß dennoch der Sinn für Verhältnisse gewahrt bleiben. Im Vergleich zu späteren Jahren war die Organisation in Bletchley Park immer noch unerfahren und unvollkommen. Ihre Angehörigen umfaßten immer noch nur eine kleine Zahl Männer. Einige der abgefangenen Sprüche konnten nicht entziffert werden. Bis zu dem Zeitpunkt, zu dem wieder andere so bearbeitet wurden, daß sie einen Sinn ergaben, war so viel Zeit verflossen, daß sie wertlos geworden waren. Denn während dieser erbitterten Luftschlachten zählten Stunden und sogar Minuten. Eine erschöpfte Staffel starten zu lassen, so daß sie wirksam einen neuen Luftangriff abwehren konnte, war ein ständiges Wettrennen mit der Uhr, bei dem die Weitergabe überholter Funksprüche nur eine Papiervergeudung bedeutet hätte. Dennoch kam aus Bletchley eine beträchtliche Menge zeitgerechter Meldungen. Gewöhnlich trafen sie spät in der Nacht oder in den frühen Morgenstunden ein, je nachdem, wie die Entzifferer die Schlüsseleinstellungen der deutschen Luftwaffe für den nächsten Tag knackten. Sogar dann noch hätten die Deutschen natürlich in der Praxis etwas anderes oder gar nichts unternehmen können; denn, da es sich um eine Luftschlacht handelte, konnten plötzliche Veränderungen des Wetters wie Nebel, Wolken oder schlechte Sicht zu einer raschen Änderung in der feindlichen Planung führen.

Das gleich weiter unten gegebene Musterbeispiel für entzifferte und in Umlauf gebrachte Funksprüche beweist lebhaft die Vielfalt der Warnungen, die Dowding daran hinderten, die Schlacht blind zu führen. Die Funksprüche können dem Datum nach und gewöhnlich sogar der Zeit nach bestimmt werden, denn außer denjenigen, die an das Fighter Command gesendet wurden, wurden wenigstens einige von ihnen auch im War Office durch die Abteilung MI 14 empfangen und sorgfältig schriftlich festgehalten. Ihr Leiter, Lt. Col. Kenneth Strong, leitete sie an seine Gegenstelle, den Brigadier Mockler-Ferryman, den leitenden Intelligence-Offizier beim Hauptquartier der Home Forces, weiter. Diese Papiere befinden sich nun im Public Record Office.[5] Sie beziehen sich nur sporadisch auf Luftangriffe und sind nicht sensationell, aber bis einmal die von Ultra an das Fighter Command selbst gesandten Funksprüche freigegeben werden, sind sie das beste zur Verfügung stehende Zeichen für die Leistung, die Bletchley vollbrachte. Die Einsatzräume der deutschen Luftflotten waren noch vor Ende Juni bekannt. Westlich einer Linie, die durch Chichester-Oxford-Wolverhampton-Halifax nach Norden verlief, lag der Einsatzraum der Luftflotte 3 des Feldmarschalls Sperrle, die von Flugplätzen in der Normandie und in der Bretagne aus operierte. Ostwärts dieser Trennungslinie lag der Einsatzraum der Luftflotte 2 des Feldmarschalls Kesselring, deren Flugplätze sich in Holland, Belgien und Nordfrankreich befanden. Flankenangriffe auf die Nordostküste Britanniens gehörten zur Aufgabe der Luftflotte 5, die unter Generaloberst Stumpffs Befehl in Norwegen und Dänemark stationiert war.

Einen Geschmack von diesen Warnungen in bezug auf die Absichten dieser Luftflotten kann man von den Funksprüchen erhalten, die während der frühesten Tage der Schlacht abgesetzt wurden, als noch alles ungewiß und drohend war: „STRENG GEHEIM NUR FÜR OFFIZIERE. Es wird verläßlich gemeldet, daß die deutschen Flugzeuge den Auftrag erhalten haben, am 12. 7. 40 Störangriffe gegen Flugzeugfabriken im Zielraum auf Karte 3 zu fliegen. Schiffsbewegungen sollen ebenfalls angegriffen werden". Danach folgt die regelmäßige Sicherheitsbelehrung: „Es wird gebeten, diese Mitteilung als ‚nur für Offiziere' zu behandeln; sie ist nicht über Telefon weiterzugeben." Danach folgt mit Grünstift der Zusatz: „Churchill ist unterrichtet." (Die Formel „Es wird verläßlich gemeldet" oder „eine verläßliche Quelle" wird gewöhnlich als Deckformel für Ultra benutzt. Audrücke wie „eine gewöhnliche verläßliche Quelle" oder „eine gute Quelle" lassen eine weniger maßgebliche Herkunft vermuten.) Am 15. war es nützlich zu erfahren, daß „Tagesangriffe auf England nur durchgeführt werden sollen, wenn die Wetterverhältnisse genügend Deckung gegen Jagdfliegerangriffe bieten. Diese Angriffe sind nur durch einzelne Flugzeuge durchzuführen, und es ist den Flugzeugführern einzuschärfen, daß sie den Angriff abzubrechen haben, wenn das Wetter die Überraschung nicht mehr sicherstellt." Am 16. und wiederum am 19. kam die eindrucksvolle Nachricht: „Die deutsche Luftwaffe hat Befehl gegeben, daß aus besonderen Gründen die Ballonsperren in Bristol und Southampton anzugreifen und zu

zerstören sind, wann immer die Möglichkeit sich bietet.“ Aber das waren frühe Tage tastender Versuche.
Mit vorschreitender Schlacht wurden die Funksprüche genauer. „Es wird verläßlich gemeldet, daß die deutsche Luftwaffe am Abend des 18. August einen Vorbefehl für eine großangelegte Operation am 19. August erhielt; alle notwendigen Vorbereitungen sollten getroffen werden.“ „Aus einer verläßlichen Quelle stammt die Nachricht über einen kurz bevorstehenden Angriff auf den Flugplatz WARMWELL heute morgen. Flugzeuge für 07.00 Uhr startklar.“ (Die Warnung wurde um 01.52 Uhr herausgegeben). Um 07.40 Uhr am 25. August: „Es wird verläßlich gemeldet, daß Luftangriffe während des Verlaufs des heutigen 25. August 1940 auf die Flugplätze von WARMWELL, LITTLE RISSINGTON und ABINGDON und Aufklärungsflüge durch ein einzelnes Flugzeug im Raum SOUTHAMPTON-ALDERSHOT-BRIGHTON zu erwarten sind.“ Am 13. September kam etwas, das noch finsterer klang: „Aus einer verläßlichen Quelle war zu erfahren, daß mehrere Verbände der deutschen Luftwaffe Befehle für schwere Angriffe auf ein Ziel erhalten haben, das LONDON zu sein scheint, und zwar zwischen der Zeit vom 13. September 18.00 Uhr bis zum 14. September 03.00 Uhr. Wenn das Wetter es erlaubt, werden Langstreckenbomber eingesetzt.“ Früh am nächsten Morgen folgte dieser Meldung die nächste: „Bei erster Meldung wurde das Ende der Luftangriffe mit 03.00 Uhr am 14. September angegeben; neue Meldungen deuten darauf hin, daß sie bis in den späten Vormittag des 14. September und wahrscheinlich auch bis zum Nachmittag fortgesetzt werden.“ Es liegt auf der Hand, daß genaue Meldungen wie diese Musterfunksprüche in der gefährlichen zweiten Phase der Schlacht, in der die Jagdflugplätze der RAF und deren Abschnittsbefehlsstellen das Hauptziel der deutschen Luftwaffe waren, großen Wert besaßen.
Aber dann folgte der Entschluß, die britischen Jagdfliegerkräfte in der Luft mit einem gewaltigen Schlag zu vernichten, der am *Adlertag* ausgeführt werden sollte. Görings Weisungen an seine drei Luftflotten erreichten Ultra im Verlauf des 8. August und wurden von dort an Dowding und Churchill weitergeleitet: „Operation *Adlertag*. Innerhalb kurzer Zeit ist die britische Luftwaffe vom Himmel zu fegen.“ Schlechtes Wetter verhinderte die Massenangriffe, die sofort erwartet wurden, und, obgleich Ultra meldete, daß der 13. August zum neuen *Adlertag* bestimmt worden war, trat der große Schlag erst am 15. ein. Wenn Ultras entzifferter Spruch über den Standort einer *Knickebein*-Station in Kleve die wichtig-

sten Meldungen in bezug auf die Nachtangriffe der deutschen Luftwaffe war, so bildeten die Einzelheiten, die Dowding im voraus über den *Adlertag* erhielt, den wichtigsten Beitrag Bletchleys zum Verlauf der Schlacht bei Tage.
Der deutsche Plan, der in einem Operationsbefehl vom 14. festgehalten wurde, bestand darin, am nächsten Tag durch Angriffe aus verschiedenen Richtungen und zu verschiedenen Zeiten mit den zusammengefaßten deutschen Luftflotten die RAF zu vernichten. Über Südengland sollten die Luftflotten 2 und 3 durch Angriffe auf Flugplätze und Radarstationen Dowding zwingen, eine Höchstzahl von Jagdflugzeugen einzusetzen. Diese sollten dann auf Grund der überlegenen Taktik und des höheren Kampfwertes der deutschen Luftwaffe vernichtet werden, – oder so wenigstens hoffte man es. Weit oben im Nordosten hoffte man gleichermaßen, daß die eindringende Luftflotte 5 kaum Widerstand finden würde, da die meisten RAF-Staffeln, wie man annahm, abgezogen worden waren oder abgezogen werden sollten, um die im Süden eingesetzten zu verstärken. Doch der *Adlertag* endete mit einer vernichtenden Niederlage. Bei 1.786 Angriffen verlor die deutsche Luftwaffe 75 Flugzeuge (nicht 182, wie zunächst begeistert behauptet wurde). Die bestätigten britischen Verluste betrugen nur 34 Jagdflugzeuge. Auf bezeichnende Weise befahl Göring nun, daß jeweils nur ein Offizier zur Besatzung eines Flugzeuges gehören sollte, und machte weitere Einschränkungen, um ausgebildete Piloten zu behalten. (Auch das sickerte durch Ultra durch.)
Der 15. August wird als Wendepunkt in der Schlacht angesehen. Will man Ultras genauen Beitrag zu diesem unerwarteten Erfolg bestimmen, so muß man sich zunächst daran erinnern, daß anfliegende Feindverbände durch Radar geortet und durch Meldungen des Beobachtungskorps gemeldet wurden. Ohne diese genauen und sofortigen Gefechtsmeldungen wäre alles andere nutzlos gewesen. Vom Radar hingen die tatsächlichen Kämpfe ab, und der schlimmste Fehler der Deutschen bestand darin, daß sie es unterbewerteten. Aber das Radar erkannte nur, was unmittelbar geschah oder wahrscheinlich gleich geschehen würde. Es sagte nichts auf lange Zeit voraus und war nicht in der Lage, das Ablaufmuster der Operationen eines ganzen Tages vorauszusagen. Hier kam Ultra ins Spiel. Wenn Bletchley im voraus entzifferte deutsche Befehle für eine komplizierte Reihe von Angriffen, die sich über mehrere Stunden erstreckten, liefern konnte, dann war Dowding in der Lage, auf Grund eines breiten Vorwissens seine Antwort zu planen und abzustimmen, anstatt von einer Minute zur anderen

seine Entscheidungen zu treffen, wie es der Fall war, wenn das Radar allein die Feindnachrichten lieferte. Solche Gelegenheiten gab es zwangsläufig nur wenig, aber der *Adlertag* bietet dafür ein klassisches Beispiel.

Tatsächlich wurde die Gesamtheit der drei Luftflotten vom frühen Morgen bis zum Abend zuerst über Kent eingesetzt, dann in zwei Angriffsrichtungen über der Nordostküste, dann wieder über Kent, dann über Essex, dann Kent, dann Surrey und Hampshire. Vorrangige Ziele waren die britischen Flugplätze, denn Göring rechnete damit, daß die RAF bei ihrer Verteidigung vernichtet werden würde. Aber die Flugplätze überlebten einen weiteren Tag, und, obgleich um 10 Uhr vormittags am 16. der I c-Dienst der deutschen Luftwaffe meldete, die Jagdverbände der RAF verfügten nur noch über 300 Flugzeuge, waren in Wirklichkeit noch 700 vorhanden. Dowding hatte durch sparsamen Einsatz der Kräfte gesiegt. Da er von Ultra das im Zick-Zack verlaufende Muster der kommenden Luftangriffe kannte, konnte er der Versuchung widerstehen, zu viele seiner Kräfte zu früh einzusetzen, die Abwehr im Norden zu schwächen und dem unter Druck stehenden Süden zu helfen. Er setzte konzentriert seine Jagdflugzeuge auf die deutschen Bomber an, anstatt sie mit deren Begleitflugzeugen handgemein werden zu lassen und schwere Verluste zu riskieren. Er behielt immer etwas in der Hinterhand, das er dem nächsten Luftangriff entgegenwerfen konnte. Nachdem die Schlacht um England vorüber und der „Alte" abgelöst worden war, aß Winterbotham mit ihm zu Mittag und besprach mit ihm Ultras Wert bei der Erringung des Sieges. „Er erinnerte mich an den Augenblick, als er den Funkspruch über die sieben großen Angriffe am *Adlertag* erhalten hatte, und daran, wie lebenswichtig diese Nachricht gewesen war . . ."

Die Ablösung Dowdings durch den Air Staff von der Führung des Fighter Command war bedauerlich. Er wurde erst im November 1940 entlassen, aber die Argumente, mit denen man seine Stellung unterminiert hatte, bezogen sich alle auf die Ereignisse dieses hektischen Sommers. Da diese häßliche Episode genau die verzwickte Lage erhellt, in der sich Befehlshaber, die Ultra-Nachrichten verantwortlich benutzten, mehr als einmal während des ganzen Krieges befanden, lohnt es sich wohl, den chronologischen Ablauf der Ereignisse zu verlassen und die historischen Unterlagen zu untersuchen.

Dowding war seinen Piloten – seinen *„chicks"* (Küken), wie er sie nannte, ergeben. Am 20. November saß er, bevor er sein Büro in

Bentley Priory zum letztenmal verließ, an seinem Schreibtisch und faßte einen Funkspruch an alle Einheiten und Verbände seines Kommandos ab. Er begann „Meine lieben Jungen von der Jagdwaffe“. Hätte er die Zeilen Stephen Spenders gekannt, so hätte er in ihnen den Ausdruck seiner Gefühle für die jungen Männer wiedererkannt, von denen so viele verstümmelt oder gefallen sind und die er zum Sieg in der Schlacht von England geführt hat:

> „Aus der Sonne geboren, flogen sie eine kurze Zeit der Sonne entgegen und hinterließen in der winddurchbrausten Luft das Stigma ihrer Ehre.“

Die gleiche Zuneigung brachten die Piloten „Stuffy“ Dowding entgegen. Seine Entlassung traf daher ihn wie sie wie ein betäubender Schlag, brutal und unbegreiflich.[6]

Heute können wir es verstehen. Es gab tatsächlich vernünftige Gründe für die Versetzung eines Mannes auf einen weniger schweren Posten, der 1882 geboren war und unter extremem Streß nicht nur 1940, sondern auch in den Jahren vor dem Krieg gearbeitet hatte, in denen Britanniens Luftverteidigungssystem neu ausgerüstet und erweitert wurde. Was zu jener Zeit schmerzte, war sein abrupter Abgang. Er war so plötzlich, daß es den Anschein hatte, als läge der Grund dafür in der ganzen Führung der Schlacht, die doch mehr als alles andere sein Land vor der Invasion gerettet hatte. Unglücklicherweise war das, was nur der Fall zu sein schien, tatsächlich wahr.

Dowdings wichtigster Verband während der Schlacht war die 11. Group des Fighter Command, die die verwundbaren Räume Südenglands verteidigte. Ihr Führer, der neuseeländische Air Vice-Marshal Keith Park war früher Dowdings erster Generalstabsoffizier gewesen. Sie dachten gleich. Daher führte Park während der Schlacht voller Überzeugung die Taktik seines Befehlshabers, die Jagdflugzeuge sparsam einzusetzen, stets eine Reserve zurückzubehalten und eher die Ziele der deutschen Luftwaffe zu schützen, als deutsche Bomber als Selbstzweck abzuschießen, durch. Im Norden lag jedoch die 12. Group, – im wesentlichen ein Reservoir von Verstärkungsstaffeln, falls der Druck des Feindes auf die 11. Group unwiderstehlich wurde. Hier herrschte eine andere Denkweise. Der Kommandeur der 12. Group, Air Vice-Marshal Trafford Leigh-Mallory, war ein Mann mit ungezügeltem Egoismus. Sein bester Staffelkapitän, Douglas Bader, packte alles mit der zielbewußten Aggressivität an, die ihn nach dem Verlust beider Beine als tapferen und tatsächlich hervorragenden Jagdflieger wieder zum Einsatz am Himmel getrieben hat. Aber Bader

entwickelte die Theorie, und Leigh-Mallory unterstützte sie persönlich, daß die Staffeln nicht einzeln gegen die Deutschen eingesetzt werden sollten (wie es Park mit Dowdings Billigung tat). Dafür sollten sie sich zuerst zu Geschwadern formieren, die aus mehreren Staffeln zusammengesetzt wurden, und dann *en masse* angreifen. Dieses Konzept, das *Big Wing*, wurde später ein „*Balbo*" genannt: Vor 1939 hatte sich Marschall Balbo dadurch ausgezeichnet, daß er Gruppen italienischer Flugzeuge bei Langstrekkenflügen führte.
Obgleich diese Theorie plausibel war, schloß sie doch große praktische Schwierigkeiten in sich ein. Die 12. Group, deren Flugplätze viele Meilen vom Herzen der Schlacht entfernt lagen, hatte sowohl die notwendige Zeit als auch den notwendigen Raum, um ihre Staffeln zur Geschwaderformation zu versammeln. Aber die feindlichen Flugplätze jenseits des Kanals befanden sich Südengland so nahe, daß beim Auftauchen eines anfliegenden Verbandes auf dem Radarschirm Park seine Staffeln fast unverzüglich einsetzen mußte. Nichtsdestoweniger vertraten Leigh Mallory und Bader ihre Sache rücksichtslos. Es gab temperamentvolle Auseinandersetzungen und Diskussionen über die Taktik. Die Süße des Sieges vom Sommer hatte sich in Galle verwandelt. Einer der Jagdflieger-Asse (der spätere Air Vice-Marshal „Jonny" Johnson, CB, CBE, DSO mit zwei Spangen, DFC mit Spange) ist ein Zeuge von unbestechlicher Autorität. Er erinnert sich an Besuche auf Jagdflugplätzen während der Schlacht durch „viele hochgestellte Mitglieder des Air Staff, hohe Beamte und Politiker" und daran, wie „Besucher auf Leigh-Mallorys Flugplätzen hörten, daß dem großen Duxford-Geschwader (der 12. Group) seit September ‚keine Chance gegeben worden wäre...' Nach ihrer Rückkehr nach Whitehall brachten einige hervorstechende Männer, die besser hätten wissen müssen, was zu tun war, als jungen Offizieren ihr Ohr zu schenken, die ihre Vorgesetzten denunzierten, Hammer und Amboß zusammen. Dowding und Park wurden ins Air Ministry berufen, um über die Größe von Jagdfliegergeschwadern zu diskutieren."
Eine Palastrevolution war im Gange.
Die Konferenz im Air Ministry fand am 17. Oktober statt. Die Führer des Fighter Command, der stellvertretende Chef des Air Staff, der vorgesehene Chef des Air Staff (Sir Charles Portal) und eine Vielzahl anderer hoher Offiziere fanden sich zu ihrem Erstaunen an einem runden Tisch in Gesellschaft eines jungen Staffelkapitäns versammelt, nämlich Baders, den Leigh Mallory auf

irgendeine Weise hineingeschmuggelt hatte. Zu Dowdings Erstaunen nahm die Diskussion die Form einer Leichenrede über die Taktik an, mit der die Schlacht um England gewonnen worden war und die nun auf ungünstige Weise mit der Big Wing-Taktik verglichen wurde, – und Bader wurde es mit für einen jungen Offizier bemerkenswerter Breite gestattet, sich darüber auszulassen. Nach Dowdings Biograph Robert Wright wurde dann das Protokoll der Konferenz zurechtgebastelt. Trotz des Protestes von Dowding und Park gegen den Entwurf vermittelte das Protokoll den Eindruck, daß der Einsatz großer Massen in Form eines „*Balbos*“ vorzuziehen wäre.

Hier kommt nun Ultra ins Bild. Es gab noch mehrere zweitrangige Streitpunkte, zu denen Dowding hätte Stellung beziehen können. Als Oberbefehlshaber hätte er sich schlicht und einfach weigern können, diese Führungsmethode des Fighter Command auf einer Konferenz auf hoher Ebene zu diskutieren, an der ohne seine Erlaubnis einer seiner Untergebenen anwesend war. Was er aber nicht tun konnte, war, die Konferenz, deren allgemeine Richtung durch die emsige Öffentlichkeitsarbeit der 12. Group schon vorgezeichnet war, durch den Hinweis zu beeinflussen, daß er sich bei der Führung der Schlacht auf Kenntnisse über die feindlichen Pläne abgestützt hatte, die ihm von Ultra geliefert worden waren. Was wäre z. B. am *Adlertag* geschehen, wenn er die Warnungen von Ultra ignoriert und seine Staffeln in ein paar wenigen schwerfälligen Geschwadern zusammengefaßt und dabei wertvolle Zeit vergeudet hätte? Die Wendigkeit, welche die Grundlage des Erfolgs am *Adlertag* war, wäre nicht gegeben gewesen. Aber er durfte zum Schutz seiner eigenen Stellung seine geheime Kenntnis von Ultra nicht preisgeben. In seiner Einführung zum Buch „*The Ultra Secret*“ schrieb Air Marshal Sir John Slessor: „Ich freue mich, daß der Autor Dowding das ihm gebührende Verdienst zuschreibt, daß dieser niemals im Verlauf dieser unglücklichen (und völlig unnötigen) Konferenz des Air Staff im Oktober 1940 verriet, daß er so viel durch Ultra über die Pläne der deutschen Luftwaffe während der Schlacht um England wußte. Ich war bei dieser Gelegenheit zugegen . . . Ich weiß, daß ich an seiner Stelle sehr versucht gewesen wäre, mein Wissen zu gebrauchen, um meine jüngeren Kritiker zu widerlegen, die unglücklicherweise, aber mit recht gutem Grund aus Sicherheitsgründen keinen Zugang zu dieser ungeheuer wertvollen Geheimsache hatten.“ Dowding verhielt sich ehrenvoll und still und wurde deshalb kassiert. Keith Park wurde ebenfalls von seiner Stelle entfernt. Seine Belohnung bestand in der Versetzung als Führer einer Ausbildungsgruppe. Und wer wurde sein Nachfolger bei der 11. Group, – wer wohl anders als Leigh Mallory?

Als die Dorniers und Heinkels, die Junkers und Messerschmitt-Flugzeuge über den mit Bombentrichtern übersäten Boden Südenglands während jenes epischen Sommers von 1940 schwärmten, wäre das spätere Schicksal ihres geliebten „Stuffy" für die Piloten des Fighter Command unvorstellbar gewesen. Gleichermaßen unvorstellbar ist die Wirkung auf ihre Kampfmoral, wenn sie nur eine leise Ahnung von dem gehabt hätten, was kommen sollte. Unschuldig und ergeben machten sie sich einfach an ihre gegenwärtige Aufgabe: die Verteidigung des Himmels. Und das war entscheidend, denn jenseits des Kanals bereiteten sich die Deutschen bereits auf eine weitere Schlacht vor: die Invasion – Operation *Seelöwe*, wie sie in Hitlers Weisung vom 16. Juli angekündigt wurde. Ultra war schnell bei der Hand und brachte die ersten Hinweise darauf, daß die Invasionspläne nun ins Rollen kamen; aber Churchill akzeptierte die Tatsachen nur langsam. Er ließ Menzies und Winterbotham zu sich kommen, um die Sache zu diskutieren, und Jones wurde gebeten, die Gültigkeit der Beweismittel auf Papier festzuhalten.[7] Da er zeigen konnte, daß genau die gleiche Quelle, nämlich Ultra, den entscheidenden Funkspruch über *Knickebein* herausgegeben hatte, gab Churchill sich geschlagen. Auch er glaubte nun an die Operation *Seelöwe*.

Von dem Augenblick im Juli ab, an dem die Operation *Seelöwe* schließlich als unmittelbar bevorstehend akzeptiert wurde, wurde die Überwachung der deutschen Vorbereitungen viele sorgenvolle Monate lang fortgesetzt. Ultra diente die ganze Zeit über als unverzichtbarer Monitor. Aber obgleich der Plan *Seelöwe*, wie Churchill zu sagen pflegte, „triphibisch war" – er umfaßte nämlich alle drei Wehrmachtsteile, Marine, Heer und Luftwaffe des Feindes, – kamen die relevanten Funksprüche, die in Bletchley während der Invasionsperiode entziffert wurden, einzig und allein von der deutschen Luftwaffe. Die Gründe dafür sind leicht einzusehen. Der deutsche Marineschlüssel „Heimische Gewässer" blieb bis 1941 ungebrochen. Das deutsche Heer war bemerkenswert sicherheitsbewußt im Gebrauch der Enigma und hatte sowieso die Draht-Fernmeldeverbindungen Westeuropas zu Land zu seiner Verfügung. Aber die deutsche Luftwaffe befand sich nicht nur im Kampf in einer täglich durchzufechtenden Schlacht. Soweit es *Seelöwe* angeht, war die Luftwaffe ebenfalls in jeden Aspekt der Operation verwickelt. Bei den rasch fortschreitenden Vorbereitungen

lief daher ein immenser Anteil des Funkverkehrs über die Funknetze der Luftwaffe und enthielt nicht nur unschätzbare Informationen über die deutschen Luftstreitkräfte selbst, sondern auch über Vorkehrungen des Heeres und der Marine. Da der Haupt-Schlüsselbereich der Luftwaffe, wie bereits gesagt wurde, den Entzifferern in Bletchley die geringsten Sorgen bereitete, ergab sich hier für Ultra ein fruchtbares Feld.
Die ganze Bearbeitung von Feindnachrichten besteht darin, ein Mosaik zusammenzusetzen, dessen wichtigste Stücke fehlen, während andere zerbrochen oder verformt sind. So war es auch bei *Seelöwe*. Beim Lesen der Akten erhält man den Eindruck, als hätten die britischen Stäbe täglich und peinlich genau mit Ultras Hilfe Stück für Stück ein bedeutendes Modell der feindlichen Absichten zusammengesetzt und wären dann allmählich angesichts der Beweismittel zu der Auffassung gekommen, daß die Invasion nicht länger mehr drohend bevorstand. Aber, wenn das auch so war, sogar wenn es schien, daß alles bis zum Frühjahr 1941 aufgeschoben wurde, wurden die Anzeichen dafür weiter genau beobachtet.

Die Untersuchung erstreckte sich auf Zeichen, Vorzeichen und Vorbedeutungen. Sogar nach dem *Adlertag* war Mitte August z. B. die Invasion noch höchstwahrscheinlich. Noch immer überschattete die Bedrohung durch die deutsche Luftwaffe alles. Es war daher für die Home Forces unschätzbar wertvoll, als sie von Ultra erfuhren, daß eine Konferenz der Kommandeure der 7. Fliegerdivision am 19. August in Berlin zusammengerufen worden war, weil dieser Luftlandegroßverband nach seinem Einsatz in Holland während der Offensive im Mai/Anfang Juni rasch zur Erholung und Auffrischung in seine Friedensgarnisonen in Deutschland zurückverlegt worden war. Die Flugzeuge dieses Großverbandes konnten eine Infanteriedivision mit Granatwerfern und leichten Geschützen transportieren. Jetzt war er offensichtlich wieder einsatzbereit, und seine Kommandeure wurden auf höchster Ebene eingewiesen. Die Aufgabe der 7. Fliegerdivision bei einer Invasion war offenkundig. Es war ein wichtiges Stück für das Augustmosaik –, und es war eine echte Sache für Ultra, wie die Dokumente bestätigen.[8] Als Colonel Strong die Einzelheiten an Mockler-Ferryman bei den Home Forces weitergab, fügte er eine private Notiz mit dem Wortlaut an: „Diese Information stammt von ‚Boniface'. Boniface war ein Deckname für Ultra, der in Churchills Kreisen und von einer sehr begrenzten Zahl anderer, die ‚auf der Liste standen'", benutzt wurde.

Viele andere Beweismittel, die von Ultra stammten, hatten unmittelbare Bedeutung. Die an die deutsche Luftwaffe gerichtete Warnung vom Ende Juli, die Kais in Häfen entlang der Südküste *nicht* anzugreifen, war entlarvend und erklärte alles. Am 7. August verriet eine außerordentlich detaillierte Untersuchung zweier deutscher Luftwaffenverbände über das technische Gerät zum Herstellen breiter Nebelwände eine ganze Geschichte. Einen Tag später trafen Nachrichten ein, daß die Luftwaffenschule in Carteret auf der Halbinsel Cherbourg Versuche mit „Weinfässerfähren" und Pontons anstellte und Landeübungen durchführte. Warum sollte eine Flugabwehrschule Versuche für Landeoperationen anstellen? Am 24. August wurde ein Funkspruch festgehalten, in dem alle drei Luftflotten angewiesen wurden, Seenotdienstfahrzeuge für Seefliegerbasen „in Verbindung mit der Operation *Seelöwe* bereitzustellen". Auch das Zögern der deutschen Marine wird festgehalten, denn am 28. August meldete MI 14, daß auf einer Konferenz im Hauptquartier der 16. Armee, die kürzlich stattgefunden hatte,* Vertreter der Marine sich geweigert hatten, gewisse Arten von Fähren zu bedienen, und die Sache war dem Oberkommando gemeldet worden. Ungesehen die Streitereien und die Verlegenheiten des Feindes zu beobachten, ist immer unterhaltend. So muß der folgende Spruch vom 20. August viel Vergnügen bereitet haben: „Von einer verläßlichen Quelle wird berichtet, daß am 19. August die Registrierstelle eines deutschen Luftwaffenverbandes über den anscheinenden Verlust eines Pakets erregt war, das unter anderem eine geographische Beschreibung kleiner Häfen an der Süd- und Südostküste Englands, einen Führer für Dundee und Firth of Tay und einen Band Berichtigungen in 16 Teilen enthielt."

Vom organisatorischen Standpunkt gesehen, kamen viele nützliche Hinweise aus von Ultra entzifferten Funksprüchen von und an eine Einheit, die sich mit den logistischen Vorbereitungen für die deutsche Luftwaffe befaßte, vom L. G. Stab zbV 300, dessen Name ständig erwähnt wird. Diese Dinge betrafen das Verladen von Menschen und Material auf Schiffe, die Zeit während der Landung, zu der Flugplatzbauverbände an Land gebracht werden sollten, das Fertigmachen großer Öltanker zum Nachführen von Treibstoff für die vorn eingesetzten Flugzeuge, das Abstellen von Luftwaffenverlade-Offizieren in geeigneten Häfen, Bitten um

---

* Die deutsche 16. Armee hatte man schon als den im Schwerpunkt einzusetzenden Großverband für die Invasion erkannt.

Schutz gegen die RAF bei Nachschublagern für die Invasion, die Daten, an denen abgeschirmte Lichter entlang der Schelde zur Durchführung größerer Transportbewegungen bei Nacht gezeigt werden sollten. Es gab viele solche Signale und Zeichen, und für die sich mit der Verteidigung befassenden Stäbe in Großbritannien war ihr Wert in zweifacher Hinsicht groß. Zunächst einmal war man an den Einzelheiten interessiert. Aber darüber hinaus zog man auch Nutzen aus der Tatsache, daß man tatsächlich in der Lage war, durch den deutschen Funkverkehr während des tatsächlichen Verlaufs der Vorbereitungen ein Gesamtbild zu erhalten; – die Deutschen sorgten sich um den Zeitplan, änderten Sammelpunkte, errechneten die Zahlen für die Versorgung mit Treibstoff und Munition, testeten neue Landegeräte und hielten sie für untauglich, änderten die Verladepläne zur Verlegung eines Verbandes von einer Stelle bei der ersten Welle in eine bei den folgenden. Durch Ultra (und natürlich auch andere Quellen wie etwa Luftaufklärung) hatten die Briten bis zum September gewiß ein bedeutungsvolles Mosaik zusammengesetzt, das mit beträchtlicher Genauigkeit den Ablauf der Ereignisse enthüllte, wie sie in der Folge von „S 1", wie die Deutschen den ersten Tag von *Seelöwe* nannten, wahrscheinlich ablaufen sollten.

Der wesentliche Punkt, der zu beachten ist, besteht darin, daß diese Entwicklung notwendigerweise allmählich geschah. Die Ansprüche an Ultra durften nicht zu hoch gestellt werden. In seinem mit leichter Feder geschriebenen Buch *„Invasion 1940"* zitiert Peter Fleming etwas verzerrt aus dem *Informationsheft G. B.*, einem Handbuch, das in Deutschland im August zur Verteilung an die Invasionstruppen gedruckt wurde. Die Feindaufklärung, so heißt es darin, „ist ein Gebiet, auf dem die Briten auf Grund ihrer Tradition, ihrer Erfahrung und gewisser Eigenschaften ihres Nationalcharakters – Skrupellosigkeit, Selbstbeherrschung, kühle Überlegung und rücksichtsloses Handeln – einen unbestreitbaren Grad von Meisterschaft erreicht haben." Diese charakteristische Ansicht über den finsteren britischen Geheimdienst wurde durch die Tatsachen nicht völlig untermauert. Wie Fleming zeigte und Churchill selbst zugab, mißinterpretierten in einer wesentlichen Hinsicht der Premierminister, die Chiefs of Staff und ihre Berater *Seelöwe*. Wenigstens bis Anfang September war man geneigt zu glauben, der Hauptangriff würde gegen die Ostküste Britanniens und nicht über den Ärmelkanal angesetzt. Doch war das niemals die Absicht. Nach dem Krieg sagte Generaloberst Jodl: „Unsere Vorkehrungen waren in vieler Hinsicht die gleichen wie jene von

Julius Cäsar."* Der entscheidende Faktor, der schließlich zu einer Verstärkung der Verteidigungsanlagen entlang der Südküste führte, waren Beweise der Luftbildaufklärung, die eine neue, aber unmißverständliche Bereitstellung kleiner Schiffe und Fähren in verschiedenen französischen Häfen zwischen Calais und Brest zeigten. Hatte Ultra versagt?
Innerhalb der damals möglichen Grenzen muß die Antwort Nein lauten. Es gab Gründe für die Annahme, daß die Ostküste im Schwerpunkt des Angriffs lag. Unterschwellig wirkte auch das eigene Gedächtnis. Während des Ersten Weltkriegs befürchtete man lange Zeit eine mögliche deutsche Landung im Osten. Beträchtliche Kräfte wurden für Gegenangriffe bereitgehalten. Es überrascht nicht, daß Churchill und seine höheren Offiziere zuerst in diese Richtung blickten. Darüber hinaus wurden zu jener Zeit, wie man sich wohl erinnert, ausschließlich Funksprüche der deutschen Luftwaffe in Bletchley entziffert. Wenn irgendwelche Pläne in jener Zeit tatsächlich über die Funknetze des Heeres und der Marine gesendet worden wären (wo sie bei einer Landeoperation am wahrscheinlichsten durchgegeben würden), so waren ihre Schlüssel immer noch gänzlich ungebrochen. Während es für die Deutschen natürlich war, Einzelheiten über ihre Vorbereitungen (Logistik, Truppenbewegungen usw.) in lebhaftem Funkverkehr durchzugeben, war es doch gleichermaßen natürlich anzunehmen, daß die wichtigste Geheimsache, die tatsächliche Invasionsfront, nur auf Konferenzen auf höchster Ebene erwähnt und dafür sichere Telefon- und Fernschreibverbindungen mit Landkabel benutzt wurden. Ultra mußte mit diesen Einschränkungen arbeiten. Nichtsdestoweniger war seine Aufklärungsarbeit gewiß von Wert, nicht nur für den Sieg in der Schlacht um England, der die Invasion unmöglich machte, sondern auch bei der Unterstützung des Stabs der Home Forces, des Unterkomitees zur Warnung vor einer Invasion und anderer Dienststellen sowie beim Erstellen zusammenfassender Feindlagebilder über die Vorgänge jenseits des Wassers.

---

* Bei Cäsars erstem Überfall auf Kent im Jahre 55 v. Chr. überquerte er den Kanal aus dem Raum Boulogne und landete in Walmer nördlich Dover. Bei seiner 2. Expedition im Jahre 54 v. Chr. überquerte er den Kanal wiederum von Boulogne aus, landete wieder nördlich von Dover nahe Sandwich, wies Angriffe auf seinen Landekopf ab und ging darauf in nördlicher Richtung über die Themse vor, etwa da, wo heute London liegt. Seine persönlichen Kommentare über diese beiden kombinierten Operationen erhellen lebhaft das Problem, dem sich die Deutschen im Jahre 1940 gegenübersahen.

Die starken Beweismittel durch Fotografien von Schiffen und Fähren wurden durch die vielen Hinweise noch verstärkt, die Ultra während des Juli und August über den spezifischen Charakter der deutschen Vorbereitungen lieferte.

Im Gegensatz dazu war der deutsche Nachrichtendienst gewiß zu tadeln. Der psychologische Effekt der berühmten Niederlage der deutschen Luftwaffe am Sonntag, dem 15. September, dem *Battle of Britain Day*, auf Hitler und sein Oberkommando war um so stärker, als die Berichte des Nachrichtendienstes den Eindruck erweckt hatten, die RAF wäre tatsächlich vernichtet. Doch es waren echte kampfstarke Staffeln vorhanden, die die Luftherrschaft besaßen. Die deutschen Flugzeugführer reagierten auch und beschwerten sich über Angriffe von „Geisterverbänden“, die, wie ihnen gesagt worden war, gar nicht mehr bestehen konnten. Zwei Tage später, am 17., gab Hitler Weisungen heraus, nach denen *Seelöwe* auf unbestimmte Zeit zu verschieben war. In seinem Buch *The Ultra Secret* berichtet Winterbotham in lebhaften Worten, wie er an diesem Tag einer Besprechung der Chiefs of Staff beiwohnte, denen Churchill einen Ultra-Funkspruch vorlas, der dem Umfang nach zwar klein, aber in seiner Bedeutung unendlich groß war. Es war ein Befehl zum Abbau des Luftverladegerätes auf den holländischen Flugplätzen, – der sich vermutlich auf die 7. Fliegerdivision bezog. Newall, der Chief of Air Staff, erläuterte seine Bedeutung: „Er drückte seine wohlüberlegte Meinung aus, daß dies das Ende von *Seelöwe* wenigstens für dieses Jahr bedeutete.“ Es klingt ironisch, wenn drei Tage vorher, am 14., Hitler angeblich zu Großadmiral Raeder gesagt haben soll, die Streichung der Operation *Seelöwe* dürfe nicht weiter verbreitet werden, da dies dann sofort dem britischen Nachrichtendienst bekannt werden würde. „Ein Gegenbefehl“, sagte der Führer, „kann nicht geheimgehalten werden.“

Der Jubel im Lagezimmer des Kabinetts am 17. September war verständlich und in diesem Fall auch gerechtfertigt, denn Hitler versuchte tatsächlich niemals, den Weg Julius Cäsars einzuschlagen. Vom Standpunkt des Jahres 1940 aus war er jedoch verfrüht. Obwohl die Operation *Seelöwe* verschoben worden war, blieb doch die Bedrohung. MI 14 meldete noch am 26. November wie folgt:

> „Eine verläßliche Quelle berichtet, die deutsche Luftflotte 2 in Brüssel habe einen Funkspruch vom Gefechtsstand des Luftwaffenverbandes erhalten, der für das Luftwaffengerät in Belgien und Nordfrankreich verantwortlich war (L. G. Stab

zbV 300), in dem es hieß, der Verladestab I hielte eine Besprechung in Coxyde nahe Nieuport am 28. 11. 1940 wegen der Operation *Smith* ab. Alle Verbände, die für die erste Welle der Operation *Smith* in Rotterdam verladen werden sollten, erhielten Befehl, Verladeoffiziere zu der Besprechung zu entsenden."

So waren Ultra und Stab zbV 300 wieder zusammengekommen. Eine Invasion schien immer noch im Bereich der Möglichkeiten zu liegen. Aber warum hatte man *Seelöwe* in *Smith* umgetauft?
In ihren Memoiren datierten zwei Zeugen, die es wissen müssen, Group Captain Winterbotham und Professor Jones, die frühesten Londoner Erkenntnisse über eine mögliche Invasion auf ungefähr Mitte Juli, auf Grund der Entzifferung von Hitlers Weisung vom 16. durch Bletchley. Als in angemessener Zeit die Bedeutung des Decknamens *Seelöwe* in Bletchley ermittelt worden war, mochte Churchill diesen Namen nicht, und zwar wahrscheinlich aus Angst, ein unbedachter Gebrauch eines streng geheimen deutschen Decknamens könne Ultra kompromittieren. Er befahl daher, den Decknamen *Smith* für *Seelöwe* zu benutzen. Der Vorschlag scheint für einen Mann charakteristisch zu sein, der während des ganzen Krieges sich gegen anmaßende und hochtrabende Namen für militärische Operationen aussprach. Es war auch Churchill, der im Jahre 1940 die Bezeichnung „*Local Defence Volunteers*" (Freiwillige für die örtliche Verteidigung) auf „*The Home Guard*" (Heimatwehr) herabstufte.
Wenn das auch die Absicht war, so wurde sie doch nicht unmittelbar in Praxis umgesetzt, – oder vielleicht begann es auch damit, daß „Smith" wie „Boniface" nur in sehr engem Kreis verwendet wurde. Unbestreitbar ist jedoch, daß am 24. September MI 14 in einem Schreiben mit der Überschrift „Die Zusammenarbeit der deutschen Marine und Luftwaffe bei der Invasion Britanniens" sich auf die „Operation *Seelöwe*" bezieht „(was, wie andere Quellen behaupten, der von den Deutschen benutzte Ausdruck ist, um die Invasion Englands zu bezeichnen)". *Seelöwe* wird wiederum erwähnt in anderen Zusammenfassungen von Feindnachrichten über die Invasion, die von MI 14 am 4. 8. und 15. Oktober herausgegeben wurden. Die Sache ändert sich am 17., als eine Zusammenfassung der feindlichen Pläne durch die Sektion AI 3 b des Nachrichtendienstes der RAF unter der Überschrift „Die Invasion Englands (Operation *Smith*)" abgefaßt wurde. Dieses Dokument bezieht sich nebenbei ständig auf Informationen, die aus „den be-

sonderen Funksprüchen“ stammten, d. h. von Ultra. Überraschenderweise gab MI 14 am nächsten Tag seine eigene ungeheuer detaillierte Zusammenfassung der deutschen Vorbereitungen heraus, die wenigstens vier Seiten sehr ins einzelne gehender Informationen von etwa DIN A 4-Format umfaßten. Ihre Überschrift lautete noch immer: „Die Invasion des Vereinigten Königreichs und/oder Irlands (*Seelöwe* – die Seelöwenfrage).“

Am 27. jedoch folgte ein weiteres Memorandum, das die Funktionen des L. G. Stab zbV 300 in Umrissen wiedergab. MI 14 gab es über Colonel Kenneth Strong heraus und, nachdem dieser unterschrieben hatte, wurde ein interessantes Postskriptum angefügt. „Zu beachten: In zukünftigen Memoranden wird auf die Operation *Seelöwe* als auf *Smith* Bezug genommen.“ Man hatte daher den Eindruck, daß *Smith* erst während des Oktobers 1940 allgemein in Gebrauch kam. Ab November wird nur noch *Smith* benutzt.

Obgleich *Seelöwe/Smith* anscheinend schlief, bis das Frühjahr schönes Wetter und einen ruhigeren Kanal mit sich brachte, und vielleicht auch auf unbestimmte Zeit verschoben worden war, durfte man doch Hitlers Mentalität nicht unberücksichtigt lassen. Er war ein Mann, der es vorzog, seine Optionen so lange wie möglich offenzuhalten. Während des Winters untersuchte er mehrere solcher Optionen, – Gibraltar, die Azoren, sogar eine Luftlandung in Irland. Die Invasion stellte eine bei weitem zu große Option dar, als daß er sie augenblicklich ganz aufgegeben hätte. Obgleich die Schiffe und Fähren aus den Kanalhäfen vielleicht entfernt wurden, um nicht von den Bomben der RAF zerschlagen zu werden, wurde die Ausbildung und die Planung für *Seelöwe* fortgesetzt, – wenn auch nicht in so hektischer Weise wie im Sommer. Tatsächlich sandte MI 14 am 27. Oktober einen unzweideutigen Bericht an die Home Forces, der aus einer „verläßlichen Quelle“ stammte, daß Kesselrings Luftflotte 2 den folgenden Befehl erhalten hätte: „Die für das Unternehmen *Seelöwe* bestimmten Verbände haben ihre Ausbildung planmäßig fortzusetzen.“ Am 18. November gab ein Verladekommando Anweisungen über die Verbesserung und Verstärkung der Zugänge zu Docks und Kais in Rotterdam heraus. Am 23. wurde ein Funkspruch der Luftflotte 2 über Verhandlungen mit der Marine festgehalten, der Tankschiffe für Flugzeugkraftstoff „für die Operation *Smith*“ betraf.

Churchill mag gespürt haben, daß die Gefahr vorüber war. Aber es war die Pflicht willensstarker und verantwortlicher Generalstabsoffiziere, erst zu bestätigen, daß das auch wirklich der Fall war.* Der ständige Fluß von Feindnachrichten über Ultra, die über die Fortsetzung der Vorbereitungen berichteten, machte es schwierig, Gewißheit zu erlangen. Wie ein Bericht vom 12. Januar feststellte, und zwar mitten im tiefen Winter, „konnten die deutschen Gefechtsschießübungen, die mit den Vorbereitungen für die Invasion in Verbindung standen, in Belgien und Nordfrankreich nicht zu Ende geführt werden. Um sicherzustellen, daß sie zeitgerecht vollendet würden, damit die Ergebnisse ausgewertet und benutzt werden können, wird vorgeschlagen, sie in Südfrankreich fortzusetzen." MI 14 und die Home Forces blieben daher kühl und skeptisch. Sie akzeptierten bei reiflicher Überlegung die sich mehrenden Beweise dafür, daß *„Smith"* verschoben worden war, aber sie untersuchten mit angemessener Objektivität jeden Hinweis darauf, ob der Plan wieder aufgenommen werden würde. Ultra bildete eine reiche Quelle für Optimismus, – aber auch für Zweifel.

Etwas war jedoch sicher. Am 4. September verkündete Hitler: „Wenn sie unsere Städte angreifen, werden wir einfach ihre ausradieren." Zwischen dem 7. September und dem 3. November griffen durchschnittlich 200 Bomber jede Nacht London an. Mit unterschiedlicher Intensität wurde der „Blitz" den ganzen Winter hindurch auf die Hauptstadt, die Häfen und die wichtigsten Städte der Provinzen fortgesetzt.

Jetzt trug Ultras Vorwarnung über *Knickebein* Dividenden. Unmittelbar nachdem im Juni der Leitstrahl erkannt worden war, wurde ein Spezialverband, Wing 80 unter Wing Commander Addison, einem Fernmeldefachmann, aufgestellt, der sich in Zusammenarbeit mit der Forschungsanstalt für Fernmeldewesen mit dem Erarbeiten technischer Gegenmaßnahmen beschäftigte. Sie „verbogen" die Leitstrahlen niemals, wie es ein immer noch umlaufendes Gerücht behauptete. Dafür störten sie sie: anfänglich und aus Verzweiflung dadurch, daß sie Diathermiegeräte aus Krankenhäusern bestellten, mit denen sie die *Knickebein*-Sendungen durch Knackgeräusche überlagerten. Bis zum September wurden diese Improvisationen durch geeignetere Störsender mit dem Namen *Aspirin* ersetzt (– die Verbindung zum Krankenhaus wurde beibehalten, und die *Knickebein*-Strahlen nannte man daher entsprechend *Kopfschmerzen*).

---

* Vgl. dazu auch Kapitel 7

Durch das Senden von Strichen auf der gleichen Frequenz wie der des Strahls führte *Aspirin* den deutschen Flugzeugführer geschickt in die Irre. Er verfolgte, wie er glaubte, den richtigen Kurs und hörte plötzlich sehr viele Striche, also lange Töne, und begann hin- und herzufliegen, um zu versuchen, die Punkt-Signale in gleicher Stärke aufzufangen. Dann geriet er in Verwirrung, verlor das Vertrauen und landete sogar irgendwo in England, da er den Eindruck hatte, es handelte sich um einen deutschen Flugplatz. Das Stören von *Knickebein* wurde in der deutschen Luftwaffe allgemein bekannt, und die Moral der Flugzeugführer sank. Die Nachtjäger der RAF und die Flugabwehrkanonen des Heeres waren noch immer absolut wirkungslos. Aber die irreführende Wirkung von *Aspirin*, verbunden mit dem vorsichtigen Gebrauch von Scheinfeuern zum Ablenken der Bomber von den Städten in offenes Gelände begrenzte beträchtlich die Wirkungen der Blitzangriffe während dieser ersten Phase der immer länger werdenden Nächte, in denen es Hitler und Göring vorkam, als läge Britannien für Terrorangriffe offen da.

Aber im Krieg sind die Gesetze von Herausforderung und Vergeltung unerbittlich. Je offensichtlicher die Unwirksamkeit und Unbeliebtheit von *Knickebein* bei den Flugzeugbesatzungen wurde, um so mehr führten die Deutschen andere Leitmethoden ein, die als X-Gerät und Y-Gerät bekannt wurden. Daß der Feind etwas besaß, das er X-Gerät nannte, war natürlich durch jene Hinweise erahnt worden, die man beim Abhören der Gespräche von Kriegsgefangenen Anfang März aufgefangen hatte. Nun wurde das Gerät benutzt und als ein System identifiziert, das mit einem Bündel mehrerer Strahlen arbeitete, die den Flugzeugführer in seinen Zielraum führten und den richtigen Augenblick zum Auslösen der Bomben angaben. Das Y-Gerät besaß die Kompliziertheit der Einfachheit. Es benutzte nur einen einzelnen Strahl auf eine ausgeklügelte Weise, eine Methode, die viel Kopfschmerzen bereitete. Beide Techniken waren zu kompliziert für die durchschnittlichen Flugzeugbesatzungen. Daher wurden die Heinkel-Bomber, die für diese Art des Einsatzes ausgerüstet waren, in der *Kampfgruppe 100* zusammengefaßt, einem Spezialverband, der beim Nachrichtendienst der britischen Luftwaffe bald genau so bekannt war wie jede berühmte britische Staffel. Insbesondere bildete er ein vertrautes Studienobjekt für R. V. Jones, da die Kampfgruppe in Vannes in der Bretagne stationiert war.

Knickebein hatte Jones eine Menge gelehrt. In Bletchley wurde seinetwegen den Schlüsseln, mit denen Funksprüche, die sich auf

Leitstrahloperationen bezogen, gesendet wurden, besondere Aufmerksamkeit geschenkt. Dadurch wurde für die Ultra-Aufklärung bei wachsenden Erkenntnissen über die deutschen Methoden genug bekannt, so daß neue Störmethoden entwickelt werden konnten. Die Zeit war knapp, denn vor Ende September hatte die Kampfgruppe 100 zwanzigmal London besucht und ebensoviele Besuche anderen Orten abgestattet. Die ersten Störsender für das X-Gerät wurden *Bromide* genannt; sie waren nichts anderes als modifizierte Flugabwehrradare. Die Wahrheit besteht tatsächlich darin, daß eine vollauf befriedigende Antwort auf die X-Geräte bis ungefähr Ende 1940 nicht gefunden werden konnte. Aber als das Y-Gerät im Januar direkt angegangen wurde, setzten sich Ultra und Naturwissenschaftler zusammen und brachten eine Gegenmaßnahme heraus, die „*Domino*" genannt wurde. *Domino* verzerrte auf geniale Weise die Pulssignale, die zwischen Flugzeug und Bodenstation hin- und hergingen und von denen das Y-Gerätesystem abhing. *Domino* zeigte sofort seine Wirkung.*

In einer gewissen berüchtigten Nacht während der Blitzbombenangriffe im Winter waren weder Ultra noch die Naturwissenschaftler in der Lage, einen einzigen Menschen vor dem Tode zu retten.

Coventry, die alte Stadt mit den drei Kirchtürmen, ist zweimal gekreuzigt worden: einmal von der deutschen Luftwaffe und einmal von denjenigen, die die beunruhigende Legende verbreitet haben, das Hinschlachten seiner Bürger während des Luftangriffs vom 14. November 1940 wäre ein Opfer gewesen, – und zwar ein Opfer, weil der Luftangriff durch Ultra viele Stunden und sogar Tage vorher bekannt gewesen und die städtischen Behörden oder diejenigen, die für die Verteidigung verantwortlich waren, aus Furcht, das kostbare Geheimnis von Ultra preiszugeben, dennoch nicht vorgewarnt worden wären. Da diese Behauptung absolut unwahr ist, werden dadurch diejenigen, die starben oder unter dem Luftangriff litten, verhöhnt.

Wochen vor dem 14. November war eine Veränderung in der Technik der deutschen Bombardierungsmethoden wahrscheinlich erschienen. Anders als die RAF hatte die deutsche Luftwaffe ihre Flugzeugbesatzungen für Nachtbombenangriffe nicht ausgebildet. Da *Knickebein*, wie in London bekannt war, nicht das hielt, was es

---

* Die starken Sender der Vorkriegs-Fernsehstation von BBC im Alexander Palace im Norden Londons dienten dabei als Hilfsmittel.

versprochen hatte, war die Annahme nur logisch, daß die Heinkel-Bomber der Kampfgruppe 100, die das genauere X-Gerät benutzten, zur Zielmarkierung eingesetzt werden würden, um für die weniger erfahrenen Piloten die Zielräume zu markieren. Jones erkannte diese Möglichkeit, als er im Oktober beobachtete, wie Flugzeuge der Kampfgruppe 100 isolierte Ziele nur durch Leuchtzeichen angriffen, als wären sie auf einer Übung. Durch Lindemann unterrichtete er Churchill, daß eine Veränderung kurz bevorstand.

Daher war es keine Überraschung, als ein von Ultra entzifferter deutscher Funkspruch vom 11. November Jones aus Bletchley erreichte. Er war an die Sender des X-Strahles gerichtet und bezog sich auf einen unmittelbar bevorstehenden Angriff, der möglicherweise fächerförmig und in beträchtlichen Dimensionen vorgetragen werden sollte, da drei Ziele 51, 52 und 53 erwähnt wurden. Jones stellte dabei besonders fest, daß die Instruktionen für das Senden des Strahls nach der nächsten Minute und nicht wie gewöhnlich nach der nächsten Sekunde angegeben wurden. Diese scheinbare Mißachtung der Genauigkeit bestimmte mit dem Gedanken der vorherigen Leuchtzeichenmarkierung durch die Kampfgruppe 100 überein, für die Genauigkeit weniger wichtig war. Am nächsten Tag wurde durch eine zweite und längere Meldung von Ultra bekannt, daß das Unternehmen *Mondscheinsonate* genannt wurde und einen Angriff in drei Phasen umschloß, der zur Zeit des Vollmonds beginnen sollte.

Als der Air Staff diese Nachricht am 11. und 12. untersuchte, beging er zwei Fehler. Die Zielräume 1, 2, 3 und 4 wurden in dem Ultra-Funkspruch erwähnt, aber ihre Lage blieb im dunkeln. Der Air Staff kam jedoch zu der Auffassung, die Nachricht deute auf Angriffe auf London und den Südosten hin, eine Ansicht, von der er erst am Nachmittag vor dem Bombenangriff auf Coventry abwich. Er irrte auch, als er die „Vollmondnacht vom 15. November" als die Nacht vom 15. auf den 16. November auffaßte; aber der Vollmond ging um 3.23 Uhr am Morgen des Freitags vom 15. November auf. Darüber hinaus wurden Unterhaltungen zwischen einem gefangengenommenen Flugzeugführer der Luftflotte 2 und seinem Zellenkameraden abgehört, die die dreiphasige *Mondscheinsonate* bestätigten und auch Coventry und Birmingham als Ziele erwähnten. Im nachhinein ist es leicht, den Air Staff zu kritisieren, aber zweifellos wurde bei seinen Berechnungen der Unterhaltung der Kriegsgefangenen ein zu geringer Wert beigemessen.

Die aus entzifferten Funksprüchen zusammengesetzten, allgemeinen Informationen waren aufschlußreich. Ein Angriff sollte von beiden Luftflotten, der Luftflotte 2* und 3, angeführt von der Kampfgruppe 100, geführt werden. Diese Kampfgruppe erhielt auch eine Vielzahl anderer Aufträge wie die Abgabe von Meldungen über die Wetter- und Bombenabwurfverhältnisse und das Überprüfen der *Knickebein*-Strahlen, die trotz all ihrer Begrenzungen dennoch der Masse der Bomber Hilfe leisten sollten. Göring selbst sollte den Angriff führen. Da der Air Staff den Umfang des Angriffs kannte und seinen Zielraum vermutete, bereitete er sofort am 12. November eine außerordentlich eingehende Reihe von Gegenmaßnahmen vor, die Operation *Cold Water* genannt wurde. Neben den konventionellen Abwehrmaßnahmen durch Funkstörung, Nachtjäger und Flugabwehrartillerie war der Plan seinem Wesen nach offensiv. Er umfaßte breit angelegte Angriffe auf die Flugplätze des Feindes (besonders auf den Flugplatz der Kampfgruppe 100 in Vannes) und auf Deutschland. Daß der Plan auf falschen Annahmen beruhte, spielte kaum eine Rolle, da er mit angemessenen Änderungen in der Nacht, in der der Luftangriff stattfand, durchgeführt wurde. 27 Flugplätze und sogar Berlin wurden angegriffen. *Cold Water* allein ist ein genügender Beweis dafür, daß Coventry nicht aus Pflichtversäumnis seinem Martyrium ausgesetzt wurde.

Aber das Problem blieb weiterhin bestehen: Was waren die tatsächlichen Ziele für die „*Mondscheinsonate*"? Tatsächlich planten die Deutschen Luftangriffe für aufeinanderfolgende Nächte, – Ziel Nr. 51 Wolverhampton; Nr. 52 Birmingham; Nr. 53 Coventry. Ihre Decknamen für die drei Städte waren *Einheitspreis, Regenschirm* und *Korn*. *Korn* war in dem von Ultra entzifferten Funkspruch vom 11. November vorgekommen, aber vor dem Luftangriff wurde seine Bedeutung nicht erkannt. Tatsächlich lieferten weder Ultra noch andere Quellen jemals Daten für die *zweifelsfreie* Annahme, daß Coventry das Ziel war. *Regenschirm* wurde am Abend des 13. von dem kriegsgefangenen Luftwaffensoldaten erwähnt, und die englische Übersetzung des Wortes deutete sofort auf das Haus von Neville Chamberlain, den Mann mit dem Regenschirm: Birmingham. (Birmingham, Ziel Nr. 52,

---

* In seiner Kesselring-Biographie (London 1978) behauptet Kenneth Macksey, der damals die Luftflotte 2 führende Feldmarschall wäre selbst beim Angriff auf Coventry mitgeflogen. Das wäre absolut charakteristisch für einen Mann, der die Auffassung vertrat, von vorn führen zu müssen.

wurde am 19. und 20. November angegriffen.) Die Bedeutung von *Einheitspreis* scheint erst erkannt worden zu sein, nachdem Jones einen Luftangriff auf Wolverhampton vorausgesagt hatte, von dem er annahm, daß es Ziel Nr. 51 wäre. Das geschah aber nicht. Dafür berichtete ihm Denys Felkin: „Wir hörten eine Unterhaltung zwischen zwei Kriegsgefangenen ab. Der eine sagte, er wäre bei dem Luftangriff auf Coventry dabeigewesen, und es wäre eine Mordssache gewesen. Der andere sagte, er wäre bei dem Angriff auf Birmingham dabeigewesen. Der erstere meinte dann, es hätte wohl einen ähnlichen Luftangriff auf Wolverhampton unter dem Decknamen *Einheitspreis* gegeben." *Einheitspreis*, so erklärte Felkin, entspricht dem Einheitspreis bei Woolworth von „6 Pence", und das stimmt wieder mit Wolverhampton überein.
So tastete alles im dunkeln, das nur teilweise von Ultra oder anderen Feindnachrichten erhellt wurde. Der Deckname *Korn* für Coventry blieb ein Geheimnis. So war der Air Staff auf der falschen Spur, obwohl Vorbereitungen für *etwas*, das *irgendwo* stattfinden sollte, wohlbekannt waren. Professor Jones versicherte dem Autor gegenüber: „Ich selbst wußte im voraus nicht genau, daß Coventry das Ziel war, als ich am Abend des 14. November nach Hause ging."* Auch Churchill wußte das nicht. Am 14. und keinen Tag früher sandte der Air Staff ein streng geheimes Dokument an den Premierminister persönlich, das, nach seinem Ton zu urteilen, offensichtlich für einen Mann zusammengestellt worden war, für den der Inhalt neu war. Es erzählte die Geschichte von *Mondscheinsonate* und bezeichnete die möglichen Zielräume immer noch als die Stadtmitte Londons und Großlondons sowie weite Räume in Berkshire. Der Plan für den Gegenangriff *Cold Water* wurde in Umrissen dargelegt. „Wir glauben, daß die Zielräume wahrscheinlich in der Nähe von London liegen. Wenn aber weitere Nachrichten auf Coventry, Birmingham oder andere Städte hinweisen, so hoffen wir, rechtzeitig Weisungen herausgeben zu können." Soviel über die Aussage der Kriegsgefangenen.
Auf jeden Fall machten es Churchills Maßnahmen klar, daß er auch nicht im geringsten bei den quälenden Entscheidungen vom 14. an eine Opferung Coventrys zugunsten Ultras dachte. Tatsächlich fuhr er mit seinem Privatsekretär John Martin nach

* In seinem Buch *Most Secret War* erinnert er sich, daß er an jenem Abend durch das mondhelle Westlondon nach Hause fuhr und „sich fragte, wo das Ziel wirklich lag".

Ditchley Park in Enstone in Oxfordshire, dem Haus von Ronald Tree und dessen amerikanischer Frau, ab, bei denen der Premierminister an Wochenenden, „wenn der Mond voll schien," zu Gast weilte. Es war ein Ausweichquartier für seine Wohnung in Chequers, das ein zu offensichtliches Ziel war. Als der Wagen Downing Street 10 verließ, drückte Martin Churchill eine Schachtel oder einen Umschlag in die Hand, der gerade angekommen war. Nachdem Churchill den Inhalt geprüft hatte und noch bevor sie weitergefahren waren, befahl er sofort, nach Nr. 10 zurückzukehren. „Ich erinnere mich ganz genau daran", unterrichtete Sir John Martin den Autor, „daß man nach dem Öffnen und Lesen der Meldung einen Luftangriff auf *London* erwartete." In Martins persönlichem Tagebuch steht an diesem Tag der Eintrag: „14. November. In Nr. 10. Fehlstart nach Ditchley (*Mondscheinsonate* – der Angriff galt Coventry)".[9]

Die Überraschung, die sich in diesem in Klammern gesetzten Satz offenbart, wird noch durch die Tatsache betont, daß sich während des Nachmittags die Angehörigen des Sekretariats von Nr. 10 auf Befehl des Premierministers für die Nacht in zerstreute und sichere Quartiere begaben, da der Strahl für einen Luftangriff sich auf Whitehall richtete. Es ist offensichtlich, daß die Akte, die Churchills Verhalten so dramatisch beeinflußte, die Lagebeurteilung des Air Staff war. London, nicht Coventry, machte ihm Sorgen, – und, dem Geist von 1940 entsprechend, war er entschlossen, auf seinem Posten anwesend zu sein.

Um 1 Uhr nachmittags wurde ein Leitstrahl geortet und zwei Stunden später die Operation *Cold Water* ausgelöst. Aber selbst jetzt noch bleiben hier Fragezeichen. Die Abschlußmeldung des Air Staff vom 17. stellt fest, daß um 15 Uhr über Coventry sich überschneidende Leitstrahlen festgestellt wurden. Das hinterläßt den Eindruck einer Beurteilung im nachhinein. Jones selbst erinnert sich an eine so spezifische Identifizierung nicht. In seinen Unterhaltungen vom 14. mit Group Captain Addison, dem Kommandeur der 80. Wing, über geeignete Funkstörmaßnahmen kam als Ergebnis höchstens heraus, daß man einen Angriff auf die „Midlands" vermutete. Winterbotham beschreibt in seinem Buch „*The Ultra Secret*", wie er zu jener Zeit eine Meldung von Ultra empfangen hätte, in der Coventry erwähnt würde. Er gab die Nachricht telefonisch an Nr. 10 weiter. Die wahrscheinlichste Quelle dieser Nachricht ist Görings Hauptquartier in Versailles, von wo nach Angaben des Air Staff etwa um 15 Uhr Funksprüche abgefangen wurden. Keiner der Privatsekretäre Churchills erinnert sich an diesen Telefonanruf. Das ist vielleicht gar nicht so überraschend, da Nr. 10 an diesem Nachmittag einem Ameisenhaufen glich. Mit Sicherheit gibt es keinen Beweis dafür, daß die Meldung irgendwelche Auswirkungen erzeugte. Die Fernmeldekladde von Nr. 10 verschwand unglücklicherweise nach dem Krieg.

Auf jeden Fall war Coventry zum Untergang verurteilt. Es geht nicht darum, daß die Stadt geopfert wurde, um Ultra zu retten, eine monströse Verzerrung der Tatbestände, sondern daß der Luftangriff 1940 geschah. Die anfänglichen Fehler des Air Staff waren irrelevant, da die mit *Cold Water* durchgeführten Gegenmaßnahmen auch nicht hätten sehr viel anders sein können, wenn das Ziel für den Luftangriff genau bekannt gewesen wäre. 119 Jagdflieger starteten. Es war nutzlos, denn die Flugzeuge besaßen keine Radargeräte, und die Piloten waren für den Nachteinsatz nicht ausgebildet. Die Flugabwehrgeschütze trafen lediglich durch großes Glück. Ein trivialer Angriff auf Berlin war nur eine leere Geste. Sogar die *Bromide*-Störer waren ungenau auf 1.500 statt auf 2.000 Schwingungen eingestellt, weil die Experten immer noch nicht alles über das X-Gerät wußten. Britannien war auf den „Blitz" nicht vorbereitet und für seine Abwehr noch nicht fertig. Aber das wirkliche Unglück bestand in der klaren mondhellen Nacht. Bei so unangemessenen Abwehrmitteln am Boden und in der Luft stellte *Cold Water* keine Antwort dar, nachdem einmal die Heinkel-Bomber der Kampfgruppe 100 ihre Tausende von Brandbomben auf die Stadt mit den drei Kirchtürmen abgeworfen hatten. Die Tragödie von Coventry ist sehr einfach. Sie wird in den Erinnerungen des deutschen Flugzeugführers Günther Unger berichtet, der sich daran erinnert, daß sie sogar bei der Kanalüberquerung einen kleinen weißen Lichtpunkt, wie den einer Taschenlampe, voraus sahen. „Als wir an unser Ziel näher herankamen, wurde das Licht immer größer, bis es uns plötzlich dämmerte: Wir schauten auf die brennende Innenstadt von Coventry hinab."[10]

Bald jedoch flogen viele der während der Nachtangriffe auf England eingesetzten Flugzeuge, besonders der Luftflotte 2, ostwärts. Denn, wenn die weiteren Vorbereitungen für *Seelöwe* die Option für eine Invasion über den Kanal hinweg offenhielten, dienten sie auch als wirkungsvolle Tarnung für die dramatischere Option, für die sich Hitler am 18. Dezember schließlich entschloß: für *Barbarossa*, den Angriff auf Rußland, – eine Operation, die zuerst *Fritz* genannt wurde. Die Weisung Nr. 21 des Führers vom 18. gab diesem breit angelegten und unwahrscheinlichen Plan, das europäische Rußland durch den Angriff von 3 Millionen Soldaten, 3.000 Panzern und 2.000 Flugzeugen zu überraschen, den entscheidenden Anstoß. Trotz der peinlich genauen Täuschungs- und Sicherheitsmaßnahmen der Deutschen bot ein solcher erneuter Aufmarsch von Truppen und Gerät auf kontinentaler Breite erfreuliche Gelegenheiten für die Feindaufklärung: Und das geschah dann auch. Anfang Januar 1941 wurde z. B. eine Durchschrift der echten *Barbarossa*-Weisung vom 18. Dezember in einem dunklen Berliner Kino dem amerikanischen Handels-Attaché Sam E. Woods von einem namenlosen hochgestellten Beamten, der als Nazigegner bekannt war, überreicht. Nach einer durch die Überprüfung in Washington verursachten Verzögerung erreichte die Nachricht schließlich den Kreml, – aber vergeblich. Es war die erste Warnung aus einer authentischen Quelle, von der bekannt ist, daß sie Moskau aus dem Westen erreichte. Aber wie viele andere, die nach dem Krieg ans Licht gebracht wurden, wurde sie ignoriert. Stalin hatte sich, wie wir die Dinge heute sehen, „sein eigenes Bild gemacht". Er glaubte absolut nicht an die Möglichkeit eines deutschen Angriffs und warf alle gegenteiligen Ratschläge, ob sie aus Washington, Whitehall oder von Russen kamen, in den Papierkorb.

Aber, wenn die nachherige Überprüfung zeigt, daß durch Feindnachrichten über *„Barbarossa"* nichts gewonnen wurde, was den Russen hätte helfen können, so zeigt sich daran doch ebenso, daß vieles für die Briten selbst von praktischem Wert war. Ihr Interesse am Balkan und Churchills private Sehnsucht, die Türkei zum Bundesgenossen zu gewinnen, waren offenkundige Gründe für die Überwachung des deutschen Aufmarsches. Darüber hinaus besaßen weitblickende Führungsstäbe ein praktisches Interesse daran, die logistischen und Zeitfaktoren zu kennen, die die große Ostbewegung der feindlichen Streitkräfte betrafen. Wenn Hitler seine Pläne erneut überraschend umgestoßen und die *Wehrmacht* an den Kanal zurückgeführt hätte (wie es in jenen Tagen nicht unmöglich erschien, an denen nur wenige glaubten, Rußland könnte lange aushalten), dann wenigstens hätte London Fakten und Zahlen besessen, anhand deren es zeigen konnte, wie lange eine solche Maßnahme dauerte. Hinter dem allen steckte noch eine andere Drohung, welche die Briten zwar erwarteten, aber fürchteten. Zur Sicherung der rechten Flanke der ungeheuren Front beim Aufmarsch *Barbarossa* – also zur Sicherung der Heeresgruppe Süd – hatte sich Hitler ebenfalls im November für die Operation *Marita* entschlossen, einen Vorstoß aus Rumänien und Bulgarien heraus,

um Saloniki und die Nordküste Griechenlands zu nehmen. (Der Angriff auf das griechische Festland wurde erst im nachhinein geplant.)
Im besetzten Polen, dem wichtigsten Bereitstellungsraum für *Barbarossa*, konnten offensichtlich Nachrichten über den Feind mit konventionellen Mitteln nicht leicht gewonnen werden. Später im Krieg z. B. besaß die polnische Untergrundbewegung zahlreiche Funkverbindungen mit England, aber bis dahin waren sie noch selten. Nichtsdestoweniger beobachteten die Polen den Aufmarsch aufmerksam und berichteten ständig mit allen Mitteln, – manchmal sogar mit Hilfe von Kurieren, die mit ungeheurem Risiko durch ganz Europa reisten. Weiter im Süden, in Rumänien, Bulgarien, Jugoslawien und Griechenland, bestanden, bis der deutsche Zugriff enger wurde, britische (und natürlich amerikanische) diplomatische, private und Handelskontakte fort. Auf jeden Fall war die örtliche Bevölkerung für die Durchsetzung mit Agenten zugänglicher. So sickerte eine beträchtliche Menge von Feindnachrichten nach London aus einer Vielzahl normaler Quellen durch, von denen nicht alle in jener Balkanwelt achtbar und vertrauenswürdig waren.
Diesem verwirrenden Kaleidoskop von Tatsachen, Gerüchten und Vermutungen verlieh Ultra Stabilität, Autorität und Genauigkeit. Einen Testfall dafür gibt es. Das Vorziehen der deutschen Luftwaffe nach Rumänien und Bulgarien hinein wurde von den Deutschen sorgfältig als schrittweise Verlegung geplant und zeitlich so abgestimmt, daß Beobachter erst im letzten Stadium zur Vermutung kommen konnten, eine Machtübernahme auf breiter Basis sei beabsichtigt. In der Praxis kannten die Briten alle Stadien, alle Verbände und alle damit befaßten Kommandeure, ja sogar den schließlichen Zweck dieses geheimen Vorgehens. In beträchtlichem Ausmaß lag der Grund dafür bei Ultra.
Am 3. März 1941 erarbeitete ein stellvertretender Leiter des Feindaufklärungsdienstes beim Air Staff, Group Captain Inglis, „eine Analyse der Verlegung der deutschen Luftwaffe auf den Balkan“ während der vorhergehenden drei Monate, die jeden Aspekt der Operationen in allen Einzelheiten abdeckte.[11] Die erste Aufgabe der deutschen Luftwaffenmission bestand in der Aufklärung, Erkundung und Vorbereitung der Bodenorganisation auf rumänischen Flugplätzen, die ausgewogene Verbände von etwa 500 Flugzeugen „zur strategischen und Nahunterstützung einer Armee von 15 bis 20 Divisionen“ aufnehmen konnten. Jeder dieser Flugplätze wurde einzeln identifiziert, und die dort stationier-

ten Verbände, Stukas, Langstreckenbomber, Jagdflieger und Schlachtflieger, waren dem Namen und ihrer Nummer nach bekannt. Von den 54 Flugplätzen in Rumänien waren 22 für die deutsche Luftwaffe ausgewählt worden. Da ebenfalls bekannt war, daß Sonderbefehle für ausgesuchte Offiziere ergangen waren, die Kampferfahrung aus dem Westen besaßen, war an der Tatsache nichts Überraschendes, daß das für diese fernen Gebiete ernannte Korpskommando das des VIII. Fliegerkorps war, das unter dem damaligen General d. Fl. von Richthofen vorher als spezialisierter Stuka-Verband im Kanalraum eingesetzt war.
Es wurde festgestellt, daß bis zum Februar die ersten Vorbereitungen und die Verlegung nach Rumänien durchgeführt worden waren, aber auch, daß bereits Mitte Dezember der deutsche Luftwaffenattaché in Sofia, „der von einem Stab von über 300 zusätzlichen Angehörigen wirkungsvoll unterstützt wurde", Berichte über Flugplatzeinrichtungen in Bulgarien absandte. Bis Anfang März waren 14 Flugplätze (alle identifiziert) für ungefähr 280 Flugzeuge ausgewählt worden, für welche Versorgungsgüter im voraus mit 40 Zügen ab 7. Februar nach Bulgarien gebracht wurden. Die Beweise waren, „wie Inglis schloß," nicht von der Hand zu weisen. Durch die Vorbereitung von Flugplätzen in Bulgarien und die Verlagerung von Versorgungsgütern vor der Übernahme des Landes gelang es den Deutschen, den Zeitabstand zwischen der tatsächlichen Absorbierung Bulgariens und den Vorbereitungen für den Angriff über seine Grenzen hinaus auf ein Minimum zu reduzieren. Tatsächlich scheint, soweit es die deutsche Luftwaffe und ihre Vorbereitungen betrifft, keine Pause notwendig gewesen zu sein. Der Bericht von Inglis trägt das Datum vom 3. März. Tatsächlich aber begannen die deutschen Truppen mit ihrer Verlegung nach Bulgarien am 1. März.
Ein großer Teil der Feindnachrichten geht auf Ereignisse von einem Tag auf den anderen ein. Das zeigen die festgehaltenen Einzelheiten der Verlegung des VIII. Fliegerkorps. Am 26. November hält es noch eine Konferenz mit einem „alten Bekannten", dem L. G. Stab zbV 300 ab, und zwar „in Verbindung mit der Operation *Smith*". Am 29. Dezember wählt es tatsächlich noch Verladeoffiziere für *Smith* aus und wird noch am gleichen Tag für Rumänien bestimmt. Bis zum 5. Januar werden Barackenlager für seine Unterbringung in Rumänien und Bulgarien befohlen. Danach wird fast jeden Tag, den ganzen Monat hindurch, die Verlegung seiner Vorkommandos und Verbände registriert. Anfang Februar zeigt sich eine Veränderung: Erkundung und Versor-

gungsnachschub in Zügen für das VIII. Fliegerkorps werden nun in der Hauptsache nach Bulgarien geleitet. Das war alles in London bekannt.
Vom Luftwaffenhauptquartier Görings wird erwähnt, daß es in ständigem, täglichem Funkverkehr mit der Mission in Rumänien stand. Auf Grund dieses Luftwaffenfunkverkehrs und anderer Funkmeldungen war natürlich Bletchley in der Lage, die Ultra-Feindnachrichten zusammenzustellen, auf die sich ein so wesentlicher Bericht stützte. Neben Informationen über Verbände, Persönlichkeiten und Bewegungen warf der Funkverkehr ein Licht auf die Probleme der Deutschen. Zum Beispiel deutete ein Funkspruch aus dem Hauptquartier Görings vom 1. Januar nach Rumänien, der die Äthylisierung von 23.100 t Kraftstoff genehmigte, darauf hin, daß die berühmten Ölfelder auf keinen Fall die Quelle für den hochgradigen Flugzeugkraftstoff waren, den die Deutschen erwartet zu haben schienen.
Die Geschichte der L-Eisenbahnzüge ist spektakulär. Zwischen dem 7. Januar und dem 1. März wurden nicht weniger als 76 Eisenbahnzüge identifiziert, von denen jeder eine Seriennummer mit einem vorgesetzten L trug, was wahrscheinlich Luftwaffe bedeutete.* Bei 34 von ihnen war bekannt, daß sie Bomben transportierten; 16 transportierten Flugabwehrmunition, 21 Treibstoff, 1 Munition für Handfeuerwaffen und der Rest verschiedene andere Versorgungsgüter. Davon gingen 8 mit Sicherheit und 12 wahrscheinlich nach Rumänien. Bulgarien wurde als Ziel von weiteren 47 erkannt. Aber viele andere Züge mit Mannschaften und Versorgungsgütern für das Heer und die Luftwaffe wurden ebenso erwähnt; eine Meldung enthielt die Ankunft von 1.098 Eisenbahnzügen bis zum 4. Februar.
Obgleich das nur eine kurze Zusammenfassung des Berichts von Inglis ist, erhellt es in lebhafter Weise seinen Wert für Churchill und die Chiefs of Staff sowie die Fähigkeit Bletchleys, die deutschen Luftwaffenschlüssel zu entziffern. Die Geschichte des VIII.

* Durch den ersten Band der offiziellen britischen Geschichte des Nachrichtendienstes im Zweiten Weltkrieg wurde bekannt, daß zu dieser Zeit die auf älteren Enigma-Versionen basierenden Schlüsselverfahren der Deutschen Reichsbahn von Bletchley Park gebrochen wurden und daß die Erkenntnisse über den Aufmarsch für den Balkan-Feldzug zu einem erheblichen Teil aus dieser Quelle stammten (vgl. dazu F. H. Hinsley, E. E. Thomas, C. F. G. Ransom und R. C. Knight: British Intelligence in the Second World War. Its Influence on Strategy and Operations. Vol. 1. London H. M. Stationary Office 1979. S. 403–428 (Prof. Rohwer).

Fliegerkorps ist nur ein Teil des massiven Aufmarsches für *Barbarossa*, – obgleich er besonderes Interesse insofern verdient, als die Deutschen bei ihren Satelliten feinfühliger vorgehen mußten als in dem versklavten Staat Polen. Doch erkennt man aus diesem besonderen Beispiel sofort, in welcher Weise Ultra die aufmerksamen Beobachter in London in die Lage versetzte, den ständig größer werdenden Aufmarsch für *Barbarossa* genau so zu überwachen, wie sie ein paar Monate zuvor die geheime Entwicklung von *Seelöwe* verfolgen konnten. Ein Dokument dieser Art verstärkt auch z. B. erneut das Gewicht und die Aussagekraft einiger Warnungen und Aufrufe Churchills. So sagte er z. B. am 10. Januar zu Wavell in dessen Mittelost-Hauptquartier in Kairo: „Wir besitzen eine Masse von Einzelheiten, die darauf hinweisen, daß ein großangelegter Vormarsch durch Bulgarien Richtung griechische Grenze und vermutlich auf Saloniki noch vor dem Ende des Monats beginnen wird." Oder zum Präsidenten der Türkei am 31. Januar: „Ich besitze sichere Informationen, daß die Deutschen sich bereits auf bulgarischen Flugplätzen einrichten . . . Die deutschen Luftwaffenstaffeln müssen nur von ihren Flugplätzen in Rumänien zu den für sie vorbereiteten in Bulgarien fliegen und können darauf sofort eingesetzt werden."

Für Moskau war Ultra als Vorankündigung für *Barbarossa* nicht wesentlich. Die Russen besaßen kein Ultra, und doch kamen die Feindnachrichten aus einer Myriade von Quellen, – hätten sie Ohren gehabt, zu hören. Als Churchill Stalin „einen gefühllosen, geriebenen und schlecht informierten Riesen" nannte, war sein drittes Adjektiv falsch, – wenigstens was *Barbarossa* anbetrifft. Für London lieferte Ultra jedoch genaues, zutreffendes und bestätigendes Material, das oftmals auf andere Weise nicht hätte beschafft werden können. Gewiß, als der *Barbarossa*-Aufmarsch erkannt wurde, als Divisionen nach Osten rollten und zu Armeen und Armeen zu Heeresgruppen wurden, sammelte sich in Bletchley eine solche Masse von Feindnachrichten an, daß Karten angelegt wurden, auf denen mit Dutzenden von Fähnchen der laufende Aufmarsch der Wehrmacht gekennzeichnet wurde. Aber es war nicht etwa so, daß darauf stets die richtige Reaktion erfolgte. Bei einem bestimmten Besuch wurde es einer Anzahl von Generälen erlaubt, die Karten einzusehen. Einige glaubten nicht, was sie sahen, weil sie annahmen, daß Feindnachrichten dieser Art einfach nicht erhältlich wären. Der Rest sagte, daß, wenn das, was sie sahen der Wahrheit entspräche, die Russen in ein paar Wochen erledigt wären.

Aber obgleich Churchill selbst an Bletchley glaubte, mag seine an Stalin persönlich gerichtete Warnung über *Barbarossa*, auf die er so stolz war, nicht unmittelbar auf Ultra gestützt gewesen sein. „Mit Erleichterung und Erregung" sagte er in seinen Memoiren, „las ich gegen Ende des Monats März 1941 einen Aufklärungsbericht einer unserer verläßlichsten Quellen über die Bewegungen und Gegenbewegungen deutscher Panzerverbände auf der Bahnstrecke von Bukarest nach Krakau." Die Verlegung von drei Panzerdivisionen aus Rumänien nordwärts nach Polen konnte nur eine unmittelbar bevorstehende Invasion Rußlands bedeuten. In seiner ersten Botschaft an Stalin seit Juni 1940 versuchte Churchill, die Tatsachen und ihre Bedeutung durch seinen Botschafter in Moskau, Sir Stafford Cripps, zu übermitteln. Die Warnung des Premierministers erreichte den Generalissimus erst Mitte April und wurde ignoriert. Wie wir wissen, blieb Stalin ihr gegenüber taub und gab sich Illusionen hin.
Aber warum war es so, daß die Bewegungen der Panzerdivisionen „die ganze östliche Szene wie mit einem Blitz erhellten", wie Churchill es ausdrückte? Etwa 60 Eisenbahnzüge waren in die Operationen einbezogen. Die tatsächlichen Meldungen darüber hätten gut von Agenten des Geheimdienstes kommen können, die direkt dem Foreign Office gegenüber verantwortlich waren, denn am 28. März berichtete der ständige Untersekretär beim Foreign Office, Sir Alexander Cadogan, in seinem Tagebuch von einer Unterhaltung mit dem Premierminister: „Berichtete PM von unserer Nachricht über eilige Rückverlegung deutscher Panzerdivisionen nach Krakau. Stimmt ziemlich mit seinen eigenen Vorstellungen überein." Da es nicht zu den Aufgaben Cadogans gehörte, Churchill über Ultra-Feindnachrichten zu informieren, kann es wohl der Fall gewesen sein, daß er ihm eine Erstmeldung des Geheimdienstes übermittelte.

Mag das nun gewesen sein, wie es will, ein Hin- und Herfahren von drei Panzerdivisionen kann nicht der einzige Grund dafür gewesen sein, Churchill in so dramatischer Weise ins Spiel zu bringen. Die Episode erklärt sich nur auf Grund des genaue Einzelheiten enthaltenden Bildes, das Ultra und andere Quellen über den *Barbarossa*-Aufmarsch zusammengestellt hatten. Monate hindurch hatten der Premierminister und seine Berater alle Auswirkungen im Licht ihres vollständigen und eindrucksvollen Wissens diskutiert. Sogar zu der Zeit, als Churchill Stalin eine Warnung sandte, befaßte sich das Joint Intelligence Committee mit „einem Bericht

über die Möglichkeiten eines deutschen Angriffs auf die Sowjetunion". Dieser Bericht hatte einen seltsamen Ursprung.
Das JIC war aus den Leitern der Feindnachrichtenabteilung der drei Wehrmachtsteile und Repräsentanten des Foreign Office und des Ministeriums für Wirtschaftliche Kriegführung gebildet worden. Sein Vorsitzender, Victor Cavendish-Bentinck, kam auch aus dem Auswärtigen Amt. Er war ein Mann von unabhängiger Denkweise, der während der langen Zeit, in der er den Vorsitz über das JIC führte, die Achtung seiner Kollegen gewann. Im weiteren Kriegsverlauf sah er sich in immer höherem Maße verpflichtet, Ultra als wichtigste Klammer in Sachen anzusehen, die das JIC betrafen. Im Frühjahr 1941 beobachtete er nun zwei Anhaltspunkte, die im Zusammenhang mit den vorhandenen Nachrichten über den Feind ihn davon überzeugten, daß Hitler ernsthaft an einen Angriff auf Rußland dachte. Und deshalb schlug „Bill" Cavendish-Bentinck einen umfassenden Bericht vor.
Der erste Anhaltspunkt war klein, aber bedeutungsvoll. Aus der Türkei kam die Nachricht, daß die Deutschen antibolschewistische Organisationen im Kaukasus mit Hilfsgeldern zu unterstützen begannen. Der kaukasische Separatismus war immer eine Achillesferse des zentralistischen Rußlands, – gleich, wer es als Zar regierte, Nikolaus oder Stalin. Warum sollten die Deutschen es an dieser wunden Stelle reizen? Doch der andere Anhaltspunkt war entscheidend. Von Ultra stammend (wie Cavendish-Bentinck dem Autor gegenüber bestätigte), hielt er Berichte aus Polen fest, nach denen die Deutschen sowohl die Rollbahnen der Flugplätze verlängerten als auch für schwerere Lasten verstärkten. „Mir kam der Gedanke," so erinnert er sich, „daß sie das nicht zum Nutzen der Lufthansa taten!"[12]
Wenn man über Stalin lächelt, weil er sich weigerte, die Unmengen an Beweismaterial für *Barbarossa* zu akzeptieren, so ist es natürlich heilsam, sich daran zu erinnern, daß trotz des Gewichts der von Cavendish-Bentinck eingeleiteten und in die gleiche Richtung zielenden Berichte weder einige der Mitglieder des JIC noch die Chiefs of Staff selbst oder eine Reihe anderer hochgestellter Persönlichkeiten sich dazu überwinden konnten, die Wahrheit anzuerkennen. Wie es bei allen Nachrichten über den Feind der Fall ist, konnte Ultra die Ergebnisse nicht automatisch melden. Dazu brauchte man Vorstellungskraft bei der Interpretation und Verständnis. Doch gab es nichts Zurückhaltendes beim letzten Akt, dem schließlich von den Briten unternommenen Versuch, ihre angesammelten Erkenntnisse über *Barbarossa* zu gebrauchen. Das

Datum war der 10. Juni, – 12 Tage vor der Offensive. Die Szene war das Außenministerium, wohin der sowjetische Botschafter Maisky gebeten worden war. Seine eigenen Worte verraten alles. Cadogan begann aus vor ihm liegenden Dokumenten zu diktieren. „Am soundsovielten fuhren zwei deutsche motorisierte Divisionen durch den und den Punkt in Richtung auf Ihre Grenze . . . Am soundsovielten wurden sechs deutsche Divisionen an dem und dem Punkt an Ihrer Grenze zusammengezogen . . . Während des ganzen Monats Mai durchfuhren 25 bis 30 Züge mit Militärtransporten pro Tag den und den Punkt in Richtung auf Ihre Grenze . . . An dem und dem Tag wurden in dem und dem Distrikt an Ihrer Grenze soundsoviele deutsche Truppen und Flugzeuge erkannt . . ."
Die Liste ging unbarmherzig weiter, bis Cadogan aufstand und formell feststellte: „Der Premierminister bittet Sie dringend, alle diese Daten der sowjetischen Regierung mitzuteilen".[13] Vier Tage später gab die sowjetische Nachrichtenagentur ein Kommuniqué heraus, in dem sie sich auf „plump zusammengestellte Propaganda" bezog und bestätigte, „Deutschland beachte unerschütterlich die Bedingungen des deutsch-sowjetischen Nichtangriffspaktes."
Im Frühjahr 1941 balancierte Britannien daher am Rande eines sich ins Ungeheure ausweitenden Krieges entlang. Der Balkan war ein Pulverfaß, an das schon die Lunte gelegt war, Barbarossa stand unmittelbar bevor, und das ganze Mittelmeer war gefährdet. Ultra selbst breitete sich entsprechend diesen Entwicklungen aus. Tatsächlich waren sein Wert und die in ihm steckenden Möglichkeiten seit dem Durchbruch vom April 1940 vollauf bewiesen worden. Dieser Augenblick seltsamer Ruhe, bevor die Geschütze zu sprechen beginnen, scheint daher geeignet zu sein, einen Rechenschaftsbericht über die Einrichtungen abzulegen, die Ultra ins Leben brachte, – die geheime Station X in Bletchley Park.

KAPITEL 4

Station X

„Ein großes und gewaltiges Schachspiel wird hier gespielt, – und zwar in der ganzen Welt –, wenn man so sagen darf.“
LEWIS CARROLL, Through the Looking Glass

Vielen erschien Bletchley Park gewiß wie das Leben, das man im Spiegel erblickt. Für diejenigen, die ihm von außen zufällig einen Besuch abstatteten – orthodox denkende Generäle und Admiräle, gelegentlich auch Politiker –, herrschte etwas Unwirkliches, etwas Unnahbares, ja sogar Suspektes um seine bunt gemischten und unsoldatischen Angehörigen, denen sie begegneten. Churchills berühmte Bemerkung über Bletchley – die er wahrscheinlich niemals gemacht hat – ist dennoch charakteristisch für diejenigen, denen jedes Verständnis für die Menagerie im Park entging. „Ich sagte Ihnen“, so soll der Kommentar des Premierministers gelautet haben, „Sie sollten bei der Suche nach geeignetem Personal keinen Stein unumgewendet lassen. Ich habe aber nicht erwartet, daß Sie das so buchstäblich nähmen.“

Der erste Wesenszug dieser einzigartigen Einrichtung, die aus einer anderen Welt zu stammen schien, war der, daß, gleich unter welchem Namen sie zufällig bekannt wurde – War Station Room 47 des Foreign Office, Station X oder BP –, weder jemand von innen noch von außerhalb ein vollständiges Bild von dem besaß, was tatsächlich dort geschah. Die Erfordernisse der Sicherheit schlossen natürlich und ganz richtig den Außenseiter von allem aus, was über eine minimale Kenntnis hinausging. Aber innerhalb von Bletchley Park selbst war der tief verwurzelte Sinn für Sicherheit so stark, daß die in einer *Hut* Arbeitenden nur wenig Kenntnis von dem hatten, was das Personal in einer anderen *Hut* tat, und es gewöhnlich auch gar nicht wissen wollten, – selbst wenn sie gesellschaftlich miteinander verkehrten oder vielleicht alte Freunde waren. Der Mathematiker Jack Good teilte die Unterkunft mit dem Dichter Henry Reed. Keiner von beiden hatte die geringste Ahnung von den Aufgaben des anderen. Diese Lage der Dinge wurde allgemein akzeptiert. Man sprach über seine Arbeit nur mit denjenigen, die daran teilnahmen. Sogar die Verantwortlichen an der

Spitze – Denniston zuerst und Travis während der Jahre, in denen Bletchley Park vergrößert wurde, – werden es nicht für leicht erachtet haben, ein sicheres Verständnis für mehr als die breite Struktur zu bekommen, obgleich sie doch täglich Berichte von den Leitern der verschiedenen Hütten und Sektionen erhielten. Das Prinzip der Pflichtenaufteilung und Autonomie wurde in hohem Maße aufrechterhalten.

Die Vielfältigkeit des Arbeitsstabes war tatsächlich verwirrend. In der Praxis war kein Stein auf dem anderen geblieben, um in diesem stillen Hafen das zusammenzuziehen, was bis zur Mitte des Krieges so etwas wie ein Querschnitt durch die britische Intelligenzschicht darstellte.

Nicht alle von ihnen, ja noch nicht einmal die meisten, waren Meister des Schachbrettes, obgleich die Anwesenheit von Milner-Barry, Alexander, Golombek und anderen erfahrenen Spielern, besonders in den Entzifferungsabteilungen, dem einem Spiegel ähnelnden Image von Bletchley als Teil eines „großen und gewaltigen Spieles“ Farbe verlieh. Tatsächlich war die Breite der tatsächlichen und potentiellen Talente außerordentlich groß. Es gab dort einen zukünftigen Finanzminister und Präsidenten der Europäischen Kommission in der Person von Roy Jenkins. Ein einfacher Soldat in *Hut 6* sollte Lord Briggs, Vizekanzler der Universität von Sussex und dann Provost des Worcester College in Oxford werden. Der junge J. H. Plumb wurde Professor für moderne englische Geschichte in Cambridge. Edward Boyle diente seine Zeit in BP ab, bevor er mit einer Laufbahn begann, die ihn zum Rang eines Ministers, zu einer Peerswürde und zum Rang eines Vizekanzlers der Universität Leeds führte. Newman war Fellow der Royal Society, und Turing wurde 1951 gewählt. In einer der Intelligence-Einheiten befand sich Denys Page, der später Master des Jesus-College und Regius-Professor für Griechisch an der Universität Cambridge wurde. Dann war da Leonard Palmer, der nach dem Krieg als Professor für vergleichende Philologie in Oxford sein Leben der mykenischen Kultur widmete. Ein weiterer Gelehrter war T. B. L. Webster, der spätere Präsident der Hellenic Society und Professor für klassische Literatur an der Universität Stanford. Viele andere waren bereits oder wurden Professoren, Dozenten oder Direktoren von Colleges, Botschafter oder hervorragende Beamte in hohen Stellungen.

Ein Internierungslager für Zivilisten in Deutschland von 1914 bis 1918 stellte ein merkwürdiges Verbindungsglied dar. E. R. Vincent, der Professor für Italienisch in Cambridge (der seine Übungen an der Government Code and Cipher School seit 1937 abgeleistet hatte und Fachmann für italienische Schlüsselverfahren in BP wurde), wurde 1914 als junger Mann in Deutschland gefangengenommen und verbrachte den Krieg in dem berühmten Lager Ruhleben. „Bimbo" Norman, Professor für Deutsch am King's College in London war auch in Ruhleben festgesetzt worden: Frederick Norman tat in *Hut 3* Dienst und war ein unschätzbar wichtiges Verbindungsglied zu R. V. Jones beim Kampf um die wissenschaftliche Feindaufklärung; er widmete dem Funkverkehr, der im Zusammenhang mit den feindlichen Funkleitsystemen, Radar, V-Waffen usw. stand, besondere Beachtung. In BP befanden sich auch zwei Brüder, Walter und Edward Ettinghausen, deren Vater, ein Rabbi, ebenfalls ein weiterer Insasse von Ruhleben gewesen war. (Durch einen weiteren, glücklichen Zufall war Sir John Masterman, dessen Abteilung bei MI 5 soviele Feindnachrichten aus Bletchley für ihr System der Irreführung der Deutschen durch Doppelagenten verdankte*, ebenfalls ein Mann aus Ruhleben.) Und es gab noch ein anderes Bindeglied. BP gewann die zukünftigen Public Orators der beiden älteren Universitäten, Tommy Higham von Oxford und Patrick Wilkinson, den späteren Stellvertretenden Provost des King's College in Cambridge. Ihre Gabe zur witzigen und überzeugenden Übersetzung zeitgemäßer Anspielungen und moderner technischer Bezeichnungen ins Lateinische, dem Handwerkszeug eines guten Public Orators bei den Zeremonien seiner Universität, war der Welt der Funkaufklärung nicht fremd.

Akademische Strenge – damit will ich nicht sagen, daß die Akademiker besonders streng und erhaben gewesen wären – zeichnete sie auf Grund des Könnens, auf dem sie beruhte, aus: Zum Beispiel waren da Angus Wilson, der Romancier, und Leslie Harrison Lambert anwesend, der als „A. J. Alan" die Hörer mit seinen Geschichten von der ersten unnachahmlichen Rundfunksendung im Jahre 1924 unterhalten hatte. (Lambert/Alan kam nach Bletchley in seiner Eigenschaft als professioneller Vorkriegsangehöriger der GCCS, wo er mehr auf dem Gebiet der Verwaltung als auf dem der Kryptographie arbeitete). Alan Pryce-Jones war der spätere Herausgeber von *The Times Literary Supplement,* und Edward Crankshaw war ein ausgezeichneter Kenner der russischen Ge-

* Wegen Masterman und des Täuschungssystems vgl. Kapitel 11.

schichte und Korrespondent für sowjetische Angelegenheiten*. Jim Rose und Peter Calvocoressi, beide Angehörige von *Hut 3*, wurden Verleger bzw. Chefredakteure von Penguin Books. Dorothy Hyson war nicht die einzige Schauspielerin. Frank Birch** von der Marineabteilung war auf der Bühne genauso zu Hause wie im Arbeitszimmer; genauso wie bei akademischen Lehrern wie F. L. Lucas in *Hut 3* die Literatur auch über den rein akademischen Rahmen hinaus im Leben eine Rolle spielte.

Für die einzelnen Mitglieder des Arbeitsstabes war es schwierig, die einzelnen Teile der Einrichtung zu nennen, die Bletchley hieß; das Sicherheitsdenken war dafür nicht der einzige Grund. Wenigstens einige der Teams waren oftmals zu müde oder zu sehr mit ihrer eigenen Arbeit beschäftigt, als daß sie sich darum gekümmert hätten, was nebenan geschah. Das System der Schichteinteilung um die Uhr, bei dem die verschiedenen Hütten ständig besetzt waren, konnte es mit sich bringen, daß man nicht einmal wußte, wer zu den anderen Wachen in der eigenen Hütte gehörte. Es bedeutete auch, daß teils durch die Busfahrten zu und von der Unterkunft und teils durch Schlaf- und private Sorgen es oft nur wenig Freizeit gab. Ein glücklich gelungener Durchbruch in den kryptoanalytischen Hütten, bei dem der „Tagesschlüssel" frühzeitig bestimmt werden konnte, mochte den ständigen Druck mildern, aber in der Hauptsache war es ein Kampf gegen die Uhr, der fesselte, hohe Anforderungen stellte und unbarmherzig geführt wurde. Jedes Porträt von Bletchley muß notwendigerweise impressionistisch sein. Die Erfahrung wurde in hohem Grade auf persönlicher Ebene gewonnen, der Blickpunkt des einzelnen war jedoch beschränkt. Es gibt keine einzige Laufbahn, die für alle genau charakteristisch gewesen wäre. Einer der Entzifferer gab folgenden Kommentar über diesen Passus ab: „Selbst wenn ein gewisser Grad künstlerischer Freiheit zulässig ist, dann ist das, wie ich fürchte, doch etwas übertrieben. Viele in Bletchley arbeiteten von 9 Uhr morgens bis 6 Uhr abends während des ganzen Krieges hin-

---

* Crankshaw war während des Krieges in Moskau für die Bearbeitung von Ultra-Material und dessen Weiterleitung an die sowjetische Seite zuständig, wie Peter Calvoressi auf der internationalen Tagung in Stuttgart 1978 berichtete. Vgl. dazu Jürgen Rohwer und Eberhard Jäckel: Die Funkaufklärung und ihre Rolle im Zweiten Weltkrieg. Eine internationale Tagung in Bonn-Bad Godesberg und Stuttgart vom 15.–18. November 1978. Stuttgart, Motorbuch-Verlag 1979. Seite 394.

** Seine Rolle als Widow Twanky in *Aladin* war das einzige Auftreten eines Fellows vom King's College in Cambridge in der Pantomime.

durch; keinesfalls waren alle Sektionen ständig besetzt; die Schichtarbeit war im Durchschnitt wenig mehr als 8 Stunden am Tag, obwohl die Schichtwechsel Unbequemlichkeiten mit sich brachten." Aber gewiß haben andere anstrengendere Erinnerungen.

Ein paar, aber überraschend wenige, brachen unter der Anstrengung zusammen. Nach seinem langen Bemühen, des japanischen Purpur-Schlüssels Herr zu werden, mußte sich William Friedman in Washington im Jahre 1940 in neuropsychiatrische Behandlung begeben. Aber in Bletchley gab es nicht nur die großen spezifischen Kämpfe, – wie den Durchbruch von 1940, z.B. das Knacken der Schlüssel der im Atlantik operierenden U-Boote im Jahre 1942 und wiederum 1943, der Abwehr-Schlüssel usw. Für die Entzifferer gab es den ganzen Krieg hindurch nur den intensiven und täglichen Kampf nicht nur mit einem, sondern mit vielen Schlüsselbereichen, die eine ständige Herausforderung darstellten, mit schwer festzustellenden Schlüsseln, die ständig neu erkannt werden mußten, und mit der einen jeden ständig verfolgenden Möglichkeit, daß ein Bruch der Sicherheitsbestimmungen die ganze Operation auffliegen lassen könnte. Daß das so viele so lange Zeit durchstanden, ist gewiß ihrer Motivation zu verdanken. In Bletchley herrschte ein undefinierbarer Geist, der das Ganze durchdrang und sich nicht nur auf die Entzifferer und die Intelligence-Stäbe auswirkte – die wenigstens interessante und zwingend notwendige Arbeiten zu tun hatten –, sondern sogar auf die unten rangierenden, aber lebenswichtigen Marinehelferinnen, die sich mit der stumpfsinnigen und für sie gänzlich unverständlichen Routine beim Bedienen der „*Bombs*" abplagten. Aber vielleicht gibt es noch eine weitere Erklärung. Friedman war bereits ein alter Mann, als er zusammenbrach. Dagegen waren viele der Männer und Frauen aus Bletchley jung, Studenten, die gerade von ihren Universitäten kamen, oder akademische Lehrer, die ihren Beruf erst ein paar Jahre ausgeübt hatten. Ihre geistige und physische Spannkraft war noch nicht erschöpft. Vor allem aber hatten sie das unvergleichlich stimulierende Gefühl, daß sie unmittelbar und sichtbar auf eine spezielle, aber erkennbare Weise halfen, den Krieg zu gewinnen.

Die Teile der Organisation von Bletchley begannen zur rechten Zeit als geschlossenes Ganzes zu funktionieren. Nachdem einmal die Geburtswehen vorüber, das volle Ausmaß des Enigma-Problems begriffen und die an die geheime Feindaufklärung gestellten Forderungen der drei Teilstreitkräfte klar diagnostiziert worden waren, wirkten alle Teile des Systems in der richtigen Weise zusammen. Bis zum Ende noch gab es Neuerungen, weitere Verbesserungen, unaufhörliche Forschung auf Gebieten des feindlichen Funkverkehrs, die noch immer unerforscht oder ungelöst waren. Aber der zentrale, folgerichtige Aufbau kann bestimmt werden. Vielleicht ist er am besten zu verstehen, wenn man den üblichen Weg eines Enigma-Funkspruches von seinem Abhören durch die Horchstellen bis zu dem Augenblick verfolgt, an dem er zum Gebrauch bei einer britischen Kommandobehörde im Feld entziffert und bearbeitet eintrifft.

Alles beginnt beim Horchempfänger. Die Geschichte des „Y"-Dienstes, jener weitverzweigten, weltweiten Organisation, die für das ständige Abhören des feindlichen Funkverkehrs, das schriftliche Festhalten der Funksprüche und die Identifizierung der Quellen verantwortlich war, ist ein Triumph, über den bisher noch nicht berichtet worden ist. Vom Standpunkt der Station X aus gesehen, genügt es, festzustellen, daß neben der Versorgung der Entzifferer mit Rohmaterial in der Form von abgehörten Funksprüchen der „Y"-Dienst auch viele unschätzbar wertvolle Informationen über das Funknetz des Feindes lieferte. Die Kenntnis eines besonderen Funknetzes, über das ein Funkspruch gesendet worden war, bedeutete einen großen Schritt vorwärts in Richtung auf die Identifizierung des Schlüsselbereichs, der bei dem Spruch benutzt worden war. Die genaue Kenntnis der exakten Frequenzen, welche die Deutschen benutzten, bedeutete auch, daß, wenn Nachrichten über eine besondere Sache dringend benötigt wurden, wie etwa über die Leitstrahlen im Jahr 1940 und die V-Waffen, den Horchstellen befohlen werden konnte, ihre besondere Aufmerksamkeit dem betreffenden Funknetz zu widmen. Die aufgefangenen Funksprüche, an denen die Entzifferer ihr Können übten, kamen in ständig größer werdender Zahl von den großen Hauptzentren wie Cheadle und Chicksands Priory für Luftwaffenmaterial, aus Flowerdown und Scarborough für die Marine und aus Chatham zunächst für das Heer. Im Jahre 1941 kehrte Group Captain John Shephard aus Westafrika nach einer Erkrankung an Gelbfieber heim und wurde von einem Freund im Air Ministry davon unterrichtet, daß die Leitung einer Station in Chicksands in Bedfordshire, die dabei war, für die Funkaufklärung weiter ausgebaut zu werden, sich als therapeutisch erweisen könnte, – „ein amüsanter Job mit ungefähr 2000 Acres zum Jagen". Shephards tatsächliche Erfahrung erhellt das Ausmaß und die Probleme des Abhörspieles.

„Colin hatte mir nicht gesagt, daß eine sich im Embryonalzustand befindende Station etwa um das Zehnfache vergrößert werden sollte, und zwar vorgestern. Innerhalb von zehn Monaten bauten wir ein Lager für männliche und weibliche Angehörige der RAF und eine technische Anlage, die das alte Spukkloster ersetzen sollte. Wir bildeten etwa 1000 Funker aus, damit wir Bletchley mit einem Teil aus der enormen Masse der streng geheimen Schlüssel der deutschen Luftwaffe versorgen konnten.
Die Deutschen versuchten, den Ursprung ihrer Funksprüche zu verdunkeln, indem sie täglich die Frequenzen und Rufzeichen eines jeden Senders wechselten. Der Wechsel trat jedesmal um Mitternacht ein, und wir als die Lauscher hatten den Standort der Sender wieder festzustellen. Man möchte glauben, das sei eine fast unmögliche Aufgabe gewesen, wenn man das ganze Frequenzband abtasten mußte. Glücklicherweise mußten die Deutschen zur Wiederherstellung der Verbindungen sprechen, und für das geübte Ohr besaß jeder Sender und Funker eine Eigenart, die so leicht zu erkennen war, wie die Mona Lisa, wenn sie sich hinter einem angeklebten Schnurrbart verborgen hätte. Ob „Hitlerbärtchen", „Menjou", „Kaiser Wilhelm-Bart" oder „Es ist vollbracht", – es dauerte gar nicht lange, und wir hatten den gleichen Burschen wieder gefunden. Und wenn wir unseren Freund, der Morsezeichen in Wagnersche Spondeen oder Mozartsche Rhythmen verwandelte, über die empfindliche Antenne, über die wir ihn normalerweise empfingen, nicht mehr hören konnten und er dann ein oder zwei Tage später über eine andere Antenne wieder auftauchte, so stellten wir rasch fest, daß ein Luftwaffenverband vom Pas de Calais nach Holland verlegt worden war.[1]
Das waren nur ein paar wenige der technischen Schwierigkeiten, mit denen die britischen (und deutschen) Horchstellen Tag für Tag und Nacht für Nacht zu kämpfen hatten. Für Bletchley war das Endprodukt der Bemühungen und des Einfallsreichtums des „Y"-Dienstes eine Flut verschlüsselter Texte, die normalerweise genaue Transskriptionen der ursprünglichen feindlichen Funksprüche darstellten, obgleich von Zeit zu Zeit atmosphärische Bedingungen, nur schwach zu hörende Sprüche oder andere Gründe wie rein menschliche Fehler zu einer „Verstümmelung" oder einem „Verlesen" führten, wie das manchmal genannt wurde: also zu einem Text, in dem es Lücken gab und der falsche Buchstaben enthielt. Das Verlesen konnte alles zur Folge haben, angefangen von einem kurzen und unterhaltenden Puzzlespiel bis zu einem ständigen Alptraum.

Bei der Vergrößerung von Bletchley blieb *Hut 6* weiterhin das kryptoanalytische Zentrum für den Funkverkehr des deutschen Heeres und der Luftwaffe; als Leiter der Hütte löste zu gegebener Zeit Milner-Barry Welchman ab. Für die Entzifferung der Marine-Funksprüche wurde *Hut 8* das Zentrum. Und hier führte für eine Zeitlang Turing mit seinem scharfen und inspirierenden Verstand, zu dem keineswegs überraschend nur sehr kümmerliche administrative Fähigkeiten kamen. Turing übernahm dann sogar noch sorgfältiger ausgesuchte Pflichten. Er wurde von Hugh Alexander abgelöst. Das war von Nutzen, wenn auch nur aus dem Grund, weil die alte Freundschaft zwischen Milner-Barry es, wie der letztere in seinen Erinnerungen an Alexander schrieb, möglich machte, „die Schwierigkeiten zu beseitigen, die möglicherweise hätten an vorgesetzte Dienststellen gemeldet werden müssen, was dann einen unheilvollen Zeitverlust verursacht hätte."[2] Wie siamesische Zwillinge waren *Hut 6* und *Hut 8* miteinander verbunden, da sie beide „*Bombs*" zur Lösung ihrer kryptoanalytischen Probleme brauchten. Wenn manchmal jede der beiden Hütten dringende Angelegenheiten zu bearbeiten hatte und es nur wenige „*Bombs*" gab, war die Möglichkeit eines für beide Seiten vernichtenden Konflikts stets vorhanden.

Natürlich kamen solche Dinge vor. Ein besonderer Fall, der diese Dinge gut beleuchtete, war jener vom Ende des Jahres 1942, als John Monroe als Wachoffizier von *Hut 6* den Besuch von Shaun Wylie aus *Hut 8* erhielt, der dringend darum bat, sechs der *Hut 6* zugewiesenen „*Bombs*" ihm zur Verfügung zu stellen, weil er kurz davor stand, einen wichtigen Durchbruch beim „Knacken" zu erzielen. (John Monroe wurde später zu einer bedeutenden juristischen Autorität, zum National Insurance Commissioner und zum Bencher of the Middle Temple. Wylie war internationaler Hockey-Spieler. Ebenso war er Gewinner des Preises beim Wettkampf im unbewaffneten Nahkampf bei der örtlichen Home Guard und Vorsitzender des Theaterclubs von Bletchley). Das oben beschriebene Knacken betraf den lebenswichtigen Durchbruch beim Entziffern des U-Boot-Schlüssels im Atlantik, der, wie man sich erinnern wird, seit dem vorhergehenden Februar nicht mehr hatte mitgelesen werden können. In Verbindung mit der Schlacht im Atlantik war diese Sache von höchster Dringlichkeit. Doch Monroe, der für den Funkverkehr des Heeres und der Luftwaffe verantwortlich war, mußte ebenso im Auge behalten, daß zur gleichen Zeit die Offensive Montgomerys in der westlichen Wüste immer noch anhielt und für ihn die im Mittelmeer benutzten

Schlüssel von überragender Bedeutung waren. Noch immer gab es zu wenige *Bombs,* und die es gab waren kostbar. Dennoch kam Monroe den Bedürfnissen der britischen Marine nach.[3]. In solchen Augenblicken der höchsten Anspannung war der Sinn für die guten Beziehungen zwischen zwei Gruppen von Spezialisten, die sich auseinanderklaffenden Aufgaben widmeten, wesentlich.

Wie das nur natürlich war, gingen die aufgefangenen Funksprüche auf ihrem Dienstweg zuerst an *Hut 6* und *8.* Das wesentliche Ziel der kryptoanalytischen Bearbeitung in diesen Hütten war das folgende: An jedem einzelnen Tag war es notwendig, den Tagesschlüssel der Enigma-Maschinen in jedem einzelnen Schlüsselbereich aufzulösen. Die Schlüssel, die Einstellung, das war das alles beherrschende Thema. Es geschah nur selten, sehr, sehr selten, daß Bletchley tatsächlich die Schlüssellisten in die Hände bekam, die gerade von den Deutschen benutzt wurden, – wie das z.B. der Fall war, als am 8. Mai 1941 *U-110* vor der Küste Islands aufgebracht wurde, und zwar mit seiner intakten kostbaren Enigma-Maschine und den dazugehörigen Schlüsselunterlagen.*Normalerweise mußte der Tagesschlüssel für einen Schlüsselbereich in der Station X selbst zusammengebastelt werden. Manchmal gelang das recht schnell, manchmal aber auch quälend langsam. Dabei spielten viele Faktoren eine Rolle. Da die Sorglosigkeit der feindlichen Funker den Entzifferern eins ihrer fruchtbarsten Mittel zum Knacken der Schlüssel in die Hand gab, hing viel von dem deutschen Wehrmachtsteil ab, der einen bestimmten Funkspruch absetzte. Die deutsche Luftwaffe achtete ständig am wenigsten auf Sicherheit im Funkverkehr. Mit seinem beruflichen Können war das deutsche Heer auch in dieser Beziehung hervorragend, die Marine war tüchtig und vernünftig, aber manchmal bei der Handhabung schwankend, während die Geheimdienste, die Abwehr und Himmlers SD viele nützliche Anhaltspunkte boten, bei denen man einhaken konnte.**Im großen und ganzen bereitete die deutsche Luftwaffe den ganzen Krieg hindurch die geringsten Probleme, und man erachtete es allmählich als normal, daß man „den Tagesschlüssel" für den Hauptschlüsselbereich der feindlichen Luftwaffe wenigstens vor dem Frühstück zur Verfügung hatte.

---

* siehe Kapitel 8.

** Ein Mann, der auf diesem Gebiet arbeitete, gab dem Autor gegenüber folgenden Kommentar ab: „Wie ich meine, waren die Abwehr und der SD nicht besonders leichtsinnig bei ihrem Schlüssel-Verfahren. Ihr System war einfach grundsätzlich verwundbarer als diejenigen der drei Wehrmachtsteile und bei weitem leichter mitzulesen."

Die Sorglosigkeit hatte viele Formen. Wenn ein Entzifferer beim Versuch, einen verschlüsselten Funkspruch zu knacken, Teile seines Textes mit Wörtern, Phrasen und Sätzen, die ihm schon bekannt waren, zusammenbringen konnte, dann hatte er einen großen Schritt vorwärts in Richtung auf das Erkennen des Schlüssels getan. Einige Funker begingen regelmäßig und andere gelegentlich den Fehler, kleine oder große Gruppen, die sie in einem früheren Schlüssel gesendet hatten, in einen mit einem neueren Schlüssel verschlüsselten Spruch einzusetzen. Rommels Quartiermeister in Tripolis war besonders seiner Gewohnheit wegen bekannt, alle Funksprüche an seinen Oberbefehlshaber mit der gleichen formalen Einleitung zu beginnen. Einige Funker pflegten die erkennbaren Namen ihrer Mädchen am wichtigen Anfangsteil eines Funkspruches zu benutzen. In seiner ungehobelten Art pflegte der SD Obszönitäten einzusetzen, und zwar in solchem Maße, daß Bletchley einmal einen Funkspruch entzifferte, der die SD-Einheiten anwies, üble Ausdrücke beim Funken zu vermeiden, um nicht die weiblichen Funker zu beleidigen. Die Mädchen in BP waren darüber sehr froh. (Der technische Grund für dieses Verhalten lag darin, daß der SD üblicherweise seine verschlüsselten Funksprüche mit einer Buchstabengruppe von vier aufs Geratewohl gewählten Buchstaben begann. Fragen Sie einen Durchschnittsmann, er solle sich eine Gruppe von vier Buchstaben ausdenken und nach dem Gesetz des Durchschnitts . . .!)
Abgefangene Funksprüche, die zu besonderen Problemen führten, gingen woanders hin, – besonders zu einer Abteilung, die mysteriöserweise ISK genannt wurde. Obgleich sie die gleichen Aufgaben hatte wie *Hut 6* und *8*, blieb die Bedeutung von ISK und der Parallelstelle ISOS hinter den Buchstaben verborgen; tatsächlich bedeuteten sie Intelligence Services Oliver Strachey und Intelligence Services Knox. ISOS befaßte sich mit handverschlüsselten Funksprüchen. Dillwyn Knox und sein Team beim ISK schärften ihren Verstand an Schlüsseln, die noch nicht geknackt waren, von denen man aber glaubte, daß sie von irgendeiner Art von Enigma-Maschine kämen. So knackten sie z.B. einen besonderen Schlüssel der italienischen Flotte (der mit einer Abart der handelsüblichen Enigma mit besonderen Walzen hergestellt worden war) und den Schlüssel der Abwehr (bei der eine besondere Enigma benutzt wurde, bei der z.B. das Steckersystem fehlte, das so charakteristisch für das normale Modell war). Bei ISK wurden auch interessante Enigma-verschlüsselte Sprüche von der Ostfront geknackt, – einige davon kamen von der verlorenen spani-

schen Blauen Division, deren letzter Funkspruch lautete: „Die allgemeine Richtung des feindlichen Vorstoßes scheint nach Westen zu gehen.“

Bei der nächsten Stufe im Bearbeitungsprozeß der abgefangenen Funksprüche mußte auf die *„Bombs“* zurückgegriffen werden. Man wird sich daran erinnern, daß der wesentliche Wert dieser Geräte in ihrer Fähigkeit bestand, auf elektromechanischem (nicht elektronischem) Wege eine ganze Bandbreite alternativer Möglichkeiten mit Geschwindigkeiten zu überprüfen, die weit über die Geschwindigkeit des menschlichen Denkens hinausgingen. Praktisch ausgedrückt, bestand das, was die *„Bombs“* taten, „im Testen aller möglichen Walzenlagen der Enigma, aller möglichen Ringstellungen und der Steckerverbindungen, um herauszufinden, welche der möglichen Anordnungen einer bestimmten beschriebenen Buchstabenkombination entsprachen.“ Wenn das gelang, hielt die *„Bomb“* in ihrer Arbeit an. (In der Erinnerung der Marinehelferinnen, die die *„Bombs“* bedienten, wirkte sich das Anhalten, wie der Autor herausfand, wie ein persönlicher Triumph aus). Aus dem Ergebnis leiteten die Entzifferer eine mögliche Lösung des Schlüssels ab, nach dem sie suchten, was dann durch andere Mittel verifiziert werden konnte. Da es bei einer Enigma, bei der 3 Schlüsselwalzen aus einem Vorrat von 5 benutzt wurden, 60 verschiedene Möglichkeiten der Walzenlage gab und für jede dieser Walzenlagen 17 576 mögliche Ringstellungen für die einzelnen Walzen überprüft werden mußten, konnte begreiflicherweise kein menschliches Gehirn mit der elektromagnetischen *„Bomb“* bei der Beantwortung von Fragen solcher Größenordnungen konkurrieren.

Die Entzifferer widmeten daher den größten Teil ihrer Anstrengungen und ihren ganzen Spürsinn bei der Überprüfung der abgefangenen Funksprüche dem Erkennen der genauen Formulierung von Fragen, die den *„Bombs“* einzugeben waren. In anderen Worten, dem Zusammenstellen „der vorgeschriebenen Buchstabenkombination“. Diese eingegebene Kombination war als der „Speisezettel“ bekannt. Aber es war oftmals eine recht schwierige Berechnung in bezug auf den Zeitpunkt, an dem der Speisezettel eingegeben werden sollte, denn in den ersten Kriegsjahren gab es ganz bestimmt nur wenige *„Bombs“*. Da man unterschiedliche, aber beträchtliche Zeiten zum Bedienen einer *„Bomb“* brauchte, konnte es für die Maschinen kein leichtherzig vergebenes Vorkaufsrecht geben. Die die *„Bombs“* bedienenden Marinehelferinnen – die sich manchmal im Laufe des Krieges in Nebenstellen außerhalb von Bletchley befanden – verdienen für ihre Zuverlässigkeit bei dieser endlosen Routinearbeit, deren Grund allein sie dazu hat bringen können, sie überhaupt zu tun, viel Lob. Aber auch sie besaßen den Geist von Station X. Auch sie, die nach dem Kriege zu Ehefrauen und Müttern wurden, hielten ihr Geheimnis vor ihren Familien verborgen. Eine der reizendsten Geschichten über Bletchley ist diejenige einer Marinehelferin, die, wenn immer ein „Anhalten" bei ihrer „*Bomb*" eintrat, ihre Mütze abnahm und innen ein Zeichen anbrachte. Churchill hätte sich darüber gefreut. Wenn einmal der Tagesschlüssel eines abgefangenen Funkspruches geknackt worden war, gleich, ob das schnell oder langsam geschah, dann war es gewöhnlich, aber keineswegs immer, einfach, den Funkspruch in das ursprüngliche Deutsch zu übertragen. Zu diesem Zeitpunkt wurde der Text zur weiteren Bearbeitung weitergeleitet, – im Falle von Heeres- und Luftwaffenfunksprüchen an *Hut 3*, im Falle von Marinefunksprüchen an *Hut 4*. ISK arbeitete für eine Intelligence-Einheit, die besonders den Verkehr der Abwehr und des SD bearbeitete. Auf diesem Gebiet übten die zukünftigen Professoren für Griechisch und vergleichende Literaturgeschichte, Denys Page und Leonard Palmer, ihre Künste aus. Als das System so richtig in Schwung kam, war die Menge der entzifferten Sprüche, die auf ihren dünnen Papierstreifen in die Intelligence-Hütte gingen, enorm und wäre ohne ordentliche Überwachung nicht mehr zu handhaben gewesen. Da *Hut 3* es sowohl mit der Luftwaffe als auch dem deutschen Heer aufgenommen hatte, war das, was dorthin gelangte, unweigerlich das meiste. Die Bearbeitung eines abgefangenen Funkspruches durch die Angehörigen dieser Hütte kann daher als die beispielhafteste angesehen werden. Die Übersetzung der entzifferten Funksprüche, das Verstehen und Auswerten ihrer Bedeutung und die Entscheidung darüber, wer die Nachricht erhalten sollte, die sie enthielten, waren die Pflichten dieser von allen Wehrmachtteilen besetzten Hütte, deren Angehörige aus dem britischen Heer, der RAF und dem Foreign Office einen bemerkenswerten Korpsgeist entwickelten, der demjenigen eines Senior Common Room in Oxford oder Cambridge verwandter war als dem Ethos einer gemischten, für die Kriegszeit zusammengestellten Einheit.

„*Hut 3*", so erinnert sich Peter Calvocoressi, „drehte sich um ihre Wache. Stellen Sie sich einen Raum von ungefähr 10 bis 13 m Durchmesser und grob quadratisch vor, in dem fast nichts anderes als ein großer, hufeisenförmiger Tisch stand. Der Wachoffizier saß in der Mitte des Hufeisens, und etwa zehn weitere Angehörige der

Wache saßen ihm an der Außenseite gegenüber. Sie alle konnten deutsch, und das war das eine, was sie gemeinsam hatten. Einige waren Lehrer gewesen, andere kamen aus Museen, von Universitäten und aus Geschäften. Dreimal innerhalb von 24 Stunden löste eine Wache die andere ab; gegen Ende des Krieges war der Raum ständig voller Menschen."

Aber einem abgefangenen Funkspruch widerfuhr mehr als nur die Bearbeitung von einem Ende des hufeisenförmigen Tisches zum anderen. Wenn der deutsche Text *Hut 3* zur Bearbeitung durch die Übersetzer und Auswerter erreichte, wurde ebenso alles, was an seinem Inhalt von Interesse war, zum aktenmäßigen Festhalten im Index gekennzeichnet. Dieser außergewöhnliche Speicher wurde vielleicht zur umfassendsten Ablage von Feindnachrichten im ganzen Land. Seine Anfänge waren bescheiden. Die grundlegenden Prinzipien wurden in geeigneter Weise von einem Mann aus Kellys Direktorium festgelegt, dem Flying Officer Cullingham, der einen Index für die RAF aufstellte. Aber als Jean Alington im Juni 1941 zu BP kam und mit Margaret Hensley und Kate Holt (der zukünftigen Ehefrau eines Bischofs von London) an einem Aushilfesystem zur Erweiterung des Indexes arbeitete, bestand ihr Werkzeug zunächst aus nicht mehr als ein paar Schachteln, zu denen eine recht magere Ausrüstung von Karteikarten gehörte.[4]. Doch auf dem Höhepunkt des Krieges nahm der Index von *Hut 3* (die Marineabteilung hatte ihren eigenen) einen großen Raum ein, in dem um die Uhr ein großer Arbeitsstab aus Frauen in Schichten arbeitete. Das peinlich genaue Herausziehen von Zahlen, Namen, Daten usw. aus der Unmenge der hereinkommenden Funksprüche bedeutete, daß der Index nicht nur die winzigsten und genauesten Einzelheiten über die feindliche Kriegsgliederung, im Entstehen befindliche Pläne und Produktionsstände sowie über hohe und niedrige Persönlichkeiten bei deutschen Kommandobehörden und Verbänden enthielt, sondern auch daß darin Punkte festgehalten wurden, die bei ihrem ersten Erscheinen in einem Funkspruch vielleicht trivial und bedeutungslos erscheinen mochten. Später jedoch, wenn sie erneut in einem Funkspruch vorkamen, konnte die bereits festgehaltene Eintragung auf einer Karteikarte im Index ein plötzliches Licht auf eine geheime, bisher nicht vermutete Waffe oder auf den bisher unbekannt gebliebenen Einsatz eines deutschen Verbandes werfen.

Der Index war in der Tat einzigartig. Auf der Höhe des Krieges, als die Ultra-Sprüche in Massen in *Hut 3* zusammenkamen und die dort arbeitende Mannschaft oft nur unter außerordentlichem

Druck Schritt halten konnte, wäre das wirksame Bearbeiten der abgefangenen Funksprüche ohne diese unschätzbare Überprüfungsstelle eigentlich unmöglich gewesen. Zur Vorsicht wurde eine Kopie des Inhalts in der Bodleian Library in Oxford aufbewahrt und vermutlich auf den neuesten Stand gebracht. Vielleicht wurde die großmütigste (oder auch bissigste) Bemerkung über den Index von einem der Amerikaner gemacht, der Anfang 1944 in *Hut 3* seine Arbeit aufnahm. Als Alfred Friendly sich im Indexraum umsah, seine Schäbigkeit und die viel gebrauchten Karteikarten mit ihren Eselsohren, aber auch mit ihrem kostbaren Inhalt erblickte, bemerkte er seinen Kollegen gegenüber: „Der Unterschied zwischen den britischen und den amerikanischen Feindnachrichten ist folgender. Sie haben –" und er machte eine bezeichnende Geste zu dem schlichten, unauffälligen Raum hin. „Wenn das hier im Pentagon wäre", sagte er, „dann stünden hier Reihen von glänzenden, neuen Registriersystemen, und drin wäre – nichts!"

Es kann nicht oft genug wiederholt werden, daß das Ultra-Material nicht aus einem ständigen Fluß von abgefangenen Funksprüchen bestand, die aus einer einzigen Quelle kamen, die nur einen einzigen Schlüssel benutzte. In seiner Studie „Der Einfluß der alliierten Funkaufklärung auf den Verlauf des Zweiten Weltkrieges" hat Jürgen Rohwer vielmehr darauf hingewiesen, daß die am Funkverkehr beteiligten Stellen und Einheiten in Funkverkehrskreise mit einzeln zuteilten Frequenzen und in Schlüsselbereiche mit eigenen Tagesschlüsseleinstellungen eingeteilt wurden, um einerseits die Menge des nach den gleichen Tagesschlüsseln verschlüsselten Materials herabzusetzen und den Funkbetrieb zu erleichtern:

In einem *Verkehrskreis* wurden aus organisatorischen, operativtaktischen oder geographischen Gründen zusammenzufassende Funkstellen vereinigt. Beim Heer und der Luftwaffe gab es horizontal geordnete Schlüsselkreise für die Verbindung der höheren Führungsstellen untereinander, wie z.B. der Heeresgruppen und Armeen bzw. der Luftflotten oder der Wehrkreiskommandos oder Luftgaukommandos. Weiter gab es vertikal geordnete Kreise, in denen die Funkverkehre der Armeen über die Korps bis zu den Divisionen oder von den Luftflotten bis zu den Geschwadern zusammengefaßt waren. Während des Krieges wurden gelegentlich bei regional begrenzten Operationen Sonderverkehrskreise gebildet. Die Zahl der Verkehrskreise vermehrte sich während des Krieges sowohl beim Heer als auch bei der Luftwaffe. Bei der Marine wurden die Verkehrskreise Schaltungen genannt und nahmen mit der Ausweitung des deutschen Machtbereichs nach 1940 ebenfalls erheblich zu.

Parallel waren auch die *Schlüsselbereiche* nach operativen Gesichtspunkten gegliedert. Bei Heer und Luftwaffe gab es ähnlich wie bei den Verkehrskreisen vertikale und horizontal angeordnete Schlüsselbereiche, deren Zahl im Verlauf des Krieges – ganz besonders beim Heer – stark zunahm. Gelegentlich, wie z.B. während des Norwegenunternehmens, wurden auch eigene Wehrmachtschlüsselbereiche eingerichtet. Bei der Marine gab es bei Beginn des Krieges zwei Schlüsselbereiche „M-heimische Gewässer" und „M-außerheimische Gewässer" und die Schlüsselverfahren „M-allgemein", „M-Offizier" und „M-Stab" mit jeweils besonderen Schlüsseleinstellungen und -vorschriften. Mit der Ausweitung des Funkverkehrs vermehrte sich die Zahl dieser Schlüsselbereiche z.B. bei der Marine im Jahr 1943 bis auf mehr als 40, von denen allein 24 mit dem Schlüssel „M" arbeiteten, während die anderen einfachere Handtauschtafeln verwendeten.

Diese verschiedenen Schlüsselbereiche der deutschen Wehrmachtteile mußten zunächst in *Hut 6* für das Heer und die Luftwaffe und in *Hut 8* für die Marine voneinander geschieden werden; sie erhielten jeweils eigene Decknamen und wurden z.B. „Chaffinch" oder „Red" oder „Brown" genannt.

Für *Hut 3* bestand die Bedeutung dieser Vielfalt darin, daß abgefangene Funksprüche nicht einfach einzeln bearbeitet werden durften, wie sie gerade von den Entzifferern hereinkamen. Ordnung und System waren notwendig. Daher mußten sie, wie sie hereinkamen, nach dem Schlüssel sortiert werden, in dem sie gesendet worden waren, und entsprechend der Dringlichkeit bearbeitet werden, die für diesen Tag einem besonderen Schlüssel beigemessen wurde. Mit dem sich über die Jahre hin steigernden Umfang des Funkverkehrs wurde dabei den Bearbeitern eine Menge Urteilskraft zugemutet. Bis zum Oktober 1942 leitete Wing Commander Oeser 3 L, eine kleine Einheit innerhalb der *Hut 3,* deren spezielle Aufgabe es war, den Funkverkehr eines jeden Tages zu beurteilen und Prioritäten für seine Bearbeitung aufzustellen. Oeser (später Professor für Psychologie an der Universität Melbourne) kam ebenfalls aus Cambridge und war ein Freund Winterbothams, von dem er im Sommer 1940 der *Hut 3* zugeteilt wurde. 3 L war eine winzige Abteilung mit großer Verantwortung, in der Hauptsache von Frauen besetzt, – von Christine Brooke Rose, Jean Alington und ein paar anderen. Telford Taylor, der erste

Amerikaner, der zu Ultra stieß*, erinnerte sich daran, daß, als er 1943 einen Offizier der US-Luftwaffe, der Bletchley besucht hatte, hinausbrachte, dieser beim Anblick Oesers und seiner Damen bei der Arbeit ausrief: „Wing Commander! Und was für ein Wing! (Geschwader)“[5]

Zur Unterstützung der an ihrem Tisch sitzenden Wachen waren „Berater“ für Angelegenheiten des Heeres, der Marine und der Luftwaffe zugegen. Wenn die abgefangenen Funksprüche beim nächsten Bearbeitungsgang der Wache übergeben wurden, von der immer eine Dienst hatte, war die erste Aufgabe stets die Übersetzung: Das war oftmals eine rasche Sache und Routineangelegenheit, denn die Übersetzer kannten die deutsche militärische Terminologie sowie die Form, die Abkürzungen und die Standardmuster feindlicher Funksprüche aus dem FF. Dennoch konnte die Sache manchmal schrecklich langsam vonstatten gehen. Wenn der Text verstümmelt war oder Buchstabengruppen fehlten, konnte es sich als schwierig erweisen, den ursprünglichen deutschen Text wiederherzustellen. Wenn der Funkspruch wichtig erschien, konnte es notwendig werden, die Entzifferer zu bitten, den Funkspruch noch einmal zu bearbeiten. Darüber hinaus konnte ein Funkspruch ein ungebräuchliches Wort enthalten, – vielleicht einen wissenschaftlichen Slangausdruck, der sich auf eine neue Waffe oder den Namen eines Deutschen bezog, dem, wie das nun einmal so ist, der Wachhabende noch nicht persönlich vorgestellt worden war. Wenn dabei er oder sie die Antwort auf Grund ihrer eigenen intuitiven Geschicklichkeit oder mit Hilfe des Beraters oder des Indexes nicht finden konnte, pflegte oftmals das zusammengefaßte Wissen der Hütte, etwas Tatsächliches und Greifbares wie ein Gruppenverstand, zu Hilfe zu kommen.

Da die Kenntnis des Deutschen für die Wachen unabdingbar war, ist es offensichtlich, daß viele oder sogar die meisten aus *Hut 3* die Sprache vor dem Krieg in Deutschland selbst erlernt hatten. Einige von ihnen waren auf Universitäten gewesen; andere wieder hatten bei Freunden gewohnt. Es war eine außerordentliche Erfahrung, mit Hilfe von Ultra die Götterdämmerung einer Nation zu erleben, zu der ihre eigenen Freunde und Verwandten gehörten, ja, sogar gelegentlich aus den Funksprüchen das Schicksal und das Wohlergehen eines Mannes oder einer Frau zu verfolgen, die oder den sie gekannt hatten. Doch waren sie in der Lage, solche

---

* Wegen der Einzelheiten der amerikanischen Beteiligung siehe Kapitel 9.

Dinge ganz objektiv und offen miteinander zu diskutieren. Die Untertöne der Freundschaft oder Verwandtschaft berührten ihre Arbeit natürlich nicht; sie wurde zu einer Art hingebungsvoller Besessenheit. Aber stets lag ein Schatten der Unruhe und manchmal auch der Sorge auf ihr. Davon wurde natürlich nur eine begrenzte Zahl berührt, und diese Gefühle wurden gewiß durch die Emotionen derjenigen in Bletchley wieder ausgeglichen, die selbst Juden waren oder jüdische Freunde oder Bekannte in Deutschland oder im besetzten Europa hatten.

Nach der Übersetzung und Beurteilung kam die Verteilung. Der Wachoffizier, der gewöhnlich ein erfahrener alter Hase war, mußte entscheiden, an wen der übersetzte Text aus einer Reihe von möglichen Empfängern in England und in Übersee weitergeleitet werden sollte. Dabei drehte es sich nur um den Text, denn in Bletchley herrschte das drakonische Gesetz, nach dem Ultra-Funksprüche nur „roh“, ohne Auswertung, weitergeleitet wurden. Der Grund dafür war offenkundig. Was auch immer die Leiter der Arbeitsstäbe wissen mochten oder auf den Karteikarten im Index stand, so war die Station X doch ihrem Wesen nach eher eine Einrichtung zum Entziffern von Schlüsseln als eine voll ausgerüstete Intelligence-Zentrale. Es hätte zu ernsthaften Gefahren und möglicherweise zu großer Verwirrung geführt, wenn es gestattet worden wäre, die Auswertungen von Bletchley als zutreffend über die Grenzen des Parks hinaus in Umlauf zu setzen. Tatsächlich ist es möglich, das Vorhandensein eines natürlichen und unvermeidlichen Leidens dort zu diagnostizieren, das Ultra-Syndrom genannt werden könnte: Es war die Vermutung, daß die abgefangenen Funksprüche, die auf dem Tisch lagen und so authentisch und beredt erschienen, weil sie so viel aussagten, auch einfach alles sagen mußten.

„Wir konnten nicht *verstehen,* warum Montgomery nach Alamein nicht schneller vorging. Rommels Lage war uns ganz klar.“ Bemerkungen wie diese, die Angehörige der *Hut 3* im nachhinein machten, erinnern daran, daß es für diejenigen, die eine Schlacht schlagen, viele andere Faktoren gibt, die neben der Stimme von Ultra in Betracht zu ziehen sind, – andere Quellen für Nachrichten, der Zustand der eigenen Truppen, die Versorgungslage, politische Erwägungen usw. Der Arbeitsstab in *Hut 3* bestand aus hochintelligenten Männern und Frauen, die Feindnachrichten aus zuverlässigster Quelle bearbeiteten. Es war daher nicht überraschend, daß sie manchmal dachten, sie wüßten alles am besten. Aber Bletchley konnte sich nicht all der Faktoren bewußt sein, die im Kopf der Chiefs of Staff oder Armeebefehlshaber im Feld eine Rolle spielten. Es war daher sicher klug, die Funksprüche ohne Kommentar herauszugeben.*

Wenn die Texte der entschlüsselten Funksprüche herausgingen, wurden sie gekennzeichnet, und zwar nach dem Urteil des Wachoffiziers mit Prioritätszeichen, die vom einfachen Z bis zum außerordentlich dringenden ZZZZZ reichten. Ein Vorteil dieser Methode bestand darin, daß der empfangende Funker oder einem Stab angehörende Offizier keinerlei Zweifel darüber hatte, daß eine ZZZZZ-Meldung nicht für die Ablage „unerledigt" bestimmt, sondern wahrhaft dringend war. Wie groß auch die Wichtigkeit der einzelnen abgefangenen Funksprüche war, sie liefen stets über zwei Hauptkanäle.

Zu Hause in England liefen die Texte, die als relevant erschienen, über Fernschreiber an einige oder alle, die „es wissen mußten": die Chiefs of Staff, die Leiter der Nachrichtendienste der drei Wehrmachtteile und das Joint Intelligence Committee, das Operational Intelligence Centre der Admiralität, die Hauptquartiere der Air Commands und der USAAF, das Combined Operations Headquarters usw. Eine Verbindung nach Broadway belieferte Menzies und Winterbotham mit Hilfe eines Fernschreibraumes, der ständig von Offizieren des weiblichen Hilfskorps der Luftwaffe (WAAF) besetzt war. Von Broadway ging Churchills persönlicher Anteil an Ultra-Meldungen ein paar hundert Meter weiter nach Osten in die Downing Street oder zu seinem Lagezimmer. Alle höheren Kommandobehörden in Übersee, gleich ob es sich um britische oder später amerikanische handelte, besaßen ein eigenes Verbindungssystem durch ihre besonderen Verbindungseinheiten (SLU), die, wie in Kapitel 5 beschrieben, im vollsten Umfang nicht nur in Nordwesteuropa und im ganzen Mittelmeerraum, sondern auch an der japanischen Front vom Kriegsschauplatz China-Burma-Indien bis hinab zu den Inseln von Neuguinea arbeiteten. Bei den Flottenverbänden zur See war das SLU-System kaum praktikabel. Diejenigen Ultra-Nachrichten, die weitergegeben werden mußten, wurden daher von der Admiralität über sichere Kanäle der Marine gesendet.

---

* Kommentar, d. h. Subjektiver Art. Die Ultrafunksprüche, die von Bletchley gesendet wurden, enthielten oftmals *erläuternde* Kommentare, um technische Einzelheiten zu erklären oder um die Aufmerksamkeit des Lesers auf wichtige Punkte zu lenken. Aber die Auswertung wurde im allgemeinen vermieden.

Wie glänzend auch immer die Sternenwelt aus jenen außergewöhnlichen Männern und Frauen in Bletchley war, so wäre es doch für die Ultra-Organisation schwierig gewesen, ihre Anstrengungen bei sich steigerndem Tempo sechs lange Kriegsjahre hindurch aufrechtzuerhalten, wäre ihr Wert an den richtigen höheren Stellen nicht erkannt und offensichtlich auch anerkannt worden. Glücklicherweise herrschte eine völlig andere Atmosphäre als in den Jahren 1914 bis 1918. Während jener Jahre war das wichtigste Äquivalent zu BP der Room 40 der Admiralität. Für die meisten seiner Angehörigen war die Haltung des Naval Staff der Kryptoanalyse gegenüber feindselig oder gleichgültig. Lieutenant Clarke, ein Mitglied des Room, erinnert sich daran, wie zur Zeit der Schlacht am Skagerak Rear Admiral Sir Thomas Jackson, der Leiter der Operationsabteilung, „höchste Verachtung für die Arbeit des Room 40 bezeugte.“ Er kam niemals während der Zeit, in der der Schreiber dort arbeitete, in den *Room*, mit Ausnahme von zwei oder drei Gelegenheiten, an denen er sich beklagte, daß eine der verschlossenen Kisten, in der ihm die Feindnachrichten übersandt wurden, ihm eine Schnittwunde an der Hand verursacht hatte, und dann, um zu einer Zeit zu sagen, als die Deutschen ein neues Code-Buch eingeführt hatten: „Gott sei Dank, daß ich nichts mehr von dem verdammten Zeug bekomme.“[6] Obgleich die Kluft zwischen Room 40 und der tatsächlichen Führung der Schlacht zur See im Laufe des Jahres 1917 infolge der U-Boot-Krise und der verheerenden Schiffsverluste etwas weniger breit war, war der Gedanke, abgefangene feindliche Funksprüche zu verwerten, niemals so weit entwickelt worden, daß er zu einer anerkannten und wesentlichen Waffe geworden wäre, zu jener Zeit selbst bei der Marine nicht. Während des ersten Krieges mit Deutschland hatte man zu wenig Vertrauen in den Room 40 gesetzt. Im zweiten bestand mindestens bis 1944 die Gefahr darin, daß man sich zu sehr auf Ultra verlassen könnte.

Dieser Wandel war zu einem guten Teil Churchill zu verdanken. Die Achtung, die man Bletchley zollte, spiegelte in der Tat das allgemeine Ansehen wider, das die Briten mit fortschreitendem Kriege in die Nachrichtendienste setzten. Dem Wesen des Joint Intelligence Committee und der es unterstützenden Teams, der Fähigkeit der Nachrichtenoffiziere im Feld, gleich ob sie wie Kenneth Strong und Terence Airey Profis oder in Uniform gesteckte Intellektuelle wie Bill Williams und David Hunt, Enoch Powell und Noel Annan waren, dem Stil und der Leistung des Operational Intelligence Centre der Marine kam nichts in früheren Kriegen gleich. Der Nachrichtendienst erhob sich auf eine höhere Ebene, von der er nach 1945 bei den Revolutionen in Whitehall, die die Friedenszeit mit sich brachte, nicht völlig wieder verdrängt wurde. Aber von Anfang an schenkte Churchill Ultra seine besondere Aufmerksamkeit und warf das Gewicht seiner Anerkennung dafür in die Waagschale.

Sein persönliches Interesse an dieser „geheimen Quelle“ – wie es in Kapitel 7 beschrieben wird – war für die Chiefs of Staff, General Ismay und seine anderen engen Berater nur zu offensichtlich. Aber als sie und zur rechten Zeit auch die Oberbefehlshaber im Feld gewahr wurden, daß der Premierminister selbst einer der zufriedensten Kunden von Ultra war, der regelmäßig private Kopien der gleichen abgefangenen Funksprüche erhielt, die in ihre Hände gelangten, war die gesamte Ultra-Organisation von Bletchley an nach außen durch nichts mehr zu erschüttern. Kein Rear Admiral Jackson hätte es mehr gewagt, über „dieses verdammte Zeug“ in bezug auf *Hut 6* oder *8* zu sprechen! Außerdem war Churchills Autorität auch von besonderem Wert im Feld. Die Unterweisung der höheren Führung durch Winterbotham oder seine Vertreter war stets eine delikate Angelegenheit, genauso, wie es die Frage des Tadelns war, wenn sie sich einen Verstoß gegen die Sicherheit hatten zuschulden kommen lassen oder einen solchen erlaubten. In schwierigen Zeiten war das Wissen oder die Erinnerung daran, daß die Sache von höchster Stelle sanktioniert worden war – Bezugnahme *auf seine Befehle,* d.h. also auf die des Premierministers –, unschätzbar. Die von Anfang an offensichtliche Autorität Churchills wurde am Vorabend der Operation *Torch* im August 1942 von Menzies Winterbotham gegenüber erneut wiederholt und, soweit es die Amerikaner betraf, durch eine Weisung der Joint Chiefs of Staff an Eisenhower ergänzt. Sie blieb bis zum Ende bestehen.

So sorgte Churchill für einen Zusammenhang, in dem Bletchley Park stets, wie die Widerstandsbewegungen zu sagen pflegten, „ein sicheres Haus“ darstellte. Aber BP‘s eigene Leistung bot dafür eine echte Rechtfertigung. Auch hier waren die Dinge diesmal anders, – denn in diesem letzten Krieg kamen die Admirale, die Bletchley besuchten, voller Dankbarkeit. Nach der Versenkung der Versorgungsschiffe der *Bismarck* und beim ersten Einbruch in den U-Boot-Schlüssel „Triton“ kam der Erste Seelord, Sir Dudley Pound, aus Whitehall nach Bletchley. Als Admiral Cunningham nach der Schlacht von Matapan, die BP ermöglicht hatte, vom Mittelmeer nach Hause zurückkehrte, besuchte er ebenfalls

Bletchley. Als schließlich die *Scharnhorst* versenkt wurde, wobei Ultra große Hilfe leistete*, kam auch Admiral Sir Bruce Fraser nach Bletchley, um seinen Dank abzustatten. Als Brigadier John Shearer im Frühjahr 1942 aus dem Mittleren Osten zurückkehrte, nachdem er dort von Anfang an als Leiter der militärischen Nachrichtenabteilung bei Wavell und Auchinleck gedient hatte, lag es ihm am Herzen, BP zu besuchen und dankbar auszudrücken, wie unschätzbar wertvoll er Ultra in den Schlachten gegen Rommel gefunden hätte. Vor einer größeren Schlacht, der Schlacht, die am Tage X im Juni 1944 begann, nahm sich auch Brigadier Williams die Mühe, Bletchley zu besuchen und als Montgomerys höchster Nachrichtenoffizier die dort arbeitenden Männer in die Art und Weise einzuweihen, wie sich die Rückkehr nach Europa wahrscheinlich entwickeln würde, so daß sie eine bessere Vorstellung davon hatten, wie die von ihnen zu bearbeitenden abgefangenen Funksprüche wirkungsvoll interpretiert werden konnten. Er versprach auch, daß er bei Beginn der Schlacht BP mit regelmäßigen Lageberichten versorgen wollte, so daß der Arbeitsstab auf dem laufenden blieb.[7] Von Room 40 sind wir nun ganze Lichtjahre entfernt.

Der Gast, an den man sich am meisten erinnerte, war natürlich Churchill selbst, der darauf bedacht war, seinen Finger am Pulsschlag von Station X zu behalten. Manchmal erlebte ein überraschter Offizier in *Hut 3*, daß er einen Telefonanruf vom Premierminister entgegennahm, der auf seine wißbegierige Art ebenfalls geneigt war, Bletchley wegen der neuesten Nachrichten anzurufen, wie er auch manchmal persönlich den Offizier vom Dienst bei BBC oder beim Operational Intelligence Centre der Admiralität anrief. Gelegentlich sandte Churchill einen übersetzten abgefangenen Funkspruch mit einer Anfrage in seiner eigenen Handschrift wegen der genauen Bedeutung eines englischen Wortes, das in der Übersetzung benutzt worden war, an Bletchley zurück. (Tatsächlich konnten Fehler bei der angestrengten Arbeit unter Streß gemacht werden: Einmal wurde viel Verwirrung dadurch verursacht, daß der Ausdruck „parachute horse" (Fallschirm-Pferd) sich in die Übersetzung eingeschlichen hatte. Dieser Pegasus neuer Art war einfach das Produkt eines dahingekritzelten „parachute losses" (Fallschirmverluste).) Aber über allen diesen Besuchen stand die Anwesenheit Churchills selbst, des wichtigsten

* Wegen der *Bismarck,* Matapan und *Scharnhorst* siehe Kapitel 8.

aller zu Besuch kommenden VIPs. Auf einem Baumstumpf vor dem versammelten Arbeitsstab stehend, begann er seine Ansprache auf unnachahmliche Weise. „Sie sehen alle“, so sagte er, „sehr . . . unschuldig aus“.

Sie waren jung. Sie hatten vor allem einen scharfen Verstand, der durch die Art ihrer Arbeit noch geschliffener wurde; sie waren skeptisch, wißbegierig, originell, bilderstürmerisch veranlagt, und wie alle guten Truppen im Kriege neigten sie dazu, ihrem Ärger über Inspektionen durch die Großen und Guten dadurch Luft zu machen, daß sie sie „Gesellschaftsreisen“ nannten.

Dennoch ist es interessant zu beobachten, wie lebhaft sich solche Besuche im Gedächtnis der Angehörigen von Bletchley dreißig Jahre lang erhielten. Aber Churchills Witz war nicht unzutreffend. Eine gewisse Unschuld in bezug auf die Realitäten des Krieges war tatsächlich vorherrschend. Ohne ihre eigene Schuld befanden sie sich in einer isolierten Stellung. Sie wurden zu Beherrschern des Funkverkehrs, aber sie waren weit von den Schlachtfeldern entfernt. Pounds Besuch wurde von einigen als der Besuch eines müden und nichtssagenden alten Mannes abgetan. In Wahrheit war er erschöpft. Aber wie konnten sie die Nachwirkungen der gerade vorbeigegangenen, nervenaufreibenden Jagd nach der *Bismarck*, die im Gang befindliche Schlacht um Kreta und die vorhergehende Räumung Griechenlands mit ihren schrecklichen Verlusten für die britische Marine auf den Ersten Seelord verstehen? Und doch waren die Lacher manchmal auf seiten der Station X. Eines Tages, als die Generäle der US-Luftwaffe Spaatz und Doolittle Bletchley einen überraschenden Besuch abstatteten, erwischten sie die Marineabteilung unvorbereitet. Ein Wachoffizier nach dem anderen schien unerreichbar zu sein. Schließlich traten die beiden Generäle in den letzten noch möglichen Raum ein. Der Wachoffizier reinigte seinen Golfschläger und achtete nicht auf die Besucher. „Aha“ sagte Spaatz in zuvorkommender Weise, „Golf!“ „Nein“, kam die Antwort von dem gelangweilten Offizier, der nicht einmal aufgeschaut hatte, „ich staube nur die Leuchtröhren ab.“

Zum Lachen war man stets bereit und natürlich auch zur Liebe. Zu jener Zeit und auch später bildete Bletchley, keineswegs überraschend, den Ursprung von glücklichen und dauerhaften Ehen, aber auch von weniger beständigen Leidenschaften. Erscheint eine Liebesaffäre bei *„Bombs“*, Enigmas und Wellensalat angebracht? Darauf gibt A. E. Housman die richtige Antwort: „Aber junge Männer denken, daß das so ist, und wir waren jung.“ Es gab auch praktische Vorteile. „Wir wetteiferten darin, neue Rekruten

zu finden", erinnert sich ein älterer Angehöriger der *Hut 3*. „Ich wählte stets hübsche Mädchen aus, da man sie, wenn sie sich als untauglich erwiesen, immer noch den Schürzenjägern in anderen Abteilungen andrehen konnte. Das war ein moderner Sklavenmarkt, da keiner, der einmal drin war, entlassen werden konnte!"
Nicht die geringste der Ähnlichkeiten mit Bloomsbury war in Bletchley die Neigung zum Witzemachen, und zwar von den Tagen der ersten Besuche der GCCS in BP im Jahre 1938 – eine wahrhaft echte Bloomsbury-Episode – bis zu den späteren Kriegsjahren, als Dillwyn Knox's Sohn Oliver der größte Witzbold war. (Er rief eine Gruppe von höheren Offizieren zu einer Konferenz zusammen, die er sich aus den Fingern gesogen hatte; die Sache kam nur dadurch heraus, daß die Einladungen bis zu der Schreibmaschine zurückverfolgt wurden, die Knox benutzt hatte). Aber vielleicht am meisten wurde in Bletchley über die einzigartigen Aufführungen gelacht.
Group Captain Shephard kam aus Chicksands herüber, um einer beizuwohnen und stellte „eine Unterhaltung fest, deren Brillanz keineswegs geringer war, weil sie sich an eine Zuhörerschaft wandte, deren Intelligenzquotient nicht niedriger als 200 war." Die Stückeschreiber wurden damit fertig, – Patrick Wilkinson z.B., der damals Fellow am King's College in Cambridge und ein Altphilologe höchsten Ranges war, oder Patrick (später der elfte Viscount Barrington), dessen Laufbahn als Korrespondent für den *Punch* durch den Krieg unterbrochen worden war. Im Park gab es auch gute Schauspielerinnen und theaterbesessene Männer wie Frank Birch von der Marineabteilung und Bill Marchant von *Hut 3*. Zuerst fanden die Aufführungen in einer Schule außerhalb der Domäne statt, später, als neue Gebäude entstanden, war dafür auf dem Gelände selbst eine Halle verfügbar. Die Tragödie bei dieser Komödie trat ein, als Charles Morgan, Theaterkritiker der *Times* dazu verleitet wurde, eine Kritik zu schreiben und Commander Travis aus Sicherheitsgründen bestimmt, aber vernünftigerweise sich weigerte, sein *Imprimatur* zu erteilen.
In anderen Worten war Bletchley eine Langzeitwohnung für Menschen, nicht für Maschinen, für eine Gruppe mit hohem Pflichtbewußtsein und schnellem Verstand, die schließlich mehrere Tausend zählte. Und Langzeitwohnung ist das richtige Wort. Bei den Streitkräften ist es häufig möglich, Männer hin- und herzuversetzen, deren Aufgabe ihren Sinn verloren hat. Als es nur noch wenige deutsche Bomber gab und die britische Infanterie zahlenmäßig schwach war, konnten Flugabwehrkanoniere

rasch zu Infanteristen umgewandelt werden. Aber wenn man einmal zu Bletchley gehörte und seine Geheimnisse teilte, war es tatsächlich für Männer und Frauen unmöglich, woandershin versetzt zu werden, – und das wurde ein beträchtliches Problem in der letzten Zeit des Krieges, als sich die feindlichen Fronten zusammengezogen und der Funkverkehr immer geringer wurde.
Doch die echten Maschinen bei dieser intellektuellen Karawanserei waren von höchster Bedeutung. Gemeint sind natürlich die *„Bombs"*, die ständig an Zahl, Bedeutung und Verfeinerung zunahmen, so daß zu ihrer Bedienung und zu anderen Aufgaben etwa 1000 Marinehelferinnen (Wrens) schließlich in Bletchley und seinen Nebenstationen zusammengezogen wurden. Dann wurde im Jahre 1942 und Anfang 1943 eine weitere Reihe von Geräten entwickelt und gebaut, – die *Robinson*-Familie: *„Heath Robinson"*, *„Peter Robinson"*, *„Robinson and Cleaver"*. Als gemeinsames Produkt der Forschungsabteilung der britischen Post in Dollis Hill in Nordlondon und der Forschungsabteilung für Fernmeldeverbindungen (die wegen der Entwicklung des Radar berühmt war) hatten die *„Robinsons"* eine ganz andere Funktion als die *„Bombs"*. Im wesentlichen konnten sie mit sehr großer Geschwindigkeit die eingegebenen, besonders präparierten Funksprüche lesen und daraus ein verständliches Druckerzeugnis machen. Bedeutsamerweise wurden die ersten Gerätebeschreibungen dafür mit dem Decknamen „Sender, Telegraph, Mark I" getarnt. Sie arbeiteten vollautomatisch. Da sie aber durch weitere und verblüffende Fortschritte überholt und im Dienst nur in geringem Umfang benutzt wurden, ist ihr wahrer Platz vielleicht in einer Nische der komplizierten Geschichte der Technologie.
Auf Grund der gegenseitigen Befruchtung von Bletchley und Dollis Hill ergaben sich tatsächlich neue Ideen von solcher Größe, daß ihr Endprodukt schließlich *Colossus* genannt wurde. In BP war das Zentrum der Aktivität die *Hut F* oder die *„Newmanry"*, die von Max Newman aufgestellt worden war, nachdem er im September 1942 nach Bletchley gekommen war und Commander Travis dazu überredet hatte, ihm Raum zur Verfügung zu stellen, so daß er an den Konzepten arbeiten konnte, die dann zu *„Heath Robinson"* führten. Als Fellow des Saint John's College in Cambridge, Universitätsdozent in Mathematik und Fellow der Royal Society seit 1939 war M. H. A. Newman erst den halben Weg auf seiner Laufbahn zu beispielloser intellektueller Distinktion vorangekommen. Zur *Hut F* kam aus *Hut 8* ein weiterer Mann aus Cambridge, der jugendliche I. J. Good –, nach dem Krieg sollte Jack Good Profes-

sor für Statistik an der Universität von West-Virginia werden, und in der kleinen Mannschaft war ein weiterer zukünftiger Professor, Donald Mitchie, der gerade erst von der Schule gekommen war! Das Problem, für das Newmans Gruppe eine theoretische Lösung erarbeitete, wird immer noch durch Sicherheitsbestimmungen abgedeckt, und *Fish,* der Deckname dafür, ist immer noch ein Name, dem die genaue Bedeutung fehlt. Aber es gibt Anhaltspunkte: Ein wichtiger kann in den Protokollen einer Diskussion im Hauptquartier des deutschen *Heeresnachrichtenwesens* gefunden werden, die zwischen dem 15. und 17. April 1943 stattfand. Bei dieser Besprechung hielt der Inspekteur der Nachrichtentruppen der Streitkräfte, General Fellgiebel, (der am 8. August 1944 wegen Mittäterschaft beim Attentat auf Hitlers Leben im Juli an einem Fleischerhaken aufgehängt wurde), eine Rede, in der er ankündigte, daß „vor dem Frühjahr 1944 ein automatisch verschlüsselnder Fernschreiber bis zu den Divisionen hinab eingeführt werden würde. Er ist recht kompliziert und arbeitet nur über perfekte Verbindungen . . .“ In anderen Worten waren die Deutschen bis zum Frühjahr 1943 recht weit auf dem Weg zur Sicherung und raschen Übermittlung eines großen Teiles ihres wichtigsten Fernmeldeverkehrs bei einem Konflikt kontinentalen Ausmaßes gelangt, dem eine anglo-amerikanische Invasion folgen mußte; dann mußten im Boden verlegte Fernmeldeverbindungen reichlich vorhanden sein.

Dabei spielte eine große Rolle, daß stets nur in begrenzten Abschnitten bewegliche Operationen geführt wurden. In statischen Situationen konnte die deutsche Seite jedoch weitgehend Drahtnachrichtenverbindungen (Fernschreiber und Fernsprecher) benutzen. Für die Verschlüsselung des Fernschreibverkehrs wurde die Siemens-Fernschreib-Schlüsselmaschine ST 52 in verschiedenen Versionen verwendet. Sie unterschied sich von der Enigma grundlegend, und man konnte ihr mit den *„Bombs“* in Bletchley Park nicht beikommen. Da diese Drahtfernmeldeverbindungen sowohl an der Ostfront durch russische Partisanen als auch im Westen durch die französische Widerstandsbewegung immer wieder gestört wurden, hatte die deutsche Seite zur Überbrückung gestörter Drahtverbindungen das Richtfunkverfahren eingeführt. Um Verzögerungen in der Nachrichtenübermittlung zu vermeiden, die bei einer Umschlüsselung des mit dem Siemens-Geheimschreiber verschlüsselten Textes in Enigma-Text eintreten mußten, beließ man die über Richtfunk übermittelten Schlüsseltexte in der *Geheimschreiber*-Version. Zur Lösung dieses Schlüsselverfahrens wurde der von Prof. M. H. A. Newman in seinen Erfordernissen festgelegte und von einem Team unter T. H. Flowers von der Post Office Research Station in Dollis Hill entwickelte *Colossus* angewandt.

Bei diesen technischen Dingen kann man aus vielen Quellen sich der feindlichen Absichten bewußt werden. Da jede Seite etwa gleichermaßen mit dem vorankommt, was theoretisch möglich ist, muß man sich logischerweise fragen, was der nächste praktische Schritt sein könnte, den der Feind wahrscheinlich unternimmt. Überlegungen dieser Art standen daher die Experten in Bletchley zwangsläufig gegenüber. Dabei mußten sie annehmen, daß die Deutschen versuchten, eine Art ausgeklügelter Funkschreibmaschine zu entwickeln, die in der Lage war, mündliche Funksprüche in einen Code umzusetzen, der mit großer Geschwindigkeit gesendet und mechanisch in der ursprünglichen Wortform ausgedruckt werden konnte. Aber die Theorie wurde durch konkretere Hinweise noch unterstützt, von denen einer gewiß ein Name und der andere ein Ton war.

Die Deutschen bezogen sich ständig auf einen „Privatsekretär": den *Geheimschreiber.* In seiner anderen Bedeutung als Geheimschreiber war dies in der Tat der Deckname für den Funkfernschreiber, den sie gerade entwickelten und der Ton war seine Stimme. Wenn ein in Worten abgefaßter Spruch in einen Digital-Code umgesetzt und über Funk mit sehr großer Geschwindigkeit abgesetzt wird, unterscheidet er sich stark vom anderen Funkverkehr und kann leicht identifiziert werden. So wußte Bletchley aus diesen und anderen Quellen wenigstens bis zum Anfang 1943, daß für den *Geheimschreiber* eine Antwort gefunden werden mußte. Eine einzige Quelle war tatsächlich authentischer als jede Spekulation. Während der Kämpfe in Nordafrika erbeutete die britische Armee zwei Modelle des *Geheimschreibers.* Anhand dieser Geräte konnte man erkennen, daß die Maschine zum Verschlüsseln eines Funkspruches nicht drei oder vier sich drehende Walzen benutzte wie die Enigma, sondern nicht weniger als zehn. Dieses System war bei weitem sicherer, denn es schloß das menschliche Versagen der es bedienenden Soldaten aus, deren unvermeidliche Fehler, wie gezeigt worden ist, den Entzifferern in Bletchley den besten Ansatz boten. Im Falle des *Geheimschreibers* brauchte der Schreibende sich nur vor seine Tastatur zu setzen und den Funkspruch im Klartext auszutippen. Die Maschine tat alles übrige; sie verschlüsselte den Spruch automatisch und gab ihn entweder über Funk oder über feste Fernmeldeverbindungen auf dem Land mit einer Geschwindigkeit von 62 Wörtern in der Minute weiter. Beim Empfänger nahm eine gleiche Maschine nach richtiger Einstellung der Walzen den verschlüsselten Spruch auf und druckte ihn im Klartext aus. Die Deutschen hielten ein solches System für absolut sicher, glaubten auch, es arbeitete schnell genug. Durch das Ausschalten des menschlichen Elementes erschien die *„on line"*-Verschlüsselung, wie diese Technik genannt wird, so sicher wie die sicherste Methode, die irgendein Land während des Zweiten Weltkrieges kannte, nämlich die des *„one-time pad"*.

Dem deutschen Oberkommando bot daher die scheinbar absolute Sicherheit des *Geheimschreibers* große Vorteile. Zwar traute man der Enigma. Aber die technischen Fachleute waren sich der Tatsache wohl bewußt, daß ein geschickter Feind in der Lage sein könnte, den Schlüssel für einen bestimmten Tag zu lösen, – wenn auch nur in angemessener Zeit und nach langem Bemühen. Da die Schlüssel sehr häufig geändert wurden, gewöhnlich alle 24 Stunden, glaubte man jedoch, diese Möglichkeit könne keine Rolle spielen, soweit es die meisten Funksprüche, die mit Enigma verschlüsselt wurden, anging. Man nahm weiter an, daß die unmittelbar auf dem Gefechtsfeld sich auswirkenden Funksprüche, Meldungen über Stärken und Munitionsbestand, die Anforderungen von Artilleriefeuer, Personalumbesetzungsmeldungen usw., dann schon überholt wären, wenn die Briten den betreffenden Schlüssel in mühsamer Arbeit gebrochen hätten. Aber Informationen, die von höchster Befehlsstelle kamen, wie z.B. operative und strategische Pläne auf lange Sicht oder diplomatische Lagebeurteilungen, besaßen ihre Gültigkeit für viel längere Zeit als der Befehl eines Armeebefehlshabers zur Verlegung einer seiner Divisionen oder eines Quartiermeisters, der seinen Vorrat an Versorgungsgütern meldete. Während die Enigma noch immer für einen großen Teil des streng geheimen Funkverkehrs als sicher genug angesehen wurde, benutzten nun die Deutschen auch den *Geheimschreiber* als Versicherungspolice.

Von den ersten Kriegstagen an lag die Herstellung des *Geheimschreibers* in Händen einer berühmten Firma, der *Siemens und Halske Aktiengesellschaft,* die sich auf die Herstellung von telefonischen und telegraphischen Geräten spezialisiert hatte. Nicht weniger als fünf Versionen der Maschine wurden schließlich entwickelt. Dem frühesten Modell 52 AB trauten die Deutschen nicht völlig, und ihre Zweifel waren gerechtfertigt. Nachdem sie im Frühjahr 1940 Norwegen besetzt hatten, gaben sie Sprüche über eine Telegraphenlinie durch, die durch Schweden verlief, und

Agenten des schwedischen Geheimdienstes brachten es fertig, die Leitung anzuzapfen. Die so gewonnenen Sprüche des *Geheimschreibers* wurden von einem Entzifferer mit Namen Arne Beurling noch im gleichen Monat Mai entziffert. Mit seiner Hilfe stellten die Schweden eine Maschine her, die in der Lage war, die Sprüche weiterzuleiten und auszudrucken. Als dann jedoch das Modell 52 C entwickelt worden war, hatten die Deutschen mehr Grund, damit zu rechnen, daß seine weitere Verfeinerung absolute Sicherheit garantierte. Bis dahin, d.h. also bis zur Mitte des Krieges, konnten Befehle und Meldungen, die über den *Geheimschreiber* kamen, rasch über Funk gesendet werden.
Geschwindigkeit mußte mit Geschwindigkeit fertig werden. Die Familie der *Robinson*-Geräte kam mit ihr nicht mit, aber auf Grund des theoretischen und technischen Bemühens, das die Newmanry und Dollis Hill dafür aufbrachten, entstand ein schnelleres Nachfolgegerät. T. H. Flowers von Dollis Hill gelang der wichtigste Durchbruch auf Grund seines Vorschlags, für die vorgesehene Maschine 1500 Ventile statt elektromagnetischer Relais zu benutzen. Damit wurde das Projekt auf ein Gebiet elektronischer Komplexität erhoben, wie es niemals vorher versucht worden war. Es klappte. Im Dezember 1943 wurde die erste *Colossus* (die auf Initiative der Post gebaut wurde) versuchsweise in Bletchley Park aufgestellt. „Sie konnten es einfach nicht glauben, als wir dieses Ding aus Fäden und Siegellack hereinbrachten, und es tatsächlich arbeitete", erinnert sich Flowers. „Damals waren sie gerade ratlos und *Robinson* brachte nicht genügend Leistung. Diese Maschinen arbeiteten einfach nicht schnell genug . . ." Fäden und Siegellack! 1500 Ventile!* Drei Monate später wurden mehr *Colossus*-Maschinen verlangt, – bis zum 1. Juni. Niemand wußte, daß das bis zum Tage X hieß. Durch allgemeine außergewöhnliche Anstrengungen entstand eine Version, die weitgehend modifiziert worden war; aber in den ersten Stunden des ersten Junitages brachte sie immer noch nicht das, was man von ihr erwartete. „Das ganze System befand sich in einem Zustand heftiger unproduktiver Schwingungen bei einer Frequenz, die außerhalb der Reichweite unseres Oszilloskops lag . . . ungefähr um 3 Uhr morgens entstand ein Loch im nahen Heizkörper, aus dem ein Schwall warmen Wassers auf unser Gerät lief." Zur Frühstückszeit jedoch war alles wieder in Ordnung, und die *Colossus Mark II* war fertig. Noch vor dem Ende des Krieges wurden weitere sechs oder acht

* Siehe dazu das Foto der *Colossus* im Bildteil.

Modelle und ein kleinerer Ableger in Dollis Hill gebaut; sie waren immer ausgefeilter und wurden so in Bletchley Park benutzt. Der mitten im Krieg erzielte Fortschritt von der elektromagnetischen Bauweise der früheren *Bombs* zur höchstmodernen Anwendung von Elektronenröhren (d.h. zum modernsten Elektroniksystem der Welt) war ein erstaunlicher Triumph der britischen Technologie.[8]

Inwieweit paßt nun *Colossus* in die Geschichte von Ultra? In den bisher zugänglichen Akten läßt sich nicht unterscheiden, welche Informationen den an die militärischen Führungsstäbe übermittelten Ultra-Funksprüchen auf den *Geheimschreiber*-Texten und welche auf Enigma-Texten beruhten. Sicher ist, daß auf deutscher Seite beide Verfahren nebeneinander verwendet wurden. Generell kann man sagen, daß die *Geheimschreiber*-Texte von den höheren Führungsebenen ausgingen, da der *Geheimschreiber* zur Verschlüsselung der auf Draht- oder Richtfunkverbindungen übermittelten Fernschreiben zwischen stationären Befehlsstellen verwendet wurde, während die Enigma-Maschine in größerem Umfange zwischen den operativ-taktischen Führungsstellen, zwischen der Armee- und Divisionsebene, angewandt wurde. In diesem Sinn erweitere *Colossus* den Rahmen und die Reichweite von Ultra. Auf jeden Fall war die Maschine eine unmittelbare Folge der Pionierarbeit, die die Entzifferer in Bletchley-Park geleistet hatten. Außer Newmans Team hielt Turing von der ersten Zeit an und weiterhin häufig Kontakt mit den Technikern in Dollis Hill. Die in seinem berühmten Dokument von 1936 geäußerten Vorstellungen und seine schöpferische Arbeit an den *„Bombs“* lieferten ganz gewiß einige der wichtigsten Konzeptionen, die dann zu *Colossus* führten.

Sogar ein kurzer Überblick über die Entstehung von Colossus erinnert daran, daß es erst in den 70er Jahren möglich geworden ist, die Arbeit in Bletchley im ganzen zu sehen. Nur wenige der Hunderte von brillanten Männern und Frauen, die dort zusammengezogen worden waren, hatten zu jener Zeit eine Vorstellung davon, worauf die „Newmanry“ aus war, sogar wenn sie von ihrem Vorhandensein wußten. Mavis Batey besitzt immer noch die kleinen Silberstücke mit den Anfangsbuchstaben ISK, die für ihren Dienst als Entzifferer über Jahre hinaus kennzeichnend waren. Aber selbst heute noch würden die meisten ihrer Kollegen, die zur gleichen Zeit in Bletchley Park arbeiteten, jeder Frage nach der Intelligence Services Knox genannten Abteilung völlig fassungslos gegenüberstehen; sie wüßten einfach nicht Bescheid. Wieviele von

ihnen kamen in den Hollerith-Schuppen hinein oder wußten auch nur davon? Und doch standen darin dichtgedrängt Maschinen mit ihren Bedienern und den Lochkarten, die den Entzifferern ständig Hilfe brachten. Hollerith-Verfahren und das dafür benötigte Gerät gab es überall, auch schon vor dem Krieg. Bereits 1936 hatte das Heer der Vereinigten Staaten mit Sicherheit seine militärische Bedeutung begriffen und benutzte das System zum Speichern von Codes und zum Erfassen der Möglichkeiten, diese zu brechen. Die deutsche Wehrmacht benutzte das System ebenso. Die hohe Geschwindigkeit des mit Lochkarten arbeitenden Tabulators wurde in Bletchley zum Analysieren von Merkmalen eines schwierigen Schlüssels mit Geschwindigkeiten ausgenutzt, die weit über die menschlichen Fähigkeiten hinausgingen.
Und dann gab es noch die japanische Abteilung, zu der in einem hohen Maße fähige junge Männer aus Cambridge gehörten, die in einem entnervenden Lehrgang über sechs Monate eine der schwierigsten Sprachen der Welt befriedigend erlernt hatten. Über die genauen Funktionen und Leistungen dieser Abteilung ist bis jetzt noch nichts veröffentlicht worden. Aber die Tatsache, daß die Briten die Purpur-Maschine bereits 1941 besaßen, läßt es nicht überraschend erscheinen, daß z.B. der diplomatische Verkehr zwischen Hiroshi Oshimas Botschaft in Berlin und dem Auswärtigen Amt in Tokio sich als eine fruchtbare Quelle für Feindnachrichten erwies oder daß er in der späteren Zeit des Krieges den Briten ebenso wie den Amerikanern ständig und regelmäßig Informationen über die japanischen Operationen im Fernen Osten und auf dem pazifischen Kriegsschauplatz lieferte.*
In engerer Beziehung zu den Feindnachrichten, die aus entschlüsselten Funksprüchen der Deutschen stammten, standen natürlich die italienischen. Dafür besaß die Government Code and Cipher School eine sehr substanzielle Grundlage, denn wenn während der dreißiger Jahre die Italiener die britischen Funksprüche entzifferten, so war es gewiß auch den Briten gelungen, in das italienische Fernmeldesystem einzudringen. Während des Spanischen Bürgerkrieges erfuhren sie aus der Kryptoanalyse sehr viel über Mus-

---

* Über die Rolle, welche die Funkentzifferung für die alliierte Kriegsführung im Pazifik spielte, bereitet der Autor ein neues Buch vor: The Other Ultra. Hutchinson, London 1981. In diesem Buch wird auch ein Kapitel über die inzwischen freigegebenen „Magic-summaries“ enthalten sein, die sich insbesondere aus den inzwischen veröffentlichten Texten der Telegramme japanischer Diplomaten und Militärattachés an die Zentrale in Tokio ergaben (Prof. Rohwer).

solinis Eingreifen. Bis kurz nach Kriegsbeginn war es für Bletchley Park möglich, den italienischen Funkverkehr der Marine, der Luftwaffe und des Heeres weitgehend zügig zu entziffern. Die kurz nach Kriegsbeginn auf italienischer Seite durchgeführten grundlegenden Veränderungen der Schlüsselverfahren brachten danach jedoch zunächst große Schwierigkeiten, so daß es für längere Zeit nicht möglich war, laufend italienische Funksprüche zu entziffern. So spielten im Jahr 1941 die entzifferten Funksprüche des deutschen Luftwaffenschlüsselbereichs („Hellblau" des X. Fliegerkorps) eine größere Rolle als italienische Entzifferungen. Eine gewisse Ausnahme bildete die für kurze Zeit in der italienischen Marine benutzte ältere Enigma-Maschine, die während des Spanischen Bürgerkrieges von deutscher Seite geliefert worden war und im Frühjahr 1941 in einem begrenzten Bereich angewandt wurde. Hier spielte sie allerdings eine Rolle in der Vorgeschichte der Schlacht von Matapan.* Später benutzte die italienische Marine eine auf der Hagelin-Maschine C 36 beruhende Weiterentwicklung als ihr Standardschlüsselgerät. Die Hagelin wurde zum wichtigsten Beschäftigungsziel der italienischen Abteilung von Professor Vincent, deren weibliche Angehörige natürlich als „the Hags" (die Hexen) bekannt wurden.
Dieses „kleine Juwel einer Schlüsselmaschine", wie David Kahn sie in *The Codebreakers* nennt, machte ihren Erfinder zum Millionär, – ganz anders also als den armen Scherbius. (Die beste vorhandene technische Beschreibung der Hagelin mit einer bewundederungswürdigen Illustration kann bei Kahn gefunden werden). Tragbar, kompakt und auf schönste Weise vollendet zog die Hagelin durch ihre Qualitäten auch die Amerikaner an, – der Erfinder hatte New York von Schweden aus im Jahre 1940 mit Blaupausen und zwei Maschinen in seinem Gepäck nach einer riskanten Reise durch Deutschland und über den Atlantik auf der letzten Friedensfahrt des Dampfschiffes *Conte di Savoia* erreicht. Im Jahre 1942 wurde die Hagelin in Massen hergestellt, und letztlich wurden 140 000 von den Streitkräften benutzt.
Wie die Enigma war auch die Hagelin ein ausgeklügeltes Gerät. Es war jedoch nicht absurd, daß sowohl die Amerikaner als auch die Italiener sie benutzten. Auf dieser Ebene der mechanischen Effizienz war die allgemeine Regel immer noch anwendbar, daß für den Entzifferer der Schlüssel zu einem Schlüsselbereich nicht so sehr die Maschine selbst ist als vielmehr die Fehler, die ihre Bedie-

* Siehe dazu Kapitel 8

ner machen. Die italienischen Geheimschreiber waren zu oft nachlässig und ließen es darauf ankommen, während die Entzifferer in der Abteilung von Vincent wie auch die an anderen Stellen in Bletchley Park strikt und wirksam wie Profis arbeiteten. So wurde es z.B. fast zur Gewohnheit, daß den britischen Befehlsstellen im Mittleren Osten Nachrichten über die Zusammensetzung, den Inhalt, den Auslauf- und den Ankunftshafen von Geleitzügen der Achse mit Versorgungsgütern und Verstärkungen für Rommels Armee in Afrika im voraus zukamen. Auf diesen Meldungen beruhte in sehr hohem Maße das erfolgreiche Eingreifen britischer Unterseeboote, Überwasserstreitkräfte und Flugzeuge auf den maritimen Verbindungswegen im Mittelmeer.*

Kein Bericht über Bletchley wäre vollständig, ohne sich auf die ungeheure und ständige Anstrengung anderer Spezialisten bei der technischen Analyse des feindlichen Funkverkehrs zu beziehen. Das Erkennen von Rufzeichen z.B. und ihre Verbindung mit einer bestimmten Sendestation oder einem Funknetz war eine Aufgabe, die niemals aufhörte, denn Rufsignale können ebenso wie Frequenzen geändert werden. Das einfache Schritthalten mit dem deutschen Funkverkehr allein stellte an viele hohe Anforderungen, – wie das auch mit einem anderen Aspekt der Arbeit in Bletchley der Fall war, der Ultras Ruhm überschattete. Enigma lieferte einen „hochwertigen" Maschinenschlüssel. Aber Millionen von Sprüchen wurden vom Feind handverschlüsselt oder in verschiedenen Arten von Codes gesendet. Sie mußten unbedingt regelmäßig entziffert werden.** Zum Beispiel wurde ein großer Teil der Erkenntnisse über das, was man die alltägliche Arbeit der deutschen Luftwaffe nennen könnte, aus dem Knacken dieser Funksprüche gewonnen, und zu einem großen Teil beruhten diese Studien auf einer der Stützen Bletchleys, dem jederzeit gefälligen „Josh" Cooper.

Cooper gehörte zu einem der ursprünglichen Teams der Government Code and Cipher School vom Broadway aus der Vorkriegszeit und vereinigte in sich auf verblüffende Weise die beiden charakteristischen Züge der anderen bekannten Männer von Bletchley wie Knox und Turing. Sie bestanden aus einer hervorragenden Effizienz, ja sogar Brillanz bei ihrer besonderen Arbeit und aus einer außergewöhnlichen Exzentrizität im persönlichen Verhalten.

---

* Vgl. dazu Hinsley, op. cit.

** Wertvolle Informationen wurden z.B durch das Knacken der Funksprüche der deutschen Polizei und sogar der deutschen Eisenbahn gewonnen.

Für Cooper wie für Knox gehörten Geistesabwesenheit zum Leben. (Es wird von ihm erzählt, man hätte ihn einmal mit der Mütze in der Hand durch das Tor von Bletchley gehen sehen, dafür trug er eine offene Mappe auf dem Kopf). Anders als Knox hatte Cooper jedoch einen starken Sinn für Realitäten. Seine Maxime „Jeder Bericht, der das Wort ‚lebenswichtig' enthält, ist Quatsch" spricht für sich selbst. Die Geschichte der Arbeit in Bletchley, für die „Josh" als Symbol gelten kann, umfaßt eine Reihe weiterer Operationen, die zwar die Ultra-Geschichte nur unwesentlich berühren, doch höchst relevant sind. Aber das bedürfte einer ganz eigenen neuen Geschichte.[9]

Das Problem, wie diese vielseitige Station X als ein Ganzes angesehen werden könnte, war akut. Wenn es für Denniston anfangs schwierig war, so war es für seinen Nachfolger, Commander Travis, bei seiner Amtsübernahme im Jahre 1942 eine sogar noch gewaltigere Aufgabe, nachdem Denniston, der nun ein altgedienter Krieger war, nach einer Krankheit in ruhigere Gefilde versetzt wurde. Die Angehörigen von Bletchley Park beliefen sich jetzt auf Tausende. Sie kamen aus allen drei Teilstreitkräften und aus zivilen Berufen. Unterbringung, Verpflegung, Sold, Urlaub, die ständige Routine einer großen militärischen Organisation mußten weitergehen und ständig ausgeführt werden, während andererseits Kämpfe um Geld und Zuteilung von Versorgungsgütern in einer Welt der kriegsbedingten Sparsamkeit ausgefochten wurden. Travis, der mürrisch, grob und stämmig war, errang sich nicht viel Liebe, dafür aber stillschweigende Anerkennung. Was aber wichtiger war, er hielt Bletchley in Gang und sorgte dafür, daß es bis zum Ende des Krieges anwuchs. Dabei hatte er immer persönlich viel Sinn für Sicherheit, was dem Geist von Ultra entsprach.

Wenn die Verwaltungsarbeiten für dieses große, aber nur lose gegliederte Gefüge auch unbedingt notwendig waren, so bot das Schritthalten mit dem, was getan und entdeckt wurde, sogar noch schwerer zu lösende Probleme. Irgendwann mitten im Krieg erkannte Travis vernünftigerweise die Notwendigkeit für eine Verbesserung der bisher nur täglichen Berichterstattung. Bei ihr waren nur Einzelheiten zu erkennen; man mußte aber alles überschauen können. Professor Vincent wurde daher seiner Verantwortung für die Überwachung des italienischen Funkverkehrs enthoben und erhielt den neu geschaffenen Posten eines CCR, des Verantwortlichen für die kryptographische Koordination, Berichterstattung und aktenmäßige Festlegung. Das bedeutete, kurz gesagt, daß er sich ständig über die gesamte kryptographische Arbeit in Bletchley Park auf dem laufenden halten mußte, ganz gleich, ob es sich um *Hut 6* oder *8,* seine alte italienische Abteilung oder die anderen Einheiten handelte. Dafür bedurfte es eines delikaten und diplomatischen Verhaltens, da die Entzifferer, die ja eine besondere Rasse darstellen, ihre Praktiken und Denkprozesse nicht gerne erkennen lassen. Dennoch hatte Vincent einmal in der Woche einen zusammenfassenden Bericht über die gesamte kryptographische Arbeit vorzulegen. Higham leitete in sehr ähnlicher Weise eine Nachrichtenbörse, mit der er die schreckliche Aufgabe der Zusammenstellung eines wöchentlichen Auszuges der wichtigen Feindnachrichten aus allen aufgefangenen Funksprüchen für Travis erfüllte. Mit Hilfe dieser beiden Kanäle[10] wurden daher die Aktivitäten der verschiedenen Hütten und Abteilungen zusammengefaßt und durch scharf denkende und sachverständige Männer durch Synthese verbunden; Travis konnte dadurch Bletchleys Pulsschlag genauer fühlen.

Es war eine Honigwabe, – so mußte man wenigstens schließlich das alles beherrschende Bild Bletchley Parks auffassen, eine Honigwabe aus Zellen, von denen manche wie unabhängig vom Hauptgebilde zu funktionieren schienen. Aber, aus der Ferne gesehen, ist das bedeutungsvolle, zusammengesetzte Muster doch zu erkennen. Es ist jetzt klar, daß die Hütten und Abteilungen, die einzelnen Männer und Frauen und die Mannschaften, die Marinehelferinnen an ihren *„Bombs“*, die Entzifferer mit ihren Schlüsseln, die Berechnungen der Mathematiker und die schöpferische Kraft der Technologen, alle Teil eines Ganzen waren, eines Organismus, der wie die Honigwabe sich entwickelt hatte, um ein einziges Produkt hervorzubringen, und das waren im Falle von Bletchley Nachrichten über den Feind.

Aber diese Feindnachrichten hätten wenig Wert gehabt, wenn sie nicht sicher an die Befehlshaber weitergeleitet worden wären, die sie im Gefecht gebrauchten. Die Stimme der Station X an der Front war die Special Liaison Unit, deren Aufgabe wir als nächstes zu untersuchen haben.

KAPITEL 5

Die geheimen Tommies

„Ich bin dabei, ein langes Schweigen zu bewahren"
John Webster, *The White Devil* (1612)

Der britische Geheimdienst hat stets im stillen gearbeitet. Tradition und eiserne Gewohnheit haben die Anonymität und Diskretion seiner Mitglieder aufrechterhalten. Gelegentlich mögen Namen bekannt oder ein Vorgehen beschrieben worden sein, aber das geschah mehr infolge eines Mißgeschicks als aus Absicht. Der Zweite Weltkrieg jedoch legte einer Gruppe ein ähnliches Stillschweigen und ein ähnliches Arbeiten in der Verborgenheit auf, die weder eine dafür vorgesehene Tradition noch eine solche Vergangenheit besaß. Das waren die Offiziere und Männer der Special Liaison Units. Auch sie hatten zu lernen, „wie man ein langes Stillschweigen bewahrt."

Im Krieg war das wesentlich: In ihren Händen lag das Geheimnis von Ultra. Aber für sie – wie tatsächlich für alle, die bei Ultra dienten – erstreckten sich der bindende Charakter ihres Eides und die Sicherheitsforderungen in bezug auf ihr Stillschweigen weit in die Friedensjahre hinein. Erst um die Mitte der 70er Jahre glaubten einige von ihnen mit der Veröffentlichung des Buches *The Ultra Secret,* sie dürften nun über ihre militärischen Erfahrungen sprechen und die Art ihres Beitrages könne nun richtig abgewogen werden. Ganz offensichtlich ist das ein Ausnahmefall. Die Offiziere besaßen niemals einen hohen Dienstgrad. Alle Techniker waren Unteroffiziere. Sie taten bei den Kommandobehörden im Feld Dienst und waren Anstrengungen und Nervenanspannungen oft mehr ausgesetzt als die Entzifferer und die Feindnachrichtenbearbeiter in Bletchley Park. Ihre Verantwortung überstieg bei weitem ihre Dienststellung, doch wegen der geheimen Art ihrer Aufgaben durfte das öffentlich nicht zugegeben werden.* Zeitwei-

* Mit Absicht wurden die Dienstgrade der Offiziere zur Vermeidung von Spekulationen bei den Kommandobehörden, bei denen sie arbeiteten, niedrig gehalten. Die Geheimhaltung machte es auch schwierig, ihnen in angemessenem Maße Orden zu verleihen.

lig war die Versuchung zum Prahlen, Granteln oder auch nur zum Erzählen von Erinnerungen enorm. Aber es gibt kein Anzeichen dafür, daß auch nur einer von ihnen während der dreißig Jahre nach dem Krieg sein Wort gebrochen und geschwätzt hätte. Tausende von anderen bewahrten ebenso das Geheimnis von Ultra, aber auf der Ehrenliste haben die Angehörigen der SLUs einen hervorragenden Platz, – denn ohne sie hätte das ganze System einfach nicht funktioniert. Sie waren die Stimme von Station X.

Das Ausmaß ihrer Anstrengungen kann am besten durch eine Zusammenfassung der Geschichte ihres immer größer werdenden Einsatzes in allen Teilen der Welt illustriert werden. Wie schon gesagt wurde, gehörten die SLUs 1940 zum Hauptquartier des britischen Expeditionskorps in Frankreich unter General Gort und zur Advanced Air Striking Force, wo sie die Aufgabe hatten, jene Ultra-Meldungen weiterzugeben, die ihnen von Bletchley und Vignolles zur Verfügung gestellt wurden. Während der Schlacht um England wurde Dowdings Fighter Command damit beliefert. Als 1941 und 1942 der Krieg mit Deutschland auch das Mittelmeerbecken erfaßte, erschienen die SLU-Angehörigen auch bei der Wüstenarmee, bei den Luftstreitkräften in der Wüste und beim Hauptquartier der Streitkräfte im Mittleren Osten in Kairo und stellten Teile zur Marine in Alexandria und je eine weitere SLU nach Malta und Beirut ab. Die Operation *Torch*, die Landung in Nordwestafrika, brachte eine weitere Ausdehnung ihrer Tätigkeiten bis zum Hauptquartier der alliierten Streitkräfte nach Gibraltar und Algier und zu den anglo-amerikanischen Armeen und Luftstreitkräften mit sich. Bei der Landung in Italien im Jahre 1943 taten SLUs beim Hauptquartier von Alexanders 15. Army Group zuerst in Bari und dann in Caserta Dienst und stellten Männer an die 15. US Air Force, die Balkan Air Force sowie an die amerikanische 5. und die britische 8. Armee ab.

Und dann kam *Overlord*, die Landung in Europa, als das heftige Ringen mit den Deutschen und der gewaltige Einsatz alliierter Streitkräfte dem SLU-System ungeheure neue Lasten auferlegte. Jedes wichtige Hauptquartier erhielt ein lebenswichtiges, aber zahlenmäßig kleines Bindeglied zu Bletchley Park, – dazu gehörten Eisenhowers SHAEF, Spaatz' Strategic Air Force, die taktischen Luftflotten der Amerikaner und Briten, Bradleys 12., Montgomerys 21. und Devers 6. Army Group sowie die britische 2. und die amerikanische 1., 3., 7., 9. und 15. Armee. Darüber hinaus versorgten in Südostasien nun britische und amerikanische SLUs Mountbatten, Slim, Stilwell und die amerikanischen Bom-

berverbände in Indien und China und verbanden so auf weltweiter Basis Bletchley, SEAC, Washington und Brisbane miteinander. Denn auch in Australien gab es nun eine SLU, die zu Ende des Krieges auch die entfernt liegenden Inseln umfaßte. Schließlich hätte wohl auch eine britische SLU in Manila auf den Philippinen bestanden, wäre nicht die Atombombe gewesen.
Die Grundsätze für die Arbeit der SLUs änderten sich während des ganzen Krieges nicht. Sie wurden durch Group Captain Winterbotham festgelegt, der ständig darum bemüht war, diese seine besondere und private Armee auszuwählen, zu indoktrinieren, auszubilden und zu verwalten. „Der SLU-Offizier war persönlich dafür verantwortlich, daß er Ultra-Meldungen an die Befehlshaber oder an die Angehörigen seines Stabes übergab, die dazu autorisiert waren. Alle Meldungen wurden von dem SLU-Offizier sofort wieder eingesammelt, sobald sie gelesen und verstanden worden waren. Danach wurden sie vernichtet. Kein Empfänger von Ultra-Nachrichten hatte die Erlaubnis, einen Ultra-Funkspruch weiterzusenden oder zu wiederholen. Jede auf einer von Ultra übermittelten Information beruhende Maßnahme eines Befehlshabers sollte in einen Gefechtsbefehl, ein Kommando oder eine Anweisung umgewandelt werden, die sich auf keine Weise auf den Ultra-Spruch bezogen oder den Feind zu der Auffassung veranlassen konnten, daß seine Funksprüche mitgelesen würden . . . Kein Empfänger von Ultra durfte sich freiwillig in eine Lage begeben, in der er durch den Feind gefangengenommen werden konnte.“[1]
Das Vorhandensein der SLUs wurde nach allen Seiten hin abgeschirmt. „Da war so ein kleiner LKW unter den Bäumen“ bemerkte ein Offizier der US-Luftwaffe, Lewis Powell, in Nordafrika, „von und zu dem gelegentlich ein paar Männer hin- und herliefen. Ich glaubte, sie gehörten zu einer Funkpeileinheit.“[2] Und es waren gerade die Männer eines solchen LKW unter den Apfelbäumen in der Normandie, nämlich jene SLUs bei Omar Bradleys Hauptquartier, die 1944 von neugierigen, aber enttäuschten GIs nach einem vergeblichen Versuch, ihre Identität festzustellen, „die geheimen Tommies“ (the secret Limeys) genannt wurden. Denn das war das vordringlichste Problem der SLUs. Sie mußten Tag ein und Tag aus zu jeder Stunde die lebenswichtigen Funksprüche aus Bletchley empfangen, sie entschlüsseln und den Klartext dem Hauptquartier übergeben, zu dem sie abgestellt waren. Dabei hatten sie strikt darauf zu achten, daß auch nicht der Schatten eines Verdachtes auf das fiel, was sie taten. Ihre Aufgabe war schon bei einem britischen Hauptquartier, gleich, ob in der Wüste oder in

einem unterirdischen Tunnel in Malta oder Gibraltar, schwer genug. Sie war aber noch delikater, wenn die britischen SLUs in ihrer RAF-Uniform von den unzähligen neugierigen Leuten beim Gefechtsstand einer amerikanischen Armee umgeben waren. Die Sicherheitsbestimmungen mußten peinlich genau beachtet werden. Kleine Fehler konnten unabsehbare Folgen mit sich bringen. Sergeant John Poole, der einer SLU bei General Spaatz in Frankreich angehörte, erinnert sich, daß er mitten im Winterschlamm jedesmal seine Stiefel überprüfen mußte, wenn er den Lastwagen mit den Geheimsachen verließ, damit kein Streifen eines Type X-Bandes, das vielleicht an seiner Sohle klebte, herausgeschleppt wurde und in falsche Hände geriet.[3] Im Hauptquartier General Alexanders in Caserta in Italien war es den Mädchen, die für die SLUs an den Fernmeldegeräten arbeiteten, nicht erlaubt, das Schlafzimmer mit Mädchen zu teilen, die woanders Dienst taten. „Schlafen, vielleicht Träumen, ja, da liegt der Hase im Pfeffer."
Der Theorie nach war das System einfach. Nachdem die Ultra-Sprüche in Bletchley entziffert, übersetzt und ausgewertet worden waren, wurden sie wieder verschlüsselt und von Whaddon Hall an die betreffenden Hauptquartiere im Feld gefunkt. Die dabei benutzte Schlüsselmethode war entweder die des *„one-time pad"* oder die der Type X-Maschinenschlüssel. Bei den Hauptquartieren im Feld bestanden die kleinen SLUs aus je zwei Gruppen mit einem Funk-LKW zum Empfang der Sprüche aus Bletchley, auf dem gewöhnlich Angehörige der Fernmeldetruppe saßen, und einem Geheimschreib-LKW, wo die Sprüche entschlüsselt und dann vom SLU-Offizier weitergeleitet wurden. Dann mußte er die Klartexte wieder einsammeln, nachdem sie von den zuständigen Offizieren bei dem Hauptquartier gelesen worden waren, und sie anschließend vernichten. Seine Geheimschreibgruppe bestand bei einer normalen SLU aus mehreren persönlich ausgewählten Unteroffizieren, die wie die Fernmelder sich untereinander um die Uhr so ablösten, daß die Wagen immer besetzt waren.
Aber im Krieg ist, wie der weise Clausewitz bemerkte, alles sehr einfach, aber das Einfachste ist sehr schwierig. „Diese Schwierigkeiten häufen sich und erzeugen eine Friktion, von der sich keiner eine rechte Vorstellung machen kann, der den Krieg nicht erlebt hat." „Josh" Reynolds, der es vom Unteroffizier in einer SLU zum Flying Officer brachte – ein ungewöhnlicher Aufstieg bei einer Einheit, bei der eine Beförderung eine fast ebenso große Ausnahmeerscheinung war wie eine Ordensverleihung –, erinnert sich an das Problem im Mittelmeerraum:

„Die Stromversorgung bereitete uns immer die meisten Kopfschmerzen. Aber wir stellten nur selten den Funkverkehr ein und befanden uns ebenso selten auf dem Marsch. Sobald unsere vorausgeschobene Funkstelle in Betrieb war, baute die rückwärtige ab und folgte ihr. Oft arbeiteten wir nur mit einer Maschine mit Hilfe von zwei 12-Volt-Autobatterien und einem drehbaren Umwandler. Der amerikanische Strom hatte 110 Volt/60 Hertz, der französische in Nordafrika 110 Volt/60 Hertz und der italienische in Caserta 145 Volt/45 Hertz. Wir hatten auch deutsche und ungarische Generatoren erbeutet. Ich war dafür verantwortlich, daß die Maschinen liefen und reparierte sie oft mit deutschen Ersatzteilen“.[4]

Reynolds bemerkte, daß er und sein Offizier, Flight Lieutenant Burley, neben der wesentlichen Stromversorgung für Kantinenbetrieb, Bekleidung, Transport, Unterbringung, Rationen, Möbel, Flüge usw. zu sorgen hatten, und „das alles, ohne daß die anderen Einheiten erfuhren, was wir tun wollten!“ Wenn diese Lage für die beweglichen SLUs charakteristischer war als für diejenigen bei statischen Hauptquartieren und auch vielleicht mehr für den Kriegsschauplatz im Mittelmeerraum als für den europäischen galt, zeigt dies dennoch, daß das einfache Aufrechterhalten des Betriebes selten leicht und für diese geheim arbeitenden Männer manchmal sehr schwierig war.

Die SLU-Offiziere waren der Ansicht, daß ihre Verantwortung für das Einhalten der Sicherheitsbestimmungen besonders belastend war. Sie waren kein Teil des Hauptquartiers, bei dem sie Dienst taten, und mußten dennoch ständig scharf auf Operationspläne achten, durch die dem Feind das Ultra-Geheimnis hätte bekannt werden können, weil Ultra die einzige Quelle für Feindnachrichten sein konnte, auf die sie sich stützten. Sie hatten darauf zu achten, daß ihre Vorgesetzten weder sorglos noch naiv mit Ultra-Nachrichten umgingen. Das konnte auf höchster Ebene geschehen. So hatte z.B. Air Marshal Coningham die Angewohnheit, seine Ultra-Unterlagen nach einer Besprechung oben in seine Fliegerstiefel zu stecken! Die Sicherheitsbestimmungen konnten sogar am allerhöchsten Gipfel verletzt werden. Air Marshal Sir Edward Chilton nahm einmal beim South East Asia Command an einer Konferenz teil, die in Mountbattens Abwesenheit durch dessen Stellvertreter, den hochgeachteten amerikanischen General „Speck“ Wheeler geleitet wurde. Zu seinem Schrecken sah Chilton, der lange Zeit in England Ultra-Nachrichten benutzt hatte, Wheeler seine Schlüssel herausnehmen und sich

daran machen, die vor ihm auf dem Tisch stehende Ultra-Kiste aufzuschließen. Dabei hatte er ganz offensichtlich die Absicht, einiges aus ihrem Inhalt den Versammelten vorzulesen, von denen eigentlich keiner „auf der Ultra-Liste“ sein konnte. Mit großem Takt verhinderte Chilton augenblicklich diese Dummheit.[5]
Sir Edward war bereits General in der britischen Luftwaffe. Mit einem solchen Vorfall verstand er es auf autoritäre Weise fertig zu werden. Aber die Offiziere bei den SLUs, Flying Officers, Flight Lieutenants, manchmal auch Squadron Leaders oder Wing Commanders, mußten sich, ohne das Gewicht ihres Dienstgrades in die Waagschale zu werfen, durchzusetzen verstehen. Sie hatten dabei nur die folgende Unterstützung: Die Generäle und höheren Offiziere bei den Stäben, mit denen sie es zu tun hatten, waren alle einzeln über ihre Verantwortlichkeiten belehrt worden, bevor sie als Empfänger von Ultra-Nachrichten zugelassen wurden, – Verantwortlichkeiten, deren Verletzung letzten Endes den Chiefs of Staff oder Churchill selbst gemeldet werden konnte. Bei Ultra gab es kein Zögern. Schwierigkeiten wurden gewöhnlich an Ort und Stelle sofort gelöst. War das nicht der Fall, so brachte ein Funkspruch nach England über das SLU-Netz nach Bletchley Winterbotham herbei, der allen ins Gewissen redete, denn das waren Lagen, aus denen in erster Linie jene „Friktionen“ von Clausewitz entstehen konnten, „die sich niemand genau vorstellen kann, der den Krieg nicht erlebt hat“.
Die Offiziere bei den SLUs waren befähigt, ihren Auftrag durchzuführen, weil sie im echten Sinn des Wortes ein Elitekorps darstellten: wenige Auserwählte. Anfangs war die Auswahl leicht. Man nahm zunächst erprobte Bekannte. Zu den ersten SLUs in Frankreich im Jahre 1940 entsandte Winterbotham vertrauenswürdige Freunde: Major Plowden von MI 6 zu Gorts Hauptquartier und Squadron Leader Long zur Advanced Air Striking Force. Ein weiterer Freund, Robert Gore-Browne, von dem wir schon gehört haben, daß er zu jener Zeit beim französischen Geheimdienst arbeitete, spielte nach seiner Flucht aus Frankreich weiterhin eine Schlüsselrolle bei der SLU-Organisation, zuerst im Mittelmeerraum und dann in Europa. (Er sollte viele der dazu rekrutierten Offiziere und Männer in der Folge einweisen. Es handelte sich dabei um Briten und Amerikaner, und er gewann allgemeine Achtung und Bewunderung. Es ist verblüffend, wie sein Name immer wieder in Erinnerungen auftaucht).
Während des Frühjahres 1941 erfaßte der „Schießkrieg“ den Mittelmeerraum. Die Deutschen stießen durch den Balkan und durch

Griechenland vor. Rommels Afrikakorps traf ein, und die vielfachen Ungewißheiten in der Levante kamen zum Vorschein, während die britischen See- und Luftstreitkräfte auf und über dem Binnenmeer immer geringer wurden. Die erste SLU wurde daher in den Mittleren Osten entsandt. Auch hier wieder bildete die Auswahl des verantwortlichen Offiziers kein Problem, denn Kenneth MacFarlan hatte, wie wir gesehen haben, bereits unschätzbare praktische Erfahrungen als britischer Verbindungsoffizier bei *PC Bruno* in Vignolles im Jahre 1940 gesammelt. (Nebenbei bemerkt, arbeitete diese erste Gruppe mit der Legende eines „Detachment, Special Signals Unit", die später in No. 5 Special Communications Unit umgewandelt wurde. Mit fortschreitendem Kriege wurde der Ausdruck Special Liaison Unit allgemeiner gebraucht, obgleich der Historiker durch die Tatsache irregeführt werden kann, daß manchmal – und normalerweise in amerikanischen Dokumenten – die schützende Bezeichnung SLU/SCU sowohl für das Entschlüsselungselement als auch für das Fernmeldeelement innerhalb der Einheit gebraucht wurde. Der Einfachheit halber wird hier das kurze SLU durchwegs benutzt).

MacFarlan, der Robert Gore-Browne mit sich brachte, fand sich bald den Friktionen des Krieges ausgesetzt. Bei der Annäherung an die Westküste Afrikas wurde das Handelsschiff mit den Lastkraftwagen, auf denen sie ihr Spezialgerät sorgfältig verpackt hatten, mit anderen Schiffen ins Mittelmeer abgesandt, während sie selbst langsam weiter um das Kap der Guten Hoffnung fuhren. Bis sie gegen Ende des Monats Juni Kairo erreichten, hatte Wavell das Unternehmen *Battleaxe* in der Wüste durchgefochten und verloren. Als eine der Konsequenzen aus dieser Schlacht fanden sie heraus, daß ihre kostbaren Lastkraftwagen beschlagnahmt worden waren. Noch entmutigender war aber die Entdeckung, daß nach dem Aufbau einer Dienststelle beim Hauptquartier Mittlerer Osten, dem Aufbau ihrer Sender in einiger Entfernung bei Abbassia durch ihre Techniker auf einer Do-it-your-self-Basis und nach dem Weitersenden einer SLU zur Wüstenarmee es für Ultra zunächst sehr wenig zu bearbeiten gab. Das war eine Phase, in der in Bletchley das Knacken des Schlüssels „Hellblau" oder des Mittelmeerschlüssels der deutschen Luftwaffe bestenfalls spasmodisch war. Bis zum Herbst 1941 arbeitete das A-Detachment jedoch voll.

Das Unternehmen *Torch* und die Ausweitung der Operationen im Mittelmeerraum – Sizilien, Italien – stellten alles zum erstenmal gründlich auf die Probe. Wenn man die Bewegungen der SLUs von Algier nach Constantine und Tunis und von Bari nach Caserta verfolgt, taucht immer wieder der gleiche Name auf. Es gab immer noch sehr wenige Auserwählte. Ein bedeutungsvoller Augenblick kam nach der Konferenz von Casablanca im Jahre 1943, als Winterbotham in Algier eintraf und zu Eisenhowers Stellvertreter Air Chief Marshal Sir Arthur Tedder befohlen wurde. General Spaatz war anwesend, und es war klar, daß er mehr als seinen Anteil haben wollte. Bei seinem Hauptgefechtsstand gab es bereits eine SLU, aber seine Allied Air Force gebrauchte Ultra mit solchem Nutzen, daß er eine zweite SLU auf seinem vorgeschobenen Gefechtsstand haben wollte. Winterbotham wußte kaum, wo er die Offiziere und Techniker hernehmen sollte, aber, wie er dem Autor sagte, kannten Tedder und er sich schon lange Zeit. Höflich, aber fest überbrachte Sir Arthur die Botschaft: Um der Einheit der Alliierten willen mußte Winterbotham geben, was er konnte. Aus einer Reserve in Nordwestafrika wurde daher eine zweite SLU gebildet. Das Ganze war für Ultra natürlich ein Kompliment.

Die Tarnmaßnahmen für die SLUs waren sehr vielfältig. A. E. Dilkes z.B., einer aus einer kleinen RAF-Gruppe, die als Verstärkung in den Mittelmeerraum entsandt worden war, hatte in einer statistischen Abteilung des Record Office der RAF Dienst getan, bevor er sich freiwillig für den Einsatz in Übersee meldete. Im November 1942 wurde er in London eingewiesen, in Zivilkleidung nach Bristol mit dem Zug entsandt und dann an Bord einer holländischen KLM-Linienmaschine gebracht. Erst als er in der Luft war, durfte er seine versiegelten Befehle öffnen und erfuhr so, daß er zu einer SLU in Nordafrika kam. Sogar aus der Beschaffung von Stempeln für Dokumente entstanden Probleme. Daher wurden sie an Ort und Stelle mit dem Wort FOULTRACE geschnitten und dann die überflüssigen Buchstaben des Wortes entfernt. Aber auch eine gute Tarnung konnte einen in Verlegenheit bringen. Eines Nachts weckte einmal Sergeant Reynolds in Caserta Air Vice Marshal Slessor, den Kommandeur der Mediterranean Air Force, auf und gab ihm einen Ultra-Funkspruch vom Chief of Air Staff in London, „der, nachdem ihn allein Slessor gelesen hatte, verbrannt werden mußte“. Ein amerikanischer Posten, der das Eindringen in Slessors Schlafzimmer nicht dulden wollte und versuchte, sich in den Besitz des Funkspruches zu setzen, hätte den Unteroffizier dabei beinahe erschossen.

Auch das Vorauswissen konnte einen in Verlegenheit bringen. Im Herbst 1941 entstand ein häßlicher Augenblick, als die SLU das Hauptquartier Mittlerer Osten davon unterrichtete, daß Kairo mit

Bomben angegriffen werden sollte. Auf diese Vorwarnung von Ultra hin durfte offenkundig nichts unternommen werden, aber glücklicherweise war der Angriff nur leicht. (Der Leiter des militärischen Nachrichtendienstes, Brigadier Shearer, hatte wenigstens aus dieser Kenntnis einen Vorteil gezogen und verbarg seine Ultra-Papiere an einem sicheren Platz!)[6]. Dann gab es noch den Fall in Constantine, wo die SLU durch Ultra im voraus von einem weiteren bevorstehenden Luftangriff erfuhr und mit Stahlhelmen ihren Dienst versah. Als der Luftangriff dann kam, entstand natürlich der Verdacht, sie hätten „etwas gewußt", und diese Praxis wurde daraufhin strikt verboten. Am 2. Dezember 1943 lag der Fall in Bari jedoch anders. 88 deutsche Bomber führten einen Überraschungsangriff auf den überfüllten Hafen aus. Ein Munitionsschiff flog in die Luft, und insgesamt gingen 17 Schiffe verloren. Diesmal hatte es keine Vorwarnung durch Ultra gegeben.

Tatsächlich heißt es in der offiziellen Geschichte des Feldzugs in Italien, einer der Gründe für den Erfolg des Feindes wäre darin zu suchen, daß man in Bari dem Feind die Möglichkeit zu einem großangelegten Angriff abgesprochen hätte. Als die Häuserfront nach der Seeseite hin einstürzte, wurde der SLU-Offizier, Flight Lieutenant Burley, vom Luftdruck auf die Straße hinuntergefegt. Aber seine üble Erfahrung verhinderte es nicht, daß Ultra einen örtlichen und zeitlichen Verlust an Prestige erlitt. Diejenigen, die seine Macht kannten, hatten den Eindruck, daß es sie diesmal im Stich gelassen hatte.

Als 1944 der Tag X (D Day) näherkam, wurde die Atmosphäre hektisch, denn SLUs mußten nicht nur an die großen alliierten Hauptquartiere abgestellt werden, sondern auch an einzelne britische und amerikanische Armeen und Air Commands. Das war für Winterbotham, seinen leitenden Verwaltungsoffizier, Group Captain Sofiano, und den kleinen Stab bei der Zentrale über die routinemäßigen Pflichten der Belieferung Churchills mit Ultra und der Überwachung der verschiedenen bereits Dienst tuenden SLUs hinaus eine schreckliche Aufgabe. Neben dem Problem, Offiziere abzustellen, mußte nun auch eine beträchtliche Anzahl von Geheimschreib-Unteroffizieren beschafft werden. Viel hing davon ab, ob man auch den rechten Mann fand; denn diese Kombination spezialisierter technischer Fähigkeiten mit dem Temperament und dem Charakter, der für diese einsame, verantwortungsvolle Arbeit benötigt wurde, war ungewöhnlich. Nicht weniger als 60 Geheimschreib-Unteroffiziere und ein Dutzend Offiziere mußten ge-

funden werden. Sie alle wurden persönlich von Winterbotham interviewt, nachdem sie vorher genau überprüft worden waren. Viele der Unteroffiziere hatten sich schon freiwillig für irgendeine Art von Geheimschreibarbeit gemeldet und erhielten ihre Grundausbildung an der Code and Cipher School der RAF, die als No. 5 Radio School Oxford bekannt war. Ihre vorherige Erfahrung und ihr Werdegang waren sehr unterschiedlich gewesen. Sergeant Minifie hatte die erste Zeit des Krieges als Rudergänger eines Seenotrettungsbootes verbracht. Sergeant William Johnson hatte als gewöhnlicher Schreibstubenunteroffizier begonnen. Sergeant Hamer dagegen war noch vor dem Krieg in die RAF eingetreten und arbeitete bereits im Juni 1939 (als Zivilist) an einer geheimen Fernschreiblinie bei der britischen Botschaft in Paris. Nach einer recht lebhaften Zeit während des Frankreichfeldzuges kam er über Dünkirchen wieder nach England und arbeitete dort an Fernschreibern weiter, bis er sich im Jahre 1943 zur Ausbildung als Geheimschreiber meldete. Als er für Ultra zugelassen worden war und mit der Type X-Maschine Bekanntschaft gemacht hatte, konnte er sich vorstellen, warum seine frühere praktische Erfahrung als Fernschreiber ihn besonders geeignet für eine SLU gemacht hatte.[7]
Nachdem sie das engmaschige Netz beim Auswahlprozeß durchlaufen hatten, erhielten diejenigen, die übrig geblieben waren, eine intensive Ausbildung für ihre neuen Aufgaben, von denen keiner auch nur die geringste Vorstellung hatte. Nach Art der Geheimdienste wurden diese Lehrgänge in obskuren Gebäuden in der Nähe Londons abgehalten, wie etwa in dem Haus in Hamilton Terrace nahe Lord's Cricket Ground in St. John's Wood, das so unauffällig war, daß, wenn ein Auszubildender ankam, er wie verloren die Straße auf und ab wanderte und versuchte, es zu finden.

Die Einzelausbildung hatte neben der Aufgabe, jedem wirksam einzubläuen, „daß er ein langes Stillschweigen zu bewahren hatte“, einen weiteren wohlbegründeten Zweck. Sie alle waren intelligente Männer und dem Sicherheitsbedürfnis wurde besser gedient, indem man ihnen ein vernünftiges Bild des Intelligence Systems gab, dem sie nun angehörten, statt sie im dunkeln herumsuchen und spekulieren zu lassen. Noch lange vor dem Tage X waren die neuen SLUs gebildet und ihren jeweiligen Hauptquartieren zugeteilt worden, so daß praktische Übungen durchgeführt und die notwendigen Verbindungen für die Arbeit hergestellt werden konnten.

Nach dem Übersetzen auf den Kontinent spiegelte ihre Behandlung auf interessante Weise die Haltung der einzelnen Befehlshaber wider. General Dempsey von der 2. britischen Armee hielt seine SLU bloß etwa 50 m vom eigenen Zelt hinweg fern und gab persönliche Anweisungen, daß man sich gut um sie zu kümmern hätte. Charakteristischerweise verlangte Montgomery von seiner SLU, daß sie sich einige 100 m entfernt am Perimeter seines großen Hauptquartiers einrichtete. „Das bedeutete", bemerkte Winterbotham, „einen langen Nachtmarsch". Aber wenn er dagegen bei Montgomerys Chief Administration Officer, Generalmajor Miles Graham, protestierte, wurde er mit der gar nicht einsehbaren Entschuldigung abgespeist, die Deutschen könnten die seltenen Funkmeldungen der SLU anpeilen. Mit den Amerikanern hatten die SLUs leichteres Spiel, nachdem man einmal die natürlichen neugierigen Fragen der GIs abgewehrt hatte, denn die amerikanischen Befehlshaber und ihre Stäbe hatten Montgomerys Voreingenommenheit Ultra gegenüber meist nicht.
Mag es nun bei der 1. oder 3. US Army oder bei Quesadas 9. Tactical Air Command gewesen sein, stets wurden die Verantwortlichkeiten des SLU-Offiziers nur geringfügig durch die Gegenwart eines amerikanischen „Ultra-Beraters" verringert*. Doch waren sie dort gewiß sehr viel delikater; denn obgleich der Berater die Aufgabe hatte, die Sicherheit von Ultra in seinem Hauptquartier zu überwachen, mußte der britische SLU-Offizier ebenso scharf auf Sicherheitsverstöße achten und, wenn notwendig, Schritte unternehmen. Er war weiterhin seinen Herren zu Hause zu Treue verpflichtet, d.h. der zentralen Ultra-Organisation. Von ihm erwartete und forderte man daher auch ein besonders hohes Maß an Takt. Das gleiche galt für das Hauptquartier von Eisenhowers SHAEF, bei den 1500 Offizieren und Männern in Granville auf der Halbinsel Cotentin oder später im Glanz von Versailles oder beim vorgeschobenen Gefechtsstand des Obersten Befehlshabers mit seiner Zeltstadt und den Anhängern, die auf dem Sportfeld des Athletic Clubs von Reims aufgelockert standen. Ein gutes Beispiel der empfindlichen interalliierten Streitpunkte, die entstanden, war eine Meldung von Col. Gore-Browne aus der letzten Phase der Schlacht in der Normandie, daß einige amerikanische Armeestäbe zuviele unverdaute Ultra-Nachrichten in ihre routinemäßigen Überblicke über die Feindlage einschlossen und in großen Umlauf gaben. Das war offensichtlich gefährlich und stand mit der

---

* Vgl. Kapitel 9 wegen der Pflichten der Ultra-Berater.

Doktrin des Pentagons in bezug auf Ultra genauso im Widerspruch wie bei den Briten. Ein Wort von oberster Stelle war hier notwendig, und Omar Bradley sah das ein.
Es gab natürlich noch eine andere Invasion Europas, das Landungsunternehmen *Anvil* in Südfrankreich. Darauf warteten sowohl Churchill als auch Ultra. In dem Buch *The Second World War* gab der Premierminister eine unnachahmliche Beschreibung, wie er am 14. August 1944 in einer Dakota-Maschine nach Korsika flog und sich am nächsten Tag auf dem Zerstörer *Kimberley* einschiffte. Er fuhr mit ihm die Linie der Schlachtschiffe entlang, die die Küste beschossen, und auf die „lange Reihe von Booten mit amerikanischen Sturmtruppen zu, die ohne Unterlaß in die Bucht von St. Tropez einfuhren". Aber alles verlief sehr ruhig, und Churchill bemerkte, daß er auf seiner Rückkehr nach Korsika das Buch *Grand Hotel* in der Kapitänskajüte las und das Gefühl hatte, daß „ich wenigstens *Anvil* einen Höflichkeitsbesuch abgestattet hatte". Was er jedoch nicht berichtete, war die Anwesenheit eines SLU-Offiziers, A. E. Dilkes, auf der *Kimberley*, dessen Aufgabe es war, Churchill mit den Ultra-Funksprüchen zu versorgen, die direkt von England über die Funkkanäle der Royal Navy kamen. „Es herrschte sehr geringer Funkverkehr über Ultra an den Premierminister", erinnert sich Dilkes, „und wenn ich tatsächlich etwas für ihn hatte, erholte er sich gewöhnlich und nahm an Deck ein Sonnenbad."
Dilkes selbst kam später zu Alexanders Hauptquartier in Caserta, wo er half, den Ultra-Verkehr des Premierministers während dessen Besuch in Italien zu bearbeiten. Aber während die drei amerikanischen Divisionen und die französische Panzerdivision, die zur 7. Armee des Generals Patch gehörten, von der Riviera aus auf den Fersen der Heeresgruppe G des Generalobersten Blaskowitz nach Norden stießen, wurde der Ultra-Dienst weiter aufrechterhalten. Tatsächlich kam es zu einem eindrucksvollen Augenblick während des deutschen Rückzugs, als infolge einer Ultra-Nachricht über die Schwäche des Feindes eine amerikanische Kampfgruppe in der Lage war, eine große Marschkolonne zu überflügeln und abzuschneiden, und zwar so erfolgreich, daß nach den Berichten des Pentagon diese Tat absichtlich nicht veröffentlicht wurde, da man fürchtete, Ultra zu kompromittieren.
Für Churchill war der Besuch in Italien im August 1944 ein aufregendes Zwischenspiel. Er war sein eigener Herr und weit weg vom Druck Whitehalls und Westminsters, von Komitees und Kabinetten. Er war entzückt über einen Besuch Marschall Titos, der „eine

prächtige goldene und blaue Uniform trug, die unter dem Kragen sehr eng saß und auf einzigartige Weise für die schreckliche Hitze ungeeignet war." Alexander fuhr mit ihm über das Schlachtfeld von Cassino. Als er bei Mark Clark in Livorno hereinschaute, erhielt er die Erlaubnis, eine brandneue 9-Zoll-Kanone abzufeuern. Bei der brasilianischen Brigade hielt er eine Rede und inspizierte die neuseeländische Division. Die Front war seine natürliche Heimat. Sie machte ihn unendlich froh. Als er aber am 27. August mit Alexander auf dem Schlachtfeld selbst die Eröffnung einer Offensive der 8. Armee beobachtete, war das eine neue Lage. „Die Deutschen schossen mit Gewehren und Maschinengewehren aus dem dicken Buschwerk auf der anderen Seite des Tals aus einer Entfernung von ungefähr 500 m. Unsere eigene vordere Linie befand sich unterhalb von uns. Das Schießen war unzusammenhängend und sporadisch. Aber das war der Punkt, an dem ich dem Feind am nächsten kam, und die Zeit, in der ich im Zweiten Weltkrieg die meisten Gewehrgeschosse hörte". Dem Premierminister machte das Spaß. Weniger Spaß machte es aber dem für die SLU in Caserta verantwortlichen Offizier, Wing Commander Crawshaw.

Crawshaw, der vor dem Krieg Geschäftsmann war, begann seinen Dienst in einer Luftschutzzentrale und kam dann zum Nachrichtendienst der RAF. Nach seiner Ausbildung in Bletchley ging er mit MacFarlan und Gore-Browne in den Mittleren Osten und war im August 1944 auf seinem Gebiet Experte. Nachdem er größere SLUs in Algier und dann in Caserta geführt hatte, war er Sicherheitsrisiken gegenüber außerordentlich empfindlich. Churchills Ankunft in Italien war schmeichelhaft, denn der Premierminister verlangte Crawshaw und dessen Ultra-Unterlagen zu sehen, bevor er noch mit dem Leiter des militärischen Nachrichtendienstes gesprochen hatte. Nun aber stellte die Kombination von Churchills Leidenschaft für Ultra und der Front für Crawshaw ein Problem dar; denn es kam eine Meldung zurück, nach der er mit den neuesten Funksprüchen aus Bletchley in das Kampfgebiet nach vorn fahren sollte. Er kam zu dem Schluß, daß es verrückt wäre, auf diese Weise mit Ultra-Unterlagen herumzureisen und blieb daher, wo er war, und zwar in Erwartung des Gebrülls des Löwen.

Als Sir Leslie Rowan 1968 über Churchill schrieb, erklärte dieser Privatsekretär aus Downing Street 10 „der lebhafteste und anhaltendste Eindruck, den ich hatte, war das völlige Vertrauen, das er in jene setzte, die ihn aus dem Geheimkreis, wie wir das nannten, heraus dienten".[9] Was Crawshaws Entschluß folgte, ist ein wunderbares Beispiel dafür, wie der Churchill persönlich durch die SLUs geleistete Dienst auch sie in diesen kleinen Kreis einschloß, zu dem der einzige Schlüssel sein persönliches Vertrauen war. Als Churchill zu dem Stützpunkt zurückkehrte, erhielt Crawshaw den Befehl, sich in der Villa des Oberkommandierenden zu melden, in der der Premierminister wohnte. In Churchills Zimmer fand eine Konferenz auf höchster Ebene statt. Aber als die Generäle nacheinander herauskamen, sah er Crawshaw durch die offene Tür und rief: „Ich brauche Sie!" Ein weiteres Löwengebrüll gab es nicht. Als Crawshaw die Gründe für seinen Ungehorsam erklärte, nahm sie Churchill ohne Murren hin, bat ihn, Platz zu nehmen und bot ihm etwas zu trinken an. Nach einiger Zeit sagte er: „Ich vermute, für das Essen in Ihrer Offiziersmesse ist es nun zu spät." Er bat ihn, zum Essen dazubleiben. So befand sich Crawshaw plötzlich mit dem Premierminister, dem Leiter der britischen Mission bei Tito, Brigadier Fitzroy Maclean, und dem politischen Beamten im Ministerrang beim Hauptquartier der alliierten Streitkräfte in Italien, Harold Macmillan, beim Essen. Nach dem Essen nahmen sie ihn dann ins Lagezimmer mit, wo er hingerissen zuhörte, wie Churchill seinen Gästen ohne Unterlagen den Verlauf der Landung in der Normandie seit dem Tage X beschrieb.[10] Aber nicht allein Crawshaw erging das so. Ein anderer junger SLU-Offizier wurde zu seiner Überraschung während dieses Italienbesuches von Churchill höflich dem Chief of the Imperial General Staff, Alan Brooke, vorgestellt, der eingetroffen war, kurz bevor der Premierminister an die Front ging. „Ich weiß nicht, ob Sie den CJGS schon kennengelernt haben." Die Wahrheit bestand darin, daß Churchill seine SLUs als „seine Leute" betrachtete, die daher seine väterliche Aufmerksamkeit zu Recht verdienten. Während seiner Rekonvaleszenz in Marrakesch im vorhergehenden Winter war Squadron Leader Robinson nach einem gefährlichen Anfall von Lungenentzündung der persönliche SLU-Verbindungsmann Churchills.[11] Da waren Robinson und seine Frau baß erstaunt, als sie aus dem blauen heraus eine Einladung für eine besondere Party zu Churchills 80. Geburtstag erhielten. Dieser Elefant vergaß niemals etwas.

Während Churchill in Italien war, überschritten Eisenhowers Armeen in Nordwesteuropa die Seine und nahmen ihren Vormarsch an den Rhein auf. Bei dieser großen und schließlich unwiderstehlichen Truppenmasse waren die SLUs bei ihren verschiedenen Hauptquartieren so etwas wie winzige unsichtbare Zellen. Der Mann, der in einem solchen Zusammenhang das Unsichtbare bemerkt, ist gewöhnlich ein guter Kriegsberichterstatter. Einer, aus der britischen Mannschaft, der am schärfsten beobachtete, war Frank Gillard, Kriegsberichterstatter für die BBC, der in der Folge Leiter des Inlanddienstes der BBC wurde. Er schien einen guten Prüfstein dafür abzugeben. In Beantwortung eines Briefes des Autors, der ihn als alter Freund direkt fragte, ob er während seiner vielen Besuche bei den Hauptquartieren die Existenz der SLUs gewittert hätte, schrieb er: „Wegen Ultra ist Ihre Vermutung vollkommen korrekt. Ich hatte nicht die geringste Ahnung, daß diese besonderen Verbindungseinheiten bestanden. Niemals gab es auch nur den leisesten Hinweis von Williams oder irgendeinem anderen, daß Ultra-Informationen ihm zur Verfügung standen. Als Kriegsberichterstatter beschäftigten wir uns ausschließlich mit den Operationsabteilungen und den Nachrichtendiensten, und ich bin absolut sicher, daß kein Korrespondent auch nur die geringste Kenntnis der Ultra-Quelle besaß oder diesbezüglich einen Verdacht hegte. Was müssen Bill Williams und seine Leute für unglaublich gute Schauspieler gewesen sein, als wir versuchten, sie in bezug auf die Stärke des Feindes und seine Bewegungen zu löchern." Und so ging es ihnen nicht nur mit Brigadier Williams in Montgomerys Hauptquartier. Die gewöhnlichen Geheimschreib-Unteroffiziere und Fernmelder, die mit ihren SLU-Lastkraftwagen mitten unter den neugierigen Hunderten von Männern bei einem großen Hauptquartier lebten, trugen sogar noch größere Verantwortung, denn der Deckmantel, unter dem sie arbeiteten, durfte nie gelüftet werden.

Besonders ein Ereignis erhellt die Schwierigkeiten, die für die SLUs bestanden, wenn sie ihren ungewöhnlichen Auftrag in den Mantel der normalen Tätigkeit hüllten. Als die Ardennen-Offensive begann, befand sich die SLU für General Spaatz' Air Command in Versailles, zusammen mit dem wichtigsten Teil von Eisenhowers SHAEF. Die berüchtigte Hysterie, die sich in der Stadt Ludwigs XIV. in jenen Wintertagen ausbreitete, war besonders ärgerlich für Major Tommy Rhind und seine geheime Einheit. Ihr gewöhnlicher „Milchmädchengang" mit Ultra-Sprüchen von der SLU zum Hauptquartier von Spaatz wurde etwas ganz anderes, wenn sich auf den Straßen überall Kontrollstellen befanden, an denen amerikanische Militärpolizisten Fangfragen über die gemütlicheren Aspekte des Lebens in den Vereinigten Staaten stellten. Dann gab es die Furcht vor Skorzeny, die einem unbegründeten Gerücht entsprang, daß der Mann, der Mussolini seinen alliierten Gefangenenwächtern entrissen hatte, sich auf dem Weg befand, um – wen? Eisenhower? Hohe Generäle? – zu ermorden. Nun, er war auf dem Weg, – und eines frühen Morgens wurde im Camp de Loges, wo die SLU untergebracht war, Flight Sergeant Poole beim Licht einer Taschenlampe geweckt. Im Eingang seiner Hütte standen zwei ungeheuer große Militärpolizisten. „Kommt mit, Kameraden", schrien sie. „Nehmen Sie Ihre Waffen! Deutsche Fallschirmjäger springen rund um das Lager ab." Poole hatte als ältester Unteroffizier die Munitionskiste unter seinem Bett und darüber hinaus noch große Sorgen. Denn wie konnten sie, die ja nur ein paar wenige waren, ihren Geheimschreib-Lastkraftwagen bewachen, der wie gewöhnlich allein in einer ruhigen Ecke abgestellt worden war? Und wie konnten zusätzliche Wachen in dem wimmelnden Chaos von Versailles beschafft werden, ohne die geheime Bedeutung dieser Angelegenheit überzubetonen?[12]

Glücklicherweise hatten die bei der SLU Dienst tuenden Männer nichts von dem Alarm gehört und setzten die routinemäßige Entschlüsselung hereinkommender Funksprüche fort. Glücklicherweise legte sich die Aufregung, so daß der nächste „Milchmädchengang" glatt verlief. Aber es war keine Nacht für das Abziehen einer geheimen Einheit von ihren Dienstsachen, – einer Einheit, von der Spaatz sehr viel hielt. In seiner „Commendation for Meritorious Service", die er an Major Rhind am 20. Mai 1945 richtete, sagte er:

„Mit großer persönlicher Wertschätzung empfehle ich die SLU/SCU wegen des unermüdlichen Bemühens und der Hingabe an den Zweck, die Ihre Einheit während der 17 Monate bewiesen hat, in denen sie meinem Oberkommando von Januar 1944 bis Mai 1945 zugeteilt war. Ihr ständiges Pflichtbewußtsein hat beträchtlich zum Erfolg der Taten der United States Strategic Air Forces im Krieg gegen Deutschland beigetragen."

Spaatz' Empfehlung liest sich wie ein Abschiedsgruß. Für einige jedoch, einschließlich Flight Sergeant Poole, war er nicht endgültig.

Eine der außergewöhnlichsten Episoden in der Geschichte der SLUs nahm dagegen gerade erst Form an, – und zwar auf der anderen Seite des Globus. Von General MacArthurs Ankunft in Australien im Jahre 1942 ab war eine Art gemeinsamer Dienst errichtet und entwickelt worden, durch den britische Commonwealth-Stäbe und amerikanische Stäbe gemeinsam Zugang zu Funkaufklärungsberichten hatten, an die man durch die Entzifferung des japanischen Funkverkehrs gelangt war. Die Geschichte dieses begrenzten und spasmodischen Austausches ist hier nicht unmittelbar relevant. Im Winter 1944 wurde jedoch beschlossen, eine Reihe von Offizieren und Soldaten vom europäischen Kriegsschauplatz und vom Mittelmeer abzuziehen und Special Liaison Units in Australien und auf den Inseln der pazifischen Kampfzone aufzubauen.

In der Rückschau erscheint dies als eine seltsam kräftezehrende und sogar pessimistische Entscheidung, die am anderen Ende des Kriegsgeschehens getroffen worden war. Aber im nachhinein erblickt man die Tatsachen durch das verzerrende Glas von Hiroshima. Es war immer noch eine Zeit, in der die verantwortlichsten Staatsmänner und Befehlshaber befürchteten, es wäre notwendig, im unnachgiebigen Japan selbst zu landen, und sie fürchteten sogar noch mehr die Verlustliste. Der Krieg im Fernen Osten war immer noch eine furchtbare Realität. Genauer gesagt, begannen 1945 vorgeschobene australische Kräfte, tangential von der Hauptstoßrichtung nach Norden vorzudringen, und zwar in Richtung Ostindien und als eigentlich selbständige Kräftegruppe. Am 1. Mai landete die 9. australische Division (die tapferen Veteranen von Alamein) in Holländisch-Borneo. Im Juni befanden sich Brunei und Sarawak und im Juli Balikpapan in australischer Hand. Als die Pläne für diese Operation ausgearbeitet wurden, war es offensichtlich, daß ein britischer Funkaufklärungsdienst erforderlich war, denn die Erfahrung zeigte, daß man sich in dieser Beziehung nur wenig auf das verlassen konnte, was von MacArthur kam. Zur gleichen Zeit drängte man in diesem Frühjahr in London darauf, die Kräfte im Pazifik nicht nur bei der britischen Flotte und der RAF zu verstärken, sondern auch durch Infanteriedivisionen. Diese Tatsachen liefern einen überzeugenderen Zusammenhang für die Abstellung einiger SLUs.

Alles begann ungefähr im Oktober 1944, als Winterbotham gebeten wurde, Verbindungseinheiten für den Pazifik abzustellen. Der erste war Squadron Leader Burley, der große Erfahrungen bei den SLUs im Mittelmeerraum aufweisen konnte und als besonderer Sicherheitsoffizier (für den Fernen Osten) ausgewählt wurde, um die Verantwortung zu übernehmen, die Winterbotham im Westen trug. Wieder einmal konnte man die Elitequalität der Ultra-Organisation feststellen, denn in seiner Rolle hatte Burley, der noch jung war und keinen hohen Rang besaß, es mit Männern und Dienststellen zu tun, die dem Stab des Pentagon, dem Oberbefehlshaber Indien, dem australischen Premierminister und seinen führenden Generälen von Heer und Luftwaffe unterstanden. Als Burley noch vor der Jahreswende in Australien eintraf, baute er einen Gefechtsstand für sich selbst und die winzige Einheit im Gebäude der Australian Mutual Providence in der Queens Street in Brisbane auf, das einstmals ein Teil des Gefechtsstandes von MacArthur gewesen war. Brisbane war der richtige Brennpunkt, denn von hier aus hatten die bereits bestehenden alliierten und interalliierten Funkaufklärungsdienste gearbeitet. Aber das war auch alles, was richtig war. Bis dahin besaßen die Australier noch kein Konzept für das sorgfältige Behandeln von Ultra-Nachrichten, wie es in Europa allgemein üblich war, während die Amerikaner durch MacArthurs Anglophobie sowie durch die vorherrschende Animosität zwischen der US Army und Navy gehemmt wurden.

Von weither kam das Personal von SLU 9 langsam in die Quartiere in den Kasernen der Royal Australian Air Force in Brisbane. Flying Officer „Josh" Reynolds und zwei weitere Offiziere aus Italien erreichten mit einem Dutzend Unteroffizieren in einem Geleitzug aus Glasgow Halifax, Nova Scotia, überquerten den nordamerikanischen Kontinent mit dem Eisenbahnzug und trafen über Kalifornien, Neuguinea und Queensland in Brisbane ein. John Poole verließ den vorgeschobenen Gefechtsstand von Spaatz in Reims und flog über Kairo und Karachi nach Ceylon und dann mit einer ansehnlichen Gruppe von Unteroffizieren in einer umgebauten Liberator-Maschine weiter, die zweimal wöchentlich den „Känguruh"-Flug, d.h. 5600 km in etwas mehr als 18 Stunden von Colombo nach Perth in Westaustralien, unternahm. Sergeant Minifie kam aus dem Rheinland von der SLU bei der 15. US Army. Der wichtigste von jenen, die aus Europa kamen, war Winterbotham selbst, ein Mann, der hinter jedem Fortschritt her war und sich auf diplomatische Dienste verstand; ihm folgte in angemessener Zeit der herrische Commander Travis aus Bletchley. Wie man sagt, war SLU 9 zu einer Dienststelle „mit bedeutungsvoller Aktivität" geworden.

Tatsächlich bedeutungsvoll, denn Reynolds hatte kaum die Friedensvergnügungen Brisbanes genossen, als er, Burley und ein Trio von Unteroffizieren schon wieder auf einem Flug über 4600 km nach der südpazifischen Insel Morotai unterwegs waren. Dabei hatten sie ihre *„one-time pads"* in ihrem schweren Gepäck und stets einen Brandsatz bereit, damit sie, falls notwendig, andere Geheimpapiere zerstören konnten. Diese Vorsichtsmaßnahme war vernünftig, denn obgleich das Hauptquartier der 1. Tactical Air Force der RAAF in dem einen Teil von Morotai lag, hielten die Japaner den größeren Teil dieser Insel. Hier bediente die SLU

sowohl australische als auch amerikanische Luftwaffenverbände sowie den vorgeschobenen Gefechtsstand des dienstältesten australischen Befehlshabers, General Blamey. Von Borneo bis Balikpapan erhielten die Australier jetzt eine Flut von Feindnachrichten über japanische Truppen-, Schiffs- und Luftwaffenbewegungen, deren Einzelheiten die SLU über ein Netz erreichten, das von Brisbane über Hawaii bis nach Neu-Delhi ging. Ultra brachte sogar Berichte über deutsche U-Boote, die mit strategischem Material von Japan den Indischen Ozean nach Europa (zu dieser Zeit gab es keinen Verkehr in ostwestlicher Richtung mehr!) passierten.
Das Ganze war kein leichtes Leben. Reynolds berichtete darüber: „Wir hatten nur die eine Funkverbindung der australischen Luftwaffe und oftmals sehr schlechte Funkverhältnisse bei schweren Regengüssen und hoher Feuchtigkeit, die für uns und unsere einzige Maschine Probleme verursachten. Auch die Stromversorgung war schwierig. Unser Büro bestand aus Baumstammstützen, grober Leinwand und einem Dach aus Palmenblättern. Wir mußten es mit Drahtnetzen und einer Tür sichern, und ich schlief in diesem Büro mit griffbereitem Revolver und fertigem Brandsatz im Falle eines japanischen Besuches. Ich legte auch ein Stolperdrahthindernis an. Da wir zur RAF gehörten, fielen wir ziemlich auf und jeder war ein wenig neugierig und wollte wissen, was wir taten".[13]
Bis zum Juni 1945 waren SLUs nicht nur in Morotai, sondern auch in Lae in Neuguinea sowie für die 1. australische Armee in Labuan und in anderen Zentren eingerichtet worden. Wieder hatte sich das Wort „die Schlacht ist Zahltag" als Rechtfertigung für Ultra erwiesen, und zwar auf einem Kriegsschauplatz, der ganz anders aussah als der, den man im Auge hatte, als Bletchley entstand. Die Bestätigung war praktischer Art; denn die anfängliche Apathie der Australier und der amerikanischen Befehlshaber verschwand rasch, als die SLUs zu arbeiten begannen. Doch Ultra war für den südlichen Pazifik zu spät gekommen. John Poole packte gerade seine Sachen zusammen, um mit einer SLU nach Manila auf den Philippinen zu verlegen, als die Bombe über Hiroshima explodierte. In Brisbane gab es eine Siegesparade. Die Männer der SLUs pflegten keine große Anerkennung von ihrer Regierung zu erhalten, aber an diesem Tag marschierten sie, wie es ihr Recht war, mit, bevor sich das lange Schweigen des Friedens herabsenkte.*

* Vgl. dazu das in Vorbereitung befindliche Buch von Ronald Lewin: The Other Ultra. London, Hutchinson 1981.

KAPITEL 6

Die Ufer des Mittelmeeres

„Wie wir, die wir unermüdlich unserem Dienst nachgehen,
Durchschreiten mit allen Truppen und sorgenvoller Brust
Die sanften Gefilde des Mittelmeers ..."
MATTHEW ARNOLD

Während der größten Zeit des Krieges gab es wenige Wochen, in denen sich die Aufmerksamkeit der britischen Öffentlichkeit nicht auf das Mittelmeer richtete, oder in denen dieses nicht wenigstens die sorgenvollen Gedanken des Premierministers und der Chiefs of Staff einnahm. Es war der Kriegsschauplatz, auf dem die eigenen Streitkräfte ohne Unterbrechung eingesetzt waren. Aber wie Churchill schrieb, „darf fast gesagt werden, daß wir vor der Schlacht von El Alamein im Oktober 1942 niemals einen Sieg errungen haben". (Dabei hatte er übersehen, daß General O'Connor eine italienische Armee in Nordafrika völlig vernichtet hatte und in Ostafrika ein italienisches Imperium beseitigt worden war!) Was also war Ultras Beitrag während dieser langen Monate der Niederlagen und Enttäuschungen vor der letzten Schicksalswende?
Eine weitere Frage wird oft gestellt: „Warum brauchten die Alliierten, wenn sie doch Ultra besaßen, so lange, um Hitler zu überwinden?" Vielleicht ist der hervorragendste Charakterzug dieser Phase im Mittelmeer die Vielfalt der Antworten, die auf eine so natürliche Frage gegeben werden kann. Man muß sowohl die Qualität als auch die Quantität der Funkaufklärung von Bletchley beachten. Man muß objektiv die Fähigkeit der britischen und deutschen militärischen Führer in Erwägung ziehen: die Zahl und die tatsächliche Wirkung ihrer Geschütze, Panzer und Flugzeuge sowie die Ausbildung und Leistung ihrer Männer. Wenn alle diese Faktoren abgewogen worden sind, taucht eine Antwort auf, die keine Neuigkeiten birgt; denn sie wurde schon im Frankreichfeldzug gegeben. Wie stark auch der Fluß an Ultra-Nachrichten war – und während dieser Monate von 1941 und 1942 waren sie manchmal gar nicht zahlreich –, war Ultra allein ohnmächtig, wenn den Generälen die militärische Stärke oder die geistige Fä-

higkeit zur Truppenführung fehlten. Wie immer ist die Schlacht der Zahltag. Aber in diesen Tagen lief zuviel schief, und Ultra war weit davon entfernt, eine Quelle für den Sieg zu sein; es konnte kaum die Auswirkungen der Niederlage mildern.

Im April 1941 überflutete Feldmarschall Lists 12. Armee mit ihrem Unternehmen *Marita* ganz Griechenland. Einer der Briten, die ihren Spuren folgten, war ein Geheimdienstoffizier, der Hon. C. M. Woodhouse. Später sollte Monty Woodhouse die alliierte Militärmission bei der griechischen Widerstandsbewegung anführen. Was ihn in jenem April verblüffte, war die Genauigkeit der Informationen, die ihm als Generalstabsoffizier beim Hauptquartier der Expeditionsstreitkräfte durch die Hände gingen. „Erstaunlich genau", schrieb er an den Autor. „Wir besaßen jeden Abend die deutsche Kriegsgliederung, aber unglücklicherweise konnten wir damit nichts anfangen, denn wir besaßen eigentlich nichts, um zurückschlagen zu können."Hätte Woodhouse damals gewußt, daß Ultra in der Lage war, die Gliederung für die Schlacht nicht nur einfach beim Unternehmen *Marita* mitzulesen, sondern auch bei *Barbarossa,* so wäre er weniger überrascht gewesen, aber auch nicht ermutigter. Die Lage, die er beschreibt, ist in der Tat ein klassisches Beispiel dafür, wie die besten Feindnachrichten keinen Wert besitzen können, wenn man „eigentlich nichts hat, um damit zurückschlagen zu können". Einige abgenutzte Panzer, eine magere Artillerie, begeisterte und schlagkräftige Truppen, aber keinen Zusammenhalt, Luftstreitkräfte, die diesen Namen kaum verdienten, und einen schwachen Verbündeten, – und das alles gegenüber den Panzerverbänden des Feldmarschalls List, die durch Griechenland vorstießen. Nicht einmal Ultra konnte diese Nachteile ausgleichen.

Aber hätte es in Kreta anders sein können? Die Omina sahen nicht besser aus, als in den ersten Maitagen General Freyberg entschlossen versuchte, seine zusammengekratzten Streitkräfte aus etwa 30 000 Briten, Australiern und Neuseeländern mit ein paar Tausend begeisterten, aber nicht ausgebildeten Griechen zu einer schlagkräftigen Truppe zu machen. Gewiß, Begeisterung war vorhanden. Aber Freyberg ging eins der bewegendsten Dokumente des Krieges zu, das mit den folgenden Worten endete: „Mit ganzem Herzen stellen wir uns für jeden Dienst zur Verfügung, mag er gefährlich sein oder nicht, vorausgesetzt, er dient der Sache unserer alliierten Anstrengungen.

Voller Vertrauen bitten wir um Ihre Aufmerksamkeit
Hochachtungsvoll, Die Sträflinge der Insel Kreta."

Viel mehr gab es nicht. Eine winzige Anzahl veralteter Panzer, wenig Flugabwehrartillerie oder Feldartillerie, ein paar gut gegliederte Bataillone Infanterie, keine Luftwaffe und die einzigen Häfen in der Suda-Bucht und bei Heraklion an der falsch gelegenen Nordseite der Insel und völlig unangemessen zur Unterhaltung einer Garnison, der zivilen Bevölkerung und der großen Menge italienischer Gefangener. Darüber hinaus gab es noch viele andere Mängel und Schwierigkeiten. Die Fernmeldeverbindungen zwischen den Verbänden waren z.B. absolut ungenügend. Es wird sogar behauptet, daß 100 Funkgeräte Kreta hätten retten können. Und doch herrscht trotz allem ein allgemeiner Konsens unter denen, die am nächsten miterlebten, was geschah, daß die Deutschen beinahe um Haaresbreite verloren hätten und die Briten eigentlich den Sieg hätten erringen müssen.

Für dieses Mißgeschick war Ultra nicht verantwortlich. Geschütze waren knapp, aber zutreffende Nachrichten über den Feind nicht. „In keinem Augenblick während des ganzen Krieges", schrieb Churchill, „war unser Feindnachrichtendienst so zutreffend und genau informiert." Bei einer Rückschau im Jahre 1949 erwähnte Freyberg selbst „die wundervollen Feindlageberichte, die aus dem Vereinigten Königreich kamen". Der Verfasser der offiziellen neuseeländischen Geschichte über die Vorgänge in Kreta, D. M. Davin (der in der Schlacht mitkämpfte), erklärt: „Es wird gezeigt werden . . ., daß die Art und Stärke der Invasion nicht nur mit bemerkenswerter Genauigkeit beurteilt wurde, sondern auch daß zu Beginn der Schlacht es kaum wahrscheinlich war, daß der unscheinbarste kleine Mann in Uniform nicht wußte, was ihm bevorstand. Was also auch sonst zugunsten des Feindes hätte sprechen können, er konnte nicht behaupten, daß sein Angriff überraschend kam, auch konnten die Verteidiger das nicht als Ausrede anführen." Woodhouse frühstückte gerade mit Freyberg, als die Invasion „in dem Augenblick begann, als wir über uns die Segelflugzeuge sahen und die Fallschirmspringer absprangen. Er war sehr ruhig und bemerkte einfach: ‚Die sind verdammt genau mit ihrem Zeitplan'. Damit war klar, daß er eine außerordentlich verläßliche Quelle für Feindnachrichten besaß."[1]

Tatsache ist, daß Ultra sich auf einem aufsteigenden Ast befand, und der Grund dafür ist offensichtlich. Erst am 25. April löste Hitlers Weisung Nr. 28 die Operation *Merkur,* die Besetzung Kretas, aus. Für die Deutschen begann sofort ein Wettlauf mit der Zeit, da sie besonders ihre Luftstreitkräfte dringend für *Barbarossa* benötigten. Das Unternehmen war neuartig, das Land unbekannt und der Druck ungeheuer. Funksprüche gingen hin und her. Die gesamte Führung lag in Händen von Generaloberst Löhr, des Oberbefehlshabers der Luftflotte 4. Den Angriff selbst führten General der Flieger Student* und seine 7. Fliegerdivision, deren Lastensegler und Fallschirmjäger den Brückenkopf bilden sollten. So kam es zu einem beachtlichen Umfang des Fernmeldeverkehrs der deutschen Luftwaffe – und der von der Luftwaffe benutzten Schlüssel, also von alten Bekannten der *Hut 6* in Bletchley.

Wenn die Deutschen schnell waren, so war es auch die Station X. In Anbetracht der Tatsache, daß Hitlers Weisung erst am 25. herausgegeben wurde, ist es geradezu unglaublich, daß bereits am 29. das britische Kriegsministerium vom Joint Intelligence Sub-Committee eine Lagebeurteilung mit dem Vermerk „geheim und höchst dringend" erhielt und nach Kairo weitergab; Freyberg erhielt sie am 1. Mai. Aus ihr ergab sich für ihn ein ins einzelne gehendes Bild der Absichten und Fähigkeiten Students**. In London war Churchill ganz aufgeregt über die Schnelligkeit, mit der diese Nachricht über den Feind eingetroffen war. Winterbotham wurde zur Darstellung der Lage, wie sie sich aus Ultra ergab, zum Premierminister gerufen, wo er sie ihm „auf dessen eigener großer Karte von Kreta im Lagezimmer" erläutern mußte. Der Group Captain erhielt auch von Churchill – wie er dem Autor bestätigte – direkte Anweisungen, sicherzustellen, daß Freyberg sämtliche Nachrichten erhielt, die sich aus der Feindlagebeurteilung Ultras ergaben. Natürlich war Freyberg nicht in das Geheimnis eingeweiht worden und konnte daher keine „reinen" Ultra-Nachrichten erhalten. Als aber Wavell kurz vor dem Angriff Kreta besuchte, sprach er privat mit Freyberg – der auf jeden Fall wegen der Quelle dieser beachtlichen Feindnachrichten neugierig war – und bestätigte wahrscheinlich deren völlige Authentizität, indem er ihm ein überzeugendes Märchen vorspiegelte. Das erklärt, warum Freyberg während der späteren Feldzüge in der Wüste manchmal Montgomerys Feindlagebearbeiter Bill Williams fragte: „Was ist mit dem Burschen aus dem Außenministerium passiert, der in Berlin arbeitet?"[2] Auf jeden Fall wurde er vollständiger eingewie-

* Student führte damals das Luftlandekorps, das aus der 7. Fliegerdivision, der 5. Gebirgsdivision und dem Luftlandesturmregiment bestand (Prof. Rohwer).
** Das JIC hatte bereits am 27. an das Kriegskabinett gemeldet. Der vollständige Text dieses Papieres mit der Überschrift „Ausmaß des Angriffs auf Kreta" befindet sich in der Akte PREM III, Akte 109 im Public Record Office.

sen als jeder frühere Befehlshaber im Zweiten Weltkrieg. Was also lief schief?
Bei den meisten Schlachten geht es um ein alles beherrschendes Ziel. Für Kreta war dieses Ziel die Eroberung der Flugplätze, und Freyberg verstand das nicht. Die Ultra-Feindnachrichten warnten spezifisch, genau und in Einzelheiten vor einer Landung aus der Luft und von See her. Da aber Freyberg versäumte, sich vorzustellen, was Student von Anfang an erkannte (nämlich daß, falls die 7. Fliegerdivision keinen Flugplatz erobern konnte, die Truppen der 2. Welle und die Versorgungsgüter nicht herangeschafft werden konnten), sorgte er sich weit mehr um eine Landung von See her, – die aber vom deutschen Standpunkt aus niemals von überragender Bedeutung war. Dieser Fehler beim Setzen der Prioritäten wurde durch die Vorstellung noch verschlimmert, die Flugplätze wären nicht lebensnotwendig, weil die deutsche Luftwaffe beabsichtigte, ihre Junkers Ju 52 Truppentransporter auf jedem passenden Stück Strand oder flachen Bodens zu landen, – obwohl es dunkel blieb, wie sie dann für den nächsten Transportflug wieder starten sollten. Auch verstand Freyberg nicht, daß die Stärke der deutschen Fallschirmjäger begrenzt war. Es standen keine Reserven zur Verfügung, wenn Student einmal seine 10 000 Mann der ersten Welle eingesetzt hatte. Das aber hätte die Forderung, dem Feind Flugplätze zur Landung seiner Transportmaschinen zu verwehren, eher noch erhöht. Weil Freyberg das Wesentliche nicht begriffen hatte, ging der Flugplatz Maleme verloren, und weil Student Maleme eroberte, ging Kreta verloren. Wenn alle anderen Faktoren in die Rechnung einbezogen werden, so bleibt dies der Kern der Wahrheit.[3]
Der tapfer aushaltende Freyberg kann kaum dafür getadelt werden. Die Führungsprobleme waren für ihn zu groß, und er wußte das. Als General war er ein Haudegen. Man hätte ihm seine neuseeländische Division geben sollen, und er wäre mit ihr zur Hölle und wieder zurück marschiert. Aber wie er die Verteidigung von Kreta führte, beleuchtet gut das ewige Problem Ultras. Durch Bletchley besaß Freyberg alle relevanten Feindnachrichten über Stärke und Pläne. Doch in Kreta stand alles auf der Kippe. In einer so gut angelegten und geführten Schlacht fiel der Sieg dem Mann zu, der wußte, um was es tatsächlich ging, – und zwar nicht nur im groben Sinn des Gewinnens oder Verlierens der Insel, sondern in dem strikt professionellen Sinn der genauen Berechnung und Erfassung dessen, was das wichtigste Ziel am Boden war. Tatsächlich zog Freyberg aus dem, was er wußte, die falschen Schlüsse. „De

quoi s'agît-il?", das ist die Frage, die sich alle Generäle stellen sollten. Hätte Montgomery die gleichen Nachrichten über den Feind zur Verfügung gehabt, so hätte er sich mit seinem scharfen Verstand gewiß an dem einzigen festgeklammert, das zählte, und seine Truppen so eingesetzt, daß Maleme genau so lange hätte gehalten werden können, bis die Fallschirmjäger ohne weitere Unterstützung „verhungert" wären. Ultra blieb immer nur ein Schatten, bis die Generäle ihm Substanz gaben.

Von allen britischen Oberbefehlshabern im Zweiten Weltkrieg reagierte Wavell mit seiner klassischen Universitätsausbildung und seinem Sinn für Geschichte am instinktivsten auf das Intelligence-Konzept. Da ihm die Hemmungen konservativer Offiziere fehlten, ging er auf natürliche Weise an es heran und betrachtete es einfach als eine normale Waffe. Es klingt daher wie Ironie, daß, als der Krieg sich nach Süden auf die andere „milde Seite des Mittelmeerraums", die Küste von Nordafrika, verlagerte, Wavell bei seiner ersten Reaktion auf Ultra den gleichen Fehler machte wie Freyberg in Kreta: Er erhielt die Botschaft, verstand aber nicht ihre Bedeutung.

Bis Anfang Februar 1941 befand sich die gesamte Cyrenaika in britischer Hand. Die Kapitulation einer italienischen Armee am 7. Februar in Beda Fomm bedeutete den Sieg von O'Connors kleiner, aber kühner Kräftegruppe, bei dem neun italienische Divisionen ausgelöscht und 130 000 Gefangene, 400 Panzer und über 1000 Geschütze erbeutet wurden. In Berlin ertönten Warnsignale. Am 6. Februar wurde der damalige Generalleutnant Erwin Rommel in die Reichskanzlei berufen, wo er von Hitler den Befehl über eine symbolische Streitmacht von einer leichten und einer Panzerdivision, das Afrikakorps, erhielt. Sie sollte den angeschlagenen Verbündeten Hitlers Rückhalt geben und den Briten den Einmarsch in Tripolis verwehren. (Während dieser Einweisung zeigte Hitler Rommel Fotografien aus britischen und amerikanischen Zeitschriften, die während der Offensive von O'Connor aufgenommen worden waren. Der „Wüstenfuchs" wußte bis dahin noch überhaupt nichts über die Wüste und fand diese unorthodoxe Art der Bildaufklärung hilfreich!)[4]

Aber wie im Falle Kreta wurden die Briten über die Verlegung Rommels und seiner Voraustruppen nach Nordafrika vorgewarnt. Dafür bot der Funkverkehr des X. Fliegerkorps, das kürzlich nach Sizilien zur Erringung der Luftherrschaft im westlichen Mittelmeer verlegt worden war, eine fruchtbare Quelle. Ein Funkspruch an sein Hauptquartier – über Rommel – unterrichtete auf dem

Weg über Bletchley auch London. Dann kam aus Tripolis der Funkspruch nach Berlin, in dem seine Ankunft gemeldet wurde. Wie gewöhnlich war der Premierminister auf dem *qui vive.* Winterbotham berichtet, daß „in Beantwortung der Anfrage Churchills an mich, wann deutsche Kräfte in der Cyrenaika erwartet werden dürften, ich in der Lage war, ihm den Funkspruch des OKW zu senden, in dem Rommel in Tripolis das ungefähre Eintreffdatum der Verbände mitgeteilt wurde, die sein deutsches Afrikakorps bilden sollten und direkt aus Deutschland kamen. Die 5. leichte motorisierte Division sollte im April und die 15. Panzerdivision im Mai eintreffen.“ (Die Verlegung der 5. leichten wurde tatsächlich beschleunigt, nachdem Hitlers Adjutant, Oberst Schmundt, mit einem optimistischen Bericht aus Tripolis zurückkam.)

Bisher gab es noch keine SLU im Mittleren Osten, durch die Kairo mit Bletchley hätte verbunden werden können. Aber Brigadier John Shearer, Wavells Leiter des militärischen Feindnachrichtendienstes, bestätigte dem Autor gegenüber, daß die Ultra-Nachrichten über Rommel und sein Afrikakorps ihnen rasch als „geheime Feindnachrichten“ mitgeteilt wurden. Damit waren Fakten sowohl für die laufenden als auch für die vorausschauenden Lagebeurteilungen verfügbar. Worin lag ihre Bedeutung?

Unmittelbar nach dem Krieg analysierte Wavell seine erste Niederlage durch das Afrikakorps in einem Brief an General O‘Connor, der während der Schlacht gefangengenommen worden war. „Mein ... großer Fehler war es, daß ich zu dem Schluß kam, der Feind könne vor frühestens Mai keinen wirksamen Gegenangriff ansetzen ... Ich war auch der Auffassung, die Deutschen könnten niemals ihre Versorgung über die Entfernung von Tripolis bis zur Grenze der Cyrenaika innerhalb der Zeit aufbauen, in der sie das tatsächlich taten.“ Er schätzte die anfängliche Stärke der Deutschen nicht ganz unrichtig auf „ungefähr eine Kampfgruppe in Brigadestärke“. Nach vernünftigen britischen Maßstäben arbeitete sein Stab die logistischen Faktoren aus, die ein erfolgreicher deutscher Vormarsch und Angriff mit sich brächten. Auf vernünftige britische Weise kam Wavell zu dem Schluß, daß „das noch nicht ging“. Der Leiter seines militärischen Nachrichtendienstes, Brigadier Shearer, versetzte sich klugerweise in die Lage des Feindes. Am 6. März lag auf Wavells Schreibtisch eine „Beurteilung der Lage am 5. März 1941 durch General „X“, den Befehlshaber der deutschen Truppen in Libyen.“ Es handelte sich dabei um eine bemerkenswert einfühlige und imaginative Vorausschau von

Shearer in bezug auf Rommels Verhalten. Er legte General „X" Sätze in den Mund, die sich wie eine Übersetzung lesen. „Als Angriffstruppe setze ich volles Vertrauen in die mir neu unterstellten Truppen. Nach den notwendigen versorgungsmäßigen Vorbereitungen glaube ich, daß das deutsche Panzerkorps, nach ein paar Wochen Ausbildung und Erfahrung in der Wüstenkriegführung und, falls nicht die Briten ihre augenblicklich in Libyen stehenden Streitkräfte beträchtlich verstärken, die Wiederbesetzung der Cyrenaika durchführen kann." Das war die authentische Stimme Rommels.[5]

Wavell hörte nicht auf Shearers Warnung. Am 30. März waren die vordersten Teile des Afrikakorps bereits bis El Agheila vorgedrungen. Das war der Punkt, an dem sich die Küste vom Golf der Syrte nach Norden wendet und die große Ausbuchtung der Cyrenaika beginnt. Am 30. setzte Wavell an den an der Front führenden General Neame folgenden Funkspruch ab: „Ich glaube nicht, daß er wenigstens für einen weiteren Monat noch Großes unternehmen kann." Churchill dagegen war gegenüber der dynamischen Kraft von Rommels Vorstoß auf äußerster Hut und drängte Wavell fast jeden Tag, „den deutschen Vorstoß zu zerschlagen". Dabei benutzte er zur Ermutigung die aus Ultra gewonnenen Erkenntnisse, wie z.B. am 2. April: „Aus dem Ihnen unter ‚streng geheim' zugegangenen Funkspruch werden Sie erkennen, daß eine Staffel Ju 88 auf ihrem Weg nach Tripolis angehalten wurde, weil der Schwerpunkt verlagert wurde. Daher habe ich nicht den Eindruck, daß im Augenblick hinter dem deutschen Angriff auf die Cyrenaika ständiger Druck liegt." Der Druck lag jedoch an der Front: Sein Name hieß Rommel. Innerhalb einer Woche waren die Briten fluchtartig auf dem Rückzug. Der Hafen von Bengasi fiel, die Cyrenaika wurde aufgegeben, und drei höhere Generäle befanden sich in demütigender Gefangenschaft. General „X" hatte Brigadier Shearers Voraussage zur Wirklichkeit gemacht.

Es ist daher nicht ungerechtfertigt, zu behaupten, daß Wavell zwar den Funkspruch erhielt, aber seine Bedeutung nicht erfaßte. Shearer, der fast von Anfang an im Mittleren Osten gewesen war, wußte über Rommels Werdegang wenig oder nichts. Aber es gab genügend Beweise aus den Feldzügen in Polen, Norwegen, Frankreich und auf dem Balkan, die darauf hinwiesen, daß die Grundsätze, nach denen alle deutschen Truppen geführt wurden, auf Angriff, rücksichtsloses Vorgehen, Vorstoß und kühnes Wagen ausgerichtet waren. Außerdem zeigten sie, daß das deutsche Ausbildungssystem, das sich auf das Gefecht der verbundenen Waffen abstützte, einer jeden Einheit und jedem Verband, sogar „von der Größe einer Kampfgruppe in Brigadestärke“, einen Zusammenhalt und eine Schlagkraft gaben, die weit größer waren als diejenigen der nur lose miteinander verbundenen britischen Verbände vergleichbarer Stärke. Während des Eröffnungszuges des Spiels, das auf dem großen afrikanischen Schachbrett gespielt wurde, erkennen wir also, daß Wavell durch Ultra mit den grundlegenden Fakten versorgt wurde, er sie aber falsch interpretierte. Es gibt keinen Beweis dafür, daß er zu irgendeinem Zeitpunkt trotz der Voraussage durch General „X“ Vorsorge im Hinblick darauf traf, daß seine Gegner Deutsche waren und sich nicht in Übereinstimmung mit den Schullösungen von Camberley verhielten, sondern im ungestümen Geist des *Blitzkrieges.* Man brauchte nicht unbedingt viel über Rommel zu wissen. Um den Nachrichten über Ultra ihre rechte Bedeutung beizumessen, brauchte Wavell wie Shearer das erkannte, nur über das militärische Denken der *Wehrmacht* nachzudenken. Ende April meldete er über Funk dem Imperial General Staff: „Ich muß gestehen, daß die Leistung der Deutschen so oft jede Berechnung übersteigt, daß ich nicht sicher bin, ob die Deutschen nicht noch unsere Beurteilung ihrer Fähigkeiten übertreffen.“ Wavell verstand allmählich die Bedeutung.

Aber es war schon zu spät. Denn auf unmittelbarste Weise war Ultra dabei, eine Rolle bei seinem Niedergang zu spielen.

Auch das deutsche Oberkommando hatte Rommels dynamische Kraft unterschätzt. Zu seinem Entsetzen stieß das Afrikakorps mit ungeheurer Schnelligkeit ostwärts vor, schloß Tobruk ein und wandte sich der ägyptischen Grenze zu. Aber Rommels erste ungestümen Versuche, sich einen Weg nach Tobruk hinein zu bahnen, wurden auf entscheidende Weise zum Stehen gebracht. Es war der erste Rückschlag, den ein deutscher Befehlshaber im Mittelmeerraum erlitt. Am 23. April notierte Generaloberst Halder, der Chef des Generalstabs des Heeres, in seinem Tagebuch: „Ich habe das Gefühl, daß alles falsch läuft . . . Rommel ist auf keine Weise seiner Aufgabe gewachsen. Den ganzen Tag über fährt er wie wild zwischen seinen weit verstreuten Verbänden hin und her, setzt Spähtrupps an und vergeudet seine Kräfte.“ Der große schwarze Humor des afrikanischen Feldzugs zeigte sich anschließend. Generalleutnant Paulus, der sich in Stalingrad ergeben sollte, wurde vom Oberkommando zur Inspektion und Beratung bei der Belagerung von Tobruk abgesandt.

Paulus traf am 27. ein und brach drei Tage später persönlich Rommels nächsten Angriff ab, der unter schweren Verlusten zu nichts führte. Nach einer Reise an die Front funkte er seinen Bericht nach Berlin. Da Rommel hoffnungslos unter Mangel an Treibstoff, Munition, Verpflegung und Fahrzeugen litt, die Italiener keine Geleitzüge zur Versorgung über See nach Bengasi sandten, Tripolis weit vom Schlachtfeld entfernt war und das schwache Afrikakorps gefährlich zwischen der Garnison von Tobruk und den weiter im Osten stehenden britischen Truppen zusammengedrückt wurde, sollte man vorsichtig sein und die Lage erst konsolidieren. An Rommel sollten keine weiteren Truppen entsandt werden, bis die Lage sich gebessert hatte.

Diese frohe Botschaft, die für ein ganz von *Barbarossa* besessenes Oberkommando ungeheuer befriedigend war, wurde in Bletchley entziffert. Es ist daher jetzt möglich, die verborgene Bedeutung der Botschaft vom 5. Mai zu verstehen, die Churchill an Wavell gesandt hatte. „Haben Sie mein Telegramm vom 4. dieses Monats gelesen? Nehme an, Sie sind sich über den streng geheimen und zutreffenden Charakter dieser Nachricht im klaren? Der echte Text ist eindrucksvoller und zeigt, daß Feind ‚völlig erschöpft' ... ebenso striktes Verbot für einen Vorstoß über Sollum hinaus ohne vorherige Erlaubnis, ausgenommen davon Aufklärung ..." Praktisch sagt Churchill zu Wavell: „Ultra hat uns das Paulus-Telegramm verschafft. Offensichtlich steht Rommel unter starkem Druck. Was werden Sie nun tun?"

In seinen Memoiren verbirgt Churchill seine Ultra-Information über Paulus amüsanterweise hinter einem nichtssagenden Satz. „Zu jener Zeit hatten wir einen Spion dicht bei Rommels Hauptquartier, der uns genaue Nachrichten über die fürchterlichen Schwierigkeiten von Rommels selbstbewußter, aber gefährlicher Lage gab." Fürwahr genau! Wavell erhielt nicht nur die Zusammenfassung, auf die sich Churchill in seiner Botschaft vom 5. bezog; am 7. und 8. befand sich auch der vollständige Text des Berichtes von Paulus in seinen Händen. Ultra arbeitete perfekt. Aber nun zeigte sich ein Blitz am Himmel; denn es war genau die Woche, in der der „Tiger"-Geleitzug mit über 300 Panzern für den Mittleren Osten sicher durch das Mittelmeer fuhr, was einen persönlichen Sieg Churchills über die Befürchtungen der Admiralität bedeutete. Wir erleben nun, wie der ständig vom Premierminister, – der Rommels Schwäche und nach seiner Meinung die eigene Stärke genau kannte, – getretene und bis zum 15. Juni hereingelegte Wavell als Oberbefehlshaber seine verfrühte Offensive, die Operation *Battleaxe* auslöste. Im voraus hatte er dem Chief of the Imperial General Staff gemeldet: „Ich halte es für richtig, Sie darüber zu informieren, daß das Ausmaß des Erfolges bei dieser Operation nach meiner Meinung zweifelhaft ist." Tatsächlich wurde die Operation *Battleaxe* zu einem weiteren Desaster in der Wüste. Am 21. Juni versetzte Churchill Wavell als Oberbefehlshaber nach Indien.

Diese schmerzliche Episode verrät viel über das Problem, wie Ultra für das Schlachtfeld wirksam werden konnte. An jedem Standard gemessen, war die Entzifferung des Paulus-Berichtes durch Bletchley ein beachtlicher Coup des Intelligence Service, und doch wirkte er sich nicht aus. In diesem Fall lag der Grund nicht in einer falschen Interpretation der gelieferten Unterlagen; denn Wavell konnte genausogut wie Churchill aus dem entzifferten Spruch ablesen, daß sich das Afrikakorps in einer Talsohle befand. Die Antwort darauf liegt in der Theorie vom Fernmeldewesen und in dem, was vor Pearl Harbor geschah. Roberta Wohlstetter analysierte in ihrer klassischen Studie *Pearl Harbor: Warning and Decision* auf glänzende Art, wie die Staatsmänner und Befehlshaber daran gehindert wurden, sich die durch Magic abgefangenen Funksprüche zunutze zu machen. Es lag am Drum und Dran, – Drum und Dran steht hier für alle jene Faktoren der Gewohnheit und der traditionellen Praxis der einzelnen Persönlichkeit, vorhandener fixer Ideen über politische und militärische Ziele usw., die sich ablenkend zwischen die Magic-Feindnachrichtenbearbeiter und deren hohe Empfänger stellten. Sowohl beim Premierminister als auch bei seinem Oberkommandierenden gab es eine ganze Menge Drum und Dran.

Churchill wurde durch seine private Besessenheit mit seinen „Tigerbabies" abgelenkt, wie er die Panzer nannte, deren rechtzeitige Ankunft in Ägypten ihm ganz richtig als ein großer militärischer Schachzug erschien, den er in die Wege geleitet hatte. Aber er konnte es nicht abwarten, daß sie seinen Triumph durch einen augenblicklichen Sieg auch krönten. Ultra hatte ihm Paulus gegeben: Der Weg schien klar vor ihm zu liegen. Wavells scheinbare Zurückhaltung verursachte böse Gefühle – und das „Drum und Dran". Und da gab es auch noch etwas, das älter war und tiefer saß. Seit 1940 hegte Churchill das Gefühl, daß Wavell unfähig war; Griechenland, Kreta und spätere Ereignisse vertieften es noch. Das „Drum und Dran" war aus der Vorstellung heraus entstanden, da wäre ein unfähiger Befehlshaber, den man vorantreiben müßte. So trieb Churchill die Wüstenarmee in die Operation *Battleaxe*.

Wavell wußte seinerseits, daß seine Armee schwach war. Die erfahrenen alten Berufssoldaten aus der Zeit O'Connors waren dahingeschwunden. Die Kampfpanzer des Geleitzuges „Tiger" waren in erbarmungswürdigem Zustand eingetroffen. Einfache mechanische Reparaturarbeiten an den Panzern und sorgsame Ausbildung der Besatzungen waren notwendig, bevor ein Erfolg gegen die deutschen Panzerverbände garantiert werden konnte. Es schien so, als brauchten die Briten länger als die Deutschen, um zu lernen, wie sie in Nordafrika gut zu kämpfen hatten. Diese harten Wahrheiten, die Churchill ignorierte, erzeugten bei Wavell ein „Drum und Dran" an Widerstand, nämlich Widerstand gegen eine verfrühte Offensive. Aber auch seine Urteilskraft war durch Faktoren beeinträchtigt, die in seiner Persönlichkeit lagen. Bei seiner Rückkehr nach England im Herbst 1940 wäre er wegen des Verhaltens des Premierministers ihm gegenüber bei einer Konferenz beinahe zurückgetreten. Eine Reihe von Situationen, in denen er sich gegen die Ansicht Londons gestellt hatte und von Churchill widerlegt worden war, erzeugten in ihm das Gefühl, er werde wie ein römischer Prokonsul behandelt, den ein despotischer Kaiser ständig quälte. Auch das erzeugte das „Drum und Dran".

So wurde Ultras klare Darstellung der gefährlichen Lage, in der sich Rommel befand, nicht kühl und objektiv von den beiden wichtigsten britischen Protagonisten geprüft, und es bestand auch keinerlei Aussicht darauf, daß dies noch geschehen würde. Der glückliche Besitz der Tatsachen auf Grund der Tätigkeit von Bletchley wurde durch Churchills Wunsch, alles über die Grenzen des Möglichen hinaus voranzutreiben, und von Wavells durch Skepsis geprägtes Bewußtsein zunichte gemacht, daß er in militärisch Unsinniges hineingezwungen würde. In dieser Atmosphäre bestand keine Aussicht auf eine vernünftige Einschätzung dessen, was gegen Rommel im Rahmen der realen und sehr begrenzten Möglichkeiten von Wavells Armee auf Grund des von Ultra gelieferten Einblickes unternommen werden konnte. *Battleaxe* ist ein Bilderbuchbeispiel dafür, wie eine Menge anderer Überlegungen ins Spiel kommen konnten, bevor Ultra sich auswirken konnte. In diesem Falle war es furchtbar.

Wie erinnerlich, war *Battleaxe* auch der Grund für die Verzögerung beim Aufstellen der ersten Special Liaison Unit für den Mittleren Osten. Bisher gab es kein durch Gewohnheit begründetes Verbindungssystem von Bletchley nach Kairo und zu den weiter vorn liegenden Hauptquartieren. Aber als „A Detachment, Special Signal Unit" schließlich in Ägypten ankam, entdeckte man, daß die Fahrzeuge mit den technischen Vorräten, die ins Mittelmeer vorausgesandt worden waren, auf Grund der Knappheit an Transportmitteln für *Battleaxe* von anderen übernommen worden waren. Durch intensives Bemühen und durch das, was das Heer „Organisieren" nennt, wurden diese Verluste rasch ausgeglichen, und es entstand eine Basisorganisation. Das Hauptbüro war beim Hauptquartier Mittlerer Osten in Kairo, die Funkstation in Abbassia, und eine Verbindungseinheit ging in die Wüste zur Armee ab.[6]

Zuerst wurden Funksprüche aus Bletchley mit den Sendern in Whaddon Hall direkt nach Kairo gefunkt und dann von Kairo sowohl zur SLU beim Hauptquartier der Royal Navy in Alexandria als auch zu der Einheit beim Armeehauptquartier im Feld weitergegeben. Aber die Empfangsbedingungen in der westlichen Wüste waren notorisch unzuverlässig. Später fand man heraus, daß bessere Ergebnisse erzielt wurden, wenn Whaddon einen einzigen Funkspruch absetzte, den alle diese Stationen unabhängig voneinander empfangen konnten. Jede Station konnte nach dem Rufzeichen beurteilen, ob der Ruf ihr besonders galt. Diese Probleme mit der Funkverbindung auf dem Kriegsschauplatz im Mittelmeer, gleich, ob es sich dabei um die sandige Wüste oder die Berge Italiens handelte, müssen besonders betont werden, denn das ganze Ultra-System hing mit wachsender Perfektion von der raschen Durchgabe unverzerrter Funksprüche ab, – und zwar manchmal über große Entfernungen hinweg. Die Schwierigkeiten beim Absetzen von Funksprüchen aus Kairo an die Front können durch die Tatsache erhellt werden, daß es manchmal besser war, einen Funkspruch aus Abbassia nach Whaddon durch Ausnutzung der Reflektion der Ionisationsschicht der oberen Atmosphäre durchzugeben und ihn dann sofort von England zu der Verbindungseinheit bei der Wüstenarmee zurückzufunken. Auf jeden Fall war das sicherer, als den Spruch durch Funk über ein paar hundert Meilen Wüste an die Front zu senden. Dabei gab es weniger Unterbrechungen, Verzerrungen, Verstümmelungen und Schwund an Sendestärke. Ähnliche Techniken wurden natürlich auch vom „Y"Dienst benutzt. Das wesentliche liegt darin, daß ohne den enormen Beitrag der britischen Fernmeldetruppe Ultra ärmer dagestanden hätte. Die lange und monotone Plackerei der Funker bei den SLUs wurde durch deren völligen Ausschluß von der Schlüsselarbeit nicht gemildert; auch erlöste sie die Tatsache, daß sie nicht die geringste Ahnung von dem hatten, was die Funksprüche, die sie absetzten, wirklich betrafen, nicht aus ihrer Langeweile. Alles, was um sie herum geschah, blieb ihnen ein völliges Geheimnis.

Durch die Frühjahrs- und Frühsommerschlachten geschwächt, konzentrierten sich beide Seiten jetzt darauf, Kräfte für den Winterfeldzug zu sammeln, – dabei war Rommel entschlossen, Tobruk zu nehmen, und Auchinleck, Wavells Nachfolger, gleichermaßen entschlossen, es zu entsetzen. Es herrschte eine Flaute, die immer wieder durch das geräuschvolle „Drum und Dran“ unterbrochen wurde, wenn Churchill versuchte, Auchinleck zu einer frühen Offensive zu zwingen, und der Oberkommandierende, der dickköpfiger als Wavell war, das genauso entschlossen ablehnte. Der relative Friede besaß besonderen Wert, denn er trat zu einer Zeit ein, in der die Entzifferung des Funkverkehrs im Mittelmeer in Bletchley nicht gut vorankam. Als die erste SLU sich beim Hauptquartier der Wüstenarmee einrichtete, hatte man eine Zeitlang tatsächlich Kummer, weil so wenig aus Whaddon Hall eintraf. Das aber war nur eine vorübergehende Phase, die gewiß nicht dazu beitrug, den neuen Oberkommandierenden zu desillusionieren. Wann auch immer Auchinleck selbst nach vorn in das Kampfgebiet fuhr, nahm er jedesmal seine persönliche SLU mit sich, um mit dem „geheimen Feindnachrichtendienst“ in Verbindung zu bleiben.[7] Aber das Verbot, Ultra vor 1974 zu erwähnen, hat frühere Schriftsteller davon abgehalten, zu bemerken, inwiefern Bletchleys Probleme während dieser Periode noch einen Grund mehr dafür abgeben, daß man Churchills negatives Urteil über Auchinleck in Frage stellen muß. Es handelte sich um das Urteil, daß sein „viereinhalbmonatiges“ Zögern beim Angriff gegen den Feind in der Wüste gleichermaßen „ein Fehler und ein Unglück war.“

Die Pläne für den tatsächlichen Angriff auf den Feind sahen eine umfassende Offensive Mitte November durch die nun so getaufte 8. Armee vor. Die Belagerung Tobruks sollte aufgehoben und die Panzerverbände des Afrikakorps vernichtet werden. Zur gleichen Zeit zielte Rommel selbst darauf ab, das Problem Tobruk durch einen direkten und entscheidungssuchenden Angriff zu beseitigen. Von seinen eigenen Vorbereitungen gefangengenommen, weigerte er sich, an die Möglichkeit eines britischen Vorgehens zu glauben, und tatsächlich hat sein seltsames Verhalten vor und beim Beginn der Operation Auchinlecks, die als *Crusader* bekannt ist, viele Spekulationen verursacht.

Seine aggressiven Absichten und seine wachsende Stärke wurden durch das wiedererstarkte Ultra skizziert. Rommels eigener geheimer Fernmeldeverkehr wurde über einen Heeres-Enigma-

Schlüssel durch sein Nachrichtenregiment 10 an den deutschen Militärattaché in Rom gesandt, der zugleich bevollmächtigter deutscher General beim italienischen Commando Supremo war und ging von dort an das OKW in Berlin. Im Funkverkehr mit seinen italienischen „Vorgesetzten" wurden andere Codes gebraucht. Wie ein Offizier seines Stabes, Hans-Otto Behrendt, bemerkte, wurde Enigma im Verkehr „mit Superlibia (das italienische Hauptquartier in Afrika) und dem Commando Supremo (das italienische Oberkommando in Rom) nicht benutzt. Nach meiner Ansicht waren diese Funksprüche für die britische Seite stets eine fruchtbare Quelle der Information!" Zusätzliche Gebiete des Enigma-Verkehrs zum Abhören durch den „Y"-Dienst und für Entzifferungsversuche durch Bletchley waren natürlich die Funksprüche der deutschen Luftwaffenverbände im Mittelmeerraum und die Funksprüche an und von Rommels Versorgungsstützpunkt in Tripolis. Im Laufe des Herbstes flossen die Ultra-Nachrichten aus den verschiedensten Quellen zahlreicher. Tatsächlich konnte man bis zum 17. September Churchill beobachten, wie er Ultra auf seine bevorzugte Weise benutzte, nämlich als Druckmittel gegen seine Befehlshaber, da sie sich auf unwiderlegbare Beweise stützten. An jenem Tage donnerte er Auchinleck an:
„Die Lage hat sich bereits verschlechtert. Der Feind ist weit besser mit Treibstoff versorgt. Das Panzerkorps Afrika heißt jetzt Panzergruppe Afrika. Wenn Sie abwarten, bis Sie eine zusätzliche Brigade bekommen haben, kann es Ihnen passieren, daß Sie gegen eine zusätzliche Division antreten müssen. *Verschiedene Namen bedeutender Plätze tauchen nun allmählich in den besonderen Feindnachrichten auf. Ihre Transportbewegungen und die Bildung von Versorgungslagern im Freien sind vom Feind festgestellt worden . . ."**

Aber Rommel sollte nun etwas anderes bemerken. Vorher, im Oktober und frühen November 1941, waren seine Gedanken und sein Vorgehen als exzentrisch beurteilt worden. Die Italiener warnten ständig, hartnäckig und von höchster Ebene aus vor einer bevorstehenden britischen Offensive. Beweise dafür gab es mehr und mehr, – Photographien von vollbelegten Flugplätzen, der Ausbau der an der Küste entlangführenden Eisenbahn, Versorgungslager, vermehrter Funkverkehr. Am 21. Oktober sagte Rommel, der alle diese Hinweise heftig von sich wies, dem italieni-

* Vom Autor kursiv gesetzt.

schen Chef des Generalstabs, General Gambara, der Sturmangriff auf Tobruk könne „ohne eigenes Risiko am 20. November beginnen". (*Crusader* war für den 18. November angesetzt). Daraufhin flog er nach Rom, traf am nächsten Tag seine Frau und verbrachte die folgenden 14 Tage entweder in ihrer Gesellschaft oder bei Besprechungen. Erst am 16. reiste er aus Rom wieder ab. Schlechtes Wetter hielt ihn eine Nacht lang in Belgrad auf, und eine weitere Nacht mußte er in Athen wegen Maschinenschadens bleiben. Als er wieder auf seinem Gefechtsstand war, trafen bereits Meldungen über die Eröffnung der Operation *Crusader* ein. Er weigerte sich, sie als zutreffend zu akzeptieren. Als Paulus nach Tobruk gesandt wurde, sagte Generaloberst Halder, er wäre wahrscheinlich der einzige, der mit „diesem verrückt gewordenen Soldaten" fertig werden könne. War Rommel wirklich „völlig verrückt geworden?"

Die Sache wegen Rommels „geistiger Gesundheit" nimmt bereits im Juli in Palästina ihren Anfang. Während eines Luftangriffes sprang ein Fallschirmspringer in der Nähe von Ramleh ab; ein Bauer beobachtete, wie er Löcher grub, als wolle er etwas verstekken. Man folgte dem Besucher nach Jerusalem. Bei sich hatte er ein Empfehlungsschreiben an eine jüdische Familie aus Deutschland, von der er behauptete, sie seien seine Verwandten. Er sah wie ein Jude aus und behauptete, seine Blutszugehörigkeit hätte das Leben in der deutschen Luftwaffe für ihn unerträglich gemacht und daher wäre er desertiert. Er wurde nach Kairo gebracht und dort im Befragungszentrum von Maadi in einem sorgfältig verschlossenen Raum gefangengehalten. Die respektvolle Haltung der Gefangenen ihm gegenüber bestätigte bald den Verdacht.

Brigadier Shearer, der den Fall behandelte, befahl zunächst eine Suche auf dem Feld bei Ramleh, wobei ein Kurzwellensender und ein Bündel palästinensisches Geld zum Vorschein kamen. Nun brach der Gefangene zusammen und gestand, er wäre ein Agent, der sich freiwillig dazu gemeldet hätte, die Möglichkeiten der zunehmenden Subversion in Palästina zu untersuchen, – dann hätte er durch Syrien hindurch entkommen wollen. Regelmäßige Funksprüche wurden daher mit seinem Sender gesandt, wobei die Codes, Kennzeichen und Sendezeiten benutzt wurden, die man bei dem Gerät fand. Nach ein paar Tagen antwortete eine Funkstelle in Bari in Italien. Die Bühne für das Maskenspiel war damit vorbereitet. Im ersten Akt versuchten Shearer und sein Kamerad, Brigadier Maunsell, die Glaubwürdigkeit des Agenten zu bekräfti-

gen, indem sie authentische Informationen über Truppenbewegungen und ähnliche Dinge nach Bari funkten, die, wie sie wußten, leicht durch das umfassende Spionagenetz der Achse in Ägypten verifiziert werden konnten. Dann gab Bari zu erkennen, daß sich die Nachrichten als so genau erwiesen hätten, daß sie direkt an Rommel gesandt würden.
Im Hinblick auf das echte Unternehmen *Crusader* nutzten Shearer und Maunsell rasch die Gelegenheit aus und versorgten Bari mit einem falschen Lagebild. Darin wurden die anscheinend offensiven Vorbereitungen in der Wüste als ein Täuschungsmanöver zur Ablenkung von den Marschbewegungen einer starken Kräftegruppe nach Norden zur Unterstützung Rußlands bei der Sicherung der bedrohten und lebenswichtigen Ölfelder hingestellt. Ein besonders arrangierter Besuch Auchinlecks beim Hauptquartier der 9. Armee in Palästina unterstützte diese plausible Vorstellung.

Ultra bestätigte, daß Rommel diese aufsehenerregenden Feindnachrichten erhielt, die genau zu seinen eigenen Absichten paßten. Damit wird ein neues Licht auf eine Bemerkung des damaligen Chefs des Generalstabs beim Afrikakorps, General Bayerlein, in dem Buch *The Rommel Papers* geworfen. Bei der Lagebesprechung am Vorabend von *Crusader* sagte er: „Rommel erwartete nicht, daß die Briten zum Großangriff übergehen würden, bevor sie den Mittleren Osten von der Gefahr einer deutschen Offensive durch den Kaukasus befreit glaubten." Und am Angriffstage von *Crusader* am 18. November befand sich Rommel in Athen! Bei der täglichen Besprechung in Kairo zwischen dem Oberkommandierenden und dem dort residierenden Staatsminister Oliver Lyttelton eröffnete der letztere an diesem Morgen die Besprechung mit den Worten: „Die erste Runde geht an John Shearer", der durch Ultra in der Lage war, zu melden, wo sich der abwesende feindliche Befehlshaber befand.[8]

Crusader ist eine der kompliziertesten Wüstenschlachten. Während der sich etwa sechs Wochen hinziehenden Kämpfe wechselte die Lage täglich und oft stündlich. Die meisten der hervorstechenden Ereignisse – der verzweifelte Kampf um den Flugplatz von Sidi Rezegh, Rommels berühmter Vorstoß zum Drahtzaun an der ägyptischen Grenze, General Crüwells bemerkenswerter Sturmangriff am Sonntag, dem 23. November, dem Totensonntag – waren das Ergebnis von „Sattelbefehlen", die sofort durchgeführt wurden. Bei einer solchen Schlacht konnte Ultra nichts Wesentliches beitragen.* Das Abhören und Entziffern der nächtlichen Lageberichte, Stärkemeldungen, Anforderungen von Treibstoff und Panzern und anderer Routinefunkmeldungen zwischen Rommel und Deutschland mögen vielleicht am Rande von Wert gewesen sein, aber in Kämpfen auf taktischer Ebene erhielten die britischen Befehlshaber wertvollere Feindnachrichten durch das Abhören deutscher Funksprüche auf dem Schlachtfeld, durch Peilen, Befragen von Kriegsgefangenen und ähnliche konventionelle Mittel. Churchill jedoch muß von der Vorstellung lebhaft geplagt worden sein, daß Ultramaterial inmitten brennender Panzer und eingebrochener Deutscher gefährdet war. Denn am 25. November, zu einer Zeit, in der sich das Schicksal der Schlacht gegen die Briten zu wenden schien, funkte er an Auchinleck: „Bitte verbrennen Sie das ganze Spezialzeug und die Telegramme an der Front." Tatsächlich hätte sich kein Ultra-Material weiter vorn als beim Armeehauptquartier befinden dürfen, und die SLU war auf die rasche Vernichtung ihrer Papiere gut vorbereitet.

Am 19. Dezember kam Ultra beim Unternehmen *Crusader* auf höchst überraschende und, wie sich zeigen sollte, unglückliche Weise ins Spiel. Mit der italienischen Konvoi-Operation M 41 sollten vom 13.–15. Dezember 8 Transporter in drei Konvois mit einer Sicherung von 7 Zerstörern und 2 Torpedobooten nach Bengasi gebracht werden. Als Deckungsgruppen waren die fahrbereiten Einheiten der italienischen Flotte – vier Schlachtschiffe, fünf Kreuzer und 18 Zerstörer – in See gegangen. Jedoch wurden zwei der italienischen Transportschiffe schon aus einem Zubringer-Konvoi von dem britischen U-Boot *Upright* versenkt, das mit zwei anderen Booten auf Grund von Funkaufklärungsergebnissen an der richtigen Stelle stand. Da jedoch die Stärke der italienischen Deckungskräfte zunächst nicht erkannt war, liefen von Alexandria nur drei Kreuzer mit Zerstörersicherung aus, um die in Malta stationierte Force K mit drei Kreuzern und Zerstörern zu verstärken und den Konvoi anzugreifen. Als es am Abend des 14. Dezember dem britischen U-Boot *Urge* gelang, das italienische Schlachtschiff *Vittorio Veneto* zu torpedieren, brachen die Italiener die Operation ab und ließen die Konvois zurückkehren,

* Gewiß erhielt Auchinleck während der Schlacht eine Folge von Ultra-Funksprüchen. Sie spiegelten in der Hauptsache Rommels Sorgen über die Treibstoffversorgung und die Luftunterstützung wider und trugen vermutlich dazu bei, daß Auchinleck sein Vertrauen in den Endsieg behielt. Doch bekam er keine unmittelbar nutzbaren taktischen Feindnachrichten aus den „besonderen Funksprüchen".

wobei zwei Transportschiffe kollidierten. Aus dem zurückkehrenden britischen Kreuzerverband schoß das deutsche U-Boot *U 557* vor Alexandria den Kreuzer *Galatea* heraus. Die kritische Lage in Nordafrika zwang die italienische Führung, die Operation als Konvoi M 42 drei Tage später zu wiederholen. Am Nachmittag des 16. Dezember liefen die restlichen vier Transportschiffe, gesichert von 7 Zerstörern und einem Torpedoboot von Tarent aus, während die italienische Flotte mit vier Schlachtschiffen, fünf Kreuzern und 13 Zerstörern zwei Deckungsgruppen bildete. Am Abend des 15. war ein britischer Kreuzer-Zerstörerverband mit einem schnellen Transporter von Alexandrien nach Malta ausgelaufen und wurde am nächsten Tage von der von Malta kommenden Force K aufgenommen. Die britischen Kreuzer gerieten in Gefechtsberührung mit den italienischen Deckungskräften, und es kam zur sogenannten ersten Seeschlacht in der Syrte, die allerdings ohne Entscheidung endete, weil beide Seiten bemüht waren, ihre jeweiligen Konvois gegen das Herankommen gegnerischer Kräfte zu decken. Während das britische Transportschiff Malta erreichte und die von Alexandrien kommenden Kreuzer dorthin zurückkehrten, setzte der italienische Konvoi seinen Marsch nach Tripolis fort. Die britische Funkaufklärung erkannte, daß drei Transportschiffe mit Sicherung nach Tripolis liefen, während der deutsche Transporter *Ankara* nach Bengasi entlassen wurde. Von Malta lief die Force K mit drei Kreuzern und vier Zerstörern erneut aus, um den nach Tripolis gehenden Konvoi abzufangen. Dabei geriet der britische Verband in eine im Juni 1941 ausgelegte italienische Minensperre und verlor einen Kreuzer und einen Zerstörer, während die beiden anderen Kreuzer schwer beschädigt wurden. Die italienischen Schiffe erreichten, wenn auch teilweise durch Luftangriffe oder Kollisionen beschädigt, Tripolis. Obgleich die britische Intelligence als Ziel der *Ankara* Bengasi erkannt hatte, wandte man diesem Schiff keine so große Beachtung zu, da man aufgrund der vorliegenden Erkenntnisse es für unmöglich hielt, daß die *Ankara* nach Bengasi einlaufen und dort ihre Ladung an der Pier löschen könnte. Tatsächlich aber kam das Schiff in den Hafen und konnte in großer Eile seine Ladung von 22 Panzern ausladen, denn die 8. Armee kam bereits näher. Innerhalb von wenigen Tagen waren sie bei den Frontverbänden der 15. Panzerdivision des Afrikakorps. Die *Ankara* war offensichtlich ein bei ihren Überfahrten gesegnetes Schiff. Für die deutsche Levante-Linie in Hamburg gebaut, schnell und gut ausgerüstet und mit Laderäumen, die für den Transport von Panzern besonders geeignet waren, führte die *Ankara* ein magisches Leben, wobei ihr Name ständig in Ultra-Funksprüchen auftauchte, wenn sie vor und zurück über das Mittelmeer fuhr. „Wegen seines Glückes schwoll dem Kapitän die Brust, und er pflegte die Dockarbeiter in Neapel und Tripolis in diesem Sinne auch anzusprechen." Soweit Sir David Hunt, der als Feindnachrichtenoffizier von diesem Phantom genauso verfolgt wurde wie seine Kollegen und jeder in der Marine und der britischen Luftwaffe, der die Aufgabe hatte, Rommels Versorgungslinien abzuschneiden.[9] Ständig gejagt, überlebte die *Ankara* dennoch bis zum Ende des Jahres 1942, als sie trotz ihres großen Glückes schließlich auf eine Mine lief, die das britische U-Boot *Rorqual* gelegt hatte.

Fast unmittelbar darauf machte sich die Wirkung der Entladung der *Ankara* in Bengasi bei der 8. Armee fühlbar. Es gelang ihr, Rommel vom Hafen und aus der Cyrenaika zu vertreiben, aber ihre Truppen waren erschöpft und die Treibstoffvorräte gering. Nur noch eine schwache Spitze konnte weiter vorwärtsgetrieben werden, deren Kern die 22. britische Panzerbrigade bildete. Doch am 27. Dezember stieß das Afrikakorps mit 60 Panzern energisch und unerwartet in die 22. Panzerbrigade und vernichtete 37 britische Panzer bei nur 7 eigenen Verlusten. Drei Tage später wiederholte sich dieser Erfolg, wobei das Afrikakorps nur 7 weitere Panzer verlor, die Briten aber 23. Nun wurde die 22. Panzerbrigade, die fast nur noch über leichte Panzer verfügte, zur Auffrischung herausgezogen. Jedes Unheil ist relativ. Die schmähliche Niederlage, die einem klaren Sieg in den schweren Kämpfen des Unternehmens *Crusader* folgte, hatte eine besondere Auswirkung und Schärfe zur Folge, da das britische Oberkommando keine Ahnung davon hatte, daß der geschlagene Rommel so viele gefechtsbereite Panzer zusammenziehen konnte. Die Gabe dieser 22 Panzer aus den Laderäumen der *Ankara* an das Afrikakorps hatte die Voraussetzung für einen überraschenden Schlag geschaffen.

Der Grund dafür lag im Versäumnis, Ultra auszunutzen. Tatsächlich hatten Funksprüche aus Bletchley Shearer bereits vor der Annäherung des Konvois M 42 gewarnt. Er wußte von dem Ausladen der Panzer in Tripolis, und er war sich auch bewußt, daß die *Ankara* nach Bengasi ausgewichen war. Aber in Bengasi gab es nur wenige Auslademöglichkeiten, da der Hafen sehr oft mit Bomben angegriffen wurde. Die Berater Shearers aus der Royal Navy versicherten ihm, daß in der Vergangenheit angelegte Sperren die *Ankara* daran hindern würden, an einem Kai anzulegen, an dem Kampfpanzer ausgeladen werden konnten. Es gab dort keine geeigneten Prähme mit Kränen, um die Panzer auf der Reede ausladen zu können. Nach dieser zutreffenden technischen Beratung rechnete Shearer damit, daß die *Ankara* nicht ausladen konnte. Natürlich schlug er daher die Ultra-Warnung in den Wind, setzte die Panzerstärke des Afrikakorps zu niedrig an, und die Folge war, daß die 22. Panzerbrigade überraschend zerschlagen wurde. Aber die Beratung war falsch gewesen. Ein Meeresstrom, der sich in den gesperrten Kanal bei Bengasi ergoß, hatte genügend Raum für die *Ankara* geschaffen, so daß sie das Kai erreichen konnte und ihre Panzer an Land brachte. Es war ein Kunststück, das für ein so unbezähmbares Schiff charakteristisch war.[10]

Die ganze Angelegenheit mag an sich geringfügig anmuten, schließlich handelte es sich ja nur um 22 deutsche Panzer. Aber in der Wüste drehte sich alles um die örtliche Überlegenheit an Panzern. Alles übrige war zweitrangig. Und fast augenblicklich, wie es schon oftmals erzählt worden ist, setzte Rommel seinen unwiderstehlichen Gegenangriff an. Er faßte den Entschluß plötzlich und geheim, – so geheim, daß er ihn sogar vor seinen Herren und Meistern in Rom und Berlin geheimhielt und keine Funksprüche durchgab, durch die Ultra hätte gewarnt werden können. Das Ganze zeitigte ein explosives Ergebnis. Am 29. Januar eroberte er Bengasi zurück, bis Anfang Februar war die 8. Armee aus der Cyrenaika vertrieben und auf die Gazala-Linie hart westlich Tobruk zurückgefallen. Wie wertvoll wären in dieser hektischen Schlacht die 60 Panzer der 22. Panzerbrigade gewesen, die infolge der *Ankara* überrascht und vernichtet worden waren!

Die Wirkungen dieser plötzlichen und unerklärlichen Rückschläge erfaßten auch London. In dem Durcheinander der Kämpfe sehen wir Churchill am 28. Januar, wie er seine Ultra-Kenntnisse benutzte, um Auchinleck anzuspornen. „Zweifellos haben Sie das streng geheime Zeug über Rommels vermutliche Absichten gesehen ... Das scheint die Bedeutung für unser Durchhalten zu erhöhen. Ich bin sehr begierig, mehr von Ihnen über die Niederlage unserer Panzerverbände durch zahlenmäßig unterlegenen Feind zu hören. Die Sache sitzt sehr tief.“ Die Wunde wollte auch nicht heilen. Auch den CJGS, General Alan Brooke, schmerzte die Wunde tief. Die Angelegenheit wurde zu einem wichtigen Beweisstück in dem Fall, der gegen Brigadier Shearer auf Grund der Tatsache aufgebaut wurde, daß er überoptimistisch in seiner Feindbeurteilung gewesen war. Infolgedessen wurde Shearer Ende Februar (nachdem ihn Auchinleck offen verteidigt hatte) abgelöst und durch den damaligen Colonel Francis

de Guingand ersetzt, dessen berühmte, aber völlig ungeahnte Rolle als Montgomerys Generalstabschef von Alamein bis nach Deutschland nun in ein paar Monaten beginnen sollte.
Aber aus dem Fehler, der bei der *Ankara* begangen wurde, ergab sich ein praktischer Nutzen. Die Episode verursachte viele Nöte in Kairo. Einer von denjenigen, die seine Auswirkungen besonders studierten, war Enoch Powell, dessen Laufbahn bis dahin schon bemerkenswert gewesen war. Im Jahre 1937 hatte er im Alter von 25 Jahren seine Stelle als Fellow am Trinity College in Cambridge aufgegeben und war Professor für Griechisch an der Universität von Sydney geworden. Bei Kriegsausbruch fuhr er mit dem ersten Schiff aus Australien ab und meldete sich bei seiner Rückkehr nicht ohne Schwierigkeiten als einfacher Soldat beim Royal Warwickshire Regiment. Im Nachrichtendienst wurde er Offizier und gehörte dem Stab einer Panzerdivision an. Dann wurde er im Herbst 1941 in den Mittleren Osten versetzt, und zwar zu der Abteilung, die sich mit den Versorgungsfragen für Rommel beschäftigte. Er wußte von Ultra, war bis dahin aber noch nicht tief in die Angelegenheit verwickelt. Mit seinem scharfen, logischen Verstand, der notwendig war, um konventionelle Praktiken zu durchdringen, erkannte Powell, daß die Lektion, die den Engländern durch die *Ankara* erteilt worden war, unmittelbar ausgewertet werden mußte. Das Studium von Rommels Versorgungswegen mußte auf eine höhere und verfeinerte Ebene erhoben werden. Dabei waren alle Nachrichtenquellen, besonders die von Ultra, peinlich genau und ständig zu beachten. Powells Befürwortung der Angelegenheit ging Hand in Hand mit der allgemeinen Sorge. Deshalb wurde ein neues Komitee beim Hauptquartier Mittlerer Osten gegründet, das unter Group Captain Long aus zwei Marineoffizieren, einem in einen Flight Lieutenant verwandelten glänzenden jungen Architekten, Piers Hubbard, und Major Enoch Powell selbst bestand.[11]
Diese kleine Einheit, die aus allen drei Teilstreitkräften zusammengesetzt war, traf sich täglich und sehr früh am Morgen, um die hereinkommenden Feindnachrichten, besonders von Ultra, zu analysieren und dabei beratend zu wirken. Sie konnten so den Zulauf an Versorgungsgütern zur See und auf dem Luftweg über das Mittelmeer hinweg an Rommel überwachen. Bei ihrer Arbeit gab es zwei Aspekte. Der erste bestand in der ständigen und genauen Beurteilung der Zahl von Männern und der Menge des Materials, die tatsächlich die Überfahrt überlebten und die Front erreichten. Der zweite befaßte sich mit der Vorausschau auf die Ge-

leitzüge. Dabei mußte im voraus erkannt werden, aus welchen Häfen sie ausliefen, welche Ladung sie transportierten und wie stark ihr Geleitschutz war, – eine Übung, die in ihrer weiteren Entwicklung so verfeinert wurde, daß sie nicht nur den Namen und den früheren Werdegang eines besonderen Schiffes in einem Geleitzug zu kennen pflegten, sondern auch seine jeweilige Ladung.* Diese Analyse, die unermüdlich Tag um Tag, gestützt auf die von Ultra ermittelten Wahrheiten durchgeführt wurde, war für die Armee unschätzbar wertvoll. Sie hielt sie in bezug auf Rommels Versorgungslage auf dem laufenden, vor allem in bezug auf seine Betriebsstoffvorräte, den Lebensnerv im Wüstenkrieg. Für die britische Marine und die britische Luftwaffe besaßen gezielte Informationen über diese Güter besonderen Wert. Im Jahre 1942 besaßen die Briten im Mittelmeer niemals genug Schiffe, U-Boote oder Flugzeuge für Angriffe auf die Geleitzüge der Achse. Wenn man einen kleinen Angriff an der richtigen Stelle ansetzen und dabei genau das Schiff, auf das es im Konvoi ankam, bezeichnen konnte, bedeutete dies, daß begrenzte Kräfte wirksam und sparsam eingesetzt werden konnten, so wie etwa das Radar es dem Fighter Command erlaubte, seine Kräfte in der Schlacht um England einzusetzen.

Die Analogie mit der Schlacht um England ist nicht falsch. Während der ersten Monate des Jahres 1942 waren die britischen Hilfsquellen im Mittelmeer zu einer Zeit am äußersten angestrengt, in der Hitler den Seewegen größere Aufmerksamkeit widmete. Im Dezember hatte er ein ganzes Fliegerkorps aus Rußland in diesen Raum verlegt und 18 U-Boote in das Mittelmeer umgeleitet; weitere sollten noch folgen. Zwischen dem Monat Oktober und dem Ende des Jahres 1941 verloren die Briten den Flugzeugträger *Ark Royal,* den Kreuzer *Galatea* und das Schlachtschiff *Barham,* während zwei weitere Schlachtschiffe, die *Valiant* und die *Queen Elizabeth,* die im Hafen von Alexandria durch italienische 2-Manntorpedos außer Gefecht gesetzt wurden. Der entscheidende Schlag erfolgte am 18. Dezember, als die einzige zur Verfügung stehende echte Kampfgruppe, Force K, vor Tripolis in ein Minenfeld lief und durch Verluste und Beschädigungen außer Gefecht gesetzt wurde. Lediglich ein paar Kreuzer, Zerstörer und U-Boote blieben zur Verfolgung der Geleitzüge übrig. Da Malta unter konzentrierten Luftangriffen lag, Rommel die wertvollsten

* Wegen des Beitrags der italienischen Abteilung in Bletchley zu dieser Übung siehe Kapitel 4.

Flugplätze an der Küste in Besitz hatte und die eigenen Jagdbomberkräfte nur aus einer erbärmlichen Handvoll von Flugzeugen bestanden, waren die Aussichten zum Abschneiden der Versorgungslinie der Achse trübe. Der ausgeklügelte Gebrauch von Ultra und anderen Feindnachrichten war daher mehr als geboten. Es war weit sparsamer, ein kostbares U-Boot oder einen Bomber mehr oder weniger genau an sein Ziel heranzuführen, als Schiffe und Männer in zeitaufwendigen Suchoperationen und Patrouillenfahrten zu vergeuden. In Anbetracht all der Beschränkungen und Schwierigkeiten war die Leistung der Briten in der ersten Hälfte des Jahres 1942 beträchtlich. In der zweiten Hälfte, als sich die Verhältnisse verbesserten und Ultra in klassischer Weise reibungslos funktionierte, kann sie sogar für beachtlich angesehen werden, wie die Zahlen in der offiziellen Geschichte *The War at Sea* sofort zeigen werden.

Vom Januar bis zum Juli 1942 verloren die Italiener 80 Schiffe mit insgesamt etwa 163 000 Tonnen (einschließlich von ein paar Verlusten außerhalb des Mittelmeers). Im Mittelmeer allein betrugen die deutschen Verluste 10 Schiffe von etwa 28 000 Tonnen. In der Zeit vom August bis Dezember stiegen die Versenkungszahlen sprungartig an: Bei den Italienern 150 Schiffe mit 276 000 Tonnen, bei den Deutschen 24 Schiffe mit über 44 000 Tonnen. Diese Versenkungszahlen wurden nicht allein durch Zufall oder Mut erreicht. Der U-Boot-Kommandant, der, zu einer bestimmten Stelle zu einer genauen Zeit befohlen, sein Sehrohr ausfuhr und seine Beute in Sichtweite sah, die Piloten, die anscheinend auf die Meldung eines Aufklärungsflugzeuges hin zu einem erfolgreichen Angriff ansetzten (der Aufklärer war nur deshalb ausgesandt worden, weil man über die Tatsache hinwegtäuschen wollte, daß das Ziel bereits erkannt worden war, was aber wiederum die Piloten nicht wußten), – jene Männer, deren Erfahrungen sich oftmals wiederholten, stellen das lohnende Endprodukt eines Prozesses dar, der in Bletchley begann und durch die intensiven Studien des Group Captain Long und seines Komitees energisch vorangetrieben worden war.

Vor der nächsten größeren Konfrontation zwischen der 8. Armee und Rommel, die an der Gazala-Linie gegen Ende Mai stattfand, gab es ein beträchtliches „Drum und Dran“ auf beiden Seiten bei dem Austausch von Meldungen und Befehlen zwischen den Befehlshabern an der Front und ihren Herren und Meistern zu Hause. Als der Ferne Osten verlorenging und die Furcht herrschte, Amerika könne sich auf den Pazifischen Ozean konzentrieren, brauchte Churchill verzweifelt einen Sieg in Afrika, um die öffentliche Meinung zu beruhigen und auch um Roosevelt zu beweisen, daß man im Mittleren Osten immer noch weitermachen konnte und dafür amerikanische Unterstützung angemessen war. Die Unterlagen zeigen, daß er jede Waffe gebrauchte, um Auchinleck zu einer frühzeitigen Offensive zu zwingen, – Beschwätzen, Schmeicheln, Ermahnen, aber vor allem herrische und manchmal die Grenzen des Erlaubten überschreitende Rhetorik (die, wenn möglich, durch diskrete Verbesserungen Ismays und der Chiefs of Staff gemildert wurde). Ein bevorzugter Trick, den Churchill jetzt gern benutzte, bestand darin, daß er als Knüppel eine klug ausgewählte Meldung aus den Ultra-Feindnachrichten benutzte. Hier, so implizierte er, war ein Argument, dem ein Oberkommandierender nichts entgegenzusetzen hatte. „In Ihren Lagebeurteilungen", funkte er an Auchinleck am 5. März, „halten Sie es bis zum 1. März für möglich, daß der Feind in Libyen 475 mittlere Kampfpanzer und bis zum April 1630 haben könnte. *Wir wissen nun, . . .** daß am 11. die Panzerarmee Afrika 159 gefechtsbereite Panzer und die Italiener 87, also insgesamt 246, vorne eingesetzt hatten oder kaum die Hälfte der Zahl, die Sie ihnen bis zum 1. März zuschrieben." Die Sicherheit, mit der Churchill diese Angaben machte, basierte auf Ultra.

Aber genaue Zahlen für Panzerstärken waren bekanntlich schwer festzusetzen. Ihre Zahl bei den vorn eingesetzten Verbänden, die Zahl der in den Werkstätten der Regimenter in Reparatur befindlichen oder auch derjenigen, die sich in dieser Kette noch weiter hinten befanden, und die Zahlen der aus Übersee erwarteten Verstärkungen kann auf viele Weise manipuliert werden, um ein betrügerisches Ergebnis zu erzielen. In dieser Angelegenheit nahmen Rommel wie Patton eine liberale und von keinen Skrupeln geplagte Haltung gegenüber der Wahrheit ein. Rommels Lageberichte an das OKW enthielten ohne jeden Sinn für Zartgefühl das pessimistischste Bild in bezug auf seine Panzerstärken und Betriebsstofflagen, um die lauten Klagen und Forderungen zu unterstützen, die er ständig nach Deutschland funkte und deren Lautstärke tatsächlich so groß war, daß einige von denen, die seine Funksprüche in *Hut 3* in Bletchley lasen, von ihrer Unaufrichtigkeit überzeugt waren. Die Beurteilung der 8. Armee Anfang März pflegte sich auf deren eigene behutsame Beurteilungen aus vielen Quellen, Lichtbildaufklärung, ständiges Abhören des Funkver-

* Vom Autor hervorgehoben.

kehrs der deutschen Panzerarmee in einfacheren Codes auf niedriger Ebene, Gefangenenbefragung usw., zu stützen. Es geht darum, daß das „Drum und Dran“ in der Debatte zwischen Churchill und Auchinleck über die relativen Panzerstärken, die bei Ultra immer inhärente Gefahr erhellt, daß man den entzifferten Funkspruch seinem Inhalt nach so hinnahm, wie er zu lauten schien, ohne skeptisch seine Hintergründe zu untersuchen. Ein anderes gutes Beispiel pflegten die Funksprüche Görings im Hinblick auf die deutsche Luftwaffe zu sein, wie sie durch Ultra durchkamen. Der Reichsmarschall hatte die Neigung, alles eher überzubetonen und zu übertreiben, als es herabzuspielen.

Aber im Gegensatz zu Auchinleck hatte Rommel nicht den Wunsch, die Möglichkeit für eine Offensive herunterzuspielen. Er wollte Tobruk und in Wahrheit natürlich Kairo und den Kanal. Die Italiener, die seine Versorgung auf gefährlichen Gewässern sicherzustellen hatten, waren nicht einmal über seine gegenwärtige Stellung im Osten glücklich und wünschten noch weniger ein weiteres Vorgehen. „Rom tritt auf die Bremse“, sagte Rommel im Februar. Aber Anfang Mai kamen Hitler und Mussolini in Berchtesgaden überein, daß Rommel in Gazala angreifen und Tobruk erobern sollte. Darauf sollte die gemeinsame italienisch-deutsche Invasion Maltas, die Operation *Herkules,* folgen, wodurch die Wucht der britischen Angriffe auf die Geleitzugrouten beträchtlich gemildert würde. Bis Malta gefallen war, sollte Rommel bei Tobruk stehenbleiben und nicht weiter vorgehen. Er nahm das hin und begann mit hektischen Vorbereitungen für sein Unternehmen *Venezia,* das für den 26. Mai angesetzt wurde.

Zu diesen Vorbereitungen gehörte ein Unternehmen, die Operation *Condor*, die für die Deutschen so uncharakteristisch war, daß es nicht überrascht, daß sie von einem Ungarn geführt wurde. Ganz allgemein fehlten den Deutschen in Afrika die Kenntnis, die Fähigkeit und vielleicht auch die Originalität, um das weite Hinterland der Wüste auszunutzen. Rommels Operationen hielten sich stets dicht an der Küste, und die Panzerarmee stellte niemals eine Kräftegruppe auf, die der britischen Long Range Desert Group ähnlich war. Aber im Mai 1942 entstand eine neue Notwendigkeit. Rommel war sehr befriedigt über die Feindnachrichten, die ihm die Italiener nach dem Knacken des Codes des amerikanischen Attachés in Kairo, Colonel Fellers, zukommen ließen. Dieser benutzte den Code für seine peinlich genauen Berichte über die britischen Pläne und Fähigkeiten.[12] „Die kleinen Kerle“, nannte Rommel sie. Aber die Deutschen wollten ihre eigenen

Leute in Kairo in einem sicheren Haus und mit eigenen Sendern haben. Das hielten sie für eine Versicherung gegen das Versiegen der Quelle Fellers, und daher wollten sie eine Nachrichtenquelle unter eigener Kontrolle und ein Mittel zum Herstellen von Kontakten mit revolutionären antibritischen Elementen in Ägypten, – Männern der Zukunft wie Nasser und Sadat. Die Aufgabe wurde in die Hände der Abwehr gelegt. Zwei Mann aus der Berliner Zentrale, die Afrikaerfahrung besaßen, mit Namen Eppler und Sandstede, wurden mit einer Abteilung des Sonderregiments Brandenburg ausgesandt, das dem Chef der deutschen Abwehr, Admiral Canaris, für die Ausführung der Kommandounternehmen direkt verantwortlich war. Aufgabe der Brandenburger war es, die beiden Agenten sicher aus dem rückwärtigen Gebiet Rommels nach Kairo zu bringen – Operation *Salaam* –, so daß das Spionenspiel der Operation *Condor* beginnen konnte.

Ein erfahrener Mann war notwendig, um diese Expedition über die etwa 2700 km lange Strecke von der Küste der Cyrenaika tief in das Hinterland der Sandwüsten und dann nach Norden, nach Assiut am Nil, zu bringen, von wo aus die Agenten Kairo allein erreichen sollten, während ihre Bedeckung zurückkehrte. Der dafür auserwählte Führer war ein Ungar, Graf Almaszy, der sich vor dem Krieg große praktische Kenntnisse über das Leben und das Verhalten in der Wüste erworben hatte. Obgleich jedoch Almaszy die Operation *Salaam* durchführte und Eppler und Sandstede an die Ufer des Nils brachte, ging die Sache für die Deutschen unglücklich aus. Die Briten waren wachsam. Nachdem die beiden Agenten Kairo erreicht hatten, führten sie ein seltsam prächtiges und unsicheres Dasein auf einem Hausboot auf dem Nil, während sie mit Sadat und seinen Gesinnungsgenossen Kontakt aufnahmen und als Anziehungspunkt zum Sammeln ihrer Feindnachrichten die populäre Bauchtänzerin Hekmat Fahmi benutzten. Doch alles war amateurhaft geplant und schlug fehl; im September wurden sie festgenommen.

Abgesehen von der charakteristisch schlechten Ausbildung der Abwehragenten war die Operation *Condor* von Anfang an zum Scheitern verurteilt. Die Briten waren alarmiert worden, weil Almaszys Name immer wieder in Ultra-Nachrichten auftauchte. In Bletchley wurde Jean Alington in *Hut 3* neugierig, weil die entzifferten Feindnachrichten sich immer wieder auf diese exotische Gestalt bezogen, und begann privat nachzuforschen, wer sich dahinter verbarg. In Kairo schöpfte auch Bill Williams, der damals im Intelligence Service des Mittleren Ostens unter dessen Leiter

de Guingand arbeitete, durch das Auftauchen von Almaszy in den Funksprüchen Verdacht und bat einen seiner Mitarbeiter, Stuart Hood (jetzt Professor am Royal College of Art in London), etwas mehr über ihn herauszufinden. Was hatte dieses *Sonderkommando Almaszy* in den Tiefen der Wüste zu schaffen? Hood fand Leute, die Almaszy vor dem Krieg in Ägypten kennengelernt hatten. In der Bibliothek der Universität von Kairo entdeckte er tatsächlich ein Buch des Ungarn, das zeigte, wie dieser von Herodot gelernt hatte, daß die Ägypter vor 2000 Jahren in der Lage gewesen waren, große Entfernungen dadurch quer durch die vegetationslose Sandwüste zu überwinden, daß sie an Stellen mit regelmäßigem Abstand viele Töpfe voll Wasser, die sie aus Griechenland importiert hatten, einstapelten. Almaszys *Kommando* spielte nun ein ähnliches Spiel, – wobei allerdings Spione statt Wasser abgesetzt wurden.[13]
Allerdings wurden sie dabei überwacht, denn „wir folgten ihnen auf dem ganzen Weg",[14] wie sich Colonel MacFarlan von der SLU beim Hauptquartier Mittlerer Osten erinnert. Wenn das *Sonderkommando* wichtige Geländeabschnitte auf seinem 2700 km langen Marsch durch die Wüste erreicht hatte, meldete es das über Funk an Rommels Hauptquartier, wo besondere Funker der Abwehr die Meldungen entschlüsselten. Für den „Y"-Dienst war es recht einfach, seinen Standort durch Funkpeilung festzustellen, und die Entzifferer entzifferten dann die Funksprüche. Als diese Abteilung von Rommels Stab in der Eröffnungsphase der Schlacht von Gazala gefangengenommen wurde, gewann man darüber hinaus wertvolle Unterlagen über *Salaam* und *Condor*. Das naive Verhalten der Agenten nach ihrem Eintreffen in Kairo war alles, was noch notwendig war, um die Akte abzuschließen. Die Geschichte ist ein ausgezeichnetes Beispiel dafür, wie in dieser geheimen Welt des Mantel- und Degen-Schauspiels viele Faktoren eine Rolle spielen konnten, bei denen dann Ultra manchmal entscheidend sein konnte oder, wie im Falle Almaszy, einen Beitrag leistete.*
Die Erbeutung der *Condor*-Unterlagen während der ersten Tage der Operation *Venezia* – d.h. des Vorstoßes der Achse nach Tobruk, der am 26. Mai 1942 begann – war nur ein kleiner Teil bei

* Zu dieser Zeit errichteten die Deutschen eine Beobachtungsstelle südlich Alamein in der Wüste der Qattara-Senke. Ihre täglichen Meldungen, die sie mit ungeheurer Regelmäßigkeit machten, wurden abgehört und in Bletchley entziffert. Natürlich hatten sie den gleichen Inhalt: „Nichts zu melden". Aber eines Tages lautete der Inhalt anders: „Ein paar Araber und ein Kamel".

einer Sache, die zu einem größeren Unheil für Rommel hätte werden können. Daß er sich wieder fing, die Briten ausmanövrierte und schlug, Tobruk nahm, Feldmarschall wurde, Malta links liegenließ und weiter nach Ägypten vorstieß, ist alles mit peinlicher Genauigkeit in vielen Büchern untersucht worden. Da aber Schlachten einen zentralen Zweck besitzen – in Kreta war es die Wegnahme der Flugplätze, wie wir gesehen haben – muß jetzt der der Schlacht von Gazala definiert und in Beziehung zu Ultra gesetzt werden.
Die Front verlief ungefähr 65 km genau nach Süden, von Gazala an der Küstenstraße zum Endpunkt von Bir Hacheim, wo die Freien Franzosen das gleiche tun sollten wie Roland bei Roncesvalles. Es lag ungefähr in gleicher Entfernung westlich von Tobruk. Rommels Möglichkeiten bestanden, wie sowohl er als auch Auchinleck wußten, entweder im Durchbruch durch die Mitte der Front oder im Überflügeln der Südflanke, – oder in beidem. Die Schwierigkeit bestand darin, daß, obgleich Ultra in hervorragender Weise und mit genügender Genauigkeit im Hinblick auf das Datum Rommels Angriffsabsichten vorausmeldete, Auchinleck keinen ganz sicheren Beweis dafür besaß, welche tatsächliche Möglichkeit sein Gegner wählen würde. Sir David Hunt, der Leiter des Feindnachrichtendienstes beim britischen XIII. Korps sagte, „ein Unteroffizier vom Stab einer der deutschen Panzerdivisionen wäre in der südlichen Wüste gefangengenommen worden und hätte sich sehr bereitwillig gezeigt, den Plan in großen Umrissen darzustellen und eine Liste der daran teilnehmenden Truppen aufzustellen“.[15] Hunt war tatsächlich bei der Befragung anwesend. Die ölige Bereitschaft des Gefangenen zum Sprechen wurde zunächst dahingehend interpretiert, daß er mit Absicht zu den Briten geschickt worden war, um irreführende Informationen zu geben. Auf jeden Fall ist offensichtlich aus Auchinlecks Fernmeldeverkehr mit seinem jüngsten Befehlshaber der 8. Armee, General Ritchie, zu ersehen, daß er trotz seiner Kenntnis über Rommels kurz bevorstehenden Angriff aus Ultra und anderen Quellen nicht raten konnte, in welcher Richtung er angesetzt wurde.
Auchinleck riet falsch. Er stellte sich einen Durchbruch durch das Zentrum und einen gleichzeitigen Scheinangriff um die Flanke bei Bir Hacheim herum durch die Achse vor. Daher wies er Ritchie an, die Masse seiner Panzerkräfte, die 1. und 7. Panzerdivision, geschlossen und weiter im Norden zusammenzuhalten, so daß sie entweder mit einer der möglichen Bedrohungen oder mit beiden fertig werden konnten. Feldmarschall Lord Carver, damals selbst

beim Stab des XXX. Korps, schrieb: „Es ist kaum überraschend, wenn man die umfassenden und gewöhnlich sehr genauen Feindnachrichtenquellen des Oberkommandierenden kennt, daß diese Voraussage im Hinblick auf Rommels Absichten Ritchie und seine Kommandeure stark beeinflußt hatten.[16] Tatsächlich fielen sie auf den Scheinangriff hinein".

In der Nacht zum 26. ging Stuart Hood, der die Ultra-Nachrichten kannte, obwohl er nicht „auf der Liste" stand, am Nilufer in Kairo spazieren und hörte im Geist, wie die Panzer des Afrikakorps die Flankenstellung bei Bir Hacheim überflügelten.[17] Er hörte das Geräusch, weil er, so weit weg er auch war, wußte, daß der Angriff kam, – und die Erinnerung daran erhielt sich bei ihm über die vielen Jahre hinweg. Rommel stieß in der Mitte mit starken, aber im wesentlichen für den Nebenangriff bestimmten Kräften gegen die britischen Minensperren vor und fuhr bei Nacht mit einer großen Kolonne aus sehr vielen Fahrzeugen weit ausholend nach dem Süden, schwenkte um Bir Hacheim herum und stieß dann nach Norden, um die britischen Verbindungslinien im Rücken abzuschneiden und sich einen Weg nach Tobruk zu bahnen. Ritchies Kommandeure, die immer noch von einem wahrscheinlich durch Italiener durchgeführten Scheinangriff träumten, hatten im Süden ihre Panzer noch immer verzettelt eingesetzt. Ihre Verbände wurden überrascht und einzeln geschlagen. Der unheilvolle Verlust der Handlungsfreiheit am Anfang wurde bis zum triumphalen Abschluß der Operation *Venezia* niemals wieder wirklich wettgemacht. Zweck und Thema der Schlacht von Gazala war das Zusammenfassen von Panzerverbänden.

Rommel hatte zuerst das Thema und den Zweck selbst nicht beachtet; daher wäre er auch beinahe gescheitert. Auch er splitterte seine Kräfte beim ersten Vorstoß und den einleitenden Bewegungen auf. Die Briten begannen den Kampf mit über 850 Kampfpanzern und starken Reserven. Die Armee der Achse hatte nur 560, von denen die Hälfte italienische waren, und ihre Reserven waren nicht des Beachtens wert. So setzten die Anfangsverluste und die aufgesplittert eingesetzten Verbände Rommel der Vernichtung aus, – falls die Briten starke zusammengefaßte Kräfte für den Gegenangriff besessen hätten. Dagegen war es Rommel, der Licht sah, seine Armee zusammenzog und in einer Folge von raschen Schlägen die 8. Armee nach Osten trieb und sich einen Weg nach Tobruk hinein bahnte. „Bringen Sie nur alles in einen logischen Zusammenhang", schrieb E. M. Forster. Das ist ein gutes Thema für Generäle.

Und so wiederholte sich in Gazala die Lektion, die schon in den vorhergehenden Schlachten ständig erteilt worden war. In Griechenland, in Kreta, beim Eintreffen des Afrikakorps und vor der Operation *Battleaxe* hatte Ultra allein und ganz abgesehen von all den anderen Nachrichtenquellen im voraus genaue Informationen geliefert, die, wenn auch nicht immer umfassend, in jedem einzelnen Falle jedoch ausreichten, damit der betreffende Befehlshaber die Absichten des Feindes richtig beurteilen und geeignete Gegenmaßnahmen ergreifen konnte. Die Befehlshaber einfach auf Grund des ersten Eindrucks zu verdammen, erscheint absurd, denn es gab viele ausgleichende Faktoren (obgleich es schwierig ist, Ritchie und seine Untergebenen nicht wegen des Einsatzes und der Führung der 8. Armee bei Gazala in Grund und Boden zu verdammen). In Kreta hatte Freyberg einfach keine Ahnung von der Art, wie eine deutsche Luftlandedivision eingesetzt wurde. Beim Eintreffen des Afrikakorps war Wavell durch die Notwendigkeit zum Abstellen von Truppen nach Griechenland stark geistig in Anspruch genommen, aber die Wahrheit bleibt dennoch bestehen. Gleich ob die Feindnachrichten von Ultra vollständig oder unvollständig waren, es war doch im wesentlichen ein Dienst, der die Befehlshaber mit abgehörten und entzifferten deutschen Funksprüchen versorgte. Ihr schließlicher Wert lag in der Geschicklichkeit, mit der die Befehlshaber und ihre Stäbe die Bedeutung der Funksprüche zu lesen und bei der Führung der Schlacht anzuwenden verstanden. Dies letztere aber lag außerhalb der Möglichkeiten von Bletchley.

Für Ultra bestand keine Notwendigkeit, die zurückgehende 8. Armee davon zu unterrichten, daß das auf verlorenem Posten kämpfende Tobruk eingenommen worden war. Die Nachricht von der Kapitulation der Besatzung erreichte sie im Klartext, – und zwar durch einen unverschlüsselten Funkspruch der Deutschen vom Abend des 21. Juni: *„Mit bedingungsloser Kapitulation der Garnison einverstanden“*. Mit Rommels persönlichem Rufzeichen ROL authentisch gemacht, sagte er Ritchie und Auchinleck alles, – obgleich keiner dieser militärischen Führer wußte, daß er auch eine Art Todesurteil für das Afrikakorps war. Doch das war tatsächlich der Fall. Als der damals in Washington weilende Churchill Roosevelt den Fall Tobruks sofort mitteilte, setzten der Präsident und General Marshall jene Verstärkung von 300 Sherman-Panzern in Marsch, die sich entscheidend auf den Wüstenfeldzug von Alamcin auswirken sollten.

Ultra konnte auch keine unmittelbare Hilfe bringen, als Rommel, der nun von Hitler und Mussolini gestützt wurde, die in Tobruk erbeuteten Vorräte ausnutzend, in Richtung Kairo und Alexandria stürmte. Als Auchinleck ihn vor den letzten Außenposten des Nildeltas zum Stehen brachte, bestand das Kampfgeschehen, das auf beiden Seiten den ganzen Juli hindurch mit großem Schwung unterhalten wurde, aus ständigen Bewegungen, plötzlichem Wechseln der Stoßrichtung und improvisierten Plänen. Ultra konnte mit Nachrichten über Rommels Versorgungslage, einem gelegentlichen Hinweis auf seine Absichten und Meldungen über seine Geleitzüge helfen, aber die großen Kämpfe mit dem Rücken zur Wand wurden mit zu großer Schnelligkeit durchgeführt, als daß Bletchley hätte eingreifen können wie Blücher in das, was sich als Rommels – und schließlich auch Auchinlecks – Waterloo erwies.

Zuerst war man nicht sicher, daß der Damm hielt, und Vorsichtsmaßnahmen wurden im rückwärtigen Gebiet der Briten getroffen, die manchmal lächerlich und manchmal unglücklich waren. Der berüchtigte „Aschermittwoch", an dem sich das große Hauptquartier in Kairo daran machte, in plumpem Eifer Dokumente zu verbrennen, wird besser vergessen. „Wo man auch immer herumging, wehten Fetzen verkohlten Papiers hinter einem her", schrieb de Guingand. Ein vernünftigerer Schritt war das Aufstellen einer Reservemannschaft unter Wing Commander Crawshaw aus der SLU in Kairo, die nach Palästina entsandt wurde, – für alle Fälle. Die britische Marine lockerte ihre Kräfte einfach auf, die Masse der Flotte fuhr von Alexandria zu Reeden vor Port Said, Haifa und Beirut.

Es wurde auch beabsichtigt, den U-Boot-Stützpunkt von Alexandria nach Haifa zu verlegen, aber leider wurde das Mutterschiff *Medway*, das Ersatztorpedos geladen hatte, unterwegs gestellt und von *U 372* versenkt (das seinerseits fünf Wochen später wieder vor Haifa versenkt wurde). Die erste britische U-Boot-Flotille wurde daher nach Beirut verlegt, das ein ehemaliger U-Boot-Stützpunkt der Franzosen war. Hier wurden weitere Schiffe zusammengezogen, die sogar von so weit westlich liegenden Punkten wie Gibraltar kamen, um einen schlagkräftigen Kampfverband zu bilden. Bei dieser Operation spielte Ultra die Schlüsselfigur, wie dem Autor von Commander Francis, dem ältesten Offizier im Stab von Beirut, bestätigt wurde. Da es sich bei dem Stützpunkt um eine Improvisation handelte, kam Wing Commander Bugden aus Kairo mit einer SLU zur Unterstützung. Das Ultra-System hatte

nun tatsächlich die Wendigkeit und Sicherheit erreicht, die im Notfall gebraucht wurden.
Mitte August waren jedoch die aufregenden Tage vorbei. Auchinleck war durch Alexander ersetzt worden. Ständig und in großen Mengen trafen Truppen aus Britannien sowie Versorgungsgüter und Gerät aus den Vereinigten Staaten ein. Die Armee der Achse erhielt keinen Nachschub, da mit Unterstützung von Ultra ihre Versorgungsschiffe durch Flugzeuge und Unterseeboote versenkt wurden. An der Front in Rußland änderte sich das Kriegsglück; – alle diese Faktoren führten zu einer plötzlichen Änderung, die für den Wüstenkrieg so charakteristisch war. Zuerst kamen die Deutschen: Die Flotte lockerte sich auf, die Geheimpapiere brannten in Kairo, wie die alten Hasen sie vor Churchills Augen an jenem schrecklichen Tag in Paris im Jahr 1940 verbrannt hatten. Aber als an diesem Tag Churchill Gamelin fragte: *„Où est la masse de manoeuvre?“*, war die Antwort *„aucune“* gewesen. Nun aber plötzlich waren neue Divisionen, neue Panzer da und mit Montgomery ein elastischer Befehlshaber für die 8. Armee mit großem Selbstvertrauen.
Auch die Geschicke von Ultra wurden durch einige wichtige Personalveränderungen berührt. Als Montgomery de Guingand zu seinem Chef des Generalstabs machte, wurde Brigadier Airey Leiter des Nachrichtendienstes beim neuen Oberkommandierenden Mittlerer Osten, General Alexander. Terence Airey blieb bis zum Ende in Italien an Alexanders Seite. Er war ein Mann von lebhaftem und unkonventionellem Verstand, für seine Aufgabe geeignet und immer wachsam gegenüber Meldungen, die von Ultra kamen. Major Williams wurde vom großen Hauptquartier in Kairo zur 8. Armee versetzt, wurde bald Montgomerys wichtigster Intelligence-Offizier und beriet ihn bis zu den letzten Tagen in Deutschland. Als junger Dozent für Geschichte in Oxford trat „Bill“ Williams in das Regiment King's Dragoon Guards bei Kriegsausbruch ein, erlebte den Krieg 1941 an der Wüstenfront in einem gepanzerten Spähwagen und nahm am allerersten Gefecht mit dem Afrikakorps teil. Nach seiner Rückkehr nach Oxford nach 1945 wurde Bill Warden of Rhodes House, Herausgeber des *Dictionary of National Biography* und dann als Sir Edgar Williams geadelt. Zwei weitere Dozenten arbeiteten unter Airey. Joe Ewart, ein ungeheuer begabter Schotte, wurde später Oberst in Montgomerys Stab und diente dort, wie der Feldmarschall in seinen Memoiren schreibt, bis zur berühmten Kapitulation der Deutschen in der Lüneburger Heide, wo er mit den deutschen Vertre-

tern zu tun hatte. Bald danach starb Ewart auf tragische Weise bei einem Autounfall. Aber bei Ewart war jetzt David Hunt, Fellow of Magdalen College in Oxford und klassischer Archäologe, der beim Walliser Regiment gedient hatte und später als Nachrichtenoffizier nach Griechenland, Kreta und in die Wüste kam. Obwohl er zur damaligen Zeit noch nicht eingeweiht war, hatte Hunt tatsächlich doch schon früh in Griechenland mit Ultra zu tun, wenn er die Menge der abgefangenen Funksprüche bearbeitete, die sich mit dem deutschen Aufmarsch in Rumänien und Bulgarien befaßten. Auch er blieb bei Alexanders Stab bis zum Ende, – und darüber hinaus, denn er blieb bei seinem Vorgesetzten und schrieb dessen Depeschen. Dann war er Privatsekretär bei zwei Premierministern, stand lange Zeit im diplomatischen Dienst in Afrika und wurde schließlich Botschafter und geadelt.

Diese ungewöhnlichen Männer sind der Beachtung wert, weil sie mit anderen gleichen Kalibers wie Enoch Powell im Feld einen Maßstab für intellektuelle Fähigkeiten und Freiheit von den geistigen Konventionen des aktiven Heeres errichteten, der den Qualitäten ihrer hervorragenden Zeitgenossen in Bletchley Park gleichkam. Sie konnten verstehen, worum es bei Ultra ging. Ihr Verstand war im Auswerten und Beurteilen geübt, und sie erkannten, daß diese besondere Feindaufklärung nicht eine Art esoterischer Zauberei, sondern einfach ein weiteres Werkzeug war, das Wert besaß und skeptischen Respekt abverlangte, vor allem aber mit Einbildungskraft behandelt werden mußte. Für einige höhere Berufsoffiziere dagegen schuf Ultra echte Probleme, auf die sie sich erst einstellen mußten. Hier, so schien es, war eine revolutionäre und mysteriöse Quelle für Feindnachrichten, die mit nichts übereinstimmte, das sie in ihrem langen Berufsleben kennengelernt hatten. Es war daher vielleicht besser, bei den üblichen Methoden zu bleiben und Ultra zu vergessen. Im Jahr 1942 jedoch waren Männer wie Williams und Hunt nicht nur kriegserfahren; sie hatten glücklicherweise Ultra gegenüber auch keine größeren Hemmungen als gegenüber anderen Arten von Feindnachrichten, denn als Gelehrte war das Abwägen von Beweisstücken ihre normale Beschäftigung. Da die Offiziere dieser kleinen Gruppe zentrale Stellungen bei den britischen Kommandobehörden bis zum Ende des Krieges innehatten, ist ihr Zusammenkommen für die Geschichte von Ultra von besonderer Relevanz.

Tatsächlich war es ein gutes Omen. Ultra war jetzt reif. Während der großen Kämpfe, die sich an den Ufern des Mittelmeers bis 1945 fortsetzten, wurden seine Feindnachrichten mit regelmäßiger und positiver Wirkung durch Befehlshaber und Stäbe in der Schlacht verwendet, die, ihrer Bedeutung und ihrem Wert gegenüber empfindlich, vor allem auch genügend Männer und Material besaßen. Die Geschichte ist keine Idylle: Es gab Fehler und Fehlschläge. Aber die sieglosen Jahre gingen ihrem Ende entgegen, und im Herbst 1942 wendete sich wahrhaft das Schicksal oder begann sich, wie Churchill es ausdrückte, „die Türangel des Schicksals" zu drehen. Nichtsdestoweniger wandelten die neuen wie die alten Männer immer noch im breiten Schatten Churchills selbst, dem sie nicht entgehen konnten.

KAPITEL 7

Mr. Churchills geheime Quelle

„Königliche Hoheiten und Premierminister dürfen niemals überrascht werden."
Admiral Sir Hugh Sinclair, Menzies Vorgänger als „Chef".

Churchill hatte die Gewohnheit, herrisch zu fragen: „Wo sind meine Eier?", womit er die Kiste mit seinen jüngsten abgefangenen Ultra-Nachrichten meinte. Denn als er die Leute in Bletchley Park als die „Gänse, die die goldenen Eier legen, aber niemals schnattern" bezeichnete, bezog er sich auf das, was sie produzierten, nicht einfach als auf geheime Feindnachrichten, die ein unschätzbares Mittel zur Kriegführung darstellen, sondern als etwas, das für ihn außerordentlich kostbar war, weil es für ihn persönlich Bedeutung besaß. Für den Premierminister war Ultra tatsächlich reines Gold.

Es nahm seine romantische Einbildungskraft gefangen. Das Magische und das Geheimnisvolle hatten eine unwiderstehliche Anziehungskraft für den Schulbuben in dem großen Mann. Der Krieg der Hexer, – das waren die Begriffe, in denen Churchill über den geheimen Hintergrund des Kampfes gegen Deutschland dachte und sprach: die elektronische Kriegführung bei der Bomberoffensive, Gee, Oboe, H_2 S; die wissenschaftlichen Gegenmaßnahmen gegen die Bedrohung durch Raketen und fliegende Bomben; die Alchimistenwerkstatt in Bletchley Park, die jeden Morgen die goldenen Eier von Ultra auf seinen Schreibtisch legte. Viel von seiner Stärke als Führer im Kriege stammte von dieser Gewohnheit, Mythen zu bilden, sogar das Gewöhnliche und das Einerlei mit einem gewissen Zauber zu umgeben. Wie Shakespeares Glendower konnte er „die Geister aus der Tiefe" beschwören, – und die Briten glaubten an sie. Für einen Mann mit diesem Temperament besaß Ultra eine echte Faszination, die Roosevelt dagegen niemals in bezug auf Magic fühlte.

Die abgefangenen Funksprüche stärkten auch seine persönliche Stellung. Die beiden großen Männer in analogen Stellungen, Hitler und Stalin, unterwarfen ihre Untergebenen ihrer Autorität auf Grund ihrer unbestrittenen Detailkenntnisse, ihres technischen

Wissens und der Möglichkeiten, die in neuen Waffen steckten, des Erfassens der Stärke und des Standortes besonderer Verbände usw. Churchill tat das gleiche, indem er sie fast vergewaltigte und oftmals in Wut versetzte, weil er ein unübertreffliches Gedächtnis besaß und sich leidenschaftlich für die geringsten Kleinigkeiten bei militärischen Angelegenheiten interessierte. Aber Ultra unterstützte ihn mit seinem Know-how. Aus Bletchley kam ihm jene außergewöhnliche Möglichkeit, sich in die Gedankenwelt des Feindes zu versetzen, seine Operationsbefehle zu lesen, seine Bewegungen in der Schlacht fast in dem Augenblick zu untersuchen, in dem sie stattfanden, oder sogar noch davor, im voraus von der Entwicklung neuer Waffen zu erfahren sowie den Aufstieg und Fall der hohen feindlichen militärischen Befehlshaber zu beobachten. Bei der Beratung mit seinen militärischen und politischen Beratern ist es für den obersten Führer im Kriege von großem Vorteil, wenn er ganz offensichtlich die geheimsten Feindnachrichten besitzt.

Aber an diesem Punkt hören die Analogien auf. Hitlers Führung im Kriege war notorisch hinterhältig, eigensinnig und unberechenbar: Sein Oberkommando war keine jedem offene Gesellschaft. Stalins Handlungsweise war sogar noch zentralisierter und autoritärer, – und zwar niemals mehr als bei Angelegenheiten der Feindaufklärung. In dem besten aller Bücher über den Feldzug in Rußland, *The Road to Stalingrad,* bemerkte Professor John Erickson: „Den Fluß der Nachrichten, der aus einer Vielzahl von Quellen hereinkam, konnte Stalin abdämmen, ablenken oder abwürgen, ganz wie es ihm gefiel; was er verborgen zu halten wünschte, das hielt er auch verborgen und konnte es tun oder, um mit dem Ausdruck der gegenwärtigen sowjetischen Kritik zu sprechen, ‚er konnte es in einem Safe einmauern‘." Bei Churchills Regierungssystem war das unmöglich. Das einzige größere Geheimnis, das er längere Zeit verschlossen hielt, betraf den Fortschritt in der Atomforschung, und sogar dieses finstere und tödliche Wissen teilten nach sorgfältiger, aber notwendiger Auslese diejenigen, die „es wissen mußten".

Abdämmen, ablenken, abwürgen oder einmauern konnte man Ultra in dem inneren Zirkel der Regierung Churchill einfach deshalb nicht, weil, ungeachtet aller Grenzen, seine Methode der Kriegführung die eines offenen Bündnisses war, das man auch offen erzielt hatte. Gelegentlich mag er ein privates, voreiliges Versprechen dem Generalissimus in Moskau gegeben oder mit dem Präsidenten in Washington ein nicht offiziell anerkanntes Übereinkommen abgeschlossen haben. Aber in der Hauptsache konnte er seinen Beratern offen ins Antlitz blicken, Autorität fordern, lästig, eigensinnig werden, Zweifel äußern; aber er handelte immer erst dann, wenn er sie überzeugt hatte oder sie manchmal nach herkulischen Anstrengungen ihn überzeugt hatten. Die Gelegenheiten, bei denen sich Churchill absolut über die Chiefs of Staff hinwegsetzte, sind sehr selten. Seine „geheime Quelle", Ultra, war daher nicht ein Schatz, den er wie Stalin für sich selbst hortete, sondern ein wichtiges Beweisstück, das er in der täglichen Debatte gebrauchte, wenn es um Pläne ging, wie man die Deutschen am besten schlagen konnte.

Nachdem einmal das Verteilungssystem, von Bletchley ausgehend, im Sommer 1940 eingeführt worden war, war das tatsächlich unvermeidlich. Es gab für den Premierminister keine Möglichkeit, Ultra als seinen Eigenbesitz zu betrachten, nachdem einmal die Verteilerkette von *Hut 3* an die Chiefs of Staff, das Joint Intelligence Committee sowie an die Oberkommandierenden im In- und Ausland aufgestellt worden war. Die Liste der Empfänger mag eng begrenzt gewesen sein – sogar nachdem die Amerikaner dazugehörten, bestand sie vielleicht niemals aus einer vierstelligen Zahl –, aber wie sorgfältig sie auch überwacht worden sein mag, es gab immer zu viele, die Bescheid wußten, als daß Churchill sein privates Spiel hätte spielen können. Wir wissen jetzt genug darüber, wie er den Krieg führte, daß eine solche Verirrung auf keinen Fall in seiner Natur lag. Seine „Eier" wurden im Dienst des Staates gebraucht.

Der Krieg lieferte ihm viele einzelne Beispiele für Ultra, die der Güte ihrer Feindnachrichten nach eindrucksvoll und dramatisch waren. Was aber auch eine Rolle spielte, war die bloße Menge der abgefangenen Funksprüche, die er erhielt. Der Fluß der Meldungen von Bletchley, der manchmal unterbrochen und manchmal dünn lief, hörte dennoch von den ersten Tagen seiner Amtsübernahme bis zum Endsieg nicht mehr auf zu fließen. Er war kaum Premierminister geworden, als er am Nachmittag des 15. Mai 1940 nach Paris zu der Konferenz flog, die er so lebhaft in seinen Memoiren beschreibt. Dort erfuhr er das volle und schreckliche Ausmaß des französischen Zusammenbruchs und beobachtete im Garten des Quai d'Orsay die die Niederlage bestätigenden Feuer und „die verehrungswürdigen Beamten, die Schubkarren voller Akten zu ihnen hinfuhren". Aber Winterbotham hatte aus Downing Street 10 die Anweisung erhalten, alle wichtigen Ultra-Meldungen während Churchills Besuch nach dort zu senden. Von da

an bis zum Sommer 1944, in dem die Alliierten ihre Landung in der Normandie erfolgreich abgeschlossen hatten, beschäftigte er sich ständig und beharrlich mit Ultra. Wenn, wie Winterbotham dem Autor gegenüber bestätigte, die Ultra-Meldungen in den letzten Monaten allmählich weniger wurden, dann lag das daran, daß er wußte, daß der militärische Kampf im wesentlichen vorüber war, – weil sein Geist nun von den schwer zu behandelnden Problemen des Friedens beherrscht wurde. Aber solange er das Gefühl hatte, daß der Ausgang des Krieges noch immer nicht entschieden war, mußte Ultra für ihn immer greifbar sein.
Anfang August 1940, als die Schlacht um England sich ihrem Höhepunkt näherte, wurde eine formelle Routine entwickelt, damit der Premierminister seine Nachrichten erhielt. Die entzifferten Funksprüche wurden nicht mehr nach Broadway von Bletchley aus mit dem Wagen einer entschlossenen Dame, Mrs. Barclay, gebracht, die bei den FANYs Dienst tat, oder, falls sie dringend waren, über das Telefon durchgegeben. Eine direkte Fernschreibverbindung wurde aufgebaut. Menzies übertrug Winterbotham bis zum Ende des Krieges die Verantwortung zur Auswahl und Übermittlung einer jeden wichtigen Ultra-Meldung an Churchill; er versah sie (auf Bitten des Premierministers) mit einem kurzen Hinweis auf ihre Bedeutung. Winterbotham nannte das „die Überschriften". Die Meldungen wurden dann in einer verschlossenen Kiste nach Downing Street 10 oder nach Storey's Gate gesandt, nachdem der berühmte unterirdische Komplex der Lagezimmer eingerichtet worden war. Aber vor der Absendung ging die Kiste zuerst an Menzies „zu dessen Unterrichtung". Dieser pflegte gelegentlich einige Ultra-Meldungen persönlich zu überbringen, – entweder, weil er zufällig gerade zu Churchill mußte, oder vielleicht auch, weil es seinem Ansehen nicht schadete, wenn er mit einem interessanten Geschenk ankam. Einige Persönlichkeiten aus Churchills Umgebung, die Menzies gelegentlich in dieser Rolle sahen, erhielten den Eindruck, der „Chef" allein überbrächte dem Premierminister private Ultra-Meldungen; das war aber nicht der Fall. Normalerweise gingen sie von Bletchley über MI 6 in Broadway und von da weiter nach Whitehall. Gewöhnlich sorgte Winterbotham für die Auslieferung. Nur wenn er sich im Ausland befand, übernahm das Menzies oder irgendein besonders ausgewählter Offizier.
Die Männer in der unmittelbaren Umgebung Churchills – der „Geheimzirkel", wie er sie nannte – hatten keine Kenntnis von der genauen Art dessen, was er erhielt. Keiner seiner Privatsekretäre,

Colville, Martin, Rowan, Peck, stand „auf der Ultra-Liste" oder wußte über die Art dieser Geheimquelle Bescheid.[1] „Jemand voll in den Geheimzirkel zu bringen", berichtete Rowan, „war für Churchill eine ungeheuerliche Maßnahme, denn wenn man einmal darin war, wußte man und sah man alles mit Ausnahme der Daten für militärische Operationen und der Inhalte der berühmten ‚gelben Kisten', die die geheimsten Feindnachrichten enthielten." Sogar Sir Ian Jacob, der Military Secretary im War Cabinet war und als solcher Churchills militärische Korrespondenz und die genauen Protokolle bei den Besprechungen der Chiefs of Staff führte, wußte nichts über die Ultra-Nachrichten seines Vorgesetzten oder praktisch über Ultra selbst.[2] Da alle diese Männer einen scharfen Verstand besaßen, waren sie sich voll der Tatsache bewußt, daß da etwas war. Aber von dieser zeitlichen Entfernung aus ist es schwierig, wieder ein Klima der Anschauungen zu schaffen, in dem man, wenn man etwas nicht zu wissen brauchte, auch nicht ängstlich versuchte, es zu erfahren. General Sir Hastings Ismay wußte Bescheid, – aber „Pug" war der wichtigste Offizier im Stab des Premierministers, seine rechte Hand und sein Vertrauter sowie sein ständiger Verbindungsmann zu den Chiefs of Staff. Und außerdem wußte Pug über Ultra sowieso Bescheid.

Es gab noch einen weiteren Mann, der Bescheid wußte: Churchills Personal Assistant, Major Desmond Morton. Ihre enge Freundschaft ging bis zu einem Treffen an der Westfront 1916 zurück, wo Morton als Artillerieoffizier einen Schuß durch das Herz erhalten hatte, ihn jedoch überlebte, das Military Cross erhielt und Adjutant Lord Haigs wurde. Von 1929 bis 1939 arbeitete er beim Committee of Imperial Defence als Leiter des Industrial Intelligence Centre, ein bescheidener Deckname für seine wahre Aufgabe, die darin bestand, „die Pläne für die Herstellung von Waffen und Kriegsvorräten in fremden Ländern auszukundschaften und darüber zu berichten": in Besonderheit deutsche Pläne. Auf Grund seiner geheimen Kenntnis belieferte Morton heimlich Churchill während der „dreißiger Jahre mit statistischen und technischen Beweisen über die Wiederbewaffnung der Nazis" – die Tatsachen sind in Martin Gilberts offizieller Biographie[3] gründlich dokumentiert – und verschaffte seinem Freund damit einen einzigartigen Munitionsvorrat für seinen einsamen Feldzug, in dem er Regierung und Volk aufrief, Hitler gegenüber auf der Wacht zu sein. Im Mai 1940 war es daher nur natürlich, daß Churchill, der in seiner verzweifelt schwierigen Aufgabe Unterstützung brauchte, Desmond Morton in sein Privatbüro zusammen mit Professor Lindemann, „The Prof", seinem vertrauten wissenschaftlichen Berater, und dem unvermeidlichen Brendan Bracken berief. Mortons Sonderstellung wurde schon frühzeitig definiert. Als Churchill in seinen Memoiren über die Warnung schrieb, die er vom Joint Intelligence Committee 1941 über deutsche Vorbereitungen zur Invasion Rußlands erhielt, stellte er fest: „Ich war mit dieser Art kollektiver Weisheit nicht zufrieden und zog es vor, die Originale selbst einzusehen. Bereits im Sommer 1940 hatte ich daher angeordnet, daß Major Desmond Morton jeden Tag die Leckerbissen, die ich immer las, auswählte; *so bildete ich mir meine eigene Meinung,* manchmal sogar weit früher". Hier lagen für Churchill der Nutzen und vielleicht die Gefahr des unbeschränkten Zugangs zu den geheimsten Feindnachrichten. Denn die „Leckerbissen" umfaßten Ultra, und Desmond Morton besorgte sich während der ersten Hälfte des Krieges alle abgefangenen Funksprüche, die von Bletchley direkt ins Büro des Premierministers strömten. Die Anordnung von 1940, auf die sich Churchill bezog, war seine Notiz vom 5. August an Ismay: „Ich wünsche nicht, daß die eingegangenen Berichte von den verschiedenen Behörden des Intelligence Service gesiebt und bearbeitet werden. Gegenwärtig wird Major Morton sie für mich durchsehen und mir das vorlegen, was er für besonders wichtig hält. *Ihm ist alles zu zeigen, und er wird mir die authentischen Dokumente in ihrer ursprünglichen Form vorlegen."*

Die Notiz, so wie sie im Buch *The Second World War* zitiert wird, ist insofern verwirrend, als sie sich einfach auf Feindnachrichten aus Frankreich und anderen besetzten Ländern zu beziehen scheint. Als er seinen zweiten Band 1949 veröffentlichte, war Churchill natürlich nicht in der Lage, die höhere Wahrheit zu enthüllen, daß er auch regelmäßig durch Desmond Morton Ultra-Meldungen erhielt. Aber es war so; der beste Beweis dafür kommt von Mortons Assistent aus jener Zeit, Arthur Benson (später Sir Arthur Benson, GCMG, Gouverneur von Nordrhodesien).

„Nun zu dem, was wir den ‚Zaster' nannten. Ich wurde fast unmittelbar nach meiner Ankunft in Mortons Büro im Jahre 1940 eingeweiht. Der ‚Zaster' kam in einer Kiste mit zwei Schlössern, wozu der eine Schlüssel immer bei Morton blieb. Er öffnete die Kiste stets in Gegenwart von Miss Gwynne, deren Pflicht es war, den Zaster zu zählen sowie seine Nummern und jede (britische) Verweisnummer, die er erhalten hatte, in einer Liste festzuhalten. Morton machte daraus zwei Bündel: eines für den Premierminister und eines für die Meldungen, die dieser nicht zu sehen brauchte. Oft pflegte er Miss Gwynne eine Notiz für den Premierminister zu diktieren, die er unterschrieb, und den Zaster, auf den sie sich bezog, mit einem Anhängezettel zu versehen. Dieser Stapel mit oder ohne angefügte Notiz kam in eine Kiste, die Morton verschloß und Miss Gwynne dann hinaustrug . . . wie ich glaubte, in das Büro der Privatsekretärs. Nun, ich weiß allerdings nicht, wohin.

Mortons Notizen gingen nicht immer an den P. M. Oftmals gingen sie an Ismay, oft an den ‚Prof.', manchmal an den Außenminister, manchmal auch an ein Mitglied des Joint Intelligence Committee oder an das Joint Planning Committee, manchmal an andere Minister oder die ständigen Sekretäre. Nur diejenigen Notizen, die an den P. M. gingen, gingen dorthin auch mit dem Zaster ab. Niemals bezog sich eine andere Notiz auf sie, und natürlich wurde niemals eine von ihnen kopiert oder zitiert. Am Fuß einer jeden Liste befand sich ein Verteiler, der niemals mehr als ungefähr fünf Namen oder Anfangsbuchstaben enthielt und immer die Bemerkung „Premierminister Major Morton" umschloß. Wenn sie vom P. M. zurückkamen, lagen manchmal Anweisungen für Morton oder irgendeinen anderen mit dem Zusatz „durch Morton" dabei. Das „W. S. C." bezeichnete manchmal die Zustimmung zu einer Maßnahme, die Morton vorgeschlagen hatte, oder noch öfters, daß der P. M. eine erklärende oder erweiternde Notiz gesehen hatte. Die meisten Notizen waren dieser Art, weil das tägliche Bündel von Zaster niemals mit einem anderen in Verbindung stand. Keines wurde in Akten festgehalten, noch wurde jemals über eins von ihnen eine Notiz aufgenommen, mit Ausnahme jener Fälle, die, wie ich sagte, dem Zweck dienten, daß alle nach angemessener Zeit zurückzugeben waren, woher sie auch kommen mochten. Ihre volle Bedeutung mußte daher nach dem Gedächtnis oder durch frühere Meldungen (und durch Bezugnahme auf andere Feindnachrichten) erläutert werden. Wenn wir nicht mehr wußten, was wir tun sollten, pflegte Morton sich bis zum ‚Chef'-Büro durchzuarbeiten. Der ‚Chef' brachte oder sandte dann ‚authentische Dokumente' herüber."[4]

Es ist ein seltsames und rührendes Anzeichen für die peinlich genau eingehaltenen Sicherheitsbestimmungen, unter denen diese geheimen Angelegenheiten durchgeführt wurden, daß während dieser Periode Benson und seine Schwester alle paar Wochen regelmäßig zusammen zu Mittag aßen. Doch erst lange nach dem Krieg wurde es beiden klar, daß er für Churchill Ultra-Angelegenheiten bearbeitete, während sie mit der Kryptoanalyse beschäftigt war. Was Desmond Morton anbetrifft, so „war er“, wie Benson sich erinnert, „ein Mann von großer persönlicher Ausstrahlung und mit Charme, dessen irische Überschwenglichkeit und Witz sowie dessen ungeheure Arbeitslust und Energie andere nicht zur Geschäftigkeit antrieben, sondern methodischere Menschen, besonders etablierte Beamte (er selbst war nicht ‚etabliert‘) – dazu brachten, liebenswürdig auf den von ihm auf sie ausgeübten Druck einzugehen. Für sie war er der Kuckuck im Nest.“ Seine vertrauliche Arbeit war so gut abgedeckt, daß, als für das vorliegende Buch die tatsächliche Rolle Mortons unter die Lupe genommen wurde, Sir John Martin und seine Kollegen aus Churchills Sekretariat überrascht entdeckten, in welchem Ausmaß der Kuckuck auf den goldenen Eiern Ultras gesessen hatte.

Nach der Kriegswende im Winter 1942/43 brauchte Churchill Morton nicht mehr in dem Maße wie früher. Ultra sickerte jetzt durch viele Zweige dessen durch, was zu einem gut ausgeprägten politisch-militärischen System der Kriegsverwaltung geworden war. Der Umfang der aufgefangenen Funksprüche hatte sich sehr vergrößert. Britannien nahm nun an einer Bündnisstrategie teil, und Churchill war nicht mehr der Monolith von 1940. Deshalb wurde Morton auf ein Seitengleis zur Erfüllung seiner früheren, aber zweitrangigen Aufgaben abgeschoben, der Verbindung zu den Exilregierungen in London. Er und Benson bearbeiteten den „Zaster“ in ihrem inneren Allerheiligsten nicht mehr länger.
Aber der „Große Wanderer“ war keineswegs immer in Whitehall. Die Route der Reisen Churchills während des Krieges bildet eine komplizierte Arabeske, die die westliche Welt, Rußland und den Mittleren Osten überzieht. Ultra begleitete ihn, – allerdings nicht von Anfang an und nicht immer, denn das Sicherheitsrisiko war zu groß, als daß es ihm erlaubt werden konnte, Ultra-Meldungen an Moskau zu liefern. Aber während der zentralen Phase des Krieges stand ihm gewöhnlich auf seinen Reisen eine Special Liaison Unit zur Verfügung, die ihm einen persönlichen Zugriff zu den „Eiern“ aus Bletchley gestattete, gleich ob er nun auf der Konferenz in Casablanca oder auf seinem Erholungsurlaub in Marrakesch war. „Bitte treffen Sie die notwendigen Vorkehrungen“, war seine übliche höfliche Bitte an Winterbotham, aber das war nicht immer ganz leicht. Wie wir gesehen haben, waren die Special Liaison Units in ihrer Zahl außerordentlich beschränkt. Es waren niemals angemessen ausgebildete Reserven vorhanden, und viel harte Arbeit und Improvisation konnten von den auserwählten Wenigen

verlangt werden, um den Premierminister mit Ultra auf dem laufenden zu erhalten.
In den Augen der Chiefs of Staff und Churchills anderer höherer Berater war dessen Zugang zu Ultra auf Reisen weniger eine mühsam darzustellende Sache als eine bedrohliche. Dem Prinzip nach mißbilligten sie im allgemeinen seine ständige persönliche Verbindung mit Bletchley und hätten es als orthodoxe Generalstabsoffiziere lieber gesehen, wenn der Befehlshaber seine Feindnachrichten auf dem richtigen Dienstweg erhalten hätte, nachdem sie durch dafür ausgebildete Männer überprüft und mit anderen wichtigen Informationsquellen in Zusammenhang gebracht worden waren. Aber wenn Churchill sich im Ausland befand, verursachte er besondere Probleme. Auf den Gipfelkonferenzen in Casablanca und Teheran (wo Ultra ständig zur Verfügung stand) waren sie nicht so groß, denn hier wurde der Premierminister von einer Gruppe von Beratern aus allen Teilstreitkräften unterstützt. Aber manchmal war er fast allein oder wenigstens ohne Begleitung durch viele seiner maßgebenden Offiziere. Dann war es für die Chiefs of Staff bestimmt ein Alptraum, sich vorzustellen, daß Churchill das tun könnte, was Ultra ihm zu tun erlaubte, wie er selbst sagte: Er könnte nämlich damit anfangen, *sich seine eigene Meinung zu bilden.*
Die darin steckenden Gefahren werden durch eine bemerkenswerte Episode erhellt, die sich am Tag der Operation *Walküre,* dem 20. Juli 1944, zutrug, als Hitlers Herrschaft und sogar sein Leben auf dem Spiel standen. Churchill befand sich in der Normandie beim Hauptquartier von General Montgomery, der zusammen mit seinem Leiter des Feindnachrichtendienstes, Bill Williams, schon frühzeitig Hinweise auf das Attentat gegen Hitler erhalten hatte. Eine Ultra-Kiste wurde für den Premierminister hereingebracht, der sich sofort daran machte, seine Nase mit verzehrender Begeisterung in die Papiere zu stecken. Der neben ihm stehende Williams konnte einige Namen, die sich auf den abgefangenen Funksprüchen befanden, lesen: Fromm, Witzleben, Stauffenberg. „Großer Gott", rief er aus, „Sie haben das Ersatzheer in Händen." Denn als Eingeweihter konnte er die Bedeutung erkennen. Obgleich Fromm Graf Stauffenberg ein paar Stunden später nach dem Scheitern des Attentats erschießen ließ, gewann er damit nichts, denn er selbst hatte Bescheid gewußt, wie der Gestapo bekannt war, und Fromm wurde ebenso ausgeschaltet. Was den zum Untergang verurteilten Witzleben betrifft, so hatte ihn seine Ablehnung Hitlers zum designierten Oberbefehlshaber der deut-

schen Streitkräfte in der neuen Reichsregierung gemacht, die die Verschwörer einzusetzen beabsichtigten. Die Schlußfolgerungen und Zusammenhänge, die sich aus solchen Namen in dem Ultra-Funkspruch ergaben, waren für Williams sofort offensichtlich. Aber was sich ihm lebhaft und für immer in diesem einzigartigen Augenblick einprägte, war die Tatsache, daß Churchill nicht die geringste Vorstellung von dem hatte, was wirklich vorging.[5]

Es gab ja auch keinen Grund dafür, daß er sie haben sollte. In der deutschen Wehrmacht dienten mehrere 100 hochrangige Offiziere, und es gehörte nicht zu den Aufgaben des britischen Premierministers, etwas über die Persönlichkeit und die Haltung eines jeden einzelnen von ihnen zu wissen. Wie die Chiefs of Staff aber richtig erkannten, war es unbedingt notwendig, daß, wenn Feindnachrichten von solcher Bedeutung durch Ultra zu Churchill gelangten – wenn sie direkt und nicht auf dem Dienstweg dorthin kommen *mußten* –, er auf zutreffende Weise beraten werden mußte, damit er sie korrekt auswerten konnte. Aber er hatte „seine eigene Meinung“ zu viele Dekaden hindurch „gebildet“, und das war ihm zu einer köstlichen und tief eingewurzelten Gewohnheit geworden, die sogar Admiral A. Cunningham als Erster Seelord, General Alan Brooke als CJGS und Air Chief Marshal Portal als Chief of Air Staff ihm niemals abgewöhnen konnten. Darin lag eine echte Gefahr. Aber auf der anderen Seite ist es wahrscheinlich richtig zu sagen, daß Churchills Zugang zu Ultra, sogar wenn er von den über ihn wachenden Stäben weit weg war, gelegentlich seine Meinung nachteilig beeinflußt haben mag (durch falsche Interpretation der Gegebenheiten); aber es entstanden daraus selten unüberlegte Maßnahmen. Wenn er Maßnahmen traf, so tat er es mit Hilfe des eng geknüpften Systems seiner Verwaltung, die für viele Überprüfungen und einen Ausgleich sorgten.
Tatsächlich macht es die nun vorhandene Kenntnis, daß Churchill ständig Zugang zu den allergeheimsten Funksprüchen der Deutschen besaß, möglich, eine gewisse Anzahl seiner Maßnahmen zu überprüfen, die in der Vergangenheit beharrlich als auf einem falschen Urteil beruhend kritisiert wurden. Das klassische Gebiet für die Kritik bezieht sich auf „das Schurigeln der Generäle“: insbesondere auf die Dringlichkeit, mit der er versuchte, Wavell und Auchinleck gegen ihren Willen zur Offensive anzutreiben und auf die unbarmherzige Geschwindigkeit, mit der jeder dieser beiden denkwürdigen Befehlshaber schließlich seines Postens enthoben wurde.

Churchills Drängen auf Operationen in der afrikanischen Wüste war natürlich strategisch begründet. Er wollte das Mittelmeer wieder öffnen, Italien aus dem Krieg und die Türkei in ihn hineintreiben und den Suezkanal als Route zum Fernen Osten wiederherstellen. Aber in seinem Eifer, Rommel zu schlagen, schätzte er den Führer des Afrikakorps zu optimistisch ein. Wie wir im vorhergehenden Kapitel gesehen haben, gelangte ein ständiger Fluß von Ultra-Feindnachrichten auf seinen Schreibtisch in Whitehall, der zu zeigen schien, daß Rommel fast ständig auf dem letzten Loch pfiff, – wütende Forderungen nach weiteren Panzern, mehr Treibstoff, mehr Männern, mehr Flugzeugen, Schimpfen auf die Italiener wegen ihrer Unfähigkeit und Forderungen zur besseren Sicherung der Geleitzüge im Mittelmeer. Churchill verstand nicht, daß Rommel genauso skrupellos war wie Patton, daß er immer bereit war, seine Panzer vorwärtszutreiben, bis sie keinen Treibstoff mehr hatten, und zwar in der Annahme, daß, wenn er nach Hilfe schrie, „die da" auch gezwungen wären, davon Notiz zu nehmen. Dennoch war Rommel ständig knapp an allem, mit Ausnahme an Geschicklichkeit und Können, und, obgleich seine Funksprüche manchmal Übertreibungen waren, enthüllten sie einen echten Mangel.
Zur gleichen Zeit war Churchill sich peinlich bewußt und stolz auf die kostbaren Männer und das kostbare Gerät, das er selbst oftmals mit großem Risiko in den Mittleren Osten gesandt hatte. Ein Mann, der stets eher auf Zahlen und Mengen als auf Qualität schaute, wie konnte der nicht fragen, warum seine Generäle, die anscheinend so großzügig mit allem versehen waren, nicht schneller diesen halb verhungerten und hysterischen Deutschen schlagen konnten? Es ist wahr, daß der sphinxähnliche und von Schweigsamkeit besessene Wavell niemals in einer echten Beziehung zu seinem Premierminister stand und daß Auchinleck, der das bei einem Vorgesetzten vermocht hätte, der ihm großen Respekt entgegenbrachte, dies auf fehlerhafte Weise versäumte. Aber unterhalb dieser persönlichen Faktoren floß jener andere Strom, – nämlich die Wirkung Ultras auf Churchill. Heute kann nicht mehr bezweifelt werden, daß Rommels Stand auf des Messers Schneide, der beharrlich durch die von Ultra abgefangenen Funksprüche mit seinen Bitten um Verstärkung bestätigt wurde, einen entscheidenden Effekt auf Churchills Haltung gegenüber seinen Befehlshabern in der Wüste vor Alexander und Montgomery hatte. Darüber hinaus nahmen selbst die Chiefs of Staff die Ablösung zuerst Wavells und dann Auchinlecks hin, bestätigten sie sogar. Auch für

sie ergaben sich aus Ultra Bilder eines Afrikakorps, das aufgrund seiner Versorgungslage kaum noch existieren konnte. Sie mußten ebenfalls gewißlich zu der Auffassung kommen, daß ihre Wüstengeneräle drastischer mit einem Feind hätten verfahren sollen, der offensichtlich so schwach war. Die niederschmetternde Wirkung des Verlustes von Bengasi oder des Falls von Tobruk muß an der in London vorhandenen Kenntnis gemessen werden, daß Rommels Feldzüge ein einziger langer Sieg über Einschränkungen und Knappheit an Vorräten war.

Aber erst auf der höheren Ebene der Kriegführung bot Ultra Churchill die größte Unterstützung. Bis zum Winter 1942, als Eisenhower die Invasion in Nordwestafrika führte und zum erstenmal ein alliiertes Unternehmen von den Amerikanern beherrscht wurde, war Churchills Rolle zentral und entscheidend, weil die Briten die Hauptlast trugen. Und sogar danach, als sich die Stärke der Amerikaner und Russen gefestigt hatte, kämpfte der Premierminister unerschüttert, um seinem Land eine Stellung des allseits anerkannten Einflusses bei Beratungen zu erhalten. Tatsächlich befaßte sich Churchill vom Anfang bis zum Ende mit dem Krieg in seiner ganzen Totalität.

Auf diesem Höhepunkt der politischen und militärischen Entscheidung verschaffte ihm Ultra Vorteile, die sowohl seinen Alliierten als auch seinem Feind verweigert wurden. Im Kapitel 9 wird zu zeigen sein, daß die Ultra-Informationen über den deutsch-italienischen Krieg in Washington systematisch bis zur Ebene der amerikanischen Joint Chiefs of Staff studiert wurden. Aber keiner von ihnen konnte behaupten, daß Roosevelt selbst diese enge, intime und tägliche Bekanntschaft mit den Funksprüchen wünschte oder genoß, die zu Churchills Leben im Kriege gehörten. Allgemeine Beurteilungen der Lage an der russischen Front aufgrund von Ultra-Nachrichten, wobei allerdings die Quelle sorgsam verhüllt wurde, gelangten gelegentlich an Stalin persönlich und die Stawka durch den britischen Botschafter (und andere Zwischenmänner). Aber wie groß der Glaube dieses zynischen und argwöhnischen Mannes in jene kosmetisch bearbeiteten Dokumente war, darf füglich bezweifelt werden*. Auf jeden Fall stand die Versor-

---

* Vgl. dazu die Bemerkungen von Peter Calvoressi in: J. Rohwer und Eberhard Jäckel: Die Funkaufklärung und ihre Rolle im Zweiten Weltkrieg. Stuttgart, Motorbuch Verlag 1979, S. 393–395. Für die vielfach geäußerte Vermutung, daß die berühmten Agentenringe „Rote Kapelle“ und „Lucy“ in der Schweiz von britischer Seite als Tarnung für die Übermittlung von Ultra-Informationen an die russische Seite benutzt wurden, gibt es keinerlei Beweise (Prof. Rohwer).

gung Stalins mit diesen Informationen, wobei die Gültigkeit der Quelle notwendigerweise ausgeschlossen bleiben mußte, in keiner Beziehung zu der Churchills: Im Kreml gab es keinen Desmond Morton, der geschäftig jeden Tag den Informationsfluß aus Bletchley mit Anmerkungen versah. Bei Hitler gab es überhaupt nichts Vergleichbares. Wie groß auch immer die Erfolge der örtlichen deutschen Geheimdienste gewesen sein mögen, keiner von ihnen brachte es fertig, ihn mit jenem ins einzelne gehenden universalen Bild von den feindlichen Absichten und Maßnahmen zu versorgen, wie es Ultra für Churchill tat*. Um nur ein einziges Beispiel anzuführen: Der Führer und sein Oberkommando, die so ausgerüstet gewesen wären, hätten niemals mit solcher Gier die massiven Täuschungspläne geschluckt, die im Mittelmeer von „A" Force und von all denen ausgearbeitet worden waren, die den Täuschungs- und Tarnplan für die Landungen in der Normandie ausarbeiteten und abstimmten.

Aber das eine hervorragende Beispiel von Ultras Wert für Churchill bei der Kriegführung auf höherer Ebene ist unglücklicherweise auch der klassische Fall einer Feindnachricht erster Ordnung, die von einem Mann zurückgewiesen wurde, der stets das falsche Szenario um sich aufbaute. Das Beispiel ist natürlich die Warnung des Premierministers an Stalin am Vorabend von *Barbarossa,* daß Hitler dabei war, Rußland anzugreifen. Es wird manchmal behauptet, Stalin hätte diese Warnungen wenigstens aus 70 verschiedenen Quellen erhalten und sie alle verworfen. Mit Gewißheit kam eine davon aus Washington. Aber keine andere Warnung stützte sich auf Kenntnisse, die so außergewöhnlich genau waren, wie diejenigen, welche die Briten über viele Wochen hinweg in der Hauptsache mittels Ultra über den Aufmarsch der deutschen Streitkräfte im Osten und die offenkundigen Vorbereitungen für einen Angriff auf breiter Front über die sowjetischen Grenzen hinweg zusammengetragen hatten. Die in Kapitel 3 dargelegten Beweise zeigen das Ausmaß und die Genauigkeit dieser Feindnachrichten. Es war nicht Churchills Fehler, daß Stalin in dieser kritischen Zeit durch eine Verrücktheit geblendet wurde, deren Charakter noch immer nicht voll geklärt ist. Was aber vom

---

* Abgesehen von dem effizienten Abhördienst der Marine, dem B-Dienst, brachten die Deutschen es niemals zu einem System des Funkhorchdienstes, das auch nur entfernt dem Bletchley Parks vergleichbar gewesen wäre. Auf jeden Fall war die *Abwehr* von Admiral Canaris abwärts eine Brutstätte für Mitglieder der Opposition gegen Hitler.

Standpunkt des Premierministers Britanniens im Jahre 1941 zählte, war die Tatsache, daß Rußland durch die noch immer intakte deutsche Militärmaschine rasch überrannt werden sollte. Die offensichtliche Möglichkeit bestand darin, daß nach der Ausschaltung Rußlands sich Hitler nach Westen wenden und einen ernsthaften Versuch zur Überschreitung des Kanals machen könnte. Daher war es zumindest lebenswichtig, Stalin zu warnen, und ausschließlich war es Ultra, das Churchill die Kenntnisse und die Autorität verschaffte, durch welche die Warnung uneingeschränkt gültig gemacht wurde.
Kenntnisse und Autorität: Diese beiden, die vor allem Geschenke aus Bletchley waren, sind es vielleicht, die für Churchill als Kriegsherr die wichtigste Rolle spielten, – für den Mann, bei dem die höchsten politischen und militärischen Verantwortlichkeiten in einer Hand vereinigt waren. Wissen bedeutete, daß er als Verteidigungsminister mit seinen Chiefs of Staff und seinen Befehlshabern auf gleicher Ebene verhandeln konnte. Sie konnten ihn niemals hinters Licht führen, wie es alle Stäbe zu tun geneigt sind und dabei behaupten, sie besäßen bessere Nachrichten über den Feind. Aber das Wissen gab ihm auch die Autorität, die er in seiner Eigenschaft als Staatsmann brauchte. Aus dem Kapitel über die Schlacht um England ist z.B. offensichtlich, daß Churchills außergewöhnlich delikate und gewundene Diplomatie im Jahre 1940 im Verkehr mit Roosevelt sofort verständlicher wird, wenn man sie mit dem Bild in Verbindung setzt, das ihm von Ultra über die deutsche Stärke in der Luft und das seltsame Durcheinander geliefert wurde, das die Vorbereitungen für *„Seelöwe"*, den Angriff über den Kanal hinweg, bildete. Die Mischung von Vertrauen auf lange Sicht und kurzzeitiger Sorge, aber vor allem der grundlegende Glaube, daß die Wende 1941 und damit relative Sicherheit erreicht werden würden, waren Gefühle, die Churchill vielleicht auf jeden Fall Roosevelt gegenüber preisgeben mußte, wenn die Verbindung mit den Amerikanern aufrechterhalten werden sollte. Aber wir können jetzt verstehen, daß sie gerechtfertigt waren: nicht gerechtfertigt im nachhinein, sondern auf Grund der zutreffenden Meldungen und der Einsichten, die zu jener Zeit von Mr. Churchills geheimer Quelle auf so glückliche Weise verfügbar gemacht wurden.

KAPITEL 8

Ultramarin

„Und sie stachen in See in einem Sieb"
EDWARD LEAR, The Jumblies

Bei den Marinen gab es auf beiden Seiten böse Löcher. Dennoch war das Durchsickern von Nachrichten von einer Seite an die andere nach Menge, Qualität und Zeitdauer auf entscheidende Weise verschieden. Ganz allgemein gesprochen, reichte während der frühen Stadien des Krieges die deutsche Beherrschung des Funkverkehrs der Royal Navy, obgleich sie nur eine teilweise war, aus, um dramatische, aber nicht entscheidende Ergebnisse zu erzielen. Von 1941 an drangen die Briten jedoch mit unterschiedlichem, aber ständig sich steigerndem Tempo vermittels Ultra in den breiten Bereich des deutschen Marineschlüsselbereiches „Heimische Gewässer" (später „Hydra") ein, in dem bis Anfang 1942 etwa 90-95% des mit der Enigma verschlüsselten Marinefunkverkehrs abgewickelt wurden. Auch wenn man in den restlichen Funkverkehr, der zunächst in dem Schlüsselbereich „Außerheimische Gewässer" (später „Ägir") abgewickelt wurde, ebenso wie in manche anderen der ab 1942 eingeführten neuen Schlüsselbereiche wegen des geringen anfallenden Verkehrs nicht einbrechen konnte, so lief doch auch später ein so großer Teil des Funkverkehrs in den stark benutzten Schlüsselbereichen „Hydra", „Triton" und „Thetis", daß der deutsche Funkverkehr für die Briten schließlich das Bild eines ständig wechselnden Siebes bot.
Zuerst war Bletchley eine stille Hilfe für den still arbeitenden Dienst. Bis zum Frühjahr 1940 wurden, wie wir gesehen haben, keine Enigma-Schlüssel irgendeiner Art geknackt. Sogar nach dem Sieg der Entzifferer im April zeigte es sich, daß für viele Monate hindurch die tatsächlich verwundbaren Schlüsselbereiche nur die der deutschen Luftwaffe waren. Alle frühen Unternehmen der Deutschen zur See – die Ausfahrten der *Graf Spee* und der *Deutschland,* der Vorstoß der *Scharnhorst* und der *Gneisenau* im Winter 1939 ins Nordmeer, ja sogar die Operationen der deutschen Flotte während der Invasion Norwegens – geschahen ohne jene genauen Vorwarnungen von der Station X, die in späteren

Jahren zur Gewohnheit wurden. Frank Birch, der im Room 40 während des Ersten Weltkrieges gearbeitet und beim Ausbruch des Zweiten Weltkrieges nach Bletchley gekommen war, muß eine gewisse Nostalgie gefühlt haben, als er den Eindruck hatte, daß das Beste, das BP tun konnte, darin bestand, mögliche Winke, die sich auf die Analyse des Funkverkehrs stützten, anzubieten, das heißt eine Beurteilung des Umfanges des Wesens und vielleicht des Ursprungs deutscher Marine-Funksprüche, ohne daß die Möglichkeit bestand, ihren tatsächlichen Inhalt zu entziffern. Im Jahre 1917 war der Room 40 weiter als das 1940 der Fall war. Ironischerweise war es der Ruf des Room 40 selbst, der in den 30er Jahren die Deutschen dazu veranlaßt hatte, ihr eigenes Gegenstück, den Beobachtungsdienst oder B-Dienst, aufzustellen. Die Briten halfen dabei. Obgleich der für technische Dinge aufgeschlossene Lord Mountbatten, der der höchste Offizier für das Funkwesen im Mittelmeer gewesen war, schon vor dem Kriege auf die Einführung eines Maschinenschlüssels gedrängt hatte, war die Admiralität bei der alten Methode der Handverschlüsselung geblieben, die auf der Verwendung umfangreicher Code-Bücher (Satzbücher) und der anschließenden Überschlüsselung der Codezeichen mit einem Zahlenwurmverfahren beruhte. Kapitän Heinz Bonatz, der Leiter des B-Dienstes der deutschen Marine, hatte tatsächlich schon viele Jahre den Funkverkehr der Royal Navy untersucht, und während des Abessinienkrieges und des Spanischen Bürgerkrieges war es ihm gelungen, in die beiden wichtigsten operativen Schlüsselverfahren der Flotte einzubrechen. So besaßen die Deutschen zu Beginn des Krieges einen beträchtlichen Vorsprung. Während des Norwegen-Feldzuges und der anderen entscheidenden Zeiten des frühen Krieges zur See war es nicht Ultra sondern der *xB-Dienst,* wie der Entzifferungsdienst genannt wurde, der herrschte. Bis Mitte 1940 hatte man eine erhebliche Zahl der in den Satzbüchern verwendeten Begriffe gelöst und eine zunehmende Menge der Zahlenwürmer rekonstruiert. Waren die Sprüche in den beiden Verfahren richtig identifiziert und die Einsatzstellen der Zahlenwürmer erkannt, konnte man den Text entziffern. Das gelang um so besser, je länger die gleichen Schlüsselunterlagen benutzt wurden. Im Gegensatz zu den Maschinenschlüsselverfahren, bei denen man nach der Lösung bei der Schlüsseleinstellung den gesamten Verkehr dieser Einstellung entziffern kann, mußte bei den britischen Handverfahren jedoch jeder Spruch einzeln kryptologisch bearbeitet werden. Die Erbeutung von Schlüsselunterlagen, die hier eine wesentliche Erleichterung hätten bringen können, gelang nur bei einem einfacheren Verfahren, dem sog. BAMS-Code, der von den einzeln fahrenden Handelsschiffen benutzt wurde und von dem gelegentlich Teile bei der Aufbringung solcher Schiffe durch deutsche Handelsstörer erbeutet werden konnten. Als 1941 für die Steuerung des Konvoiverkehrs ein neues, drittes kombiniertes Code- und Schlüsselverfahren eingeführt wurde, war es dem Deutschen xB-Dienst auf Grund des großen Umfanges dieses Verkehrs und der darin enthaltenen zahlreichen Routinemeldungen möglich, wichtige Erkenntnisse für die Führung des U-Bootkrieges zu erlangen.*

Durch eine seltsame Koinzidenz wurde der erste größere Sieg über die Achse zur See, für den Bletchley verantwortlich war, durch eine italienische Niederlage errungen. Im März 1941 verursachte die Fahrt von Geleitzügen aus Afrika nach Griechenland mit dem britischen Expeditionskorps an Bord den Deutschen natürlich Sorge, und sie setzten die italienische Marine unter Druck, damit sie mit starken Kräften eingriff. Nur zurückhaltend entschloß diese sich dazu, eine Flottenoperation zu wagen. So kam es zur Schlacht von Matapan.

Der italienische Admiral Iachino lief mit zwei Kreuzergruppen (8 Kreuzer und das Schlachtschiff *Vittorio Veneto)* sowie zwei Zerstörergeschwadern von Tarent in Richtung auf das Gebiet südlich Kreta aus, um britische Nachschubkonvois abzufangen. Doch Bletchley Park hatte dem Oberkommandierenden der Mittelmeerflotte, Admiral Cunningham, wichtige Hinweise geben können. Entzifferungen aus dem deutschen Luftwaffenschlüssel „Hellblau", den das deutsche X. Fliegerkorps benutzte, hatten eine Intensivierung der Luftaufklärung im östlichen Mittelmeer sowie die Verlegung von deutschen Zerstörer-Flugzeugen von Libyen nach Palermo zur Unterstützung einer besonderen Operation erkennen lassen. So vorgewarnt, hatte Cunningham seine Schiffe in kurzfristige Bereitschaft gesetzt. Am 25. und 26. März gelang es dem kleinen Team in Dillwyn Knox' Abteilung ISK, eine Anzahl italienischer Marinefunksprüche zu entziffern, die in dem relativ selten benutzten „Enigma-D"-Schlüssel verschlüsselt waren. Aus ihnen ging hervor, daß am 28. März eine Operation durchgeführt werden sollte, an der das Rhodos-Kommando betei-

---

* Vgl. dazu Jürgen Rohwer: Ultra, xB-Dienst und Magic. Ein Vergleich ihrer Rolle für die Schlacht im Atlantik und den Krieg im Pazifik. In: Marine-Rundschau, 76 (1979) Heft 10 S. 637–648.

ligt sein würde und daß vor dieser Operation Luftaufklärung und Luftangriffe auf die Flugplätze im ägäischen Raum durchzuführen waren. Zugleich wurden die Standorte britischer Konvois zwischen Alexandria und Griechenland erbeten und Weisungen zur Neutralisierung der britischen Luftsicherung der Konvois gegeben. Auf Grund dieser Informationen kam Admiral Cunningham am Abend des 26. März zu dem Schluß, daß ein italienisch-deutscher Vorstoß in die Ägäis oder das östliche Mittelmeer bevorstand, und traf seine Vorbereitungen. Konvois, die das gefährdete Gebiet passieren mußten, wurden umgeleitet, während er selber seine Schlachtflotte, ohne die vielen feindlichen Agenten in Alexandria zu alarmieren, aus dem Hafen heraus und in eine günstige Abfangposition bringen mußte.
Der Admiral entschloß sich, an Bord der *Warspite* mit der Flotte nach Einbruch der Dunkelheit am 27. März auszulaufen. In seinen Memoiren[1] gibt er einen unnachahmlichen Bericht über seinen Tarnungs- und Täuschungsplan: Wie er an jenem Nachmittag mit einem Koffer an Land ging, als wolle er über Nacht dort bleiben, und wie er einige Stunden auf dem Golfplatz in Sichtweite eines bekannten Überbringers von Nachrichten über Schiffsbewegungen für den japanischen Konsul in Alexandria verbrachte. „Er war unzweifelhaft tatsächlich ein bemerkenswerter Anblick, klein und untersetzt, von südlichem Aussehen und dicken elefantenhaften Proportionen, wenn er sich mit seinem Golfschläger niederbeugte, um zu schlagen, so daß der unehrerbietige Chef des Stabes ihm den Spitznamen ‚das stumpfe Ende der Achse' gegeben hatte." Jede List zahlte sich aus. In der irrigen Annahme, daß das deutsche X. Fliegerkorps am 16. März zwei der drei Schlachtschiffe der britischen Mittelmeerflotte außer Gefecht gesetzt habe und daß sein Verband von einem modernen Schlachtschiff, 6 Schweren und 2 Leichten Kreuzern sowie 13 Zerstörern mit deutscher Luftunterstützung der britischen Flotte nun überlegen sei, war Admiral Iachino am Abend des 26. und in der Nacht zum 27. März aus seinen süditalienischen Stützpunkten ausgelaufen. Auch durch die erste Sichtung seines Verbandes durch ein Aufklärungs-Flugboot von Malta, ließ er sich nicht von seinem Ziel abbringen, jedoch veranlaßten ihn die ausbleibenden deutschen Luftaufklärungsmeldungen, den geplanten Vorstoß der Kreuzer in die Ägäis abzubrechen und seine Verbände am Morgen des 28. März südlich Kreta zu vereinigen. Hier stießen die italienischen Kreuzer bei Hellwerden auf den weit unterlegenen britischen Kreuzerverband, der versuchte, die italienischen Schiffe auf das im Anmarsch befindliche

britische Gros zu ziehen. Da man sich bald darauf dem Bereich britischer landgestützter Flugzeuge näherte und keine Luftaufklärungsmeldungen eingingen, befahl Admiral Iachino am Vormittag den Abbruch des Gefechtes und den Rückmarsch. Kurz darauf erfolgte der erste britische Torpedofliegerangriff, der dem Admiral überraschend zu erkennen gab, daß zumindest ein Flugzeugträger in See war. Nach mehreren abgewehrten Angriffen wurde am frühen Nachmittag das Schlachtschiff von einem Torpedo getroffen, konnte jedoch seinen Marsch fortsetzen. Am Abend erhielt der Kreuzer *Pola* einen Lufttorpedotreffer und blieb manövrierunfähig liegen. Zur Unterstützung des havarierten Schiffes schickte Admiral Iachino, der nicht mit dem Inseesein feindlicher Schlachtschiffe rechnete, die Schweren Kreuzer *Zara* und *Fiume* mit vier Zerstörern zurück, um dem havarierten Kreuzer zu helfen. Diese Schiffe prallten in der Nacht auf das herankommende britische Gros und wurden von den drei britischen Schlachtschiffen mit Radar-Feuerleitung zusammengeschossen. Die drei Schweren Kreuzer und zwei der Zerstörer gingen verloren.
Cunninghams Sieg hatte viele bedeutende Folgen. Bletchley hatte zum erstenmal beträchtlich zu einem größeren Erfolg zur See beigetragen.* Wegen der Notwendigkeit, in voneinander abgeschirmten Abteilungen zu arbeiten, konnten nur wenige in der Station X wissen, was geschehen war. Aber in der Abteilung ISK hatte man das Gefühl, einen soliden Erfolg nach der intellektuellen Anstrengung beim Knacken der italienischen Schlüsselverfahren erzielt zu haben. Knox schrieb sogar ein Gedicht, um das Ereignis zu feiern. Es begann „Als Cunningham die Schlacht von Matapan gewann" und erwähnte die Namen derjenigen in seinem Team, die dazu beigetragen hatten. Eine, die einen größeren Anteil dabei hatte, Mavis Batey, erinnert sich, daß, als Cunningham selbst in angemessener Zeit nach Bletchley kam, um ihnen zu danken, er besonders darauf aus war, den Originaltext des abgehörten Funkspruches zu sehen, von dem sein Sieg abgehangen hatte.

---

* In der Nacht nach der Schlacht sandte Cunningham einen Glückwunsch an Bletchley Park über den Director of Naval Intelligence, Admiral Godfrey (vgl. dazu Patrick Beesly: Very Special Admiral. London, Hamish Hamilton 1980). Der am beständigsten erfolgreiche und geachtetste Verband der italienischen Marine war die 10. Flottille mit ihrem Stützpunkt in La Spezia; sie besaß „menschliche Torpedos", deren Erfolgsliste gegen die britische Mittelmeerflotte beispielhaft war. In dieser Beziehung ist es bedeutsam, daß ihr Kommandeur, der Fürst Borghese, sich glatt weigerte, seiner Flottille das Funken untereinander oder mit anderen zu gestatten.

Es gab auch noch eine praktischere Konsequenz. Die einzige feindliche Schlachtflotte im Mittelmeer war ausmanövriert, überwältigt und in die Flucht geschlagen worden. Für die Deutschen war das Ergebnis, daß während der ganzen komplizierten Bewegungen zur See, die von den Briten in Verbindung mit den Schlachten um Griechenland und Kreta durchgeführt wurden, und während der folgenden Räumungsoperationen sie in der Hauptsache auf ihre eigene Luftwaffe zurückgreifen mußten und nicht auf die noch immer starke Marine ihres Verbündeten. Da die Ressourcen Cunninghams während dieser hektischen Periode bis zur äußersten Grenze angespannt waren, hätte ein entschlossenes Vorgehen der Italiener katastrophale Wirkungen haben können. Nun waren jedoch vier der sechs italienischen Schlachtschiffe, darunter die beiden modernsten, außer Gefecht gesetzt, und der Schock des Verlustes von drei der sieben Schweren Kreuzer sowie der zunehmend fühlbar werdende Treibstoffmangel führten dazu, daß die italienische Flotte während des Kampfes um Griechenland und Kreta mit ihren schweren Schiffen nicht in Erscheinung trat. Alle Risiken, daß sie gegen Truppenkonvois von Afrika nach Griechenland eingesetzt werden könnten, waren damit ausgeschaltet, und im April konnten Cunninghams Schlachtschiffe aus Alexandria auslaufen, den fernen Hafen von Tripolis beschießen und ungeschoren ins ostwärtige Mittelmeer zurückkehren. Die psychologische Wirkung von Matapan war ungeheuer.
Tatsächlich ging diese Wirkung sogar noch tiefer und dauerte noch länger an. Da sie sich selbst kannten und sich der Apathie oder sogar der feindlichen Einstellung vieler gegen den Krieg bewußt waren, wurden die Gedanken der Mitglieder des italienischen Oberkommandos von der Vorstellung „eines Verräters in unserer Mitte" abgelenkt. Das ist eine Vorstellung, die durch die Tagebücher des zynischen Grafen Ciano geistert. Eine oft zitierte Passage ist eine Stelle, an der er sich auf Rommel bezieht, „der nach britischen Quellen in einem Telegramm mehrere unserer eigenen Offiziere bezichtigt hat, einige seiner Pläne für die Zukunft an den Feind verraten zu haben. Wie immer findet der Sieg hundert Väter, aber die Niederlage keinen einzigen." Der Eintrag steht am 9. September 1942. Am Tage vorher hatte Rommels Hauptquartier einen Funkspruch an den deutschen Vertreter in Rom, General Enno von Rintelen, abgesetzt und dagegen protestiert, daß nach Behauptungen britischer Gefangener ein gefangengenommener italienischer Offizier die Pläne des Feldmarschalls für die Schlacht von Alam Halfa verraten hätte, die am 31. August begann. In der

Folge verlangten die Italiener eine Entschuldigung von Hitler und erhielten sie auch.*

Aber der deutsche Argwohn und Verdacht gegen die Italiener war ebenso real und so häufig wie der Zweifel der Italiener an sich selbst. Die Unzuverlässigkeit der Verbündeten ist ein ständiges Thema in Rommels Papieren. Kurz vor seinem überraschenden Gegenangriff in die Cyrenaika im Januar 1942 drückte er sich einmal klar darüber in seinem Tagebuch aus: „Ich hatte Geheimhaltung gewahrt . . . Wir wußten aus Erfahrung, daß die italienischen Hauptquartiere nichts bei sich behalten können und daß alles, was sie nach Rom funken, zu Ohren der Briten kommt." In einem Brief an seine Frau eine Woche vor der Schlacht bei El Alamein schob er tatsächlich den Italienern sogar die Schuld dafür zu, daß die Briten über seinen schlechten Gesundheitszustand Bescheid wußten.

Natürlich war das in Wirklichkeit durch Ultra bekannt, wie so vieles andere, das durchsickerte und bei den Italienern die Furcht verursachte, es gäbe in ihren Reihen einen Verräter, und die Deutschen waren sicher, daß solche Verräter existierten. Als die Schlacht von Matapan durch die Kommandobehörden der Achse analysiert wurde, schien es offensichtlich, daß Cunningham auf Grund einer Vorwarnung gehandelt hatte. Die Schlüsselverfahren waren bombensicher. Wo also steckte der Verräter? Tatsächlich war Matapan die erste aus einer langen Reihe von Episoden, in denen das deutsche Mißtrauen gegen die Verbündeten und das mit einem Wutgefühl gegen ihre Ankläger gemischte Schuldgefühl der Italiener durch Bletchleys Eindringen in ihre Geheimnisse unterhalten und intensiviert wurden. Es war nicht beabsichtigt gewesen, Ultra als Instrument der psychologischen Kriegführung zu benutzen, aber im Mittelmeer war das eine seiner glücklichen Auswirkungen.

Der historische Fall von Matapan zeigt tatsächlich, daß sein Einfluß auf das italienische Nationalbewußtsein noch lang nach 1941 andauerte. Im Jahre 1962 veröffentlichte Dr. Montgomery Hyde

---

* Die Vorstellung, daß die deutschen militärischen Pläne im Mittelmeerraum in erster Linie durch Verrat auf italienischer Seite den Alliierten im voraus bekannt wurden, läßt sich in der bisherigen Form nicht aufrechterhalten. Das neue offizielle britische Werk „British Intelligence in the Second World War" läßt deutlich erkennen, daß bis Ende 1941 die Schlüsselmittel der italienischen Streitkräfte zwar nicht total entzifferungssicher, jedoch sehr viel weniger anfällig gegen Entzifferungen waren als z. B. der von der deutschen Luftwaffe im Mittelmeer verwendete Schlüssel „Hellblau".

das Buch *The Quiet Canadian*, eine Biographie von Sir William Stephenson, in dessen transatlantischem britischen Sicherheitskoordinationsausschuß Hyde selbst während des Krieges Dienst getan hatte. Und das hatte auch eine verführerische Spionin unter dem Namen Cynthia getan, von der Hyde sagt, sie hätte im Winter 1940/41 durch ihre Künste eine Kopie des italienischen Marineschlüssels vom Marineattaché in Washington, Admiral Alberto Lais, erhalten. „Die Flottenbewegungen Iachinos," so schrieb Hyde, „waren mit Hilfe des Schlüssels korrekt bekannt, und führten zu dem berühmten britischen Seesieg vor Kap Matapan . . ."* Einige Jahre danach wurde das Buch übersetzt und in Italien mit einer Einführung durch Antonino Trizzino veröffentlicht, der bereits der Autor eines Buches mit kontroversem Inhalt unter dem Titel *Navi e Poltrone* war. Im Jahre 1967 ergab sich daraus ein Prozeß gegen Hyde, Trizzino und deren Verleger, der von Mauro Lais angestrengt worden war, um dessen verstorbenen Verwandten, den Admiral, von jedem Verdacht zu reinigen, – dieser war allerdings nun tot. (Ein solcher Prozeß zugunsten eines Verstorbenen ist nach dem italienischen Gesetz möglich.) Die ganze Geschichte von Matapan wurde vor Gericht überprüft, und Lais gewann ihn in erster Instanz. Im Jahre 1968 ging die Sache in die Berufung. Wieder wurde die ganze Schlacht ausgefochten, aber die Ehre von Lais blieb unangetastet. Nichtsdestoweniger waren die Auswirkungen eines kryptoanalytischen Coups von Dillwyn Knox und seiner kleinen Abteilung in Bletchley, der über ein Vierteljahrhundert zurücklag, immer noch zu spüren.

Ironischerweise hatte der Prozeß ein paar Jahre zu früh stattgefunden. Im Jahre 1974 erschien das Buch „The Ultra Secret". Hier endlich wurde eine vollkommene Antwort auf die italienischen Feststellungen gegenüber all diesen Behauptungen des Verrats gegeben. Ihre Schlüssel waren die wirklichen Verräter! Als eine italienische Ausgabe des Buchs von Group Captain Winterbotham in Auftrag gegeben wurde, kam man vernünftigerweise überein, daß zusätzliches Material, das für Italien von besonderem Interesse sein mußte, von Dr. Giulio Divita, einem hervorragenden Wissenschaftler und Fellow von Clare College Cambridge, zusammengestellt werden sollte, da er über den Krieg im Mittelmeer

* Obgleich die Cynthia-Story auch zutreffen mag, so ist es doch höchst unwahrscheinlich, daß der italienische Marineattaché in Washington andere Schlüsselmittel als seinen Attachéschlüssel besaß. Es ist unvorstellbar, daß Admiral Lais die gültigen Schlüsselmittel für bevorstehende Flotteneinsätze besaß (Prof. Rohwer).

ausgezeichnete Kenntnisse besaß. Divita sammelte Material, durch das ganz richtig bewiesen wurde, daß Ultra nicht das *einzige* Mittel war, durch das die Briten Nachrichten über die Italiener erhielten. Zu seinem Erstaunen entdeckte er jedoch im Jahre 1976, daß unter einem „ gewissen Druck" die Herausgeber nun darauf bestanden, daß eine reine Übersetzung von Winterbothams Original herausgebracht würde. Tatsächlich hatte Vizeadmiral Fadda, der Leiter der Publikationsabteilung der italienischen Marine, ihnen geschrieben und den Einschluß auch nur von Teilen von Divitas zusätzlichem Material verboten. Der Grund dafür war einfach genug. Für Matapan, die versenkten Geleitzüge, die Niederlagen in der Wüste, das deutsche Hohnlächeln und die Kritik im eigenen Land hatten die italienischen Behörden in Ultra eine vollkommene Erklärung gefunden. Sie wollten nicht, daß durch die Veröffentlichung irgendeiner anderen Möglichkeit das alles wieder verwischt würde.[2]

Bis Matapan hatte die Royal Navy seit der Seeschlacht am Skagerak im Jahre 1916 keine Schlacht mit der Flotte oder ein größeres Gefecht im Mittelmeer ausgefochten, seit Nelson 1798 die Schlacht bei Abukir gewonnen hatte. Damals war jedoch ihre Auswirkung unbedeutend gegenüber demjenigen, was zwei Monate später durch die Versenkung eines einzelnen Schiffes am 27. Mai um 10.36 Uhr vormittags hervorgerufen wurde, nämlich durch die Versenkung des Schlachtschiffes *Bismarck*. Das Klischee „lebenswichtig" hat seinen Wert verloren, und doch ist es ein treffendes Adjektiv für den britischen Erfolg. Die Konsequenzen für die Geleitzüge im Atlantik im Jahr 1941 wären, falls dieses schnelle und starke Schiff die Möglichkeit gehabt hätte, in der Hochsee zu operieren, unvorstellbar gewesen.

Das große Drama der letzten Fahrt der *Bismarck* ist wohl bekannt, – der Ausbruch aus der Nordsee, das Trauma von der Versenkung der *Hood*, die Beobachtung und dann das Verlieren der *Bismarck* durch die Radargeräte der britischen Kreuzer, die quälenden Stunden, in denen es keine Feindberührung gab, das Heranrufen von Schiffen und Flugzeugen aus allen Himmelsrichtungen und der Schlußakt bei der Jagd, als die schließlich gestellte *Bismarck* ihren Gnadenstoß von der *Rodney*, der *King George V.* und der *Dorsetshire* erhielt und am 27. Mai mit wehender Flagge sank.

In diesem Monat Mai und noch viele Jahre danach gab es Männer, die glaubten, Ultra hätte dazu einen Beitrag geleistet, den man sogar für entscheidend hielt. In Bletchley fand diese Ansicht weite Verbreitung. Einige, die ungefähr zu dieser Zeit ihren Dienst in

▲
Die Enigma-Maschine von Scherbius: Deckblatt des ursprünglichen Verkaufsprospektes.

Eine von den polnischen Kryptologen rekonstruierte und von der Firma AVA nachgebaute Enigma-Maschine (Nachkriegskonstruktion der BBC). ▶

Funkschlüssel C der Reichsmarine (1926–1934) mit 3 Schlüsselwalzen, Umkehrwalze, 29 Buchstaben (einschließlich Umlaute), aber ohne Steckerverbindungen.

Funkschlüssel C, 3 Schlüsselwalzen mit 29 Buchstaben, 1 Umkehrwalze mit 4 Nocken.

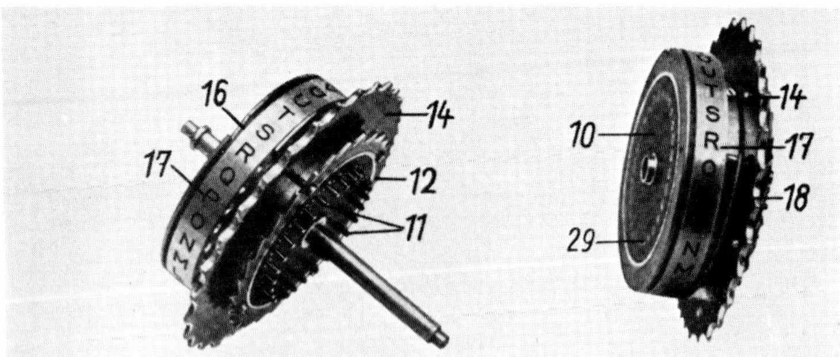

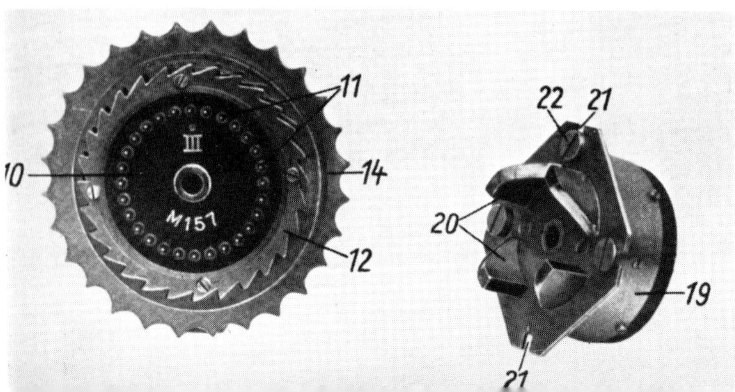

▲
Zivile Version Enigma D mit 4 Schlüsselwalzen für den Export.

Enigma I des Heeres mit 3 Schlüsselwalzen, 26 Buchstaben und Steckerbrett. ▶

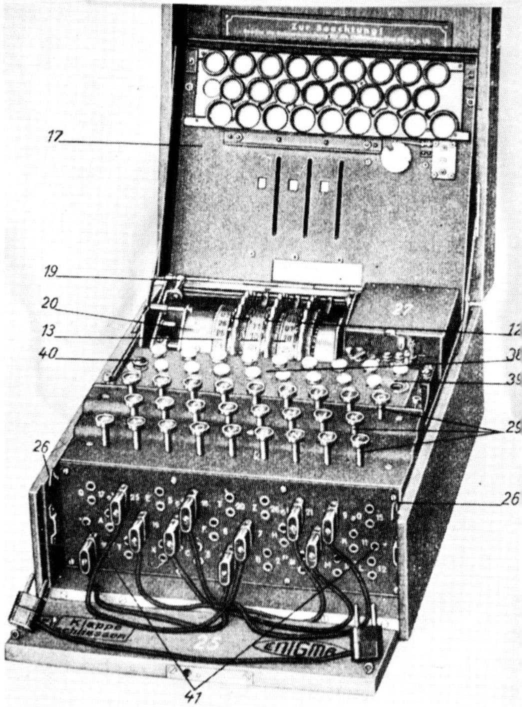

12 Chiffrierwalzen	20 Umkehrwalze	29 Tastenbolzen
13 Zahlenringe	25 Stirnwand	38 Glühlampenfeld
17 Metalldeckel	26 Haken	39 Lampenprüfung
19 Haltehebel	27 Batteriekasten	40 Kabelprüfung

41 Unverw. Buchsen zur Kabelprüfung

Enigma I: Schlüsselwalzen mit 26 Zahlen statt Buchstaben. ▼

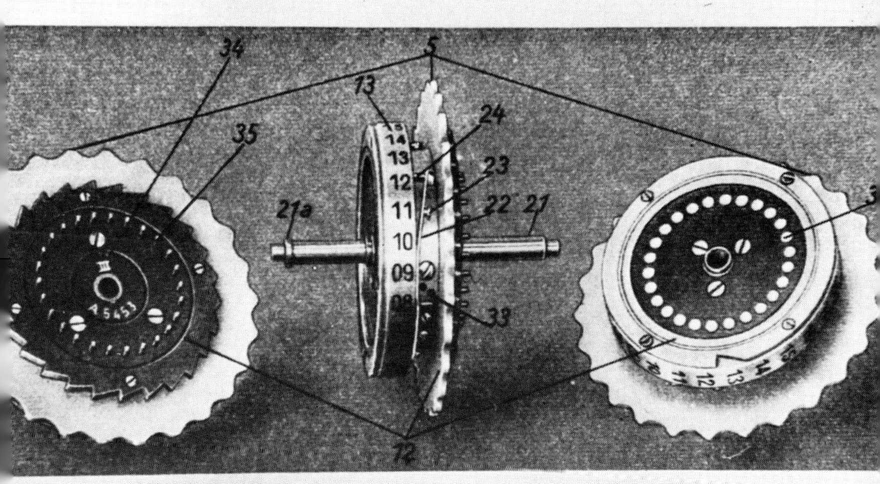

Einstellräder	21 Achse	23 Knopf	34 Kennzeichnung durch röm. Zahl
Chiffrierwalzen	21 a Achsenbund	24 Federzapfen	35 Federnde Kontaktstifte
Zahlenring	22 Haltefeder	33 Kennzeichnung durch Punkte	36 Glatte Kontaktflächen

Funkschlüssel M der Marine (ab 1934). Ansicht des geöffneten Funkschlüssels mit eingesetzten Schlüsselwalzen, vorn Steckerbrett.

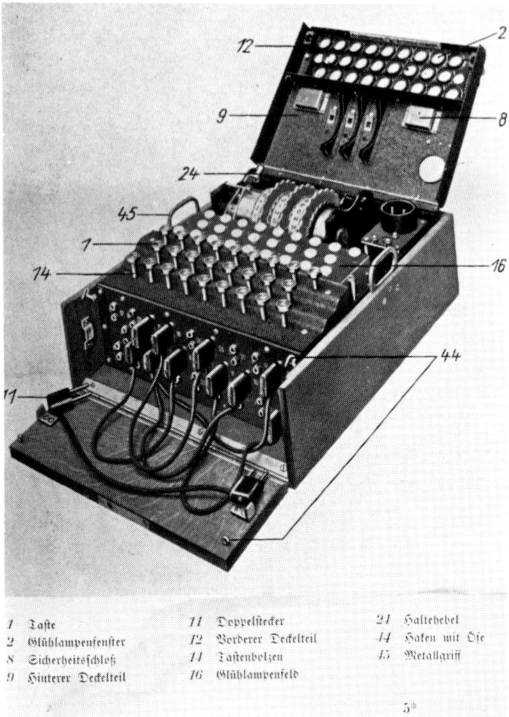

Funkschlüssel M mit aufgesetzter Sichtblende, Reservewalzenkasten.

▼

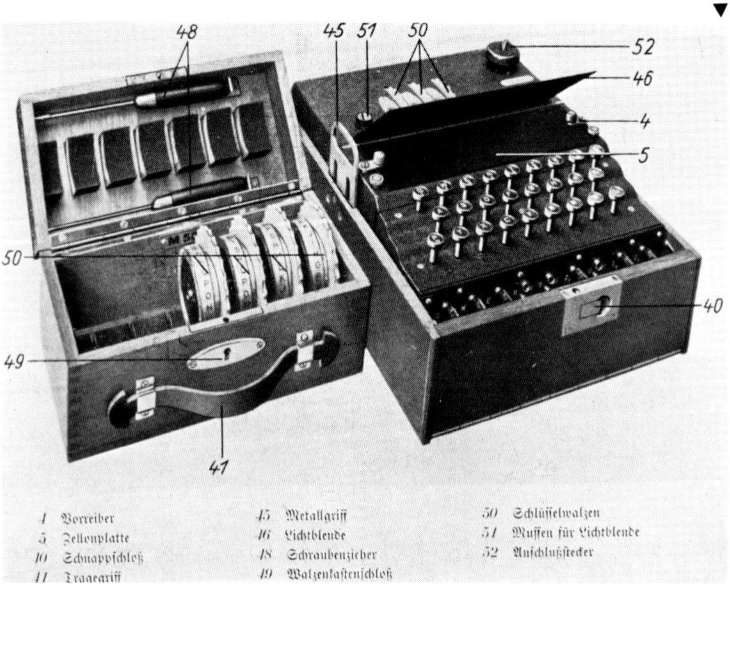

Schaltbild des Funkschlüssels M.

Abbildung 7.

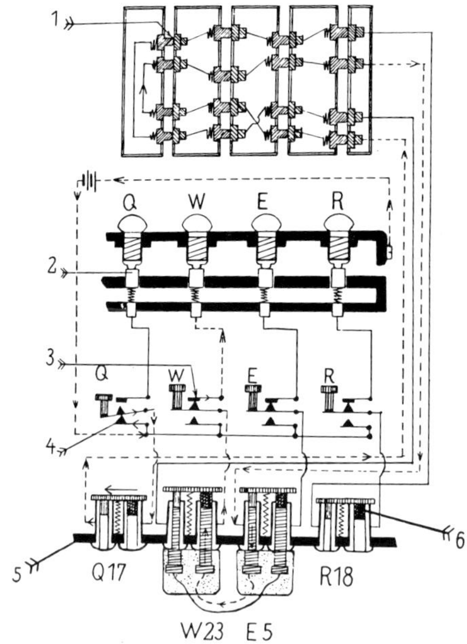

Stromkreis: Pol der Stromquelle Feder-(Arbeits-)Kontakt (4) der Taste Q Steckbuchse Q 17 im Steckerbrett (5) Kurzschlußbrücke Eingangswalze Schlüsselwalzen über bewegliche und feste Kontakte (1) Umkehrwalze Schlüsselwalzen Eingangswalze Steckbuchse E 5–Steckerschnur–Steckbuchse W 23 Feder-(Ruhe-)Kontakt (3) Lampenkontakt (2) zur Glühlampe W anderen Pol der Stromquelle.

Funkschlüssel M 4 mit 4 eingesetzten Walzen.

Die Entwicklung der ENIGMA · Schlüsselmaschinen 1923 - 1945

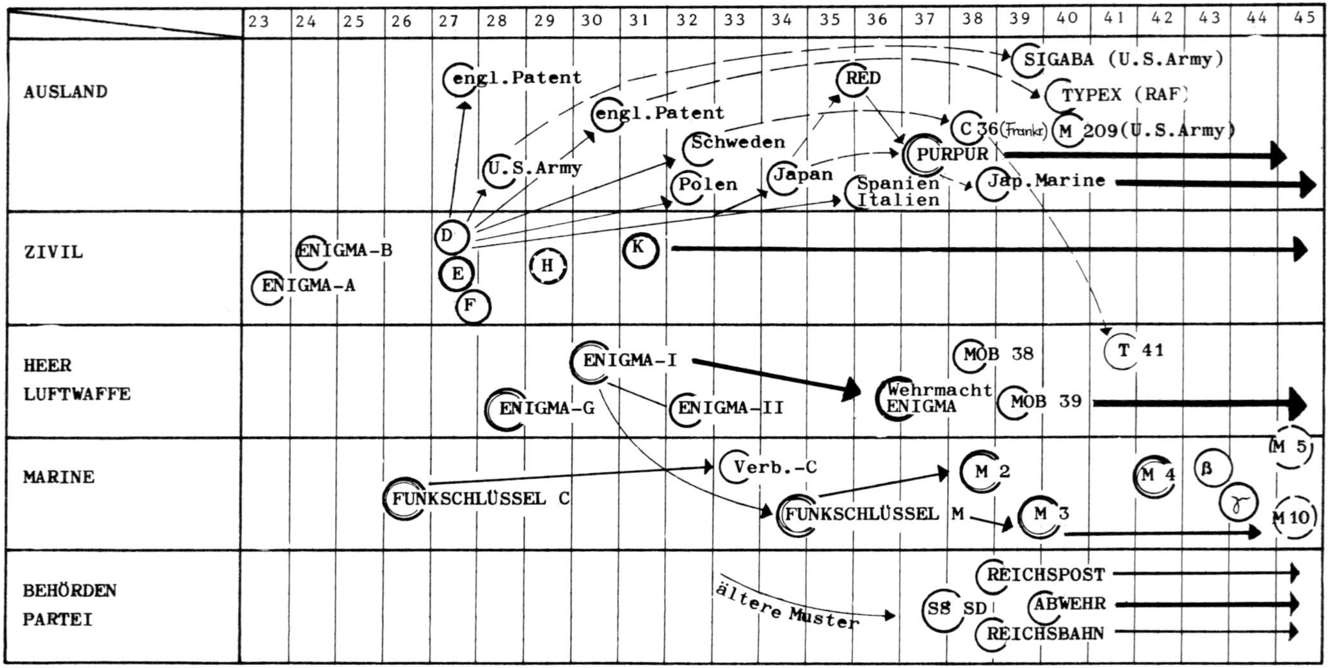

← Ableitung - Weiterentwicklung ← - - - Beeinflussung der Entwicklung

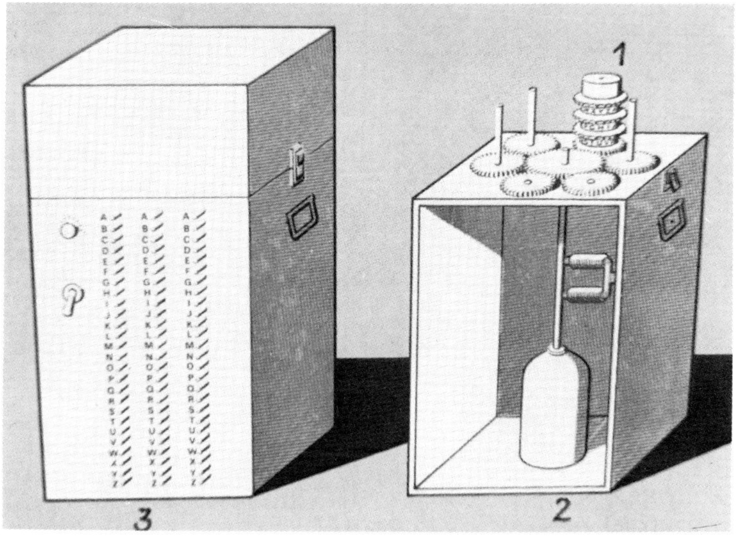

Polnische Bomba: 1 »Enigma«-Walzenlage mit drei Schlüsselwalzen, auf den restlichen fünf äußeren Zahnrädern sind die anderen bei drei verwendeten Walzen möglichen Walzenlagen angeordnet; 2 Elektromotor; 3 geschlossener Kasten mit drei Reihen Schalthebeln. (Rekonstruktion: T. Lisicki)

Bletchley Park: Links das alte Haupthaus, im Hintergrund einige der »Huts«.

Der Stab von *P. C. Bruno:* Major Bertrand und Oberst Langer in der Mitte hinten.

Das Schloß in Vignolles.

Der Befehlswagen des Generals der Panzertruppe *Guderian* in Frankreich (Juni 1940). Vor dem General der Funker mit seinem Funkgerät, vorn die Schlüsselgruppe mit einer Enigma.

Special Liaison Unit in der nordafrikanischen Wüste.

Das Cottage, eine geheime Funkstation in Abbassia bei Kairo. Hier wurden die »Ultra«-Signale für den Mittleren Osten empfangen und gesendet.

Diese einzigartige Aufnahme einer Me 323-Transportmaschine bestätigte Ultra; die Aufnahme wurde hinter den deutschen Linien gemacht.

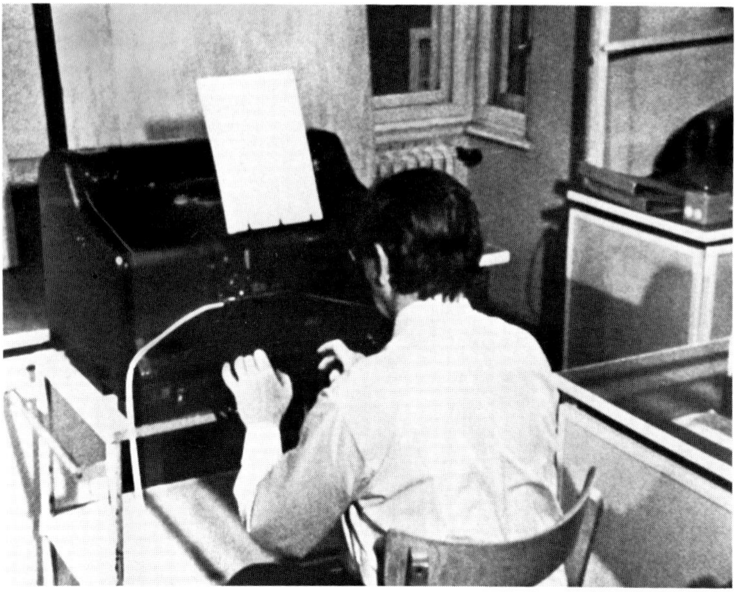

Der *Geheimschreiber*.

T. H. Flowers, der Mann hinter Colossus.

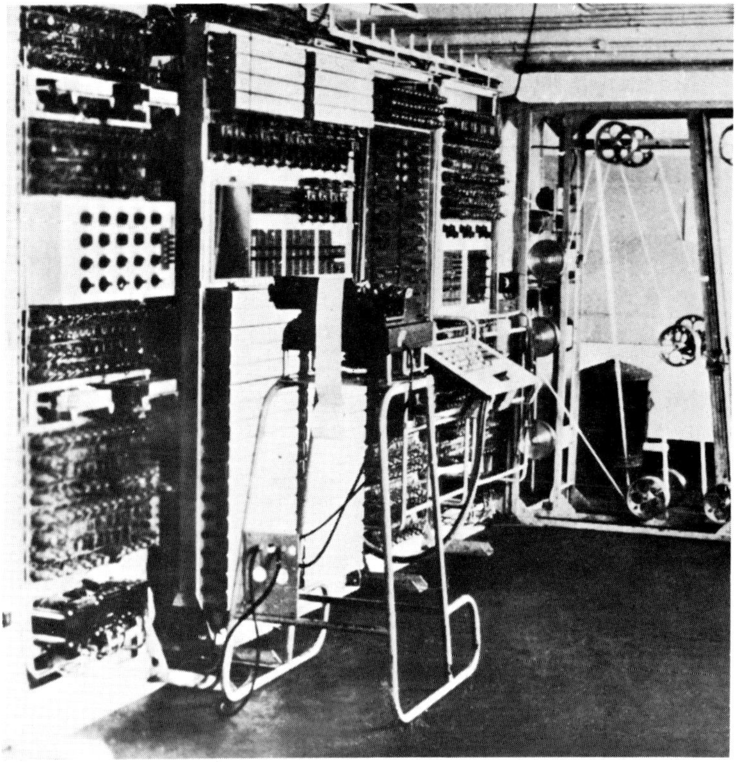

Die Colossus-Maschine in Bletchley.

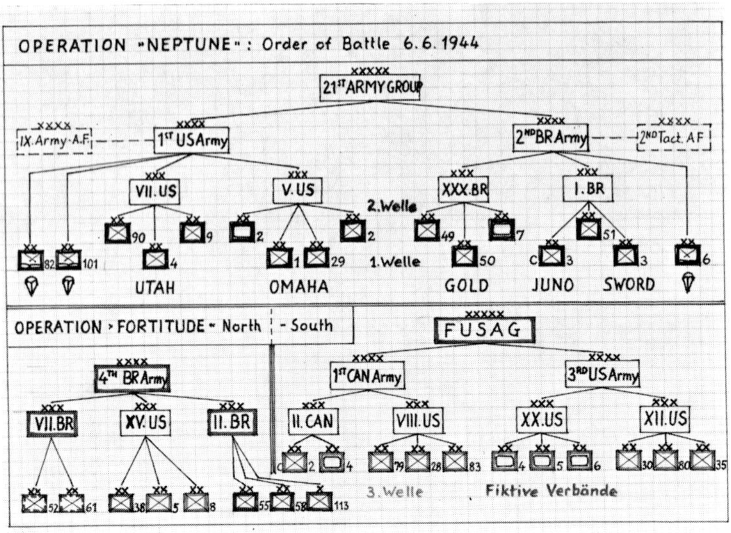

Für die Täuschungsoperation Fortitude North bzw. Fortitude South vorgesehene Verbände. Sie bestanden zu diesem Zeitpunkt aus den in der Aufstellung befindlichen Einheiten, die als dritte Welle für die Invasion vorgesehen waren (1st CAN Army, 3rd US Army) sowie einem Teil fiktiver Verbände, die nur im Funkbild in Erscheinung traten (4th BR Army).

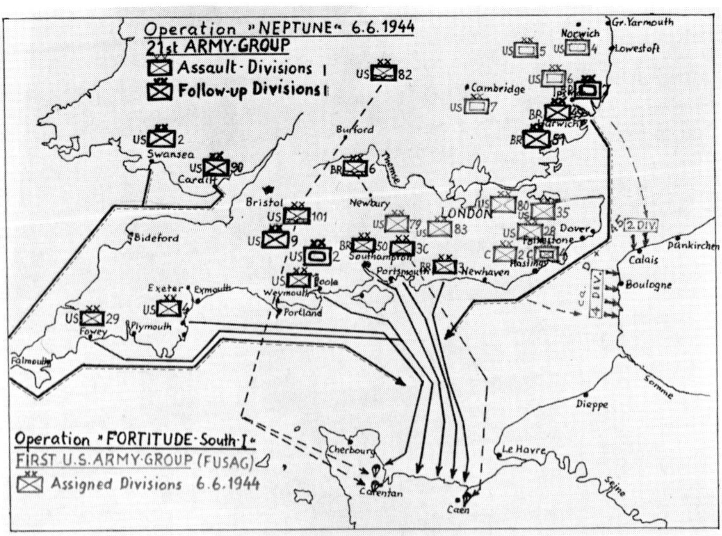

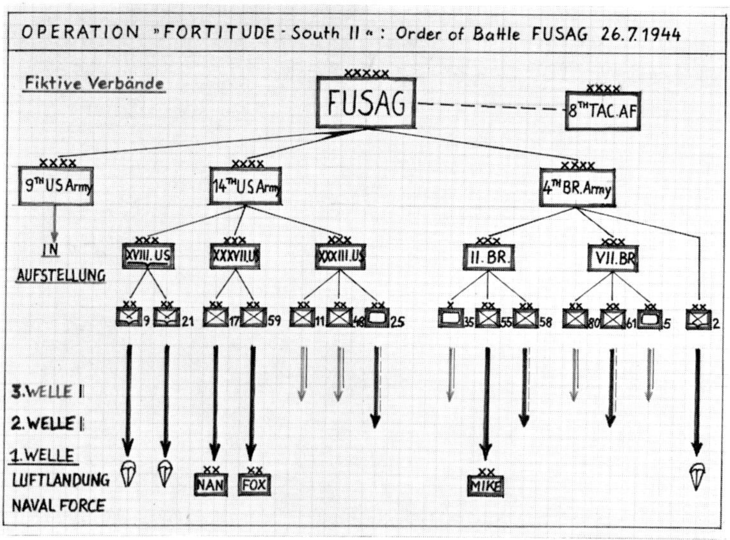

Zum Zeitpunkt des Ausbruchs der alliierten Armeen aus dem Normandie-Brückenkopf wurde die Täuschung mit der FUSAG weiter aufrechterhalten. Zu diesem Zeitpunkt waren jedoch alle aktiven Verbände in die Normandie nachgeführt, während die FUSAG ausschließlich aus fiktiven Einheiten bestand, deren Dislokation im Funkbild auf der unteren Karte wiedergegeben ist.

Entwurf der Karten: J. Rohwer

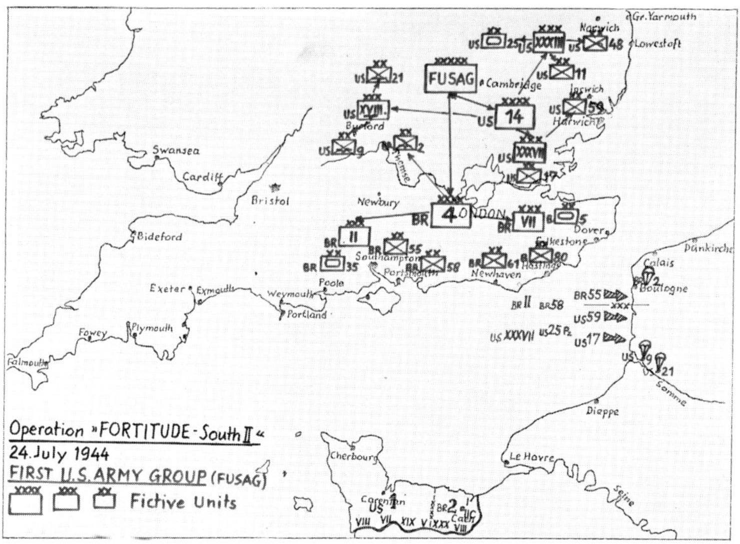

Der Verbrennungsofen im Königlichen Palast in Caserta, in dem die Ultra-Funksprüche an den Oberbefehlshaber Mittelmeer, General Alexander, nach Gebrauch verbrannt wurden.

Bletchley begannen, identifizieren dieses Datum tatsächlich mit ihren Erinnerungen an die allgemein herrschende Aufregung über die *Bismarck*. Mitglieder der *Hut 6*, wie Stuart Milner-Barry, gehen in bezug auf entzifferte Funksprüche sogar ins einzelne. Keith Batey erinnert sich sogar immer noch an einen Funkspruch „an den Militärbefehlshaber Athen", in dem die Position des Schlachtschiffes angegeben wurde. Diese Eindrücke beziehen sich in der Hauptsache auf die Jagd nach der *Bismarck*, als die Feindberührung verlorengegangen war und eine schreckliche Ungewißheit darüber bestand, ob das Schlachtschiff weiter in den Atlantik als Handelsstörer vordringen oder nach Süden Sicherheit in einem französischen Hafen wie Brest oder St. Nazaire suchen würde.
Die Erinnerungen von Group Captain Winterbotham sind sogar noch lebhafter, als sein Buch vermuten läßt. Dem Autor gegenüber hat er beschrieben, wie an sein Büro in Broadway ein Funkspruch durchkam, durch den klar wurde, daß die *Bismarck* tatsächlich Richtung Brest fuhr und zu ihrer Sicherung alle Kräfte der deutschen Marine und der deutschen Luftwaffe herangezogen wurden, die nur möglich waren. Er erinnert sich, daß er die Auswirkungen dieses Funkspruchs mit seiner Gegenstelle, dem Nachrichtenoffizier der Royal Navy bei MI 6, besprochen und mit ihm Spekulationen angestellt hatte, wie die von Gibraltar nach Norden fahrenden britischen Schiffe noch rechtzeitig eintreffen könnten.
Und doch erweist es sich bei der näheren Untersuchung als schwierig, einen bestimmten Augenblick auszumachen, in dem Ultra den Ausgang der Operationen tatsächlich hatte beeinflussen können. Gewiß ist dies die wohlüberlegte Ansicht von Admiral Sir Norman Denning und Patrick Beesly, die während der Schlacht im Operational Intelligence Centre Dienst hatten, alle hereinkommenden Meldungen schriftlich festhielten und Stunde für Stunde die vielen Dispositionen der Schiffe und Flugzeuge beobachteten, die schließlich die *Bismarck* stellten. Anschein und Wirklichkeit müssen hierbei miteinander in Einklang gebracht werden.
Gewiß wurde die Station X nicht ausgeschlossen. Sobald am 21. Mai bekannt war, daß die *Bismarck* aus Deutschland heimlich auf eine norwegische Reede entkommen war, wurden Denning selbst und ein weiterer Offizier aus dem OIC, Commander Peter Kemp, nach Bletchley entsandt, wo sie allen gegenüber, die davon betroffen waren, die dringende Notwendigkeit von Nachrichten über den Auftrag der *Bismarck* betonten. Die nackte Tatsache bestand darin, daß während des gesamten Dramas nicht ein einziger Funkspruch von der *Bismarck* oder an sie jemals rechtzeitig entzif-

fert wurde. Doch wie trostreich wäre es für den gequälten Churchill, die Admiralität und die Home Fleet gewesen, wenn die Entzifferer in der Lage gewesen wären, sofort Ergebnisse zu bringen! Denn die Marineakten bei den Ultra-Dokumenten, die sich jetzt im Public Record Office befinden, rufen die ganze Geschichte in entzifferten Funksprüchen auf dramatische Weise ins Gedächtnis zurück, die zwischen der gejagten *Bismarck* und der Küste hin- und hergingen.

Um 20.22 Uhr am 24. Mai funkt das Hauptquartier der deutschen Marine in Frankreich, Gruppe West, an die Flotte: „Admiralität verkündet Verlust von *Hood*. Vizeadmiral Holland an Bord." Dann meldet in der dunklen Mitternacht Admiral Lütjens von der *Bismarck* durch Funkspruch: „Von trägergestützten Flugzeugen angegriffen. Von Torpedo getroffen." Während die *Bismarck* am 25. nach Süden fährt, lassen Funksprüche von der Gruppe West eine verzehrende Aktivität zur Vorbereitung ihres Empfangs in einem französischen Hafen erkennen. Um 19.25 Uhr funkt die Gruppe West die Dispositionen von Jagdfliegern, U-Booten und Zerstörern zum Schutz des Einlaufens der *Bismarck* in Brest oder La Pallice. In den frühen Morgenstunden des 26. berichtet ein langer Spruch über Vorkehrungen in St. Nazaire, – Baggerarbeiten, Torpedo-Abwehr, Bereitstellung von Lotsen und Vorbereitungen auf der Marinewerft. Am Abend des 26., nachdem das große Schiff seine Todeswunde empfangen hat,* funkt der Sender des Befehlshabers der U-Boote an alle Boote in der Biskaya: „Der Auftrag lautet Schutz der *Bismarck*, deren Ruder zur Zeit ausgefallen ist." So verhält es sich tatsächlich: Um 21.43 Uhr meldet Lütjens: „Bin von *Renown* und leichten Kräften eingeschlossen" und fast gleichzeitig an das Oberkommando der Marine: „Dringend. Schiff nicht mehr manövrierfähig. Wir kämpfen bis zur letzten Granate. Lang lebe der Führer." (Auf Grund eines merkwürdigen Versehens lautete das an das Operational Intelligence Centre gerichtete Original-Fernschreiben der Übersetzung: „Long *love* (statt „live") the Führer".) Dann folgt der letzte loyale Funkspruch an Hitler, dem nach schrecklichen Stunden des Wartens um 19.30 Uhr am 27. von *U 74* eine Sichtmeldung an den Be-

* Ungefähr um 21 Uhr am 26. Mai, nachdem der Kontakt mit der *Bismarck* wieder aufgenommen worden war, verklemmte ein Torpedo von einem Swordfish-Flugzeug, das vom Träger *Ark Royal* gestartet war, die Ruder des Schlachtschiffes und beschädigte seine Steueranlage. Von diesem Augenblick an war die Versenkung, die am nächsten Morgen erfolgte, unvermeidlich.

fehlshaber der U-Boote folgt. „19.30 Uhr Planquadrat BE 6.142. Drei Überlebende der *Bismarck*. Gemäß ihrem Bericht scheint sie etwa um 10 Uhr im Planquadrat BE 5.330 versenkt worden zu sein."

All diese beredten Funksprüche und die anderen, die während des langen Dramas gesendet wurden, können jetzt in der modernen Außenstation des Public Record Office an der Themse in Kew genau so eingesehen werden, wie sie damals von Bletchley an die Admiralität, entziffert und übersetzt, als Fernschreiben gingen. Die *Bismarck* wurde natürlich schließlich versenkt, – mit einem großen Teil Glück, denn diese verklemmten Ruder bedeuteten einen unvorhersehbaren Glücksfall. Hätte aber Bletchley genügend Erfahrung mit den deutschen Marineschlüsseln gehabt, um die abgehörten Funksprüche rasch bearbeiten zu können, so hätten diese den tatsächlichen Kurs und das Fahrziel des Schlachtschiffs der Admiralität sofort verraten. Viel Aufregung hätte sich vermeiden lassen, und die Vernichtung der *Bismarck*, bei der der Zufall eine große Rolle spielte, wäre unbedingt sichergestellt gewesen. Stattdessen gab es auf der Station X Verzögerungen, und die entzifferten Funksprüche wurden zu spät an die Royal Navy weitergegeben. Viele Stunden zu spät, so daß, als sie schließlich eintrafen, sie keine Instrumente zum Ergreifen von Maßnahmen mehr waren, sondern bereits historische Berichte. Die Fahrt der *Bismarck* verlief während einer kritischen Phase, als Bletchley gerade dabei war, sich die Fähigkeit zu erwerben, – sie allerdings noch nicht voll besaß, – die deutschen Marineschlüssel schnell zu bearbeiten. Doch während eines rasch verlaufenden Gefechts wie jenem war eine Verzögerung von 48 Stunden bei der Entzifferung genauso gefährlich wie eine Verzögerung von 48 Jahren.

Von den beiden entzifferten Sprüchen, die BP mit größerer Geschwindigkeit lieferte, ist der erste manchmal als „der diplomatische Funkspruch" bekannt. Er wurde anscheinend im Luftwaffenschlüssel „Rot" nach Athen gefunkt, den Bletchley entziffern konnte, und zwar in Beantwortung der Anfrage einer hochgestellten Persönlichkeit, deren Neffe sich an Bord der *Bismarck* befand. (An Bord des Schlachtschiffes befand sich eine Anzahl junger Seekadetten: Ihre Tragödie wird nicht durch die Erinnerung vermindert, daß am 22. September 1914 bei der Versenkung der antiquierten Kreuzer *Cressy, Hogue* und *Aboukir* durch deutsche Torpedos vor der Küste Hollands eine beträchtliche Anzahl von früheren Dartmouth-Kadetten mit ihnen unterging.) Das war der Funkspruch, an den sich Keith Batey erinnert. Aber es gab

auch eine kleine Verzögerung bei der Entzifferung dieses Funkspruches in Bletchley, und zwar auf Grund von Fehlern in der ursprünglichen Version, die der deutsche Funker wiederholen mußte. Der Text erreichte die Admiralität erst am frühen Morgen des 25. Mai. Bis dahin war die britische Flotte auf Grund der Annahme (die ohne Ultra erreicht wurde) umgeleitet worden, die *Bismarck* liefe einen Hafen in Frankreich an. Die gleichen zeitlichen Überlegungen gelten für den entzifferten Spruch über die Sicherung des Schlachtschiffes in der Luft und zur See bei der Annäherung an Brest.
Nach Eingang des „diplomatischen Funkspruchs" funkte die Admiralität tatsächlich eine Bestätigung, daß die *Bismarck* Richtung Westfrankreich lief. Aber das geschah um 19.24 Uhr; bereits um 18.10 Uhr hatte Admiral Tovey sich schließlich eine Auffassung über das Ziel des Schlachtschiffes gebildet und seine es verfolgende Home Fleet entsprechend umgeleitet, um das Schlachtschiff abzufangen, bevor es Frankreich erreichen konnte.[3] Er stand aber immer noch 150 Seemeilen achteraus. Wie konnte die *Bismarck* gestoppt werden, bevor sie von einem Schirm der deutschen Luftwaffe abgesichert wurde? Wir wissen heute, daß am nächsten Morgen, dem 26., um 10.30 Uhr ein patroullierendes Catalina-Flugzeug sie entdeckte und dadurch den Angriff des mit Torpedo bewaffneten Swordfish-Flugzeuges ermöglichte, das dann ihre Ruder verklemmte, ein Unglück, das zu ihrem Untergang führte. Das genaue Einweisen durch diese Catalina war eine wertvolle Unterlage. Das Flugzeug befand sich auf einem zusätzlichen Patrouillenflug auf Befehl des Oberbefehlshabers Coastal Command. Wurde Sir Frederic Bowhill beim Festlegen des Suchraumes der Catalina durch in Bletchley entzifferte Funksprüche beeinflußt? Da die Admiralität und die Home Fleet seit dem vorhergehenden Abend ihre Aufmerksamkeit auf die Zufahrten nach Brest richteten, scheint dies unwahrscheinlich zu sein.
Wenn das dem genauen Szenarium entspricht, dann stimmen die damaligen Eindrücke in Bletchley, Winterbothams persönliche Erfahrung und alle späteren Erinnerungen überein. Etwas geschah dort bestimmt: Zweifellos wurden Funksprüche entziffert. Aber sogar die Marineabteilung in BP konnte, so eng auch ihre Verbindungen mit OIC und der Admiralität waren, nicht jeden Wechsel beim raschen Ablauf der Bewegungen und Gegenbewegungen gewußt haben. Die Leute in Bletchley waren natürlich auf Grund ihrer entzifferten Funksprüche recht aufgeregt. Dann hörten sie plötzlich, daß das eben noch verschwundene Schlachtschiff

wiedergefunden und versenkt worden war. Zweifellos stellten sie diese beiden Tatsachen zusammen und bildeten sich ein, Station X hätte einen Sieg errungen. Wenn die Wahrheit aber gerade im Gegenteil liegt, so wird man sich an ein Gesetz erinnern, das sich auf dem Schlachtfeld oft erweisen sollte, daß nämlich für die unmittelbaren Operationen Ultra viel von seinem Wert verlieren konnte, wenn seine Nachrichten über den Feind nicht rechtzeitig hinausgingen.
Durch ein merkwürdiges Zusammentreffen von Umständen wurde dieses Gesetz sofort erfüllt, – nicht jedoch auf Grund eines Glücksfalles. Während der ersten Hälfte des Jahres 1941 unternahm die Royal Navy entschlossene Anstrengungen, um von deutschen Schiffen zur See Dokumente oder Geräte zu „klauen", das den Entzifferern in Bletchley zu einem Durchbruch verhelfen konnte. Am 23. Februar erfolgte der Überfall auf die Lofoteninseln, bei dem ein Prisenkommando vom aufgegebenen Trawler *Krebs* einen Satz Ersatzwalzen für dessen Enigma-Maschine erbeutete, obgleich die Maschine selbst sicher über Bord geworfen worden war. Die Funkpeilung erkannte später die Anwesenheit zweier weiterer Trawler, der *München* und der *Lauenberg*, im Seegebiet um Island, die regelmäßig Wettermeldungen sandten.

Am 7. Mai wurden das erste dieser Fahrzeuge und am 25. Juni das zweite auf Grund sorgfältig geplanter Manöver gefaßt. Techniker gingen als Fachleute an Bord und kamen noch rechtzeitig, um unschätzbar wertvolle Dokumente, aber wieder einmal keine Maschine zu erbeuten. Einer der pathetischsten Ultra-Funksprüche, der sich in den Marineakten des Public Record Office befindet, wurde von der *München* gesendet. Er lautet einfach: „Werde verfolgt". Man empfindet Mitgefühl für das winzige Schiff in den kalten isländischen Gewässern, dessen Besatzung einen mächtigen britischen Kreuzer beobachtet, der mit hoher Geschwindigkeit und mit auf das Schiff gerichteten Kanonen direkt auf es zukommt. Das entscheidende Ereignis war jedoch schon vorüber. Am 8. Mai griff *U 110* mit seinem Kommandanten Julius Lemp einen Geleitzug an. Der Führer der Escort Group, Capt. Baker Cresswell, hatte auf Grund eines Befehls der Admiralität, jede Gelegenheit zur Erbeutung von Schlüsselunterlagen auszunutzen, an Bord seiner Schiffe Enterkommandos zusammenstellen lassen für den Fall, daß man eines U-Bootes habhaft werden konnte. Die Umstände der Erbeutung von *U 110* steckten so voller Möglichkeiten des Scheiterns, und seine Folgen waren so entscheidend, daß dies

eine von den außergewöhnlichen Gelegenheiten war, bei denen die Geschichte den Atem anhält.
U 110 griff den auslaufenden Geleitzug *OB 318* südlich Grönland an. Durch den Gegenangriff von Baker Cresswell mit seinem Zerstörer *Bulldog* wurde das deutsche U-Boot zum Auftauchen gezwungen. Kapitänleutnant Julius Lemp hatte sich bisher im U-Boot-Krieg ausgezeichnet, aber jetzt beging er aller Wahrscheinlichkeit zum Trotz einen zweifachen Fehler. Er gab den Befehl, das Boot aufzugeben, nachdem er die notwendigen Sprengladungen hatte anlegen lassen. Aber die Sprengkapseln versagten, das U-Boot blieb an der Oberfläche, und er hatte die starre Regel der Deutschen – und tatsächlich auch der britischen Marine – gebrochen und alle seine kennzeichnenden Seekarten, Codebücher, Schlüsselunterlagen – und seine Enigma an Bord gelassen.
Die *Bulldog* drehte in ungefähr 100 m Entfernung von *U 110* bei und setzte ein Prisenkommando ab, das in einer von fünf Seeleuten geruderten Jolle durch die schwierigen nördlichen Gewässer fuhr. Führer des Prisenkommandos war ein 21jähriger Sub-Lieutenant, ein Berufsoffizier der Royal Navy, namens David Balme. Erst einmal hatte er vorher an einem solchen Unternehmen teilgenommen, und das war vor dem Krieg in den ruhigen Gewässern des ostwärtigen Mittelmeeres gegen eines der Schiffe, das illegale Einwanderer nach Palästina brachte. Jetzt bestand sein erstes Problem einfach darin, wie er an Bord gelangen konnte. Es ist nicht leicht, ein Ruderboot längsseits eines abgerundeten Unterseebootes inmitten der eiskalten Wellen vor Island zu bringen. Irgendwie wurde die Jolle an dem runden Rumpf des Bootes vertäut, und Balme kletterte mit dem Revolver in der Hand auf dem feuchten und schlüpfrigen U-Bootrumpf entlang. Als er die Leiter des Turms hinunterkletterte, war die Atmosphäre innerhalb des verlassenen U-Bootes unheimlich. An Bord eines Schiffes gibt es gewöhnlich Geräusche, wenigstens das stete Brummen der Generatoren. Aber als Balme in den Sehrohr-Kontrollraum gelangte, als er in das Herz des Bootes kam, herrschte völlige Stille: eine Stille und eine Dunkelheit, die nur durch die blauen Lampen der Notbeleuchtung des U-Bootes unzureichend durchbrochen wurde. Geräusche konnte er nur von außerhalb hören, – die Explosionen von Wasserbomben, als der Geleitschutz des Konvois Angriffe weiterer U-Boote abwehrte. Auch das erhöhte die Spannung, denn Balme konnte niemals sicher sein, daß die Druckwellen dieser Explosionen nicht die Sprengladungen innerhalb des *U 110* durch Detonationsübertragung auslösten. Dennoch sah er

sich genau im ganzen Rumpf um und fand die Regale mit den Code-Büchern, während ein Funker die Funkzentrale betrat und das, was offensichtlich eine Schlüsselmaschine war, aus der Halterung löste.
Der Atem der Geschichte ist jetzt wohl sehr langsam gegangen, denn der nächste Schritt bestand darin, eine menschliche Kette die Turmleiter hinauf und am U-Boot-Deck entlang zur Jolle zu bilden. Diese Kette entlang wurden die Unterlagen und die Enigma von Hand zu Hand weitergereicht, - und zwar immer mit der großen Möglichkeit, daß eins oder alle ins Meer fielen, wenn ein Matrose ausrutschte oder eine plötzliche große Welle über das rollende U-Boot gegangen wäre. Stattdessen wurden nach drei oder vier Stunden des Hin- und Herfahrens zwischen der *Bulldog* und *U 110* das gesamte Schlüsselmaterial, die Seekarten und viele andere Ausrüstungsgegenstände sicher hinübergebracht.

Nachdem *U 110* ins Schlepptau genommen worden war und – vielleicht glücklicherweise – sank, kehrte die *Bulldog* rasch nach Scapa Flow zurück, nachdem sie zunächst Island angelaufen und eine Ladung Kriegsgefangener aufgenommen hatte. Man ließ ungeheure Vorsicht walten, um sicherzustellen, daß die Gefangenen keinen Beweis für die Beute fanden. Dank dieser Vorsichtsmaßnahme, der Beachtung der Sicherheitsmaßnahmen im Funkverkehr und dank des Verschwindens von *U 110* hatten tatsächlich Dönitz und sein Stab keinerlei Ahnung von dem, was geschehen war.* Als die *Bulldog* Schottland erreichte (nachdem sie an die Admiralität einen vorsichtigen und nichtssagenden Funkspruch über ihren Erfolg abgesetzt hatte), trat zu ihr Lieutenant Allan Bacon, R.N.V.R. Er arbeitete als besonderer Verbindungsoffizier zwischen der Marineabteilung in Bletchley und dem Operational Intelligence Centre (am 25. Juni sollte er an dem „Beutezug" nach der *Lauenberg* teilnehmen.) . Bacon verbrachte viele Stunden mit der Untersuchung der erbeuteten Papiere in der Kapitänskajüte der *Bulldog*. Sein Urteil lautete: „Genau danach haben wir gesucht." Jede Seite wurde sorgfältig photographiert, da das Risiko, die Originale auf dem Lufttransport nach London zu verlieren, zu groß war. Und dann endlich kam die intakte Schatzkiste in Bletch-

* Während das „Klauen" stattfand, war der Geleitzug *OB 318* weitergefahren und außer Sicht und hatte somit viele mögliche unangenehme Augenzeugen mit sich genommen.

ley an. Später im Jahr erhielt Sub-Lieutenant Balme vom König das wohlverdiente Distinguished Service Cross.[4]
Das war endlich der Durchbruch. Auf Feindfahrt nahmen die U-Boote die täglichen Einstellungen für ihre Enigma für die gesamte Zeit mit sich; normalerweise war das für ungefähr drei Monate.

Die von *U 110* erbeuteten Einstellungen galten bis Ende Juni. Mit dem Zusatzmaterial von der *Krebs, München* und *Lauenberg*, einer tatsächlichen U-Boot-Enigma und den Einstellungen für sieben oder acht Wochen schwamm die Marineabteilung in Bletchley im Überfluß. Sehr schnell brachen die Entzifferer in *Hut 8* nun in den Schlüsselbereich „Heimische Gewässer" ein, den bis Anfang 1942 alle Schiffe in der Nordsee und in der Ostsee, Minensucher, Patrouillenboote usw., vor der französischen und norwegischen Küste und zu jener Zeit auch alle U-Boote benutzten. Nun endlich leckte das Sieb. Der Nutzen aus dem „Beutezug" hörte auch Ende Juni noch nicht auf. Die Erfahrung, die während dieser beiden Monate der Arbeit mit bekannten Schlüsseleinstellungen gewonnen wurde, setzte Bletchley in die Lage, „Hydra", wenn auch mit gelegentlichen Lücken, bis zum Ende des Krieges weiterzuentziffern sowie in angemessener Zeit den Schlüssel „Neptun" für große Schiffe und die beiden Marineschlüssel für das Mittelmeer, „Süd" und „Medusa", zu knacken. Die Geschichte wird durch Taten wie die bei Trafalgar und im Skagerak geschrieben, aber, an jedem Standard gemessen, mußte die Erbeutung von *U 110* als großer Seesieg gewertet werden.
Seine Folgen zeigten sich fast unmittelbar. Zur Unterstützung der vorgesehenen Jagdfahrt der *Bismarck* und der *Prinz Eugen* und zur Versorgung der U-Boote war ein kleiner Schwarm von Tankern und Versorgern strategisch über die weiten Flächen des Nordatlantik bis hinunter zur Trennungslinie zwischen Westafrika und Südamerika verteilt worden. Aus „Hydra" stammende Ultra-Meldungen machten nun deren Ausschaltung möglich. Bis zum 23. Juni hatten Jagdgruppen der Royal Navy alle sechs Tanker und den einen für die *Bismarck* abgestellten Versorger sowie zwei weitere Versorgungsschiffe zur Unterstützung bewaffneter Handelskreuzer ausgeschaltet. Die Handelsstörer und Hilfskreuzer selbst benutzten für ihren Funkverkehr den Schlüsselbereich „Außerheimische Gewässer" (später „Ägir"), den Bletchley Park wegen des geringen anfallenden Funkverkehrs niemals brechen konnte. Verschiedene Hilfskreuzer fielen jedoch trotzdem Ultra zum Opfer, weil Treffpunkte mit U-Booten in deren Schlüssel ge-

funkt wurden, der in Bletchley Park entziffert werden konnte. Die Operation gegen die Versorger war so erfolgreich, daß Admiral Dönitz zu einer unangenehmen Schlußfolgerung kam. Seine U-Boote im Atlantik konnten nicht mehr durch Überwasserschiffe versorgt werden. Nun sollte das durch Unterwasserversorger – die „Milchkuh-U-Boote“ – geschehen. Verglichen mit der *Bismarck*-Episode erhellen diese raschen und positiven Operationen, die so kurz danach kamen, genau den praktischen Wert des Ultra-Systems, zu einer Zeit, in der es am besten funktionierte.

Tatsächlich verlagerte die Beherrschung von „Hydra“ durch Bletchley den U-Boot-Krieg für den Submarine Tracking Room der Admiralität in eine neue Dimension. Nun endlich war die Einsichtnahme in den gesamten Lebenskreis eines U-Bootes möglich. Die Versuchsfahrten des Bootes, die Ausbildung der Besatzung, der Name des Kommandanten und der Rahmen seines operativen Einsatzes wurden nun wie nie zuvor zugänglich. Die Admiralität konnte jetzt oft Beurteilungen und Voraussagen mit einer Sicherheit herausgeben, die sich auf unbestreitbare Beweise abstützte. Monate, ja Jahre mußten vorübergehen, bevor der Tracking Room mit vollem Recht behaupten konnte, er wisse mehr über den Einsatz der U-Boote als der Stab von Großadmiral Dönitz. Aber der Sommer des Jahres 1941 ist der Punkt, an dem Bletchley aus dem Gebiet des Ratens in das wachsender Genauigkeit der Aussage vordrang.

Der Übergang wird graphisch durch eine Reihe von Ultra-Funksprüchen dargestellt, die von der Marineabteilung in Bletchley im Jahr 1941 herausgegeben wurden und sich nun im Public Record Office befinden. Zwischen Februar und Mai gab es nur wenige entzifferte Funksprüche, die nicht miteinander in Zusammenhang standen und zu spät kamen.[5] Der Vergleich zwischen der deutschen Sendezeit und der Zeit der Herausgabe der entzifferten Funksprüche beweist, daß *Hut 8* mindestens drei Wochen brauchte, um einen Funkspruch zu knacken. Einige Texte waren gewiß instruktiv. Zum Beispiel verriet sich die Kenntnis der Deutschen über die Zusammensetzung britischer Geleitzüge durch jene Ultra-Meldung vom 27. Februar, deren Inhalt ein Funkspruch der deutschen Marinegruppe West an eine Luftflotte war: „18. bis 23. Februar aus USA nach England *Thistle Glen* (Kriegsmaterial, Chemikalien), *Manatee, Sheaf Crown, Connector* (Flugzeuge), *Georgic* (Kriegsmaterial, 8 Flugzeuge an Deck), *City of Cape Town, Parthenon, Silver, Cedar* (Kriegsmaterial, Maschinenteile).“* Im April brachte eine weitere Ultra-Meldung unmißverständliche frühe Anzeichen für jene Sorge um die Sicherheit im Fernmeldeverkehr, die stets die Deutschen quälen sollte, – sie aber niemals davon überzeugte, daß ihre Enigma-Schlüssel geknackt worden waren. Die Meldung vom 22. April lautete: „Vom Oberbefehlshaber der Kriegsmarine. Der U-Boot-Krieg macht es notwendig, das Lesen von Funksprüchen durch dafür nicht befugte Personen streng einzuschränken. Noch einmal verbiete ich allen Dienststellen, die dazu nicht den ausdrücklichen Befehl der Operationsabteilung oder des Befehlshabers der U-Boote haben, sich in den Gefechtsfunkverkehr der U-Boote einzuschalten. In Zukunft werde ich jeden Verstoß gegen diesen Befehl als ein Verbrechen gegen die nationale Sicherheit ansehen“.

Aber Beweise von Drohungen wegen krimineller Handlungen waren keine feste Basis zur Erkennung von U-Booten und zum Zusammensetzen eines genauen Feindbildes. Im Juli 1941 und dank der Tatsache, daß der „Hydra“-Schlüsselbereich geknackt worden war, trat eine radikale Veränderung ein. Nehmen wir als Beispiel das, was im Tracking Room über *U 143* bekannt wurde. Es befindet sich auf der Fahrt nach Norwegen.

Am 13. um 05,22 Uhr meldet Bletchley: „Kurze Funksprüche**, abgefangen am 13. 7. 41 um 03.10 Uhr auf 5.660 Kc/S kamen von einer Einheit mit den Kennbuchstaben QC (= *U 143*) und lauten: Laufen in 36 Stunden aus Heimathafen aus.“ Weniger als zweieinhalb Stunden später folgt ein zweiter Funkspruch. „Vom Befehlshaber der U-Boote. *U 143* meldet durch Kurzsignal, daß es vor Bergen am 14. Juli um 17 Uhr sein wird.“ Um 05.42 Uhr am nächsten Morgen avisiert Bletchley: „Abgehörter Funkspruch von *U 143* am 14.7. um 03.03 Uhr ‚sind in zwölf Stunden vor An-

---

* Diese Meldung wird als von der Marineabteilung in Bletchley stammend durch Walter Ettinghausen identifiziert, an den sich der Autor als einen der brillantesten Zeitgenossen aus der Zeit vor dem Krieg am Queens College in Oxford erinnert. Nach dem Krieg diente Ettinghausen, der sich in Walter Eytan umbenannte, als israelischer Botschafter in Paris und später als Staatssekretär beim israelischen Außenministerium.

** „Um das Risiko der Preisgabe des Standortes bei Überwasserschiffen und U-Booten durch Funksprüche zu verringern, wurde während des Winters 1939/40 ein besonderes ‚Kurzsignalverfahren‘ eingeführt. Mit Hilfe eines besonderen ‚Kurzsignalbuches‘ wurde der Text eines Spruches durch Zusammenziehen der Sätze und Phrasen in kleine Wörter oder Silben reduziert: Diese wurden dann mit Hilfe der Standardmethode verschlüsselt . . . Kurzsignalen gingen stets zwei griechische Buchstaben voraus.“ Dr. Jürgen Rohwer, *The Critical Convoy Battles of March 1943* (London, 1977).

kunftshafen'." Um die Geschichte abzuschließen, lieferte Ultra um 8.09 Minuten den Text eines Funkspruches der Marine-Nachrichtenabteilung Nord an *U 143*, in dem bestätigt wurde, daß sein Kurzsignal über die geschätzte Ankunftszeit von der Fernmeldezentrale in Borkum empfangen worden war. Bletchley hinkte nun kaum noch hinterher.

Tatsächlich beweist der 14. Juli, der Tag der Ankunft von *U 143* in Bergen, in Hülle und Fülle den neu erworbenen Reichtum an Feindnachrichten, wie die folgenden Ultra-Meldungen aus Bletchley betonen. Um 11.47 Uhr vom Befehlshaber der U-Boote (BdU) an *U 431* und *U 97* Anweisung besonderer Angriffsräume. Um 12.20 Uhr BdU an *U 202* „Etappenweise Rückkehr entsprechend Treibstoffvorrat. Planquadrate BD 20, BD 30, und DE 10 scheinen gute Aussicht zu bieten." Um 12.46 Uhr Funkspruch von *U 146* an U-Boot-Stützpunkt Kiel „Ankommen Kiel ungefähr 16 Uhr". Um 13.05 Funkspruch von BdU an *U 203, U 431, U 372* und *U 401* Anweisung Bezeichnen der Angriffsräume, in denen Position bezogen werden soll. Um 13.52 Uhr *U 432* meldet Auftauchen nach Tauchübungen, – vermutlich in der Ostsee. Um 13.55 Uhr BdU unterrichtet *U 553*, daß sein Ankunftshafen St. Nazaire. Um 13.58 Uhr Funkspruch von *U 374* an den Stützpunkt in Kiel. Um 17.07 Uhr *U 72* meldet Auftauchen nach Kiel. Um 22.28 Uhr Befehl des BdU an *U 95* und *U 372*, zwischen 01.00 und 05.00 Uhr, am nächsten Morgen Wettermeldungen abzusetzen.

Das Beispiel eines einzigen Tages mit seiner ungeheuren Vielfalt von Feindnachrichten, die jetzt den Submarine Tracking Room über Ultra erreichten, genügt an sich schon, um zu zeigen, daß der Krieg zur See in eine neue Dimension eingetreten war. Absolut genaue Nachrichten über ein Dutzend U-Boote innerhalb von 24 Stunden stellen gewiß eine weit reichere Ausbeute dar, als sie bisher in jedem der beiden Weltkriege gemacht werden konnte. Dennoch war das Beste, das Bletchley anbieten konnte, bisher noch weit von Perfektion entfernt. Es ist wesentlich, das in der richtigen Perspektive zu sehen und sich daran zu erinnern, daß Ultra nicht eine Wunderwaffe aus dem Feenland, sondern das Erzeugnis von Männern und Frauen war, die inmitten der harten Realitäten des Krieges in einer ständigen Atmosphäre der Herausforderung und der Antwort darauf hinarbeiteten. Nach der Gottesgabe von *U 110* wurde von Juni bis Dezember 1941 der Atlantikfunkverkehr im „Hydra"-Schlüsselbereich innerhalb von ungefähr 48 Stunden ständig entziffert. Das setzte das OIC der Admiralität in die Lage, die atlantischen Konvois um die rechtzeitig erkannten deutschen U-Boot-Aufstellungen herumzuführen, so daß die Erfolgskurve der deutschen U-Boote im zweiten Halbjahr 1941 drastisch sank.* Dann aber entstand eine unheilvolle Lücke, denn am 1. Februar 1942 wurden die U-Boote im Atlantik aus „Hydra“ herausgelöst und erhielten einen neuen Schlüssel „Triton“, der sie direkt mit dem Befehlshaber der U-Boote verband. Dieser Schlüssel machte BP bis zum Dezember 1942 einen Strich durch die Rechnung und verursachte während jener langen Monate hindurch einen totalen Stopp bei den Feindnachrichten, – aber nur fast, weil aus anderen Quellen, die noch weiterhin „Hydra“ benutzten, und auf Grund der ungeheuren Fachkenntnis des Submarine Tracking Room es sich als möglich erwies, viele genaue Lagebeurteilungen und Annahmen sowie Schüsse ins Dunkle vorzunehmen. Selbst unter diesen Umständen wurde eine zweitbeste Leistung erzielt.

Die großen Erfolge der deutschen U-Boote im ersten Halbjahr 1942 hatten allerdings weniger mit dem *Blackout* im Schlüsselbereich „Triton“ zu tun als mit der geänderten Ansatzweise der deutschen U-Boote. Die deutschen U-Boote operierten nun vor der amerikanischen Ostküste einzeln, in entsprechend vorgegebenen Operationsgebieten, so daß kein umfangreicher taktischer Funkverkehr notwendig war, welcher der Funkentzifferung hätte Ansatzpunkte geben können. Die Situation änderte ich dann im zweiten Halbjahr 1942, als die Schwerpunkte sich nach der Einführung des Konvoisystems an der amerikanischen Küste wieder auf die Nordatlantikroute verlagerten. Unter diesen Umständen hätte eine fortgesetzte Funkentzifferung im ersten Halbjahr 1942 an den schweren Verlusten wohl nur wenig ändern können.

Im zweiten Halbjahr hätte dagegen die Niederlage absolut sein können. Tatsächlich stiegen die Schiffsverluste im Jahr 1942 von der erschreckenden Zahl von 700.000 t im Juni auf 730.000 t im November. Daß sie nicht noch entscheidend größer waren, lag zum Teil an der Unfähigkeit der Deutschen, eine durchschlagende Schlußoffensive zu unterhalten, aber es lag auch an Bletchley und dem Submarine Tracking Room. Denn obgleich die Entzifferer „Triton“ nicht knacken konnten und es somit unmöglich war, die

* Vgl. dazu die Grafik in Jürgen Rohwer und Eberhard Jäckel: Die Funkaufklärung und ihre Rolle im Zweiten Weltkrieg. Stuttgart, Motorbuch-Verlag 1979, S. 388–389; ferner Jürgen Rohwer: „Special Intelligence“ und die Geleitzugsteuerung im Herbst 1941. In Marine-Rundschau 75 (1978), Heft 11, S. 711–719.

von und an die U-Boote gehenden Funksprüche mitzulesen, während sie im Atlantik im Einsatz standen, las BP weiter „Hydra" mit, jenen Allzweckschlüssel, der von anderen Marinefunknetzen benutzt wurde. „Hydra" konnten Rodger Winn* und sein Team, die nun völlig mit dem Muster des U-Boot-Verhaltens vertraut waren, viele Hinweise entnehmen, die sie in die Lage versetzten, „Arbeitshypothesen" über die Fahrt eines besonderen U-Bootes oder die Absichten des Befehlshabers der U-Boote aufzustellen.

Denn trotz der Einführung von „Triton" wurde die Admiralität tatsächlich auch weiterhin mit einem beachtlichen Zufluß von Feindnachrichten beliefert. Wenn wir als Beispiel ein paar Tage im Juni nehmen, der Mitte jenes schlechten Jahres 1942, so finden wir unter den Marine-Akten im Public Record Office entzifferte Funksprüche von und an den Admiral Deutsche Bucht, den Admiral Polarküste, den U-Boot-Stützpunkt Kiel, den Führer der Minensuchboote Ostsee, die Seenotdienstzentrale, die Wetterstation in Swinemünde und die Marinewerft in Drontheim. Sogar ein Beispiel aus einer so kurzen Periode verschafft uns ein erstaunlich lebhaftes Bild der routinemäßigen Aktivitäten der deutschen Marine vom Nordkap Norwegens bis hinunter zu den französischen Atlantikhäfen. Küstengeleitzüge kommen und gehen, Minenräumer und Geleitfahrzeuge treffen sich und melden die Ausführung ihres Auftrages; Personalprobleme aller Art stellen sich und werden gelöst; reizbare Admirale fragen an, warum ein Schiff seine Fahrt nicht fortsetzt; Gerät geht verloren und wird wiedergefunden; Übungen werden angesetzt, und vor allen Dingen in der Ostsee geht die Ausbildung weiter. All das wurde von Bletchley der Admiralität übergeben.

Für den Submarine Tracking Room waren das Ausbildungsprogramm in der Ostsee und die Bewegungen der Geleitfahrzeuge von entscheidender Bedeutung. Das Ostseeprogramm hatte einen eigenen Schlüssel mit Namen „Thetis"*. „Thetis", erinnert sich Patrick Beesly, „versetzte uns in die Lage, die Geschichte eines jeden U-Bootes von dem Augenblick an zu verfolgen, in dem es in Dienst gestellt wurde, dann während der Aufbereitungs-

* Fregattenkapitän (und später Kapitän zur See) Rodger Winn von der freiwilligen Reserve der Royal Navy war der einzigartige Leiter des Tracking Rooms. Als erfolgreicher Anwalt vor dem Krieg wurde er Lord Justice of Appeal, bevor er 1972 starb. Seine Taten im Krieg und vor Gericht zeigten auch seinen persönlichen Triumph über seine Behinderung durch Kinderlähmung.

und Ausbildungszeit, bis es schließlich die Ostsee verließ und sich auf seine erste Einsatzfahrt nach Norwegen oder zu einem französischen Hafen begab. Wir konnten folglich nicht nur die Baurate errechnen, sondern auch die genaue Zahl von Booten, die Monate später zur Kampfflotte abgestellt werden würden.“ Darüber hinaus lieferte der „Hydra“-Schlüssel eine Flut von Feindnachrichten über den genauen Anfangs- und Endpunkt der Fahrt eines U-Bootes. Beim Ein- oder Auslaufen aus einem Stützpunkt mußte es von Minenräumern oder leichten Fahrzeugen durch die geräumten Gassen in den deutschen Minenfeldern geleitet werden. (Für die Biskaya-Häfen allein werden im Jahr 1942 1.000 solcher Operationen gemeldet). Da die Geleitfahrzeuge den „Hydra“-Schlüssel bei ihren Lagemeldungen an die Küste benutzten, konnte Bletchley den Submarine Tracking Room mit einer Unmenge von Einzelheiten beliefern. Was 1942 noch fehlte, war der Einblick in den Funkverkehr an der wichtigsten Schlachtfront: im Atlantik. Dennoch und trotz der Verzögerungen, Fehlschläge und des Scheiterns von Bletchley in den Jahren 1941 und 1942 in bezug auf den deutschen Marineschlüssel war die Leistung über jeden Zweifel erhaben. Im Mittelmeer war die Rolle Ultras eindrucksvoll und auf viele Weise unschätzbar. Aber es könnte behauptet werden, daß nach dem Kriegseintritt Rußlands und der Vereinigten Staaten die Alliierten es sich leisten konnten, das Mittelmeer – wenn auch nur zeitweilig – zu verlieren, ohne daß ein größeres Unglück geschehen wäre. Der Verlust des Atlantik durfte dagegen nicht einmal in Betracht gezogen werden. Die Geleitzüge waren wie eine Bluttransfusion. Wurde diese Transfusion einmal unterbrochen, so mußte Britannien sterben. Für den Endsieg in der Schlacht im Atlantik und folglich für die endliche Rückkehr nach Europa beschaffte Ultra authentische Feindnachrichten, ohne die das gesamte Können und die Tapferkeit der Angehörigen des Geleitschutzes für Konvois zur See und in der Luft und der ganze unerschütterliche Mut der Handelsschiffsbesatzungen selbst ungenügend geblieben wären.

Die Möglichkeit, daß die Schlüssel entziffert wurden, beunruhigte Dönitz und den Stab des Befehlshabers der U-Boote, aber es beherrschte ihren Geist nie völlig. Das völlige Aufräumen mit den

* Es ist nicht sicher bekannt, wann der 1942 eingeführte Schlüsselbereich „U-Boote Übung“ (später „Thetis“) in Bletchley Park geknackt wurde. Für den operativen Einsatz im Ostseeraum gab es von 1942–1943 und wieder 1944 den speziellen Schlüsselbereich „Potsdam“.

Tankern und Versorgern im Sommer 1941 z. B. führte zwangsläufig zu quälenden Fragen über die Sicherheit, und sorgfältige Nachforschungen wurden durchgeführt. Das Ergebnis war charakteristisch für alle diese Nachforschungen während des Krieges, mögen sie nun bei der deutschen Marine oder beim Heer stattgefunden haben. Die Antwort war stets: 1. Die Schlüssel wären nicht gebrochen worden; 2. wenn sie geknackt worden wären, so gälte das nur für eine gewisse Zeit, und die Briten hätten eine so ungeheure Zahl von abgehörten Funksprüchen zu bearbeiten, um sie ständig entziffern zu können, daß die Möglichkeit gar nicht in Frage käme; 3. jedes zeitweilige Knacken wäre das Ergebnis von Sorglosigkeit in den eigenen Reihen, der nachgegangen werden müsse, oder des teuflischen britischen Geheimdienstes. Daß die Dispositionen von U-Booten tatsächlich erkannt wurden, wurde hingenommen und bereits im September 1941 vom Tisch gewischt, als eine Stellungnahme der Seekriegsleitung vom 19. mit normalem Selbstvertrauen feststellte: „Der entzifferte Funkspruch der britischen Admiralität vom 6. September, ein Überblick über die wahrscheinlichen Positionen deutscher U-Boote, ist vollständig wahr und kann nur durch gemeldete Sichtung und Funkmeldungen gewonnen worden sein. *Eine Einsicht in unsere eigenen Schlüsselverfahren kommt nicht in Betracht...*"*

Diese blinde Gewißheit war klar ersichtlich aus dem intensivsten Studium, das die Deutschen je über die Möglichkeit durchführten, daß ihre Marineschlüssel kompromittiert worden sein könnten. Am 30. Januar 1943 wurde Dönitz zum Großadmiral und Oberbefehlshaber der deutschen Kriegsmarine ernannt. Aber er blieb weiterhin Befehlshaber der U-Boote und, nachdem er sein Hauptquartier von Paris nach Berlin verlegt hatte, befahl er eine eingehende Untersuchung über die gesamte Atlantikschlacht.[6] Der B-Dienst, der immer noch die britischen Geleitzugcodes entzifferte, zeigte, daß die „U-Boot-Lagemeldungen" und andere Mitteilungen und Anweisungen an die Konvois und ihren Geleitschutz beunruhigend genaue Informationen enthielten. Wie konnten die Briten wissen, wo die U-Boote sich befanden?

Tatsächlich wußten sie es, weil Monate voller mühseliger Anstrengungen Bletchley in die Lage versetzt hatten, Anfang Dezember 1942 zum erstenmal einen zurückliegenden, mit „Triton" verschlüsselten Spruch zu entziffern. Das *Wie* einer so langen und peinlich genauen Kryptoanalyse kann unmöglich in ein paar Wor-

* Kursiv durch den Autor.

ten zusammengefaßt werden. Es war die Tatsache an sich, die zählte. Mitte Dezember 1942 gelang der erneute Einbruch in den von den U-Booten benutzten Schlüsselbereich „Triton“. Nachdem erkannt worden war, daß es sich bei der hier benutzten Schlüsselmaschine um eine 4-Walzen-Maschine handelte, bei der in der linken Walzenposition zusätzlich zu den drei bisherigen Walzen eine vierte „Griechenwalze“ eingesetzt war. Nachdem Anfang und Mitte Januar verschiedentlich Lücken in der Entzifferung entstanden waren, gelang die Entzifferung im Februar relativ regelmäßig mit kurzen Unterbrechungen. In den ersten 20 Tagen des März gab es dann wieder gravierende Lücken, weil eine zweite Griechenwalze eingeführt worden war. Nachdem dieses Problem um den 20. März gelöst war, war es wieder möglich, die U-Bootaufstellungen rechtzeitig zu erkennen. Hatten diese Kenntnisse in der Zeit von Dezember 1942 bis März 1943 in erster Linie wieder zu einer erfolgreichen Umleitung der Konvois um die deutschen Aufstellungen geführt, so war nun angesichts der stark steigenden U-Bootzahlen eine solche Umleitung kaum noch möglich. Andererseits erlaubte Ultra dem OIC die eigenen zusätzlichen Geleit- und Sicherungskräfte jeweils an den Stellen einzusetzen, an denen Konvois tatsächlich gefährdet waren. So wurden die wenigen zusätzlichen in die Schlacht im Atlantik geworfenen See- und Luftstreitkräfte dank Ultra optimal genutzt. Einer der wichtigsten Vorteile aus diesem Einbruch in den „Triton“-Schlüssel ergab sich tatsächlich aus Winns wachsendem Argwohn, daß mit den britischen Konvoi-Codes nicht alles in Ordnung war. Die deutschen Funksprüche, die er nun lesen konnte, enthielten klare Hinweise darauf, daß der B-Dienst sie regelmäßig entzifferte, – was tatsächlich der Fall war. Mit dieser Erkenntnis wurde er immer wieder dringend bei der Admiralität vorstellig, bis schließlich die Codes zum Glück geändert wurden.
Diese wichtige Entscheidung wurde im Frühjahr 1943 getroffen; aber erst, nachdem die neuen Codes an die Hunderte von Benutzern verteilt wurden, – die sich auf der ganzen Welt befanden –, konnte das neue System am 10. Juni in Kraft gesetzt werden. In der Zwischenzeit setzte die Untersuchungskommission des Großadmirals Dönitz ihre Arbeit rigoros fort. Vizeadmiral Maertens, der Leiter des Funkmeldewesens der Kriegsmarine, schwor, seine Schlüssel wären nicht zu brechen. Zwei ausgezeichnete U-Boot-Kommandanten, Günther Heßler – der Ia beim Kommando der U-Boote und Schwiegersohn von Dönitz – konstruierte mit seinem Gehilfen, Oberleutnant Adalbert Schnee, ein Kartenmosaik des

Nordatlantiks, das aus Nachrichten der Briten in den vom B-Dienst entzifferten „U-Boot-Lageberichten“ und den Berichten über deutsche Operationen aus den Akten des Kommandos der U-Boote aufgebaut war. Zusammengesetzt schienen diese die tröstliche Bestätigung dafür zu enthalten, daß der Feind den „Triton“-Schlüssel noch nicht geknackt hatte. Die Funkpeilung durch Stützpunkte an der Küste und, was noch wichtiger war, die Ortung von U-Booten durch luftgestütztes Radar, schienen eine genügende Erklärung für die wachsende Genauigkeit der britischen Berichte zu bieten.

Das Kriegstagebuch des Befehlshabers der U-Boote faßte am 5. März 1943 die Schlußfolgerung aus dem zusammen, was als „systematische Auswertung“ bezeichnet wurde. „Die Untersuchung“, entschied Dönitz, „hat bis zu einem gewissen Grade den starken Verdacht abgemildert, daß es dem Feind gelungen ist, unsere Schlüssel zu knacken.“ In seinen nach dem Krieg veröffentlichten Memoiren (die 1958 zum erstenmal in Deutschland erschienen) erklärte er, daß „unsere Schlüssel überprüft und wieder überprüft wurden, um sicherzugehen, daß sie nicht zu knacken waren. Bei jeder Gelegenheit wiederholte der Leiter des Feindnachrichtendienstes der Marine bei der Seekriegsleitung seine Auffassung, es wäre dem Feind unmöglich, sie zu entziffern. Soweit ich weiß, sind wir bis heute nicht sicher, ob es dem Feind gelang, unsere Schlüssel während des Krieges zu knacken oder nicht.“

Wahr ist dagegen, daß trotz des professionellen Instinkts, der ihnen sagte, daß etwas nicht in Ordnung war, die obere Führung der deutschen Wehrmacht an einer Gedankenenge litt, die einst der scharfsinnige Soziologe Thorsten Veblen als „anerzogene Unfähigkeit“ definiert hatte. Ihr Verstand war zu dem Glauben gezwungen und erzogen worden, daß die Enigma absolut sicher wäre. Daher waren sie nicht in der Lage, objektiv Hinweise zu beurteilen, die darauf hindeuteten, daß sie nicht mehr sicher war. Dieser Fehler wurde immer wieder begangen. Bei einer Konferenz im Herbst 1943 erfahren wir, daß die Generale Fellgiebel und Thiele, die höchsten Fernmeldeoffiziere beim OKW, genau zur gleichen Schlußfolgerung gelangt waren wie die Kriegsmarine. Dank dem Tagebuch von Oberstleutnant Meyer-Dietring können wir sogar noch im Juni 1944, als bereits die Schlacht in der Normandie tobte, eine Unterhaltung zwischen ihm selbst und Major Laub, dem Fernmeldeführer im Stab von Hitlers Oberbefehlshaber West, von Rundstedt, miterleben. „Wie weit“, sagt Meyer-Dietring, „glauben Sie, ist der Feind in unsere Schlüssel eingebrochen?" „Überhaupt nicht", antwortet Laub. „Bei unseren Schlüsselmaschinen ist das nicht möglich. Der Feind brauchte 50.000 Fünfbuchstabengruppen des Schlüssels, um ihn zu knacken. Aber der Schlüssel wird alle 24 Stunden geändert." Natürlich mag es auch eine subtilere Erklärung für diese Selbstgefälligkeit geben. Wollten die an der Spitze befindlichen Männer wirklich wissen, ob die Enigma geknackt worden war? Techniker setzen sich für ihre eigenen Theorien ganz besonders ein, und die Fernmeldeleute hatten ganz sicher ein festgewurzeltes Interesse daran, zu beweisen, daß die Enigma sicher war. Aber wie stand es mit den höheren Generälen und Admiralen? Nehmen wir einmal an, sie wären unweigerlich davon überzeugt gewesen, daß die Enigma *kaputt* war. Wer wäre dann der erste gewesen, der seinen Kopf auf den Richtblock gelegt und Hitler davon unterrichtet hätte, daß das gesamte geheime Fernmeldesystem des Reichs – für das es ganz gewiß keinen sofort verfügbaren Ersatz gab – von Norwegen bis zum Mittelmeer und von Rußland bis zum Atlantik unzuverlässig war?*

Es gab viele respektable Gründe für das Vertrauen des Befehlshabers der U-Boote. Nur wenige aus seinem Stab hatten die Erlaubnis, genaue Einzelheiten über das Fernmeldesystem zu erfahren. Ständig wurden die Schlüssel und sogar das Gerät gewechselt, um die Sicherheit zu gewährleisten. Die Liste der Schlüsseleinstellungen und ähnliche Dokumente, die sich an Bord der U-Boote befanden, waren auf auflösbarem Papier gedruckt, um ihre Zerstörung zu erleichtern, und im Fall des Sinkens die Bergung zu verhindern. Darüber hinaus bestand eine spezielle geheime Vorkehrung mit jedem U-Boot, auf Grund deren durch einen über Funk gegebenen Stichwortbefehl von der Küste her der Schlüssel des Bootes sofort geändert wurde. Dabei wurde in einen Funkspruch vom Befehlshaber der U-Boote ein Zeichen aufgenommen, das nur für diese besondere Besatzung Bedeutung haben konnte, – das Geburtsdatum des Sohnes des Kommandanten oder der Hochzeitstag des leitenden Ingenieurs. Jene Zeichen verursachten oftmals Verzögerungen bei dem Team in Bletchley, aber im wesentli-

* Tatsächlich haben die deutschen Schlüsselexperten Ende 1944 zunehmende Zweifel an der Sicherheit der „Enigma"-Maschine gehabt und darauf gedrungen, weiterentwickelte Maschinen oder andere Maschinen zu verwenden. Tatsächlich war bei der Marine bei Kriegsende eine Maschine „M 5" und eine Maschine „M 10" in der Entwicklung. Sie kamen jedoch nicht mehr an die Front, und es war ohnehin zu spät, um noch große Änderungen durchzuführen.

chen wirkten sie sich nicht entscheidend aus. Der fundamentale Fehler der Deutschen bestand darin, daß sie nicht begriffen, daß Kryptoanalyse und Technologie die Enigma so in den Griff bekamen, daß jene Beherrschung, wenn man sie einmal erzielt hatte, unbedingt wieder erlangt werden mußte, selbst wenn sie für eine kurze Zeit verlorenging. Im nachhinein sagt man natürlich „unbedingt“: Und doch verhielt es sich so.

Die Schlacht um England war zu früh beendet, als daß Bletchley und das Fighter Command voll aufeinander eingespielt worden wären. Die Schlacht gegen die U-Boote dagegen hörte niemals auf. Zeit, Erfahrung und Notwendigkeit verschmolzen allmählich die Entzifferer und die Marineabteilung in BP harmonisch zu der umfassendsten Organisation, die jemals von den Briten aufgestellt worden war, um Feindnachrichten sofort bei operativen Entscheidungen zum Tragen zu bringen. Von Bletchley aus gingen die entzifferten Funksprüche direkt über den Fernschreiber zum OIC und besonders an den Submarine Tracking Room. Durch diesen ständigen Zulauf von genauen Nachrichten über die Position und Bewegung von U-Booten konnten die Konvois rasch gewarnt werden. Ebenso verhielt es sich mit Nachrichten, auf die sich Gegenangriffe stützen konnten. Sie wurden ohne Schwierigkeiten an die Gefechtsstände des Coastal Command und an den Angelpunkt der U-Boot-Abwehr, das Hauptquartier der Western Approaches, weitergeleitet. Tatsächlich wurde es zur Praxis, jeden Morgen eine Besprechung über eine Konferenzschaltung mit drei Leitungen abzuhalten, durch die der Stab des OIC, des Coastal Command und der Western Approaches in die Lage versetzt wurden, die allerletzten Lageberichte zu diskutieren und Entschlüsse zu fassen.[7] Wenn alles gut lief, kamen durch diese Integration Geschwindigkeit, Vertrauen und Genauigkeit des Urteils zustande. Die Armeen im Ausland konnten nicht so unmittelbar und genau beliefert werden, auch konnten die Männer von *Hut 3* in Bletchley keine ähnliche Leitung aufbauen, wie die direkte und enge mit ihren Gegenstellen in Afrika oder Italien z. B.; die Marineabteilung konnte das dagegen mit dem Submarine Tracking Room und hielt diese Verbindung auch aufrecht. In ihrer Komplexität und Effizienz konnte diese enge Verbindung von Feindaufklärung, die direkt aus der Quelle kam, mit aktiver operativer Entscheidung vielleicht nur ein einziges Mal während des ganzen Krieges erzielt werden, und zwar durch das Ineinandergreifen des ganz Westeuropa umfassenden großen Radarwarnsystems der Deutschen und ihrer Fliegerleitstellen für die Jäger der Luftwaffe.

Aber die Gesetze blieben unerbittlich. Geheime Feindaufklärung ohne Mittel zur Anwendung der Erkenntnisse war in ihrer Wirkung beschränkt. Wenn die Mittel zur Verfügung standen, aber gute Aufklärungsergebnisse fehlten, waren die praktischen Ergebnisse enttäuschend. Nachdem Bletchley nach der Wegnahme von *U 110* den Marineschlüssel zu knacken begann, brachte die zweite Hälfte des Jahres 1941 mit Sicherheit für die U-Boote abnehmende Versenkungsziffern. Bis zum Juni hatten die Schiffsverluste jeden Monat 200.000 t, gewöhnlich sogar 300.000, überschritten. Vom Juli bis zum Ende des Jahres betrugen die monatlichen Verluste niemals über 200.000 t, ja für November und Dezember lagen die Zahlen gerade über 50.000. Ultra war nicht der einzige Faktor, der sein Teil zur Verbesserung der Lage beitrug. Aber die Elemente dieser Verbesserung, die – wie die Zukunft beweisen sollte – am meisten versprachen, hingen allentscheidend davon ab, ob Bletchley den U-Boot-Schlüssel lesen konnte. Diese Elemente bestanden aus den Geleitschutzgruppen, der Umleitung der Geleitzüge und dem Einsatz von Flugzeugen für Angriffe. Jedes zog enormen Nutzen aus der Fähigkeit des Tracking Room, als Ergebnis von Ultra die Positionen der U-Boote, gleich ob sie einzeln oder in Rudeln operierten, genau festzustellen und die Geleitzüge sowie die Schiffe und Flugzeuge zu ihrem Schutz rasch zu informieren.
Realistisch betrachtet, enthielten die Zahlen jedoch wenig mehr als ein Versprechen. Anfangs standen noch nicht genügend Schiffe und Flugzeuge für die U-Boot-Abwehr zur Verfügung, auch wurden noch nicht genügend Spezialwaffen entwickelt. Ultra war noch nicht auf dem Höhepunkt seiner Leistung, weil die Mittel zur praktischen Anwendung der Erkenntnisse aus der Funkaufklärung ungenügend waren. Wie bereits gezeigt wurde, verlor dann sogar Ultra selbst für den größten Teil des Jahres 1942 einen großen Teil seiner Bedeutung für den U-Boot-Krieg. Über 6 Millionen Tonnen wurden während des Jahres in allen Gewässern von deutschen U-Booten versenkt; am Ende des Jahres besaßen sie nach den Listen des Befehlshabers der U-Boote eine Gesamtstärke von 393 Booten gegenüber 249 zu Beginn. Die Zahlen sagten viel aus, wenn man sie mit dem verglich, was vorher geschehen war und was jetzt kommen sollte.
In der Tat stellt die Schlacht im Atlantik während der ersten fünf Monate des Jahres 1943 ein unvergleichbares Drama dar. Die schlimmste Phase fand während der ersten drei Wochen des Monats März statt, als 70 deutsche U-Boote im Atlantik operierten,

davon 45 in dem Raum, in dem die Geleitzüge am verwundbarsten waren, im Norden.
Im Januar lagen die Versenkungsziffern der U-Boote (203.128 Tonnen) niedriger als in allen Monaten des Jahres 1942. Der Gesamtverlust von 359.328 t im Februar war, obgleich höher, doch geringer als die Zahl für alle Monate des vorausgegangenen Jahres mit Ausnahme von zweien. Aber nun im März sollte sich die Zahl wieder bedrohlich bis zu einer Tonnage erhöhen, die an die schlimmsten Tage der ultralosen Vergangenheit erinnerte, nämlich auf 627.377 t.
Es war die gute Funkaufklärung, die Dönitz half, mehrere Rudel von 40 U-Booten gegen die Geleitzüge HX 229 und SC 122 zusammenzufassen. Einerseits gelang es dem xB-Dienst, Kursanweisungen für diese Konvois rechtzeitig zu entziffern, andererseits konnten in dieser Periode die täglich von der Admiralität gefunkten U-Bootlagen entziffert werden, aus denen man Anhaltspunkte für Ausweichbewegungen der Konvois gewann. In diesem Falle wurden sogar die Ausweichbefehle selbst rechtzeitig entziffert. Vier Tage lang dauerte die Metzelei. Sie begann am 16. März und endete mit der Versenkung von 21 Schiffen mit 141.000 t bei nur einem einzigen U-Boot-Verlust. Die Aussichten waren für die Alliierten schreckenerregend: In den ersten zehn Tagen des März waren 41 Schiffe verlorengegangen und in den nächsten zehn Tagen 56, und zwar in allen Gewässern. Das war die Zeit, in der der Naval Staff es für möglich hielt, „daß wir nicht in der Lage sein könnten, die Geleitzüge als wirksames Verteidigungssystem weiterhin anzusehen“. Bei einer ähnlichen Lage im Jahre 1917 war Admiral Jellicoe zu dem Schluß gekommen, daß Deutschland den Krieg gewinnen müsse.
Nichtsdestoweniger war es Pech, daß ein in Bletchley vorausgeahntes und gefürchtetes Ereignis gerade zu dem Zeitpunkt eintrat, als der Kampf auf Leben und Tod im Atlantik wieder aufflammte. Es war bekannt, daß bei der von den U-Booten benutzten Schlüsselmaschine eine neue Änderung eingeführt werden sollte. Es war sogar das Stichwort bekannt, mit dem diese Änderung in Kraft gesetzt werden sollte; man wußte allerdings nicht, daß es sich bei der Änderung um die Einführung einer zweiten Griechenwalze handelte. Der Alarm kam am 8. März, als man das Stichwort entzifferte. Am nächsten Tag meldete Admiral Edelsten, der Assistant Chief of Staff der Admiralität mit allen Verantwortlichkeiten für den Seehandel und seinen Schutz, an den Ersten Seelord Admiral Pound: „Das Erwartete ist eingetreten. Der Leiter der Marine-

funkaufklärung meldete gestern, daß Nachrichten über U-Boot-Bewegungen für eine gewisse Zeit wahrscheinlich ausfallen werden, – vielleicht sogar für Monate." Es war eine taktvolle Art, eine Tragödie zu definieren: Für den Atlantikraum trocknete Ultra aus.

Für das nun folgende Wunder ist bis jetzt noch keine technische Erklärung gegeben worden. Vielleicht weil der Übergang zur zweiten Griechenwalze geahnt worden war, brachte es Bletchley irgendwie fertig, mit erstaunlicher Geschwindigkeit erneut in den „Triton"-Schlüssel einzubrechen. Ende März kamen wieder in Massen zeitgerecht entzifferte Funksprüche herein. Aber die Verschwommenheit und die Ungenauigkeit der während dieses mörderischen Monats verfügbaren Feindnachrichten werden durch Auszüge aus zwei Berichten von Rodger Winn gut erläutert. Am 15. meldete er, daß „keine besonderen Feindnachrichten seit dem 11. März eingegangen waren und es daher nicht mit Sicherheit bekannt ist, wie die deutschen U-Boote jetzt eingesetzt sind". Am 22. gab er zu, daß „besondere Feindnachrichten für die Zeit vom Mittag des 15. bis zum Mittag des 19. eingegangen sind, diese aber kein klares Bild der Operationen abgeben". Doch waren das die Tage, an denen ein Wolfsrudel von 40 U-Booten die Geleitzüge SC 122 und HX 229 abschlachteten.

Aus seiner günstigen Stellung im Submarine Tracking Room konnte Patrick Beesly das ganze Bild erfassen. Im nachhinein hat er bestätigt, daß er, Winn und seine Kollegen dennoch nicht entmutigt waren. „Es war gewiß eine verlorene Schlacht, aber es wird noch mehrere geben, und wir müssen sie gewinnen." Sie hatten recht, denn plötzlich paßte wieder alles zusammen. Nachdem Ultra wieder arbeitete und die neuen 10 cm-Radargeräte, die Verstärkung an Geleitflugzeugträgern und Flugzeugen mit sehr großer Reichweite vorhanden, das Coastal Command verstärkt und die Schlagkraft der Kriegsschiffe in den Geleitschutzgruppen gestiegen waren, trat eine dramatische Wende ein, – und zwar fast, wie es schien, über Nacht. Anfang März war die Admiralität verzweifelt. Am 24. Mai war es Dönitz, der zusammenbrach und seine U-Boot-Flotte aus der gefährlichen offenen See in den Raum westlich der Azoren zurückzog. Im April und Mai verlor er nicht weniger als 56 seiner Boote. Das Verhältnis von Aufwand und Verlust war unannehmbar geworden, und der Großadmiral sah sich gezwungen, zu einer Politik des *„reculer pour mieux sauter"* überzugehen. Aber die U-Boote sollten niemals wieder zu einem echten Comeback gelangen. Wenn man die ersten zwanzig Tage des März als ihren Höhepunkt ansieht, so darf man sagen, daß die Deutschen keine so außergewöhnliche Wende des Kriegsglücks seit dem alles erschütternden Erfolg ihrer Offensive vom 21. März 1918 erlebt hatten, dem der entscheidende britische Sieg vom 8. August, „dem Schwarzen Freitag des deutschen Heeres", folgte. Im nachhinein erscheint der Schwarze Freitag der U-Boote weniger überraschend als vielmehr unvermeidlich. Bald arbeitete der Tracking Room nicht mehr auf Grund von Vermutungen und vagen Annahmen, sondern wiederum dadurch, daß er wörtlich die Funksprüche zwischen den Kommandanten zur See und dem Befehlshaber der U-Boote an der Küste mitlas. Diese regelmäßig hin- und hergehenden Funksprüche stellten eine wesentliche Fernmeldeverbindung dar, ohne die große U-Bootrudel nicht zusammengezogen und geführt werden konnten. Ihre Verwundbarkeit gegenüber der Funkaufklärung war ein Risiko, das Dönitz einkalkuliert und akzeptiert hat. Dank der Geschicklichkeit und Kenntnisse von Bletchley erwies der Funk sich als Achillesferse. Der Naval Staff darf gewiß nicht dafür getadelt werden, daß er glaubte, um sein oft zitiertes Geständnis zu wiederholen – „die Deutschen wären dem Unterbrechen der Verbindungen zwischen der Alten und der Neuen Welt niemals so nahe gekommen wie in den ersten zwanzig Tagen des März 1943". Doch war es ein Aufschrei des Herzens, dessen Verzweiflung tatsächlich zu überspitzt war. Es war natürlich, daß die durch den Verlust von Ultra blind gewordene Admiralität das gleiche empfand wie der blinde John Milton:

„And that one talent which is death to hide
Lodg'd with me useless."

Aber die Tragödie der zerschlagenen Geleitzüge SC 122 und HX 229 betont nicht nur die Folgen, die sich aus dem Fehlen von Ultra-Meldungen ergaben, sondern auch die ungeheure Verstärkung, die ihr Vorhandensein wieder dem Schlachtgeschehen gab, als Bletchley auf so erstaunliche Weise erneut mit der Zulieferung von entzifferten U-Boot-Funksprüchen begann.

Es gab auch noch eine tiefere Wahrheit, die beim Vergleich mit den ungeheuren Verlusten jener Frühlingsmonate zu jener Zeit schwer zu glauben war, aber im nachhinein offensichtlich ist. Von Anfang Februar an bemerkte Rodger Winn im Tracking Room bei den Ultra-Funksprüchen wachsende Beweise dafür, daß die Moral der U-Boot-Besatzungen, die einmal vorzüglich gewesen war, abzusinken begann und daß Dönitz anhand seiner Befehle an sie zu erkennen gab, daß er dies wußte. Teilweise handelte es sich dabei

um praktische Gegebenheiten, – zu viele vergebliche Angriffe, zu viele mit „Maschinenschäden" heimkehrende Boote und zu häufiges Unterlassen der Bekämpfung von feindlichen Flugzeugen. Teilweise war es aber auch ein neuer Ton in den Funksprüchen von Dönitz, – eine kaum verhüllte Verzweiflung.
Das kam alles in den Ultrameldungen zum Vorschein. Für diejenigen, die mit ihnen stündlich und täglich lebten, war es daher keine Überraschung, als Dönitz die Niederlage hinnahm; – in der Tat hatte Winn vorausgesagt, es gäbe einen Zusammenbruch und er geschähe plötzlich. Einfach ausgedrückt, war schließlich die Verbindung von guten Ultra-Meldungen, erfahrenen Geleitschutzgruppen mit hervorragendem Gerät, Flugzeugträgern und Flugzeugen mit sehr langer Reichweite, die alle auf Grund ihrer Erfahrung harmonisch zusammenarbeiteten, zuviel für eine U-Boot-Flotte, von der die meisten Männer tot waren. (Über zwei Drittel aller U-Boot-Fahrer verloren im Laufe des Krieges ihr Leben.)
Der Rückzug aus dem Nordatlantik bedeutete nicht die bedingungslose Kapitulation. Die Aufmerksamkeit besonders des Coastal Command konzentrierte sich nun auf die Routen durch den Golf von Biskaya, welche die U-Boote am Anfang oder Ende einer Feindfahrt einschlugen. Im Juni, Juli und August waren die Gefechte so erbittert, daß der Kampf schließlich die Offensive in der Bucht genannt wurde. Der Marschall der RAF, Sir John Slessor, der damals Befehlshaber des Coastal Command war, rechnet dies strikt als Verdienst von Ultra an. „Ich weiß es mit sehr guten Gründen zu belegen," schrieb er über diese Periode, „daß Ultra tatsächlich zu den Gewinnern im Krieg gehörte". Mit den neuesten 10 cm-Radargeräten ausgerüstet, die von den U-Booten nicht geortet werden konnten, und unter Einsatz der Leigh-Scheinwerfer, mit denen der Feind in der Dunkelheit überraschend angestrahlt wurde, wurden die Flugzeuge des Coastal Command immer wieder von Ultra zu ihren Zielen geführt. Auf Grund des Funkverkehrs der U-Boote mit ihren Stützpunkten und der vom Befehlshaber der U-Boote übermittelten Befehle hielt der Tracking Room die Routen der auslaufenden oder einlaufenden U-Boote nicht nur auf Karten fest, sondern überwachte auch auf Grund der abgehörten Funksprüche die Art, wie die Routen von den Deutschen in dem Bemühen geändert wurden, ihren Angreifern zu entgehen. Alle Gegenmaßnahmen von Dönitz – aufgetauchte Abwehr der U-Boote mit Flugabwehrgeschützen, zur gegenseitigen Unterstützung aufgetauchte und in Gruppen fahrende U-Boote – wurden durch seine Funksprüche bekannt. Während

dieser drei Monate wurden in der Bucht und in anderen Räumen mehr deutsche U-Boote versenkt als alliierte Handelsschiffe: 74 gegenüber 58. Im Herbst 1943 war die Schlacht im Atlantik zu einem hinnehmbaren Marschgefecht abgeflaut. Es gab keine Desaster mehr. Mit Sicherheit war damit der Weg frei geworden für jene ungeheuren Bewegungen von Truppen und Material, ohne die im nächsten Jahr die Rückkehr nach Europa unmöglich gewesen wäre.

Aber es gab noch eine weitere Bedrohung. Die Schlachtschiffe und Schlachtkreuzer der deutschen Kriegsmarine waren an Zahl zwar gering, aber außerordentlich kampfkräftig und stellten daher eine beharrliche Bedrohung dar, die ihre Stärke als Einzelschiff bei weitem überschritt. Da die Geleitzüge über alle Weltmeere fuhren, war es den Alliierten unmöglich, überall Geleitschutz abzustellen, der in der Lage war, auch nur mit einem einzigen großen Schiff fertig zu werden, das frei auf hoher See operierte. Die Nervosität Churchills und der Admiralität über diesen Alptraum wird gut erhellt durch das frenetische Zusammenziehen britischer Kriegsschiffe aus allen Windrichtungen, als die *Bismarck* zum letztenmal auslief. Es war keineswegs überraschend, daß Ultra nicht nur ein Faktor im U-Boot-Krieg, sondern auch bei den dramatischen Überwassergefechten war, an denen Schiffe der deutschen Schlachtflotte teilnahmen. Es überraschte auch nicht, daß Bletchleys Funkaufklärung genau wie beim Landkrieg das Unheil nicht abwenden konnte, wenn sie nicht mit dem gebührenden Respekt behandelt wurde; dagegen trug sie ganz wesentlich zum Erfolg bei, wenn die für die Operationen verantwortlichen Befehlshaber sie klug anwendeten.

Die erfolgreiche Blitzfahrt der *Scharnhorst* und *Gneisenau* durch den Ärmelkanal, die während der finsteren Nacht vom 17. Februar 1942 begann, wurde von der *Times* schmerzlich beschrieben: „Seit dem 17. Jahrhundert ist nichts Demütigenderes für den Stolz unserer Seemacht in den Heimatgewässern mehr geschehen." Das Ereignis wirkte wie ein Schock. Doch in der Perspektive gesehen, war sein Verlauf nicht einfach, sondern bestand aus einer Reihe von Widersprüchen und Kalamitäten, aus denen vielleicht Hitler und Ultra am ungeschorensten herausgingen.

Es war offensichtlich, daß die Angriffe des Bomber Command Brest unhaltbar machten und die beiden Schiffe aus diesem Stützpunkt am Atlantik verlegt werden mußten, wenn sie überleben wollten. Aber wohin? Zum Entsetzen der Berufssoldaten, Großadmiral Raeders und der deutschen Seekriegsleitung, bestand der

Führer mit seiner gewöhnlichen Härte darauf, daß sie durch den Kanal fahren und damit für die Verteidigung Norwegens zur Verfügung stehen sollten, dessen Invasion er erwartete. Auf jeden Fall war es eine Möglichkeit, welche die Admiralität kaum nicht beachten konnte, und in den ersten Wochen des Jahres 1942 wurde darüber viel nachgedacht.
Ultra wandelte die Spekulation in Realität um. Alle jene kleinen Vorbereitungen, die für den geheimen Marsch einer beträchtlichen Marinekampfgruppe notwendig waren, wurden von Denning und seinen Kollegen in Operational Intelligence Centre aus abgehörten Funksprüchen erkannt: – die besonderen Vorkehrungen für die U-Boote und die Jagdflieger der deutschen Luftwaffe, die erhöhte und heimliche Aktivität der Minenräumer an wichtigen Minengassen, das Zusammenziehen zusätzlicher Zerstörer als Geleitschutz für den Marsch. Admiral Pound wurde eine vollständige Beurteilung auf den Tisch gelegt, und bereits am 2. Februar gab die Admiralität ihre ins einzelne gehenden Schlußfolgerungen heraus, die mit den folgenden Worten endeten: „Unter Berücksichtigung aller Faktoren hat es den Anschein, daß die Deutschen den Kanal in ostwärtiger Richtung mit viel geringerem Risiko durchlaufen können als bei einem Marsch durch den offenen Atlantik." Das Coastal Command nahm die selbe Haltung ein.
Damit haben wir eine Lage, in der die generelle Wahrscheinlichkeit jedem offenkundig war, der eine Karte zu lesen verstand. Aber die eigentliche Gewißheit, der stichfeste Beweis, auf den militärische Führer ihre Operationen abstützen, wurde in der Hauptsache dadurch geliefert, daß Bletchley in der Lage war, besonders die Schlüssel der deutschen Luftwaffe und den „Hydra"-Schlüssel zu entziffern. Auch war OIC geschickt und erfahren genug, den Gesamtzusammenhang aus dem Ultra-Verkehr und den anderen Intelligence-Quellen herauszulesen. Aber genauso wie Hitler bei der Blitzfahrt durch den Kanal recht und seine Admirale unrecht hatten, so wurde die anfängliche Genauigkeit der Ultra-Meldungen durch die Fehler und die Stümperei der professionellen Stäbe und der verantwortlichen Führer ins Negative verkehrt.
Die durch den Durchbruch der *Scharnhorst* und *Gneisenau* verursachte gröbliche Beleidigung im Februar 1942 wurde in der Hauptsache deshalb so empfunden, weil sie vor Englands Haustür geschah. Der Katalog von Mißgeschicken, der sie möglich machte, reizt noch zu beunruhigenderen Gedanken: Wenn nach weiteren eineinhalb Jahren der Vorbereitungen dies das Beste war, das die Briten tun konnten, wie wäre es ihnen dann im Sommer 1940 er-

gangen, wenn die für *Seelöwe* bereitgestellten Kräfte tatsächlich versucht hätten, ihre Türschwelle zu überschreiten? Denn von Anfang an ging alles schief, als die Admiralität die Lage so beurteilte, daß die Deutschen bei Tageslicht auslaufen und bei Dunkelheit durch den Kanal fahren würden, – während Admiral Ciliax kühn in der Dunkelheit auslief und bei hellem Tageslicht den Kanal durchfuhr. Vom Versagen des Radargeräts in dem Aufklärungsflugzeug ab, das einen frühzeitigen Alarm für die letzte leidenschaftliche Anstrengung durch den zum Scheitern verurteilten Commander Esmonde und seine antiquierten Swordfish-Torpedo-Flugzeuge hätte auslösen sollen, bildet die ganze Geschichte

> „eine beklagenswerte Erzählung von Dingen,
> die vor langer Zeit und schlecht getan wurden".

Ultra, das eine so wertvolle Rolle während der Vorbereitungen gespielt hatte, spielte auch bei den Nachwirkungen eine noch nicht bekanntgegebene Rolle. Denn am Abend des 12. Februar fuhren beide Schiffe scheinbar sicher die holländische Küste entlang und liefen vor Terschelling auf Minen. Durch Ultra wurde das in London bekannt, durfte jedoch zur Beruhigung der britischen Öffentlichkeit natürlich nicht benutzt werden. Doch die Ansicht der deutschen Seekriegsleitung, die Operation wäre „ein taktischer Sieg, aber eine strategische Niederlage" gewesen, gewinnt an Bedeutung, wenn man sich klar macht, daß der Minenschaden an der *Scharnhorst* sie für Monate außer Gefecht setzte, während die *Gneisenau* im Trockendock von Kiel ein paar Tage später vom Bomber Command so zusammengeschlagen wurde, daß sie nie wieder auslaufen konnte. Dennoch ist es vom strikten, wenn auch engen Gesichtspunkt dieses Buches aus gesehen, in dem die Verbindungen zwischen der Ultra-Funkaufklärung und den tatsächlichen Operationen ausgewertet werden sollen, klar, daß die sichere Fahrt durch den Ärmelkanal von zwei deutschen Schlachtkreuzern trotz der Royal Navy, des Bomber Command und des Coastal Command und nach eindrucksvollen Vorwarnungen durch Ultra zwar erklärt, aber kaum entschuldigt werden kann. Und bald darauf sollte ein weiteres großes Kriegsschiff, die *Tirpitz*, Grund für ähnliche Sorgen abgeben.
In der Rückschau scheint die Affäre im Kanal das ganze System der Sicherung der Heimatgewässer um die britischen Inseln in Frage zu stellen. Dagegen war die Verbindung zwischen der *Tirpitz* und der Tragödie des russischen Geleitzuges PQ 17 (die sich in der arktischen Einsamkeit der Barents-See Anfang Juli 1942

vollzog) nicht so sehr das Ergebnis einer verfehlten Organisation als vielmehr der politischen Dringlichkeit und der fehlerhaften Lagebeurteilung eines einzelnen Mannes, des Admirals Sir Dudley Pound, des Ersten Seelords und Oberbefehlshabers der Royal Navy. Die Lage war einfach. Rußland brauchte verzweifelt Kriegsmaterial und Versorgungsgüter. Roosevelt drängte bei den Briten auf eine Entfernung der bei Island zusammengezogenen Handelsschiffe mit Material aus dem Lend-Lease-Vorrat für Stalin. Churchill brachte der Forderung Verständnis entgegen und stellte seinen Chiefs of Staff gegenüber fest: „Wenn wir nicht unsererseits den Versuch unternehmen, vermindern wir unseren Einfluß auf die wichtigsten Alliierten. Ich teile Ihre Befürchtungen, aber ich glaube, es ist unsere Pflicht." Pounds Leben war stets der Pflicht gewidmet gewesen, „jener unnachgiebigen Tochter der Stimme Gottes". Da die Stimme auch die Churchills war, sah er sich auf loyale Weise verpflichtet, den Geleitzug PQ 17 von Island nach Murmansk zu schicken. Doch diejenigen, die seine Befehle auszuführen hatten, rieten ihm, davon Abstand zu nehmen, ja sie baten sogar darum, – unter ihnen befand sich besonders der Befehlshaber der Home Fleet, Admiral Sir John Tovey, der sich sogar dazu hinreißen ließ, Ausdrücke wie „Das ist blutiger Mord" zu gebrauchen.

Die Befürchtungen, die nahe an Insubordination grenzten, stammten aus einer weiteren einfachen Tatsache, – der bekannten Anwesenheit einer starken deutschen Kampfgruppe in den nördlichen Fjorden Norwegens, zu der die „Westentaschen-Schlachtschiffe" *Lützow* und *Scheer*, der Schwere Kreuzer *Admiral Hipper*, eine Zerstörerflotille und vor allem das Schlachtschiff *Tirpitz* gehörten. Die deutsche Luftwaffe hatte mehr als 250 Flugzeuge im Raum des norwegischen Nordkaps, und deutsche U-Boote lauerten in den Gewässern zwischen dem Kap und Spitzbergen, durch die PQ 17 passieren mußte. Vernünftigerweise mußte die Admiralität damit rechnen, daß sich der Geleitzug in großer Gefahr befand, – besonders von der *Tirpitz*, deren Geschwindigkeit und Stärke die ihrer britischen Äquivalente übertraf. Und das war gerechtfertigt, denn Großadmiral Raeder hatte den Plan *Rösselsprung* entworfen, bei dem seine wichtigsten Kampfschiffe zu einem Angriff auf den PQ 17 angesetzt werden sollten, sobald er geortet sowie die vermutete Anwesenheit eines Flugzeugträgers mit seinen britischen Sicherungskräften überprüft worden war und sobald – und das war eine wichtige Voraussetzung – Hitler die Genehmigung für *Rösselsprung* gegeben hatte.

Am 27. Juni lief der Geleitzug PQ 17 aus isländischen Gewässern aus. Er bestand aus 34 verschiedenen Handelsschiffen unter britischer, amerikanischer und russischer Flagge und hatte 157.000 t Kriegsmaterial an Bord. Am 3. Juli lieferte Ultra bereits eine wertvolle Bestätigung über deutsche Schiffsbewegungen in nördlicher Richtung entlang der norwegischen Küste zu einem Sammelpunkt in Altenfjord, der vorgeschobensten Reede, zum Angriff auf den Geleitzug. Aber die entscheidende Frage blieb unbeantwortet: Hatte die *Tirpitz* bereits den Fjord zum Angriff auf PQ 17 verlassen? In Bletchley gab es einige Verzögerungen bei der Entzifferung; aber um 7 Uhr abends am 4. Juli meldete die Marineabteilung, daß während der letzten 24 Stunden bearbeitete entzifferte Funksprüche bald zur Verfügung ständen. Sie ließen erkennen, daß die *Tirpitz* mit Sicherheit Altenfjord erreicht hatte, aber nicht mehr, und daß die sie begleitenden Zerstörer den Befehl erhalten hatten, nachzubunkern. Zu diesem Zeitpunkt begab sich Admiral Pound in das Operational Intelligence Centre tief unterhalb der Betonfestung der Zitadelle und nahm Denning ins Kreuzverhör. Die wichtigste Frage des Ersten Seelords lautete: Können Sie mir versichern, daß die *Tirpitz* immer noch vor Anker liegt? Und wenn das der Fall ist, können Sie mir dann sagen, ob sie zum Auslaufen bereit ist? Denning antwortete, er wüßtc, *ob* sie ausgelaufen wäre, *nachdem* sie ausgelaufen wäre. Denn dafür gab es keinerlei Beweise, die doch normalerweise hätten erwartet werden dürfen. Darüber hinaus war es unwahrscheinlich, daß sie im Begriff stand auszulaufen, da es keinerlei Hinweise gab, daß ihre Zerstörer, die doch auf der Suche nach Unterseebooten vorausgelaufen wären, bisher Altenfjord verlassen hätten.
In seinem lebhaften Bericht über den Marinenachrichtendienst, „Room 39“, schreibt Donald McLachlan Dennings Überzeugung seinem Wissen darüber zu, daß ein vertrauenswürdiger norwegischer Agent, der in Altenfjord arbeitete, das Auslaufen der *Tirpitz* mit Sicherheit rasch gemeldet hätte.[8] Er hatte es nicht gemeldet, also war sie auch nicht ausgelaufen. Aber das war nur eine Legende. McLachlan schrieb im Jahr 1968 und durfte dabei nicht verraten, daß Dennings Sicherheit von Ultra stammte. Die Erfahrung im Umgang mit dem deutschen Enigma-Verkehr hatte ihn gelehrt, daß, wenn ein Großkampfschiff zur Feindfahrt auslief, es selbst Funkstille bewahren konnte. Aber von der Befehlsstelle der deutschen Marine an der Küste – in diesem Fall der Gruppe Nord, die im Raum Norwegen führte – pflegte eine Flut von Funksprüchen auszugehen. Der Funkverkehr war unverkennbar, wie sich

im März gezeigt hatte, als die *Tirpitz* zu einem vergeblichen Angriff gegen den Geleitzug PQ 12 auslief. Aber jetzt war kein solcher Funkverkehr zu hören, auch hatten in dieser Angelegenheit die patrouillierenden britischen, französischen und russischen Unterseeboote kein Schlachtschiff in der Nähe des Nordkaps gemeldet. Wären darüber hinaus die Zerstörer der *Tirpitz* zur Sicherung vorausgeschickt worden, was normal gewesen wäre, so hätten ihre Funksprüche mit Sicherheit einen Anhaltspunkt geboten. Dennings Schlußfolgerungen waren richtig. Die bedrohlichen Kriegsschiffe blieben in Altenfjord oder in dessen Nähe, „wie Kettenhunde“, wie der deutsche Marinehistoriker Cajus Bekker es ausdrückt, denn die deutsche Luftwaffe fand die Home Fleet bei ihrer Fernunterstützung des Geleitzugs nicht. Damit war Hitlers Voraussetzung für die Ausführung von *Rösselsprung* – daß nämlich die britischen Flugzeugträger zuerst gefunden und angegriffen werden müßten – nicht erfüllt. Die *Tirpitz* hielt sich brav aus dem Gefecht heraus, bis sie nach Süden abgezogen wurde.
Aber Pound hatte seinen Nachrichtenleuten nicht getraut. Er kam zu dem Schluß, daß das Schlachtschiff ausgelaufen wäre und seine großen Geschütze mit der Vernichtung des Geleitzugs PQ 17 begonnen hätten, bevor Admiral Tovey und die schweren Schiffe der Home Fleet möglicherweise eingetroffen sein könnten. Daher ging kurz nach 9 Uhr am Abend des 4. Juli ein Funkspruch von der Admiralität mit dem Befehl an die den PQ 17 begleitenden Kreuzer aus, sich zurückzuziehen. Bald darauf wies ein weiterer Funkspruch, der diesmal vom Ersten Seelord selbst abgefaßt worden war, den Geleitzug an, sich aufzulösen. Das war sein Todesurteil. Die in enger Tuchfühlung sichernden Zerstörer waren kaum in der Lage, einen weit auseinandergezogenen Geleitzug zu schützen. Ihre Aufgabe bestand nun, wie sie glaubten, darin, die Kreuzer dabei zu unterstützen, die *Tirpitz* aufzuhalten, von der sie wie Pound annahmen, daß sie den Geleitzug dichtauf verfolgte. In der Zwischenzeit pickten sich die deutschen U-Boote und die Luftwaffe eins nach dem anderen der Handelsschiffe heraus und versenkten 23 von 34 Schiffen.
Ultra blieb bei diesem unvermeidlichen Gemetzel auf dem laufenden. Für die Männer im Operational Intelligence Centre, die spürten, daß Pound die falsche Schlußfolgerung gezogen hatte, muß es quälend gewesen sein, die dürftigen Funksprüche aus Bletchley bei ihrem Eintreffen in der Zitadelle zu lesen, die in steigendem Maße das immer größer werdende Desaster verkündeten. Eine Folge von entzifferten Berichten des Befehlshabers der deutschen

Luftwaffe auf den Lofoten sprach von rücksichtsloser Überwachung und unbarmherzigen Angriffen der deutschen Flugzeuge; von einzelnen deutschen U-Booten überbrachte Ultra finster klingende Meldungen über die Ortung von Schiffen und ihre Versenkung.

Der schreckliche Höhepunkt war in zwei entzifferten Sprüchen zusammengefaßt. Am 5. Juli um 14.40 Uhr gab Bletchley eine Meldung von Kapitänleutnant Bielfeld, dem Kommandanten von *U 703*, weiter. „9.000 t große *Empire Byron* versenkt... Bestimmungshafen Achangelsk. Ihr Kapitän, John Rimington, als Gefangener an Bord... *Geleitzug völlig zersprengt,* Kurs 120 Grad. Verfolge weiter." Die *Empire Byron* war ein ganz neues, mit Panzern beladenes Handelsschiff. Ihr Kapitän, John Wharton, schlief auf der Brücke, als das fünfte Torpedo von *U 703* im Maschinenraum explodierte. Nachdem er dafür gesorgt hatte, daß die Überlebenden in die Boote gingen, und er dem Untergang seines Schiffes zugesehen hatte, entging er der Gefangennahme durch einen seltsamen Zufall. Wharton hatte allen Offizieren befohlen, ihre sie kennzeichnenden Uniformen abzulegen, aber ein technischer Offizier des Heeres, Captain Rimington (der mitfuhr, um die Russen im Gebrauch der mitgeführten Churchill-Panzer zu unterweisen), weigerte sich, seinen schönen weißen Duffelcoat abzulegen. So wählten die Deutschen Rimington, die hervorstechendste Gestalt, für die Übernahme an Bord von *U 703* aus, und der von Bletchley entzifferte Funkspruch identifizierte ihn fälschlicherweise als den Kapitän der *Empire Byron*. Aber diese Versenkung war nur eine der Tragödien in einer Lage, die überzeugend durch einen Funkspruch vom Gefechtsstand der deutschen Luftflotte 5 definiert wurde. Bletchley gab ihn am 6. heraus. „Aufklärung gegen Geleitzug PQ 17 von 14.00 bis 18.00 Uhr" (vermutlich am 5.). „Konvoi zersprengt ... Gesamtzahl der vorhandenen Schiffe kann nicht festgestellt werden, da sie so weit auseinandergezogen sind." Und so beleuchtete Ultras Feindnachrichtendienst den letzten Akt eines Dramas, das eigentlich niemals hätte passieren dürfen.

Der Mann an der Spitze einer Befehlspyramide, der durch seinen einzigartigen Status und seine Autorität dazu verurteilt ist, persönliche und einsame Entscheidungen zu treffen, kann deren Folgen nicht entgehen. Der Sieger nimmt alles auf sich. Eisenhower wird zu Recht für seinen Mut und seine Urteilskraft gelobt, als er den Befehl gab, am Tage X die Invasion *Overlord* fortzusetzen, als ihm seine Meteorologen nur geringen Trost bringen konnten. Die

Folgen eines Fehlschlages wären unermeßlich gewesen, und er allein konnte den Befehl zum Antreten geben. Pounds Ruf wird durch die Befehle an PQ 17 am 4. Juli beeinträchtigt, für die er voll und ganz verantwortlich war. Bis zum Jahr 1942 war die Ausnützung von Ultra durch das Operational Intelligence Centre (neben dessen bemerkenswerten Taten aufgrund anderer Quellen) so häufig und sogar so dramatisch erfolgreich gewesen, daß es für den Ersten Seelord kaum eine Entschuldigung gibt für die Gleichgültigkeit, die er Dennings Lagebeurteilung gegenüber einnahm. Auch wurde sie nicht besser aufgenommen, als Dennings Vorgesetzter, Captain Jock Clayton, Pound ein paar Stunden nach dem Funkspruch über die Zersprengung des Geleitzuges gegenübertrat und ihn davon zu überzeugen versuchte, die Befehle wieder zurückzunehmen; – denn der Beweis dafür, daß die *Tirpitz* noch nicht ausgelaufen war, hatte sich mit dem Erhalt eines weiteren Ultra-entzifferten Funkspruches in Form einer Meldung an die deutschen U-Boote im Raum des Nordkaps erhärtet, daß sich keine deutschen Überwasserschiffe in der Nähe befänden. Pound wies Clayton genauso ab, wie er vorher Denning abgewiesen hatte. Seiner Meinung nach war die *Tirpitz* ausgelaufen. Dafür opferte er einen Geleitzug. In einer ähnlichen spannungsreichen Lage, bei der Evakuierung Kretas, berichtete Lord Wavell über die Reaktionen eines anderen Seeoffiziers: Nachdem die Flotte das äußerste geleistet hatte, entlasteten Wavell selbst, der australische General Blamey und der neuseeländische Premierminister gemeinsam die Royal Navy von weiteren Anstrengungen. Admiral Andrew Cunningham dankte „mir schlicht für unser Bemühen, ihn von seiner Verantwortung zu entlasten, sagt aber, die Marine hätte das Heer niemals im Stich gelassen. Er werde daher in dieser Nacht noch einmal mit allem, was schwimmen und Truppen fortschaffen könnte, eingreifen«. Andererseits behaupteten diejenigen, die zu Pound hielten, ziemlich fest, daß ohne direkten Beweis von Ultra und mit Rücksicht auf die sichere Katastrophe, die eintreten mußte, wenn die *Tirpitz* einen Geleitzug in geschlossener Formation finden sollte, der Admiral den Befehl zum Auseinanderlaufen zu Recht gegeben hätte. Was auch immer seine Gründe gewesen sein mögen, das Ergebnis war eine Tragödie.

Pounds späterer Tod an einem Gehirntumor und frühere Beweise wichtiger Symptome wie die übertriebene Neigung, mitten in einer Konferenz einzuschlafen, haben zu der Vermutung Anlaß gegeben, daß seine geistigen Fähigkeiten während der entscheidenden Nacht des 4. Juli wohl etwas herabgemindert gewesen wären.[9]

Diesem Abschwächungsversuch muß aber die feststehende Tatsache entgegengehalten werden, daß Pound bei mehr als einer vorhergehenden Gelegenheit seine ausgelaufene Flotte auf autoritäre Weise geführt hatte. Bei ihm beruhte die zentralisierte Führung aus der Admiralität auf Instinkt und erfolgte automatisch. Gewiß ist jedoch, daß er Ultra und seinen Interpretatoren keine Gelegenheit gab, wirksam zu werden. Er schloß sich ihnen gegenüber geistig ab, ohne über die Gründe zu diskutieren, warum ernsthafte und erprobte Offiziere wie Clayton und Denning glaubten, daß die *Tirpitz* immer noch vor Anker läge, und noch weniger, warum sie bereit wären, einen eventuellen Fall in Ungnade auf sich zu nehmen, wenn sie ihre Beurteilung der Lage weiter begründeten. Daß viele andere Zwänge, politische und strategische, Pound bei seinem Entschluß in bezug auf PQ 17 beeinträchtigten, muß offen zugestanden werden. Aber an der zentralen Stelle, der Verbindung von geheimer Feindaufklärung und operativen Maßnahmen, war es ein Glück für die Alliierten, daß andere Befehlshaber aufnahmebereiter und flexibler waren bei der Anwendung von Ultra-Informationen, die in ihre Hände gelangten, als dieser Admiral of the Fleet.

Als es tatsächlich das nächstemal geschah, daß Ultra in einen größeren Versuch eines deutschen Großkampfschiffes zur Vernichtung eines Geleitzuges verwickelt war, erwies sich dies als ein klassisches Beispiel dafür, wie geheime Feindnachrichten aus Bletchley, klug verwendet, eine radikale Auswirkung auf die Seekriegsführung haben konnten. Die *Scharnhorst* brauchte Monate, um ihren Minenschaden zu reparieren. Sogar als sie Anfang 1943 zum Auslaufen nach Norwegen fertig war, wurden ihre ersten beiden Versuche auf Grund von Warnungen durch Ultra durch die RAF vereitelt. Schließlich erreichte sie Altenfjord, wo das größere Schlachtschiff *Tirpitz* und der Schwere Kreuzer *Lützow* lagen. Die *Tirpitz* wurde durch einen Klein-U-Bootangriff ausgeschaltet, die *Lützow* dagegen wurde zu Reparaturen in die Heimat verlegt, hatte jedoch keine Kampfschäden erlitten.

Im Dezember 1943 war daher die *Scharnhorst* das einzige seetüchtige Großkampfschiff im Nordmeer zu einer Zeit, in der die deutschen Mißerfolge an der Ostfront Großadmiral Dönitz, Raeders Nachfolger als Oberbefehlshaber der Kriegsmarine, davon überzeugten, daß das Abfangen der in der Arktis nach Rußland laufenden Geleitzüge wesentlich war.

Nun kam eins der grundlegenden Gesetze für den Erfolg von Ultra ins Spiel. Seine Feindnachrichten erhielt es aus Funksprüchen.

Was über Telefon oder Fernschreiber mitgeteilt wurde, lag jenseits seiner Reichweite. Durch eine Laune des Schicksals lieferte die Lage in Altenfjord einen einfachen, aber entscheidenden Beweis für diesen unveränderlichen Grundsatz. Die beschädigte *Tirpitz* lag so dicht an der Küste, daß die Verbindung mit dem Fernmeldesystem auf dem Festland hergestellt werden konnte. Befehle und Meldungen kamen und gingen über Fernsprecher und Fernschreiber. Aber die *Scharnhorst* lag in größerer Entfernung vor Anker, so daß ein Motorboot gelegentlich Befehle und Meldungen überbringen konnte. Der Fernmeldeverkehr wickelte sich aber in der Hauptsache über Funk ab. Am Vorabend eines größeren Unternehmens war dieser Verkehr zwangsläufig groß – und bot damit die Möglichkeit, ihn abzuhören. Aber im Dezember 1943 knackte Bletchley die Marineschlüssel mit angemessener Regelmäßigkeit. Das war also der technische Hintergrund in jenem Augenblick am Abend des 26. Dezember 1943, als um 18.25 Uhr die *Scharnhorst* Hitler meldete: „Wir kämpfen bis zur letzten Granate" und eine Stunde später im Geschützfeuer der *Duke of York* sank.
Mitte Dezember liefen mehrere Geleitzüge in beiden Richtungen zwischen Murmansk und dem Westen. Die in ihrer Flanke liegende *Scharnhorst* bildete offenkundig eine Bedrohung. Durch von Ultra entzifferte Funksprüche der deutschen U-Boote und Luftwaffe war es für die Admiralität gleichermaßen offenkundig, daß der nach Rußland laufende Geleitzug JW 55 B, der am 20. Dezember auslief, erwartet wurde. Die *Scharnhorst* war alarmiert worden. Wenn die Entzifferung in Bletchley auch nicht augenblicklich gelang, so geschah es doch noch in ausreichender Zeit. Ein Funkspruch der Gruppe Nord an den Befehlshaber der Luftwaffe im Norden ging beim OIC erst in den frühen Morgenstunden des 20. Dezember, d. h. also mehr als einen Tag später, ein; aber er verriet alles. „Dringend Luftaufklärung gegen Geleitzug erbeten, der mit Sicherheit vermutet wird, und gegen schwere Gruppe, die wahrscheinlich auf See ist. Kampfgruppe innerhalb von drei Stunden abrufbereit." Kampfgruppe bedeutete die *Scharnhorst*.
Bei seinem Besuch im Führerhauptquartier hatte Dönitz am 19. Dezember von Hitler die Freigabe des Einsatzes der *Scharnhorst* gegen den nächsten nach Rußland laufenden Konvoi erbeten und erhalten. Tatsächlich wurde der Geleitzug bereits am 21. Dezember erstmalig von der deutschen Luftaufklärung erfaßt und dann in den folgenden Tagen regelmäßig erneut gemeldet, so daß man, im Gegensatz zu früheren Konvoioperationen, in diesem Falle ein

recht gutes Feindlagebild hatte. Die Standorte der Deckungsgruppen waren zwar nicht genau bekannt, doch war klar, daß der Konvoi selbst außer Zerstörern keine stärkeren Schiffe bei sich hatte. Die Chancen für einen Einsatz der *Scharnhorst* schienen deshalb in Berlin besonders günstig, zumal man sich hier zunächst die ständige Verschlechterung der Wetterlage nicht vergegenwärtigte. Als Dönitz am Mittag des 25. Dezember von einer Frontreise (Weihnachten bei den U-Bootfahrern!) in Frankreich nach Berlin zurückkehrte, wurde in einer ausführlichen Konferenz in der Operationsabteilung der Seekriegsleitung zunächst über die zur gleichen Zeit in der Biskaya ablaufenden Operationen zur Einbringung von mehreren Blockadebrechern aus dem Fernen Osten diskutiert, ehe man sich der *Scharnhorst*-Operation zuwandte. Auf Grund der vermeintlich günstigen Feindlage und in Verkennung der tatsächlichen Wetterverschlechterung wurde der Ansatzbefehl für die *Scharnhorst* gegeben.
Da die *Scharnhorst* in einem Seitenarm des Lyngenfjords lag, hatte sie keine Drahtnachrichtenverbindung, so daß man mit ihr nur über Funk verkehren konnte. So wurden schon zwischen dem 20. und dem 25. (dem Tag, an dem sie auslief) eine Reihe von Funksprüchen zwischen dem Marinehauptquartier an der Küste und dem isolierten Schlachtkreuzer ausgetauscht, in denen seine Kampfbereitschaft in einer jeweils wechselnden Zahl von Stunden angegeben wurde – zuerst drei, dann sechs, dann drei, dann eine – auch gingen an ihn Aufklärungsmeldungen über den jeweiligen Standort des nach Osten laufenden Geleitzuges JW 55 B. Wenn auch einige dieser Funksprüche nicht oder erst zu spät von den Entzifferern in Bletchley geknackt werden konnten, so wurde doch die bedeutungsvolle Mehrheit entziffert und nicht nur an das OIC, sondern auch an den Befehlshaber der Home Fleet, Admiral Sir Bruce Fraser, der sich an Bord des Schlachtschiffes *Duke of York* befand, und an Admiral Burnett, den Befehlshaber der Kreuzer *Belfast, Norfolk* und *Shaffield*, weitergegeben. Fraser und Burnett bildeten die Lebensversicherung des Geleitzuges gegen die *Scharnhorst*.
So wurden – und das ist der wesentliche Punkt – die Offiziere, die für die Gefechtsführung gegen den Feind verantwortlich waren, durch Ultra über die deutschen Pläne zum Abfangen des Geleitzuges JW 55 B auf dem laufenden gehalten, so daß nach dem Entschluß von Großadmiral Dönitz zur Durchführung von *Ostfront*, dem Decknamen für das Unternehmen, ab 17 Uhr am 25. es in London und an Bord der *Duke of York* weder Überraschung noch

Verwirrung gab. Der Befehl von Dönitz befand sich tatsächlich schon früh am 26. in den Händen von Fraser und Burnett. Man hat dabei ein Gefühl außergewöhnlicher Gelassenheit und Unvermeidbarkeit. Tatsächlich wurden, wenn Ultra so wirkungsvoll arbeitete, große Dinge einfach möglich. Etwas später, um 03.19 Uhr gingen Bestätigungssprüche an alle heraus, die an der Jagd teilnahmen. Unverblümt gaben sie schlicht und einfach die Lagebeurteilung der Admiralität wieder: Die *Scharnhorst* war ausgelaufen. Mehr war nicht notwendig. Dank der einleitenden Dispositionen, die Ultras Vorauswarnungen ermöglicht hatten, beseitigten noch am gleichen Abend die Schiffe des Befehlshabers der Home Fleet die Bedrohung durch die *Scharnhorst* für immer, was ihm in angemessener Zeit einen neuen Titel einbrachte: Admiral of the Fleet, the Lord Fraser of Northcape.

Auf Grund der durch Ultra gelieferten ersten Daten war das Stellen der *Scharnhorst* tatsächlich kaum mehr als die Lösung eines einfachen geometrischen Problems. Fraser und Burnett kannten mit genügender Genauigkeit die Position, den Kurs und die Geschwindigkeit des Konvois. Sie wußten, daß die *Scharnhorst* aus Altenfjord ausgelaufen war, um ihn abzufangen. Ihre seemännische Erfahrung verriet ihnen die Art des Vorgehens des Schlachtkreuzers bei seinem Angriff und folglich auch, wo er wahrscheinlich zu finden war. Die Winkelentfernungen waren einfach zu berechnen. Und so geschah es, daß am 26. Dezember um 09.26 Uhr Konteradmiral Erich Bey an Bord der *Scharnhorst* mitten in den Schneestürmen vor der Nordküste Norwegens zu seinem Entsetzen erkannte, daß das Schiff durch Leuchtgranaten aus einer völlig unerwarteten Quelle erleuchtet wurde. Innerhalb von Minuten schlugen Granaten auf der Drehkuppel ein, in der sich das Radargerät befand und töteten seine Bediener. Das Feuer kam tatsächlich von Admiral Burnetts Kreuzern, die unentdeckt der *Scharnhorst* mit ihren eigenen Radarschirmen während der letzten 50 Minuten gefolgt waren. Man erinnert sich an das Erstaunen jener italienischen Seeleute bei Matapan, die sich plötzlich einem vernichtenden Feuer aus großen Geschützen auf kurze Entfernung ausgesetzt sahen, weil das Knacken der Schlüssel sie verraten hatte. Das Feuer schwerer Geschütze richtete sich bald auf die nun blind fahrende *Scharnhorst* selbst, denn um 16.50 Uhr griff die *Duke of York* mit ihren 14-Zoll-Geschützen in das Gefecht ein. Innerhalb von Stunden war alles, was von einem stolzen und schönen Kriegsschiff übrig blieb, 36 gerettete Überlebende.

In einem solchen Gefecht ist Geschwindigkeit das wesentliche. Es könnte keinen geeigneteren Kommentar über die Schnelligkeit geben, mit der Ultra arbeitete, als den des führenden deutschen Marinehistorikers Dr. Jürgen Rohwer. „Während der letzten Operation der *Scharnhorst* am 25./26. Dezember 1943", so rechnet er aus, „wären von der Sendezeit bis zu der Zeit, in der die entzifferte Meldung über Fernschreiben und Bletchley Park beim Operational Intelligence Centre eintraf, zwischen 5 und 31 Stunden vergangen, wenn sie vom Admiral Nordsee gesandt worden wäre, 8 bis 12 Stunden, wenn sie vom U-Boot-Kommando Norwegen gesandt worden wäre, 4 bis 18 Stunden über das Netz der Schlachtflotte und 3 bis 8 Stunden, wenn sie von einer der Funkstationen der deutschen Luftwaffe gesendet worden wäre."[10] Mit der *Scharnhorst* verschwand das letzte der seetüchtigen großen Schiffe – die *Gneisenau* und die *Hipper* waren ausgeschaltet, die *Prinz Eugen*, *Scheer* und *Lützow* wurden umgerüstet oder befanden sich in der Ostsee gegen die Russen festgenagelt. Aber oben in Altenfjord lag immer noch die beschädigte *Tirpitz*.

Wiederum kam die Warnung von Ultra. Der Riese rührte sich nach seinem langen Schlaf. Entzifferte Funksprüche zeigten im März 1944, daß das Schlachtschiff am 15. und 16. Versuche durchgeführt hatte: Das waren ernste Neuigkeiten, denn am 27. sollte der russische Geleitzug JW 58 auslaufen. Doch verrieten zwei weitere von Ultra entzifferte Funksprüche in rascher Folge zunächst, daß die *Tirpitz* am 1. April weitere Versuche in voller Geschwindigkeit durchführen sollte und dann, daß diese um 48 Stunden verschoben worden waren. Damit war es möglich, mit einem perfekt abgestimmten Angriff der britischen Marinefliegerkräfte das Schlachtschiff in dem Augenblick abzufangen, in dem seine Torpedo-Schutznetze beim Aufholen des Ankers sich öffneten. 14 Treffer legten sie für mehrere Monate lahm. Im September wurde sie von aus Rußland startenden Lancaster-Bombern mit 12.000 Pfund-Luftminen wiederum getroffen und zum Verlegen nach dem südlichen Tromsö zur weiteren Reparatur gebracht. Das war der Augenblick der Wahrheit, denn die *Tirpitz* konnte nun von England aus erreicht werden. Am 12. November brachten 38 Lancaster-Bomber sie zum Kentern. Aber das Wichtigste liegt darin, daß dank Ultra und des Angriffs vom 3. April die deutsche Kriegsmarine nicht ein einziges gefechtsbereites Großkampfschiff mehr besaß, als die große Armada der Alliierten im Juni zur Invasion auslief.

An allen vorhergehenden Maßstäben der Kriegsführung gemessen, hätte die Sicherung der Invasionsflotte für die Normandie die britische und amerikanische Marine vor unlösbare Probleme gestellt. Sie bestand aus 138 Kriegsschiffen zur Bombardierung der Küste, 221 Zerstörern und anderen Geleitfahrzeugen, 287 Minenräumern, 495 leichten Fahrzeugen, 441 Hilfsfahrzeugen und mehr als 4.000 Landungsschiffen und Booten verschiedener Größen. Das war ein gewaltiger, aber verwundbarer Aufmarsch. Und doch blieben, da die Gefahr des Eingreifens deutscher Großkampfschiffe nicht mehr bestand und die deutsche Luftwaffe im Westen sich verausgabt hatte, nur zwei große Schwierigkeiten zu lösen, – neben der die volle Gedankenkraft beanspruchenden Stabsarbeit, die erforderlich war, um die Millionen von Wörtern und Zahlenlisten und Diagrammen aufzustellen und zu verteilen, aus denen die operativen Anweisungen in Buchgröße bestanden. Die hervorstechenden Probleme bildeten die deutschen U-Boote und die Minenfelder.

Die Angriffsschiffe mit ihren Sicherungsfahrzeugen und den Fahrzeugen zur Unterstützung der folgenden Wellen wurden in jedem Hafen und auf jedem zeitweiligen Ankerplatz von Milford Haven in Wales, entlang der Südküste und bis in den Nordosten hinauf nach Felixstowe in Suffolk zusammengezogen. Schiffe zur artilleristischen Unterstützung und zum Sperren liefen aus dem fernen Belfast und aus dem Clyde aus. Aber letztlich mußten alle zusammengezogen, in ordnungsgemäßen Gruppen gegliedert und durch die Lücken in den dichten Minensperren versorgt werden, welche die Deutschen entlang den zentralen Stellen des Kanals angelegt hatten. Da war es kein Wunder, daß ein Amerikaner, Rear Admiral Kirk, (der die westliche Kampfgruppe zur Sicherung der Landung der Amerikaner befehligte) in bezug auf die Minenräumer bemerkte, sie wären „der Eckstein bei dieser Operation“. Man könnte jedoch das Bild zurechtrücken und gleichermaßen sagen, daß Ultra den Hauptschlüssel zum Verständnis der Anlage der deutschen Minenfelder lieferte. Nicht umsonst hatte die Marineabteilung in Bletchley seit Sommer 1941 mit wachsender Aufmerksamkeit den „Hydra“-Schlüssel entziffert. Das war, wie man sich erinnern wird, der Schlüssel, der von den deutschen Marinebehörden von Norwegen bis Frankreich zur Leitung und Führung des küstennahen Verkehrs benutzt wurde, d. h. der küstennahen Geleitzüge, der leichten Sicherungsfahrzeuge und der Minenräumer. Aus den entzifferten Funksprüchen gewann man einen reichen Vorrat an Nachrichten über die deutsche Art des Minenverlegens; die Dividende aus diesen Investierungen wurde am Tag der Invasion ausgezahlt.

„OIC beteiligte sich während aller Stadien an der vorbereitenden Planung", erinnert sich Patrick Beesly, „und die Annäherungswege an die Strände wurden nach den Erkenntnissen ausgewählt, die es über von den Deutschen angelegte Minengassen und Minensperren lieferte. Mehr als einmal wurden die Annäherungswege im Lichte neuester Erkenntnisse geändert, und ein paar Tage vor dem Tage X wurde eine kombinierte Operation der RAF mit Überwasserschiffen in der Seinebucht durchgeführt, um festzustellen, ob die Schlußfolgerungen des OIC noch völlig den vorhandenen Gegebenheiten entsprachen und genau waren." Es handelte sich dabei um eine richtige Beurteilung der Lage, denn die Akten bezeugen, daß die Schiffsverluste am Angriffstage minimal waren.

Ultra hatte die deutschen U-Boote gut unter Kontrolle. Die Gegenangriffspläne von Großadmiral Dönitz wurden im voraus erkannt. Sie bestanden darin, daß (wie ein Bericht des Tracking Room am 10. April feststellte) er seine schlagkräftigen 500-Tonnen-Boote (die Gruppe *Landwirt*) in Stützpunkten im Golf von Biskaya zusammenzog, während er mehr als zwei Dutzend recht nutzlos entlang der norwegischen Küste (Gruppe *Mitte*) behielt, – wobei er sich wohl durch die ständig vorhandene Furcht einer alliierten Landung in Skandinavien ablenken ließ. Mitte Mai wurden die tatsächlichen Einzelheiten des deutschen Planes durch Ultra enthüllt, als es einen Funkspruch des Befehlshabers der U-Boote an den Kommandierenden Admiral Westfrankreich entzifferte. Dadurch wurde bekannt, daß ungefähr 40 deutsche U-Boote die Invasionsflotte am Tage X oder X+1 angreifen sollten. Die spezifischen Räume für weitere in Bereitschaft stehende U-Boote wurden genannt, – vor den Scilly-Inseln, von dort nach Norden, nach Cornwall und als Reserve im Golf von Biskaya. Auf Grund der von Ultra beschafften Aufklärungsergebnisse, zu denen solche aus anderen Quellen – Luftaufklärung, Funkpeilung usw. – hinzukamen, war es für die Alliierten nicht schwierig, den gesamten bedrohten Raum mit zehn U-Jagd-Gruppen der Marine abzudekken, während die westlichen Anmarschwege zum Kanal so engmaschig mit Flugzeugen gesichert wurden, daß jede Quadratmeile See alle 30 Minuten bei Tag und Nacht überprüft wurde. Innerhalb eines Monats vom Tage X ab wurden 18 von 43 deutschen U-Booten, welche die Invasionsflotte anzugreifen wagten, versenkt. „Ende August", gestand Dönitz in seinen Memoiren,

„konnte ich selbst nicht mehr die moralische Stärke aufbringen, welche die U-Boot-Besatzungen zeigten." Er rief den Rest aus einem hoffnungslosen Unternehmen zurück, in dem über 40 Prozent seiner besten Boote und Besatzungen geopfert worden waren, während sie nur etwa 30 Schiffe versenkt oder beschädigt hatten, was kaum ins Gewicht fiel.

Während die Gruppe *Landwirt* von März an in den Biskaya-Häfen sammelte, wurde das Ein- und Auslaufen der deutschen U-Boote sehr aufmerksam vom Submarine Tracking Room überwacht. Seine genauen Feststellungen über die U-Boot-Bewegungen waren von besonderem Wert für die 19. Group des Coastal Command, dessen Flugzeuge von Westengland aus die Bucht mit Aufklärungsflügen überwachten und Angriffe gegen Schiffe und Unterseeboote flogen. Da Bletchley, wie gezeigt worden ist, die Rückkehrmeldung eines deutschen U-Bootes und die Befehle an den Geleitschutz, der dem einlaufenden Boot half, durch die Gassen in den deutschen Minenfeldern zu fahren, entziffern konnte, war die 19. Group in der Lage, den genauen Augenblick abzuschätzen, in dem ihre Flugzeuge aus dem Himmel herabstoßen und das U-Boot aufgetaucht erwischen konnten; seine Besatzung war am Ende einer die Nerven belastenden Feindfahrt natürlich nicht mehr auf der Hut. Air Marshal Sir Edward Chilton, der damals die 19. Group führte, beschrieb dem Autor ein Ereignis während eines dieser Angriffe, das vielleicht mehr als alles andere, das in diesem Buch angeführt wird, erklärt, wie genau die von Ultra beschafften Feindnachrichten in der Praxis angewendet werden konnten.

Für diese Angriffe setzte die 19. Group eine kleine Anzahl von Mosquito-Flugzeugen ein, und zwar Flugzeuge jener denkwürdigen Abart, die aus offensichtlichen Gründen als „Tsetse" bekannt war. Die besondere Bauart der Mosquito machte es möglich, daß in ihrem Rumpf eine Sechspfünderkanone eingebaut wurde. Diese sehr starke Bewaffnung verschaffte der „Tsetse", verbunden mit der Geschwindigkeit und Manövrierfähigkeit der Mosquito, eine ungewöhnlich hohe Schlagkraft. Mehrere deutsche U-Boote, die mit ihren als Geleitschutz fahrenden Minenräumern in den Minengassen entdeckt wurden, wurden beschädigt oder versenkt (*U 976* vor St. Nazaire am 25. März zum Beispiel), so daß Dönitz, wie das Kriegstagebuch des Befehlshabers der U-Boote berichtet, sich gezwungen sah, die aufgetauchte Durchfahrt nur während der Dunkelheit zu gestatten. Als einmal eine „Tsetse" zum Angriff ansetzte, entdeckte der Pilot genau in seinem Visier eine Ju 88, eines der Flugzeuge, das das U-Boot in der Luft sicherte. Instinktiv drückte er auf den Abzugknopf des Geschützes und sah zu seinem Erstaunen, wie die Junkers vor seinen Augen durch den direkten Treffer einer Sechspfündergranate auseinanderbrach. Mit Ultra wurde sogar das Unwahrscheinliche möglich, – denn es war Ultra mit Hilfe des Horchdienstes Bletchleys und des Tracking Room der Admiralität, das die Grundlage für diesen außergewöhnlichen Angriff geschaffen hatte.

KAPITEL 9

Die Amerikaner werden einbezogen

„Zweifellos sind Sie sich der außerordentlich hohen Bedeutung bewußt, welche das War Department der als Ultra bekannten Funkaufklärung beimißt.“
General Marshall an General Eisenhower am 15. März 1944.

„Luftangriff auf Pearl Harbor. Das ist keine Übung.“ Diese die Vereinigten Staaten in Bestürzung setzende Radioansage setzte vielem ein Ende. Ihre tiefste Bedeutung bestand darin, daß die Amerikaner nun in die Kriegführung einen Professionalismus hineinzubringen hatten, der während der letzten zwielichtigen Friedensmonate entschieden gefehlt hatte. Wie intensive Untersuchungen über Pearl Harbor und die vorausgehenden Ereignisse gezeigt haben, hatte sich die amerikanische Regierung auf keinem Gebiet amateurhafter erwiesen als in der Handhabung verschlüsselter Funkaufklärungsergebnisse, die die dafür zuständigen Dienststellen ihr in reichem Maße hatten zukommen lassen.
Colonel William Friedman, der Begründer des US-Funkaufklärungsdienstes, war einer der besten und erfahrensten lebenden Entzifferer. Im Herbst 1940 hatten er und sein glänzendes Team seinem Land eine unschätzbar wichtige Waffe zum Geschenk gemacht, – die Fähigkeit, den Schlüssel zu entziffern, in dem die japanischen diplomatischen Funksprüche auf der ganzen Welt übermittelt wurden.* Er hatte nicht nur den „Purpur“ genannten Schlüssel selbst geknackt, sondern auf Grund einer bemerkens-

* In der Literatur ist vielfach der Eindruck entstanden, als sei mit dem Einbruch in den höchstrangigen japanischen diplomatischen Schlüssel Purpur der gesamte japanische Funkverkehr den amerikanischen Kryptologen zugänglich geworden. Das ist jedoch nicht richtig. Ebenso wie in allen anderen Ländern gab es auch in Japan eine große Zahl verschiedener Schlüsselverfahren, die jeweils einzeln zu lösen waren. Näheres darüber wird das neue Buch des Verfassers: The Other Ultra. London, Hutchinson 1981, bringen. Vgl. dazu auch: Die japanischen Schlüsselverfahren in Jürgen Rohwer: „Ultra“, xB-Dienst und „Magic“, in: Marine Rundschau 76 (1979) Heft 10, Seite 646–648. Ferner W. J. Holmes: Double-edged Secret. US Naval Intelligence Operations in the Pacific during WW II. Annapolis, US Naval Institute 1979.

werten technischen Leistung (die nur derjenigen der Polen im Falle der Enigma gleichkam) wurden auch Maschinen entwickelt, mit denen die verschlüsselten japanischen Funksprüche in den Originalklartext umgewandelt werden konnten.[1] Nun war es natürlich wohlbekannt, daß während der Pearl Harbor vorausgehenden Monate Friedmans Waffe auf tragische Weise danebengeschossen hatte. Für Funkaufklärungsnachrichten über Japan, die durch Purpur gewonnen worden waren (dem man den umfassenden Decknamen „Magic" gegeben hatte), hatten die Amerikaner vor dem Dezember 1941 kein wirkungsvolles Auswertungs- und Verteilungssystem geschaffen. Eine dem Konzept nach falsche und falsch angewendete Sicherheitsvorstellung – die vom Chief of Staff, George Marshall, selbst stammte – hatte zur Folge, daß diejenigen, die sich auf der Liste von Magic befanden, manchmal die Informationen zu spät und manchmal überhaupt nicht erhielten, während andere, die eigentlich auf der Liste hätten sein sollen, niemals eine Gelegenheit geboten bekamen, Einblick zu nehmen. Der Gegensatz zu dem britischen System der Weitergabe von Ultra-Nachrichten, wie es in den vorhergehenden Kapiteln geschildert wurde, an alle, die „es wissen mußten", sowie seine wirkungsvolle Anwendung für Operationen erscheint einen trostlosen und verwirrenden Eindruck zu hinterlassen. Damit der Vergleich nicht den Eindruck des Chauvinismus oder der Arroganz erweckt, ist es wert, sich daran zu erinnern, daß die britische Liste die ganzen dreißiger Jahre hindurch voller ähnlicher Fälle ist, – Fälle voller unwiderlegbarer, harter Feindnachrichten über die Wiederbewaffnung Deutschlands und seine Angriffsabsichten, die mißachtet wurden, Fälle von offensichtlichen Beweisen über den Niedergang der französischen Militärmacht, die auf Grund der rosaroten Brillengläser nicht erkannt wurden, und Fälle voller Wahrheiten über die eigene Schwäche Britanniens, die einfach von denjenigen nicht erkannt wurde, deren Pflicht es gewesen wäre, auf der Hut zu sein. Wie gezeigt worden ist, versagte auch der Feindnachrichtendienst der Deutschen während der Schlacht um England recht häufig. Vor *Barbarossa* verhielt sich Stalin den Tatsachen gegenüber blind. Das Versagen der amerikanischen Regierung, das darin bestand, daß sie keine geeigneten Grundsätze und keine Organisation zur Bearbeitung der Feindnachrichten aus Magic vor Pearl Harbor entwickelte, stand nicht einzigartig da. Darüber hinaus wurde es mit der Zeit und auf Grund der Kriegserfahrung berichtigt. Nichtsdestoweniger war es ein Versagen, und niemand hat dieses Versagen überzeugender und leidenschaftsloser analy-

siert als eine Amerikanerin, Roberta Wohlstetter, in ihrem klassischen Buch *„Pearl Harbor: Warning and Decision“*:
„Wir wußten nicht nur im voraus, welche Anweisungen die japanischen Botschafter in Washington erhalten hatten“, schrieb sie über Magic, „und was sie sagen durften, sondern wir hörten auch die geheimsten Funksprüche zwischen Tokio und Berlin und Tokio und Rom ab, welche uns Informationen verschafften, die für die Kriegsführung im Atlantik und in Europa lebenswichtig waren. Im fernen Osten versorgte uns diese Quelle mit genauen Einzelheiten über Bewegungen, die mit dem japanischen Expansionsprogramm nach Südasien in Verbindung standen. Neben den diplomatischen Schlüsselbereichen gelang es unseren Entzifferern auch manchmal, Codes und Schlüssel mitzulesen, die japanische Agenten in größeren amerikanischen und ausländischen Häfen benutzten... Sie konnten feststellen, welche Einrichtungen, welche Truppen- und Schiffsbewegungen und welche Alarm- und Verteidigungsmaßnahmen für Tokio von Interesse waren... Unsere Marineführung hatte auch die Ergebnisse der Funkverkehrsanalyse zur Verfügung...“ Und noch viel mehr: „Die gesamten öffentlichen und privaten Informationsquellen, die erwähnt worden sind,“ bemerkt Mrs. Wohlstetter, „standen 1941 den politischen und militärischen Führern Amerikas zur Verfügung.“ Das ganze Umfeld erweckt also den Anschein, als wäre es das gleiche wie für Ultra gewesen. Wie kam es aber zu der unterschiedlichen Leistung?
Die Antwort ist in den 39 Bänden über „Die Hearings vor dem Joint Committee über die Nachforschungen in Verbindung mit dem Angriff auf Pearl Harbor“ enthalten, die 1946 veröffentlicht wurden. Aber Mrs. Wohlstetter faßt den Kern des Ganzen in einem einzigen Satz zusammen: „Die Funksprüche fanden sich verstreut in einer Anzahl verschiedener Dienststellen; einige waren entziffert, andere nicht; einige wurden rasch auf dem Dienstweg weitergeleitet, andere durch technische und Routine-Verfahren verzögert oder gar liegengelassen; einige kamen niemals dorthin, wo sie die Entscheidungen hätten beeinflussen können.“ Es gab keine gleiche Einrichtung wie Bletchley, auch keine Special Liaison Units. Vor allem aber fehlte vielleicht ein Churchill, der nach Feindnachrichten begierig und entschlossen war, ein System zu unterhalten, das sie beschaffen konnte. Kurz, es gab noch nicht einmal ein System zu unterhalten.
Eine Analyse der Behandlung von Magic am Vorabend von Pearl Harbor bietet das Bild einer Gruppe hochgestellter Männer, die

halbblind und nervös in etwas herumfummelten, das sie nur halbwegs verstanden. Noch immer waren sie im Grunde genommen Amateure. Vor allem hatte bisher noch niemand in den Vereinigten Staaten die Notwendigkeit begriffen, daß diese geheimen Feindnachrichten schnell und umfassend den Befehlshabern zur Verfügung gestellt werden mußten, deren Entscheidungen, deren Flotten und Armeen dadurch ganz wesentlich beeinflußt werden konnten. Der falsche Gebrauch von Magic war nicht der einzige Grund für das Unglück von Pearl Harbor, aber es war einer der wesentlichen: „Ein Zauber, der manchmal versagte", wie es der Biograph General Marshalls, Forrest Pogue, ausdrückte.[2]

Und doch ließen die Amerikaner mit jener bewundernswerten Elastizität und Lernfähigkeit aus der Niederlage, die sie so oft im Zweiten Weltkrieg auszeichneten, nur drei Tage nach dem triumphierenden Siegessignal „Tora, Tora!" des Fregattenkapitäns Fuchida vergehen. Damals begann ein ununterbrochener Prozeß, der innerhalb von ein paar Monaten das erste, das perfekte und das klassische Beispiel dafür lieferte, wie Entzifferer eingesetzt werden können, um eine Überraschung und entscheidende Ergebnisse bei einer großen Operation im Kriege hervorzubringen. Innerhalb von ein paar Monaten hatten die Amerikaner auch den wichtigen japanischen Marineschlüssel geknackt, und bei Midway am 4. Juni 1942 lief alles gut ab.*

---

* Die japanische Marine verwendete eine Vielzahl verschiedener Codes und Schlüssel für oft sehr spezielle Zwecke. Nach den drei Ebenen Strategie und höhere Verwaltung, Operation und Taktik sowie Auslandsattachés und Sonderdienste waren diese Verfahren unterschiedlich kompliziert. Die wichtigsten benutzten als Grundlage Code- oder Satzbücher, die nach verschiedenen Methoden überschlüsselt wurden. Je länger diese Verfahren in Gebrauch waren, um so größere Prozentsätze der gesendeten Funksprüche konnten entziffert werden. Jedoch waren die Verfahren ähnlich wie die der Royal Navy niemals vollständig zu entziffern wie die Maschinenschlüssel, sobald man deren Tageseinstellungen gelöst hatte.
Der Rauch und Dunst hatte sich kaum über Hawaii verzogen, als der Gefechtsfeindnachrichtendienst im Marinedock bei Pearl Harbor einen neuen Auftrag erhielt, – nämlich den Code der japanischen Flotte, der als JN 25 bekannt war, zu knacken. Die rücksichtslose Anstrengung (in Zusammenarbeit mit den Briten in Singapur und dann in Colombo) kam so rasch vorwärts, daß der japanische Plan zum Angriff nach Süden in Richtung auf Port Moresby und vielleicht auch in Richtung auf Australien bis Anfang April klar erkannt worden war. Admiral Nimitz wurde gewarnt. In der Schlacht in der Korallensee am 7. Mai brachte seine Pazifische Flotte dem Feind in dem ersten Unternehmen während jenes berühmten Seekrieges einen ersten Schlag bei, und zum erstenmal erblickten die Schiffe dabei ein-

Aber dabei gibt es noch zwei hervorstechende Tatsachen. Entzifferung ist eine Sache, die stets auf des Messers Schneide steht. Ohne die aus dem Code JN 25 gewonnenen Warnungen hätte sich vielleicht ein Desaster ergeben können, das schlimmer war als das von Pearl Harbor, denn Yamamotos massive Überlegenheit, mit dem Überraschungseffekt verbunden, hätte ausschlaggebend sein können. Doch eigentlich hätte der japanische Code routinemäßig am 1. April geändert werden müssen. Das wurde verschoben, und die Änderung sollte nun am 1. Mai eintreten. Auch das wurde wieder bis zum 1. Juni hinausgeschoben. Als dann die Änderung am 2. Juni tatsächlich eintrat, tastete die Combat Intelligence Unit Wochen hindurch im dunkeln.** Lediglich die Unfähigkeit der Japaner zur Ausgabe neuer Code-Bücher in ihrem gesamten großen und sich immer weiter ausdehnenden Reich verhinderte es, daß die Funkaufklärung in dem für die Pazifische Flotte entscheidenden Augenblick blind und taub war. Auf dem Gebiet der geheimen Kriegführung war Glück ebenso notwendig wie List.

Wichtiger ist es festzustellen, daß Yamamotos Absichten nicht plötzlich, sondern allmählich erkannt wurden. Zuerst mußten die Größe der Bedrohung, dann ihr Ziel und dann der tatsächliche Zeitpunkt des japanischen Angriffs durch die Entzifferer in mühsamer Arbeit ermittelt werden. Doch *in jedem Stadium* des sich entwickelnden Feindbildes – und hier stellen wir den Gegensatz zu der Zeit vor Pearl Harbor fest – erhielt Admiral Nimitz sofort

---

ander nicht. Aber der Einbruch in den Code JN 25 war nicht absolut, und das Vertrauen der Japaner war nicht erschüttert.

So zielte Admiral Yamamoto mit einer aus 200 Kriegsschiffen bestehenden Flotte auf einen größeren Wurf ab; – er wollte aus der Bucht von Hiroshima auslaufen und sich zum Schein nach Norden in Richtung auf die Aleuten wenden, dabei aber mit der Masse seiner Schiffe nach Midway laufen und die amerikanischen See- und Luftstreitkräfte im Pazifik vernichten. Während Yamamotos Vorbereitungen noch liefen, erzielten die amerikanischen Entzifferer glücklicherweise einen fast vollständigen Durchbruch. Gegen Ende Mai wußte Nimitz alles, was im Geist seines Gegners vorging. Eine Woche bevor die Schlacht tatsächlich stattfand, war er in der Lage, Operationsbefehle herauszugeben, die auf dem Satz basierten, daß »fest damit gerechnet wird, daß der Feind in der nahen Zukunft einen Versuch zur Wegnahme von Midway unternehmen wird«. Bis zum Abend des 4. Juni waren die *Akagi, Kaga, Hiryu* und *Soryu,* die Flugzeugträger, die das Kernstück von Yamamotos Schlachtflotte bildeten, ausgeschaltet worden. »Midway«, erklärte Nimitz, »war im wesentlichen ein Sieg der Funkaufklärung.«

** Der Hauptoperationsschlüssel der japanischen Marine JN 25 wurde im normalen Ablauf alle halbe Jahre geändert. Durch logistische Probleme traten hier jedoch gelegentlich Verzögerungen auf, wie im geschilderten Fall.

JN 25-Funkaufklärungsergebnisse, auf denen er (zusammen mit Meldungen über die Positionen feindlicher U-Boote, der routinemäßigen Analyse des Funkverkehrs und anderen Hinweisen) seine Gegenmaßnahmen aufbauen konnte. Richtig ist, daß vor Midway der ganze Komplex von der Kryptoanalyse bis zur Beschlußfassung durch den Befehlshaber in den Händen der Marine lag. Aber die Lehre war klar. Die Männer waren von neuer Sicherheit und Vertrauen auf ihr berufliches Können erfüllt. Nimitz hatte ein besseres Teil erwählt als Kimmel. Die Amerikaner hatten rasch jenen Einblick gewonnen, den die Briten in bezug auf Ultra erzielt hatten. Im Krieg dient die geheime Nachrichtenbeschaffung einem fundamentalen Zweck, – sie soll helfen, die Schlacht zu gewinnen. Die Schlacht ist Zahltag; aber der militärische Führer im Feld kann nicht wirkungsvoll arbeiten, wenn er Scheuklappen trägt.

Als also die Vereinigten Staaten direkt in Ultra einbezogen wurden, hatten sich bereits bedeutsame Wandlungen in ihrer Haltung vollzogen. Im Pazifik sollten sich die Prozesse, das Können und die Erfahrung beim Entziffern der japanischen Codes und Schlüssel sowie die sich daraus ergebende Auswertung rasch auf einer enormen und fruchtbaren Ebene weiterentwickeln; doch das ist eine andere Geschichte. Der Krieg gegen Deutschland, der Krieg, den Ultra führte, fand in Europa, im Mittelmeer und im Atlantik statt.

»Deutschland zuerst« war seit langem der allgemein anerkannte Grundsatz der Joint Chiefs of Staff der USA und ihres Oberbefehlshabers, des Präsidenten. Aber erst im Jahre 1942, dem Jahr, in dem Amerikaner den Deutschen auf dem Gefechtsfeld gegenübertraten, entdeckten sie zum erstenmal die wahre Bedeutung und den Wert von Ultra. Wie wir bereits gesehen haben, bestand an den Fronten im Fernen Osten und im Pazifik bereits frühzeitig eine enge Zusammenarbeit. Tatsächlich gingen von den in den Staaten gebauten sechs Purpur-Maschinen, nachdem Friedman den japanischen Schlüssel geknackt hatte, zwei im Januar 1941 nach England (und eine danach nach Singapur). Aber bis zu dieser Zeit hatten die Briten noch nichts über Ultra verlauten lassen. Nur technische Erfahrungen wurden ausgetauscht, und Experten besuchten sich gegenseitig. (Friedman sollte im Winter 1940 eine kleine Gruppe nach Bletchley führen, aber er erlitt infolge seiner Anstrengungen beim Lösen des Purpur-Geheimnisses einen Zusammenbruch, – „Schlaflosigkeit, plötzliches Aufwachen mitten in der Nacht, der Erfolgszwang, weil ein Scheitern Folgen für die

ganze Nation haben konnte, die Verzweiflung der langen Wochen, in denen das Problem unlösbar erschien"[3]. Aber der Verkehr blieb im wesentlichen ein Einbahnverkehr.
Gewiß ist aber, daß Eisenhower in England am 24. Juni 1942 als Oberbefehlshaber für den europäischen Kriegsschauplatz in England ankam. Als Eisenhower Anfang August zum Oberbefehlshaber für die anglo-amerikanischen Landungen in Nordafrika ernannt wurde, erläuterte ihm Churchill selbst Ultra, dessen Nutzen und die Sicherheitsvorkehrungen und Verantwortlichkeiten die denjenigen auferlegt wurden, die sich „auf der Liste" befanden. Tatsächlich war es die hervorstechende Bedeutung von *Torch* – dem alliierten Angriff auf Nordwestafrika –, die einen Prozeß in Bewegung setzte, in dessen Verlauf amerikanische Offiziere in Britanniens am besten gehütetes Geheimnis eingeweiht wurden. Das führte schließlich nicht nur dazu, daß US-Befehlshaber und Generalstabsoffiziere im Feld regelmäßig Ultra-Feindnachrichten benutzten, sondern auch dazu, daß Amerikaner besonders dazu ausgebildet wurden, damit sie sie in Ultra-Angelegenheiten beraten konnten, und sogar zur Anwesenheit weiterer Amerikaner in Bletchley Park als anerkannte Mitglieder der Funkaufklärungs- und kryptoanalytischen Teams in den verschiedenen *Huts*. Wenn man den hohen Zulauf an Feindnachrichten aus abgehörten Enigma-Sprüchen hinzufügt, die, je näher der Tag der Invasion in Europa kam, von Bletchley nach Washington zu fließen begannen, so darf gesagt werden, daß bis zum Jahr 1944 die Amerikaner eigentlich voll am Ultra-Geheimnis teilhatten.
Es war unvermeidlich, daß nicht alles bei den ersten, die eingeweiht wurden, glatt ging; manchmal lag es daran, daß der betroffene Offizier einen Charakterfehler besaß. Winterbotham hat schriftlich festgehalten,[5] wie er und Menzies im August 1942 im Norfolk House am St. James's Square, dem Planungszentrum Eisenhowers für *Torch*, einen Besuch abstatteten, um dessen höhere Generalstabsoffiziere in Ultra einzuweisen. General Clark, Eisenhowers Stellvertreter, und drei weitere Offiziere, waren anwesend. „Mark Clark war von Anfang an beunruhigt. Ich erklärte nicht nur, wer und was die Quelle war, sondern gab auch in dem Bemühen, Mark Clarks Interesse zu wecken, einige einschlägige Beispiele dafür, was es leisten konnte. Ich hatte beabsichtigt, dem eine Erklärung folgen zu lassen, wie die Aufklärungsergebnisse zu ihm gelangen sollten und welches die Sicherheitsbestimmungen waren, die mit seiner Benutzung einhergingen. Aber Mark Clark schien den ersten Teil nicht zu glauben, und nach Ablauf einer

Viertelstunde entschuldigte er sich und seine Offiziere mit der Begründung, er hätte etwas anderes zu tun. Es war ein schlechter Anfang, und Menzies war erheblich verärgert . . .“ Dies war ein Beweis im voraus für das halsstarrige und egozentrische Verhalten einer Persönlichkeit, die im Sommer 1944 „etwas anderes zu tun hatte“ und, anstatt den Auftrag zum Abschneiden einer zurückgehenden deutschen Armee auszuführen, nach der Seite auswich, um nach dem flüchtigen und falschen Lorbeer des ersten zu greifen, der in Rom einmarschierte.

Der Widerstand eines anderen Generals gegen die Einweihung war verzeihlicher, und seine Auswirkungen sind so interessant, daß es wert ist, sie im einzelnen einer Prüfung zu unterziehen. Die Masse der amerikanischen Streitkräfte in England bestand im Jahre 1942 aus der 8. US Army Air Force, die es sich in den Kopf gesetzt hatte (in den Kopf ihrer Führer), daß sie mit dem Bombenvisier „Norden“ und der Fähigkeit der Fortress-Verbände zur Selbstverteidigung mit Maschinenwaffen (nach ihren Erfahrungen über Frankreich) einzelne Ziele in Deutschland mit vernichtender Präzision angreifen konnte. An ihrer Spitze stand Major General Carl Spaatz, ein kluger, weitsichtiger und bei seinen Landsleuten und Verbündeten auf beiden Seiten des Atlantik als „Tooey“ beliebter Mann. Obgleich Deutschland immer noch weit entfernt lag, fand der erste tastende Versuch des 8. Bomber Command (das mit seinem Schwesterverband, dem 8. Fighter Command, zusammen die 8. USAAF bildete) am 17. August statt, als 12 Flugzeuge einen Tagesangriff auf die Flugzeugabstellplätze in Rouen flogen. Spaatz war dabei. Darüber hinaus arbeiteten er und sein Stab bei der gegenwärtigen wie bei zukünftigen Operationen eng mit Sir Arthur Harris und dem britischen Bomber Command zusammen. Spaatz wurde daher frühzeitig auf die Ultra-Liste gesetzt und eingeweiht. (Ein amerikanischer Luftwaffenoffizier, Colonel Palmer Dixon, war tatsächlich seit Frühjahr 1942 mit einer normalen Einweisung in Ultra der Intelligence Abteilung des Air Ministry zugeteilt worden.) Im Dezember wurde Spaatz jedoch nach Algier versetzt. Eine Koordinierung der Luftwaffenoperationen in Nordwestafrika war dringend erforderlich, und Tooey trat zu Eisenhowers Stab, um für logisches Verhalten und Ordnung zu sorgen. Anfang 1943 sollte er auf der Konferenz von Casablanca zum Befehlshaber der Allied Air Force für *Torch* ernannt werden. In England erschien daher sein Nachfolger bei der 8. US Air Force, General Ira Eaker, der bald mit Churchill zusammenkam, und (wie er dem Autor berichtete)[6] vom Premierminister gefragt wurde, ob er über Ultra Bescheid wisse. Er wußte nicht Bescheid. Winterbotham meldete sich rasch, um ihn in alles einzuweihen, aber Eaker hatte bereits von Spaatz eine Botschaft, eine Warnung, erhalten. Darin hieß es, er, Eaker, solle nicht zulassen, daß er wie Spaatz in Ultra eingeweiht würde, da er dann nicht mehr an Kampfaufträgen mit seinen Luftwaffenverbänden teilnehmen könne. Spaatz selbst hatte bedauert, daß das bei ihm der Fall gewesen war. Als daher Winterbotham erschien, so erinnert sich Eaker, war er baß erstaunt, einen amerikanischen General zu finden, der sich allen seinen geübten Überredungskünsten gegenüber unzugänglich gab. Eaker sagte „Nein“ und blieb auch weiterhin dabei.

Dafür gab es einen einfachen Grund. Spaatz und Eaker waren alte Freunde; zwischen ihnen gab es keine Geheimnisse. Nach dem Krieg bauten sie sich zusammen ein Häuschen in den Bergen, um Fischen gehen zu können, und teilten es jahrelang. Spaatz wußte, daß Eaker ein leidenschaftlicher Flieger war. Er wußte auch aus eigener Erfahrung, daß die erst vor kurzem aufgestellte 8. Air Force, die sich noch über Deutschland zu bewähren hatte, aus Gründen der Kampfmoral gut einen General brauchen konnte, der sie vom Flugzeug aus führte. Vor allem aber wußte er, daß, gleich, welche Beschränkungen einem Mann auch auferlegt werden konnten, der auf der Ultra-Liste stand, Eaker trotzdem fliegen würde – und infolgedessen fast mit Sicherheit in die Vereinigten Staaten zurückgeschickt werden würde. Zu diesem kritischen Zeitpunkt in der Geschichte der Luftwaffe seines Landes wollte Spaatz Eaker nicht verlieren, – der tatsächlich weiter flog, und zwar bei Jagdeinsätzen über Frankreich und wenigstens bei einem Auftrag über der atlantischen Küste, wo er zu seinem Kummer beobachtete, wie seine Bomben von den bombensicheren U-Boot-Bunkern wegsprangen und wirkungslos detonierten.

Eaker war Ultra gegenüber nicht gleichgültig. Im Gegenteil, bei einer rückblickenden Unterhaltung erinnerte er sich, daß es sich für seine US Air Force, genau wie für das Bomber Command, als eine beständige und unschätzbare Quelle für Nachrichten über die Stärke der deutschen Jagdwaffe, über die Wetterverhältnisse über dem Kontinent (die für das Bombenwerfen bei Tag so wichtig waren) und über Ziele erwiesen hatte. Was Eaker über alles schätzte, war seine persönliche Freiheit, und er bewahrte sie sich. Er gab sich damit zufrieden, daß ein verläßlicher Stab alle hereinkommenden Feindnachrichten bearbeitete und ihn einwies. Von Ultra hielt er eher in dem gleichen Maße Abstand wie Montgomery, wenn auch aus anderen Gründen. Ultra gegenüber nahm er eine

respektvolle Haltung ein, die nicht so hochmütig war, wie jene Pattons, der bei Winterbothams Einweihungsversuch in Algier sagte: „Wissen Sie, junger Mann, ich glaube, Sie erzählen das alles besser meinem Nachrichtendienst; ich selbst gebe nicht viel auf diese Dinge. Sehen Sie, mir macht es einfach Spaß zu kämpfen.“
Die Wahrheit besteht darin, daß der Fall Eaker Licht auf ein breiteres Problem wirft, – auf das Problem all jener Befehlshaber, die nicht von der vorderen Linie ferngehalten werden konnten und, wenn sie voll in Ultra eingeweiht worden waren, ein schweres Sicherheitsrisiko darstellten. Der amerikanische General Doolittle, der Tokio bombardierte, und der britische Luftmarschall „Mary“ Coningham konnten beide ebensowenig davon abgehalten werden wie Eaker oder Patton. Aber ein Volk, das sich im Krieg befindet, braucht genauso seine Jeb Stuarts wie seine Grants: Und wie hätte sich Rommel gegenüber einer Einweisung in Ultra verhalten?
Es gibt noch eine schlimmere Verbindung zwischen Ultra und der 8. US Army Air Force.
In der Praxis nämlich bedeutete „Deutschland zuerst“ „Deutschland zuletzt“ für diese US Army Air Force. Erst im Januar 1943 überflogen Fortress-Bomber die deutsche Grenze. Das war der erste Schritt in Richtung auf jenen Punkt, von dem aus es keine Umkehr mehr gab, als am 14. Oktober bei dem schrecklichen Angriff auf Schweinfurt 198 von 291 Flugzeugen abgeschossen oder beschädigt wurden und die absolute Luftherrschaft der deutschen Jäger über die sich selbst verteidigenden amerikanischen Tagbomberverbände endgültig hergestellt war. Ohne dieses Trauma hätte der US Air Staff in Washington niemals den ersten Schritt auf diesen charakteristischen amerikanischen Triumph zugetan, das entscheidende Programm zur Massenproduktion von Langstreckenjägern vom Typ Mustang, das im April 1944 der amerikanischen Luftwaffe bei Tage die tatsächliche Luftüberlegenheit über Deutschland verschaffte.[7] Es war ein mörderischer, aber wesentlicher Lernprozeß gewesen. Nichts als eine solche Erfahrung konnte die USAAF und ihre Führer von General „Hap“ Arnold (dem Chief of Air Staff) ab nach unten lehren, was sie nicht tun konnte, – und dann, was sie tun konnte. Warum dauerte dieser Prozeß so lange?
Im Jahre 1942 mußten von der jungen USAAF eine beträchtliche Anzahl von Flugzeugen und Besatzungen für die Operation *Torch* und die Operationen in Nordafrika abgezogen werden. Das war ein Hemmschuh. Was aber, im Grunde genommen, Spaatz und

Eaker daran hinderte, mit ihren Fortress-Bombern frühzeitig in großer Stärke über Deutschland zu operieren, war die Bedrohung der Seeverbindungen durch die deutschen U-Boote, denn von diesen Seeverbindungen hing Eisenhowers alliierte Armee ab. Geleitzüge mußten ständig von den britischen Inseln und den Vereinigten Staaten auslaufen, um zunächst die Invasion und dann die Eroberung Nordwestafrikas zu unterstützen. Aber im Herbst 1942 waren die Schiffsverluste allein durch die deutschen U-Boote katastrophal, – weit über 500.000 Tonnen im August und im November sogar weit über 700.000 t. Aus allen möglichen Gründen, von denen *Torch* nur einer war, mußte dem Einhalt geboten werden. Eisenhower legte daher als höchste Dringlichkeit für die USAAF ununterbrochene Angriffe auf die großen Betonbunker für die deutschen U-Boote entlang der französischen Atlantikküste fest. Wie es sich herausstellte, hatte das kaum Zweck; dieser Befehl hinderte die USAAF daran, ihren erstrangigen und vordringlichen Auftrag weiter durchzuführen, den nämlich, bei dem sie lernen konnte, ob sie die Bombenangriffe, die sie bis tief ins Herz Deutschlands führte, durchstehen könnte. Darüber hinaus war für die Stützpunkte der deutschen U-Boote in der Biskaya immer noch ein besonderes Verfahren in der Weisung für eine kombinierte Bomberoffensive vorgesehen, die am 21. Januar 1943 auf der Konferenz von Casablanca herausgegeben worden war.
Es kann nicht belanglos sein, daß dieses nutzlose Ausweichen auf ein unbedeutendes Ziel als Verzweiflungsmaßnahme während einer Periode geschah, in der Bletchley die Funksprüche zwischen den im Atlantik operierenden deutschen U-Booten und ihrer Führung nicht entziffern konnte. Wie wir gesehen haben, erhielt der Submarine Tracking Room fast das ganze Jahr 1942 hindurch keine Ultra-Feindnachrichten, die für die Führung des Krieges gegen die deutschen U-Boote so wichtig waren. Nachdem aber der „Triton"-Schlüssel im Dezember 1942 geknackt worden war, änderte sich das Bild beträchtlich, da die Station X nun wieder in der Lage war, die Funksprüche der im Atlantik operierenden deutschen U-Boote zu entziffern; der Submarine Tracking Room der Admiralität arbeitete daraufhin wieder auf vollen Touren. Es scheint daher wahrscheinlich, daß, falls Ultra-Feindnachrichten über den Atlantik im zweiten Halbjahr 1942 verfügbar gewesen wären, die Geleitzuglage hätte ausreichend kontrolliert werden können, so daß Panikmaßnahmen unnötig gewesen wären. Die 8. US Army Air Force hätte dann ihre blutige, aber entscheidende Aufgabe zur Entdeckung der Wahrheit über die Tagesbombenangriffe über

Deutschland ruhig fortsetzen können. In diesem Sinn darf behauptet werden, daß das Fehlen von Ultra-Nachrichten über die Lage im Atlantik 1942 das Reifen der 8. US Army Air Force für ihre Aufgabe um etwa zwei entscheidende Monate verzögert hat.* Doch dieses Fehlen, so seltsam es auch war, kann zwar die enge Verbindung von Ultra und der US Navy in diesem Jahr hinausgezögert, aber nicht verhindert haben.

Entlang der atlantischen Küste der Vereinigten Staaten zeitigte Hitlers Kriegserklärung als erstes Ergebnis einen schweren Schlag. Dönitz setzte sofort einen U-Boot-Angriff (Operation *Paukenschlag*) gegen die großen Schiffsansammlungen an, die sich vor der Ostküste Amerikas befanden. Es gab keine Verdunkelung. Die Geleitzüge hoben sich bei Nacht mit ihren Silhouetten gegen das Licht der an der Küste gelegenen Städte ab. Sie richteten ihren Kurs nach den immer noch hell erleuchteten Leuchttürmen, folgten den Seewegen aus der Friedenszeit, benutzten ihre Funkgeräte ohne Funkdisziplin und fuhren mit nur geringem Geleitschutz. Die Operation *Paukenschlag* überraschte die US Navy völlig. „Jede Kommandobehörde beurteilte die bestehende Lage anders. Es gab keine Verbindung und Abstimmung untereinander, nichts, auf dem ein Gesamtplan aufgebaut werden konnte, keine zentrale Stelle, auf der alle Schiffspositionen auf einer Karte festgehalten und Entschlüsse gefaßt wurden.“[8] Praktisch gab es kein Operational Intelligence Centre und keinen Tracking Room. Von Januar bis April 1942 betrugen die durchschnittlichen monatlichen Schiffsverluste in amerikanischen Gewässern wenigstens 100.000 Tonnen, von denen mehr als die Hälfte aus unschätzbar kostbaren Tankern bestanden. Die Operation *Paukenschlag* forderte einen furchtbaren Zoll, – und ein hoher Prozentsatz der Schiffe und Männer, die verlorengingen, waren britischer Herkunft.**

---

* Der Autor diskutierte diesen Gedanken 1977 mit General Eaker. Er sagte, er hätte die Angelegenheit vorher noch nicht in diesem Licht betrachtet, aber sie erschien ihm vernünftig. Mit Gewißheit war er der Auffassung, daß die Angriffe auf die U-Boot-Bunker das Reifen der US Army Air Force sehr ernsthaft verzögert hatten.

** Das Versagen der US Navy bei der Sicherung der Schiffahrt im ersten Halbjahr 1942 ist um so erstaunlicher als die US-Atlantikflotte bereits vor Pearl Harbor drei Monate lang nicht nur aktiv an der Sicherung der Konvois im Nordatlantik teilgenommen, sondern auch die operative Führung für den gesamten alliierten Geleitzugverkehr im Westteil des Nordatlantik übernommen hatte. Vgl. dazu Jürgen Rohwer: Special Intelligence und die Geleitzugsteuerung im Herbst 1941. In: Marine Rundschau 75 (1978) Heft 11, Seite 711–719.

Eine britische Initiative war erforderlich, damit die US Navy sich den Tatsachen stellte. Rodger Winn flog nach Washington. Dort und in New York legte er als brillanter Advokat, der er ja war, den Fall dar und schlug vor, ein Feindnachrichtensystem der Marine zur Bekämpfung der deutschen U-Boote aufzubauen, das dem der Briten ähnlich war. Nachdem er mit jedem maßgeblichen Offizier bis hinauf zu Admiral King selbst gesprochen hatte, konnte er diesen Tag für sich verbuchen. So wurde mit jener unvergleichlichen amerikanischen Fähigkeit zum Vollbringen großer Taten, wenn es einmal notwendig ist, eine Atlantic Section, Operational Intelligence, sofort aufgebaut. Im Juni übernahm Commander K. A. Knowles die Führung; im Juli befand er sich zu Besprechungen mit Winn in London. Aus seiner im Tracking Room der Admiralität gewonnenen Erfahrung schloß Patrick Beesly in bezug darauf, daß die Zusammenarbeit mit der amerikanischen Gegenstelle, Op 20 (später F 21 genannt), „die sich während der nächsten Zweidreivierteljahre vergrößerte, wahrscheinlich enger war, als zwischen jeder anderen britischen und amerikanischen Organisation bei den anderen Teilstreitkräften und auf anderen Kriegsschauplätzen."

Knowles und sein Team wußten vollständig und ständig über alles Bescheid, was auf Ultra Bezug hatte. Die Wirkung auf die amerikanischen Marineoperationen gegen die deutschen U-Boote war dramatisch, besonders, nachdem Bletchley im Dezember 1942 den „Triton"-Schlüssel wieder beherrschte und damit Feindnachrichten über die im Atlantik operierenden deutschen U-Boote erneut eingingen. Täglich wurden die Ultra-Nachrichten zwischen der Zitadelle in London und Op 20 in Washington (und mit der Royal Canadian Navy bzw. deren entsprechender Abteilung in Ottawa) ausgetauscht, obgleich Knowles seine tatsächlichen Ultra Meldungen direkt von Bletchley über amerikanische Kanäle erhielt. Die Integrität dieser alliierten Zusammenarbeit wurde durch die Tatsache symbolisiert, daß der britische und der amerikanische Tracking Room durch eine direkte Funkverbindung miteinander in Verbindung standen, über die aber nur Winn, Knowles und deren Stellvertreter miteinander verkehren durften.

Es darf daher gesagt werden – wenigstens soweit es den Krieg gegen Deutschland betrifft, – daß während des Jahres 1942 die Führung der USAAF und Marine sowohl in Theorie als auch in Praxis in Ultra eingeweiht worden sind.* Was das Heer anbetrifft, so waren Eisenhower und ein paar seiner vertrauenswürdigen Offiziere nach ihrer Ankunft in Britannien theoretisch in Ultra eingeweiht

worden. Aber erst im November 1942 bei der Invasion Nordwestafrikas, der Operation *Torch*, lehrte sie die Praxis die wahre Bedeutung und den Wert der „Special Intelligence“ von Bletchley schätzen.
Tatsächlich wurde der positive, von Ultra für das Schlachtgeschehen geleistete Beitrag Eisenhower sogar noch vor den *Torch*-Landungen klar. In seinem zeitweiligen Hauptquartier unter dem Felsen von Gibraltar erfuhr er zum erstenmal, in welch einer einsamen Wachstellung sich ein Befehlshaber am Vorabend einer großen Operation befindet, wenn alle Befehle bereits ergangen sind und nichts weiteres mehr getan werden kann. Hatten die Deutschen Verdacht geschöpft? Seine Ängste wurden während der angespannten Periode unmittelbar vor den Landungen dadurch beruhigt, daß jeder Hinweis in den Ultra-Funksprüchen fehlte, daß die Deutschen Gegenmaßnahmen vorbereiteten.[9]

Diese „negative Information“ war von höchstem Wert. Als der Angriff dann stattfand, ging auch eine Special Liaison Unit noch unter dem Feuer der Geschütze in Algier an Land und erhielt von Bletchley einen entzifferten Funkspruch mit dem Befehl des überraschten Kesselring zum Aufbau einer Notluftbrücke zum Einfliegen deutscher Streitkräfte nach Tunesien. Diese positive Meldung ging natürlich ebenso schnurstracks an Eisenhower in seinem Gefechtsstand in Gibraltar weiter. Zu Beginn seiner praktischen Gefechtserfahrungen im Mittelmeerraum – und danach in Nordafrika, in Sizilien und in Italien – erhielten daher Eisenhower und zahlreiche andere amerikanische Offiziere zwingende Beweise dafür, daß sie in Ultra eine mit nichts zu vergleichende Quelle für militärische Feindnachrichten besaßen.
Aber bis 1943 nahmen die Vereinigten Staaten und ihre Vertreter auf etwas zufällige Weise am Ultra-Geheimnis teil. Es gab keinen Gesamtplan, der von den Amerikanern selbst aufgestellt worden wäre. Erst die wachsende Gewißheit einer bevorstehenden Invasion in Europa aus dem Norden, der Schatten von *Overlord*, gab neuen Anstoß zum Eindringen in das Enigma-Land auf breiter Front.

---

* Die erhaltenen täglichen Lagekarten der Operationsabteilung des Chief of Naval Operations in Washington zeigen, daß die US-Atlantikflotte bereits ab Ende August 1941 über die aus Ultra stammenden deutschen Dispositionen, insbesondere die U-Bootlage, informiert war. Vgl. dazu Jürgen Rohwer: Special Intelligence ... a.a.O.

Die Spitze bei diesem Vorstoß bildete Telford Taylor, der im Sommer 1943 als vorgesehener Koordinator für die amerikanischen Ultra-Anstrengungen in Europa in England ankam. Der zukünftige Staatsanwalt bei den Kriegsverbrecherprozessen in Nürnberg, der später Jura-Professor an der Columbia-Universität wurde, war für einen Auftrag wundervoll geeignet, der Verstandesklarheit und eine starke und realistische Urteilskraft erforderte. Im Jahre 1944 wurde ein Offizier zur ähnlichen Koordinierung der amerikanischen Ultra-Tätigkeit in Südostasien abgesandt. Darüber hinaus ist festzuhalten, daß der Mann, der in Delhi eintraf, der spätere Richter am Bundesgerichtshof der Vereinigten Staaten, Inzer Wyatt, war. Die Besetzung dieser beiden Schlüsselpositionen spiegelt das Auswahlprinzip für die Ultra-Offiziere wider, das in Bletchley Park bereits seit langem in Gebrauch war, bei den amerikanischen Streitkräften aber bisher traditionsgemäß fehlte. Die grundlegenden Kriterien waren eher Verstandesschärfe und allgemeine Fähigkeiten als Dauer der Dienstzeit, Dienstgrad oder irgendein anderes der konventionellen Merkmale. Taylor war in der Tat der erste europäische Vertreter einer von Colonel Alfred McCormack aufgestellten Organisation, deren Verantwortlichkeiten direkt aus den Versuchen herstammte, Magic vor Pearl Harbor zu knacken. Der Secretary of War Henry Stimson, der diesem Fehlschlag gegenüber empfindlich reagierte, beauftragte McCormack am 19. Januar 1942, Untersuchungen einzuleiten und Empfehlungen zu erarbeiten. Als Klassenerster an der Columbia-Universität sowie als glänzender und außerordentlich erfolgreicher Anwalt der Wall Street hatte man mit McCormack eine ideale Wahl getroffen. Er ging an seine Aufgabe ohne Scheuklappen heran. Wie der kleine Junge im Märchen konnte er sehen, daß der Kaiser keine Kleider anhatte, und sagte es auch. Daher wurde infolge seines Berichtes eine neue Organisation, die Special Branch des militärischen Nachrichtendienstes im Frühjahr 1942 mit Colonel (später Brigadier General) Carter W. Clarke als Chef und McCormack als dessen Stellvertreter aufgebaut. Seine Aufgabe war die Auswertung abgehörten Materials und die Aufstellung und Überwachung allgemeiner Richtlinien für Kryptographie, Funkverkehrsanalyse und ähnlich geheime Dinge bei der Fernmeldetruppe des amerikanischen Heeres. Von der festen Basis der Special Branch aus, die den Vorteil besaß, daß sie durch Traditionen der Waffengattung nicht behindert wurde, machte sich McCormack nun daran, das Ultra-Team auszuwählen.
Dabei suchte er nach Offizieren für zwei verschiedene Aufgaben.

Vor dem zu erwartenden Tage X in Europa sollte eine Gruppe Amerikaner Bletchley zugeteilt werden und sich dort als normale, an allem teilhabende Mitglieder der Gemeinschaft einrichten. Sie mußten praktisch mit ihren britischen Kollegen austauschbar sein und stellten eine willkommene Verstärkung zu einer Zeit dar, als viele der „alten Kämpfer" in BP müde und ausgepumpt waren.* Die wichtigere Aufgabe McCormacks bestand allerdings darin, einen gänzlich neuen Typ zu schaffen, – den „Ultra-Berater" oder „Ultra-Vertreter".

Das war ein völlig amerikanisches Konzept. Im britischen System wurde das von Bletchley an die SLU eines Befehlshabers im Feld abgesandte Material direkt durch den SLU-Offizier an den Befehlshaber selbst oder einen der zwei oder drei auf der Ultra-Liste befindlichen höheren Generalstabsoffiziere übergeben. Sie bildeten sich dann ihr eigenes Urteil. Aber bei dem amerikanischen System, das noch vor dem Tage X im Juni 1944 standardisiert und während des ganzen Unternehmens *Overlord* angewendet wurde, erhielt der „Ultra-Vertreter" von der SLU alles, was an Funksprüchen aus Bletchley kam. Er mußte persönlich das Material auswerten und es regelmäßig seinen Vorgesetzten vorlegen, – das heißt dem Befehlshaber, dem G 2 oder leitenden Feindsachbearbeiter und vielleicht einem der wichtigsten Generalstabsoffiziere. Darüber hinaus trug er die schwere Last beim Einhalten der Sicherheitsbestimmungen. Er mußte sicherstellen, daß Ultra weder durch die Operationspläne seines Befehlshabers noch auf irgendeine andere Weise kompromittiert wurde. Aber eine nach dem Krieg von Carter Clark[10] herausgegebene Übersicht über die Arbeit der Ultra-Vertreter gab genau ihre wichtigsten Funktionen an.

Bei den meisten Kommandobehörden bildete das tägliche Einweisen der Empfangsberechtigten den Kern der Ultra-Tätigkeit. Das fand gewöhnlich jeden Morgen zur gleichen Stunde statt, und zwar entweder vor oder nach dem Feindlagebericht, der sich auf die niedriger einzustufenden klassischen Quellen stützte. Die gewöhnlich 15 bis 20 Minuten dauernde Einweisung umfaßte die hervorstechendsten Feindnachrichten, die während der letzten 24

---

* Es ist ein Hinweis auf den in Bletchley herrschenden Stress, daß einige Mitglieder der *Hut 3* z. B. die Ankunft der Amerikaner, obwohl sie durchaus eine frische Verstärkung darstellten, zunächst nicht gern sahen, und zwar wegen der zusätzlichen Arbeit, die von müden Männern bei ihrer Ausbildung gefordert wurde. Diese Einstellung ging aber sehr schnell vorbei.

Stunden eingegangen waren, zusätzlich einer gelegentlichen Spezialstudie oder einer Zusammenfassung. Die Methoden der Darstellung unterschieden sich beträchtlich und hingen von der Persönlichkeit des Vertreters und der Empfangsberechtigten ab.
So geschah es dann, daß sich nach Telford Taylor mehrere Dutzend talentierte Amerikaner in Bletchley Park während des Winters und des Frühjahrs 1943 auf 1944 meldeten. Einige von ihnen blieben dort und gingen in den bereits vorhandenen Teams auf. Andere gingen nach einem kurzen Lehrgang über die in Bletchley verwendeten Praktiken und die Ultra-Verfahren als Berater zu den amerikanischen Kommandobehörden des Heeres und der Luftwaffe, für die sie als Angehörige der Special Branch vorher ausgewählt oder zu denen sie durch Telford Taylor kommandiert worden waren. Ihre bisherige Ausbildung war sehr verschieden. Einige hatten in Harvard und wenigstens neun in Princeton studiert. Einer war aus der 17. Airborne Division herausgezogen worden, einer kam von der 11. Airborne Division und einer war vorher Captain bei der pferdebespannten Artillerie der 1. Cavalry Division gewesen. Ihre Zukunft war so verschieden wie ihre Vergangenheit. William Bundy, der Wachführer in *Hut 6* wurde, war nach dem Krieg stellvertretender Außenminister und später Herausgeber der Zeitschrift *Foreign Affairs*. (Durch Zufall war in der selben *Hut* ein Mädchen mit Namen Wendy Hinde, die Jahre später die entsprechende britische Zeitschrift *International Affairs* herausgeben sollte.) Alfred Friendly brachte es in seiner glänzenden Laufbahn zum leitenden Herausgeber der *Washington Post*. Langdon van Norden verband beträchtliche Geschäftsinteressen mit dem Vorsitz der Metropolitan Opera Association. Curt Zimansky war vor seinem Tod im Jahre 1973 ein bekannter Philologe und Yorke Allen Berater beim Rockefeller Brothers Fund. Edmund Kellogg, Captain bei der USAAF, hatte die spezielle Aufgabe, Ultra-Nachrichten von Bletchley an das Pentagon weiterzugeben, bis er zum Ultra-Offizier beim Hauptquartier der Strategic Air Force bei SHAEF ernannt wurde. 1946 ging er in das Außenministerium und trat dann in den auswärtigen Dienst ein. Landis Gores, der tapfer seine schwere Körperbehinderung bekämpfte, hatte dennoch eine lange Laufbahn als hervorragender Architekt vor sich.
Die Special Branch, so darf wohl gesagt werden, holte sich auch besondere Menschen für ihren Dienst heran. Alle, mit denen der Autor über ihre Dienstzeit bei der Station X sprach, verrieten bewußt oder unbewußt, daß BP auf sie wie auf ihre britischen Kolle-

gen einen einzigartigen Zauber ausgeübt hatte. Auch sie hatten jenen Geist der fast klösterlich zu nennenden Hingabe, der mit hohem intellektuellem Anreiz verbunden war, gespürt, der in den *Huts* von Bletchley herrschte. Nachdem Winterbothams Buch *The Ultra Secret* erschienen war, schrieb Alfred Friendly darüber in der *Washington Post* und erinnerte sich dabei an BP:

> „Es herrschte dort ein erstaunlicher Geist. Die Moral war hoch, weil jeder die phantastisch erfolgreichen Ergebnisse unserer ununterbrochenen Anstrengungen bei Tag und Nacht kannte. Es war eine Stelle beim Militär, in der es keine Gammelei, keine nutzlose Arbeit und keinen Unsinn gab. Hätte Heller dort gedient, so hätte er keinen Stoff für sein Buch *Catch 22* gehabt.".

Es war ein Zauber, der niemals versagte.
Für die Ultra-Vertreter bei den Hauptquartieren der Befehlshaber im Feld war der Typ Mann, den Colonel McCormack brauchte, der eines klar denkenden Diplomaten, der in der Lage war, ins einzelne gehende Feindnachrichten rasch der Lage anzupassen und sie klar darzustellen. Er mußte Überredungsgabe besitzen, unabhängig sein und über Autorität verfügen. Es war nicht überraschend, daß viele der Auserwählten Juristen waren. In der Tat war der hervorragendste von allen 28 Offizieren, die schließlich als Vertreter auf dem europäischen Kriegsschauplatz dienten, fraglos ein Jurist. Wenn aus den Reihen der bei Ultra tätigen Briten ein zukünftiger Lord Justice of Appeal in der Gestalt von Rodger Winn vom Submarine Tracking Room der Admiralität hervorging, so ging aus den Reihen der Amerikaner mit Lewis Powell ein zukünftiger Beisitzer beim United States Supreme Court hervor. Wenn auch nicht einzigartig, so war Powells Erfahrung doch gewiß außergewöhnlich. Als Nachrichtenoffizier der Luftwaffe in Nordafrika, der Besatzungen für Luftangriffe im Mittelmeerraum einwies, stellte er fest, daß sein Verband oft zu einem Punkt über der See geleitet worden war, wo die Männer zu ihrer Überraschung und zu ihrer Freude bei ihrer Ankunft bemerkten, daß dort ein feindlicher Geleitzug auf sie wartete. Die Marauder-Bomber erhielten ihre Ziele auf die gleiche Weise wie die North African Coastal Air Force, die Ultra-Nachrichten außerordentlich wirkungsvoll gegen Schiffe der Achse einsetzte. Sein stellvertretender Befehlshaber war ein anderer Amerikaner, „Pete" Quesada, der hier die Technik des Ausnutzens von Ultra-Nachrichten für das Bekämpfen von Gelegenheitszielen erlernte, die er mit großem

Nutzen in der Schlacht in der Normandie als Führer des 9. US Tactical Air Command anwandte. Jetzt aber, im Jahre 1944, gehörte Powell plötzlich zur Special Branch und wurde zunächst als Ultra-Vertreter bei General Spaatz beim Hauptquartier der US Strategic Air Force und dann als Chief of Operational Intelligence eingesetzt.
Bei den amerikanischen strategischen Luftstreitkräften erkannte Powell, daß Ultra von unschätzbarem Wert war. Während die Amerikaner z. B. alle Kräfte zusammenfaßten, um die Tagjäger der deutschen Luftwaffe zu vernichten, befähigten ihn die von Bletchley durch die SLU bei der Strategic Air Force eingehenden abgefangenen Funksprüche , den Fortschritt der Reparaturarbeiten auf zerbombten deutschen Flugplätzen zu überwachen, Weisungen für frisch herangeführte Verbände zu erkennen, die dazu notwendige Verlegung festzustellen und daraufhin einen erneuten Luftangriff anzusetzen. Während der Zerstörung der deutschen Ölindustrie war es oftmals nach einem Luftangriff möglich, aus durch Ultra abgefangenen Funksprüchen nicht nur eine gute Kenntnis des angerichteten Schadens, sondern auch der Geschwindigkeit zu erlangen, mit der die Produktion wieder aufgenommen wurde, so daß kurz nachdem durch die Anstrengung der deutschen Techniker und Fremdarbeiter eine Fabrik wieder instand gesetzt worden war, die Fortress-Bomber erneut zu einem Angriff angesetzt werden konnten. Powell durchlief alle Stellen – vom unerfahrenen Offizier in Afrika, der unbewußt seine wenigen Flugzeugbesatzungen auf Grund von Ultra-Nachrichten einwies, bis zum leitenden Feindbearbeiter des Strategic Air Command, der Ultra für die Führung von Hunderten von Bombern bewußt ausnutzte.[11]
Wenn im Vergleich dazu andere Ultra-Vertreter noch nicht genügend operative Erfahrungen besaßen, so erlangten sie sie bald. Adolph Rosengarten beriet die 1. US Army zuerst unter General Omar Bradley in der Normandie und dann nach der Übernahme der 12. Army Group durch Bradley unter General Hodges während des Vormarsches nach Osten. Langdon van Norden war der Vertreter bei General Nugents 29. Tactical Air Command, die Simpsons 9. Army beim Angriff auf den Westwall und darüber hinaus unterstützte. Während des Schließens des Ruhrkessels im Jahre 1945 war Lieutenant William Carnahan, dessen Laufbahn ihn von der Kavallerie und dann einer Luftlandedivision zu Ultra geführt hatte, der Vertreter bei Gerows 15. Army. Als die alliierte Luftlandearmee unter einem anderen Amerikaner, dem Ge-

neral Brereton, gebildet wurde, war sein Ultra-Berater ein Captain der Artillerie mit Namen Josiah Macy, der nach dem Krieg weiter bei der Fliegerei blieb und zu einem der Direktoren bei den Pan American Airways wurde. Ein paar spurenhaft aufgezeichnete Berichte wie diese geben eine Vorstellung vom Ausmaß und der Verschiedenartigkeit der Verantwortung, die auf diesen fähigen jungen Männern lastete.

Die Verantwortung war tatsächlich groß. Für den objektiven Historiker stellt sich die Frage, ob alles auf die richtige Weise durchgeführt wurde.

Die Funktion der Vertreter, wie sie sich der US Army Chief of Staff vorstellte, wurde von General Marshall in einem Brief vom 15. März 1944 an Eisenhower dargelegt; dieser Brief bildete die Charta der Vertreter.[12] Marshall definierte nicht nur ihre Aufgaben. Um jede falsche Auffassung unmöglich zu machen, legte er ganz klar fest, daß diese Offiziere sich in einer speziellen Kategorie befanden. Washington sollte sich die richtige Handhabung von Ultra angelegen sein lassen, so daß bei Beginn der Invasion die Generäle im Feld ihren Vertretern – so jung und unmilitärisch auch einige von ihnen zu sein schienen – die notwendige Ellbogenfreiheit und Autorität gewährten. Da so viele höhere amerikanische Offiziere, die zum erstenmal in der Schlacht an die obere Befehlsebene herankamen und dazu neigten, wenigstens in einigen Fällen den Jüngeren gegenüber die traditionelle autoritäre und herablassende Haltung einzunehmen, waren Marshalls Anweisungen und die darin enthaltenen Warnungen heilsam. In seinem Brief an Eisenhower lautete der wichtigste Satz, der die Pflichten der Vertreter umschrieb, wie folgt:

> „Ihre vornehmste Verantwortung besteht darin, Ultra-Feindnachrichten auszuwerten, sie in brauchbarer Form dem Befehlshaber und jenen seiner höheren Generalstabsoffiziere zu unterbreiten, die für Ultra empfangsberechtigt sind, beim Zusammenbringen von Ultra- und anderen Feindnachrichten zu helfen und den Befehlshaber beim operativen Gebrauch von Ultra-Nachrichten derart zu beraten, daß die Sicherheit der Quelle nicht gefährdet wird."

Diese Anweisung war so umfassend und soweit gefaßt, daß sie es dem Vertreter gestattete, ja sogar ihn dazu ermutigte, sich selbst für eine Art private Feindnachrichtenzentrale zu halten. Im Feld hatte jeder sein Zelt, seinen Lastwagen oder Anhänger als Büro – natürlich mit Bewachung –, in dem ein Geheimschrank mit den

Ultra-Unterlagen stand. Die meisten führten laufend sehr genaue Akten. Ein gewisser Vertreter bei einer Army Group hielt Einzelheiten über alle Verbände im Gefechtsstreifen seiner eigenen Heeresgruppe, aller Großverbände von der Division an aufwärts an der gesamten Westfront und von dem fest, was die Deutschen über alliierte Verbände wußten. Ein Vertreter bei einem Tactical Air Command führte eine Kartei mit getrennten Einlagen für alle Flugplätze und die darauf stationierten Verbände sowie ein Notizbuch über die Kriegsgliederung mit einer Seite für jeden Großverband, jede Einheit und Teileinheit bis hinunter zu den einzelnen Gruppen. Einige Offiziere stellten periodische Zusammenfassungen der Ultra-Nachrichten zusammen, die auf kürzliche Veränderungen der Feindlage und der Beurteilung der deutschen Möglichkeiten hinwiesen. Ein Vertreter der US Army Air Force pflegte besondere Dokumente über solche Themen wie V-Waffen und Düsenflugzeuge herauszugeben.
Im britischen System gab es nichts Derartiges. Die meisten der gerade aufgezeigten Tätigkeiten wurden durch die normalen Feindbearbeiter bei den Kommandobehörden ausgeführt. Da der Ultra-Vertreter nicht in den Komplex der operativen Planung beim Hauptquartier seines Befehlshabers integriert war, sondern eine Art fünftes Rad darstellte, entstand in der Tat eine mögliche Gefahr, wenn man – durch regelmäßige Einweisungen und sogar die Erarbeitung von Zusammenfassungen über die Feindnachrichten – so große Beratungsmöglichkeiten Offizieren einräumte, die nicht (und dies auch in Marshalls Anweisung gewiß nicht sein sollten) in die Entwicklung und die Führung der Operationen so wie ein Befehlshaber und sein unmittelbarer Stab eingeschlossen waren. Da sie nicht nur die Informationen aus Bletchley einfach weitergaben, sondern sie selbst auswerteten und dann mit ihren eigenen Interpretationen geschmückt weiterleiteten, hatte es den Anschein, als wären die Vertreter ein unnötiger Filter, durch den die Funksprüche aus BP hindurchgehen mußten, bevor sie ihr wahres Ziel erreichten, nämlich den Oberbefehlshaber und seine wichtigsten Generalstabsoffiziere. Im Lichte der seit 1940 von den Briten geübten Praxis könnte dies als ein vernünftiger Kommentar erscheinen.
Aber das System und die Lage waren eben nicht so wie bei den Briten. Bei den Schlachten in Europa stellten viele der britischen Kommandobehörden sowohl des Heeres als auch der Luftwaffe durch Jahre praktischer Erfahrung gut geölte Maschinen dar, und diejenigen, die das nicht waren, besaßen wenigstens ein Muster,

dem sie folgen konnten, und festgelegte Doktrinen, die sie anwenden mußten. Für viele war die Anwendung von Ultra auf dem Schlachtfeld nichts Neues. Dagegen fehlten einigen der höchsten amerikanischen Befehlshaber diese Erfahrung und dieser Rückhalt. Es gab gewichtige Gründe, ihnen mit Männern von beträchtlicher Fähigkeit und einer gewissen inneren Freiheit beizustehen, die sich sowohl Bletchley und Washington als auch ihren örtlichen Befehlshabern verpflichtet fühlten. Schließlich waren die Ultra-Funksprüche nicht immer Informationen, die auf einem Teller präsentiert wurden. Sie erforderten geschickte und erfahrene Auswertung und Interpretation. Wie Winterbotham von Anfang an betont und Marshalls Brief seine Untergebenen gewarnt hatte, durften sie darüber hinaus niemals dadurch verraten werden, daß ein Befehlshaber so offenkundig auf Grund ihrer Kenntnis handelte, daß der Feind in bezug auf die Sicherheit seiner Enigma-Schlüssel argwöhnisch werden konnte. Der Auftrag der Vertreter, ihre Generäle einzuweisen und die Sicherheitsbestimmungen zu überwachen, war daher im Zusammenhang mit den Amerikanern ein echtes Erfordernis. Wenn einige von ihnen ihre Rolle übertrieben und sich selbst den Anschein von Nachrichtenoffizieren aus eigener Vollmacht gaben, so geschah es aus Begeisterung und bedeutete nur ein geringfügiges und verzeihliches Überschreiten ihrer Befugnisse. Es gab noch einen weiteren Faktor zu ihrer Rechtfertigung, der in der Praxis bewies, daß Marshall mit seiner Weisung recht und McCormack bei seinem Rekrutierungsverfahren klug gehandelt hatte. Kraft seines Auftrages für die Special Branch in Europa wußte Telford Taylor genausoviel über die Vertreter und ihre Arbeit wie jeder andere. Er erinnerte den Autor daran, daß die Stellung der Nachrichtenoffiziere in den amerikanischen Streitkräften vor Pearl Harbor gering geachtet wurde. (Hier gibt es eine wichtige Analogie zur Royal Navy vor 1939.) Der Dienst bei aktiven Verbänden – Bataillonen, Schwadronen, Geschwadern und Divisionen – war stets wichtiger für die Beförderung eines Offiziers als der Dienst im Nachrichtendienst. Folglich gab es 1944 keine große Zahl von Offizieren, die die notwendige Ausbildung und das Verständnis besaßen, um die höchsten G 2 Stellen bei den Stäben der Befehlshaber im Feld zu besetzen. Auch hier war die Lage bei den Briten wieder anders. Die Realitäten der ständigen Verwicklung in Kriege seit 1940 hatten bis zum Jahr 1944 die Gruppe der Nachrichtenoffiziere der Qualität nach verfeinert und erweitert, und die Offiziere waren zur Einnahme von Stabsstellungen auf der oberen Befehlsebene befähigt.

So trat der Fall ein, daß wenigstens einige Ultra-Vertreter – mit relativ niedrigem Dienstgrad bei Truppenteilen, in denen der Dienstgrad eine Rolle spielte – sich zu ihrem General vermittels oder sogar durch Umgehung des die offizielle Stelle innehabenden führenden Nachrichtenoffiziers bei einer Kommandobehörde durchzuarbeiten hatten, weil es für die letzteren gewisse Einschränkungen gab. Einige brachten es fertig, ihre Generäle direkt einzuweisen oder ihre Kenntnisse einzusetzen und Künste auszuüben, die sie einst als Juristen oder Geschäftsleute benutzt hatten, und verbesserten taktvoll die von ihrem Vorgesetzten, dem G 2, vorbereiteten Lagebeurteilungen. In solchen Zeiten war das Ganze eine schwer lastende Angelegenheit, vor allen Dingen, weil die Vertreter keinen Stellvertreter hatten und ständig ihren erschöpfenden Dienst versahen. Das war eine Anspannung der Kräfte, die durch die Tatsache noch vergrößert wurde, daß in amerikanischen Armeehauptquartieren oder wo sonst immer sie Dienst hatten, die Art ihrer Aufgabe höchstens einer Handvoll Personen bekannt war. Der Vertreter arbeitete unter dem Deckmantel eines Rußlandspezialisten, eines SLU-Verbindungsoffiziers, eines Spezialisten für die deutsche Luftwaffe oder eines Mitgliedes einer Rechnungsprüfungsgruppe. Dabei wurde alles von den Sicherheitsbestimmungen beherrscht. In Carter Clarks Bericht wird festgestellt, daß „die schwierigste Aufgabe des Vertreters darin bestand, sicherzustellen, daß die Empfänger keinen direkten operativen Gebrauch von Ultra ohne zweckmäßigen Deckmantel machten“. Das war ein Problem, das die Briten seit langem kannten und gut verstanden. Aber das bei einem Patton fertigzubringen, war nicht leicht.
Es war daher von höchster Bedeutung, daß diese kleine Gruppe persönlich ausgewählter Männer – wie wir gesehen haben, nicht mehr als 28 insgesamt – als Hefe in das amerikanische Befehlssystem hineingebracht wurde. In Bletchley ausgebildet und sorgfältig eingeweiht, verstanden sie sowohl die Größe als auch die unersetzliche Qualität dessen, was in BP auf eine Weise vor sich ging, wozu nur wenige Befehlshaber im Feld in der Lage waren. Sie konnten enge Verbindungen mit britischen Nachrichtenoffizieren herstellen, wie das z. B. Rosengarten bei der 1. Army von Hodges tat, sowie mit Williams bei Montgomerys 21. Army Group, weil sie in einem gewissen Sinn Teil der gleichen Priesterschaft waren und die gleichen Maßstäbe anlegten. Ihr Dienst war einsam, anstrengend und wurde manchmal falsch verstanden, aber auf lange Sicht war er wesentlich. Da die amerikanischen Großverbände von

Heer und Luftwaffe in Europa einen so überwiegenden Anteil am Sieg hatten und die Vertreter die wichtigsten Kanäle darstellten, durch welche Ultra-Nachrichten zu den US-Kommandobehörden flossen, verdient ihre Leistung in jedem Bericht über den Beitrag von Ultra zur Kriegführung eine eingehende Untersuchung.

Die Briten gaben ihre Ultra-Geheimnisse voll an die Amerikaner weiter. Nichtsdestoweniger gab es vor *Overlord* ernsthafte und schwere Bedenken in London in bezug auf die Fähigkeit der Amerikaner, das Geheimnis intakt zu bewahren. Die Sorge betraf die Sicherheitsbestimmungen. Die lange Erfahrung der Special Liaison Units hatte die Schwierigkeiten enthüllt, die sich für einen jungen Offizier mit niedrigem Dienstgrad ergaben, wenn er gelegentliche Verstöße gegen die Sicherheit in Hauptquartieren verhindern wollte, die von Generälen, Admiralen oder Air Vice Marshals, unterstützt von höheren Stabsoffizieren, geführt wurden. Keineswegs blind diesen Dingen gegenüber spürten die Briten, daß die amerikanischen Ultra-Berater sogar noch weniger Zivilcourage haben mochten. Schließlich waren sie Washington gegenüber verantwortlich und ihnen daher ein wenig fremd. Sie waren untergeordnete Gestalten innerhalb der Befehlsstruktur, zu der sie gehörten. Sie verstanden die Haltung einiger der amerikanischen höchsten Offiziere gegenüber ihren jüngeren Kameraden gut. Auf Grund seiner Besuche auf dem Schlachtfeld und des häufigen Einsatzes der Special Liaison Units war sich Churchill des mit den einzelnen Persönlichkeiten und dem höheren Dienstgrad verbundenen Problems klar bewußt. Nichtsdestoweniger war er wie stets ängstlich bemüht, daß das kostbare Ultra-Geheimnis nicht kompromittiert wurde. Er fürchtete, daß schließlich „seine Gänse" aufhörten, „goldene Eier zu legen".
Es war nicht etwa so, daß es Schwachpunkte bei den anfänglichen Vorkehrungen gegeben hätte. Als Telford Taylor zum erstenmal nach England kam, um die Dinge in Bewegung zu setzen, gingen er und Winterbotham zusammen durch alle britischen Verfahren und einigten sich auf ein gemeinsames System. Winterbotham weihte die amerikanischen Befehlshaber ein. Marshalls Weisungen an Eisenhower stützten sich auf die britische Praxis. Die Ultra-Berater wurden in Bletchley eingewiesen. Dennoch fühlte Churchill sich nicht ganz wohl.
Da so viel auf dem Spiele stand, entschloß er sich zu einer Rückversicherung. Als die Ultra-Organisation zum erstenmal Form annahm, machte er Winterbotham durch Menzies persönlich für

die Überwachung des gesamten britischen Systems verantwortlich. Jetzt gab er geheim Instruktionen heraus, nach denen Winterbotham die gleiche persönliche Verantwortung zur Überwachung der Verfahren übernehmen sollte, mit denen die Amerikaner Ultra behandelten. Das war ein delikater Auftrag für Churchills Wachhund. Zwischen den alliierten Lagern bestand ständig ein geladenes elektrisches Spannungsfeld, und der geringste Hinweis darauf, daß die Amerikaner sich unverantwortlich benahmen, konnte Funken und Flammen der Empörung und des Argwohns erzeugen. Glücklicherweise war Winterbotham in der Lage, die Sache mit kühlem Mut zu bewerkstelligen.

Zur Handhabung der Angelegenheit besaß er einen nützlichen Apparat in den Special Liaison Units, die mit ihren nun bei dem Spiel erfahrenen britischen Offizieren bei allen wichtigen amerikanischen Kommandobehörden stationiert waren. Aus den vielen privaten Dokumenten, die sich auf die SLUs beziehen und die der Autor untersucht hat, geht klar hervor, daß diese jungen Männer zu Winterbotham wie zu einem Standbild und einem Beichtvater aufblickten. Besonders auf dem europäischen Kriegsschauplatz wurde das Verhältnis von gegenseitigem Vertrauen und gegenseitiger Achtung getragen. Eine stille Warnung an die SLUs, die Augen offenzuhalten und jedes Problem zu melden, genügte. So gewarnt, flog Winterbotham sofort zu dem Unruheherd hin. Unter Ausnutzung seiner guten persönlichen Beziehungen zu den amerikanischen Befehlshabern und ihren Generalstäben beseitigte er jedes Sicherheitsrisiko bei ihren Verfahren, ohne ihren Zorn zu erregen oder ihren Stolz zu verletzen. Solche Gelegenheiten waren nicht sehr häufig, aber sie spielten eine Rolle. In der Normandie z. B. wurde es offensichtlich, daß eine sich ständig weiterverbreitende Gewohnheit der Amerikaner, Ultra-Zusammenfassungen und -Berichte von Heeres- und Lutwaffenhauptquartieren immer weiterzureichen, nicht nur eine Zuwiderhandlung gegen die Regeln bedeutete, sondern auch ein beträchtliches Sicherheitsrisiko darstellte. Bei einem Besuch bei General Bradley stellte Winterbotham die Lage ohne Schwierigkeiten wieder her, denn Bradley war groß und klug genug, um die Wichtigkeit der Angelegenheit zu verstehen.[13] Aber solche Episoden waren nichts weiter als Symptome des Wachstums, wie sie die Briten selbst in den frühen Tagen von Ultra erlebt hatten. In der Praxis gab es keinen bedeutsamen Verstoß gegen die Sicherheitsbestimmungen im gesamten Verlauf der Operation *Overlord*.

Bei jenem Feldzug in Europa stießen die Heere und die Luftwaffe der Alliierten mit einem gewissen Zusammenhang untereinander wenigstens auf einen zentralen Punkt vor und vereinigten sich dort im Herzen Deutschlands. Ultra-Offiziere trugen zu dem bei, was im wesentlichen eine einzige Anspannung der Kräfte war. Aber auf dem Kriegsschauplatz in China, Burma und Indien war die Lage komplizierter.

Inzer Wyatt begann seinen Dienst als führender Ultra-Offizier für dieses große Gebiet, indem er sich im April 1944 bei Telford Taylors Londoner Büro in der amerikanischen Botschaft am Grosvenor Square meldete. Über Ultra hatten Clarke und McCormack ihn bereits in Washington eingewiesen und belehrt. Nun besuchte er Menzies in Broadway, verbrachte mehrere Tage in Bletchley, fuhr dann nach Algier weiter (wo er die Bearbeitung von Ultra-Nachrichten beobachtete) und setzte als nächstes in Telford Taylors Gesellschaft nach Norden, nach Italien und Caserta, über, wo er die Verteilung von Ultra-Nachrichten in Alexanders Hauptquartier beobachtete. Das entsprach der gründlichen, sachkundigen Vorbereitung, wie sie sich Marshall in seinem Brief an Eisenhower vorgestellt hatte. „Sie werden, wenn möglich, eine Zeitlang auf dem Kriegsschauplatz im Mittelmeer ausgebildet werden," schrieb er, „und diese Ausbildung wird darauf ausgerichtet sein, Ihnen alles beizubringen, damit Sie Ultra-Nachrichten wirkungsvoll und unter Beachtung der Sicherheitsbestimmungen benutzen können." All das ist meilenweit von jener Atmosphäre entfernt, die in Pearl Harbor herrschte.
Nach seiner Ankunft in Delhi im Juni 1944 baute Wyatt sofort eine ständige Verbindung mit dem Führer der britischen SLU, John Stripe, auf, mit dem er sich dann regelmäßig über Ultra-Probleme zu beraten pflegte. Aber sein eigener Verantwortungsbereich war zwangsläufig weit größer als der Stripes. Die Informationen, die er erhielt, kamen direkt von Washington, obgleich ein Teil von ihnen aus britischen Quellen stammte. Seine Aufgabe bestand darin, die eingehenden Feindnachrichten auszuwerten und sie in geeigneter Weise nicht nur an Lord Mountbattens Southeast Asia Command in Kandy auf Ceylon zu verteilen, sondern auch an General Stilwell, der an der Nordgrenze Indiens und Burmas entlang vorstieß, an Generalmajor Stratemeyer (den Befehlshaber des Eastern Air Command), an General Claire Chennaults Bomber Group in China, die 14. USAAF, und an General Curtis LeMays 20. Bomber Command aus B-29 zur Bekämpfung strategischer

Ziele, das von seinen fünf Flugplätzen um Kalkutta und dem vorgeschobenen Flugplatz in Tschengtu in China aus operierte.*
Wyatts direkte Verbindung mit Washington stellte einen klaren Bruch mit den amerikanischen Verfahrensweisen dar. Während er und seine Gruppe im Fernen Osten theoretisch dem örtlichen US-Befehlshaber unterstellt waren, waren sie in der Praxis doch zu jener Zeit allein dem War Department in Washington verantwortlich. Alle Ultra-Feindnachrichten und alle administrativen Sprüche gingen in einem Schlüssel an sie, den nur Special Branch lesen konnte. So ist es kein Wunder, daß McCormack Männer mit einer natürlichen diplomatischen Begabung auswählte, – denn Generäle als Klasse und Amerikaner besonders blicken mit Mißgunst auf Obersten herab, die eine private Verbindungslinie zu den Chiefs of Staff besitzen. Die nur zu bekannte Verbindung Wingates zu Churchill mag uns an die Empfindlichkeit der Briten in bezug auf Vorrechte in der Befehlsstruktur erinnern. Ähnliche Vorkehrungenen im Pazifik trieben MacArthur fast zur Rebellion; erst auf Grund eines direkten Befehles von General Marshall steckte er zurück. Und auf dem Kriegsschauplatz, auf dem sich Wyatt befand, gab es noch ein weiteres Problem, – die Chinesen. Bindende Befehle wurden herausgegeben und strikteste Sicherheitsvorkehrungen getroffen, damit Tschiang-Kai-sheck und sein Stab auch nicht den geringsten Hinweis darauf erhielten, daß Ultra existierte. Das Sieb enthielt zu viele Löcher.
Für sein orientalisches Bletchley hatte Wyatt 35 amerikanische Offiziere und Soldaten – Funker, Geheimschreiber usw. –, die er nach dem in Europa aufgestellten Muster auf die verschiedenen Kommandobehörden, die er belieferte, als Vertreter verteilte. Aber während in Nordwesteuropa und im Mittelmeerraum der Funkverkehr zwischen Bletchley und den SLUs mit Hilfe der *„one-time pad“* oder des Type X-Schlüssels abgewickelt wurde, benutzte Wyatt die amerikanische Sigaba oder M-134-C, eine Schlüsselmaschine mit Walzen, die der Type X oder sogar der Enigma selbst eng verwandt war. Der gesamte Funkverkehr war under dem Namen Ultra bekannt. Alle Unterlagen trugen den Stempel Ultra.
Jeder General im Feld hatte andere Sorgen und Nöte. An Stilwells Front gab es nicht viele Nachrichten über die japanische Kriegsgliederung oder andere operativ wichtige Informationen. Was er

* 1944 wurde das 20. Bomber Command nach Tinian auf den Marianen verlegt, um von hier aus Japan anzugreifen.

aber in hohem Maße und für ihn charakteristisch sehr schätzte, waren Nachrichten über den diplomatischen Verkehr, die Wyatt liefern konnte, denn dadurch erhielt „Vinegar Joe“ heimliche Trumpfkarten für seine Verhandlungen mit Tschiang-Kai-shek. Was Chennault brauchte, waren Feindnachrichten, die sich strikt auf das Geschehen auf dem Gefechtsfeld bezogen. Damit seine Flugzeuge ihre Langstreckenaufträge gegen japanische Geleitzüge, Minenleger und andere Operationen in den Gewässern Südostasiens ausführen konnten, brauchte er im voraus Nachrichten sowohl über Schiffsbewegungen als auch über japanische Jagdflieger, die unter Umständen eingreifen konnten. Chennault benutzte Ultra mit Begeisterung. Wie anders hätten denn auch seine Männer diese Gelegenheitsziele über weite Entfernungen hinweg finden können? LeMays 20. Bomber Command hatte ein anderes Problem. Seine weit entfernt liegenden, von Washington befohlenen strategischen Ziele waren mehr in der Art der statischen Städteziele des Bomber Command in Europa, und Ultra konnte dafür kaum viele zusätzliche Informationen liefern. Im Juni 1944 hatte das Command damit begonnen, die japanische Stahlindustrie mit Bomben anzugreifen. Im August flog es 6.400 km weit, um die wichtigen Ölfelder bei Palembang auf Sumatra anzugreifen. Im Oktober griff es Ziele in der Mandschurei und auf Formosa an. Im November trafen die B 29 die Marinebasis in Singapur mit schweren Bomben. Was LeMay brauchte und ihm Wyatt mit Hilfe von Ultra oftmals liefern konnte, waren wichtige Nachrichten über die Stärke der allmählich schwächer werdenden japanischen Luftstreitkräfte in der Nachbarschaft der ausgedehnten und Feindangriffen ausgesetzten Anmarschwege seines Command. Wie Spaatz und Eaker verhielten sich Chennault und LeMay in ihrer Haltung Ultra gegenüber völlig pragmatisch. Sie akzeptierten Ultra, weil die Sache klappte.

Die gesamte amerikanische Organisation auf dem alliierten Kriegsschauplatz in Südostasien verdankte dem britischen System viel und wurde, wie wir gesehen haben, in enger Verbindung mit den Briten in Bletchley und im Feld geführt. Aber nichts beschreibt diese so enge Zusammenarbeit besser als die Art, in der die britische Organisation benutzt wurde, um die gähnende Lücke zwischen der US Army und Navy zu überbrücken. Aus Washington erhielt Wyatt den abgehörten Funkverkehr des japanischen Heeres und seiner Luftstreitkräfte, der ihm auf dem Dienstweg über das amerikanische Heer zuging. Aber die amerikanische Marine weigerte sich, dem Heer ihre abgehörten Funksprüche des ja-

panischen Marineverkehrs zugehen zu lassen, obwohl doch jene, die die feindlichen Geleitzüge mit Truppen und Versorgungsgütern betrafen, von so entscheidendem Interesse für Chennault in China waren. Die abgehörten Funksprüche erreichten jedoch Mountbattens Hauptquartier in Kandy, da die amerikanische Marine nichts dagegen einzuwenden hatte, daß sie an die britische Marine weitergegeben wurden. Ein rechtzeitiger Besuch Winterbothams in Indien und die zwischen Wyatt und Stripe hergestellte enge Verbindung schufen die Voraussetzungen dafür, daß diese absurde Lage überwunden wurde.
Winterbotham traf Absprachen mit London, daß Ultra-Nachrichten über die japanische Marine, die das oberste Hauptquartier in Kandy besaß, an die britischen SLUs weitergegeben wurden. Stripe übermittelte sie dann Wyatt, der seinerseits in der Lage war, sie wieder an seine Vorgesetzten im Heere in Washington weiterzuleiten. Wichtiger war jedoch, daß er jetzt fähig war, Chennault mit Zielinformationen über den japanischen Schiffsverkehr zu versorgen, die für die 14. USAAF auf ihren entfernten Stützpunkten in China von zentraler Bedeutung waren. Im Jahre 1971 schrieb Wyatt an Winterbotham: „Diese Vorkehrungen waren äußerst bizarr, aber effektiv." Aber sie waren nicht die einzigen dieser Art. Benjamin King, ein von Bletchley nach Washington in den letzten Stadien des Krieges versetzter britischer Luftwaffenoffizier, bemerkte eine ähnliche Lücke, die er dadurch schloß, daß er vom Nachrichtendienst der amerikanischen Marine gewonnene Feindnachrichten nach England schickte, die dann auf dem normalen Dienstweg des britischen Heeres und der RAF an ihn zurückkamen. Danach war er in der Lage, diese Nachrichten an seine Kameraden vom amerikanischen Heer weiterzugeben. So ist es kein Wunder, daß erst am 8. März 1945 Major General Willoughby, die rechte Hand MacArthurs, als Zeuge während der Untersuchungen über Pearl Harbor aussagte, daß „in einem sonst durchaus löblichen Wunsch nach Sicherheit (obgleich jede moderne Nation weiß, daß die Kryptoanalyse weitergeht) die Marine das ganze Unternehmen in ein Geheimnis gehüllt und dabei die anderen Teilstreitkräfte ausgeschlossen hat. . ."[14]
Hinter Wyatt, hinter allen amerikanischen Ultra-Offizieren, die ins Ausland – ob nach Bletchley Park oder zu ihren Befehlshabern im Feld – gesandt worden waren, standen nicht nur Colonel McCormack und Brigadier General Clark, sondern auch das gesamte Pentagon und letzlich der Oberbefehlshaber, der Präsident. Kein Bericht über die amerikanische Teilnahme an Ultra könnte daher

ohne eine Prüfung des Bearbeitungs-, Auswertungs- und Verteilungssystems für Ultra-Nachrichten im Herzen der obersten amerikanischen Führung im Kriege vollständig sein. Eins der hervorstechendsten Merkmale der amerikanischen obersten Führung in Washington ist der geistige Abstand, der zwischen ihr und der *täglichen* Kriegführung gegen Deutschland bestand. Der Pazifik trennte die Hauptstadt von den Feldzügen MacArthurs und Nimitz', aber sie waren doch eine ständig gegenwärtige Realität. Für Admiral King und seine Kameraden von der US Navy hatten sie natürlich höchste Dringlichkeit, ja sie waren geradezu für sie die Luft zum Atmen. Aber sogar im Jahr 1944 war die Operations- und Planungsabteilung im War Department mehr mit dem Pazifik als mit dem Kriegsschauplatz Europa befaßt. Und dafür gab es gute Gründe. In Europa hatten die Vereinigten Staaten Eisenhower, einen erprobten und vertrauenswürdigen Soldaten, der die alliierten Streitkräfte als Oberbefehlshaber führte. In der Luft erwarb sich General Spaatz die tatsächliche Gleichstellung mit dem Chief of Air Staff der RAF. In London besaßen die Briten eine kriegserfahrene Organisation, die sich in der Nähe der Schlachtfelder befand. Gewiß, der Atlantik war groß, aber man kann kaum bei Roosevelt, Marshall oder deren Umgebung einen Drang zur Überquerung der See und zum Eingreifen in die Führung der Kämpfe beobachten. In strategischen Angelegenheiten, die sich auf den Krieg gegen Deutschland bezogen, waren der Präsident und die Joint Chiefs of Staff ständig aktiv und ließen ihre Stimme vernehmen, gleich, ob das auf den großen Konferenzen in Casablanca, Quebec oder Kairo war oder während jener Zeit, die „der transatlantische Versuchswettstreit" genannt wurde, bei dem argumentative Memoranden hin- und hergeschickt wurden. Aber nachdem einmal die tatsächlichen Operationen begonnen hatten, war, allgemein gesprochen, die Haltung Washingtons zurückhaltender.

Diese Einstellung bedeutete, daß im Zentrum der amerikanischen Angelegenheiten Ultra-Nachrichten auf eine entschieden andere Weise behandelt wurden als in der, die durch das britische System seit langem üblich war, – auf eine Weise, bei der es nicht so genau genommen wurde, und manchmal, das darf auch fast gesagt werden, auf eine Weise, die fast gelehrtenhaft wirkte. Gewiß, die Behandlung hatte Aspekte, die dem Nützlichkeitsprinzip unmittelbar dienten. Von den Informationen, die täglich bei der morgendlichen Feindlagebesprechung im War Department dargeboten wurden, damit der Assistant Chief of Staff, G 2, in der Lage war, General Marshall zu unterrichten, wurde angenommen, daß ein Durchschnitt von 35 Prozent aus Ultraquellen stammte. Aber in der Hauptsache lagen die Dinge in Washington ganz anders als in London. Dort führten der Premierminister und seine militärischen Berater einen engen und ständigen Dialog über das laufende Kriegsgeschehen. Churchill überwachte seine Befehlshaber im Feld genau und sogar persönlich, in der Normandie, im Mittelmeer und beim Übergang über den Rhein. Eine Nabelschnur verband die Hauptquartiere auf dem Kontinent mit den Konferenzräumen in Whitehall. Die Verbindungen waren außerordentlich komplex.

Der Gebrauch von Ultra durch die britische oberste Führung im Kriege besaß daher eine Dringlichkeit und Wichtigkeit, die größer war als bei den Amerikanern. Die von Bletchley gelieferten Feindnachrichten waren eher ein zum unmittelbaren Gebrauch bestimmtes Mittel als Objekte zur tiefgründigen Kontemplation. In einem Bericht,[15] der von Carter Clarke nach dem Krieg über den Gebrauch von Ultra durch das amerikanische War Department herausgegeben wurde, ist es bedeutsam, wie oft ein Ton fast akademischen Bedauerns wegen der Tatsache angeschlagen wird, daß auf Grund der täglichen Erfordernisse zur Analyse und zur Darlegung langfristigere Lagebeurteilungen verhindert wurden. Die Briten bewahrten dagegen bis zu ihren letzten Reserven an Menschen herab (die Division des Autors wurde in der Normandie aufgeteilt, um die Infanterie anderer Divisionen zu verstärken) immer noch etwas von dem sie im Jahre 1940 beherrschenden Gefühl, daß sie um ihr Leben kämpften. Natürlich wurden auch langfristige Lagebeurteilungen von britischen Stäben hergestellt; aber im Vergleich zu Washington war die Haltung der Ministerialabteilungen der Streitkräfte in London und natürlich die des Premierministers selbst Ultra gegenüber bei weitem mehr diejenige, die Churchill in dem Wort „Noch heute muß was geschehen“ zusammenfaßte.

Dies wird in hohem Maße durch die im Pentagon zur Bearbeitung von CX/MSS-Material entwickelten Methoden klar. (CX/MSS waren die Kennbuchstaben für den großen Anteil von Ultra-Feindnachrichten vom europäischen Kriegsschauplatz, die von den Männern Telford Taylors aus Bletchley nach Washington gesandt wurden.)

Tatsächlich wurden Feindnachrichten über die Deutschen im Juli 1943 in Umlauf gebracht, als die Special Branch die Section C einrichtete, die zuerst lediglich aus zwei Offizieren bestand, dann aber größer wurde. In der Hauptsache aus deutschen und japanischen Ultra-Quellen bereitete die Section C tägliche Berichte vor, die als „Military and Naval Supplement to the Magic Summary" (Ergänzung des Heeres, der Luftwaffe und der Marine zu den Magic-Zusammenfassungen)* bekannt wurden. Wegen ihres Ursprungs aus CX/MSS-Material gingen sie nur an den Verteidigungsminister, den Chief of Staff, den G 2 und den Assistant Chief of Staff beim Operations and Planning Department. Im Laufe der folgenden Monate wurden auch ein paar weitere hohe Offiziere empfangsberechtigt; zu ihnen gehörten Admiral Leahy als Roosevelts Stabschef und Admiral King für die Marine sowie als Oberbefehlshaber der amerikanischen Flotte. Aber die Kontrolle war stets rigoros. Alle Kopien mußten an Special Branch zur Vernichtung zurückgegeben werden, und die Verteilung erfolgte durch einen Kurier der Special Branch, der die Unterlagen in einer verschlossenen Kuriertasche trug. Der Unterschied zum breiten und alle befruchtenden Fluß von Ultra-Nachrichten an die verschiedensten britischen Dienststellen ist deutlich zu sehen, gleich ob dies in Whitehall oder im Felde war. Wieviel von Ultra-Nachrichten in die Hände des Präsidenten selbst gelangten, ist ungewiß. Wahrscheinlich erhielt er durch Leahy ausgewählte Unterlagen, von denen man glaubte, daß sie ihn interessierten, – denn Roosevelt war ganz anders als Churchill nicht an *allem* interessiert, was die Kriegsführung betraf. Es gibt keine Hinweise darauf, daß Roosevelt bei Auslandsreisen auf einer persönlichen Versorgung mit Ultra-Nachrichten durch eine Special Liaison Unit beharrte, worauf Churchill doch so heftig bestand. Bletchley lag weit ausgebreitet und greifbar nah vor Churchills Türschwelle. Er und die Station X hatten seit 1940 zusammen gekämpft. Bei Roosevelt mußte dieses Gefühl für das unmittelbare Eingeschlossensein in das Kriegsgeschehen zwangsläufig fehlen.

Clarke selbst bemerkt in seinem Bericht, daß zu jener Zeit die Arbeit der Section C „nicht glatt lief, und es ungewiß war, ob sie funktionierte", obgleich Colonel McCormack der Vorbereitung des „Ergänzungsberichts" große persönliche Aufmerksamkeit widmete. Der Personalmangel wurde dadurch verschlimmert, daß Offiziere gleich nach ihrer Ausbildung nach England versetzt wur-

* Die Magic Summaries enthielten die Entzifferungen des Funkverkehrs zwischen den japanischen Botschaften in Europa und Tokio, darunter auch die Meldungen der japanischen Militärattachés, die Aufschluß über viele Vorgänge im Bereich der europäischen Achsenmächte lieferten.

den, noch mehr aber durch die einschränkenden Sicherheitsbestimmungen, welche die Section C daran hinderte, Besprechungen außerhalb der Special Branch abzuhalten. Auf Grund dieser Tatsache erreichten die Ergänzungsberichte auch nicht die hohen militärischen Führer, für die sie unschätzbar wertvoll gewesen wären. Im Jahre 1943 hatte man noch nicht alle Lehren aus Pearl Harbor gezogen, obgleich an vielen Punkten in England und im Mittelmeerraum amerikanische Heeres- und Luftwaffenoffiziere (und auch Marineoffiziere, wenn auch nur während der Schlacht im Atlantik) bereits das Ultra-Geheimnis teilten. Dennoch zog man einen gewissen praktischen Nutzen. Für die morgendliche Feindlagebesprechung, die der G 2 abhielt, wurde eine „Ultra-Lagekarte" wie in Bletchley oder in einem britischen Hauptquartier vorbereitet, auf der die letzten Stellungen der deutschen Kräfte und besonders die verschiedenen Entwicklungen im einzigen europäischen Kampfgebiet aufgezeigt wurden, in dem amerikanische Truppen eingesetzt waren, – nämlich an der Front in Italien. Viele Einzelstudien wurden in bezug auf bestimmte Aspekte des deutschen Heeres, der Verteidigungsanlagen in Europa, über Jugoslawien und sogar über einige deutsche Operationen in Rußland angefertigt. Gewiß, Ultra wurde benutzt, aber seine Benutzung war immer noch begrenzt.

Als der Tag X im Juni 1944 heranrückte, wurde jedoch das ganze militärische Informationssystem in Washington neu geordnet und vergrößert. Drei neue Direktorate des militärischen Feindnachrichtenwesens wurden aufgebaut – für Verwaltung, Information und Nachrichtenbeschaffung; – das letztere umfaßte eine Forschungseinheit, eine Abteilung zum Abfassen von Berichten und eine Gruppe von frei wirkenden Offizieren, die Spezialisten genannt wurden. Mit fortschreitender Entwicklung der Operation *Overlord* wurde aus dem Rinnsal von CX/MSS-Material, das nach Washington geleitet wurde, ein breiter Strom. Aber es gab jetzt auch einen Mechanismus, der die Ultra-Nachrichten weit schneller und umfassender bearbeitete, als das in der Vergangenheit geschehen war.

Die „deutsche" Berichtsabteilung übernahm, wie bekannt, von der Section C die Aufgabe der täglichen Herstellung des Ergänzungsberichtes, der vom 1. Juli 1944 an „Magic European Summary" genannt wurde. (Die unklare Behandlung von „Magic" und „Ultra" in der amerikanischen Terminologie ist immer verwirrend gewesen und führte manchmal sogar zu falschen Schlüssen. Tatsächlich basierte das Summary mit 90 Prozent seines Inhalts auf

CX/MSS- oder Ultra-Material, während die restlichen 10 Prozent aus konventionellen Geheimdienstquellen stammten.) Unter ihrem Chef arbeitete ein guter Stab von ungefähr 20 Offizieren, die fast alle aus der Special Branch stammten und im Rahmen des McCormack-Systems auf Grund ihrer „analytischen Fähigkeit, ihrer Urteilskraft, ihrer Gelehrsamkeit und Vorstellungskraft" ausgewählt worden waren. Verstandesschärfe war der ausschlaggebende Faktor.

Die tägliche Zusammenfassung (die sogar noch im Frühjahr 1945 nur an elf Empfangsberechtigte innerhalb des War Department und an vier außerhalb des Ministeriums verteilt wurde) umfaßte sehr viele Gebiete, konzentrierte sich aber beharrlich trotz des Druckes der Herausgeber selbst und der Empfangsberechtigten auf die jüngsten operativ wichtigen Feindnachrichten. Die letztgenannten drangen dagegen auf eine umfassendere und für längere Zeit gültige Lagebeurteilung, wie sie z. B. eine brillante Analyse des deutschen Fortschritts bei den Düsenjägern darstellte, die nur als Anhang zur Zusammenfassung vom 17. November 1944 gebracht wurde.* Der Grund für diese Druckausübung ist offensichtlich und verständlich. Er erklärt die verschiedene Haltung, die Washington und London Ultra gegenüber einnahmen. Die „Notwendigkeit, zu wissen" war nicht die gleiche. Churchill und seine Mannschaft wurden von der Unmittelbarkeit des Schlachtgeschehens aufgesogen. Sie konnten dabei etwas tun, „noch heute etwas tun", und sie taten es oft auch. Ein Vergleich darüber, inwieweit der Premierminister und General Alan Brooke und auf der anderen Seite Roosevelt und Marshall in die Schlacht in der Normandie vom Tage X bis zum Ende verwickelt waren, wäre recht lehrreich. Für den Präsidenten und die Joint Chiefs of Staff, die von der täglichen Kriegführung gegen Deutschland weit entfernt waren, spielte dagegen der langfristige Ausblick eine Rolle: Welche neuen Produktionsprogramme für Panzer und Flugzeuge einzuleiten (oder einzustellen) waren, wieviele weitere Divisionen nach Europa zu verschiffen oder nicht zu verschiffen waren. Naturnotwendigerweise verfolgten sie keine besonderen Punkte im Auf und Ab des Krieges, sondern den gesamten Kriegsverlauf. Das mußten sie wissen, – und Ultra konnte ihre Wißbegierde in hohem Maße stillen.

* Vgl. dazu Kap. 12, wo dieser Anhang in seinem chronologischen Zusammenhang behandelt wird.

Das heißt nicht, daß General Marshall als kluger Soldat sich nicht auf dem laufenden gehalten hätte. Hier spielte die zweite Abteilung des Direktorats zur Feindnachrichtenbeschaffung, die Forschungseinheit, eine wichtige Rolle. Sie erhielt den Befehl, „die hereinkommenden Informationen über die Kriegsgliederung auf dem europäischen Kriegsschauplatz zu untersuchen, auszuwerten und kritisch zu vergleichen . . .“ und „besondere Studien herzustellen, die sich auf die verschiedenen Aspekte von Stärke, Identifizierung, Standorte, Kräfteverteilung, Operationen oder Persönlichkeiten bezogen. . .“ Diese Studien wurden als „Top Secret Ultra“ eingestuft. In einer regelmäßigen Routinearbeit auf besondere Anforderung Marshalls setzte die Kriegsgliederungsabteilung ihre Berichte über die Feindnachrichten des vergangenen Tages zusammen, die in der Hauptsache CX/MSS-Material waren, und reichte sie an die Spezialisten zur Kommentierung und Erweiterung weiter. Diese wiederum hielten beim G 2 Vortrag, der dann die wichtigsten Punkte Marshall bei der morgendlichen Konferenz vortrug. In weiterem Sinne kann das hier als analog zu der Arbeit des britischen Joint Intelligence Committee und der täglichen Einweisung des CJGS angesehen werden.
Tatsächlich bestanden die engen Auswirkungen, an denen die Männer der Special Branch beim Feindlagevortrag mitwirkten – das wurde ja bereits schon bei den Ultra-Vertretern der Amerikaner im Feld festgestellt – bis zum Ende. Als General Marshall Roosevelt zur Konferenz nach Jalta begleitete, kam z. B. ein Offizier aus der „deutschen“ militärischen Berichtsabteilung mit ihm. Er gab jede besondere Information weiter, die sich im Ultra-Netz gefangen hatte und für den Chief of Staff als wichtig erachtet wurde. Wie schon festgestellt worden ist, bestand Churchill bei Auslandsreisen darauf, daß ihn eine Special Liaison Unit zusätzlich zu seinem normalen Stab begleitete.
Aber wie die Briten lernten die Amerikaner aus den Realitäten der Erfahrung. Die Berichts- und die Kriegsgliederungsabteilung, die zuerst ebenfalls getrennt waren, flossen allmählich zu einer Arbeitseinheit zusammen, so daß Informationen, Interpretationen und Auswertungsergebnisse frei untereinander ausgetauscht werden konnten. Marshall und sein Stab wurden nun von einem einzigen Team beliefert. Auch die Briten lernten daraus in zunehmendem Maße, obgleich sie erst nach dem Kriege so etwas wie ein echtes vereinigtes Feindnachrichtensystem aufbauten. Es gab noch einen weiteren Grundsatz, den die Briten wenigstens zum Teil erfaßten: Zum wirksamen Funktionieren müssen Stäbe, die

sich mit Feindnachrichten befassen, im voraus eine angemessene Kenntnis der Operationspläne der eigenen Truppen besitzen. In dieser Beziehung war das über das Pentagon gespannte Sicherheitsnetz so engmaschig und dick, daß es alles verdunkelte. Die Leute von der Special Branch wurden zu sehr in ihrer Arbeit behindert, da es ihnen an Informationen über die tatsächlichen oder geplanten Operationen der Alliierten mangelte.
Nichtsdestoweniger bleibt die Tatsache bestehen, daß, nachdem die Amerikaner erst einmal voll in Ultra einbezogen waren, sie ein enormes Erbe übernahmen, das sie nicht vergeudeten. Auf jeder Befehlsebene (von den Joint Chiefs of Staff herab bis zu den Befehlshabern im Feld, den Luftwaffenbefehlshabern in der Schlacht über Deutschland, den Marineeinheiten, die an der Schlacht im Atlantik teilnahmen, und den weit von Washington entfernten Bomber Commands von Chennault und LeMay) wurden allmählich die gesamten amerikanischen Kriegsanstrengungen mit denen der Briten kurzgeschlossen, nicht nur einfach so, daß sie Schulter an Schulter kämpften, sondern auch so, daß sie ständig und auf fruchtbringende Weise aus der einzigartigen Quelle Ultra tranken, und das war bestimmt kein Leerlauf.

KAPITEL 10

Von Alamein bis zu den Alpen

„Durch einen Umweg auf den Weg . . . kommen.“
William Shakespeare, *Hamlet*

Am 7. August 1942 stießen zwei Jäger der deutschen Luftwaffe aus dem Himmel über Afrika hervor und schossen das unbewaffnete Flugzeug ab, in dem der neu ernannte Befehlshaber der 8. britischen Armee aus der Wüste zurückflog, um seine neue Stelle anzutreten. Lieutenant General „Strafer“ Gott wurde getötet, ein zufälliges, aber einschneidendes Ereignis, denn es ist jetzt klar, daß der Tod dieses bewunderten und geachteten Offiziers den Briten einen historischen Sieg sicherte und einen ihrer hervorragendsten Offiziere in die Lage versetzte, die Grundlage für seinen Ruhm zu legen.

Wenige Dinge sind im Krieg sicher. Nichtsdestoweniger unterstützt jetzt eine beträchtliche Anzahl von Beweisstücken die Ansicht, die schon damals viele kluge Männer hegten, daß der geistig und physisch durch seinen langen Dienst in den Wüstenfeldzügen entnervte Gott nicht in der Lage war, im Herbst 1942 den entscheidenden Sieg über Rommel und die Armee der Achse sicherzustellen, den Auchinleck mehr als einmal nicht hatte erringen können. Gott selbst spürte das. Als Churchill am 6. August in Kairo den Befehlsbereich Mittelost neu gliederte, bemerkte Alan Brooke, der Chief of the Imperial General Staff:„Ich spürte ein sehr ernstes Unbehagen über Gotts Ernennung bei dessen erschöpftem Zustand.“ Die harte Wahrheit besteht darin, daß es keine gültigen Gründe für den Glauben gibt, daß Gott bei Alamein gesiegt hätte.

Aber Gotts Tod bedeutete den Aufstieg Montgomerys. Am Tage zuvor war er zum Befehlshaber des britischen Kontingents ernannt worden, das man beschönigend die 1. Armee nannte. Es sollte an der geplanten anglo-amerikanischen Invasion Nordwestafrikas, der Operation *Torch*, teilnehmen. Angesichts der politischen Verwicklungen, des schwierigen Geländes in Tunesien, der Schnelligkeit der deutschen Reaktion und der geringen Stärke der dort eingesetzten britischen Streitkräfte konnte man sich nicht vorstellen, wie der eigentlich noch unbekannte Montgomery durch einen plötzlichen erfolgreichen Schlag sich sofort eine Nische in der nationalen Walhalla hätte sichern können. Als Gotts unmittelbarer Nachfolger im Kommando der 8. Armee wurde ihm dagegen genau diese Möglichkeit geboten. Nach den unaufhörlichen Niederlagen und Rückzügen zwischen Ägypten und der Cyrenaika verlangte die britische Öffentlichkeit sehnlichst nach einem Sieg. Churchill forderte ihn sogar, und die bevorstehenden Landungen im Rahmen der Operation *Torch* am anderen Ende des Mittelmeerraumes machten einen Sieg zu einem strategischen Erfordernis. Da Menschen und Material in vorher nie dagewesenen Mengen im Mittleren Osten eintrafen, während Rommel fast täglich um Verstärkungen bat, war alles, was die 8. Armee zum Erfolg brauchte, der frische Geist und die feste Führung, die von Gott niemals hätte kommen können. Montgomery griff die Gelegenheit beim Schopf und lieferte den gewünschten Sieg: Mit einem Schlag war sein Name in aller Munde. Die ersten von ihm in Afrika geschlagenen Schlachten bildeten die Quelle seines Ruhms. Genauso, wie man von Napoleon III. unglücklicherweise sagte, „verurteilte ihn gerade diese Quelle seines Ruhms zum Erfolg“, denn niemals danach riskierte Montgomery einen Fehlschlag oder gestand ihn – von seltenen Fällen abgesehen – ein, wenn er eintrat. Aber bevor Montgomery am 23. Oktober bei Alamein die Offensive beginnen konnte, nach der er später seinen Adelstitel erhielt, war er erst ein paar Wochen nach seiner Ankunft gezwungen, mit Rommels letztem verzweifeltem Durchbruchsversuch fertig zu werden. Das Gefecht bei Alam Halfa, das vor der Morgendämmerung des 31. August begann, dauerte nur kurz. Es war eine völlige Niederlage für das Afrikakorps und unterschied sich in der stets sicheren Führung von allen Schlachten, die vorher von den Briten in Nordafrika geschlagen worden waren. Die ruhige und ordnungsgemäße Durchführung und die offensichtliche Vorausschau Montgomerys bei der Führung schienen den Eindruck zu verstärken, den er bereits auf seine Vorgesetzten und seine Armee gemacht hatte, nämlich den eines Mannes von starkem, hellem, entschlossenem und vor allem effizientem Geist und Charakter. Sein sich anschließender Sieg bei Alamein bestätigte lediglich auf breiterer Basis das außerordentlich hohe Vertrauen, das sowohl Montgomery selbst als auch seine Landsleute allmählich in sein Feldherrntalent setzten.

Das alles ist richtig, aber es stellt nicht die ganze Wahrheit dar. Die Wirkung, die Montgomery auf die Amerikaner während der Ardennenschlacht ausübte, die mit der eines seiner selbst sicheren Gottes vergleichbar war, der von oben herabstieg, um ein Schlachtfeld wieder in Ordnung zu bringen, das unfähige Sterbliche geschaffen hatten, war nicht mehr als die bedrückende Karikatur eines im August 1942 geschaffenen Bildes und hielt sich nicht nur bei seinen Bewunderern, sondern auch bei ihm selbst. Er kam aus England, erfaßte die Lage in der Wüste in einem einzigen Augenblick, gab schnelle, rücksichtslose Befehle, und, – wer hätte das gedacht, schon war der Sieg da! Doch sein Ruf – wenn nicht seine Selbsteinschätzung – wären weder angekratzt noch verringert worden, wenn die Legende mehr den Tatsachen entsprochen hätte. Denn es steht in der Tat fest, daß Montgomery vor dem Angriff auf seine Armee bei Alam Halfa durch Ultra nicht nur ein klares Bild von Rommels Stoßlinie besaß – der Richtung, in der die Masse seiner Panzer vorstoßen sollte –, sondern auch eine genügend genaue Kenntnis des Datums, an dem die deutsche Panzerarmee anzugreifen beabsichtigte. Darüber hinaus bearbeitete Bletchley zu dieser Zeit die deutschen Mittelmeerschlüssel mit gutem Erfolg.* Die ständigen und leidenschaftlichen Bitten und Klagen Rommels an seine Vorgesetzten in Deutschland und Italien wurden Montgomery durch Ultra zugeleitet und lieferten dem General und seinem Stab solide Beweise für die Moral, die Versorgungslage und die Gliederung der Gegner. Es war auch kein Zufall, sondern das Ergebnis der außerordentlich guten Verbindung zwischen Ultra und den Angriffen auf die Schiffsbewegungen, daß vor und während der Schlacht ein ständig gleichbleibender und hoher Prozentsatz der Transportschiffe der Achse, die Munition und das kostbare Benzin nach Afrika schafften, rasch versenkt wurde, – die *Istria* und die *Dielpi* am 27. August, die *Sanandrea* am 30., die *Picci Fassio* am 2. September und die *Bianchi* und die *Padenna* am 4. Als Montgomery starb, veröffentliche die *Times* ein paar Erinnerungen seines Nachrichtenoffiziers Bill Williams. Er erinnerte sich:

> „Am 15. oder 16. August 1942 wurde ich zum Befehlswagen befohlen. Der neue Befehlshaber der Armee hatte ungemütlich durchdringende Augen, und seine mit scharfer altjüngferlicher Stimme gestellten Fragen trafen das wesentliche. Er wollte wissen, wann, wo und womit Rommel angrei-

* Es ist bisher nicht geklärt, ob die Ultra-Informationen zu dieser Zeit aus Entzifferungen des deutschen Luftwaffenfunkverkehrs oder aus dem Funkverkehr des Afrikakorps stammten.

fen wollte . . .Er gewann seine erste Schlacht, die musterhafte Verteidigung bei Alam Halfa dadurch, daß er die Feindnachrichten akzeptierte, die ihm an diesem Morgen übermittelt worden waren . . . Weil sich diese Feindnachrichten damals als zutreffend erwiesen, hatte dies die Wirkung, daß er auch später an solche Nachrichten glaubte."

Montgomerys Größe beruhte in jenen Tagen der Schicksalswende nicht bloß auf der doch unsicheren Gabe der richtigen Lagebeurteilung auf dem Schlachtfeld und der Kunst, sich in die Gedankengänge seines Feindes versetzen zu können – jene zeitgemäße Legende, die immer noch besteht –, sondern auf etwas weit Zuverlässigerem und Professionellerem, das zwar sein Ego nicht so sehr gestärkt haben mag, aber bestimmt die Qualität seiner militärischen Urteilsfähigkeit herausstrich. Die Feindnachrichten, die er von Williams und seinen anderen Gehilfen erhielt, stammten natürlich aus einer ganzen Reihe von Quellen. Aber Ultra war eine der wichtigsten. Bei seiner ersten Befehlsführung über eine im Kampf stehende Armee erfaßte Montgomery die Bedeutung von Ultra voll, wandte seine sich daraus ergebenden Kenntnisse auf hervorragende Weise in der Schlacht an und „ glaubte Ultra auch später". Seine Führungseigenschaften zeigten sich auf bewunderungswürdige Weise, und es wäre für ihn besser gewesen, wenn er in späteren Jahren sich mehr darauf berufen hätte, als vorzugeben, er wäre ein Hellseher gewesen. Denn Alam Halfa war tatsächlich eine musterhaft durchgeführte Schlacht. Er ließ Rommel in eine Falle laufen. Alles war im voraus vorbereitet. Der Autor, dessen erste Schlacht es war, nahm an der tatsächlich vorausgehenden Übung teil und hatte das sichere Gefühl, daß dies eine wohlüberlegte Art war, den Krieg zu führen. Im Rahmen der unvermeidlichen Strategie des *Indirect Approach* wurde die 8. Armee von Ägypten nach Tunis und dann in einem Sprung nach Sizilien, der Ferse Italiens, und weiter von Gebirgskette zu Gebirgskette geführt, bis die Deutschen schließlich am Fuß der Alpen kapitulierten. Aber alles begann in Alamein: an jenem Punkt, Anfang November 1942, als Rommel sich geschlagen gab, und am 6. General Alexander Churchill aufforderte: „Lassen Sie die Glocken läuten! . . . Die 8. Armee dringt vor." Denn dieser Vormarsch, so weit ausholend und manchmal unterbrochen er auch war, half „auf Umwegen auf den Weg zu kommen" und bewegte sich stetig auf das Endziel zu. Doch wie so oftmals in großen Kämpfen zu Land und im Gegensatz zur Kriegführung zur See war der wichtigste Beitrag von Ultra bei Alamein vielleicht beiläufig und hatte seine größte Wirkung zu Beginn und am Ende. Gewiß war es für Montgomery ein Vorteil, durch Ultra zu erfahren, daß Rommels Gesundheitszustand schlecht war und er zu einem Kuraufenthalt nach Deutschland reiste, – und zwar Ende September, einige Wochen vor Beginn der britischen Offensive. „Rommel muß eine Zigarre bekommen haben", bemerkte Roosevelt, als er die Nachricht aus London erhielt. In der Reichskanzlei in Berlin bekam Rommel aus Hitlers Händen tatsächlich etwas, nämlich den juwelenbesetzten Marschallstab, – und er protestierte heftig dagegen, daß Verräter in Italien ständig die Geleitzüge verraten müßten, von denen das Schicksal seiner Armee abhing.

Aber es handelte sich genausowenig um Verräter wie bei Matapan. Zur See und in der Luft zogen die Briten (durch einige Staffeln der amerikanischen Luftwaffe verstärkt) mit sich ständig steigernder Wirkung aus den Feindnachrichten Vorteil, die durch Ultra über die Schiffsbewegungen der Achse in ihre Hände kamen. General Stumme, der, wie Montgomery wußte, mit dem Flugzeug aus Rußland kam, um Rommel zu ersetzen, begann die Schlacht mit fühlbarem Treibstoffmangel. Nach Stummes Soldatentod in der ersten Nacht und Rommels überstürzter Rückkehr verschlechterte sich die Lage bloß. Während der ganzen Schlacht von Alamein behinderte der Treibstoffmangel den Feldmarschall in seiner Bewegungsfreiheit. Von den allgemeinen Versorgungsgütern und dem Treibstoff, der aus Italien und Griechenland während des Oktobers abgesandt wurde, gingen unterwegs 44 Prozent verloren, im November 26 Prozent. Aber sogar diese substantiellen Zahlen verschleiern die Auswirkung, die sich durch das Versenken ganz besonderer Schiffe ergab. Zu Beginn der Schlacht erhielt Rommel – und er war sich dessen bewußt – einen tödlichen Schlag, als am 26. Oktober die *Proserpina* mit 3.000 t Treibstoff unterging. Die mit 1.000 t Treibstoff und 1.000 t Munition beladene *Tergestea* wurde beim Einlaufen in Tobruk versenkt.

Wenn schon der Treibstoff knapp war, so fehlte es noch mehr an Männern. Ganz mit Rußland beschäftigt, gaben Hitler und das Oberkommando der Wehrmacht Rommel nur geringe Verstärkungen. Die einzige deutsche Division, die in dieser angespannten Zeit Afrika erreichte, war die 164. leichte, und sogar ihr Transport über See im Juli und August war durch Ultra erkannt worden. Dabei gab es einen komischen Augenblick. Bletchley gab einen entzifferten Funkspruch heraus, in dem Rommel gemeldet wurde, die 164. leichte Division käme „in Zügen" an. Enoch Powell und den Feindnachrichtenbearbeitern erschien es merkwürdig, daß ein Großverband tröpfchenweise transportiert werden sollte. Aber mitten in der Nacht dämmerte es Powell: Bletchley hatte die Sache verkorkst. Das deutsche Wort für „platoon", Zug, bedeutete auch „Eisenbahnzug". Offensichtlich wurde die 164. leichte durch Griechenland in Eisenbahnzügen transportiert. Powell rannte in seine Dienststelle und rief: „Trains, trains, trains" (Eisenbahnzüge).[1]

Durch den ständigen großen Eingang von Ultra-Nachrichten aus England besaß Montgomery so, bevor noch das Trommelfeuer am 23. Oktober bei El Alamein begann, ein klares Bild von der Stärke, der Moral, den beträchtlichen Mängeln an Versorgungsgütern, der Gliederung der Armee des Gegners – und der Abwesenheit ihres Befehlshabers. Aber ein großer Teil dieser Kenntnis war ihm aus konventionellen Quellen zugegangen. Nachdem einmal die Schlacht begonnen und die feindlichen Armeen sich ineinander verkrallt hatten, stimmten alle wesentlichen Männer des Nachrichtendienstes – Airey und Hunt im Hauptquartier Mittlerer Osten, Williams bei der 8. Armee – darin überein, daß Ultra zum Beispiel im Vergleich mit dem fast ständigen, vom „Y"-Dienst geleisteten Beitrag nur geringe direkte Auswirkungen hatte.[2] Der „Y"-Dienst überwachte den im Gang befindlichen taktischen Funkverkehr der deutschen Stäbe, Befehlshaber und Kommandeure, stellte durch Funkpeilung feindliche Stellungen fest und schloß aus dem Studium ihrer Rufzeichen und dem wechselnden Umfang des Funkverkehrs auf die Bewegungen von Verbänden und Einheiten. So lieferte er ein außerordentlich klares Bild von dem, was jenseits der trennenden Minenfelder vorging. (Früher konnte Rommel das auf ähnliche Weise tun, aber nun nicht mehr, da seine Horcheinheit während der Kämpfe im Juli gefangengenommen worden war. Darüber hinaus belehrten die damals erbeuteten Unterlagen die Briten darüber, wie sehr sie selbst gegen die Sicherheitsbestimmungen im Funkverkehr verstoßen hatten, was zu einer deutlichen Verbesserung führte.) Neben den vielen Bewegungen auf dem Gefechtsfeld während der zwölf Tage langen Kämpfe führte Rommel nur zwei durch, die von größerer Bedeutung waren, – die Verlegung der 21. Panzerdivision aus dem Süden nach dem Norden seiner Front und den Einsatz seiner letzten Reserve, der 90. leichten Division, im letzten Stadium der Schlacht aus ihren zurückliegenden Bereitstellungsräumen im Westen entlang der Küste. Jede dieser entscheidend wichtigen

Verlegungen wurde festgestellt und war Montgomery bekannt, – aber eher durch den „Y"-Dienst als durch Ultra.
Doch Ultra hatte an dem voll Anteil, was als die dramatischste Einzelepisode des Feldzugs im Mittelmeerraum angesehen werden muß. Am 2. November war Rommel am Ende. Noch etwa zwei Dutzend Kampfpanzer waren übrig, er hatte kaum noch Treibstoff und Munition, und ein großer Teil seiner Artillerie und Infanterie war tot, verwundet oder gefangen. An jenem Abend funkte er um 19.50 Uhr an das OKW eine ins einzelne gehende Beurteilung der Lage und betonte die Notwendigkeit zum Rückzug. Hitlers Antwort wurde am nächsten Morgen um 11.05 Uhr nach Rom telefoniert und um 11.30 Uhr an Rommel über Funk weitergegeben. Es war der berühmte und verrückte Befehl, der mit der Erklärung begann, daß „in Ihrer gegenwärtigen Lage an nichts anderes gedacht werden darf als zu halten und keinen Schritt zurückzuweichen", und endete mit den Worten: „Sie dürfen Ihren Truppen keinen anderen Weg als den zu Sieg oder Tod weisen." Mussolini steuerte eine ähnliche Aufmunterung bei. Rommels Verzweiflung, seine quälenden Diskussionen mit seinem Stab und seinen Kommandeuren, seine sofortige Antwort an Hitler mit Einzelheiten über die hoffnungslose Lage und sein schließlicher Funkspruch vom 4. um 11.15 Uhr, in dem er ausdrücklich um die Erlaubnis zum Rückzug bat, all das wurde mitgehört, und genauso die Antworten von Hitler und vom Duce in der Nacht vom 4., in denen das Unvermeidliche ungnädig hingenommen wurde.
Gewiß war das ein fürchterliches Drama. Aber die maßgebliche Tatsache besteht in der Geschwindigkeit, mit der dieser wichtige Austausch von Funksprüchen in Bletchley entziffert wurde. Ultra brachte bald die guten Nachrichten in Umlauf. Im Foreign Office notierte Sir Alexander Cadogan am 3. November in seinem Tagebuch: „Der ‚Chef' hat eine Neuigkeit, die er mir heute morgen über das Telefon durchgab; nun hat es bestimmt den Anschein, daß Rommel in der Klemme sitzt."[3] Alan Brooke, der auf dem Lande eine Luftlandedivision inspizierte, wurde beim Mittagessen ans Telefon gerufen und erhielt die Mitteilung, daß hereingekommene Berichte die verzweifelte Lage der Achse darlegten. Am nächsten Tag kehrte er nach London zurück und traf Churchill, der sich in wilder Aufregung befand und schon davon sprach, die Kirchenglocken läuten zu lassen. „Geschäftig diktierte er Botschaften an Roosevelt, Stalin, die Dominions, die Oberbefehlshaber usw."

Aber die Nachrichten über Rommels Schwierigkeiten und seinen Dialog mit dem Führer, die so rasch gewonnen worden waren, bezogen sich schließlich auf eine Schlacht. Welchen Nutzen brachte Ultra dem Sieger? Der Triumph bei Alamein und Montgomerys Behauptung, alles wäre planmäßig verlaufen, verschleiern die Tatsache, daß er, während die Kämpfe noch im Gange waren, viele ernste Probleme und keine absolute Gewißheit hatte, daß er den Durchbruch erzielen würde. Die Infanterie seiner besten Divisionen schmolz dahin. Wie gewöhnlich hielt die deutsche Front stand. Wäre sein letzter großer Vorstoß *Supercharge* gescheitert, so hätte Montgomery kaum noch aus und ein gewußt. Natürlich besaß er viele Anzeichen durch die geheime Frontaufklärung – Gefangenenbefragungen, den „Y"-Dienst, Meldungen seiner eigenen Truppen –, daß Rommel in der Klemme saß. Aber aus von Ultra abgehörten Funksprüchen wußte er nun das Folgende mit Gewißheit: Er kannte sowohl das Ausmaß seines Sieges als auch Rommels eigene Beurteilung seiner Verluste und Mängel.
Der erst so kürzlich verfügbare Beweis, daß Ultra die zwischen Rommel und Hitler geführten Funksprüche entziffert hatte, muß daher noch weiterhin jene Militärkritiker in Verlegenheit bringen, die seit dem Zweiten Weltkrieg nicht verstehen konnten, warum Montgomery es versäumte, Rommels Armee abzuschneiden und zu vernichten. Es fehlte nicht an Druck, den seine eigenen Leute ausübten. General Briggs, der Kommandeur der 1. britischen Panzerdivision, wollte logistische Vorbereitungen treffen, um das Afrikakorps blitzartig zu überholen; aber er erhielt keine Erlaubnis dazu.[4] De Guingand, Montgomerys Generalstabschef, schlug die Aufstellung eines beweglichen Verbandes zur Einkreisung vor; aber es führte zu nichts. Sogar ohne Ultra war es offensichtlich genug, daß die Stärkeverhältnisse Anfang November zwischen den Briten und Deutschen ungleich waren: Die Ultra-Funksprüche bestätigten dies nicht nur, sondern sie enthüllten auch, daß Rommel zur Zeit den Kampf nicht annehmen wollte. Was auch immer die Erklärungen und Rechtfertigungen dafür sein mögen, fest steht auf jeden Fall, daß der harte Kern seiner Armee entkam. Gerade diejenigen, die am engsten mit Montgomery zusammenarbeiteten, spürten am stärksten, daß Alam Halfa und Alamein „ihn zum Erfolg verurteilten", daß seine Methode danach darin bestand, so zu planen, daß er mit Gewißheit siegen mußte und darauf wetten konnte, aber niemals Risiken einzugehen brauchte, besonders niemals das Schicksal herauszufordern wagte, das sein Vorgänger Wavell und Auchinleck längs der Wüstenstraße getrof-

fen hatte und darin bestand, daß sie auf einen Rommel stießen, der mit dem Rücken zur Wand kämpfte.

Aber es gab auch noch einen anderen Faktor. Sowohl Montgomery als auch Rommel wußten, daß die Achsenstreitkräfte bei einem Rückzug von Alamein schließlich dem Untergang geweiht waren, und zwar wegen der anglo-amerikanischen Landungen am westlichen Ende des Mittelmeerbeckens, die am 8. November begannen. Rommel erfuhr vom Unternehmen *Torch,* als es eintrat. Aber seine schlimme Lage war bereits Dwight D. Eisenhower, dem Oberbefehlshaber beim Unternehmen *Torch*, bekannt, denn das Tagebuch, das dessen Adjutant Harry Butcher führte, berichtet, daß Churchill am 7. November, dem Tage X-1, dem General einen streng geheimen Funkspruch sandte, um ihn darüber zu unterrichten, daß »ein Funkspruch von Rommel an den deutschen Generalstab abgehört worden war, in dem Rommel augenblicklich um Hilfe bat, oder seine Truppen würden vernichtet." So warf Ultra, das das Ende bei Alamein erhellte, ein helles Licht auf den Vorabend von *Torch*. Montgomery wußte natürlich seit langem von der unmittelbar bevorstehenden Operation, obgleich diese Kenntnis ihm den Zwang auferlegte, einen sicheren Sieg zu gewinnen und ihn nicht durch risikoreiche Verfolgungsoperationen zu gefährden.

Eisenhower gewann aus Ultra mehr als einen tröstlichen Bericht über den Erfolg der weit entfernten 8. britischen Armee. Seine unmittelbare Sorge galt der Frage, ob er seine Truppen an Land bringen und rechtzeitig nach Osten in Marsch setzen konnte, um sich Tunesien zu sichern, bevor die französische Politik, deutsche Verstärkungen oder die Härten des Winters ihn daran hinderten. Alle drei erzeugten unerwartete Hindernisse, aber Ultra war „eine sehr gegenwärtige Hilfe in der Not".

Die Grundlagen waren gut gelegt worden. Während der vorbereitenden Planungsmonate waren Eisenhower, alle höheren Offiziere seines Stabes und Befehlshaber, die Generäle Bedell Smith und Mark Clark, Spaatz, der die USAAF in Nordafrika führen sollte, General Anderson, Befehlshaber der 1. Armee nach Montgomery, und sein Gegenüber, Air Marshall Sir William Welsh, einzeln und persönlich über Ultra durch Winterbotham belehrt worden. Es war die erste alliierte Operation in der Geschichte, für die die führenden Offiziere des Heeres und der Luftwaffe im voraus über die Quelle und die Qualität der Feindnachrichten unterrichtet worden waren, die sie erwarten durften. Die Bedeutsamkeit dieser Tatsache besteht darin, daß während der sechs Monate,

die es dauerte, um bis nach Tunis zu gelangen, der Hunger dieser Männer nach Ultra-Nachrichten sich eher durch die Erfahrung vergrößerte, als sich durch Enttäuschung verringerte.
Als Eisenhower in Gibraltar Anfang November eintraf, um in dem dunklen und niederdrückenden Tunnel im Felsen einen vorläufigen Gefechtsstand aufzubauen – er erinnerte sich später daran, als „an die trübste Stellung, die wir während des Krieges besetzt hielten" –, war eine seiner vielen Ängste am Vorabend seines ersten Feldzuges die Wahrscheinlichkeit, daß deutsche U-Boote zwischen die Angriffs- und Versorgungsgeleitzüge geraten könnten, die nun aus britischen und amerikanischen Häfen in Nordafrika zusammenkamen. Aber diese Furcht war wenigstens unbegründet. Auf Grund der großen Erfahrung, die der Submarine Trakking Room durch Ultra besaß, schätzte Rodger Winn die Höchstzahl von Booten, welche die Deutschen und Italiener westlich Gibraltar und im Mittelmeer selbst zusammenziehen könnten. Ein makabrer Glücksfall ließ eines der westlich des Landungsraumes nach Süden marschierenden U-Boote der Gruppe „Streitaxt" einen von Freetown nach Norden laufenden Konvoi SL 125 sichten. Dieser Konvoi zog in den folgenden Tagen alle in den Raum operierenden U-Boote auf sich, so daß die *Torch*-Konvois unbehelligt von U-Booten ihre Zielräume erreichten. So konnten die überraschten Deutschen ihre U-Boote erst nach dem Beginn der Landungen in Marsch setzen, so daß sie für erfolgreiche Operationen zu spät kamen. Zwangsläufig wurden jedoch alliierte Transport- und Kriegsschiffe versenkt. Aber bis zum Dezember wurden die deutschen U-Boote von der Straße von Gibraltar abgedrängt, die Gefahr ging vorüber, und „der breite Strom von Transportschiffen aus Amerika nach Casablanca verfolgte ungehindert seinen Weg weiter", wie es die offizielle britische Geschichte des Seekrieges ausdrückt. Auf der anderen Seite wurden in den fünf Wochen nach dem 7. November nicht weniger als 14 deutsche und italienische U-Boote im Mittelmeer oder an seinen unmittelbaren Zugängen versenkt. Eisenhower verdankte Ultra in bezug auf die Sicherung seines Unternehmens viel.
Von Ultra kam auch ein weiterer Trost. Bis die Angriffstruppen sicher an Land Fuß gefaßt hatten, wußte niemand mit Gewißheit, ob die Deutschen die Invasion vorausahnten und Schritte zu ihrer Verhinderung unternehmen würden. Die Tatsache, daß Bletchley keine entzifferten Funksprüche vorlegte, in denen angezeigt wurde, daß Hitler eine seiner Intuitionen hatte, oder, praktischer ausgedrückt, Kesselring, der Oberbefehlshaber im Mittelmeerraum,

eilig Truppen zum Schutz Nordwestafrikas entsandte, war eine negative Information von positivstem Wert, – besonders für den besorgten Eisenhower im Innern des Felsens von Gibraltar. In der Praxis ließ sich Hitler von seiner Intuition überzeugen, daß die von der Achse vermuteten alliierten Vorbereitungen nicht gegen Algerien und Tunesien gerichtet waren, sondern gegen eine Anzahl möglicher Punkte weiter im Osten; auch seine militärischen Ratgeber widersprachen dem nicht. Die Sicherheitsvorkehrungen für *Torch* waren hervorragend. Aber hervorragend war auch die Arbeit der für Täuschungsmaßnahmen eingesetzten britischen Truppen, die sich bei ihrer schwierigen Aufgabe, die Augen der Deutschen auf das falsche Ziel zu lenken, so fest auf Ultra-Nachrichten verließen.

Jene trostreichen Überlegungen waren jedoch von kurzer Dauer. Wie vorausgesagt, war die deutsche Antwort gnadenlos, nachdem einmal die Ziele der Alliierten erkannt worden waren. Winterbotham, der sich zu jener Zeit in Gibraltar befand, um das Funktionieren seiner Special Liaison Units zu überprüfen, erinnert sich, wie Kesselring „in einem Ultra-Funkspruch an die deutsche Kommission in Tunis den Franzosen ihr sofortiges Einverständnis in die Übernahme der Flugplätze und Hafenanlagen in Tunis und Bizerta (durch die Deutschen) befahl. Kurz nachdem Kesselring diesen Funkspruch gesandt hatte, kam ein anderer von Hitler, der die Erlaubnis erteilte, diese Räume in Besitz zu nehmen und die Entsendung von Truppen nach Tunesien vorzubereiten." Dann wurden durch Ultra Befehle an den deutschen Befehlshaber in Paris zur Besetzung von Vichy-Frankreich bekannt, – eine Nachricht, die in London aufgeregte Aktivität auslöste, um zu verhindern, daß die französische Flotte in Toulon in deutsche Hände fiel. Die Franzosen beseitigten diese Gefahr, indem sie ihre Schiffe selbst versenkten. Aber nichts hinderte die Deutschen daran, über eine Luftbrücke Truppen aus Italien nach Tunis und Jagdflugzeuge nach Afrika zu verlegen. Ultra machte all das aus entzifferten Funksprüchen der deutschen Luftwaffe klar und warnte Eisenhower, er hätte das Wettrennen verloren, noch während er sich am Start befand.

Der Winterfeldzug endete mit einem Patt. Die alliierten Kampfgruppen, gewöhnlich zahlenmäßig zu schwach und stets an Kampferfahrung unterlegen, führten eine Reihe von Gefechten gegen harten und zähen deutschen Widerstand. Ein solcher Krieg, der aus Gefechten, Geplänkeln und Bewegungen bestand, war in der Tat nichts für Ultra, obgleich eine Episode vom 12. November

seinen gelegentlichen Wert beweist. Am 11. brachte Ultra einen Befehl Kesselrings an ein Fallschirmjägerbataillon zur Wegnahme des Flugplatzes von Bône noch vor dem Eintreffen der alliierten Angriffsspitzen heraus. Es lag an der Küste ungefähr 160 km westlich von Bizerta. Auf Grund einer lobenswerten Reaktion wurden britische Fallschirmtruppen in amerikanischen Dakotas zuerst eingeflogen; eine schnelle Operation, die nicht nur zeigte, daß Ultra in einer rein taktischen Lage entscheidend sein konnte, sondern auch die besten Allwetterflugplätze für die RAF in einem Gebiet sicherstellte, in dem sich, wie die schweren Regenfälle in Tunesien zeigten, die meisten Start- und Landebahnen in einen Sumpf verwandelten.[5]
Als der deutsche Widerstand sich in Osttunesien versteifte, befanden sich Eisenhowers vorderste Truppen am Ende einer langen Verbindungslinie. Eine schlechte Eisenbahnverbindung, noch schlechtere Gebirgsstraßen, widerwärtiges Wetter und keineswegs die beste aller Generalstabsarbeiten verhinderten einen Aufmarsch in eindrucksvoller Stärke. Während Rommel seinen glänzenden Rückzug nach Westen entlang der afrikanischen Küste durchführte, herrschte auf dem tunesischen Schachbrett immer noch ein Patt. Dann aber änderte sich die Lage im Januar 1943 grundlegend. Eines der Ergebnisse der Konferenz von Casablanca, die in jenem Monat zwischen Churchill, Roosevelt und den Joint Chiefs of Staff abgehalten wurde, war die Ernennung General Alexanders zum Oberbefehlshaber der neu aufgestellten 18. Army Group, die aus der britischen 8. Armee und den amerikanischen Großverbänden bestand, die an der Operation *Torch* teilnahmen. Da bisher Uneinheitlichkeit der Führung die alliierten Operationen ausgezeichnet hatte, bedeutete dies eine wesentliche Verbesserung. Aber auch die Achse faßte wieder Tritt. Anfang Februar wurde die Gefahr, der die Ostflanke der Operation *Torch* stets ausgesetzt gewesen war, nun Wirklichkeit. Das Afrikakorps vereinigte sich mit den Truppen im tunesischen Brückenkopf.
Hätten Rommel und General von Arnim, der die 5. Panzerarmee im Brückenkopf befehligte, weniger als Abscheu füreinander gefühlt, so hätte diese Verbindung gegen eine alliierte Befehlsstruktur unheilvoll sein können, die von ihr selbst als „ein wirr miteinander verschlungenes Durcheinander von Mißverständnissen, Verdoppelung der Anstrengung, Überlagerung der Verantwortung und folglich Wurstelei“ beschrieben wurde. Statt dessen endete die rasche Folge der deutschen Siege Mitte Februar 1943, die in der Geschichte als die Schlacht vom Kasserine-Paß bekannt ist,

mit einer Niederlage, wo doch richtige Koordination und ein entschlossener abschließender Vorstoß zu einem Durchbruch hätten führen können, der für den Feldzug in Tunesien so wichtig war wie der von Sedan im Frankreichfeldzug. Die Einzelheiten des Geländes und die Bewegungen auf dem Gefechtsfeld sind kompliziert, aber das Wichtigste schält sich leicht heraus. Durch die Pässe in der gebirgigen Ostflanke Tunesiens vorstoßend, führte von Arnim im Norden eine private Offensive durch, während Rommel (Montgomery befand sich immer noch in Tripolis, und die Verteidigungsanlagen der Mareth-Linie lagen zwischen ihnen) im Süden einen Ausfall wagte und hoffte, einen Schlag von strategischer Bedeutung austeilen zu können, bevor er wieder kehrtzumachen und sich der 8. Armee entgegenzustellen hatte. Er war in der Stimmung, die so oft der Stonewall Jacksons im Amerikanischen Bürgerkrieg entsprach.
Anstatt seinen Angriff mit Rommel abzustimmen, folgte von Arnim eigenwillig seinem eigenen Kopf und wurde später deshalb von Kesselring streng gerügt, was aber dem Feldmarschall kaum half, dessen letzter Stoß auf die Höhe des Kasserine-Passes von einer dünnen Feuerlinie aus britischen Panzern und amerikanischen Geschützen zum Stehen gebracht wurde. Rommel ging zurück. So nahe war er seinem Ziel und doch so fern. Im Laufe dieser zusammenhanglosen, aber doch wesentlichen Operationen erlitten die Amerikaner schmachvolle Verluste an Menschen und Material; aber sie waren ihre eigenen strengsten Richter. Sie lernten schnell aus ihrem Blutverlust, und die Briten, die sich an ihre eigenen närrischen Taten in Afrika in der Vergangenheit erinnerten, hatten keinerlei Grund für Kommentare.[6]
Von Eisenhower an abwärts erfolgte eine scharfe Selbstprüfung der Amerikaner. Vielleicht war es die Bitterkeit dieser Selbstbeurteilung, die die Entfernung eines britischen Offiziers aus seiner Dienststellung verursachte. Die Tatsachen sind seltsam, aber gut dokumentiert. In einer nachträglichen Beurteilung noch auf dem Gefechtsfeld wurde vorgebracht, die Feindlagebeurteilung wäre in bezug auf die deutschen Absichten falsch gewesen. Ihr Gedankengang hatte darin bestanden, daß der Schwerpunkt des deutschen Angriffs bei den Kräften von Arnims im Norden lag, und die Gefahr im Süden wurde heruntergespielt. Da man diese Feindlagebeurteilung akzeptiert hatte, war die Verlegung von Truppen aus der nördlichen Gefechtszone in den Raum, in dem später die rechte Flanke offen war, nur in begrenztem Umfange erfolgt. Der leitende Nachrichtenoffizier in Eisenhowers Hauptquartier war

Brigadier Mockler-Ferryman, den wir zuletzt kennengelernt haben, als er die Ultra-Nachrichten im Hauptquartier der Home Forces während der Schlacht um England bearbeitete.
Am 20. Februar bat Eisenhower London um die Ablösung von Mockler-Ferryman etwa zur gleichen Zeit, als Rommels 10. Panzerdivision in den Kasserine-Paß einfuhr. In seiner großen Biographie über Eisenhower, *The Supreme Commander*, gibt Professor Stephen E. Ambrose eine versteckte Erklärung für diese außergewöhnliche Bitte an den britischen Chief of the Imperial General Staff: Er entschied, daß Mockler-Ferryman zu sehr „mit einer bestimmten Art von Feindnachrichten verheiratet war". Aber die echte Antwort findet sich in dem vollen und unveröffentlichten Text des Tagebuchs, das von Eisenhowers Adjutant, Harry Butcher, geführt wurde. Unter Algier, den 20. Februar 1943, lautet die Eintragung:

> „Eine Erklärung für die Niederlage, so wie sie Ike ansah, liegt in der falschen Auslegung von Funksprüchen, die wir regelmäßig beim Feind abhören. Diese Quelle ist als „ULTRA" bekannt. Zufällig verläßt sich unser G 2, der Brigadier Mockler-Ferryman, sehr stark auf diese Quelle. Häufig sind durch sie hervorragende Informationen in bezug auf die Absichten der Achse bekannt geworden. Doch die Auswertung der Funksprüche durch den G 2, die sich auf den Ort des Angriffs beziehen – ein Angriff, der schon seit mehreren Tagen erwartet worden ist – veranlaßte Mockler-Ferryman zu glauben, der Feind wolle dort einen Scheinangriff führen, wo der Angriff tatsächlich stattfand, nämlich durch Sidi Bou Zid, und der Schwerpunkt des tatsächlichen Angriffs liege weiter im Norden ... Mockler-Ferryman stützte seine Beurteilung auf die Verläßlichkeit von Ultra und nahm mit Sicherheit an, der Hauptangriff erfolge im Norden ... General Paget reiste heute morgen in das Vereinigte Königreich ab und soll dort mit Sir Alan Brooke (dem CJGS) derart über die Ersetzung Mocks verhandeln, daß er nicht in Mißkredit gerät ... Ike besteht jedoch darauf, daß wir einen G 2 brauchen, der sich nie mit den ihm zugehenden Informationen zufriedengibt, sondern sie auch durch Spione, Aufklärung und alle anderen möglichen Mittel beschafft."[7]

Es war schon schade um den armen Offizier im geheimen Nachrichtendienst! Dadurch, daß Brigadier Shearer sich bei der *Ankara*-Angelegenheit im Dezember 1941 nicht genügend auf Ultra

verließ, trug er zur Niederlage seiner eigenen Panzerverbände bei und wurde schließlich abgelöst. Jetzt, im Februar 1943, wurde Brigadier Mockler-Ferryman abgelöst, weil er sich zu sehr auf Ultra verließ. Die Angelegenheit ist nicht ganz klar. Etwa zweieinhalb Jahre lang war er an Ultra gewöhnt. Die amerikanischen Führer der Heeresverbände im Süden fühlten sich gewiß nicht ganz wohl und waren sich der Gegenwart der Deutschen bewußt. Andererseits war es in den Bergen und Tälern des tunesischen Oberlands[8] weit schwieriger, die Verbände und ihren Standort positiv festzustellen, was dem „Y"-Dienst in der offenen Wüste so leicht gelungen war. Was die Episode aber mit Sicherheit bestätigt, ist die Ansicht aller für die Operationen im Feld verantwortlichen Kommandeure, Befehlshaber und hohen Generalstabsoffiziere, daß in der Kampfzone Ultra-Informationen gewöhnlich höchst wertvoll waren, wenn sie durch gute örtliche geheime Feindaufklärung aus konventionellen Quellen erhärtet wurden. Aber in einem bestimmten Sinn war die Niederlage bei Kasserine zu Eisenhowers Nutzen, da Mockler-Ferryman durch seinen alten Kameraden von 1940 Kenneth Strong ersetzt wurde, der als Ikes führender Nachrichtenoffizier in allen Feldzügen im Mittelmeerraum und in der Schlüsselposition des Geheimen Nachrichtendienstes bei SHAEF von der Normandie bis zum Ende in Deutschland weiter Dienst tun sollte. Nach dem Krieg wurde Strong der erste Director General of Intelligence im Ministry of Defence. Nebenbei gesagt, war er trotz Butchers romantischer Worte auch nicht der Mann, der geneigt war, Spione höher als Ultra einzuschätzen.[9]
Nach Kasserine gab es auch für Rommel einen zeitweiligen Vorteil. Er wurde zum Oberbefehlshaber der Heeresgruppe Afrika ernannt, die aus den alten, ihm unterstellten Truppen (die jetzt in 1. italienische Armee unter General Giovanni Messe umbenannt wurde) und aus von Arnims 5. Panzerarmee bestand. Aber er war krank und erschöpft. Mit einer für ihn uncharakteristischen Apathie machte er sich an sein nächstes Unternehmen. Dennoch sah es vielversprechend aus, denn Montgomery hatte den Befehl für ein Unternehmen erhalten, das von den Kämpfen in Tunesien ablenken sollte und zwei Divisionen, die 51. Highland Division und die 7. Armoured Division bis nach Medenine ins Vorfeld der gewaltigen Mareth-Linie nach vorn gezogen. Rommel plante, mit drei Panzerdivisionen diese relativ schwache Angriffsspitze zu vernichten, bevor ihr Verstärkungen zugeführt werden konnten.
Aber diesmal kam ihm Ultra mit verheerender Wirkung dazwischen. Entzifferte Funksprüche aus Bletchley warnten in großer

Zahl vor einem Angriff. Auf Grund einer beachtlichen Organisationsleistung wurden auf der einzigen Küstenstraße eine Gardebrigade, die New Zealand Division, und eine Panzerbrigade als Verstärkung eilends nach Medenine herangezogen. In aller Ruhe wurde genau nach Vorschrift eine Panzerabwehrstellung vorbereitet. Das Datum des Angriffs, der 6. März, war genau bekannt. Infolgedessen wurden drei mit allen Wassern gewaschene deutsche Panzerdivisionen unter Verlust von etwa 50 Panzern schmählich zur Flucht gezwungen. Die Briten verloren keine Panzer, und auch sonst waren ihre Verluste gering. In seinen *Papieren* bemerkte Rommel, „der Angriff wäre eine Woche zu spät angesetzt worden. Die Operation verlor in jenem Augenblick jeden Sinn, als es offensichtlich wurde, daß die Briten auf uns vorbereitet waren." Drei Tage nach Medenine sprach Rommel im Palazzo Viminiale in Rom mit Mussolini. „Wußten sie über unseren Angriff im voraus Bescheid?" fragte der Duce. „Ja." Und am gleichen Tage vermerkte Goebbels in seinem Tagebuch, er hätte in Hitlers Hauptquartier gehört, die Niederlage wäre die Folge eines italienischen Verrats. Konnte das, so fragte er sich, eine britische Legende sein? Vielleicht hatte Goebbels recht, – denn der wahre Grund war Ultra.

Krank an Geist und Seele verließ Rommel am 9. März für immer Afrika und wurde durch von Arnim ersetzt, der bei Kesselring die Ansicht des „Wüstenfuchses" durchdrücken wollte, nach der das Afrikakorps so schnell wie möglich nach Tunesien zurückgehen sollte. Aber nein: Die Befehle von ganz oben lauteten, in der Mareth-Linie stehen zu bleiben, in jener starken Engenstellung aus ständigen Befestigungen, die die Franzosen zum Schutz ihres Vorkriegsimperiums in Afrika gegen die Italiener gebaut hatten. Während der entscheidenden Debatte innerhalb der Achse über diesen Streitpunkt gingen viele Funksprüche zwischen Afrika, Italien und Deutschland hin und her, aus denen Ultra Montgomery mit einem vollen Lagebild über den Standort der feindlichen Truppen versorgen konnte. Es zeigte, daß die Linie in ihrem Verlauf nach Süden von der See her hinter dem zweckmäßigen Panzerabwehrgraben entlang dem Wadi Zigzaou vor allem von italienischen Divisionen besetzt war. Nur die deutsche 90. leichte stand in der Mitte, und die 15. Panzerdivision wurde als Reserve zurückgehalten.

Aber Montgomery wußte weit mehr über die Mareth-Linie. Zu seiner Unterrichtung hatte er den ehemaligen leitenden Pionieroffizier der Garnison Mareth und einen weiteren, außerordentlich wertvollen französischen Offizier, General Rime-Bruneau, den ehemaligen Chef des Stabes in Tunesien, zu seiner Verfügung. In letzter Minute erflogene Luftbilder waren in reichem Maße vorhanden. Angesichts aller anderen Beweise, die Spähtrupps, Gefangene, der „Y"-Dienst und die bestätigende Stimme Ultras erbracht hatten, wußte Montgomery über die Mareth-Linie besser Bescheid als die Deutschen 1940 über die Maginot-Linie.

Seinem endgültigen Biographen bleibt es überlassen, das zu enthüllen, was bisher noch niemand auf endgültige Weise erklärt hat, – warum Montgomery es bei seinem Reichtum an Kenntnissen vorzog, die Operation mit einem Frontalangriff auf die nördlichen Verteidigungsanlagen der Linie selbst zu beginnen, anstatt von Anfang an eine weit ins Binnenland ausgreifende Umfassungsbewegung auszulösen, die er dann gezwungen war, wieder rückgängig zu machen, als der schlecht geplante, schlecht vorbereitete und unter einem schlechten Omen stehende Frontalangriff mit einem totalen Fehlschlag endete. Seine Wüstenarmee, die bisher in offenem Gelände gekämpft hatte, war weder geistig noch technisch geeignet, sich ihren Weg in eine Festung zu bahnen, obgleich ihre Kampfmoral hoch war. Der Autor, dessen Batterie zufällig in diesem Augenblick die vorderste der 8. Armee war, erinnert sich an die gehobene Stimmung der Infanterie, als sie durch seine Geschütze hindurch zum Angriff vorging. Er erinnert sich auch an das kühle und ruhige Selbstvertrauen der Panzerbesatzungen, von denen die meisten in Stücke geschossen wurden, als die 15. deutsche Panzerdivision am jenseitigen Ufer des Wadi gegen sie ihren Gegenangriff fuhr.

Nach Pearl Harbor zitierte der unglückliche Admiral Kimmel einen Satz des römischen Philosophen Seneca: „Es ist besser, nutzloses Wissen zu besitzen als nichts zu wissen." und vielleicht manchmal besser, als zu viel zu wissen. Es ist schwierig, nicht das Gefühl zu haben, daß die Autorität von Ultra und der anderen Nachrichtenquellen, verbunden mit Montgomerys wohlbegründeter Verachtung für den Abwehrwillen der Italiener, der ihn glauben ließ, ein überraschender Sturmangriff seiner Infanterie, durch starkes Geschützfeuer unterstützt, würde die italienischen Divisionen „*Giovanni Fascisti*" und „*Trieste*" rasch in die Flucht schlagen. Durch deren Zähigkeit und den deutschen Gegenangriff in Verwirrung gebracht, war er schließlich gezwungen, das brillante Umfassungsmanöver durch die Neuseeländer und die 1. britische Panzerdivision durchführen zu lassen, durch das die Stellung der

Armee des Generals Messe aus den Angeln gehoben wurde. Der Feind mußte nach Tunesien zurückgehen.
Nachdem einmal die Streitkräfte der Achse in den Brückenkopf um Tunis gedrängt worden waren und Alexander die britischen, amerikanischen und französischen Verbände seiner 18. Army Group zu einem schlagkräftigen Ganzen verbunden hatte, war die Frage nicht mehr *wie*, sondern *wann* der Zusammenbruch kommen mußte. Nachdem sich die Frontlinien einmal entlang des aus Tälern und Bergen gebildeten halbmondförmigen Abschnittes ineinander verkrallt hatten, lieferte Ultra wie gewöhnlich eher zusätzliche Informationen zu anderen Quellen als den entscheidenden Faktor selbst. Aber es gab einen Raum, in dem seine Auswirkungen andauerten und sich sogar noch steigerten, – die Luft. Nach den ersten Tagen der Unterlegenheit, an denen die alliierten Luftstreitkräfte von durchweichten Landestreifen aus operieren mußten, wurden sie nun immer mehr verstärkt und unter Air Chief Marshall Sir Arthur Tedder und General Spaatz vom Glück begünstigt. Sie errangen schließlich die Luftherrschaft. Ultra war von ständigem Wert für das Erkennen von Zielen, die diese wendigen und wirkungsvollen Angriffsverbände angreifen konnten. Nirgends war dies offensichtlicher als auf den seewärtigen Annäherungswegen, auf denen mit Hilfe von Ultra Flieger (sowie Unterseeboote und Überwasserschiffe) die Geleitzüge der Achse und ihren Geleitschutz so sicher ausschalteten, daß, als das Ende kam, eine Viertelmillion Menschen sich einem Dünkirchen gegenübersahen, diesmal allerdings ohne Schiffe. Die Lähmung des Feindes kann durch ein einziges Beispiel erläutert werden. Die deutsche Luftwaffe unternahm verzweifelte Versuche, Treibstoff in den riesigen, langsamen, sechsmotorigen Transportmaschinen Messerschmidt Me-323 einzufliegen, von denen jede 20 Tonnen Fracht aufnehmen konnte. Ein gewisses weibliches Mitglied der *Hut 3* in Bletchley erinnert sich, wie beim Eintreffen dieser Nachricht bei Ultra ihre Sympathie sich instinktiv jenen zum Abschluß verurteilten und schwerfälligen Riesenflugzeugen zuwandte. Als über Ultra die Absicht der Deutschen, die Transporter Me-323 einzusetzen, an die Tactical Air Force nach Tunesien durchkam, konnte der führende Nachrichtenoffizier, Squadron Leader Tony Allen, nicht glauben, daß sie so verrückt wären. Der Brückenkopf der Achse war nun klein; daher war er in der Lage, es so anzustellen, daß ein Mann sich durch die feindlichen Linien schlich und eine Me-323 auf einem feindlichen Flugplatz fotografierte. Obwohl dic Fotografie winzig war, war der Beweis doch zwingend: Zu

erkennen waren der charakteristische Schwanz, die sechs Motoren, die hohen Tragflächen, der massige Rumpf.[10] Von den 21 am 22. April eingesetzten Flugzeugen, wurden 16 abgeschossen.

Die Entscheidung zum Übergang von Afrika nach Sizilien war Anfang des Jahres auf der Konferenz von Casablanca gefallen, und zwar nicht so sehr aus zwingenden strategischen Gründen, sondern weil die Wegnahme der Insel das Mittelmeer zu einer sicheren Straße in den Fernen Osten machen und zwei Millionen BRT Schiffsraum gespart werden konnten – und weil die Masse der Menschen und des Materials der 18. Army Group nicht träge herumsitzen konnte, bis die Invasion in der Normandie fällig war. Die Stärke der Alliierten beruhte auf dem Fall von Sizilien, aber nur dann, wenn Truppen an Land gebracht werden konnten. Wenn die Deutschen Verdacht schöpften, fürchtete man, brauchten sie, um den Alliierten ein neuerliches Gallipoli zu bereiten, die Insel nicht über ihre Möglichkeiten hinaus zu verstärken. Obgleich die tatsächlichen Kämpfe in 38 Tagen vorüber waren, wurden so dennoch die größte amphibische Operation in der Geschichte, hochkomplizierte Planung und ausgeklügelte Täuschungsmanöver zur Sicherstellung des Erfolges erforderlich. Wie Alexander in seiner folgenden Depesche sagte, waren die Operationen in Sizilien weniger interessant als die vorbereitenden Planungen, und zwar, weil die konventionellen Worte gerechtfertigt sind: Die Operationen verliefen plangemäß.

Es ist daher wichtig festzustellen, daß während der Vorbereitungen auf dieses enorme alliierte Unternehmen Ultra eine Rolle in noch nie dagewesener Weise spielte. Für kein vorhergehendes Unternehmen, nicht einmal für *Torch*, waren seine Funkaufklärung und seine Einrichtungen so umfassend eingesetzt worden. Winterbotham bereiste den Mittelmeerraum während der Planungsphase, um zu überprüfen, ob seine SLUs in Alexandria, Algier, Kairo und Malta auf *Husky*, den Decknamen für das Unternehmen, eingestellt waren. Er berichtete, was geschah:

> „Ich stellte fest, daß bei allen wichtigen SLU-Stationen ein großer Teil des Funkverkehrs auf hoher Ebene über die SLU-Kanäle durch die Chiefs of Staff in London an Eisenhower und Alexander und auch zwischen den verschiedenen Oberbefehlshabern im Mittelmeerraum abgewickelt wurde. Das geschah in erster Linie, weil ein so großer Teil der Planungen für Sizilien und Italien auf Ultra-Informationen beruhte und jede Diskussion oder jeder Wechsel in der Planung, der sich auf diese Nachrichtenquelle stützte, natürlich über

unsere eigenen Kanäle gefunkt werden mußte: Darüber hinaus fanden die führenden Generäle und Winston Churchill heraus, daß unsere Kanäle schneller arbeiteten als die der gewöhnlichen Fernmeldeorganisationen. Der hohe Grad an Sicherheit, den sie gewährleisteten, war zweckmäßig, wenn Angelegenheiten besprochen werden mußten, aus denen Schlüsse gezogen werden konnten. Infolgedessen arbeiteten die SLUs ohne Unterlaß."[11]

Zum Beispiel bearbeitete die SLU in La Marsa bei Karthago täglich etwa 200 Funksprüche, und dazu oft noch sehr lange. Aus einer Organisation zur Beschaffung und Verteilung von Feindnachrichten hatte sich das Ultra-System tatsächlich zu einem Fernmeldenetz entwickelt, das höchste Sicherheit bot.
Da Überraschung der wesentliche Faktor für den Erfolg von *Husky* war, spielten Täuschungsmaßnahmen bei der Planung eine überragende Rolle, nicht taktische Täuschungsmaßnahmen, bei denen versucht wird, den Feind in dem Kleinkleinkrieg auf dem Schlachtfeld in die Irre zu führen, sondern strategische Täuschungsmaßnahmen, die darauf abzielen, den Feind davon zu überzeugen, daß die Schlacht selbst in einem ganz anderen Raum oder sogar Land geschlagen werden wird. Bis zum Jahre 1943 entwickelten die Briten ein hochzentralisiertes System zur Abstimmung ihrer Täuschungspläne, so daß für *Husky* eine ganze Skala von Techniken für das zentrale Problem eingesetzt werden konnte, nämlich wie man die Deutschen veranlassen konnte, in die falsche Richtung zu schauen.
Fast immer nutzen die besten Täuschungsmaßnahmen die eigenen vorgefaßten Meinungen des Feindes aus. Wenn er bereits glaubt, was man ihn glauben machen will, so gilt es eher, einfach seine eigenen Gedanken zu bestätigen, als die schwierigere Aufgabe anzupacken, ihm neue ins Gehirn zu pflanzen. So geschah es bei *Husky*. Hitler war vom Balkan besessen, – weil dieser Österreicher vielleicht den entblößten Unterleib des Alten Reiches nicht vergessen konnte, wahrscheinlicher aber, weil das Reich sich auf die Lieferungen von Metallen – Kupfer, Chrom und Bauxit – aus dem Balkan und von Öl aus Rumänien verlassen mußte. Für ihn wie für sein Oberkommando schien die wichtigste alternative Bedrohung gegen Sardinien gerichtet zu sein. Nur Kesselring und die Italiener machten sich über Sizilien Sorgen.
Der Zusammenhang zwischen Täuschungsmaßnahmen und vorgefaßten Meinungen war ideal. Daher ließ das britische Täu-

schungsteam „Captain (mit zeitweiligem Dienstgrad Major) William Martin, 09 5 60 von den Royal Marines“ fallen, und zwar buchstäblich fallen, denn der Körper dieses fiktiven Mannes, den es niemals gegeben hat, ging vor Huelva an der spanischen Küste in der Morgendämmerung des 30. April von einem Unterseeboot über Bord. An Major Martin angekettet, befand sich eine Aktentasche mit Dokumenten, die mit auserlesener Vorsicht zusammengestellt worden war, um sie echt wirken zu lassen, – Liebesbriefe, die Rechnung eines Juweliers, ein Bankdokument. Noch wichtiger aber war, daß Schriftstücke des Vice-CJGS an Alexander und von Lord Mountbatten an den Oberbefehlshaber der britischen Marine im Mittelmeer, Admiral Cunningham, versteckt, aber schlüssig darauf hindeuteten, daß Sardinien und Griechenland die nächsten Ziele der Alliierten wären.[12]
Ultra war für die strategische Täuschung von fundamentaler Wichtigkeit, fundamental, weil es im voraus wußte, welche feindlichen Kräfte wo stationiert waren (Kriegsgliederung); fundamental, weil es unmittelbar beobachtete, welche geheimen Gegenmaßnahmen der Feind jedem Täuschungsversuch gegenüber traf, und fundamental, weil es die Verlegung von Truppenverbänden beobachtete, was eine Bestätigung dafür bildete, daß der Feind getäuscht worden war. Der Fall des unterschobenen Kuriers zeigte die Maschine bei der Arbeit, und zwar mit absoluter Präzision. Die Dokumente in der Aktentasche von „Major Martin“ wurden rasch von einem Agenten der deutschen Abwehr fotografiert, ihr Inhalt nach Berlin gemeldet und Kopien nach Deutschland gesandt, während die Originale, wie es sich gehörte, über das spanische Außenministerium nach London geschickt wurden. Die Leiche von „William Martin“ wurde in Gegenwart des britischen Vizekonsuls und eines spanischen Ehrenzuges in Huelva begraben. Wie jetzt die deutschen Dokumente verraten, schluckte Hitler den vergifteten Köder selbst. Die Operation *Mincemeat* war nur ein Teil eines komplizierten Täuschungsplanes für *Husky*, aber es war nicht nur der berühmteste, sondern auch der überzeugendste.*

* Die Bedeutung der Operation *Mincemeat* wird in der anglo-amerikanischen Literatur erheblich überschätzt. Nicht Major Martin und seine Papiere überzeugten die deutsche Führung von der angeblichen Gefährdung des Peloponnes und Sardiniens, sondern die bereits bis in den November 1942 zurückzuverfolgende, genau dieser Täuschungsabsicht entsprechende Lagebeurteilung Hitlers. Vgl. dazu Walter Warlimont: Der Mann, der nie gelebt hat. Das legendäre Paradestück des britischen Nachrichtendienstes von 1943. In: Wehrforschung, Heft 2/1973 Seite 55-61.

Obgleich der volle Umfang der deutschen Reaktion erst nach dem Krieg mit Sicherheit festgestellt werden konnte, gab es viele recht beweiskräftige Hinweise bereits zu jener Zeit. Die Funklinie der deutschen Abwehr von Madrid nach Deutschland war eine der „Hauptlinien“ und eine reiche Nachrichtenquelle für Bletchley. Innerhalb von drei Tagen jenes Unternehmens, das Churchill das „Badengehen von Major Martin“ nannte, war vermittels Ultra in London mit Sicherheit bekannt, daß der Plan für echt gehalten wurde. Dann gab es auch noch die bei Täuschungsmaßnahmen so wichtige negative Feindnachricht: Zu wissen, was der Feind *nicht* getan hat, kann genau so aufschlußreich sein wie jede positive Tat. Zwischen dem Anfang des Monats Mai und dem 10. Juli, als *Husky* begann, führten die Deutschen viele Truppenverlegungen durch, – die 1. Panzerdivision von Frankreich nach Griechenland, weitere Divisionen aus Rußland nach Griechenland, Verstärkungen für Sardinien. Beim Ende in Afrika hatte die deutsche Luftwaffe 415 Flugzeuge in Sizilien und 125 in Griechenland und Kreta; zu Beginn von *Husky* befanden sich 305 in Griechenland und Kreta und 290 in Sizilien. Aus Ultra-Nachrichten und anderen Quellen konnten diese bedeutenden Truppenverschiebungen sowie die Verlagerung des Schwerpunkts erkannt werden. Keine Anzeichen gab es für Sorgen um Sizilien, wo die Deutschen zu Beginn der Invasion nur zwei wiederaufgestellte Divisionen, die Division *Hermann Göring* und die 15. Panzergrenadierdivision (deren Anwesenheit bekannt war) hatten, die im Laufe der Schlacht durch Truppen verstärkt wurden, die nicht einmal deren eigene Stärke besaßen. Der unbekannte, in Huelva beerdigte Soldat hatte dem Staat wahrhaftig einen Dienst geleistet.
Obgleich aber die Gegenwart und sogar der Standort zweier deutscher Divisionen in Sizilien sehr genau bekannt waren, stellte der Angriff selbst Ultra vor ein uraltes Problem: Wer sollte über die Geheimsache Bescheid wissen? Alexander und sein unmittelbarer Stab bei der 18. Army Group sowie die beiden Befehlshaber von Armeen, Montgomery und Patton, waren natürlich von Ultra ins Bild gesetzt worden. Aber die amerikanischen Feindlagezusammenfassungen über den Kriegsschauplatz in Nordafrika wußten über die Division *Hermann Göring* und die 15. Panzerdivision nichts zu sagen. General Gavin, der sich später als Kommandeur der 82. Airborne Division bei Arnheim sehr auszeichnen sollte, sprang am 10. mit seinem 505. Parachute Regimental Combat Team zur Sicherung der landwärtigen Annäherungswege zum Hafen von Gela ab, der bald ein wichtiger Ausladehafen werden soll-

te. Aber er wußte nichts über die Division *Hermann Göring*, obgleich deren Panzer innerhalb von Eingreifentfernung lauerten. Pattons Stab hatte strikte Anweisungen, Gavins Kampfgruppe nicht zu unterrichten, da es wahrscheinlich erschien, daß sie gefangengenommen würde.[13] Der Tag X für *Husky* wirft in der Tat ein lebhaftes Schlaglicht auf die unvermeidlichen Einschränkungen von Ultra. Es durfte unmöglich gewagt werden, seine Nachrichten über den Feind jenen mitzuteilen, die sich in tatsächlicher Feindberührung befanden oder möglicherweise aus anderen Gründen gefangengenommen werden konnten, sogar dann nicht, wenn diese Kenntnis ihre Erfolgs- oder Überlebenschance hätte verbessern können. Auch konnten keine privaten Sorgen gemildert werden. Als Colonel David Stirling vom SAS-Regiment auf seinem letzten Beutezug in Tunesien gefaßt wurde, wußte Brigadier Hakkett von den Raiding Forces in Kairo, was geschehen war, weil die gute Nachricht sofort nach Deutschland gefunkt wurde. Sie wurde aber von Ultra abgehört, nach Ägypten weitergeleitet und an Hackett weitergegeben, der auf der Ultra-Liste stand. Aber Stirlings Bruder in der britischen Botschaft in Kairo befand sich nicht auf der Liste, und Hackett hatte seine ängstlichen Nachforschungen mit Ausflüchten abzuspeisen, bis Colonel Stirling in einem deutschen U-Boot nach Italien gebracht und seine Ankunft in einem niedriger einzustufenden Code gemeldet worden war, dessen Kenntnis zugegeben werden durfte.[14]

Während der Landungen „hörte" General Airey in Alexanders Hauptquartier unter voller Kenntnis der Gliederung und Aufstellung der deutschen Verbände „den Fernmeldeverkehr der 15. Panzergrenadierdivision mit, als sie sich als Reaktion auf Dudley Clarkes Täuschungsplan über die bergigen und schlechten Wege vorwärtsquälte, und freute sich, als er hörte, wie sie kurz nach der Landung *Stellungswechsel* durchgab, was bedeutete, daß sie sich aus dem nahen Trapani zurückzog und sich dabei wieder durch das schlechte Gelände durcharbeiten mußte."[15] Hier half Ultra auf echte Weise bei der Führung der Schlacht, denn, da die deutschen Stärken und Stellungen bereits bekannt und die anglo-amerikanischen Landeköpfe an der Ostküste Siziliens lagen, war es wichtig, diese Kenntnis auszunutzen, um eine der feindlichen Divisionen nach Westen zu locken. Die brillante „A"-Force von Brigadier Clarke, der mit den Täuschungsmaßnahmen betraute Verband im Mittleren Osten, begann einen Scheinangriff auf den als plausibles Ziel anzusehenden Hafen von Trapani, und schon brauste die 15.

Panzergrenadierdivision los. Sie hatte auf dem falschen Fuß Hurra geschrien.
Nachdem einmal die alliierten Armeen auf dem italienischen Festland festen Fuß gefaßt und Hitler Kesselrings Kampfführung, eine Linie südlich Roms zu halten und nicht bis zu den Alpen zurückzugehen, gebilligt hatte, könnte es den Anschein haben, als wäre Ultra während eines Feldzugs, der oftmals wie eine lange Belagerung aussah, im Nachteil gewesen. In der Hauptsache handelte es sich um eine Stellungskriegführung, wobei die sich gegenüberstehenden Kräfte sich auf einer ganzen langen Front eng ineinander verbissen hatten. Darüber hinaus waren die normalen, auf dem Lande verlegten Fernmeldeverbindungen die ganze Halbinsel hinunter während eines Feldzuges nicht zu verachten, der so statisch ablief wie der in Italien und den Deutschen reichlich Gelegenheit verschaffte, ihre eigenen Fernsprech- und Fernschreibnetze aufzubauen. Der Theorie nach war das kein ergiebiges Jagdgefilde für Ultra.
In der Praxis aber war die Feindnachrichtenbeschaffung der Alliierten während des gesamten Feldzuges gewöhnlich außerordentlich gut intakt. Ganz allgemein gesprochen, darf tatsächlich behauptet werden, daß das langsame und mühselige Vordringen bis zu den Alpen weniger durch Mangel an Feindnachrichten als durch das außerordentlich ungünstige Gelände, die Qualität der deutschen Führungskunst, die wild entschlossene Standhaftigkeit der deutschen Truppen und den Abzug der Divisionen Alexanders nach der Normandie oder nach Südfrankreich behindert wurde oder gar zum Scheitern verurteilt war. Die Deutschen benutzten ihre Funkgeräte zur Durchgabe wichtiger Sprüche regelmäßiger als hätte erwartet werden dürfen. Der Fernmeldeverkehr innerhalb der Kampfzonen, der Verkehr nach und aus Deutschland, das Nachführen von Divisionen, besonders in kritischen Augenblikken, aus allen Teilen Europas nach Italien, die Verbindung mit der beträchtlichen Zahl der deutschen Streitkräfte auf dem Balkan (wo der Funkverkehr außerordentlich geschätzt wurde), – alle diese Funkverbindungen öffneten Kesselrings Fernmeldeverkehr weit für die Abhörstellen. Und dann gab es natürlich die hilfreiche deutsche Luftwaffe, die auf allen Kriegsschauplätzen in diesem Krieg ihren Funkverkehr so offenherzig den feindlichen Entzifferern darbot. Die ständig auf dem laufenden zu haltende Karte der italienischen Front in Bletchley spiegelte durch die graphische Darstellung der deutschen Gliederung diese Überwachung wider. Die direkte Auswirkung von Ultra auf den Feldzug in Italien war

nirgends offensichtlicher als in dessen Herzen, dem Gefechtsstand, von dem aus Alexander die Operationen von Montgomerys (später Oliver Leeses) 8. britischer und Mark Clarks 5. US Armee abstimmte und führte. Nach der Wegnahme von Neapel wurde Alexanders Hauptquartier mitten in der Pracht des königlichen Palastes in Caserta eingerichtet, und dort erreichten die Männer im Feindlageraum einen hohen Grad an Effizienz. In ihre Akten und auf ihre Karten wurden natürlich die ausgewählten Feindnachrichten aus anderen Quellen übertragen, die auf der Ebene einer Heeresgruppe von Wert waren, aber der wesentliche Zulauf kam von Ultra.

Die Leitung des Feindlageraumes oblag der unmittelbaren Verantwortung von Captain Judy Hutchinson. Seine mit Wachen besetzten Türen blieben allen verschlossen, außer der beschränkten Zahl beim Hauptquartier diensttuender Offiziere oder Besucher, die „auf der Ultra-Liste" waren. Die Karten an der Wand wiesen die neuesten Erkenntnisse über die Stellungen der Verbände in der Kampfzone aus, Bewegungen von feindlichen Reserven oder Verstärkungen, die aus der Ferne kamen, das komplizierte Muster Jugoslawiens und des Balkans und die Anschauungen der Deutschen von dem, was sie für die alliierte Kriegsgliederung hielten. Eine zahlenmäßig starke SLU hielt ununterbrochen Verbindung mit Bletchley. Wenn die Ultra-Funksprüche einliefen, brachte Captain Hutchinson die Karten auf den neuesten Stand. In offenen Akten wurde der Wortlaut der Funksprüche, die mit einem großen U gekennzeichnet worden waren, zur Kenntnisnahme für jeden dazu autorisierten Besucher von Alexander an abwärts bereitgehalten. Aber das gesamte Material wurde, sobald es seinem Zweck gedient hatte, ohne Rücksicht in einem Verbrennungsofen vernichtet, dessen Eleganz zum Palast von Königen paßte. Bis zum Frühstück mußten die während der Nacht eingegangenen Ultra-Sprüche sortiert und beurteilt und die Karten auf den neuesten Stand gebracht werden, damit General Airey die jüngsten Nachrichten erhielt, bevor er während der morgendlichen Besprechung bei Alexander die Feindlage vortrug. Aber anders als bei einigen anderen Befehlshabern – Montgomery z. B. – war Alexanders Interesse an Ultra persönlicher, direkter und aufmerksamerer Art. Er verließ sich nicht gänzlich auf die Vorträge seiner Generalstabsoffiziere. Oftmals betrat er den Feindlageraum allein, vielleicht zwei- oder dreimal am Tage, und stand ruhig überlegend vor einer Karte oder stellte eine höfliche Frage. Vor der Invasion Siziliens ging Winterbotham mit Alexander durch die Sanddüne von Kar-

thago spazieren und war über dessen eifrige und aufnahmebereite Reaktion verblüfft, als der Group Captain die Komplexität, Verzweigungen und Bedeutung des Ultra-Systems erklärte. Während des gesamten italienischen Feldzuges verlor Alexander die Waffe niemals aus den Augen, die Bletchley ihm in die Hand gegeben hatte. Seine Haltung Ultra gegenüber wird sowohl durch Feldmarschall Lord Harding als auch durch Airey bestätigt, die so lange zusammen an Alexanders Seite Dienst taten.[16]
Doch in Italien wie auch anderswo war das angehäufte Gewicht geheimer Feindnachrichten aus Ultra und anderen Quellen nur insofern von praktischem Wert, als die Generäle es wirksam auf dem Schlachtfeld in die Tat umzusetzen verstanden. Es gab Zeiten, besonders in den Anfangsphasen des Feldzuges, in denen die Eigenwilligkeit oder Unfähigkeit einzelner Befehlshaber diese Wirkung herabminderten. Montgomerys Übergang von Sizilien nach Italien über die Straße von Messina, dem der Feind keinen Widerstand entgegensetzte, der aber durch unerhörtes Feuer der eigenen Artillerie aus Schiffsgeschützen und aus der Luft unterstützt wurde, war eine reine *opera buffa*, von der man sagt, der einzige Ausfall hätte in einem Puma bestanden, der aus dem Zoo in Reggio ausgebrochen war. Aber die Landungen bei Salerno am 9. September 1943 waren eine ernsthafte Angelegenheit und wären beinahe gescheitert. Das lag nicht daran, daß etwa grundlegend Nachrichten über den Feind gefehlt hätten. Von Ultra wußten Alexander und sein Generalstab genau, daß die deutschen Divisionen, die aus Sizilien entkommen waren – die Division *Hermann Göring* und die 15. Panzergrenadierdivision – 160 km weit entfernt standen. Nahe bei Salerno befand sich nur die 16. Panzerdivision; eine Fallschirmjäger- und eine Panzergrenadierdivision standen nicht weit davon im Norden um Rom. Die Landungen waren ein kalkuliertes Risiko, bei dem diese Kenntnis einbezogen war.
Das Unternehmen wäre wegen der Verwirrung über die italienische Kapitulation, welche die Deutschen geahnt hatten, und die Schnelligkeit und Rücksichtslosigkeit (die von den Alliierten nicht geahnt worden waren), mit der Kesselring den Plan der „Achse“ zur Übernahme Italiens in Kraft setzte, beinahe fehlgeschlagen. In Bletchley wurde die Stärke der deutschen Reaktion sichtbar, als die Funksprüche in *Hut 3* einliefen. Neun Tage und Nächte lang war sie eine lebhaftere Realität bei Salerno, als wiederholte Gegenangriffe die Divisionen im Landekopf fast wieder ins Meer warfen. Zum Schluß aber zahlte das Unternehmen sich aus und zwar auf Grund der Hartnäckigkeit der Truppen, der Wucht des Feuers

der Schiffsgeschütze und Alexanders beruhigender Gegenwart. General Dawley, der Kommandierende General des VI. US-Korps, war nicht der Mann für diesen Augenblick, und alle Beweise deuten darauf hin, daß in diesem kritischen Zeitpunkt der Schlacht Mark Clarks Nerven zu zittern begannen.
Es war wieder die alte Geschichte. Auf dem Schlachtfeld hing der Ausgang von der Qualität der Befehlshaber ab. Ultra konnte kaum ein Handgemenge wie das bei Salerno beeinflussen. Aber Churchills Vertrauen in das System als Mittel, um ihn stets in enger Berührung mit dem Kampfgeschehen zu halten, wird gut durch seine häufigen Anfragen an Winterbotham in London beleuchtet, während der Kampf im Landekopf tobte und er nach den neuesten Nachrichten von der Front forschte. Als alles vorüber war, meldete Ultra, wie so oft bei den Auswirkungen einer Schlacht, die Entscheidung des Feindes, er gäbe sich geschlagen, als es Hitlers Weisungen an Kesselring entzifferte. Sie lauteten, er solle bis nördlich Neapel zurückgehen und eine durchlaufende „Winterlinie" von Küste zu Küste zur Vorneverteidigung Roms errichten. Seltsam genug war Hitler davon überzeugt, er selbst hätte Prügel verteilt. „Für sie gibt es keine Invasion mehr!" sagte er. „Dafür sind sie viel zu feige. Sie brachten nur die eine bei Salerno fertig, weil die Italiener dazu ihren Segen gaben." Dieser Gedanke tröstete den Führer in hohem Maße.
Doch nach der langen Zeit der Fehlschläge vor der scheinbar nicht zu durchbrechenden Gustav-Linie mit ihrem Kernstück bei Cassino versuchten die „Feiglinge" tatsächlich eine weitere amphibische Landung in der Hoffnung, den Feind umfassen zu können. Die damals als *„Shingle"* bekannte Operation wurde als *„Anzio"* verewigt. Aber diesmal waren es die Deutschen, die überrascht wurden. Als die erste Welle eines Landungsverbandes, der auf über 100 000 Mann anschwellen sollte, an den Küsten von Anzio in den frühen Morgenstunden des 22. Januar 1944 landete, wurde der Alarm durch einen Gefreiten der deutschen Eisenbahnpioniere ausgelöst, der mit seinem Motorrad losfuhr, um in der Dunkelheit jemand zu suchen, dem er melden konnte. Rein durch Zufall fand er einen Offizier des Panzergrenadierregiments 200. Leutnant Heuritsch unterrichtete den Stadtkommandanten von Albano, der um 4 Uhr morgens den deutschen Gefechtsstand in Rom anrief. So gelangte die Nachricht schließlich an Kesselring, der zuerst ein paar Einzelheiten der Landung um 12.45 Uhr nach Berlin meldete. Das OKW vermutete sofort einen Großangriff auf die Außenposten der Festung Europa.

Wir wissen jetzt, daß das, wovon Churchill hoffte, daß es wie eine Wildkatze an die Küste springen würde, in seinem prächtigen, hinkenden Vergleich zu einem gestrandeten Wal wurde. Die Geschichte ist oft erzählt worden, wie der mit Menschen und Material überhäufte Landekopf an den ersten Tagen eine Folge wütender Gegenangriffe überstand und später noch monatelang als nichts weiter als eine seichte und überladene Todesfalle weiterlebte. Eine Diskussion der taktischen Einzelheiten ist hier unerheblich. Aber im zentralen Punkt, um den sich alle Kontroversen um Anzio drehen, wird Ultra tatsächlich sehr relevant. Hätte General Lucas' VI. US-Korps, das der Armee von Mark Clark unterstellt war, schneller und weiter vorstoßen sollen, als es bereits an einer unverteidigten Küste an Land gegangen war?
Aus der intimen Kenntnis der deutschen Kriegsgliederung, für die Ultra besonders gesorgt hatte, bauten General Airey und der Nachrichtendienst in Caserta ein Lagebild auf, aus dem, wie sich mit bemerkenswerter Genauigkeit erweisen sollte, der Umfang des deutschen Widerstandes hervorging, der am Tage X an der Küste zu erwarten war. Ebenso waren daraus die täglichen Verstärkungen des Feindes zu erkennen, die nach Anzio gelangen konnten.[17] Diese Berechnungen sagten korrekt voraus, daß die Angriffstruppen, ohne Widerstand zu finden, an Land gehen konnten, die Deutschen während der ersten paar Tage um den Landekopf herum in wachsender, aber nicht unbezwinglicher Stärke Truppen zu sammeln vermochten und der Aufmarsch danach noch gewaltiger würde. Die ersten 48 Stunden waren entscheidend. Doch General Lucas, der geglaubt zu haben scheint, daß er sich tatsächlich den Weg an die Küste freizukämpfen hätte, machte keinen Versuch, sofort ins Binnenland weiter vorzustoßen. Er blieb ruhig an der See stehen, während seine Versorgungsgüter sich immer höher stapelten und Kesselring einen stählernen Ring um Anzio zog.

Als Mark Clark vom Biographen Alexanders, Nigel Nicolson, wegen der Vorsicht von Lucas gefragt wurde, die ja nur eine Widerspiegelung seines eigenen Verhaltens war, suchte dieser, sie zu verteidigen, indem er sich auf Ultra-Nachrichten bezog. „Wir hatten den Code gebrochen und konnten die Funksprüche von Hitler lesen, die lauteten, uns in die See zu werfen und zu ersäufen. Er befahl auch, mehrere Divisionen aus Frankreich, Deutschland, Jugoslawien und anderen Abschnitten Italiens an den Landekopf. Da wir von dem bevorstehenden Gegenangriff wußten, war es not-

wendig, daß wir uns eingruben, denn wären wir vorgegangen, so wären wir bestimmt geschlagen worden.“[18]
Das ist eine trügerische Rechtfertigung. Es ist wahr, daß das deutsche Oberkommando nach Erhalt der Nachricht von den Landungen bei Anzio Verstärkungen von außerhalb Italiens heranzuführen befahl, – drei Grenadierregimenter und Artillerie aus Deutschland selbst, eine Infanteriedivision und ein Regiment Tiger-Panzer aus Südfrankreich, starke Luftwaffenverbände usw. Gewiß wurden diese Pläne durch Ultra bekannt und an die Hauptquartiere von Alexander und Clark weitergegeben. Aber Männer und Panzer aus einer so großen Entfernung konnten nicht auf einem fliegenden Teppich ankommen. Die Landungen begannen am 22. Januar. Obgleich die meisten deutschen Vestärkungen die italienische Grenze bis zum 28. Januar überschritten hatten, wurden sie immer noch durch die Notwendigkeit zum Ausladen aus den Zügen aufgehalten, bevor sie in den Raum südlich Florenz in Marsch gesetzt werden konnten. Mit anderen Worten, es ist von Clark absurd zu behaupten, es sei notwendig gewesen, anfangs sich einzugraben wegen einer Bedrohung, die wahrscheinlich mindestens vor Ablauf einer Woche nicht greifbar werden konnte. Natürlich trägt der Feindnachrichtendienst und nicht der Befehlshaber oftmals die Schuld. Ist nicht sogar behauptet worden, der Fehler eines Geheimschreibers hätte den Krieg zwischen Frankreich und Preußen 1870 verfrüht ausgelöst? Aber es stellt eine Verzerrung der Tatsachen dar, wenn man Ultra als Entschuldigung für das, was in Anzio geschah, benutzt.
Die echte und unmittelbare Bedrohung kam von den rasch zusammengezogenen örtlich vorhandenen Kräften, die Kesselring, obgleich er überrascht worden war, mit erstaunlicher Geschwindigkeit und Effizienz zusammenzog, um den Brückenkopf abzuriegeln. Bis zum vierten Tag waren bereits Teile von sechs deutschen Divisionen dabei, den Ring zu schließen. Aber Aireys Berechnungen hatten das, wie wir gesehen haben, in Rechnung gestellt, als er einen Zeitplan für das Eintreffen der örtlichen Verstärkungen aufstellte. Aber noch bedeutender war die Tatsache, daß während der ersten ein oder zwei Tage die Truppen von General Lucas eine beträchtliche Bewegungsfreiheit besaßen. Wenn man sich daran erinnert, daß die Zeit kurz war, bevor der Widerstand zu groß wurde, und Clark von Ultra wußte, daß sogar noch größerer Widerstand in angemessener Zeit zu erwarten war, erscheint es im nachhinein außergewöhnlich, daß keine größeren Anstrengungen sofort unternommen wurden, um „die Claims aus-

zudehnen", wie Churchill zu sagen pflegte, und zwar nach landeinwärts, um einen Raum mit genügender Tiefe zu gewinnen, um die Wucht der mit Kraft geführten Gegenangriffe aufzufangen, von denen man wußte, daß sie bevorstanden. Statt dessen schnaufte der gestrandete Wal an der Küste nach Luft.

In Alexanders Lagezimmer jedoch schnaufte man nur wenig nach Nachrichten. Wenn man alle anderen Quellen zur Seite läßt – und es gab davon viele –, ist es unmöglich, in Worten den Reichtum und die Vielgestaltigkeit der Feindnachrichten über die deutschen Aktivitäten im gesamten nördlichen und ostwärtigen Mittelmeerraum auszudrücken, die von Bletchley nach Caserta strömten. Wenn man das Halbjahr vom November 1943 bis zum Mai/Juni 1944 nimmt, wie es jetzt dargestellt wird in den Tausenden von Ultra-Funksprüchen, die im Public Record Office verfügbar sind, sieht man, daß kein Befehlshaber zu einer früheren Zeit so umfassend und so genau unterrichtet worden war wie Alexander. Einen besonderen Fall bietet der der Schiffsbewegungen, der für die deutschen Garnisonen entlang der Mittelmeerküsten und -inseln so wesentlich war. Manchmal scheint es, als hätte kein kleiner Geleitzug oder keine Verlegung von Kanonenbooten oder *Siebel*-Fähren irgendwo zwischen Südfrankreich und dem Dodekanes geschehen können, ohne daß die Zeiten des Auslaufens und der Ankunft, der genaue Kurs, die Vorkehrungen für den Geleitschutz usw. in den Funksprüchen festgehalten worden wären, die von *Hut 3* in Bletchley zur SLU und von dort nach Caserta in den Lageraum gingen. Kesselrings vollkommene Stärkemeldungen an das OKW, in denen routinemäßig die Zusammensetzung seiner Armeen in Italien gemeldet wurde, die deutschen Operationen, Stärken und die Kräfteverteilung in Jugoslawien, die Meldungen der Luftwaffe, die Stärke der deutschen Divisionen in Italien, ihr Munitionsvorrat, ihre Geschütze und ihre Panzerverbände an der Front, in Italien, die Störung ihrer Fernmeldeverbindung durch alliierte Bombenangriffe und Sabotage,[19] alles befindet sich in fast verschwenderischer Vielfalt in den Akten. Funksprüche über Versetzungen von Offizieren, Beförderungen, Ausfälle und sogar Kommandowechsel auf höchster Ebene hielt das Personalregister des Feindlageraumes auf dem laufenden. Ein hervorragendes Beispiel liefert das vom 27. November 1943. Hitler hatte sich schließlich für Kesselrings Verfahren entschieden, Italien eher Zoll für Zoll zu verteidigen, als sich bis zu den Alpen zurückzuziehen, wie es Rommel als Oberbefehlshaber der Heeresgruppe B in Norditalien vorgeschlagen hatte. Am 27. um 22 Uhr sandte Bletchley den folgenden Funkspruch: „21. Kesselring übernahm den ganzen Raum Italien als Oberbefehlshaber Südwest und Befehlshaber der Heeresgruppe C. Keine weiteren Informationen über das mögliche Fortbestehen der Heeresgruppe B. Aber Verbleib der letzteren im Raum Italien wird nicht angenommen." Das war nicht überraschend, denn am 21. hatte Rommel sich bei Kesselring verabschiedet und Italien für immer verlassen.

Der gestrandete Wal in Anzio lag bis ins folgende Frühjahr hinein, nach Luft schnappend, an der Küste. Der Wille Kesselrings und die geniale deutsche Begabung zur Verteidigung verwandelten die gebirgige Gustav-Linie, die sich südlich Anzio quer durch Italien von Küste zu Küste hinzog in eine scheinbar undurchbrechbare Sperre. Weder die 5. Armee Clarks im Westen noch die britische 8. Armee im Osten konnten sich einen Weg durch sie hindurch oder um sie herum bahnen. Ihre immer wieder vorgetragenen fruchtlosen Angriffe auf die große Höhenfestung Monte Cassino und die hartnäckige Zähigkeit der Deutschen schufen für den Feldzug in Italien eine Stalingrad-Legende, die in bezug auf die Wildheit der Angriffe und die Verbissenheit der Verteidigung einzigartig dastand. Erst als Alexander die 8. Armee heimlich an die Westflanke verschob und am 11. Mai 1944 eine der am besten abgestimmten Offensiven des ganzen Krieges, die Operation *Diadem,* einleitete, brachen seine Divisionen bei Monte Cassino durch die Gustav-Linie und stießen das Liri-Tal aufwärts nach Anzio, Rom und den Norden vor.

Der hinter *Diadem* stehende logische Gedanke war einfach: Unter Kesselring – und Hitler – weigerten sich die Deutschen, die Gustav-Linie aufzugeben, wie groß auch immer der Druck auf sie sein mochte. Aber die Planung war komplex und schloß ein hohes Maß an erfolgreichen Täuschungsmaßnahmen ein. Da die Seitwärtsbewegung der 8. Armee nicht verschleiert werden konnte, wurde alles ausgenutzt, um den Feind zu der Auffassung zu bringen, sie wäre erst Mitte Juni zum Angriff fertig. Obgleich die Divisionen in Anzio aus ihrem Landekopf heraus vorbrechen sollten, wenn einmal die Gustav-Linie durchbrochen war, wurde Kesselrings Aufmerksamkeit durch eine überzeugendere Bedrohung abgelenkt. Da die Deutschen stets glaubten, die Alliierten hätten mehr Schiffsraum zur Verfügung, als tatsächlich der Fall war, wurde im Ausland der Gedanke verbreitet, zu gegebener Zeit werde ein größerer amphibischer Angriff sogar noch weiter im Norden bei Civitavecchia angesetzt. Der Feind schluckte den Köder. „Hitler berief Ende April eine große Konferenz am Obersalzberg ein, dem ein Belehrungskurs für Generäle folgen sollte. Zu ihm wurden von Vietinghoff, von Senger und Baader von der 90. Panzergrenadierdivision zusammen mit anderen wichtigen Generälen von der italienischen Front einberufen, und einige *waren immer noch in Urlaub, als die Operation Diadem am 11. Mai begann*. Von Senger hatte vor Antritt seines Urlaubs seinem Korps befohlen, *sich vom 24. Mai ab bereitzuhalten.*"[20] Nach dem Tag X in der Normandie bildete *Diadem* den Höhepunkt aller Täuschungsmaßnahmen in Italien.

Churchill wußte genau, was Ultra ihm über den Verlauf der Schlacht mitteilen konnte. Von den Plänen für die Operation *Diadem* hatte er im voraus Kenntnis. Winterbotham erhielt vom Premierminister den Befehl, sich mit jeder Ultra-Nachricht über den frühen Fortschritt der Operationen um Cassino im unterirdischen Hauptquartier in Storey's Gate zu melden.

„Für den Monat Mai war es ein kalter Abend, und der Premierminister saß in seinem legeren Hausanzug tief in einem grünen Ledersessel vergraben vor dem warmen Kaminfeuer. Er sah müde aus. Als er mich bat, Platz zu nehmen und ihm meine Neuigkeiten vorzutragen, paffte er sanft an einer großen Zigarre. Ich hatte das bedrückende Gefühl, daß er meine normale, ruhige, aber sachbezogene Gesprächseröffnung für die mir eigene Art hielt, ihm etwas Aufregendes zu berichten. Ich berichtete ihm die verschiedenen kleinen Einzelheiten der Kämpfe, die als Nachrichten während des Nachmittags eingelaufen waren. Als er sagte: ‚Ist das alles?' mußte ich ihm gestehen, daß dem leider so war . . . Churchill war offensichtlich verblüfft und enttäuscht. In seiner gewöhnlichen höflichen Art dankte er mir, daß ich herübergekommen war, und sagte dann lächelnd: ‚Sorgen Sie dafür, daß ich gleich morgen früh mehr erfahre. Ich denke, Sie werden feststellen, daß es auch noch etwas Interessanteres gibt.' [21]

Was Churchill, der Alexanders Plan kannte, von Ultra erwartete, waren Nachrichten über den berühmten Durchbruch der französischen Gebirgs- und mechanisierten Divisionen unter General Juin, dessen beachtenswerte Überwindung des schroffen Gebirges südlich Cassino den Hebel schuf, mit dem die Gustav-Linie aus den Angeln gehoben wurde. Der Grund, warum Ultra nicht sofort darüber berichtete, ist interessant. Die deutsche Führung an der Front gegenüber den Franzosen erkannte den Umfang des Erfolges von Juin nicht in vollem Maße, der auch wirklich nur schwer zu beurteilen war, und ließ Kesselring darüber im unklaren. Bis zum Mittag des nächsten Tages meldete Ultra jedoch Kesselrings drin-

gende Aufforderung zur Übersendung einer Lagemeldung.
Als die Schlacht entbrannte, kamen so viele Ultra-Nachrichten herein – in der Hauptsache *laufende* Informationen, da zu dieser Zeit in Bletchley das Entziffern glatt gegangen zu sein scheint – daß es vielleicht am besten ist, eine Phase auszuwählen, die für die Deutschen eine Krise und für die Alliierten einen Höhepunkt darstellte. Am 23. stand der Durchbruch nahe bevor. Mit 12 000 französischen Kolonialtruppen, den berühmten *Goumiers*, hatte sich General Juin mit Klauen und Zähnen einen Weg die steilen Berge hinauf gebahnt, um die Gustav-Stellung und die Reservestellung *Hitler* im Westen zu umfassen. Schließlich hatten sich die Polen Zugang zu dem zerstörten Kloster Cassino verschafft. Das kanadische Korps stieß das Liri-Tal aufwärts nach Pontecorvo vor. Zwischen den Bergen im Westen und der See ging das II. US-Korps auf Fondi und Terracina vor. Ultra erkannte rasch die Reaktionen des Feindes und gab sie durch.
Am 22. um 05.54 Uhr lieferte eine aus vielen Nachrichten zusammengesetzte Meldung aus Bletchley die Lageberichte der „Flivos" oder Fliegerverbindungsoffiziere bei allen an der Front eingesetzten Divisionen, bei der 94. und 15. Panzergrenadierdivision, der 1. Fallschirmjägerdivision, der 5. Gebirgsdivision sowie der 334. und der 715. Infanteriedivision bei Anzio: Sie enthielten das ganze Panorama der deutschen Front. Früh am 23. gab ein Funkspruch genaue Einzelheiten der Grenzen der 15. Panzergrenadierdivision „nach vollzogener Rückzugsbewegung gemäß Befehl vom 22." an. Am 24. um 02.31 Uhr kam ein weiteres Bündel von Lagemeldungen für den vorhergehenden Abend vom LXX. Korps, von der 94. und 305. Infanteriedivision und von der 15. Panzergrenadierdivision. Dann traf genau zwei Stunden später der entzifferte Funkspruch der 90. Division vom 23. um 15.15 Uhr ein, in dem gemeldet wurde, was Alexander geleistet hatte. „Der tiefe Einbruch in der Mitte der Front konnte wegen Mangels an Reserven nicht beseitigt werden und führte zur Zurücknahme der Hauptkampflinie. Pontecorvo wird geräumt . . . Räumung Terracinas heute nacht."
Am 25. war das II. US-Korps des Generals Keyes über Terracina hinausgestoßen und hatte mit Stoßtrupps aus Anzio Verbindung aufgenommen. Die durch ihre Transportfahrzeuge behinderte 8. Armee war dennoch über Pontecorvo und das gesamte deutsche Verteidigungssystem hinaus vorgestoßen. Sogar Hitler gab in dieser Nacht die Erlaubnis zu einem „planmäßigen und kräftesparenden" Rückzug. Für den in Anzio gestrandeten Wal war das der Augenblick, um sich in Churchills Wildkatze zu verwandeln.

Es steht außer Frage, daß Alexanders operatives Ziel bei der Operation *Diadem* die Vernichtung der deutschen 10. Armee auf ihrem ungeordneten Rückzug aus der Gustav- und der Hitler-Stellung war. Gewiß, Rom befand sich noch nicht innerhalb seiner Reichweite, aber Rom war nebensächlich. Sogar Churchill schrieb ihm: „Ein Cop* ist viel wichtiger als Rom, das dann sowieso fallen muß.“ (Ironischerweise wurde in den letzten Kriegstagen Eisenhower von Churchill kritisiert, weil er Berlin nicht beachtete und sich auf das Erreichen strikt militärischer Ziele konzentrierte, während jetzt, genau ein Jahr vorher, Churchill und Alexander rein militärischer Ziele wegen Rom keine Beachtung schenkten.)
Was die Apologeten auch sagen mögen, so ist es doch klar, daß Mark Clark von Alexander den Auftrag erhielt, aus dem Landekopf Anzio auszubrechen und die aus Cassino zurückgehende 10. Armee abzuschneiden, um sie so zu vernichten. Statt dessen wandte er sich plötzlich mit der Masse seiner Truppen nach Nordwesten und stieß über die Albanerberge nach Rom. „Das war“, wie Churchill höflich in seinen Memoiren bemerkte, „ein sehr unglücklicher Entschluß.“
Die Einzelheiten dieser komplizierten Geschichte füllen viele Seiten in den entsprechenden Geschichtswerken; auch ist dies nicht einfach eine Sache der richtigen oder falschen Entscheidung. Als Clark sich dazu entschloß, den der 5. US Armee gegebenen Auftrag nicht auszuführen und sich nach Rom zu wenden (das ihm von Anfang an zu gegebener Zeit als Preis zugestanden worden war), mußte ihm völlig klar gewesen sein, in welchem Zustand die vor ihm weichenden deutschen Truppen sich befanden. Außer den überreichlichen Ergebnissen der Luftaufklärung und des „Y“-Dienstes gab es noch Ultra. Sogar in Bletchley verfolgte man die Standorte der deutschen Truppen auf der Karte und konnte das Verhalten der 5. Armee nicht verstehen. Clark erhielt reichlich Ultra-Nachrichten, die , wie wir gesehen haben, schnell und in großen Mengen von den Entzifferern zu den Befehlshabern im Feld gingen. Von Anfang der Operation *Diadem* an hatten beständig entzifferte Nachrichten und Meldungen der Aufklärungsflugzeuge ein lebhaftes Bild von der immer schlechter werdenden Lage der 10. Armee geliefert. Es muß daher angenommen wer-

---

* Cop = Wegnahme, Gefangennahme, nämlich der 10. Armee; manchmal wählte Churchill höchstpersönlich Slang-Ausdrücke, mit denen er seine Unterhaltungen und seine Memoranden zu pfeffern und zu salzen pflegte.

den, daß Clark sich nicht aus Furcht vor dem Unbekannten von dem erschütterten Feind abwandte, sondern aus persönlichen Gründen, die kaum enhüllt worden sind. Es war ein unglücklicher Entschluß. Ein großer Teil der 10. deutschen Armee blieb bestehen und kämpfte weiter.
Erst am 6. Juni mittags bat Churchill das Unterhaus, „formell Kenntnis von der Befreiung Roms durch die alliierten Armeen unter dem Kommando von General Alexander" zu nehmen, – der kurz darauf Feldmarschall wurde. Aber das war nur die Vorspeise. 10 Minuten später legte er das Hauptgericht vor. „Ich habe dem Haus ebenfalls bekanntzugeben, daß während der Nacht und den frühen Morgenstunden des heutigen Tages die erste einer Reihe von gewaltsamen Landungen auf dem europäischen Kontinent stattgefunden hat. In diesem Fall erfolgte der Befreiungsangriff an der Küste Frankreichs." Sofort und unwiderruflich war der Feldzug in Italien zu einer nebensächlichen Angelegenheit geworden. Die endgültige Niederlage der deutschen Armeen, die Alexanders Feldherrnkunst in Italien weiter in Schach hielt, sollte bei Bologna und beim Übergang über den Po erfolgen. Niemals sollte er sich seinen Weg in das Herz Europas über die uralte Schwelle der Alten erkämpfen.

KAPITEL 11

Die Ouvertüre und die Anfänge: Das Präludium zum Tage X

„Wohl den Menschen, die Dich für ihre Stärke halten
Und von Herzen Dir nachwandeln,
Die durch das Jammertal gehen,
Und machen daselbst Brunnen . . .
Sie erhalten einen Sieg nach dem anderen."

Psalm 84

Während der verzweifelten ersten Kriegsjahre hatte sich im Kopf vieler Menschen die Überzeugung festgesetzt, daß nur massive Luftangriffe auf Deutschland mit schweren Bombern Hitler auf die Knie zwingen könnten. Manche beharrten bis zum Ende in ihrer Selbsttäuschung, – besonders Air Chief Marshal Sir Arthur Harris, der Befehlshaber des Bomber Command. Sogar Churchill war zunächst unschlüssig. Während der Nervenanspannungen bei der Schlacht um England und angesichts einer drohenden Invasion warnte er am 3. September 1940 das Kabinett mit den Worten: „Die Jäger sind unsere Rettung, aber die Bomber allein liefern die Mittel zum Sieg". Aber er lernte schnell. Noch vor dem Abschluß des Jahres 1941, dem Jahr, in dem mehr britische Flieger über Deutschland abgeschossen, als deutsche Zivilisten getötet wurden, kannte er die Wahrheit.

Im Oktober jenes Jahres setzte man ihn unter starken Druck, mehr von den geringen Hilfsmitteln Britanniens für die Bomberoffensive einzusetzen. Am 7. schrieb er dem Chief of Air Staff Sir Charles Portal: „Ich mißbillige, wenn in dieses Angriffsmittel unbegrenztes Vertrauen gesetzt wird . . . Wenn die Vereinigten Staaten in den Krieg eintreten, muß es im Jahre 1943 durch gleichzeitige Angriffe gepanzerter Streitkräfte in vielen der eroberten Länder, die für einen Aufstand reif sind, ergänzt werden. Selbst wenn alle deutschen Städte unbewohnbar gemacht würden, folgt daraus nicht, daß die militärische Führung geschwächt oder die Kriegsindustrie nicht weiterarbeiten könnte . . . Wir müssen das Beste tun das wir können, aber derjenige ist ein dummer Mensch, der glaubt, daß es eine *sichere* Methode zur Gewinnung dieses Krieges gäbe;

das gilt schließlich für jeden anderen Krieg zwischen an Stärke gleichen Parteien auch. Der einzige Plan heißt durchhalten. "Damals, im Jahre 1941, war er bei seiner Voraussage des Datums für die Rückkehr nach Europa um ein Jahr zu früh. Aber in jeder anderen Hinsicht war diese bemerkenswerte Niederschrift prophetisch genau. Die Bedeutung dieses Hiebes liegt auf der Hand. Die Rolle der stärksten verfügbaren Streitkräfte, des Bomber Command, bestand in Wahrheit darin, wie Johannes der Täufer gegenüber dem Herrn aller Herren (Overlord) zu handeln: den Weg zu bereiten für eine zwangsläufig kommende alliierte Invasion. Nichts, nicht einmal die viermotorigen Lancaster-Flugzeuge des „Bomber-Harris" konnte die Männer wirkungsvoll ersetzen, die eines Tages aus ihren Landungsfahrzeugen klettern und ihren mühsamen Marsch ins Herz Europas antreten sollten.

Eineinhalb Jahre später befand sich auch Amerika mitten im Krieg, und Churchills Ansicht über die Bombenangriffe als wesentliche Vorbereitung für den schließlichen Tag X wurde in einer alliierten Weisung gutgeheißen. Auf der großen Konferenz von Casablanca im Januar 1943, als Roosevelt, Churchill und die Joint Chiefs of Staff so viele schicksalhafte Entscheidungen trafen, wurde eine endgültige Weisung „für die Operation der britischen und amerikanischen Bomber Commands im Vereinigten Königreich" herausgegeben. „Ihr vordringliches Ziel", so lautete sie, „ist die fortlaufende Zerstörung, Vernichtung und Zerschlagung des deutschen militärischen, industriellen und ökonomischen Systems und die Unterminierung der Moral des deutschen Volkes *‚bis zu einem solchen Punkt, an dem dessen Fähigkeit zum bewaffneten Widerstand entscheidend geschwächt ist*'. Eine Invasion auf dem Kontinent wird unternommen, und zu diesem Zeitpunkt, so lautete die Weisung, leisten Sie jede mögliche Unterstützung auf wirkungsvollste Weise."

Die Erkenntnis, daß diese großen Flotten von Lancaster und Fortress-Bombern, die Tag und Nacht nach Deutschland flogen, nicht auf eine endgültige Entscheidung abzielten, sondern für eine solche in opferreichen Kämpfen den Weg bahnten, macht es leichter, zu verstehen, daß alle anderen Entwicklungen in der mittleren Phase des Krieges gleichermaßen vorbereitenden Charakter trugen. Auf verschiedene Weisen und aus verschiedenen Gründen waren alle auf ein einziges Ziel gerichtet, – nämlich jene Landeköpfe jenseits des Kanals zu errichten, von denen aus die Truppen und Panzer der Alliierten zu gegebener Zeit sich ihren Weg über den Rhein freikämpfen und den Westen befreien sollten.

Das gilt auch für die Unterstützung und Bewaffnung der Widerstandsbewegungen, für das subtile Spiel der Täuschungen, das stille Aufbauen von „Doppelagenten“, für die tollen Versuche, das Wesen der V-Waffen zu verstehen, bevor sie noch eingesetzt wurden. Es gilt für den Feldzug in Italien, das lange Monate vor dem Tage X hindurch den einzigen Kriegsschauplatz auf dem Kontinent darstellte, auf dem britische und amerikanische Truppen gegen die Deutschen kämpften. Wenn es für diesen Feldzug eine strategische Rechtfertigung gab, so bestand sie darin, daß die Alliierten auf ihrem mühsamen Weg von Gebirgskette zu Gebirgskette südlich der Alpen Divisionen banden, die sonst, wenn einmal der Tag gekommen war, gegen sie in der Normandie hätten eingesetzt werden können. „Der einzige Plan heißt durchhalten“. Aber als die alliierten Luftlandedivisionen am 6. Juni 1944 absprangen und die große Armada vor der französischen Küste auftauchte, war das nicht nur das Ergebnis sturen Durchhaltens, sondern auch langfristiger Vorbereitungen, manchmal sogar sehr langfristiger. Bei diesem ausgedehnten Präludium für den Tag X war Ultra, keineswegs überraschend, ein aktives und oftmals entscheidend wichtiges Instrument.
Die amerikanischen und britischen Flieger hatten ein gemeinsames Ziel, – den Nerv des deutschen Volkes zu brechen und seine Ressourcen als vorbereitende Maßnahme zur Invasion zu zerschlagen. Sie hatten auch – die Amerikaner bei Tag und die Briten bei Nacht – ein gemeinsames Bedürfnis: ihre langen Flüge in größtmöglicher Sicherheit durchzuführen und ihre Ziele genau zu finden. Dafür brauchten sie genaue und laufende Informationen über das Wetter in Europa. Die deutsche Luftwaffe und die deutsche Marine hatten ähnliche Bedürfnisse, aber sie litten an einem schweren Nachteil, den die Alliierten mit Hilfe von Ultra voll ausnutzen konnten. Das Wetter kam meist aus dem Westen. Eisenhowers führender Meteorologe, Group Captain Stagg (auf dessen persönliche Beurteilung hin der Tag X angesetzt wurde) beschrieb die mißliche Lage der Deutschen:

„Ohne Wettermeldungen von den britischen Inseln und den Seegebieten im Westen und Norden wußten die deutschen Meteorologen durchweg nichts über die Entwicklung und die Bewegung der Wetterlage über einem Raum, der stets wichtig für Voraussagen in ganz Nordwest- und Mitteleuropa ist; sie wußten darüber nichts, mit Ausnahme durch die von ihnen selbst mit Hilfe eigener Erkundungsflugzeuge und U-Booten erlangten Berichte, und es war bekannt, daß diese das in hohem Maße zu tun hatten.“[1]

Die Ausmaße waren tatsächlich groß. Von einsamen deutschen Wetterschiffen, von deutschen U-Booten, von regelmäßigen Flügen der Luftwaffe zur Wetterbeobachtung und aus anderen besonderen Quellen kam ein stetiger Fluß meteorologischer Informationen in Funksprüchen herein, die ständig abgehört – und in Bletchley entziffert wurden. Von BP gingen die Daten weiter an das Meteorologische Büro in Dunstable (das die RAF belieferte), an die Admiralität und an das Hauptwettervoraussagebüro der Amerikaner, das zur Belieferung der amerikanischen Heeres- und Luftwaffenverbände schließlich in Widewing, dem Hauptquartier von Eisenhowers SHAEF und der Strategic Air Force, in Bushey Park westlich London errichtet wurde.

Offenkundig wurden die von den Deutschen erworbenen Informationen von den Meteorologen mit all den anderen beträchtlichen Feindnachrichten, die sie zur Verfügung hatten, vermischt weitergegeben. Es ist daher nicht leicht, wie im Falle einer Schlacht auf einen besonderen Ultra-Funkspruch hinzuweisen und zu sagen: „Das war entscheidend“. Das war nicht das Wesen einer solchen Operation. Aber es ist klar, daß die deutschen meteorologischen Funksprüche aus dem Nord- oder Südatlantik eine unschätzbare Zugabe für die Meteorologen der Alliierten bildeten, wenn sie sich bemühten, ihre täglichen Bilder vom sich zwangsläufig auf Europa zu bewegenden Wetter aufzubauen, Bilder, die, wenn sie ungenau waren, zur Folge haben konnten, daß vom Mondschein erfaßte Nachtbomberströme (wie es bei dem unglückseligen Angriff auf Nürnberg geschah) gefaßt oder Fliegende Festungen hoch über Deutschland unvorhergesehen durch Wolken geblendet wurden.

Darüber hinaus gab es noch andere Vorteile. Wenn man in der Lage war, die meteorologischen Schlüssel der Deutschen zu lesen, so bedeutete das, daß man ihre Wetterberichte nicht nur von den Seeräumen im Westen, sondern auch vom unzugänglichen Kontinent selbst erlangen konnte. Viele Wettermeldungen über die Verhältnisse über Deutschland und den besetzten Ländern wurden durchgegeben und betrafen Wetterverhältnisse, auf die die alliierten Bomber bald treffen konnten. Manchmal konnte sich tatsächlich eine Wetterfront aus dem Osten über Europa hinweg bewegen. Es gab auch noch andere, aber begrenzte Quellen: z.B. erhielt die polnische Radiostation in Britannien, die ständig in Funkverbindung mit geheimen Sendern im Mutterland war, eine Flut von Wetterberichten von der polnischen Widerstandsbewegung.[2] Aber Bletchleys Gabe, die die meteorologischen Erkennt-

nisse der Deutschen selbst enthielt, war Manna für Widewing und Dunstable.
Bletchley leistete sich auch selbst einen Dienst. Wenn die Deutschen ihre Wetterberichte an die verschiedenen Hauptquartiere und Verbände, die sie brauchten, durchgaben, wurde der Text zwangsläufig von einem Funkverkehrsbereich an den anderen, und damit von einem Schlüsselbereich zum andern, weitergegeben. Wenn Bletchley in der Lage war, den Tagesschlüssel eines Bereiches zu entziffern, so konnte es offensichtlich den deutschen Klartext des Wetterfunkspruchs zusammenstellen. Wenn dieser nun in einem weiteren Bereich, für den Bletchley keinen Schlüssel besaß, wiederholt wurde, so war dies eine wundervolle Hilfe für die Entzifferer, denn die Kenntnis des Klartextes ist beim Versuch äußerst wertvoll, in einen schwierigen Schlüssel einzubrechen. Genau aus diesem Grund wurde der deutsche meteorologische Funkverkehr peinlich genau in Bletchley untersucht. Die regelmäßig an ein unbekanntes Kriegsschiff in der Ostsee gesandten Wetterberichte konnten ein Mittel zum Knacken von weit bedeutenderen Schlüsseln bilden. Harry Golombek knackte den von der deutschen Abwehr in der Türkei benutzten Schlüssel, weil er in der Lage war, einen Wetterfunkspruch zu erkennen.[3]
Als Führer zu Zielen für die vereinigte Bomberoffensive war der Wert von Ultra unterschiedlich. Für die Nachtbomber der RAF war er vielleicht nur am Rande von Bedeutung. In Diskussionen mit dem Autor waren weder der Marschall der RAF Lord Elworthy (der sowohl eine Bomber Group befehligte als auch zum Stab des Bomber Command gehörte), noch Air Vice Marshal Sydney Bufton (der Leiter der Bomberoperationen im Air Ministry), noch Squadron Leader Fawssett (Zielermittlungsoffizier beim Bomber Command) der Auffassung, daß Ultra bei der Auswahl von Zielen eine Schlüsselbedeutung besessen hätte.*Da der Schwerpunkt des Bomber Command bei den Flächenangriffen auf große Städte lag, ist das nicht überraschend: Hamburg, Berlin, das Ruhrgebiet definieren sich durch sich selbst. Aber auf einem lebenswichtigen Gebiet der geheimen Feindaufklärung konnte Ultra massive Unter-

* Diese drei Offiziere waren alle Mitglieder des German Bomb Target Information Committee, ein auf hoher Ebene arbeitender Stab, der zunächst wöchentlich und dann nach seinem 45. Treffen am 14. August zweiwöchentlich zusammenkam. In den Protokollen über diese Besprechungen gibt es natürlich keinen direkten Hinweis auf Ultra. Aber es gibt auch keine auf „die besonderen Nachrichten“ oder „die geheimen“ oder auf andere Decknamen für Ultra.

stützung leisten. Stets bestand seine größte Stärke in der Fähigkeit, ein genaues Bild von der feindlichen Kriegsgliederung zu erstellen. Bereits ab 1940 leistete es diesen wichtigen Beitrag, der sichtbar während des gesamten Feldzugs auf dem Kontinent andauerte. Für den Stab des Bomber Command war es beim Festlegen der besten Einflugschneisen nach Deutschland für die Angriffe einer jeden Nacht wesentlich, laufende Kenntnis über den Standort, die Stärke und die Pläne der Nachtjäger der deutschen Luftwaffe zu besitzen und mit Aufbau und Entwicklung des deutschen Radarnetzes Schritt zu halten. Hier bildete Ultra eine wesentliche Ergänzung zu der anderen glänzenden Funkaufklärungsorganisation, die, ohne die Schlüssel zu knacken, die Gliederung der deutschen Luftwaffe durch die Untersuchung der Rufzeichen und das viel aussagende Muster des Funknetzes erkannte. Das Studium der deutschen Luftwaffe war wahrhaft gründlich zu nennen. Die Beurteilung ihrer jeweiligen Gliederung war Aufgabe einer Sektion von Air Intelligence, die AI 3 b genannt wurde. Aber in einem durch Bandröhren beleuchteten unterirdischen Raum in der Horseferry Road in Westminster arbeitete eine kleine, AI 3 c genannte Einheit ständig an dem langfristigen Problem, die gesamte Struktur und Gliederung der deutschen Luftwaffe zu erkennen. AI 3 c bestand aus einer kleinen Gruppe von fähigen Männern wie dem Dozenten von Oxford, C. S. Emden, einem Flugzeugführer aus dem Ersten Weltkrieg. Sie erhielten ihre Unterlagen von Ultra, was einer von ihnen „die tägliche Ankunft von aufgestapelten Meldungen aus Bletchley nannte, die verstanden und auf irgendeine Weise analysiert und festgehalten werden mußten". (Als Emden Mitte 1941 zu dieser Gruppe kam, bat er um sechs oder acht Wochen Zeit, um das gesamte Ultra-Material von Anfang an durchzulesen, – was zugleich einen Maßstab für den Umfang dessen bildete, was Bletchley in seinen frühen Tagen herausbrachte).[4]

Alle diese verschiedenen Kategorien von Informationen – und ihr eigener Zugang von Fernschreiben aus Bletchley – wurden gleichermaßen der US Army Air Force in Britannien zugänglich gemacht, als das Ausmaß der Offensive in den Jahren 1942 bis 1944 stieg. Für die Tagbomber war gutes Wetter natürlich wesentlich. Daß General Spaatz den Beitrag Ultras auf diesem entscheidenden Gebiet anerkannte, wird durch Winterbothams Erinnerung an eine Einweisung erläutert:

„Wenn wir in einem der alten Klassenzimmer der berühmten Mädchenschule Wycombe Abbey, die jetzt US Hauptquartier war, saßen, beobachtete ich die Sorgfalt, mit der die Meteorologen die Wetterbedingungen bis zum Ziel und zurück umrissen. Ich freute mich, feststellen zu können, daß keiner sie fragte, woher sie das wüßten; aber wenn einer die Voraussage in Frage stellte, pflegte ‚Tooey' Spaatz mit einem Zwinkern in seinen klugen Augen, die hinter Gold beränderten Gläsern versteckt waren, zu mir herüberzusehen und ruhig zu sagen: ‚Ich denke, Sie können sich darauf verlassen'."[5]

Für das Festlegen der Einflugschneisen für jene riesigen Flotten von Fliegenden Festungen und ihren Begleitschutz waren die Ultra-Informationen über die Möglichkeiten der deutschen Tagjäger offenkundig so unschätzbar wertvoll wie die gleiche Kenntnis über die Nachtjäger für die RAF. Nur auf dem Gebiet der Zielwahl unterschieden sich die Amerikaner von den Briten.

Dafür besitzen wir etwas, das wir eine eidesstattliche Versicherung von einem Richter des Obersten Gerichtshofes der Vereinigten Staaten nennen könnten. In einem Brief an den Autor schrieb Lewis Powell – einstmals Operational Intelligence Officer bei der Strategic Air Force:

„Da sich die deutsche Luftwaffe bei der Durchgabe von Meldungen und Befehlen fest auf die Enigma verließ, besaßen wir eine unschätzbare – und verläßliche – Quelle für ihre Gliederung: den Standort ihrer Kampf- und Jagdfliegerverbände und Gefechtsstände; Standortverlegungen; Stärkeangaben und Angaben über die Einsatzfähigkeit und manchmal über geplante Operationen der deutschen Luftwaffe. Sie lieferte auch Angaben über die Verluste der deutschen Luftwaffe in der Luft und am Boden. Die Ultra-Feindnachrichten waren nicht immer vollständig und wurden durch hervorragende Luftbildaufklärung ergänzt und erhärtet.

Aber Ultra war für die strategischen Bomberangriffe in bezug auf Zieldaten, die es lieferte, wichtig. Das war besonders bedeutend im Jahr 1944, als das vorrangige Ziel unserer strategischen Luftwaffenoperationen darin bestand, die deutsche Luftwaffe zu vernichten und die absolute Luftherrschaft zu erringen. Die Beurteilung des angerichteten Schadens, die für die Führung der strategischen Luftoperationen so wesentlich ist, wurde durch Ultra-Informationen enorm unterstützt. Das galt besonders für die beachtenswert erfolgreichen Angriffe gegen die deutschen Raffinerien zum Herstellen synthetischen Öles.

Durch den genialen britischen Geheimdienst, der Ultra möglich *gemacht hatte, wurden die Leistungen bei den Operationen der (alliierten) Luftwaffe ungemein unterstützt.“**

Die Ausschaltung der deutschen Luftwaffe war sicher ein Hauptziel beim Präludium zur Invasion, denn Eisenhower erklärte die Luftüberlegenheit über dem Schlachtfeld zu einer der wesentlichen Voraussetzungen für den Angriff am Tage X, während das tatsächliche Fehlen feindlicher Flugzeuge am 6. Juni 1944 in beträchtlichem Ausmaß zum Erfolg der Landungen beitrug. Ultra und die USAAF arbeiteten Hand in Hand. Das ging etwa wie folgt. Die Fliegenden Festungen wurden gegen einen Flugplatz oder einen Flugplatzkomplex von bekannter Stärke angesetzt. Die zu ihrer Verteidigung eingesetzten Jäger wurden dezimiert und ihre Start- und Landebahnen mit Bombenlöchern übersät. Mit Hilfe von Ultra wurde das Ausmaß des Schadens überwacht, der Fortschritt der Reparaturarbeiten sorgfältig festgehalten, die Ersatzstaffeln erkannt und dann, wenn der Flugplatz wieder fertig und mit neuen Flugzeugen belegt war, erfolgte im Handumdrehen ein neuer Angriff der Fliegenden Festungen. Das gleiche System half das Programm zur Zerschlagung der deutschen Ölindustrie zu intensivieren. Ein schwerer Luftangriff trifft die Einrichtungen in Leuna. Aus mehreren Quellen, wie etwa vom Technischen Hilfswerk Albert Speers erhält Ultra deutsche Schadensbeurteilungen, und mit Hilfsmaßnahmen, wie der Luftbildaufklärung, überwacht es den Fortschritt der Reparaturarbeiten, so daß, wenn die Produktion gerade wieder auf tolerierbarer Ebene ist, die Fliegenden Festungen erneut angreifen können. Wenn wir die Operationen von Spezialverbänden, wie der 617. Squadron, den für Angriffe auf Dämme vorgesehenen Verband, ausnehmen, bestand die Aufgabe des Bomber Command im wesentlichen darin, große Stadtgebiete in Schutt und Asche zu legen. Aber von Anfang an besaß das Verfahren der USAAF, das sogenannte Pökelfaß-Bombenwurfverfahren bei Tage mit seinen komplizierten Zieleinrichtungen Wendigkeit und Präzision. Ultra half dabei in der Praxis jene furchtbare Wirkung herzustellen, die, wie Richter Lewis Powell es nannte, „unmeßbar war“.

Obgleich die vereinigte Bomberoffensive im wesentlichen der Vorbereitung diente, war sie dennoch ein Ereignis, das dramatisch und eindrucksvoll das Interesse der Öffentlichkeit auf sich zog.

---

* *kursiv durch den Autor.*

Die Schwärme von Flugzeugen, die nach Deutschland flogen, die Fotografien der vom Feuer zerstörten Städte, die schrecklichen Verlustlisten der alliierten Besatzungen und der feindlichen Zivilbevölkerung hatten eine direkte und unmittelbare Bedeutung für die freie Welt, für die wartenden Millionen in den besetzten Ländern, für die Deutschen und sogar für die Russen. Jedem sichtbar wurde Hitlers Reich in Schutt und Asche gelegt. Aber es wurden auch andere Vorbereitungen getroffen, die so geheim waren, daß ihr Umfang und ihre Bedeutung erst jetzt allmählich bekannt werden. Zwei Dinge sind jedoch gewiß: Ihre Auswirkung auf die Invasion in der Normandie im Jahre 1944 war entscheidend, und ohne Ultra wäre das Ganze unmöglich gewesen.
Die Entwicklung erstreckte sich über eine lange Zeit. Tatsächlich liefert das Studium der beiden wichtigsten dieser geheimen Operationen eine eindrucksvolle Antwort für jene, die behaupteten, Churchill und seine Berater hätten nicht die Absicht, die Rückkehr nach Europa zu wagen. Denn während ihr zentraler Zweck darin bestand, die Invasion zu unterstützen, und während sie auf höchster Ebene in Whitehall genehmigt und überwacht wurden, vollzog sich ihr allmähliches Wachsen bis zum höchsten Punkt der Leistung im Sommer 1944 über eine Periode von mehreren Jahren. Sie beruhten tatsächlich auf einer gezielten Absicht.

Die erste dieser Aktivitäten bestand in der Organisation der strategischen Täuschung, deren zentrale Führung bei einer kleinen Einheit lag, die sich London Controlling Section nannte. Nur wenige wußten während des ganzen Krieges, daß es sie überhaupt gab. Ihr Führer war Colonel John Bevan. Die zweite dieser Aktivitäten, die am Tage X ihre Früchte bringen sollte, bestand aus dem „Umdrehen" von in Britannien befindlichen deutschen Spionen, so daß sie in der uralten Rolle der Doppelagenten benutzt werden konnten. Sie hatten dann an ihre Herren von der deutschen Abwehr Sprüche zu funken, deren Inhalt von den Briten diktiert wurde. Dieses Täuschungssystem lag in den Händen einer Abteilung von MI 5, die B 1 A genannt und von Lieutenant Colonel T. A. Robertson geführt wurde. Bevan und Robertson haben dem Autor gegenüber gemeinschaftlich bezeugt, daß das große um die Deutschen gesponnene Täuschungsnetz ohne Ultra niemals hätte fertiggestellt werden können. Doch ohne ihre Anstrengungen hätte *Overlord* zu einem Desaster werden können.[6]
Die taktische Täuschung beruht auf der Irreführung des Feindes über die eigenen Absichten innerhalb einer bestimmten Kampf-

zone. (Ein gutes Beispiel sind die Fahrzeug- und Panzerattrappen, die falschen Wasserpipelines und andere Vorrichtungen, die benutzt wurden, um Rommel bei Alamein davon zu überzeugen, daß Montgomery seinen Angriff im Süden und nicht im Norden ansetzen würde). Bei der operativen und strategischen Täuschung besteht das Ziel darin, den Gegner glauben zu machen, die wirkliche Schlacht würde an einem gänzlich anderen Ort, ja sogar in einem ganz anderen Land geschlagen. Sie schafft durch Suggestion oder Simulation eine imaginäre Bedrohung, durch die der Feind veranlaßt wird, starke Kräfte aus dem Raum abzuziehen, in dem bald etwas geschehen soll, und nach einem Gebiet zu verlegen, in dem überhaupt nichts geschehen wird. Das Ausmaß einer solchen Täuschungsmaßnahme in einem Weltkrieg kann offenkundig ganze Kontinente einschließen und sogar weltweit werden. General Wavell schrieb bereits 1940 eine bahnbrechende Arbeit, in der er behauptete, solche Pläne sollten „nicht nur die höchste Wirkung auf dem eigenen Kriegsschauplatz haben, sondern auch mit dem allgemeinen Feldzugsplan auf anderen Kriegsschauplätzen übereinstimmen". Der Platz für eine solche Koordination, so behauptete Wavell, mußte sich unter den Augen der Chiefs of Staff in London befinden.

Wavells Gedanken sprossten weiter, und das zu Recht, denn auf seinem eigenen Kriegsschauplatz im Mittleren Osten entwickelte der „*A-Force*" genannte Täuschungsverband unter Brigadier Dudley Clarke sich weiter und zeichnete sich in hervorragender und erfolgreicher Weise sowohl auf taktischer Ebene als auch im Rahmen der operativen und strategischen Täuschung in der Kunst, Verwirrung zu stiften, aus. Die überzeugenden Anstrengungen der „*A-Force*" waren z.B. mit Sicherheit ein Hauptgrund, daß Hitler wegen einer gänzlich fiktiven Invasionsdrohung eine unnötig starke Zahl von Divisionen auf dem Balkan behielt. Dudley Clarke war, wie man zu sagen pflegte, ein Armeekorps wert. Aber das volle Netz der operativen und strategischen Täuschung konnte eher in London als in Kairo von zentraler Stelle aus gehandhabt werden, und daher wurde im Oktober 1941 die London Controlling Section geschaffen. Zuerst stand an ihrer Spitze Colonel Oliver Stanley, ein konservativer Politiker und früherer Minister, doch sein Herz war nicht bei der Sache und auch sein Kopf war nicht am besten dafür geeignet. Im Jahr 1942 folgte ihm John Bevan, ein Effektenmakler mit großen Verbindungen, der bereits große Erfahrungen bei der Geheimdienstarbeit in beiden Weltkriegen erworben hatte.

In seinem Buch *Bodyguard of Lies* schrieb Anthony Cave Brown: „Seine Ernennung zum leitenden Offizier der LCS hielt sich in der Tradition dieser Dienststellung; es war ein Job für einen Aristokraten. Denn die LCS wurde abwechselnd von einem Sohn des Earl of Derby, von einem Bruder des Earl of Scarborough und nun von Bevan, der durch Heirat Mitglied der Familie des Earl of Lucan und durch seine Mutter mit den Viscounts Hampden und den Herzögen von Buccleuch verbunden war". Aber das sind nur große Worte. Die Dienststelle besaß keine große Tradition, weil sie 1942, als Bevan sie übernahm, noch kaum existierte. Daß etwas getan werden mußte, war klar – Wavell hatte das ganz deutlich gemacht –, aber bis dahin wußte niemand genau, was zu geschehen hatte. Nach seiner Ernennung hatte Bevan die größten Schwierigkeiten, von den Chiefs of Staff eine genaue Definition seiner Funktionen und Verantwortlichkeiten zu erhalten. Sie kamen erst, als er sich an die Arbeit machte, und was er tat, war genausowenig das Resultat einer aristokratischen Job-Reiterei wie die Zugehörigkeit seines Schwagers Harold Rupert Leofric George Feldmarschall Alexander und Sohn des 4. Earl of Caledon zum Oberkommando der anglo-amerikanischen Armeen auf dem Kriegsschauplatz im Mittelmeerraum. Mit fortschreitendem Krieg zählten Verdienste mehr als aristokratische Wappen.

Das kleine, von Bevan geführte Team bei der LCS war in der Tat weniger aristokratisch als vielmehr fähig. Gewiß, es war gemischt zusammengesetzt: Zu ihm gehörten Major Ronald Wingate, ein ehemaliger Beamter in Indien mit ungeheurer Erfahrung auf dem Gebiet des Geheimen Nachrichtendienstes und der Politik in Indien und im Mittleren Osten, Dennis Wheatley, der seine Imaginationsgabe von der Herstellung von Bestsellerromanen auf die Interpretation der deutschen militärischen Denkweise verlagert hatte, Derrick Morley, ein Finanzmann, und Harold Peteval, der als „der Manager einer Seifenfabrik" beschrieben wird. Einige arbeiteten auf dem Gebiet der geheimen Nachrichtenbeschaffung und Planung, andere auf dem der Organisation. Es ist ein Maßstab für Bevans ungeheuren Respekt für Ultra und seine intensive Sorge um dessen Sicherheit, daß er sogar innerhalb seiner zugeknöpften und streng geheimen Einheit nur den wenigen, die Pläne und Feindnachrichten bearbeiteten, den Zugang zu Ultra-Meldungen erlaubte. Die Sicherheitsbestimmungen, daß nur derjenige etwas wissen durfte, der etwas „wissen mußte", wurden rücksichtslos angewandt.

Die Prinzipien, nach denen die LCS arbeitete, waren so alt wie der Krieg selbst. Was Bevan und seine Einheit dazu mitbrachten, waren Raffinesse und Feinheit. Aber alle Hauptelemente ihrer Arbeitstechnik können z.B. aus dem folgenden Bericht über eine Episode aus dem Amerikanischen Bürgerkrieg abgelesen werden, als zur Zeit der Schlacht von Gaine's Mill im Jahr 1862 Robert E. Lee dafür sorgen mußte, daß die Masse der Unionsarmee unter McClellan aus dem Kampf herausgehalten wurde. General John B. Magruder führte die Täuschungsmaßnahmen aus.
„Während des ganzen Tages spielte Magruder die Rolle eines Generals, der gerade einen entscheidenden Angriff ansetzen will. Seine Plänkler und Spähtrupps waren ständig aktiv, seine Batterien vollzogen laufend Feuerüberfälle. In offenem Gelände im rückwärtigen Gebiet, wo die Yankees sie sehen konnten, hielt er Gruppen von Männern in Bewegung, und mit Trommeln, Hörnern und durch laut gegebene Befehle verursachte er die Geräusche in den Wäldern, die sich wie das Geräusch von starken, sich bereitstellenden Armeen anhörten, – und das Ganze führte zum Ziel.
Es führte zum Ziel, zum Teil weil Magruder in solchen Dingen ganz groß war, und zum Teil, weil die Führung der Bundestruppen unglücklicherweise von dem Glauben besessen war, Lee hätte zahlenmäßig weit überlegene Kräfte unter seinem Kommando. Das war eine große Selbsttäuschung, die andere Selbsttäuschungen nach sich zog.“[7]
Hitler und sein Oberkommando von den wahren Absichten der Alliierten abzulenken, ihnen großartige und tödliche Selbsttäuschungen einzuflößen und eine Bedrohung dort auf überzeugende Weise zu schaffen, wo tatsächlich keine bestand, war genau die Aufgabe der London Controlling Section.
Zur Verbreitung dieses Giftes diente die Section B 1 A von Colonel Robertson. Es war eine „bereits lang bestehende Firma“, deren Grundlagen schon 1940 in wirksamer Weise gelegt worden waren. Während der zweiten Hälfte jenes Invasionsjahres machte das Hauptquartier der deutschen Abwehr, die Hamburger *Stelle*, die direkt mit der Infiltration von Agenten nach Britannien befaßt war, heftige, aber vergebliche Versuche, Agenten abzusetzen. Einige kamen mit dem Fallschirm, einige über die See, einige versuchten, sich als Flüchtlinge oder neutrale Geschäftsleute einzuschmuggeln. Alle wurden gefaßt. Diejenigen, die sich weigerten, sich umdrehen zu lassen und Doppelagenten unter Führung von B 1 A zu werden, wurden gefangengenommen und hingerichtet.

Spätestens Anfang 1941 hatten die Briten das deutsche Spionennetz fest im Griff und lockerten diesen Zugriff später nie wieder. Nun begann das große Spiel, das sich in seiner Subtilität ständig weiter ausbreitete und seinen Höhepunkt während der Periode des Tages X erreichte. Jene Agenten, die sich gefügig erwiesen, wurden jeder unter der sorgfältigen Einzelüberwachung eines für den besonderen Fall eingesetzten B 1 A-Offiziers dazu benutzt, Funkmeldungen an ihre Herren von der deutschen Abwehr in Hamburg, Madrid oder Lissabon (jenen internationalen Brennpunkt des Geheimdienstkrieges) zu funken. Diese Meldungen enthielten eine hübsche Mischung aus harmlosen Tatsachen und einem klug berechneten Maß von Falschinformationen. Einige der Agenten waren tatsächlich Gegner der Nazis und bereit, mitzuarbeiten. Die Besten von ihnen und die cleveren Leute in der Sektion B 1 A machten das System zur Irreführung der deutschen Abwehr – und damit des deutschen Oberkommandos – enorm fruchtbarer, indem sie Unteragenten erfanden, die angeblich an Schlüsselpunkten in Britannien arbeiteten. Auch diese sandten Funkmeldungen nach Deutschland, die die deutsche Abwehr glücklicherweise schluckte. Dabei gab es einen wichtigen psychologischen Faktor, den B 1 A zu seinem Nutzen ausbeuten konnte. Viele der deutschen Führungsoffiziere der Spione *wollten* tatsächlich an die Vertrauenswürdigkeit ihrer Agenten und die Gültigkeit ihrer Meldungen glauben, denn das Manipulieren einer fruchtbaren Nachrichtenquelle schlug in der nachlässigen deutschen Art zu ihrem persönlichen Vorteil aus. Während die britische Haltung in dieser dunklen Unterwelt aus ständig wacher Skepsis bestand, waren die Deutschen nur zu oft leichtgläubig und ließen alles laufen. Während die Effizienz der deutschen Abwehr durch die eigenen inneren Rivalitäten und den Egoismus einzelner Offiziere vermindert und verzerrt wurde, bestand noch eine tiefere Spaltung innerhalb der deutschen Kriegsorganisation zum Nutzen der mit der Täuschung beauftragten Briten. Das war der ständige Kampf zwischen der deutschen Abwehr unter Admiral Canaris selbst und dem „Staat im Staat“, der SS, den Heinrich Himmler in seiner Eigenschaft als Reichsführer SS und Chef der deutschen Polizei ständig weiter ausdehnte. Himmler strebte die Vormacht an. Wie jetzt sicher feststeht, verfolgte Canaris sein privates Ziel, den Sturz Hitlers und das Ende des Nationalsozialismus, wofür er mit seinem Leben bezahlen sollte. Diese Reibung im inneren Kern der Feindnachrichten sammelnden Maschinerie bedeutete, daß einzelne Nachrichten oft heraufgespielt wurden, nicht etwa, weil sie auf ihre Genauigkeit hin peinlich exakt überprüft worden wären, sondern weil sie als Erstmeldungen zum Erzielen von Erfolgen und Vorteilen in dem Clinch zwischen den wichtigsten deutschen Sicherheitssystemen dargeboten werden konnten.

Um die Anstrengungen von Bevan, Robertson, Clarke und ihren Kollegen in der rechten Perspektive zu behalten, ist es dennoch notwendig, sich daran zu erinnern, daß es auch einschränkende Faktoren gab, die gewiß von Zeit zu Zeit ihre Täuschungsversuche durchkreuzten. Die Tendenz der deutschen Agenten, Meldungen abzusetzen, die weniger genau waren, dafür aber wahrscheinlich ihr Prestige förderten, erzeugte selbstgemachte, unzuverlässige Behauptungen und Gerüchte, die mit falschen Informationen aus London und Kairo im Wettstreit standen. So sahen sich die Briten stets der folgenden Gefahr gegenüber: Wenn es in Deutschland eine Nachrichtendienststelle gegeben hätte, die in der Lage gewesen wäre, kühl und objektiv auszuwerten, wären ihre Mitglieder so daran gewöhnt worden, unzuverlässige Berichte zu bezweifeln, das Täuschungsmaterial, das ihnen durch die Dienststellen des LCS und B 1 A in die Hände gespielt wurde, als noch größerer Unsinn abgetan worden wäre.

Und es gab einen solchen Stab. Verglichen mit der deutschen Abwehr und Himmlers Imperium herrschte deutlicher Professionalismus bei *Fremde Heere West,* der Abteilung des Nachrichtendienstes des Generalstabes, die die Aufgabe hatte, die Stärke und Absichten der anglo-amerikanischen Streitkräfte zu beurteilen (ihr Gegenstück *Fremde Heere Ost* unter dem ambivalenten General Gehlen hatte dieselben Aufgaben den Russen gegenüber). An der Spitze von *Fremde Heere West* stand von 1943 an Oberst Frhr. Alexis von Roenne. Über diesen ernsten und seiner Aufgabe ergebenen Preußen berichtete sein Vorgänger im Amt, General Liss, „er hätte eine Vorstellung von politischen und militärischen Angelegenheiten, die dem Genialen verwandt wäre. Er hatte einen klaren und realistischen Verstand und war in der Lage, blitzschnell Entscheidungen zu treffen."

Es war daher unvermeidlich, daß eine Abteilung unter Führung eines so ausgezeichneten Offiziers bei der Auswertung britischer Täuschungspläne manchmal nicht mit ausreichender Überzeugungskraft auftrat. Roennes Urteile waren natürlich durch die Tatsache bedingt, daß auch er zur Opposition gegen Hitler gehörte; nach dem Mordversuch vom 20. Juli 1944 wurde er hingerichtet. Vorher schrieb er an seine Mutter, er werde sterben wie der Übeltäter am Kreuz zur Seite Jesu. Zweifellos beeinträchtigten gelegentlich und besonders vor dem Tage X seine subjektiven Neigungen seine Objektivität. In anderen Worten ausgedrückt, paßte es ihm manchmal, das als wahr anzunehmen, von dem er wußte oder vermutete, daß es falsch war. Und doch gab es dabei ein inhärentes Risiko, und die sorgfältige Nachprüfung der deutschen Dokumente nach dem Kriege hat bestätigt, daß nicht alle Erfindungen des alliierten Täuschungsteams von *Fremde Heere West* geschluckt wurden. Aber im Krieg spielt nur die wirkungsvolle Konzentration der Kräfte am entscheidenden Punkt eine Rolle. Während der großen Operationen, bei denen die Täuschungsmaßnahmen lebenswichtig waren, war deren Erfolg absolut. Versuche und Irrtümer mögen von Frustration und Fehlschlägen begleitet gewesen sein, aber schließlich ist die Schlacht Zahltag. Die Alliierten landeten sicher am Tage X.

Der geduldige, auf lange Sicht berechnete Aufbau gewisser Doppelagenten im Wettlauf mit der Zeit, zu der sie als wirkungsvolle geheime Waffen bei der Invasion Europas eingesetzt werden konnten, mag durch zwei klassische Beispiele erläutert werden. Das erste betrifft den Mann mit dem Decknamen „Tate“, der im September 1940 mit dem Fallschirm über England absprang, umgedreht und darauf mit einer entsprechenden Erfolgsliste bis zur letzten Minute eingesetzt wurde, als ein paar Stunden vor der Wegnahme Hamburgs am 2. Mai 1945 seine Herren und Meister ihm über Funk befahlen, in Verbindung zu bleiben. Während dieser beiden Daten hatten die Deutschen ihm für seine „Anstrengungen“ das Eiserne Kreuz I. und II. Klasse verliehen. Wie wir noch sehen werden, war seine Rolle in den Tagen vor den mit dem Tage X verbundenen Täuschungsmaßnahmen von höchster Bedeutung.

Später, im Jahre 1945, hatte „Tate“ einen bemerkenswerten Einzelerfolg. Die deutschen U-Boote benutzten nun den Schnorchel, eine Atemvorrichtung, die sie in die Lage versetzte, während des Aufladens der Batterien oder der Einnahme von Frischluft unter Wasser zu bleiben. Vor der Südküste Irlands sind die Konturen des Seebodens so, daß deutsche U-Boote mit Hilfe ihrer Echolote und Schnorchel beträchtliche Entfernungen getaucht fahren konnten, – und das auch taten. Das war ein ideales Gebiet für ein Minenfeld, aber kein Minenleger stand zur Verfügung. „Tate“ wurde daher von B 1 A benutzt, um der deutschen Abwehr in Hamburg eine Information aus erster Hand von einem erfundenen „Freund, der Minen verlegte“, über „ein neues tiefes Minenfeld“ vor der irischen Küste zukommen zu lassen. Ein reiner Zufall verschaffte den Deutschen eine Bestätigung dieser Information. Ein deutsches U-Boot fuhr auf eine Mine, die sich aus der Verankerung gerissen hatte. Seine Überlebenden landeten in der Republik Irland, und Berichte des Roten Kreuzes über sie verschafften der Geschichte Gültigkeit. Daher ging sehr bald darauf ein Ultra-Funkspruch beim Submarine Tracking Room in der Admiralität ein. Es war der Text eines besonderen Operationsbefehles des Befehlshabers der U-Boote, der allen deutschen U-Booten verbot, in einen verbotenen Raum südlich Irlands einzulaufen; – es handelte sich um einen Raum von 3600 Quadratmeilen, der nun nicht mehr von den gefährlichen Schnorchel-U-Booten befahren werden durfte und für die alliierten Geleitzüge auf ihrem Weg durch die westlichen Zufahrten sicher war. Der minenverlegende „Tate“ ist ein vorzügliches Beispiel für die harmonische Zusammenarbeit von Ultra und den Doppelagenten.[8]

Aber noch bemerkenswerter ist der Fall des Spaniers mit dem Decknamen „Garbo“. Eine Schlüsselfigur bei B 1 A war Sir John Masterman (später Vizekanzler der Universität Oxford), der im Jahre 1972 den Bericht der Abteilung unter dem Titel *The Double-Cross System* veröffentlichte, den er für MI 5 unmittelbar nach dem Krieg schrieb. Es ist ein Bericht über die Geschichte der Doppelagenten, dessen Glaubwürdigkeit nicht seinesgleichen besitzt. „Kenner der Verratsszene“, erklärte Masterman, „haben den Fall ‚Garbo‘ stets als das hervorragendste Beispiel ihrer Kunst angesehen.“ Gewiß hatte „Garbo“ einen guten Start. Als MI 6 ihn im April 1942 aus Lissabon nach England einschmuggelte, hatte Ultra kurz zuvor gemeldet, daß der Befehlshaber der deutschen U-Boote sich auf das Abfangen eines großen Geleitzuges vorbereitete, der von Liverpool nach Malta lief. Tatsächlich war der Geleitzug von A bis Z eine Erfindung „Garbos“! Er bildete einen Teil des kunstvollen Spiels, das er während der letzten neun Monate mit der deutschen Abwehr gespielt hatte, in denen er sie zu ihrer völligen Zufriedenheit mit einem Strom von angeblichen Augenzeugenberichten aus den britischen Inseln belieferte. In Wahrheit hatte er sie in Lissabon anhand „eines Blauen Führers, einer Karte von England, und eines zur Zeit gültigen Eisenbahnfahrplans, durch magere Blütenlesen aus portugiesischen Bücherständen ergänzt“, ausgeheckt.

Im Juni 1944 erhielt „Garbo“ (der im folgenden Dezember die Ernennung zum Mitglied des Ordens vom Britischen Empire erhielt) auch das Eiserne Kreuz. Es gab einige Schwierigkeiten mit seiner spanischen Staatsangehörigkeit, und die langen Bitten der deutschen Abwehrstelle in Madrid zu seinen Gunsten in Berlin stellte eine prächtige Ironie dar. „Die außergewöhnlichen Erfolge von ‚Garbo' sind durch sein ständiges vollkommenes und ausdrückliches Vertrauen zum Führer und zu unserer Sache möglich geworden." Hitler mußte in der Tat für vieles dankbar sein. Bald nach „Garbos" Ankunft im Jahre 1942 baute er ein Team aus einem halben Dutzend imaginärer Unteragenten auf. Im Frühjahr 1944 war er bereits „Chef einer Organisation, die 14 aktive Agenten und 11 gut plazierte Kontaktpersonen, darunter besonders einen beim Informationsministerium umfaßte. Mit Ausnahme ‚Garbos' selbst bestanden sie alle nur in der Einbildung, aber die Deutschen trauten ihnen völlig. Er hatte sich auch einen Stellvertreter und einen Ersatzfunker beschafft und seine wichtigsten Gehilfen in Glasgow, Methil*, Harwich, Dover, Brighton, Exeter und Swansea untergebracht."

Im Jahre 1945 wurde sein Wirkungskreis noch größer. Er sann sich aus, daß eine seiner Erfindungen, eine britische Marinehelferin, zu Lord Mountbattens South East Asia Command in Ceylon versetzt wurde, Ihre „Berichte" an „Garbo" – die natürlich in London zusammengestellt wurden – gingen zuerst an die deutsche Abwehr und dann über den japanischen Militärattaché in Berlin nach Tokio. Da die Alliierten die Funksprüche der Berliner Botschaft nach Japan entziffern konnten, lieferten sie damit eine nützliche Überprüfungsmöglichkeit.

Neben Assen wie „Tate" und „Garbo" führte B 1 A ungefähr 120 Doppelagenten in seinen Büchern. Einige waren unwichtig, und ein paar wurden von Stationen im Ausland wie Irland und Kanada geführt. Aber der große Umfang der Organisation, den sie in ihrem Reifungsprozeß annahm, und der gewaltige Austausch von Funksprüchen zwischen den Agenten und ihren Führungsoffizieren bei der deutschen Abwehr auf dem Kontinent bildeten zwei ständige Probleme für Colonel Robertson und die anderen Offiziere, die dafür verantwortlich waren, daß das System unter völliger Geheimhaltung arbeitete. Wie konnte man das System unter Kontrolle halten? Das heißt, wie konnte B 1 A in die Gedankenwelt der deutschen Abwehr eindringen und sich dort halten? Wie konnte es wissen, wie die Abwehr sowohl auf die echten als auch auf die falschen Informationen, die ihr zugeleitet wurden, reagier-

* Methil an der Nordküste des Firth of Forth war gut für die „Beobachtung" der Bewegungen von Schiffseinheiten gelegen.

te? Wie erhielt es im voraus Kenntnis von deutschen Plänen, neue Agenten in Britannien einzusetzen? Wie konnte es verdächtige Personen aufspüren und Schwierigkeiten vorausahnen? Weiter gab es eine sogar noch delikatere Frage: Wie und mit wessen Vollmacht konnten Entscheidungen getroffen werden über Wahrheiten, die vielleicht verbreitet, und Lügen, die unterschoben werden mußten?
Eine bestimmte verläßliche Kontrollquelle bestand bei den tatsächlich ausgetauschten Funksprüchen. Die Antworten der deutschen Abwehr auf die Berichte ihrer Agenten, die Art von Fragebögen, die sie ihnen als Grundlage für weitere Berichte sandte, und gerade der Ton ihrer Antwort waren beweiskräftig. (Natürlich waren auch das Wesen und die Zeitsetzung für ihre Anfragen unschätzbare Anleitungen, die zu den laufenden deutschen Vorstellungen über solche Dinge wie alliierte Truppen- oder Geleitzugbewegungen, Standorte von Flugplätzen oder Fabriken, technische Neuerungen usw. hinführten. Sie halfen dem britischen Oberkommando und besonders den Offizieren, die mit Täuschungsmaßnahmen befaßt waren). Aber all das beinhaltete der Dialog zwischen der deutschen Abwehr und ihren Agenten. Mit Hilfe von Ultra konnte die deutsche Abwehr abgehört werden, wenn sie mit sich selbst sprach.
Mehr als zwei Jahre lang vom Ausbruch des Krieges an widerstand der geheimste Funkverkehr der deutschen Abwehr Bletchley, denn die Enigma-Maschine der deutschen Abwehr unterschied sich in gewissen wichtigen Einzelheiten vom Standardmodell. Handverschlüsselte Funksprüche wurden tatsächlich mitgelesen, aber erst im Winter 1941 fand die Abteilung ISK in Bletchley Zugang zum deutschen Abwehr-Enigma-Schlüsselbereich. Das war entscheidend. Alle Hauptfunklinien des deutschen Abwehrfernmeldenetzes, das die wichtigsten Operationsbasen wie Hamburg und Madrid oder Istanbul verband, benutzten den Enigma-Schlüssel. Es waren die „Zweigverbindungen" zu weniger wichtigen Außenstationen, auf denen gewöhnlich handverschlüsselt wurde. Die nun mit Hilfe von ISK zur Verfügung gestellten entzifferten Funksprüche versetzten so B 1 A und LCS in die Lage, ohne einen Schatten von Zweifel genau zu erkennen, wie die deutsche Abwehr auf gewisse eingeschmuggelte Falschmeldungen antwortete, wie sie Argwohn gegenüber einem der umgedrehten oder erfundenen Agenten schöpfte oder einen Plan zum Einschmuggeln eines frischen Agenten aufbaute. „Die schließliche Bestätigung für die Annahme, daß wir das Ganze kontrollierten",

schrieb Sir John Masterman, „kam mit der Zeit durch das Studium der Geheimquellen". Mit Geheimquellen meinte er Ultra. Wäre sein Buch ein paar Jahre später als 1972 veröffentlicht worden, so hätte er das so ausgedrückt. Für Colonel Bevan waren diese von Ultra entzifferten Nachrichten von so lebenswichtiger Bedeutung, daß er darüber eine persönliche Akte in seiner Dienststelle zum privaten Studium und zur privaten Bezugnahme führte.

Diejenigen, die damit befaßt waren, Nachrichten der deutschen Abwehr zu bearbeiten, nachdem sie entziffert worden waren, umfaßten nicht weniger als drei zukünftige Professoren – Sir Denys Page, Regius-Professor für Griechisch in Cambridge von 1950 bis 1973 und Master des Jesus College, L. R. Palmer, Professor für vergleichende Philologie in Oxford von 1952 bis 1971, und Hugh Trevor-Roper, Regius-Professor für Moderne Geschichte in Oxford seit 1957. Bevor sie Bletchley verließen, befaßten sich Page und Palmer mit der Auswertung von entzifferten Funksprüchen. Trevor-Roper wirkte schließlich nach bizarren Manövern innerhalb von MI 6 (seine Mitgliedschaft bei dieser Organisation wird zum Teil aber mit beißender Schärfe in dem Buch *The Philby Affair* beschrieben) als eine Art zentrale Filter- und Bezugsstelle für Nachrichten von der deutschen Abwehr. Er erhielt alle Ultra-Informationen. Bevan, Robertson und ihre Dienststellen verließen sich ständig auf ihn und respektierten ihn. Das hätte auch nicht so sein können, denn als die Schlüssel der deutschen Abwehr geknackt wurden, behaupteten Elemente bei MI 6 scheinbar einleuchtend, die Bearbeitung von Feindnachrichten müßte allein ihre Angelegenheit bleiben, da das Fertigwerden mit deutschen Agenten ihr besonderes Arbeitsgebiet wäre. Das hätte zu gewissen Einschränkungen führen können und anderen wesentlichen Benutzern wären diese Feindnachrichten vorenthalten worden. Glücklicherweise schuf Trevor-Roper mit beneidenswerter Geschicklichkeit für sich selbst eine unabhängige Position, und der zukünftige Regius-Professor für moderne Geschichte war damit in der Lage, eine tiefere Einsicht zu gewinnen.[9]

Aber die zweite schwierige Frage, die sich durch die Praxis der Täuschung des Feindes ergab, war eine Frage, die nicht von denjenigen beantwortet werden konnte, die unmittelbar mit der Planung und Durchführung von Täuschungsmaßnahmen befaßt waren–, das heißt, von LCS oder B 1 A. Der Einfall, die Deutschen mit gerade so vielen Wahrheiten über die britische Bewaffnung, Industrie und Absichten zu versorgen, daß sie sie als echt akzeptierten, und die Lügen, die sie ebenso erhielten, waren ein Betrug von so ungeheurer Wichtigkeit für die große nationale Politik, daß kein Oberst an der Spitze einer Sondereinheit in der Lage war, solche Entscheidungen allein zu treffen. Die Lösung wurde auf eine typisch britische Weise gefunden: – Man bildete ein Komitee. Vom Januar 1941 bis zum Ende des Krieges traf sich das Zwanziger Komitee (oder XX für englisch Double Cross, d.h. Betrug) wöchentlich genau aus diesem Grund. „Der wesentliche Zweck dieses Komitees“ schrieb Masterman, der den Vorsitz führte, „war es zu entscheiden, welche Informationen unter Wahrung der eigenen Sicherheit an die Deutschen weitergegeben werden durften und welche nicht.“ In sehr passender Weise fand die erste XX-Konferenz im Gefängnis von Wormwood Scrubs statt. An ihr nahmen Vertreter von MI 5 (Robertson und Masterman), MI 6, der Admiralität, des War Office, des Air Ministry, der Home Forces und von zivilen Behörden teil. Als der Zeitpunkt der Invasion näherkam, hatten auch der Planungsstab für *Overlord*, COSSAC, und später Eisenhowers Oberstes Hauptquartier, SHAEF, eine Stimme in der Konferenz.

Eine Gruppe von dieser Stärke war gut gerüstet, um die Aktivitäten der Doppelagenten zu vergleichen und zu koordinieren, gefährliche Widersprüche in ihren Berichten zu verhindern und das Risiko zu beurteilen, das bei ihrem Einsatz zur Übermittlung echter Tatsachen an den Feind als Köder für Falschinformationen entstand. Wenn Verhaltensprobleme entstanden, die sogar auf dieser Ebene nicht zu lösen waren, so konnten mit Hilfe des Zwanziger Komitees Richtlinien und Anweisungen von „Genehmigungsbehörden“ auf ganz hoher Ebene erhalten werden. Es war keine Welt, in der Privatarmeen Unternehmen zur Befriedigung ihrer eigenen Gelüste durchführten. Dafür waren die Einsätze zu hoch. Das Ganze mag mühsam, ermüdend und frustrierend gewesen sein, aber die erfolgreiche Geschichte der britischen Täuschungsmaßnahmen im Zweiten Weltkrieg beruht auf der Tatsache, daß nicht eine einzige dieser Operationen ohne volle Rükkendeckung durch die leitenden Politiker oder, was ein grundlegendes Prinzip von Colonel Bevan war, ohne das Wissen und Einverständnis jener unternommen werden konnte, die tatsächlich im Kampf zu führen hatten.

B 1 A und LCS verfolgten Ziele auf lange Sicht. Das erste bestand darin, die Glaubwürdigkeit gewisser Agenten in den Augen der Deutschen lange Monate und Jahre hindurch geduldig aufzubauen, so daß beim Herannahen des Tages X die entscheidenden wichtigen Falschinformationen, die sie an die deutsche Abwehr funkten, ohne Verdacht geschluckt wurden. Das zweite bestand darin, das deutsche Spionennetz ständig in festem Griff zu haben, so daß zur Zeit der Invasion es keinen einzigen in Britannien frei herumlaufenden feindlichen Beobachter gab, der seinen Herren und Meistern genaue Berichte liefern konnte. Für diese doppelte Aufgabe war es offenkundig von unschätzbarem Wert, daß Bletchley den eigenen streng geheimen Fernmeldeverkehr der deutschen Abwehr zu entziffern vermochte. In hohem Maße ist dies die Erklärung dafür, warum sowohl Bevan als auch Robertson glaubten, sie wären ohne Ultra nicht erfolgreich gewesen.

Doch die Agenten, so wesentlich sie auch gewesen sein mögen, waren nur ein Werkzeug bei der Planung und Durchführung der strategischen Täuschungsmaßnahmen, deren grundlegender Zweck darin bestand, den Feind soweit zu bringen, daß er starke Kräfte an die falsche Stelle verlegte und dort stehen ließ, während man selbst an der richtigen Stelle angriff. Offensichtlich mußte man daher soviel wie möglich über diese starken Kräfte und über das, was der Feind mit ihnen beabsichtigt, wissen. Das ist nur eine allzu einfache Art, den Gedanken auszudrücken, daß die Täuschungspläne der Alliierten für den Tag X entscheidend von der genauen Kenntnis der deutschen Kräftegliederung und dem Standort ihrer Kräfte abhingen. Geradeso wie es für Harris und Spaatz lebenswichtig war, die Stärke und den Standort der Jagdflieger der deutschen Luftwaffe zu kennen oder für Montgomery und Alexander im Mittelmeerraum ein dem neuesten Stand entsprechendes Bild der ihnen gegenüberstehenden Armeen zu besitzen, so war es für den Täuschungsstab selbst ein zwingendes Gebot, die Gesamtverteilung der deutschen Streitkräfte einer ständigen Prüfung zu unterziehen. Diese letzteren Stäbe umfaßten die LCS, das XX-Komitee und die Operations B genannte Abteilung bei SHAEF, die vor *Overlord* einen Großteil der Einzelplanung für den Täuschungsplan bearbeitete. Gerade wie Ultra die militärischen Führer in der Schlacht mit Tatsachen und Zahlen über den Feind und seine jeweiligen Stellungen belieferte, so konnten die mit der Täuschung befaßten Stäbe durch Ultra die starken Kräfte überwachen, deren Aufmarsch sie zu manipulieren suchten.

Zum Beispiel hielt Hitler keineswegs aus Zufall in der Folge eine übergroße Zahl von Divisionen in Norwegen zurück, obgleich das technische Problem der Landung starker alliierter Invasionskräfte an dieser schwierigen Küste schrecklich war. Die Zahlen sprechen für sich selbst. Im November 1943, als sich immer noch nur 50 Divisionen in Frankreich und den Niederlanden befanden, standen 18 in Norwegen und Dänemark. Im Januar 1944 waren es 16. Im Januar 1945 standen immer noch 17 Divisionen müßig auf dem Abstellgleis in Skandinavien, als die Alliierten sich schon dem Rhein näherten. Darüber hinaus wurden die schweren Schiffe der deutschen Kriegsmarine regelmäßig von Hitler in norwegischen Häfen konzentriert, – und nicht nur als Bedrohung für die russischen Geleitzüge. Man hatte ihn dazu gebracht, das als wahr anzunehmen, was sogar Churchill nicht real befürworten durfte. Alle persönlichen und auf Fehlurteilen beruhenden Bemühungen des Premierministers, eine wirkliche Invasion Norwegens durchzuführen, wurden durch seine vernünftigen Chiefs of Staff durchkreuzt. Aber die Männer im OKW schluckten zusammen mit ihrem Führer den Köder, den die Täuschungsstäbe ausgelegt hatten, und glaubten, daß die Alliierten, während sie selbst nicht gewagt hatten, den Ärmelkanal zu überwinden, vor den Gefahren der breiten Nordsee nicht zurückschreckten.

Da Hitlers Geist von 1940 an von der falschen Vorstellung über die Bedeutung Norwegens besessen war, befanden sich die Täuschungsstäbe in der klassischen Lage, die General Magruder bei Gaines's Mill ausnutzte: Sie brauchten den Feind nur dazu zu bringen, daß er weiterhin glaubte, was er bereits glauben wollte. Als Einleitung wurde ein nützliches, obgleich nicht überaus bedeutendes Täuschungsspiel in der zweiten Hälfte des Jahres 1942 als Teil des Täuschungsplanes für die Landungen in Nordwestafrika bei der Operation *Torch* durchgespielt. Während des Jahres 1943 hielt Masterman in bezug auf Norwegen fest: „Sogar das beste Gedächtnis hätte Schwierigkeiten, sich genau daran zu erinnern, wann und wie oft unsere Agenten halfen, eine Drohung gegen jenes Land wirksam zu machen“. Zu allen Zeiten mußten die Täuschungsstäbe grundsätzlich wissen, und zwar sicher wissen, ob trotz ihrer Maßnahmen starke Kräfte aus Norwegen zum Einsatz an anderen Frontabschnitten abgezogen wurden oder ob solche Bewegungen nicht stattfanden.

Bei dieser Überwachung war Ultra von alles überragender Bedeutung. Es gab andere gute Quellen wie etwa die Nachrichtenverbindungen zwischen Britannien und der norwegischen Widerstandsbewegung (deren Wirksamkeit und Mut hervorragend waren) oder den britischen Militärattachés in Schweden, jenem traditionellen Land, in dem flüsternd Nachrichten ausgetauscht wurden. Ultra selbst lieferte konventionelle Informationen über die Kriegsgliederung, Ernennungen von Einzelpersonen, Waffenzu-

standsberichte usw. aus entzifferten Funksprüchen von deutschen Stärkemeldungen, die wie gewöhnlich stark durch die Funkverkehrsanalyse des „Y"-Dienstes, das Studium der Rufzeichen, die Funkpeilung und die routinemäßige Funkaufklärung unterstützt wurden. Aber die Geographie verlieh Ultra eine ganz besondere Stärke. Es gibt nur zwei Wege vom Kontinent nach Norwegen, den Luft- oder den Seeweg. Da Bletchley die meisten Schlüsselbereiche der deutschen Luftwaffe beherrschte, bedeutete dies, daß jeder umfangreiche Verkehr über die Luftbrücke durch den mit ihm Hand in Hand gehenden Funkverkehr verraten werden mußte. Für den Seeweg bedeutete der gleiche Erfolg von BP beim „Hydra"-Schlüsselbereich, daß kein größerer Truppengeleitzug ohne die unvermeidlichen Funksprüche in bezug auf die Minenräumung, die Geleitschutzfahrzeuge, Transportvorkehrungen an Land und viele andere Verwaltungsangelegenheiten, die die Aufmerksamkeit der London Controlling Section wachriefen, zusammengestellt und durchgeführt werden konnte.
Entsprechend dem berühmten Grundsatz von Sherlock Holmes über die Bedeutung des Hundes, der in der Nacht nicht bellte, bestand für die Täuschungsstäbe in London die bedeutungsvolle Tatsache darin, daß über Ultra vor und nach dem Tage X keine größeren Truppenbewegungen aus Norwegen gemeldet wurden. Darin lag der entscheidende Beweis, daß die Täuschungspläne wirkten. Darüber hinaus wurden später einsetzende Bewegungen augenblicklich festgestellt. Nach der Konferenz in Hitlers Hauptquartier am 22. Oktober 1944, auf der Weisungen für die Ardennenoffensive gegeben wurden, stellte das Operational Intelligence Centre der Admiralität rasch Hinweise darauf fest. Am 30. meldete Denning an den Ersten Seelord: „Die Schiffstonnage, die von Mitte Oktober ab vom Oslo-Fjord nach Dänemark fuhr, beläuft sich auf 97 000 Bruttoregistertonnen. Es wird geschätzt, daß dies ausreicht, um wenigstens eine Division aus Norwegen abzuziehen. Teile der 269. Infanteriedivision, die früher im Raum Bergen stationiert waren, sind während der letzten Tage an der Westfront erkannt worden und wurden offensichtlich seit Mitte Oktober von Norwegen nach Dänemark verlegt."[10] Bis zum 16. Dezember, dem Tag, an dem die Ardennenschlacht begann, meldete OIC wöchentlich über die anhaltende Südwärtsbewegung von Truppen aus Norwegen. Diese positive Feindnachricht aus der Zeit nach dem Tage X betont wie die negative aus der Zeit vor dem Tage X, wie gut durch Praxis und Können und mit Ultras Hilfe die Täuschungsstäbe es verstanden, den Deutschen falsche Vorstellungen

über eine Bedrohung der Nordflanke einzuflößen. Bletchley hatte tatsächlich ein Teleskop geschaffen, durch das man beobachten konnte, was der Feind tat oder nicht tat.
Darüber hinaus gab es weit davon entfernt im Süden ein anderes großes Gebiet, wo Realität und Phantasie verbunden wurden, um die Aufmerksamkeit der Deutschen darauf zu lenken: den Balkan. Hitler hatte tatsächlich gute Gründe, einen alliierten Angriff zu fürchten, den Verlust von Bauxit, Kupfer und anderen seltenen, aber wesentlichen Metallen, die Bedrohung für Ploesti und die lebenswichtigen Ölfelder, die Eröffnung von historischen Einfallsstraßen aus dem Mittelmeer in das Herz Europas. So war auch hier der Wille zum Glauben und eine Basis für die Wahrheit vorhanden, welche die Täuschungsexperten der *„A-Force"* des Oberkommandos Mittlerer Osten mit wachsender Glaubwürdigkeit zu falschen Vorstellungen verzerrten. (Einer von ihnen bemerkte: „Wahrheiten bilden nicht *die* Wahrheit"). Mit dem Einsatz echter und erfundener Doppelagenten (wie B 1 A in England) und genialen Techniken zur visuellen Täuschung (die meisterhaft von jenem früheren Meister der Zauberei, Jasper Maskelyne, beherrscht wurden) vervollkommneten sie ihre Künste während der Schlachten in den Feldzügen in Nordafrika. Im Sommer 1943 war daher *„A-Force"* beim Täuschungsplan für *Husky,* die Invasion Siziliens, in der Lage, massive Falschinformationen zu liefern, um den Papieren, die neben der Leiche von „Major Martin" an die spanische Küste bei der von London angesetzten Operation *Mincemeat* geschwemmt wurden, Gültigkeit zu verleihen. Von der Dienststelle des Kriegskabinetts ging an den in Washington weilenden Churchill der Funkspruch: *„Mincemeat* mit Haut und Haaren von den richtigen Leuten geschluckt, und aus bester Quelle sieht es so aus, als handelten sie danach." „Beste Quelle" war Ultra; aber die Deutschen antworteten nicht auf *Mincemeat* allein.
David Mure war einer der aktiven Täuschungsexperten in der *„A-Force"*. (Im Winter 1942/43 war er über Ultra belehrt und auf die „Liste des Premierministers" gesetzt worden, wobei er schwor, daß er niemals eine Kampfzone betreten oder die Geheimnisse weitergeben wolle, in die er eingeweiht worden war). Mure erinnert sich daran, wie das echte oder imaginäre Orchester von Doppelagenten zwischen dem Ende in Afrika und dem Tage X für *Husky* unter der Taktstockführung von *„A-Force"* seine irreführende Melodie zu spielen begann: – *„Käse* und seine Alliierten in Ägypten und auch in Tripolis, Algier und Casablanca, *Quecksilber, Pessimist, Demut* und *Wachsamkeit* in Syrien und Libanon,

Zitrone in Cypern richten die Wahrheit geschickt her und verwandeln sie in Lüge." Die Lüge war *Ferdinand,* der Täuschungsplan für Sizilien, in dem der Mann, den es niemals gab, seine posthume Rolle spielte. Ihr Ziel bestand darin, die Deutschen davon zu überzeugen, daß das wahre Ziel der Alliierten der Peloponnes, Rhodos, die Inseln im Dodekanes waren, die das Sprungbrett für den Einfall in Nordgriechenland und auf dem Balkan bildeten. Der Erfolg dieses Täuschungsplanes war derart, daß vor dem Beginn von *Husky* deutsche Verstärkungen nicht nach Sizilien, sondern genau nach Rhodos, dem Peloponnes, nach Kreta und Korsika verlegt wurden.

Die Spannweite und die Vielfalt der Tätigkeit von „*A-Force*", welche von Algier bis nach Bagdad ging, war so beträchtlich (und oft so komisch), daß nur eine ausschließlich der Täuschung gewidmete Geschichte ihr Gerechtigkeit widerfahren lassen könnte. Aber die Täuschungsmaßnahmen wirkten. Den wesentlichen Grund für ihren Erfolg bildete die gleiche Waffe, die Ultra in die Hände der Täuschungsstäbe in London legte, – das Eindringen in die Schlüsselverfahren der deutschen Abwehr. Hin und her auf dem Fernmeldenetz, das Deutschland mit den wichtigsten deutschen Abwehrstellen in Städten wie Sofia, Istanbul und Ankara und mit den kleineren Außenstellen im ganzen ostwärtigen Mittelmeerraum verband, ging ein ständiger Verkehrsfluß von Funksprüchen, den der deutsche Nachrichtendienst, gleich ob sie mit Enigma oder mit der Hand verschlüsselt worden waren, für sicher hielt. Aber Ultra hatte die Sicherheit zunichte gemacht. „*A-Force*" war demnach so gewappnet, daß sie durch ihre sorgfältig gepflegte Mischung von Doppelagenten und die Fähigkeit, aus den eigenen Quellen der deutschen Abwehr zu schöpfen, verfolgen konnte, was ihre Feinde *tatsächlich* dachten, vermuteten und planten.[11]

Während des sizilianischen Sommers von 1943 wurden jedoch die ersten Umrisse für die Pläne einer alliierten Rückkehr nach Nordwesteuropa durch einen Stab unter General Morgan, COSSAC (den Generalstabschef beim Obersten Alliierten Befehlshaber, den letzteren gab es noch nicht), ausgearbeitet. Als Churchill an Bord der *Queen Mary* mit seinen Chiefs of Staff zur Gipfelkonferenz in Quebec fuhr, nahm er den COSSAC-Plan zur Bestätigung mit sich, welche er von Roosevelt und den Joint Chiefs of Staff erhielt. Alles, was übrig blieb, war die einfache Tatsache, daß eine Million Schwierigkeiten überwunden und die „Invasion" (oder wie Eisenhower dies zu nennen vorzog, die „Befreiung")

Frankreichs und dann des gesamten westlichen Europas durchgeführt werden mußten. Ihr alles umfassender Deckname war nun *Overlord* und *Neptune* als Deckname für die ersten Landungen am Tage X. In der Rückschau schrieb Morgan in seinen Memoiren über die damalige Situation: „Immer gegenwärtig mußte das letzte Ziel sein, das darin bestand, daß der schließliche Schlag dort kommen mußte, wo der Feind ihn am wenigsten erwartete, zu einer Zeit, zu der er ihn am wenigsten erwartete, und mit einer Streitmacht, die seine gesamten Berechnungen über den Haufen warf."
Das bedeutete in der Praxis zunächst, daß, obgleich eine Landung in Nordfrankreich das offenkundige Ziel der Alliierten zu sein schien, die Deutschen dazu gebracht werden mußten, Angriffe an anderen Stellen – in Norwegen, auf dem Balkan – zu erwarten. Falls sie dennoch glaubten, daß die finsterste Bedrohung in einer Kanalüberquerung bestand, dann mußte man sie dazu bringen, zu glauben, daß „der schließliche Schlag" nicht entlang der Seinebucht und der Halbinsel Cotentin (wie beabsichtigt) fallen würde, sondern weiter im Norden am Pas de Calais, dessen Nähe zu Südostengland, wie es erscheinen mochte, den Alliierten eine kurze Überfahrt und gute Sicherung durch Jagdfliegerkräfte bot. Zweitens mußten die Deutschen glauben, daß der oder die Schläge einige Tage nach dem geplanten Tage X fallen würden. Drittens mußte der Aufmarsch der britischen und amerikanischen Divisionen in England verschleiert werden.

Das letzte Ziel mußte daher, wie General Morgan es ausdrückte, die Täuschung sein. Zu diesem Zweck wurde ein allumfassender und tatsächlich globaler Plan unter dem Decknamen *Bodyguard* entworfen. Das war ein Echo auf Churchills oft zitierte Bemerkung auf der Konferenz von Teheran im November 1943, als die grundlegenden Prinzipien des Plans von ihm selbst, Roosevelt und Stalin gebilligt wurden: „Im Kriege ist die Wahrheit so kostbar, daß ihr stets eine Leibwache (bodyguard) von Lügen beigegeben werden sollte." Wie *Bodyguard* gelang, wie die Deutschen überall im Sommer 1944 falsch lagen, findet sich jetzt in allen Geschichtsbüchern. Was sich aber nicht in den Büchern befindet, ist ein entzifferter Funkspruch aus Bletchley, der in ein paar Sätzen mit ästhetischer Perfektion erläutert, wie in diesem lebenswichtigen Spiel der Irreführung Ultra die Täuschungsplaner, die Chiefs of Staff und alle, die für die entscheidende Landung bei *Overlord* verantwortlich waren, in die Lage versetzte, die Gedanken des Feindes

mitzudenken und die Wirkung ihrer irreführenden Kriegslisten zu beurteilen.
Der Funkspruch ist kurz. Seine Seriennummer in Bletchley ist KV 5689, und der entzifferte Funkspruch wurde um 21.31 Uhr am 29. Mai 1944 von der Station X abgesetzt. (Der Tag X für die Normandie war in der folgenden Woche). Der ursprüngliche Funkspruch wurde am 25. im Hauptquartier von Rundstedts gesendct. Es ist eine Meldung des Oberbefehlshabers West an das OKW über Treibstoff für das Sommerprogramm zum Ausbau der Verteidigungsanlagen am Westwall, der lautete, daß die Zuweisung vom OKW wie folgt war:

„Ungefähr 20 Prozent weniger als auf Grund des Sommerprogramms erbeten. Es würde ausreichen für den Beton, der im Programm vorgesehen ist, vorausgesetzt, es könnte ohne beträchtliche Störungen ausgeführt werden . . . Oberbefehlshaber West bittet deshalb, daß als Vorsichtsmaßnahme eine Betriebsstoffreserve für den Bau zur Verfügung gestellt wird . . . Diese Reserve wird nur angegriffen, wenn nach den ersten zehn Junitagen die Lage insgesamt überblickt werden kann."

Welche ungeheure Ironie steckt in diesen wenigen Worten! Denn es sollte tatsächlich eine beträchtliche Störung geben und nach den ersten zehn Junitagen mußte die Lage gewiß insgesamt einer Revision unterzogen werden. Doch hier sogar in einem einzigen selbstgefälligen Funkspruch können wir sehen, wie Ultra alle alliierten Täuschungsdienststellen und Befehlshaber auf dem Schlachtfeld beruhigen konnte, deren Nerven so nahe vor dem Beginn von *Neptune* mehr als gespannt waren, damit die Deutschen in dieser letzten Minute nicht noch den über der Invasion ruhenden Deckmantel zerreißen würden. Aber nein: Das deutsche OKW und der Befehlshaber in Frankreich diskutieren in aller Seelenruhe über Beton und Treibstoff und die Verbesserung der Verteidigungsanlagen, als wären sie sich der Zeit und der Gefahr nicht bewußt. *Bodyguard* hatte General Morgans „letztes Ziel" erreicht.
Innerhalb von *Bodyguard* gab es zwei Hauptelemente. Der Plan *Zeppelin* beinhaltete den Auftrag für *„A-Force"*, die starken deutschen Kräfte auf dem Balkan weit von der entscheidenden Küste der Normandie festzunageln. Die übertriebene Bedrohung von zwei nur aus Rahmen bestehenden Armeen in Syrien und im Irak (die 9. und 10.) und einer nicht existierenden 12. Armee mit 6 Divisionen in Ägypten wurde den Deutschen eingepflanzt, so daß die Stärke des Feindes in Griechenland, Jugoslawien, Dodekanes und Bulgarien am Tage X, dem 6. Juni 1944, immer noch etwa 24 Di-

visionen betrug. Die Ablenkung von zwei Dutzend Divisionen von der Hauptfront war ein Triumph. Aber die wichtigste Täuschungsmaßnahme wurde natürlich entlang des großen Halbmondes durchgeführt, dessen Kurve von Nordnorwegen um die Halbinsel Cotentin herum verlief. Der Plan zur Fesselung der deutschen Kräfte in Skandinavien, *Fortitude North,* umfaßte auch die Bedrohung durch eine Phantomarmee, diesmal die 4., die prahlerisch in Schottland bereitgestellt wurde. Darüber hinaus stimmten die Russen nach einem Besuch von Colonel Bevan in Moskau dem Plan zu, eine fiktive anglo-russische Bedrohung zu schaffen. Das aber hatte gegenteilige Folgen: Als die Nachricht in die Hände von Oberst Roenne, dem Leiter von *Fremde Heere West,* gelangte, verwarf er sie als eine Ente, und zwar aus dem Grund, weil die Russen niemals bereit sein würden, die Briten in Norwegen zu akzeptieren. Aber die Nachricht kam zu spät, und *Fortitude North* zahlte sich aus, da keine deutschen Divisionen vor dem Tage X aus Skandinavien abgezogen wurden und Hitler erst am 16. Juni die 89. Infanteriedivision aus Norwegen und die 363. Infanteriedivision aus Dänemark abzog, – und dann nur zum Pas de Calais!

Denn hier lag der Kern der ganzen Angelegenheit. An der Front in der Normandie stand die deutsche 7. Armee. Aber die andere Hälfte von Rommels Heeresgruppe B, die 15. Armee, lag, grob gesehen, zwischen der Schelde mit einem starken Schwerpunkt am Pas de Calais. Das Problem bestand daher darin, zu verhindern, daß ihre 18 Divisionen – und besonders solche gefährliche Verbände wie die 116. Panzerdivision – als Verstärkungen in der Normandie eingesetzt wurden. Der Trick bestand darin, daß man den Deutschen suggerierte, die Landungen in der Normandie wären nur ein Scheinangriff und der Hauptangriff, der Schwerpunkt, sollte am Pas de Calais liegen. Dabei war *Fortitude South* über alle Erwartungen erfolgreich, denn obgleich Hitler noch in der letzten Minute eine Intuition in bezug auf die Normandie hatte, blieben seine Befehlshaber im Westen, von Rundstedt, Rommel und die 15. Armee, vor und lange noch nach dem Tage X davon überzeugt, daß der Schlüssel zu *Overlord* der Pas de Calais wäre.

Bei der größten Konzentrierung von Täuschungsmaßnahmen, die jemals in der Militärgeschichte durchgeführt worden sind, benutzte *Fortitue South* alle Techniken, die über die Jahre hinweg von LCS, B 1 A, dem „Y"-Dienst und anderen Dienststellen der Briten und Amerikaner verfeinert und vervollkommnet worden waren. Der zentrale Wesenszug war eine weitere geisterhafte Erscheinung. Durch sorgfältig simulierten Funkverkehr, Berichte von Doppelagenten und die gut bekannt gemachte Anwesenheit von General Patton in England kamen die Deutschen zur festen Überzeugung, daß starke Kräfte unter Pattons Befehl, die 1. US Army Group oder FUSAG, aus Südostengland heraus einen Angriff gegen den Pas de Calais führen sollte. Als Großverband bestand FUSAG nur in der Einbildung, ebenso wie sein Auftrag. Aber im Rahmen dieser Täuschungsmaßnahmen gab es noch eine zweite. Eine Anzahl von Divisionen der nur in der Einbildung bestehenden FUSAG war echt, aber sie waren für die Schlacht in der Normandie vorgesehen. Ihre Identität wurde jedoch den Deutschen als Teil des FUSAG-Szenarios geliefert. Als sie dann nach dem Tage X eingesetzt und vom deutschen Geheimdienst erkannt wurden, stärkte damit ihre sichtbare Gegenwart vor der Front der 7. deutschen Armee tatsächlich die Glaubwürdigkeit der Doppelagenten, die sie zuerst gemeldet hatten. (Es war leicht, die Idee zu verkaufen, daß diese besonderen Verbände von FUSAG nach der Normandie verlegt worden wären, weil die Alliierten Schwierigkeiten beim Ausbruch aus dem Landekopf hätten).

FUSAG war damit eine erstklassige Anwendung dessen, was das Magruder-Prinzip genannt werden könnte, – die Technik, dem Feind das zu sagen, was er bereits glauben will. Das deutsche Oberkommando, von Rundstedt, Rommel und sogar – bis zur letzten Minute – Hitler nahmen den Mythos bereitwillig als Realität. Die Schlacht ist Zahltag: Am Tage X befand sich die deutsche 15. Armee immer noch am Pas de Calais, – wo sie auch blieb. Und warum auch nicht? Denn im Mai 1944 erschien die Gliederung der alliierten Kräfte, die sich in Britannien in Bereitstellung befanden, in den deutschen Akten als ein ungeheurer Aufmarsch von 85 bis 90 Divisionen plus 7 Luftlandedivisionen, während die echten Zahlen 35 plus 3 Luftlandedivisionen umfaßten. Schon am 20. März hatte man auf deutscher Seite den „als besonders befähigt geltenden“ General Patton im Zusammenhang mit den Invasionsvorbereitungen erkannt. Die zuständigen Feindlagebearbeiter sowohl bei der Heeresgruppe B als auch beim Oberbefehlshaber West und beim OKW waren, wie die deutschen Feindlagebeurteilungen ausweisen, davon überzeugt, daß außer der in Südengland konzentrierten 21. Heeresgruppe unter General Montgomery in Südostengland die 1. amerikanische Heeresgruppe für Landungen bereitgestellt war. Die von FUSAG ausgehende vermeintliche Bedrohung führte dazu, daß die 15. Armee wie gelähmt jenseits der Straße von Dover stehenblieb.

Die Geschichte von *Bodyguard* hat uns in einer großen Kurve weit von Ultra weggeführt. Doch selbst dieser zusammenfassende Bericht ist wesentlich, um zu zeigen, daß ohne Bletchley und alles das, was die Station X lieferte, der Tag X, der Höhepunkt eines so langen Präludiums, gut mit einem Fehlschlag hätte enden können. Niemand, der sich mit Kriegsgeschichte befaßt, kann mit Sicherheit das Ergebnis beurteilen, wenn die 15. Armee während des ersten Schwächemoments im alliierten Landekopf in der Normandie vom Norden her eingegriffen hätte, und noch weniger die Folgen, wenn Rommel eine beträchtliche Anzahl von Divisionen vom Pas de Calais *vor* dem Tage X in die Normandie verlegt hätte. Aber sogar ein militärischer Laie bei Kriegsspielen kann sich vorstellen, daß in beiden Fällen Eisenhower, Montgomery und Bradley sich in einer schrecklichen und sogar unheilvollen Lage befunden hätten. Die historische Tatsache besteht darin, daß ohne Ultra die bei *Bodyguard* so erfolgreich eingesetzten Waffen nicht hätten geschmiedet und geschärft werden können. Bei diesem Täuschungsarsenal waren die Doppelagenten von erstrangigem Wert. Colonel Bevan erkennt das an. Am 25. Oktober 1944, als die Alliierten Richtung Deutschland vorgingen, schrieb er an den Director General Security Service: „Wenn die Geschichte dieses Krieges geschrieben wird, so glaube ich, daß man finden wird, daß das deutsche Oberkommando in hohem Maße mit Hilfe der Kanäle von B 1 A dazu verleitet wurde, seine Kräfte fehlerhaft einzusetzen, besonders während der entscheidenden Periode von *Overlord* nach dem Tage X. Die Zukunft allein kann diese Behauptung bestätigen oder widerlegen."[12] In den drei anschließenden Jahrzehnten mit ihren umfassenden Enthüllungen aus den deutschen Akten wurden Bevans Voraussagen tatsächlich bestätigt.

Obgleich viele andere Pläne, Ideen und Dienststellen bei *Bodyguard* benutzt und eingesetzt wurden, bestand der Kern der Täuschungsmaßnahmen darin, die Deutschen von der Existenz von FUSAG zu überzeugen, und zwar durch Informationen, die durch Doppelagenten weitergegeben wurden, von denen bekannt war, daß der Feind ihnen traute. Hier zahlte sich die langfristige Vorbereitung und Praxis aus. Denn von den drei eingesetzten wichtigsten Agenten begann „Tate" seine Arbeit im September 1940, „Garbo" im April 1942 und „Brutus" im Oktober 1942. Ohne die Ultra-Nachrichten auf Grund des Knackens der deutschen Abwehrschlüssel durch Bletchley wäre es unmöglich gewesen, die Glaubwürdigkeit dieser Männer so sehr aufzubauen, daß sie das absolute Vertrauen der Deutschen gewannen.

In der Tat war der eleganteste Aspekt der FUSAG-Fiktion ihre Dauerhaftigkeit. Als die *Neptune*-Divisionen am Tage X entlang der normannischen Küste an Land gingen, wurden die Deutschen und besonders der örtliche Oberbefehlshaber, Feldmarschall Rommel, durch das Gewicht ihrer falschen Vorstellungen veranlaßt zu glauben, das alles sei nur ein Scheinangriff, während der Schwerpunkt des feindlichen Angriffs noch immer am Pas de Calais zu erwarten wäre. So absolut war das Vertrauen der Deutschen in die Doppelagenten, die sie auch weiter mit falschen Informationen versorgten, daß, wie Masterman feststellte, „bemerkenswerterweise kein einziger Fall durch die großartigen Täuschungsmaßnahmen für *Overlord* kompromittiert wurde, sondern im Gegenteil jene Agenten, die darin eine führende Rolle spielten, von den Deutschen nachher noch mehr geachtet wurden als vorher." Und deshalb hielten sich die Divisionen der 15. Armee aus der Schlacht heraus.
Es hätte auch anders sein können. Am 8. Juni, dem Tage X + 2, als Montgomery und Bradley noch verzweifelt um die Errichtung und Erweiterung ihrer schwachen Landeköpfe kämpften, gab Hitler Rommels Bitten um Verstärkungen nach und befahl, alle verfügbaren Verbände der 15. Armee in Marsch zu setzen. Diese Bedrohung verschaffte der Kombination von „Garbo" und Ultra ihre schönste Stunde, denn 7 Minuten nach Mitternacht am 9. wurde ein langer Lagebericht von „Garbo" an dessen Führungsoffiziere in Madrid gefunkt. Er stützte sich, wie er erklärte, auf sorgfältige Rücksprachen mit seinen drei besten (aber nicht existierenden) Unteragenten. Ihre gemeinsame Ansicht war es, daß „die gegenwärtige Operation – d.h. in der Normandie – obgleich sie einen Großangriff darstellt, nur *Ablenkungscharakter besitzt* . . . Die Tatsache, daß die starken, im Osten und Südosten Englands bereitgestellten Kräfte Gewehr bei Fuß stehen, läßt vermuten, daß diese Kräfte für andere Operationen in großem Rahmen als Reserve zurückgehalten werden. Die ständigen Luftangriffe, die auf den Abschnitt des Pas de Calais niedergegangen sind „(das war tatsächlich der Fall, und es war ein wohlberechneter Teil des Täuschungsplanes)" und die Gliederung der feindlichen Streitkräfte deuten *auf einen unmittelbar bevorstehenden Angriff in diesem Raum* hin . . ."*
Die Einzelheiten des weiteren Weges, den der Bericht nahm, können in einer Akte mit Dokumenten verfolgt werden, die von den

* *kursiv durch den Autor.*

Amerikanern gegen Ende des Krieges, in einer Gebirgshöhle in Thüringen versteckt, entdeckt wurden. Von Madrid ging er nach Berlin. Am 9. um 22 Uhr erreichte eine Zusammenfassung Hitlers Gefechtsstand in Berchtesgaden und von Rundstedt in Frankreich. Die Wirkung trat augenblicklich ein. Hitler widerrief seine Marschbefehle und nach einem Telefongespräch, das Feldmarschall Keitel von Berchtesgaden aus mit von Rundstedt führte, gab letzterer am 10. um 7.30 Uhr oder am Tage X + 4 Gegenbefehle heraus. „Infolge von gerade eingegangenen Informationen hat Oberbefehlshaber West Bereitschaftsbefehl für die 15. Armee in Belgien und Nordfrankreich erlassen. Die Marschbewegungen der 1. SS-Panzerdivision sind daher anzuhalten." Und nicht nur die der ersten SS-Panzerdivision. Die 116. Panzerdivision wurde tatsächlich vom Raum nordwestlich Paris in Richtung Somme abgedreht, während die 85. Infanteriedivision, die sich bereits nördlich der Somme befand, aber dabei war, nach Süden abzudrehen, angehalten wurde. Kein Wunder, daß Colonel Bevan in jenem Brief vom Oktober an den Generaldirektor des Sicherheitsdienstes „die entscheidende Periode von *Overlord*" nach dem Tag X besonders betonte.

Denn obgleich der genaue Weg, auf dem „Garbos" irreführender Bericht an Hitler und sein Oberkommando durchgesickert war, zu jener Zeit unbekannt blieb, war seine Auswirkung in der Normandie und in London sofort offensichtlich. In der Normandie aus dem offenkundigen Grund, weil der befürchtete Gegenangriff der deutschen 15. Armee auf die verwundbare Ostflanke des alliierten Landekopfes niemals zustandekam. In London, weil Ultra sofort das Ausmaß klarmachte, in dem die Deutschen „Garbos" Köder geschluckt hatten. Admiral Canaris war nicht mehr Chef der deutschen Abwehr. Im Februar 1944 war er in seinem Kampf um die Macht gegen Himmler unterlegen, und die deutsche Abwehr war im Amt Mil., der Militärischen Nachrichtenabteilung von Himmlers SS-Imperium, aufgegangen. Daher entzifferte Bletchley einen Funkspruch des Leiters des Amtes Mil. in Berlin an die Madrider Außenstelle, in dem es hieß, daß „Himmler seine Anerkennung für die Arbeit der Organisation ‚Garbo' ausgedrückt hätte und weitere Anstrengungen gemacht werden müßten, um in angemessener Zeit den vorgesehenen Einsatzort der in Südostengland stehenden Truppen genau festzustellen." Ebenso enthüllte am 11. Juni Ultra in einem entzifferten Funkspruch aus Berlin eine weitere Anerkennung: „Alle in der letzten Woche von ‚Arabel' (wie die Deutschen ‚Garbo' nannten)" erhaltenen Berichte sind ausnahmslos bestätigt worden und müssen als besonders wertvoll bezeichnet werden." Ultra erleichterte daher nicht nur den Täuschungsplan *Bodyguard.* Während der „lebenswichtigen Periode von Overlord nach dem Tage X" brachte es den unwiderlegbaren Beweis, daß der Feind noch immer irregeführt wurde. Während des Abends des 1. Juni z.B. funkte *Fremde Heere West* eine lange Feindlagemeldung an Kesselrings Hauptquartier in Italien. Sie wurde erst am Nachmittag des 11. von Bletchley entziffert und herausgegeben, aber ihr Wert als Hinweis auf dic Vorstellungen der Deutschen war damals genauso klar wie heute:

„§ 1. Raum Großbritannien. 7. Luftlandedivision (von insgesamt 8) in Südengland erkannt sowie Vorverlegung nach Bericht verläßlicher Quelle von zusätzlich 79. amerikanischer Division aus Yorkshire nach Südostengland im Raum VIII. amerikanisches Korps. Fraglos ein Schwerpunkt in diesem Raum . . ."

Wie wir gesehen haben, gab es keine acht Luftlandedivisionen in England, und im Südosten befand sich mit Sicherheit weder eine 7. Luftlandedivision noch ein VIII. amerikanisches Korps. Obgleich der entzifferte Spruch erst am 11. durchkam, enthielt er darüber hinaus einen nützlichen Hinweis, daß sogar noch bis zu diesem Zeitpunkt die deutsche 15. Armee weiter in ihren Stellungen verbleiben würde. Er bezog sich auf „das Absetzen von Offizieren in Uniform, die sich aus ihren Verstecken heraus direkt betätigen", und kommentierte: „Da der Feind kaum beabsichtigen kann, alliierte Offiziere in Uniform längere Zeit versteckt zu halten, *muß die Periode vom 12. Juni ab als neue Gefahrenperiode betrachtet werden.*"*

Nach dem Krieg die in Fernschreiben und Fernsprechtagebüchern festgehaltene Irreführung zu lesen, ist eine Sache; durch Ultra aber in der Lage zu sein, ihren Wert zu jener Zeit zu beurteilen, war unendlich beruhigend. Bei allen weiteren abgehörten Funksprüchen blieb das Bild auf wunderbare Weise das gleiche. Erst in der Nacht vom 22. Juni gab z.B. Bletchley den folgenden entzifferten Funkspruch heraus:

„*Fremde Heere West.* Am 19. melden glaubwürdige Berichte die Rückverlegung der 28. US-Infanteriedivision aus dem Raum Ipswich nach Kent. Division führte dann in Ipswich Landeübungen durch. Eine neue US-Infanteriedivision, angeblich kürzlich in Großbritannien eingetroffen, ersetzt 28. in Ipswich. Es könnte die 8. US-Infanteriedivision sein."

---

* *kursiv durch den Autor*

Das ist eine Art Halluzination. Keine amerikanische Division war jemals in Ipswich, keine amerikanischen Divisionen befanden sich jemals in Kent. Genau 24 Stunden später wurde durch Ultra ein weiterer Spruch in den frühen Morgenstunden desselben Tages von der offensichtlich gekränkten 116. deutschen Panzerdivision entziffert und herausgegeben, der zeigte, daß der Köder mit FUSAG immer noch seine Wirkung tat. Der Funkspruch wurde vermutlich durch den zur Division abgestellten „Flivo" oder Fliegerverbindungsoffizier abgesetzt.

„116. Panzerdivision beklagt sich am 23., daß sie den letzten Lagebericht am 5. vom II. Fliegerkorps erhielt. Erbittet laufende Unterrichtung über Luftlage, Absichten und Aufklärungsergebnisse. *Division nicht eingesetzt.*"*

Nicht nur die deutsche 116. Panzerdivision, sondern auch die gesamte 15. Armee wurden damit aus den Kämpfen herausgehalten. Daß die Entscheidungsschlacht um Europa nicht am Pas de Calais, sondern in den Marschen der Halbinsel Cotentin und in der *Bocage,* den Tälern und Niederungen der Normandie ausgefochten wurde, war ein Triumph, der in der Rückschau ohne die Hilfe von Ultra kaum möglich erscheint. Die Wochenlagebeurteilung des OB West für die Zeit vom 19.–25. Juni stellte fest: „Noch hat der Feind die in Südostengland bereitgestellte absprungbereite amerikanische Heeresgruppe nicht eingesetzt. Sie ist kräftemäßig stärker als die Heeresgruppe Montgomery."

Am 24. Juli bestand diese 1. amerikanische Heeresgruppe ausschließlich aus fiktiven Verbänden: 2 Armeen, 5 Korps und 14 Divisionen mit einer fiktiven Luftflotte, die sogar mit simulierten Marineverbänden Landungsübungen durchführten. Noch am 10. September verzeichnete ein Bericht von *Fremde Heere West* im Oberkommando des Heeres viele dieser fiktiven Verbände in Südostengland.

Aber auch Hitler hatte seine Geheimwaffen. Am 13. Juni 1944 landete die erste fliegende Bombe oder V 1 (Vergeltung 1) in London, sie war der Vorläufer von 8617 Abschüssen, von denen 2340 Bomben den weiten Raum des Zivilverteidigungsgebietes von London trafen. Am 8. September, dem Tag, an dem der endgültige Sieg über die V 1 verkündet wurde, kam die erste von 500 V 2-Raketen, – die von einer Gesamtzahl von 1190 abgeschossenen Raketen alle auf Großlondon niedergehen sollten. Keine dieser Raketenbeschießungen hatte ernsthafte negative Auswirkun-

* *kursiv durch den Autor*

gen auf die Landungen in der Normandie oder die folgenden Kämpfe. Bevor wir im nächsten Kapitel uns das ansehen, was tatsächlich bei *Overlord* geschah, dürfen wir uns dennoch vernünftigerweise fragen, was hätte geschehen können, wenn die Vergeltung mit V 1 und V 2 in einer wirksameren und konzentrierteren Form, in der Art des Todesstreiches, von dem Hitler träumte, durchgeführt worden wäre.

Deutschland kämpfte weiter, obgleich das Bomber Command sein Regierungszentrum in Berlin ausradierte. Die Zerstörung von London und eine intensive Beschießung britischer Häfen mit Raketen hätte vermutlich die anglo-amerikanischen Armeen nicht daran gehindert, letztlich doch in Frankreich zu landen. Doch ein ständig weiter genährter und gut gezielter Angriff mit V-Waffen hätte schwere Wirkungen haben müssen und möglicherweise zu einer Verschiebung des Tages X geführt. Die psychologischen und physischen Folgen eines solchen Angriffs sind schwer zu beurteilen. Wir können lediglich Spekulationen darüber anstellen, wie Churchill seinem Land und Eisenhower seinen Soldaten geholfen hätten, das Trauma zu überwinden.

Tatsächlich begann natürlich die Beschießung mit V-Waffen später als die Deutschen beabsichtigt hatten. Sie war ungenau, dem Umfang nach ungenügend, um unwiderrufliche Schäden zu verursachen, und durch zu viele Fehlschläge behindert, da die Bomben und Raketen vorzeitig detonierten oder vom Kurs abwichen. Das Unheil wurde abgewendet, aber nur auf Grund langer Anstrengungen der britischen wissenschaftlichen Feindaufklärung und der intensiven Bombenangriffe auf die Abschußstellungen in Frankreich. (Diese an Flugzeugen und Besatzungen verlustreichen Angriffe lenkten die RAF und die USAAF von ihrer vorrangigen Rolle der Vorbereitung für die Invasion ab). Die Frage ist, wieviel trug Ultra zu der Abwehr der V-Waffen bei, die unter dem Decknamen *Crossbow* schließlich zusammengefaßt wurde?

R. V. Jones, der ständig und tatsächlich auf glänzende Weise am Kampf der wissenschaftlichen Feindaufklärung teilnahm, war der Ansicht, daß in diesem Fall sein Beitrag geringer war als der anderer Quellen, und er ist der maßgeblichste Zeuge. Eine berühmte Gegenmaßnahme war der große Bombenangriff des Bomber Command auf die Forschungs- und Entwicklungsstelle für V-Waffen in Peenemünde an der Ostsee. In seinem Epilog auf das Buch *Most Secret War* stellte Jones fest: „Am Ende jeder Untersuchung unternahm ich eine Rückschau, um zu sehen, wie weit wir ohne Enigma hätten gehen können. Als hervorragendes Beispiel war es beruhigend, festzustellen, daß wir sehr wahrscheinlich auch ohne jede Hilfe von Enigma den Bombenangriff auf Peenemünde angesetzt hätten."[13] Hinweise und gelegentliche Einzelinformationen tauchten tatsächlich in den Ultra-Funksprüchen auf. Aber die Hauptgründe für die Entdeckung und damit Vorbereitung für das, was im Gange war, bildeten die Ergebnisse der Luftbildaufklärung und ihrer genauen Auswertung, die hervorragende Zusammenarbeit zwischen dem polnischen und französischen Untergrund, die Bombenangriffe auf Deutschland, deren Wirkung auf Industrie und Verbindungslinien die Herstellung und Ausgabe der Waffen verzögerte, die Qualität der wissenschaftlichen Anstrengungen der Briten und nicht zuletzt die internen Rivalitäten und Mängel innerhalb der damit befaßten deutschen Dienststellen.

Nichtsdestoweniger war Ultra in einem besonderen Fall wahrscheinlich mehr wert als viele der schweren Bomberstaffeln, die die Abschußstellen am Pas de Calais angriffen (und nur zu oft verfehlten). Jones erkannte eine günstige Gelegenheit. Die Führungsoffiziere der deutschen Abwehr befahlen ständig ihren „Agenten in England, sowohl die Zeit als auch den Ort der Explosionen fliegender Bomben in London zu melden." Das war ein Wendepunkt, denn die Doppelagenten hatten eine lebenswichtige Rolle bei dem ständig weiter fortgeführten Täuschungsplan zu spielen. Wenn sie Falschmeldungen abgaben, konnte ihr wahres Wesen erkannt werden. Aber es wäre verrückt gewesen, zuzulassen, daß sie genaue Berichte absetzten, da sie die vorgeschobenen Beobachter dieser einzigartigen Artillerie waren. Am nutzbringendsten, so stellte sich Jones vor, war es, wenn sie die tatsächliche Einschlagstelle von Bomben meldeten, die über London hinausgegangen waren, und dafür die tatsächliche Einschlagzeit für Bomben angaben, die in zu kurzer Entfernung niedergegangen waren. Die Deutschen, denen die Möglichkeit zur Bestätigung durch Luftaufklärung fehlte[14], nahmen ihnen das ab und verringerten die ins Auge gefaßte Flugweite der V-Waffen, so daß weit mehr in den offenen südlichen Vororten niedergingen und Tausende von Menschenleben gerettet wurden, – ganz abgesehen von der Tatsache, daß die Abteilungen der Regierung und der militärischen Führung im Zentrum Londons normal weiterarbeiten konnten.[15] Da, wie wir gesehen haben, die Lebensfähigkeit der Doppelagenten in hohem Maße von Bletchleys Beherrschung des Funkverkehrs der deutschen Abwehr abhing, stehen diejenigen, die in der Stadtmitte Londons während des Sommers des Jahres 1944 wohnten und arbeiteten, bei Ultra in tiefer Schuld.

Obgleich der Kanal rauh und die Wettervorhersagen unsicher waren, nahm auf jeden Fall der Chefmeteorologe bei SHAEF, Group Captain Stagg, mutig die Verantwortung auf sich und sagte zu Eisenhower: „Packen wir's an!“ Alle Forderungen von General Morgan waren erfüllt worden. Der Schlag sollte da niedergehen, wo der Feind ihn am wenigsten erwartete, und mit Kräften, die jenseits seiner Vorausberechnungen lagen. Aber ohne die unaufhörlich von Bletchley entzifferten Funksprüche hätten weder B 1 A, noch LCS, noch das Zwanziger Komitee, noch die *„A-Force“* im Mittleren Osten ihren Zauber wirkungsvoll durchführen können. Vor allem war es Ultra, das die Täuschungsstäbe in die Lage versetzte, die Gedanken des Feindes mitzulesen und in die falsche Richtung zu lenken, um das Unheil von den Alliierten abzuwenden und es für ihre Gegner heraufzubeschwören. Dabei verschafften sie den britischen und amerikanischen Divisionen am Tage X den Vorteil, den Sir Francis Drake vier Jahrhunderte vorher für ausschlaggebend angesehen hatte. „Der Vorteil der Zeit und des Ortes“, so sagte er, „ist bei allen kriegerischen Handlungen ein halber Sieg, was, wenn er einmal verlorengegangen ist, unwiderruflich ist.“ Was Hitler am 6. Juni 1944 verlor, sollte er niemals wiedergewinnen.

KAPITEL 12

Finale und Vorhang: Vom Tage X zum Sieg

„Die von Ihnen vor und während des Feldzugs gelieferten Feindnachrichten sind für mich von unbezahlbarem Wert gewesen. Sie haben meine Aufgabe als Befehlshaber enorm vereinfacht. Sie haben Tausenden von Briten und Amerikanern das Leben gerettet und keineswegs einen geringen Beitrag zu der Schnelligkeit geliefert, mit der der Feind zerschlagen und schließlich zur Übergabe gezwungen wurde."
General Dwight D. Eisenhower an Major General Sir Stewart Menzies im Juli 1945, als er ihm für Ultra und die Leistungen von Bletchley Park dankte.

Das größte Hindernis für die Ultra-Organisation am Tage X war die Erfindung des Telefons. Als britische und amerikanische Luftlandetruppen in der dunklen Nacht an beiden Flanken der feindlichen Front in der Normandie absprangen und als dann, als die große Armada in Sicht kam, Landungsfahrzeuge und amphibische Panzer sich ihren Weg an die Küste bahnten, erfaßte alle deutschen Hauptquartiere im Westen eine Mischung von Lähmung und Verwirrung. Aber das Bild ihrer sofortigen Reaktionen, das seit dem Krieg aufgebaut worden ist – das Bild eines Ameisenhaufens, der langsam gegen einen allmählich erkannten Aggressor zum Leben kam –, ist im wesentlichen aus Telefontagebüchern und Berichten über Fernschreiben konstruiert worden.*
Die Fernsprechleitungen auf dem Kontinent waren gut, die Vermittlungen und Fernsprechämter funktionierten, und die Lage war immer noch statisch. So geschah es, daß die ersten konfusen Verbindungsaufnahmen sich zwischen den Gefechtsständen von Rundstedts in Paris, Rommels Heeresgruppe B in dessen Schloß La Roche Guyon an der Seine, Generaloberst Dollmanns 7. Armee in Le Mans, Admiral Kranckes bei der Marinegruppe West

* Etwas von dieser Rekonstruktion ist bald möglich geworden. Das Telefontagebuch des Hauptquartiers der 7. Armee wurde im August 1944 nach Abschluß der Schlacht in der Normandie bei Falaise erbeutet.

und des Generalobersten Hans von Salmuth bei der 15. Armee in der Nähe von Tourcoing abspielten. Über Telefon unterrichtete in den frühen Morgenstunden des 6. Rommels Chef des Generalstabs, Generalleutnant Speidel, seinen Vorgesetzten, daß er, statt den Geburtstag seiner Frau in seinem schwäbischen Haus zu feiern, zurückkehren müsse, um sich mit einer Invasion zu befassen. Über Telefon erhielt Hitler in seinem Berghof in Berchtesgaden die Nachricht – und bemerkte Keitel gegenüber : „Es könnte nicht besser sein. Solange sie in England waren, konnten wir nicht an sie herankommen." Und über Telefon verriet Rommel den weiter anhaltenden hypnotischen Einfluß von FUSAG, als er auf dem Berghof mit dem Chef des Wehrmachtsführungsstabes Generaloberst Jodl sprach und erklärte: „Mein allgemeiner Eindruck ist, daß wir annehmen müssen, daß der Feind noch eine Invasion an anderer Stelle unternehmen wird." Daher war es nicht überraschend, daß den von Bletchley am Tage X abgesetzten Ultra-Funksprüchen – oder wenigstens von denjenigen, die sich in den einzig zugängigen Akten, DEFE 3 im Public Record Office, befinden, die eine Reihe von *Hut 3* herausgegebenen entzifferten Funksprüche des Heeres und der Luftwaffe enthalten, – der größere Anteil eher aus dem Mittelmeerraum kommt als von der Front in Frankreich.

Da diese Funksprüche vom Tage X in der Hauptsache kurze und nicht miteinander koordinierte Meldungen örtlicher Führer über Ereignisse in ihrem eigenen Küstenabschnitt und gelegentliche allgemeine Lagebeurteilungen zentralerer Kommandostellen waren, befaßten sich die Neuigkeiten, die sie damit den Alliierten zur Kenntnis brachten, nicht so sehr mit dem, was geschah (denn sie waren sich dessen bereits bewußt) als vielmehr mit dem letzten zusammengestoppelten und unvollständigen Bild, das sich die Deutschen gerade machten. Die Funksprüche waren jene von Männern, die überrascht und verwirrt waren, – und zwar von der 5 Minuten vor Mitternacht am 5. abgehörten Meldung des Befehlshabers Seeverteidigung der Normandie, die lautete, daß „einige der gemeldeten Fallschirmspringer Strohpuppen wären", bis zu dem bemerkenswerten am Tage X abgesetzten Funkspruch, es gäbe „noch keine Landungen an der Ostküste von Cotentin". Dort hatten die amerikanischen Landungen an der *UTAH*-Küste um 06.30 Uhr morgens begonnen, und über 23.000 Mann wurden im Laufe des Tages an Land gesetzt. Ein nützlicher Beweis stammte von den ersten Funksprüchen aus den verschiedenen Meldungen über die nachlassende Leistung der deutschen Radarstationen entlang der

Küste. Sie waren das Ziel schwerer Bombenangriffe und einer Funkstörsperre. Obgleich die offizielle britische Geschichte feststellt, „es wäre zu früh, um zu wissen, wie alle diese Maßnahmen den Feind getroffen hätten", muß ein entzifferter Funkspruch des Befehlshabers Seeverteidigung von 02.21 Uhr am Tage X, „in dem keine Funkortung im Seeraum Nordost wegen Ausfall des Radarapparates" gemeldet wurde, Sicherheit und Beruhigung gebracht haben. Diese örtliche Blindheit erledigt den Streit über die Breitenwirkung der *Bodyguard*-Täuschungsmaßnahmen sowie das Abtreiben der britischen Luftlandetruppen nach Osten und das Abspringen der Amerikaner im Westen. Um 18.50 Uhr gab Bletchley einen entzifferten Funkspruch der deutschen Marinegruppe West heraus, der um die Mitte des Nachmittags abgesetzt worden war und alles enthüllte. „Die Proklamation der alliierten Führung und die Gliederung der alliierten Kräfte deuten auf weitere Operationen hin, *aber keine Einzelheiten über Ziele verfügbar.*"*

Das in vieler Hinsicht wichtigste Dokument, das am Tage X von Bletchley herausgegeben wurde, bezog sich nicht unmittelbar auf die Landungen. Es war ein langer Funkspruch vom Oberkommando der deutschen Luftwaffe, dem OKL, in dem kalt, aber klar festgestellt wurde, daß auf Grund der alliierten Luftangriffe auf Betriebsstoffeinrichtungen und die Ölindustrie und auf Grund der alles überragenden Notwendigkeit zur Verteidigung des deutschen Kernlandes es für Wochen hindurch keinerlei Aussicht auf Vermehrung der Treibstoffvorräte für die Befehlshaber an anderer Stelle gäbe. Es war eine immense Ermutigung für Spaatz zu wissen, daß die Einsätze seines Strategic Air Command (das von Ultra so gut beliefert wurde) dabei waren, die deutschen Kriegsanstrengungen an diesem dramatischen Zeitpunkt zu lähmen, eine immense Ermutigung für Eisenhower, Montgomery und Bradley, zu wissen, daß den ihnen gegenüberliegenden deutschen Panzerdivisionen der Treibstoff ausgehen könnte und die schwache deutsche Luftwaffe noch schwächer würde. Das Ganze war eine schreckliche Wahrheit für von Rundstedt und Rommel am Ende der ersten 24 Stunden von *Neptune*. Wie bei Alamein, so sollte auch in der Normandie die Betriebsstoffknappheit die Bewegungsfähigkeit der Deutschen in der Luft und auf dem Lande einengen.

---

* *kursiv durch den Autor.*

Solche Ultra-Feindnachrichten konnten nur aus dem Funkverkehr stammen. Während der ersten ein oder zwei Tage der Landungen konnte daher Bletchley kaum etwas tun, um durch Anzapfen von Leitungen in die Gedanken des deutschen Oberkommandos und seiner Generale im Feld einzudringen und ihre Entschlüsse abzuhören. Als sich die Schlacht im Landekopf steigerte, mußte jedoch auf breiterer Basis vom Funk Gebrauch gemacht werden – oft auf Grund höherer Gewalt – und die bisher bestehende Ebbe an abgehörten Funksprüchen verwandelte sich rasch in eine Flut. Für jeden, der wie der Autor am Feldzug in der Normandie teilnahm und ihn in der Folge studierte, sind der Umfang und die Treffsicherheit der von Ultra während dieser kritischen Wochen gelieferten Feindnachrichten eine wahre Enthüllung. Um so mehr mußten sie es zu jener Zeit für die besorgten Befehlshaber und ihre Stäbe sein! Denn die Funksprüche zu lesen ist so, als nähme man an einem jener Experimente teil, bei welchen man mit Hilfe einer sorgfältig angebrachten Glasplatte in minutiösen Einzelheiten das Verhaltensmuster in einem Ameisenhaufen beobachten kann.
Muster ist das Schlüsselwort. Erfahrene Geheimdienstoffiziere und die Generäle, denen sie dienten, wußten sehr wohl, daß Ultra von Zeit zu Zeit, aber unvoraussehbar, eine dramatische Nachricht über den Feind liefern würde, die es ihnen ermöglichte, entscheidende Bewegungen auf dem Schlachtfeld entweder in Form eines großen Angriffs oder als wichtige örtliche Operation durchzuführen. Aber sie wußten auch – wie die höheren Nachrichtenoffiziere in Afrika, Italien und bei *Overlord* dem Autor gegenüber alle bestätigt haben –, daß gerade der unbarmherzige *tägliche* Zufluß von Nachrichten aus *allen* Quellen ständig das Bild lieferte, das sie von den Entwicklungen hinter den feindlichen Linien und in den Köpfen der feindlichen Befehlshaber brauchten. Sie wollten faktisch Muster und Trends beobachten. Die sich auf den Feldzug in der Normandie beziehenden Ultra-Funksprüche sind reich an Beispielen für solche Verfahren.
Für Bletchley wie für Montgomery und Bradley hatte ein Muster große Bedeutung, das in einer frühen Phase auftauchte und mit fortschreitender Zeit immer lebhafter wurde, – der Zusammenbruch und die Auflösung des deutschen Fernmeldesystems. Die alliierten Luftwaffen, die französische Résistance und die kämpfenden Truppen spielten alle ihre Rolle bei der Sabotage und beim Abschneiden der feindlichen Telefon- und Fernschreibverbindungen und zwangen ihn so *nolens volens* zur Benutzung des

Funks, dessen Sender durch Funkpeilung geortet und dessen Befehle und Meldungen abgefangen und entziffert werden konnten. Entzifferte Ultra-Funksprüche verrieten diese Verschlechterung der Lage. Einer vom Tage X+2 ist charakteristisch. Um 08.51 Uhr am nächsten Morgen meldete Bletchley, daß um 13.45 Uhr am 8. der Fernmeldeoffizier der Marine beim Führer der U-Boote West gefunkt hatte: „Alle Linien nach Berlin, Kiel, Wilhelmshaven, Paris, Brest, Aix, La Rochelle auf Grund von Feindeinwirkung zusammengebrochen. Eine Fernschreiblinie nach Paris begrenzt wirksam."

Die Straßen- und Eisenbahnverbindungen brachen zur gleichen Zeit zusammen. Natürlich stellten die Berichte der Bombenschützen, die Luftbilder und die Luftaufklärung den Schadensumfang fest, aber es war wertvoll, zu wissen, wie die Deutschen darauf reagierten. Am Tage X+1 wurde durch Ultra bekannt, daß 1000 Arbeiter von Baustellen der deutschen Luftwaffe dringend für Reparaturarbeiten an den Bahnhöfen Lyon-Guillotreu und Lyon-Venissieux zusammengefaßt worden waren, und die Luftwaffe in Frankreich war, wie wir noch sehen werden, nicht gerade in der Lage, am Tage X+1 Arbeiter einzusparen. Am 8., so verriet ein anderer Ultra-Spruch, stellte die Straßenbaukommission in Frankreich fest, daß alle Übergänge über die Seine von Conflans bis Rouen einschließlich zerstört worden waren: „In diesem Abschnitt war der Nord-Süd-Verkehr nur durch Paris möglich." Die zusammengefaßte Wirkung des Auseinanderfallens aller Verbindungen wurde perfekt durch einen Funkspruch vom 11. bewiesen, der die mühsamen Bewegungen des II. Fallschirmjägerkorps von der Bretagne in den Raum St. Lô meldete. Der Funkspruch endet mit den Worten: „Verzögerung wegen Treibstoff. *Standort von mit der Bahn transportierten Teilen (alle Kettenfahrzeuge und ein nicht zu spezifizierendes Bataillon) unbekannt.*"*

Aber die Deutschen befanden sich jetzt in einem solchen Zustand, daß ein Bataillon der 2. SS-Panzergrenadierdivision am 8. um Mitternacht auf seinem langsamen und mühsamen Weg aus Südfrankreich entdeckte, daß sein Oberst sich in Luft aufgelöst hatte. „Am Mittag wurde der Wagen des Obersten in einem 64 km zurückliegenden Dorf geparkt aufgefunden. Es gab keinerlei Anzeichen für Sabotage oder Gewalt, nicht einmal für ein Loch im Reifen. Vergeblich wurden das Dorf und das umliegende Land abgesucht." Er

* *kursiv durch den Autor.*

war einfach von der Résistance geschnappt worden, die die 2. SS-Panzergrenadierdivision tagelang aufhielt.[1]
Nirgends war ein Muster offensichtlicher als beim Vorstoß jenes alten Hasen aus Guadalcanal, General Collins, die Halbinsel Cotentin nach Norden auf Cherbourg zu, den er mit den beiden amerikanischen Luftlandedivisionen und den an der *UTAH*-Küste gelandeten Kräften aus den am Tage X errichteten Landeköpfen heraus führte. Die Enge auf der Halbinsel – und die Telefonleitungen – befanden sich bald in seinem Würgegriff. Ultra spiegelte den vermehrten Funkverkehr wider. Zuerst war man nicht recht im Bilde, als der Admiral Atlantikküste am 10. die Lage mit folgenden Worten beurteilte: „Zögernder und langsamer Fortschritt alliierter Landeoperationen auf Cotentin und im Abschnitt Seinebucht kann auf beabsichtigte zweite Landung an anderer Stelle hinweisen". FUSAG tat seine Pflicht. Aber ein vorsichtigerer (und überraschend wohldurchdachter) Ton wird am nächsten Tage angeschlagen, als die Gruppe West den Admiral anweist, alle weiblichen Mitarbeiter der Marinestäbe in der Bretagne wären „sofort an geeignete Dienststellen in Deutschland zurückzusenden". Am 13. beobachtete Ultra Verzweiflung im Text eines Funkspruches, der von der Gruppe West am 12. um Mittag abgesetzt wurde, um die Verhaltensweise zu verkünden, die Hitler befohlen und Rommel zwangsläufig akzeptiert hatte: „Die schicksalhafte Bedeutung der Schlacht um Cotentin für Großdeutschland fordert von jedem einzelnen den Kampf bis zum letzten . . . Sogar kämpfendes Zurückgehen ist nicht zu dulden."
Als Collins mit seinen drei Divisionen die Halbinsel nach Norden durchstieß, war es für ihn von unschätzbarem Wert zu wissen, daß es das deutsche Verhalten den lustlos auf der Halbinsel Cotentin kämpfenden Truppen gestattete, eher im offenen Gelände überrannt zu werden, als sich – wie es militärisch richtig gewesen wäre – mit allen Kräften in die Verteidigungsanlagen von Cherbourg zurückzuziehen. Als die Amerikaner diese gewaltige Festung umzingelten, war es nicht weniger wichtig für Collins zu beurteilen, wie er die Qualität des Festungskommandanten einzuschätzen hatte. Es war General von Schlieben, der am 21. Juni eine Aufforderung zur Kapitulation abwies, obwohl die deutsche 7. Armee – und das muß gesagt werden – ihm mitteilte, daß 6 1/2 amerikanische Divisionen vor seinen Toren stünden, was einen hundertprozentigen Irrtum darstellte. Aber das war Prahlerei, wie rasch durch zwei entzifferte Ultra-Funksprüche enthüllt wurde, die so lehrreich sind, daß sie wert sind, in voller Länge zitiert zu werden.

Am frühen Nachmittag des 22. gab Bletchley zwei Texte heraus. Der erste war ein Funkspruch Hitlers selbst an von Schlieben, der um 18 Uhr am vorhergehenden Abend abgegeben worden war und ihm Vollmacht in Cherbourg erteilte.

„Ich erwarte von Ihnen, daß Sie diesen Kampf führen werden, wie einstmals Gneisenau die Verteidigung von Kolberg führte. Solange Sie noch Munition und Verpflegung haben, muß jeder Feindangriff durch Ihren unbeugsamen Willen, die Stärke Ihres Geistes, Ihre Führungskunst und die Tapferkeit Ihrer Truppen zerschlagen werden. Sogar, wenn das Schlimmste geschehen sollte, ist es Ihre Pflicht, noch den letzten Bunker zu verteidigen und dem Feind nicht einen Hafen, sondern ein Feld der Zerstörung zu überlassen. . .“

Das waren epische Worte: Aber der weniger heroische Geist ihrer Empfänger erschien in dem durch Ultra entzifferten armseligen Funkspruch von Schliebens an Rommel um 11 Uhr in jener Nacht.

„Truppen der 709. Infanteriedivision, die an den Kämpfen teilgenommen haben, zahlenmäßig und geistig erschöpft. Die Garnison der Festung selbst nicht in der Lage, ernste Anspannung auszuhalten. Leute überaltert, unausgebildet und suchen Deckung in Bunkern. . . Führerlose Teile 77. und 243. Infanteriedivision, die von ihren Verbänden abgesprengt worden sind, eher eine Last als eine Unterstützung. Verstärkungen für eine Aufgabe, die Hitler für entscheidend erklärt hat, sind als absolut notwendig zu betrachten.“

Vielleicht niemals zuvor in der Geschichte ist der von einem Staatsoberhaupt auf einen belagerten Festungskommandanten ausgeübte Druck und die eigene Verzweiflung des Kommandanten so aufschlußreich und so schnell den Belagerern bekannt geworden, wie durch diese beiden Ultra-Dokumente. Als es am 26. dann zum Schluß kam, wurde von Schlieben lebend in seinem unterirdischen Gefechtsstand gefangengenommen, und eine Einheit zur psychologischen Kriegführung bewirkte die Übergabe des eigentlich uneinnehmbaren Arsenals. (Um von Schlieben Gerechtigkeit widerfahren zu lassen, muß festgehalten werden, daß er durch hartnäckigen, wenn auch hoffnungslosen Widerstand tatsächlich „nicht einen Hafen, sondern ein Feld der Zerstörung“ zurückließ. Die am Wasser liegenden Einrichtungen waren so zerstört und die Gewässer so verseucht, daß Minenräumer und in den Schlickfeldern der Themse besonders ausgebildete Taucher den

Hafen für die ersten tiefgehenden Schiffe erst am 16. Juli öffnen konnten.)
Nebenbei gesagt, entstand bei dieser Belagerung der belustigendste von Ultra entzifferte Funkspruch des Feldzugs, – der Text eines Funkspruches, in dem dagegen protestiert wurde, daß Panzerfäuste *wiederum* auf den Kanalinseln abgeworfen worden wären. Sie waren für *Cherbourg* bestimmt und wurden dort dringend gebraucht. Würde der Befehlshaber der deutschen Luftwaffe entsprechende Schritte unternehmen? Sie waren wiederum abgeworfen worden! Man hört geradezu den müden Verachtungsseufzer, mit dem der Generalstabsoffizier seinen Funkspruch zusammensetzte: „Sie können nicht einmal Cherbourg treffen!"
Doch der Zustand der deutschen Luftwaffe war in Wahrheit unwiderruflich schlecht. Am Tage X hatte die gesamte deutsche Luftflotte 3 in Frankreich nur 497 einsatzfähige Flugzeuge, von denen lediglich 319 eingesetzt wurden. Nach vier Tagen waren 208 zerstört und 105 beschädigt. Am Ende der ersten Woche gab es trotz hektisch herangeführter Verstärkungen immer noch nicht mehr als ungefähr 1.000 deutsche Flugzeuge aller Typen im Westen. Das volle Ausmaß der Unfähigkeit der deutschen Luftwaffe zeigt sich bei einem einzigen Vergleich. Bis zum 30. Juni, dem Tag, an dem man damit rechnete, daß die Phase der *Neptune*-Landungen beendet wäre und Deutschland das realistische Ziel von *Overlord* werden würde, führten die RAF und die USAAF zusammen bei allen Operationen 163.403 Einsätze durch, während die deutsche Luftflotte 3 nicht mehr als 13.829 durchführen konnte. Ein Hauptgrund dafür war natürlich die Dezimierung der Tagjäger über Deutschland durch die USAAF und die vernichtende Wirkung der kombinierten Bomberoffensive auf Flugplätze, Fabriken, Kugellagerwerke und Ölquellen.
Aber es gab auch einen unmittelbareren Grund. Nach dem ursprünglichen Plan sollte die deutsche Luftwaffe im Falle einer Invasion jedes verfügbare Flugzeug in Deutschland rasch nach Westen verlegen. Aber auf Grund der eingebildeten Bedrohung durch FUSAG am Pas de Calais wurden diese nicht sofort freigegeben. Sogar bis zum 10. Juni hatte Generaloberst Sperrle, der OB der Luftflotte 3, nicht mehr als 300 zusätzliche Jagdflugzeuge erhalten. Jede Hoffnung auf eine anfängliche Luftüberlegenheit war verloren und wurde niemals zurückgewonnen, denn die auf die Neuankömmlinge wartenden Flugplätze wurden schwer mit Bomben belegt. Behelfsflugplätze mußten eingerichtet werden, das Bodenpersonal und die Techniker wurden auf ihrem Trans-

port durch die Bahn oder auf der Straße verzögert, und das für die Durchführung von Luftoperationen so wesentliche Fernmeldenetz war unterbrochen. Die bereits geschwächte und aus dem Gleichgewicht gebrachte deutsche Luftwaffe war sogar mehr, als es ihre Gewohnheit war, gezwungen, den Funk zu benutzen und enthüllte damit ihre Armseligkeit einem Bletchley, das schon gründlich in das Lesen ihrer Schlüssel eingeweiht worden war. Infolgedessen enthalten die von Ultra für den Feldzug in der Normandie entzifferten Funksprüche eine erstaunliche Überfülle von Feindnachrichten über den Zustand und die Leistung der deutschen Luftwaffe. Die regelmäßigen Stärkemeldungen verraten die Steigerung oder den Abfall der Kampfbereitschaft einzelner Verbände und Einheiten. Ihre Standorte können ausgemacht werden. Die täglichen Routinemeldungen über die während der vergangenen 24 Stunden durchgeführten Operationen waren eine nützliche Überprüfung der tatsächlichen Erfahrung, denn sie verrieten den Alliierten, was die deutsche Luftwaffe glaubte, getan zu haben im Vergleich zu dem, was wirklich geschehen war. Sie sprachen auch von einer kläglichen Unangemessenheit ihres Bestrebens, denn sie zu lesen hieß die deutsche Luftwaffe beobachten, die einst so stolz und allmächtig war und sich jetzt in der Hauptsache auf Aufklärungsflüge, Angriffe im kleinen Rahmen und die wesentlichen Kleinigkeiten des Luftkrieges beschränkte. Mangel an Treibstoff, Flugzeugen und Flugplätzen bieten ein ständig gleiches Bild des Elends. Wir sehen uns dazu einen einzigen von Ultra entzifferten Funkspruch vom 14. Juni an, der den Zustand der Flugplätze in Epinay, Beauvais, Alençon, Argentan, Caen, Coulommiers, Rennes, Lorient, also auf dem ganzen äußeren Perimeter des Schlachtfelds in der Normandie, beschreibt. Die immer wiederkehrende Phrase lautet: „Bedingt einsatzfähig“. Bei einigen heißt es: „Keine Nachtlandung“ oder „einsatzfähig bei Tag“. „Höchste Vorsicht bei der Landung“. Ein anderer Flugplatz ist „wegen Bombentrichtern für besuchende Flugzeuge geschlossen“. Von nur zwei oder dreien heißt es „voll einsatzfähig“. Doch Coulommiers war das Hauptquartier der für die Luftverteidigung eingesetzten Jäger und der Stützpunkt einer Fliegerdivision; Beauvais war der Stützpunkt eines Bomberkorps. Nachrichtenoffiziere bei den Hauptquartieren der RAF und der USAAF waren demnach gewiß in der Lage, das verwirrte Geschehen „in dem Ameisenhaufen der deutschen Luftwaffe durch ein klares Glas hindurch zu beobachten.“
Es gab andere Beweise, die für den Kampf auf dem Festland und in der Luft gleichermaßen wichtig waren. Auf Grund jener Ver-

nunftwidrigkeit, welche die Befehlshaber des deutschen Heeres auf allen Kriegsschauplätzen quälte und belastete, unterstanden die Flak-Verbände der deutschen Luftwaffe. Doch die Flugabwehrartillerie umschloß auch die erfolgreichste Einzelwaffe aus Hitlers Waffenarsenal, das 88 mm-Land- und Luftzielgeschütz, dessen Leistung gegen Panzer historisch ist. In der Normandie war der wichtigste Großverband das III. Flak-Korps, das fast ganz entlang der britischen Front zur Panzer- und Flugzeugabwehr eingesetzt war. Es umfaßte, grob gesprochen, zwischen 120 und 160 88 mm-Kanonen sowie viele leichtere Waffen. Als Luftwaffenverband benutzte das III. Flak-Korps den Luftwaffenschlüssel, und da es über Funk Stärkemeldungen, Standorte von Einheiten, Treibstoff- und Munitionslager und andere interne Einzelheiten eifrig registrierte, war Bletchley in der Lage, die alliierten Hauptquartiere laufend ins Bild zu setzen. Wenn es für die Flieger nützlich war zu erfahren, wo die Flak-Geschütze standen, so war es noch wichtiger für Montgomerys Panzer. Die Zahl und die Stellungen der 88 mm-Geschütze zu kennen, war natürlich von höchster Wichtigkeit, obgleich die Kenntnis darüber weder regelmäßig eingehen, noch genau sein konnte. (Bei Montgomerys am 18. Juli ostwärts Caen geführtem größten Panzerangriff, der Operation *Goodwood*, war der allgemeine Raum, in dem die Geschütze standen, durch seinen Nachrichtendienst wohl erkannt worden, aber das hinderte 80 schwere Panzerabwehrgeschütze und 272 sechsrohrige Nebelwerfer nicht daran, drei britische Panzerdivisionen zum Stehen zu bringen.) Aber aus dem Fernmeldenetz des III. Flak-Korps wurden andere große Vorteile gezogen. Auf Grund seiner engen Verbindung mit dem deutschen Heer flüsterte es Bletchley auch die Geheimnisse des Heeres zu.
Nehmen wir den Fall der unter einem Unglücksstern stehenden Panzergruppe West, die unter dem fähigen General Geyr von Schweppenburg das starke I. SS-Panzer-Korps und zwei Infanteriedivisionen umfaßte. Als ihr Gefechtsstand nach den Landungen aus Paris nach vorn verlegt wurde, zerstörten Jagdbomber zwei Drittel ihres Fernsprechgeräts. Als es wieder arbeitete, wurde es von einem sorgfältig geleiteten Bomben- und Raketenangriff am Abend des 10. erfaßt, dem es in den Obstgärten um den Gefechtsstand bei Thury-Harcourt an der Orne ausgesetzt war. Die Obstgärten des schönen Schlosses halfen die Geschütze des Autors einen Monat später zusammenzuschießen. Bis zum Mittag des 12. waren die ins einzelne gehenden Ergebnisse dieses durchschlagenden Erfolges auf Grund eines von Ultra entzifferten

Funkspruches bekannt, – Ergebnisse, über die das Hauptquartier der deutschen 7. Armee selbst für viele Stunden nicht Bescheid wußte:

> „Gemäß dem III. Flak-Korps waren am 10. um 21 Uhr alle Fernmeldeverbindungen der Panzergruppe West außer Gefecht, Chef des Stabes, 1 a und 1 c gefallen, KG anscheinend leicht verwundet. Der Chef des Stabes der 7. Armee, der sich dort befand, beauftragt das I. SS-Panzerkorps mit den früheren Führungsaufgaben der Panzergruppe West."

Für Montgomery war es gewiß eine Erleichterung zu wissen, daß nicht nur das Nervenzentrum von Rommels stärkstem Großverband ausgeschaltet worden war, sondern daß er auch nicht mehr dem tüchtigen Geyr, sondern dem SS-Gruppenführer Sepp Dietrich gegenüberstand, dem ehemaligen Metzger und „alten Kämpfer" an der Spitze des I. SS-Korps, einem Mann, der mit Hitler über viele Jahre Dienst als dessen Chauffeur und Leibwächter verbunden und eher ein tapferes Frontschwein als ein auf hoher Ebene führender General war. Von Rundstedt schrieb ihn als „anständig, aber dumm" ab. Es gab sogar noch bedeutendere Auswirkungen für Montgomery in diesen wenigen von Ultra herausgegebenen Zeilen. Sie wurden lebhaft von Chester Wilmot in dessen Buch *The Struggle for Europe* symbolisch dargestellt:

> „Geyrs Chef des Stabes und 17 andere wurden in einem der Bombentrichter beerdigt, über dem die Deutschen ein gewaltiges Kreuz aus polierter Eiche, geschmückt mit dem Adler und dem Hakenkreuz, errichten sollten, – ein recht eindrucksvolles Denkmal, denn dies war nicht nur der Friedhof dieser Männer, sondern auch für Rommels Hoffnungen auf einen groß angelegten Gegenangriff, bevor es zu spät war."

Darüber hinaus brachte Ultra zwei Tage später die Nachricht vom Tod eines weiteren erstrangigen Generals, von Erich Marcks mit dem Holzbein, der im Jahre 1940 den ersten Plan für die Invasion Rußlands entworfen hatte. Es war der „Flivo" beim LXXXIV. Korps vor der amerikanischen Front, der am 12. um 12.30 Uhr meldete: „KG, General der Artillerie Marcks, westlich St. Lô bei Jagdbomberangriff gefallen." Dieser Funkspruch wurde entziffert und noch weit vor Mitternacht von Bletchley herausgegeben.
Solche raschen Nachrichten über den Feind waren für die alliierten Stäbe lebensnotwendig bei dem Versuch, sich ein Bild von der Art der Tätigkeit auf der anderen Seite der Front zu machen. Aber bevor die Kämpfe weiter um sich greifen und sich intensivieren, so daß

die deutschen Armeehauptquartiere ihre Funkgeräte zu benutzen beginnen und damit die Entzifferer in Bletchley mit reichhaltigem Material versorgen, lohnt es sich, eine Pause zu machen und sich daran zu erinnern, daß sogar in diesem historischen Augenblick die Normandie nur eine der Quellen für die Funksprüche war, die die Männer und Frauen in der Station X unter nie nachlassenden Druck setzten. Der 7. Juni oder der Tag X+1 ist dafür lehrreich. Für diesen Tag gibt es natürlich eine Vielzahl von Funkmeldungen über den Fortschritt der Luftlandungen, über Versuche, den Einsatz der deutschen Luftwaffe zu steigern sowie den Luftschutz für die Seine-Übergänge zu verstärken, über die die Verstärkungen vorgehen mußten usw. Aber es ist auch Kesselrings Zusammenfassung seiner Absichten in Italien bis zum 8. Juni dabei. Darüber hinaus gibt es die ungeheuer ins einzelne gehenden Informationen über kleine Schiffsbewegungen am Rand des nördlichen Mittelmeeres. Ein Funkspruch warnt davor, daß der deutsche Horchdienst an der russischen Front am 5. Juni über die Operationen der 15. US Army Air Force auf ihren italienischen Stützpunkten unterwiesen worden ist, und zwar mit spezifischen Einzelheiten über deren verschiedene Bombergruppen. Ein weiterer zitiert eine Weisung der Heeresgruppe Ukraine, daß alle deutschen Panzertransporte auf den Seiten und hinten Erkennungszeichen zu führen haben, und zwar „drei vierstellige taktische Nummern, Höhe 30 cm, Breite 5 cm". Es liegt ein Bericht über Räumgerät vom Inspekteur des Minenräumdienstes auf der Donau vor. Bletchley ist zum universellen Belieferer geworden.
Aber schließlich war es die Landschlacht in der Normandie, die die größte Rolle spielte, und hier inmitten der vielen Muster, die allmählich aus Ultra-Meldungen und anderen Feindnachrichten auftauchten, war es vor allem eines, das Montgomery ständig im Auge behielt. Nach den ersten Tagen, als es klar geworden war, daß er die Stadt Caen nicht einfach überrennen konnte, war es sein unausweichliches Ziel, die Masse der deutschen Panzerdivisionen im britischen Abschnitt so auf sich zu ziehen, daß Bradleys Armee nach der Säuberung der Halbinsel Cotentin vom Feind nach Süden und Osten ausbrechen und so eine Lage schaffen konnte, die in einer berühmten Zeitungsüberschrift aus dem Krieg mit folgenden Worten beschrieben wurde: „Allies' Push Bottles Up Germans".* Montgomery außerhalb von Caen, Grant außerhalb von

* wörtl: „Alliierter Vorstoß zieht Deutsche auf Flaschen"; gemeint ist „schneidet Deutsche von Verbindungslinien ab und vernichtet sie einzeln."

Richmond: Sherman durchstößt Georgia, und Patton stößt auf Falaise vor.* Jede winzige Erkenntnis über die deutschen Panzer, die in die Hände von Ultra gelangte und weitergegeben wurde, war daher für Montgomery und seinen Generalstab Gold wert.

Die Bewegungen deutscher Divisionen zum Landekopf werden von Ultra zuerst langsam und dann mit wachsender Schnelligkeit erkannt und bekanntgegeben. Am Nachmittag des Tages X+2 z. B. haben wir einen Funkspruch mit ZZZZ Dringlichkeit: „17. SS-Panzergrenadierdivision, der 7. Armee unterstellt, Marschziel am 7. Villedieu.“ Das bedeutete, daß Hitler endlich die 17. SS-Panzergrenadierdivision von der OKW-Reserve an Rommel freigegeben hatte und daß sie nun aus ihrem Raum südlich der Loire gegen die Amerikaner auf der Halbinsel Cotentin vorrückte. Am 11. um 08.49 Uhr meldete die Panzergruppe West, die ihr Trauma überwunden hatte, daß sie „beabsichtigt, die Führung, sobald es die Fernmeldeverbindungen erlauben, zu übernehmen. Sie erbittet von Rundstedt lediglich ‚ihren allgemeinen Auftrag“. So ist also Geyr von Schweppenburg dabei, wieder in die Kämpfe einzugreifen. Am 12. um 01.08 Uhr trifft eine Ultra-Nachricht ein, aus der zu ersehen ist, wie die Verbindungen zwischen den Divisionen wieder aufgenommen wurden. Das ging aus einem Funkspruch vom 11. um 13.00 Uhr hervor, der zuerst den Standort der 352. Infanteriedivision angab und dann fortfuhr:

> „Teile 3. Fallschirmjägerdivision im Raum T 6065 eingesetzt. Division nimmt Verbindung mit rechtem Flügel 352. Infanteriedivision beiderseits Straße St. Lô – Bayeux so weit westlich wie möglich auf. Kämpft verteidigend bis volle Kampfstärke erreicht. 17. SSPz Gren. Div. Bereitstellungsraum S und SW T4086. Bewegliche Kampfführung nach Lage.“

Noch genauere Nachrichten über die Standorte dieser Divisionen folgten um 14.19 Uhr und 16.09 Uhr. Dabei las Ultra mit einer Verzögerung von nur wenigen Stunden das Kleingedruckte bei den deutschen Plänen mit.

Der 13. Juni ist ein wunderbarer Tag, um den Wert Ultras als Spiegelbild der deutschen Panzerdivisionen zu zeigen. Um 05.47 Uhr meldet ein Funkspruch, daß während des vorhergehenden Nachmittags die 2. SS–Panzerdivision sich auf dem Marsch in

* Anspielung und Vergleich mit und auf solche Operationen im amerikanischen Bürgerkrieg und Zweiten Weltkrieg.

Richtung Tours befand und noch am gleichen Tag in Poitiers erwartet wurde. (Am Tage X im fernen Toulouse stehend, kämpfte sich die Division nach Norden und hatte am 17. immer noch nicht ihr Eintreffen gemeldet.) Um 14.25 Uhr funkte Bletchley einen Spruch des Fliegerverbindungsoffiziers der 12. SS-Panzerdivision, die vor dem britischen Abschnitt eingesetzt war. Um 9 Uhr am vorherigen Abend, so hieß es darin, verlief die Front der 12. SS-Panzerdivision von Galmanche nach Westen; dann Panzer-Lehrdivision „einbiegen in Straße T 8870 . . . dann westlich . . . Verbindungen mit Panzerdivision hergestellt." Schließlich kam um 20.05 Uhr das Beste. Es kam etwas verspätet, aber gab immer noch einen völligen Überblick über das den Briten gegenüberliegende SS-Korps sowie seine Nahtstellen mit dem LXXXIV. Korps im Westen, dessen Aufgabe im Binden der amerikanischen Kräfte bestand.
Nachricht: „Vom 11. ab werden dem I. SS-Korps bis auf weiteres zugeteilt: Panzer-Lehrdivision, 12. SS-Panzerdivision, 21. Panzerdivision und 716. Infanteriedivision, Werferbrigade 7, Schnelle Brigade 30, Arko (Artilleriekommando) 474; Trennungslinie zwischen I. SS-Korps und LXXXIV. Korps Höhe 316, Höhe 194, Höhe 142, ostwärts Ortsrand Verney und Verney Wald, entlang Bach westlich Bayeux, Port en Bessin; Höhen einschließlich zu LXXXIV. Korps, Ortschaften zu I. SS-Korps."
Nur eine Woche nach den Landungen erhielt daher Montgomery volle Einzelheiten über die Unterstellungsverhältnisse und oftmals genaue und allerletzte Ortsangaben in bezug auf jede deutsche Panzerdivision, die sich damals in der Normandie befand. Alle Befehlshaber, Stäbe und Männer, die sich mit Kriegsgeschichte befassen, sind sich des Wertes der Nachrichten über die Nahtstellen zwischen Korps und Divisionen bewußt, da sie bekanntermaßen dem Angreifer die schwächsten Punkte in der Front des Verteidigers verraten. Spezifische Funksprüche wie diese wurden darüber hinaus jetzt ständig untermauert und dem Inhalt nach erweitert auf Grund der routinemäßigen allumfassenden Rückmeldungen über die unterstellten Verbände im Westen, die von Rundstedt nach Deutschland funkte. (Vergleiche den Anhang wegen der Beispiele für die ins einzelne gehenden Nachrichten, die in solchen Meldungen von Rundstedts in Frankreich und Kesselrings in Italien enthalten waren.) Bletchley entzifferte diese Meldungen nun regelmäßig.
Unter dieser Flut von massiven deutschen Funksprüchen, die in immer stärkerer Zahl von Station X in entzifferter Form ausgege-

ben wurden, gab es viele kürzere, die manchmal von unmittelbar sich auswirkender Bedeutung waren. Ein vollkommenes Beispiel für die Arbeit von Ultra bietet einer von ihnen, der am 22. um 15.33 Uhr herausgegeben wurde. Es war eine Meldung des deutschen Abwehroffiziers beim Hauptquartier der 7. Armee vom 21., daß „gemäß im Raum St. Lô erbeuteten Unterlagen die amerikanischen Losungen wie folgt lauteten: Vom 20. bis 22. Chicken – Wire (Chicken war die Anfrage des Postens, Wire die Antwort), vom 22. bis 25. Walking – Village, vom 25. bis 26. Huddle – Time". Innerhalb relativ weniger Stunden wußten die Amerikaner im Abschnitt St. Lô, daß ihre Losungen dem Feind bekannt waren und konnten die meisten sofort ändern.
Ultra erwies sich damit in der Normandie als ein Nachrichtensystem, das in der Lage war, Feindnachrichten auf jeder Ebene zu liefern, und zwar in einem Ausmaß, das von den ganz kurzen und kleinen bis zu den großen Meldungen ging, die oftmals 5 oder 6 Seiten umfaßten, die Verbandsstärken und die Standorte eines Korps, einer Armee und sogar der gesamten deutschen militärischen Kräfte und Gliederungen im Westen enthielten. Das galt ebenso für die deutsche Luftwaffe, deren Funksprüche in bezug auf bevorstehende Angriffe auf alliierte Schiffsbewegungen oder Kampfräume oftmals rechtzeitig zum Treffen von Gegenmaßnahmen entziffert wurden. Wie wertvoll war auch der lange Funkspruch des IX. Fliegerkorps (der am 21. gesendet, aber erst am 23. in Bletchley bearbeitet wurde, da er keine hohe Dringlichkeit für die laufenden Operationen besaß). Dieser Funkspruch faßte die Schlußfolgerungen einer Konferenz hoher deutscher Luftwaffenbefehlshaber vom 17. bei der erneuten Überprüfung der Luftlage zusammen. Für Air Marshal Coningham bei der britischen 2. Tactical Air Force oder Major General Quesada beim 9. Tactical Air Command war es für die von ihnen im britischen bzw. amerikanischen Sektor geleistete Bodenunterstützung lehrreich zu wissen, daß ihre Gegenspieler im Gespräch untereinander der Auffassung waren, die Verstärkung durch Flugzeugführer aus Deutschland wäre nutzlos, das geringste für einen sicheren Angriff auf den Landekopf wäre „ein Vorstoß von 12 bis 15 Jagdfliegern" – von denen sie so wenige hatten –, alles darunter wäre gefährlich, schlecht ausgebildete Flugzeugführer würfen ihre Bomben aufs Geratewohl, erfahrene Führer von Jagdfliegerketten fehlten. Flugzeuge sollten das Überfliegen von Räumen vermeiden, in denen sich eigene Truppen befänden, da sie da wahrscheinlich abgeschossen würden!

Eine deutsche Luftüberlegenheit hätte sehr wohl zum alles überragenden Faktor werden können, denn vom 19. bis 22. Juni wurden die Strände der Normandie von einem schweren Sturm im Kanal mitgenommen, der bei längerer Dauer das Desaster hätte herbeiführen können, das Rommel nicht erzielen konnte. Dennoch sank in diesen wenigen stürmischen Tagen die durchschnittliche Zahl der täglichen Anlandung von Mannschaften von 15.774 Briten und 18.938 Amerikanern auf 3.982 und 5.865. Das Absinken bei den täglichen Anlandungen von Vorräten und Gerät sank auf weniger als 1/2 bei den Briten und weniger als 1/4 bei den Amerikanern, deren künstliche Häfen vor der *UTAH-* und *OMAHA-*Küste auseinandergefallen waren. Und das war der Vorabend der ersten großen britischen Offensive *Epsom*, bei der mit zwei Korps und 700 Geschützen beabsichtigt war, rücksichtslos landeinwärts bis jenseits der Übergänge der Odon und Orne vorzustoßen. Der einleitende Angriff wurde ostwärts Caen am 23. angesetzt, der Hauptangriff südwestlich der Stadt für den 25.
Zwei Ultra-Funksprüche erläutern jetzt, wie Bletchley auf beruhigende Weise genaue Informationen den Befehlshabern im Feld liefern konnte, die sowohl durch die Elemente als durch den Feind abgelenkt wurden. (Nach dem Sturm fehlten der britischen 2. Armee bei ihrem geplanten Aufmarsch *drei Divisionen*). Am 23., 4 Minuten nach Mitternacht, brachte Ultra deutsche Lagemeldungen, – *in einem Fall nur 7, und in dem anderen nur 5 Stunden alte*, – welche die Westgrenze der 21. Panzerdivision und die Ostgrenze der 12. SS-Panzerdivision entlang der Eisenbahn angab, die von Caen nach Norden verlief. Sie gaben Punkt für Punkt in Einzelheiten die Grenzen zwischen der 12. SS- und der Panzer-Lehrdivision nach Westen und ebenso genau die Nahtstellen zwischen dem gesamten Raum des I. Panzerkorps und des XXXXVII. Panzerkorps im Südosten von St. Lô bekannt. Das war genausogut, als hätte man einen Spion im feindlichen Lager.
Als am 25. der Hauptangriff begann, war es für Montgomery offenkundig wichtig, die Lage an seiner verwundbaren linken Flanke zu kennen, – das heißt, am Ostufer der Orne in ihrem Verlauf nach Norden über Caen zum Kanal. Hier hatte sich gerade ein Korpsgefechtsstand, der des LXXXVI., zur Überwachung der im Fluß befindlichen Lage eingerichtet. Am 25. um 10 Uhr morgens bei der *Epsom*-Offensive zeigte Ultra, daß das LXXXVI. Korps Form annahm. Ultra vermochte dies an Hand eines nur wenige Stunden vorher abgesetzten Funkspruches zu tun. Das LXXXVI. Korps, hieß es darin, hatte die Führung über General Reicherts 771. und

General Diestels 346. Infanteriedivision (beide vorher zur 15. Armee gehörig) übernommen, während sich die 16. Luftwaffenfelddivision auf dem Marsch befand. Der Abwehrraum des Korps wurde als zwischen der Seine und der Orne liegend erkannt. Die Grenzen zwischen den Divisionen wurden in allen Einzelheiten angegeben. Ein weiterer Verband, die Kampfgruppe *Luck*, wurde ebenso dem Korps zugeteilt, und Bletchley fügte dem Funkspruch einen seiner charakteristischen fachkundigen Kommentare bei: „Rommel bat am 31. Mai, daß Major von Luck die Führung des Panzergrenadierregiments 125 bis zur Wiederherstellung der Gesundheit von Oberstleutnant Maempel übernehmen sollte: Siehe KV 6343." In der Zwischenzeit kam von weit entfernt, von der anderen Flanke, vom Kommandanten der Seeverteidigung Bretagne, am gleichen Tage eine umfassende und in genaue Einzelheiten gehende Meldung über eine große Vielfalt von Geschützen, Panzerabwehrgeschützen, Granatwerfern, Flammenwerfern und Munition, die er zur Verfügung hatte. Da seine Bestände wahrscheinlich nicht aufgefüllt werden konnten, gewiß nicht bei seinem spezialisierten Gerät, war eine solche Bestandsaufnahme von großem Interesse für die amerikanischen Stäbe, die sich auf den Ausbruch aus dem Landekopf vorbereiteten. (Nebenbei gesagt, war es nicht die Richtung, die die Deutschen erwarteten. Am nächsten Tag, dem 26. Juni zeigte die Wochenmeldung von Rommels Heeresgruppe B, daß *Bodyguard* und FUSAG noch weiterarbeiteten: „In England stehen immer noch 67 Großverbände, von denen wenigstens 57 für eine großangelegte Operation eingesetzt werden können.")

Auf die Erzielung dieses Ausbruches war die gesamte folgende Schlacht im Landekopf gerichtet. Die Briten verloren für die deutschen Panzerverbände niemals ihre Anziehungskraft, die wie ein Magnet wirkte. Patton, der die FUSAG-Fiktion weiter aufrechterhielt, befand sich inkognito wochenlang in der Normandie, bis die Zeit für seine 3. Armee reif war, wie Sherman aus Atlanta in einer Sichelbewegung den Ausbruch in offenes Gelände anzusetzen. Um die Ausbruchsstelle für Patton vom Feind zu säubern, setzte während der letzten Juli-Wochen die 1. US Army bei der Operation *Cobra* das an, was Montgomery „den Hauptschlag des alliierten Planes" nannte, die vernichtende Offensive bei St. Lô, bei der die deutsche Front auseinandergerissen wurde, was zu einem Geheimtreffen in Hitlers Hauptquartier ungefähr um Mitternacht am 31. Juli führte. Hier wurde der Rückzug ernsthaft diskutiert, dann aber der Gedanke fallen gelassen. Ebenso wurde die

Verläßlichkeit des Oberbefehlshabers West, Feldmarschall von Kluges, der von Rundstedt kürzlich erst ersetzt hatte, skeptisch überprüft. Hitler stieß die schicksalsschweren Worte hervor: „Ich kann den Westfeldzug Kluge nicht überlassen.“
Für die Deutschen waren die Worte unheilschwanger, denn sie enthielten die Saat dessen, was die Historiker immer als einen klassischen Sieg unter den Siegen von Ultra ansehen müssen. Für von Kluge waren die Auswirkungen unmittelbar zu erkennen. Zwei Tage später, am 3. August, ungefähr um 1 Uhr morgens, ging ein Funkspruch von Hitler ein, der darauf hinwies, daß der Führer die Führung der Schlacht übernehmen werde. Nachdem er von Kluge angewiesen hatte, die Panzerdivisionen aus dem Ring um den Landekopf herauszuziehen und der Infanterie die Verteidigung zu überlassen, fuhr er fort:

> „Die Panzerdivisionen, die bisher an dieser Front eingesetzt gewesen sind, müssen abgelöst und in voller Stärke an den linken Flügel geworfen werden. Die feindlichen Panzerverbände, die nach Osten, Südosten und Süden Raum zu gewinnen versuchen, sind durch einen Angriff zu vernichten, den diese vier Panzerverbände – wenigstens vier werden aufgezählt – durchführen, und die Verbindung mit der Westküste von Cotentin bei Avranches – oder nördlich davon – ist ohne Rücksicht auf die feindlichen Einbrüche in der Bretagne wiederherzustellen.“

Als Ultra später am Tag den Wortlaut dieses bemerkenswerten Funkspruches bekanntgab, glaubten die informierten Leser zunächst nicht daran. Aus dem Hauptquartier von SHAEF in Portsmouth telefonierte Eisenhowers Stellvertreter, Air Chief Marshal Sir Arthur Tedder, mit Group Captain Winterbotham in London, um sich zu vergewissern, daß es sich nicht um eine Täuschung handelte. Winterbotham rief *Hut 3* in Bletchley an, um sich bestätigen zu lassen, daß der ursprüngliche deutsche Wortlaut in Hitlers charakteristischem Stil abgefaßt war.[2] Aber alles war in Ordnung. Kluges Truppen erhielten, wie ihr Befehlshaber wußte, den Befehl, Selbstmord zu begehen. Wie Omar Bradley in seinen Memoiren über die Offensive von Avranches schrieb, „sollte sie den Feind eine Armee kosten, und wir sollten Frankreich für uns gewinnen.“
Die alliierte Kräftegliederung, die Hitler zu zerschlagen beabsichtigte, hatte gerade Form angenommen. Am 1. August wurde Bradley mit der Aufstellung der 3. US Army (Deckname LUK-

KY) Führer der 12. Heeresgruppe (EAGLE), zu der die 1. Armee von Hodges und die 3. Armee von Patton gehörten; er war damit gleich stark wie die 21. Heeresgruppe Montgomery (LION), obgleich Montgomery damals beide Heeresgruppen führte. Bis zum 6. August hatten Bradleys Generale nicht weniger als zwölf Divisionen unterschiedslos durch die 32 km breite Lücke zwischen der linken Flanke der deutschen 7. Armee und der See bei Avranches eilig hindurchgezogen. Dieses Bild, wie es sich auf den Karten in Hitlers Hauptquartier darbot, regte diesen zu seinem visionären Befehl an von Kluge an, denn die Lücke bei Avranches sah wie das enge Mittelstück bei einem Stundenglas aus. Wenn er dort angriff, wurden alle amerikanischen Divisionen südlich davon von ihren Versorgungslinien abgeschnitten.

Damit der Plan Hitlers Erfolg hatte, bedurfte es dreier Voraussetzungen. Von Kluge mußte daran glauben. Er mußte in der Lage sein, genügend Panzerkräfte von der Hauptfront in der Normandie abzuziehen, um schlagkräftige Verbände für den Angriff freizumachen. Und es mußte ihm die Überraschung gelingen. Keine dieser Notwendigkeiten wurde erreicht, und der dritte von Kluges Fehlschlägen war unheilvoll.

Denn dem am 3. frühmorgens ausgelösten Alarm, der abgehört und durch den entzifferten Funkspruch mit Hitlers ersten Anweisungen wiedergegeben wurde, folgten keine sofortigen Taten. Im Gegenteil, drei weitere Tage lang gab es ein ärgerliches Hin und Her zwischen Hitler und dem OKW auf der einen Seite und Kluge auf der anderen, das die Zweifel des Letzteren widerspiegelte. Seine Unfähigkeit, genügend Panzerkräfte bereitzustellen, hatte sich nun durch die heftige Kampftätigkeit an der britischen Front, durch die die besten Divisionen wie die 9. und die 10. SS-Panzerdivision gebunden wurden, noch erhöht. Aber Hitler setzte seinen Willen durch, und der „Marsch zur See“ begann kurz nach Mitternacht in der Nacht vom 6. auf den 7. August.

Dieser verlängerte Dialog zwischen Hitler und seinem glanzlosen Oberbefehlshaber war fortlaufend durch Ultra den Alliierten bekannt geworden. Winterbotham hat Churchills wachsende Erregung beschrieben und ebenso, wie er selbst in London „am 7. August morgens um 5 Uhr wach lag und auf die ersten Nachrichten über den Angriff wartete.“[3] Aber Ultra vergab seine realen Gaben an die Befehlshaber im Feld, denn es versetzte sie in die Lage, in bequemer Zeit eine tödliche Falle für den Feind aufzubauen. In allen Geschichten über den Feldzug in der Normandie, gleich ob sie offiziell oder nicht offiziell sind, erscheint der amerikanische Sieg in dieser Schlacht, als ein schönes Beispiel für Improvisation, Flexibilität und Mut. Mut war wie immer reichlich vorhanden, aber man ist sich früher nicht darüber im klaren gewesen, wie sehr Ultra den Alliierten die Vorteile von Zeit und Ort, wie sie Sir Francis Drake beschrieben hatte, in die Hand gab: viel Zeit, um den richtigen Raum vorzubereiten, in dem der Feind vernichtet werden konnte. Statt eines bestürzten, nach hinten wegrennenden Feindes trafen die Deutschen auf ein kühles, Haltung bewahrendes und voll unterrichtetes Empfangskomitee. Die Schlüsselfiguren unter den amerikanischen Befehlshabern waren Bradley und Major General Quesada, dessen 9. Tactical Air Command mit seinen Lightnings, Thunderbolts und Mustangs der 1. US Army Nahunterstützung gab. (Unter General Courtney H. Hodges, der am 1. August zum Nachfolger Bradleys ernannt worden war, sollte diese Armee nun den direkten Stoß von Kluges Angriffstruppen auffangen.) Bei der Diskussion über den Wert von Ultra während der Schlacht bei Avranches sagte General Quesada dem Autor 1977 in Washington: „Wissen Sie, Brad und ich sprachen gewöhnlich niemals zusammen über unsere Ultra-Funksprüche. Wir nahmen es einfach für gegeben hin, daß jeder von uns wußte, was sie bedeuteten. Aber ich sehe immer noch jenen Augenblick vor mir, als wir mit diesen Funksprüchen in der Hand dastanden, grinsten und sagten: ‚Wir haben sie'".

In der Rückschau sieht das alles trügerisch einfach aus. Bradley hielt quasi einen Sack offen und ließ den Feind hineinstoßen. Während der frühen Morgenstunden des 7. August begann von Kluge den Angriff, den Hitler befohlen hatte, aber ohne Überzeugung und fast in Verzweiflung. Seine rechtsstehende Panzerdivision, die 116., ging noch nicht einmal vor. Die 1. SS-Panzerdivision und die 2. Panzerdivision kamen ein paar Kilometer vorwärts, wurden aber noch während des Morgens zum Stehen gebracht. Ein wenig weiter im Süden wurde die 2. SS-Panzerdivision, die offenkundig nur auf geringen Widerstand stieß (außer dem erbitterten Abwehrkampf der 30. US Division), über Mortain hinaus auf den sich anscheinend öffnenden Weg nach Avranches vorgezogen. Am Mittag hatten die Amerikaner am Boden den deutschen Vormarsch überall zum Stehen gebracht. Und dann plötzlich verschwanden die Nebel und die Wolken, die den Einsatz der alliierten Luftwaffe seit der Morgendämmerung verhindert hatten, völlig. Bei in aller Ruhe vorbereiteten Angriffen stießen die Flugzeuge von Quesadas 9. Tactical Air Command, die mit den raketenbewaffneten britischen Typhoons zusammenarbeiteten,

rücksichtslos auf die ungeschützten Kolonnen der deutschen Panzer herab. Das Ergebnis wurde in dem von Ultra entzifferten Bericht der 7. Armee vom gleichen Nachmittag zusammengefaßt. „Der Angriff ist praktisch seit 13 Uhr zum Stehen gekommen, und zwar dank des Einsatzes einer großen Zahl von Jagdbombern durch den Feind und des Fehlens eigener Flugzeuge." Beim XXXXVII. Panzerkorps „soll die Aktivität der Jagdbomber beinahe unerträglich gewesen sein." Die 1. SS-Panzerdivision hatte „Jagdbomberangriffe diesen Ausmaßes vorher noch nicht erlebt". Aber es gab noch eine größere Bedrohung für die Deutschen. Bradley arbeitete mit völligem und höchstlöblichem Selbstvertrauen und ließ sich durch den Angriff von vier Panzerdivisionen nicht stören. Stattdessen zog er zu dieser Zeit und danach seine Truppen weiter um und hinter die feindliche Südfront herum, – und zwar besonders Pattons 3. Armee, deren Kräfte während der nächsten Woche wie bei einer Bombenexplosion im Rücken der deutschen Linien in alle Richtungen vorstießen. Der Sack sollte bald zugezogen werden.[4]
Diese Schlacht bei Mortain und Avranches wird noch lange als ein vollkommenes Beispiel für eine Verteidigungsoperation studiert werden: – Ihr Verlauf wurde vorausgesehen, die Vorbereitungen waren vernünftig und ausreichend, der feindliche Stoß wurde rasch aufgefangen und der operative Gesamtplan ohne Unterbrechung fortgesetzt. Aber sie muß als ein erstrangiges Beispiel für den Wert studiert werden, den frühe und genaue Ultra-Feindnachrichten für den Befehlshaber besitzen. Bradley und Montgomery waren nicht aufgeregt, weil ihnen im voraus gesagt worden war, was geschehen würde. Weit davon entfernt, über den Angriff in Panik zu geraten, der sonst, auf den Karten im Lagezimmer betrachtet, wie eine schreckliche Bedrohung hätte erscheinen können, sah Churchill in London freudig dem Ereignis entgegen. Die ganze Sache brachte noch einen weitergehenden Gewinn. Auf Grund von Montgomerys Verhalten waren die deutschen Panzerkräfte ständig an der britischen Front eingesetzt gewesen. Bis Anfang August hatten die Amerikaner trotz all ihrer anderen Kampferfahrung seit dem Tage X niemals den machtvollen Stoß von vier deutschen Panzerdivisionen erlebt, die aneinander angelehnt vorgingen. Daß sie mit den deutschen Panzern fertig werden konnten, war bereits klar. Der Hauptgrund, warum die 116. Panzerdivision am 7. niemals antrat, lag darin, daß sie durch mehrere Kampftage mit den Amerikanern erschöpft war. Aber es war ein enormer Vorteil für Bradley und die Führer seiner Panzerverbände, daß sie

auf Grund von Ultra ihre ersten Vorkehrungen am Boden mit solcher Gewißheit treffen und mit so verheerender Genauigkeit die Angriffe von Quesadas Flugzeugen und der britischen Typhoons einplanen konnten.

Wenn das Abweisen des Versuchs von Kluges, an die See vorzustoßen, durch Bradley ein musterhaftes Beispiel für die Fähigkeit von Ultra war, einen glänzenden Befehlshaber durch die Zulieferung genauer Vorauskenntnis der feindlichen Absichten den ganzen langen Weg zum Sieg zu führen, so war es auch das letzte seiner Art während des Krieges in Europa. Während der Schilderung des Vorgehens auf Berlin wird gezeigt werden, daß die Gelegenheiten für eine so perfekte Zusammenkoppelung von Feindaufklärung und Führungsentscheidungen in bezug auf eine einzelne lokalisierte, aber entscheidende Schlacht an Zahl geringer wurden. Und doch erwiderte Bradley das Kompliment, indem er Ultra neuen Antrieb gab: Er hinderte Feldmarschall von Kluge daran, seine 12. Army Group in zwei Hälften aufzuspalten und schuf dadurch die Voraussetzungen für seinen weiteren Vorstoß in die Bretagne.

In den 70er Jahren war Angus M. Thuermer persönlicher Assistent des Direktors der CIA. Im August und September 1944 war er jedoch als Nachrichtenoffizier der Marine beim Stab des VIII. US-Korps von General Troy Middleton, das den Hafen von Brest belagerte. Über ihnen dröhnten die üblichen Heinkel-Flugzeuge, die Versorgungsgüter absetzten; aber diesmal landete die Ladung beim VIII. Korps. Schwer mit Eisernen Kreuzen für die Garnison von Brest beladen (ein gewöhnliches Mittel zur Stärkung der Kampfmoral: Von Schlieben hatte in Cherbourg Eiserne Kreuze wie Konfetti verteilt), enthielt das Paket auch die laufenden Enigma-Einstellungen für eine beträchtliche Periode in der nahen Zukunft. Das lag auf der Hand, da das belagerte Brest wie Cherbourg vom Funk abhing. Aber dank Thuermer und anderen vernünftigen Kollegen, die die Bedeutung erkannten, wurden die Unterlagen sofort und eilends nach Bletchley geschickt. Da die Schlüssel des deutschen Heeres immer Verdrießlichkeiten bereiteten, war dieses Geschenk mit den täglichen Enigma-Schlüsseln für die kommenden Wochen ein wahrer Schatz.

Aber sollte Ultras Schatz nun vergeudet werden? Die Frage ist besonders dringlich, wenn man sich die letzten Tage in der Normandie vor Augen führt, jene konfuse und blutige Periode, als die Zangen der alliierten Armeen (Montgomery aus dem Norden und Bradley aus dem Süden) sich entscheidend um die zurückgehenden Deutschen zu schließen schienen. Da das Abschneiden nicht völlig gelang, ist die „Schlacht um die Lücke bei Falaise“, wie sie genannt wird, zu einer der strittigsten Episoden des Feldzugs geworden. Damals beurteilten gewiß alliierte Befehlshaber wie Patton die Lage falsch. In ihren Nachkriegserinnerungen haben andere wie Bradley einige der Tatsachen an die falsche Stelle gesetzt. Das Bild ist verworren und verzerrt. Aber endlich ist es möglich, das, was vor sich ging, von einem anderen Standpunkt aus hier zu analysieren, – und zwar durch die Einführung eines wichtigen neuen Faktors in der Gestalt von Ultra.

„Der 15. August“, erklärte Hitler, „war der schlimmste Tag meines Lebens“. Das ist ein guter Anhaltspunkt, denn am 15. war die Lage seiner Armeen im Westen unhaltbar geworden. In der Normandie verblieb für seine 7. Armee und die 5. Panzerarmee nur ein Schlauch von nicht mehr als 24 km Breite, um sich der Umklammerung zu entziehen und auf die Seineübergänge im Osten zurückzugehen. An der nördlichen Seite der Lücke drangen die Kanadier an jenem Abend in Falaise selbst ein, und links von ihnen übte die polnische Panzerdivision Druck in Richtung auf die Straßenkreuzung von Trun aus, einen lebenswichtigen Durchlaufpunkt für den Rückzug der Deutschen. Auf der Südseite stießen Bradleys Divisionen in Richtung auf die Öffnung der Lücke um Argentan vor, während die Masse der 3. Armee von Patton bereits durch offenes Gelände Richtung Chartres, Orléans und Paris vorging. Darüber hinaus begannen am gleichen Tage die vom deutschen Oberkommando vorausgeahnten Landungen im Rahmen der Operation *Anvil* an der Côte d' Azur, an denen zunächst eine französische und drei amerikanische Divisionen teilnahmen. (Innerhalb von drei Tagen besaß die 7. US Army von Patch einen Landekopf von 64 km Breite und 12 1/2 km Tiefe und sollte bald darauf das Rhône-Tal aufwärts nach Norden vorstoßen.)

Aber was Hitler die größte Sorge bereitete war, daß sein mit Mißtrauen beobachteter Oberbefehlshaber im Westen, von Kluge, fehlte. Gewiß handelte er eine Kapitulation mit den Alliierten aus. „Die von der Heeresgruppe ergriffenen Maßnahmen, “ behauptete der Führer, „können nur im Lichte dieser Annahme erklärt werden.“ Der Verdacht war falsch. Am 15. geriet von Kluge auf der Fahrt von der Front in sein Hauptquartier in La Roche Guyon in einen Luftangriff; sein Funkgerät wurde zerstört, und für einen halben Tag gab es keine Verbindung mit ihm. Montgomery, Eisenhower und deren führende Nachrichtenoffiziere haben bestätigt, daß von Kluge nicht an sie herangetreten ist. Doch der 15.

blieb auch weiterhin für Hitler noch ein schwarzer Tag. Zum schlechtmöglichsten Zeitpunkt, als seine Armeen im Westen in einer Krise steckten, entschloß er sich zu einem Führungswechsel. In den frühen Stunden des nächsten Morgens lief ein Funkspruch beim hartnäckigen Feldmarschall Walter Model an der russischen Front ein mit dem Befehl, sofort nach Frankreich zu fliegen und die Verantwortung von Kluge zu übernehmen, der über den Kommandowechsel nicht informiert wurde, obgleich er gemeldet hatte, daß er noch lebte.
Die dem schlimmsten Tag in Hitlers Leben folgenden Ereignisse wurden laufend durch Ultra erhellt. Sich selbst die Vorgänge beim Entkommen der Deutschen aus dem Kessel an Hand der von Bletchley abgesetzten Funksprüche im Geist vorzustellen heißt erkennen, daß, was sonst auch immer Montgomery und Bradley gefehlt haben mag, es bestimmt nicht Nachrichten über den Feind waren. Diese Funksprüche bestätigen tatsächlich, daß die Erklärung für den alliierten Fehlschlag beim völligen Abschneiden der Deutschen in Falaise anderswo gesucht werden muß.
Die während des ganzen 16. abgehörten und entzifferten Funksprüche waren beredt. Es waren um 11.05 Uhr der Lagebericht der 7. Armee vom vorhergehenden Tag und ein paar Minuten später um 11.14 Uhr die Nachricht über den Rückzug der 10. SS-Panzerdivision bei Brienze gegenüber der 1. US Army; um 13.05 Uhr ein weiterer Lagebericht der 7. Armee unter Betonung der kritischen Treibstoffknappheit, die in den Funkmeldungen immer wiederkehrt; um 16.08 Uhr der Standort der 9. SS-Panzerdivision vor der amerikanischen Front vom gleichen Morgen um 10.30 Uhr; um 16.18 Uhr eine Beurteilung der Lage des XXXXVII. Panzerkorps westlich von Argentan: „Auf Grund der Enge Verluste an Menschen, Material und Moral ungewöhnlich hoch. Steigende Versorgungsschwierigkeiten. Steigende Panzerverluste auf Grund von Treibstoffmangel." Und dann kam um 19.40 Uhr eine Meldung, daß General Bayerlein, der Veteran aus Rußland und des Afrikakorps, der jetzt die Panzerlehrdivision führte, „krank und zur Zeit auf dem Hauptverbandsplatz 277. Infanteriedivision war". Zwischen diesen Funksprüchen kamen darüber hinaus immer wieder Funksprüche der 19. Armee in Südfrankreich, die die verzweifelten Gegenmaßnahmen der Deutschen gegen die Landungen im Rahmen der Operation *Anvil* verrieten.
Vor Tagesende ist die Stimmung sogar noch trostloser. Ein ZZZZZ-Funkspruch um 10.42 Uhr enthüllt, daß „eine Quelle bei

Eberbach“ (Gen. d. Pz. Tr. Eberbach seit 5. 7. OB der 5. Panzerarmee westlich Argentan) „und Hauser“ (Oberbefehlshaber der 7. Armee) „bestätigt, daß gesamte Panzerkräfte für Großangriff zur Änderung der Lage im Rücken der Heeresgruppe nicht mehr ausreichen. Treibstoffmangel mit entscheidend . . .“ Ein weiterer ZZZZZ-Funkspruch um 20.48 Uhr lautet, daß die Heeresgruppe 6 Stunden vorher befohlen hatte, „daß die Armeen in zwei oder drei Nächten, beginnend mit der Nacht vom 16. auf 17., auf die Orne-Linie zurückgehen sollten.“ Das bedeutete, daß die gesamte deutsche Nachhut in den Kessel von Falaise zurückging und kurz nach 2 Uhr am nächsten Morgen bewies ein Funkspruch von Kluges seine Verzweiflung: „Lage in Enge so, daß einigermaßen geordnete Räumung unmöglich . . . Gesamtlage erfordert dringend unverzügliche Räumung westlichen Frontvorsprungs durch noch immer offenen engen Schlauch. Erbitte entsprechende Befehle.“

Aber von Kluge erhielt keine Befehle, sondern einen Nachfolger. Am 17. August war Feldmarschall Model in Frankreich eingetroffen, und Kluges Stellung war jetzt unmöglich geworden. Er war sich der Wut Hitlers über den Fehlschlag seiner Offensive bei Mortain bewußt und hatte nun, nachdem der Anschlag vom 20. Juli (in den er verwickelt war) fehlgeschlagen war, keine Hoffnung mehr; so reiste er am 19. August nach Berlin ab und nahm unterwegs Zyanid. Aber für die Alliierten stellte sich durch Models Ankunft eine andere Aufgabe. Während des Monats Juli hatte er als Oberbefehlshaber der Heeresgruppe Mitte den russischen Vorstoß auf Warschau zum Stehen gebracht und war von Hitler „Retter der Ostfront“ getauft worden. Bis zu seinem Selbstmord im April 1945 im Ruhrkessel brachte Model nichts als rücksichtslose Energie in die Führung an der Westfront, und seine Führungskunst war bewunderungswürdig. Aber daß er von Kluge ersetzt hatte, war Bletchley nicht entgangen, noch hatte es die Bedeutung dieses Ereignisses falsch eingeschätzt. Am 18. berichtete Station X um 15.34 Uhr über einen Funkspruch der Heeresgruppe B während des Abends vom 17., nach dem „der neue Oberbefehlshaber Model eine Besprechung der Kommandierenden Generäle oder Chefs der Generalstäbe der 7. Armee und der Panzerarmee Eberbach befohlen hatte.“ Die Nachricht wurde als so wichtig angesehen, daß die *Hut 3*, was recht außergewöhnlich war, die Meldung als „persönlich für Airey, persönlich für Strong, persönlich für Williams, persönlich für Sibert“ kennzeichnete, d. h. sie wurde direkt zur Kenntnis der leitenden Nachrichtenoffiziere beim Haupt-

quartier Alexanders in Italien und bei den Hauptquartieren von Eisenhower, Montgomery und Bradley gebracht.
Wie gewöhnlich kann eine Auswahl der Ultra-Funksprüche aus der Zeit der Schlacht bei Falaise nicht das volle Ausmaß der Beweise für das wiedergeben, was das XXXXVII. Panzerkorps „den ungewöhnlich hohen Verlust an Menschen, Moral und Material" nannte: die wiederholten und besorgten Anfragen über den Zustand der Fähren und Brücken an der Seine, den lähmenden Mangel an Treibstoff; für alles, was in dem entzifferten Funkspruch von BP vom Mittag des 18. einbegriffen war: – „Oberbefehlshaber West hat verantwortliche Abteilungen des Reichsministers für Rüstung und Kriegsprodukten über militärische Lage im Bild zu halten und ihnen eine Frist zu geben, zu der die Vernichtung des Kriegsmaterials im Westen durchgeführt sein muß." Es ist jedoch mehr als klar, daß sich weder Montgomery noch Bradley in Zweifel über die Auflösung und Verzweiflung des Feindes befanden. Warum also schlossen sich die Zangen bei Falaise zu spät?

Eine Antwort dafür liegt in dem Wort „Verzweiflung". Keiner, der nicht einer deutschen Panzerarmee, die um ihr Leben kämpfte, einmal gegenüberstand, hat das Recht jene zu kritisieren, die so handelten und augenscheinlich scheiterten, wenigstens nicht ohne sehr sorgfältiges Nachdenken. Slim nannte die Japaner „die am schrecklichsten kämpfenden Insekten der Welt": Die Deutschen in der Normandie mit ihren guten Panzern, ihren tödlichen 88 mm–Geschützen, ihrem geschickten und erfahrenen Verhalten und ihren hohen militärischen Eigenschaften waren sogar noch schrecklicher, besonders wenn sie um ihr Leben kämpften. Die kanadische und die polnische Division, die durch die Nordseite des Ausbruchskorridors stoßen sollten, waren tapfer, aber unerfahren: Weder sie noch die Amerikaner im Süden brachten das mit, was sie dazu gebraucht hätten. Tatsächlich war Bradley klug, als er Pattons absurden Telefonanruf zurückwies, nachdem seine Truppen in Argentan eingedrungen waren: „Lassen Sie mich weiter auf Falaise vorgehen, und wir werfen die Briten in einem zweiten Dünkirchen in die See zurück." Weder Patton noch seine Männer hatten bisher kennengelernt, was es hieß, erfahrenen Divisionen wie denen an ihrer Front in einem Kampf auf Leben und Tod gegenüberzustehen, wie etwa der 116. Panzerdivision oder der 2. SS-Panzerdivision. Niemand erwies sich von größerer Wildheit als die Polen, aber in diesem Augenblick reichten weder polnische Selbstaufopferung noch amerikanisches Selbstvertrauen aus.

Eine zweite Antwort liegt irgendwo innerhalb des im Krieg herrschenden Nebels vergraben. Ultra sagte Montgomery und Bradley die Wahrheit über das, was zwischen Falaise und Argentan geschah, aber sie konnten weder absolut sicher sein, daß ihre Männer den Korridor durchstießen, noch daß die anderen noch im Kessel befindlichen deutschen Divisionen sich nicht nach Osten absetzten. Da mußten die Seine-Übergänge sichergestellt werden. Da war Paris. Nur ein kleiner Prozentsatz der zahlenmäßig überlegenen alliierten Armeen konnte in der Praxis auf der engen Front beiderseits des Korridors von Falaise eingesetzt werden. In der Rückschau erscheint es nicht unvernünftig, daß die nicht eingesetzten britischen und amerikanischen Divisionen verwendet wurden, um diese anderen Ziele zu gewinnen. Mit Sicherheit ist jedoch klar, daß der Fehlschlag bei Falaise – wenn es ein Fehlschlag genannt werden darf – auf Grund eines Führungsentschlusses und der schlichten Unfähigkeit der Alliierten erfolgte, den deutschen Willen zum Überleben zu brechen: Er war nicht das Ergebnis gescheiterter Feindaufklärung. Auf jeden Fall waren, als Models letzte Nachhuten die Seine überschritten, wenig mehr als hundert der ehemals in der Normandie eingesetzten Panzer und Sturmgeschütze gerettet worden, während der Feldzug die deutsche Wehrmacht über 250.000 Mann Verluste gekostet hatte.

Als die Alliierten in die Niederlande und durch Ostfrankreich in Richtung auf die deutsche Grenze vorstießen, bestimmten die wie wild fahrenden Panzer und beweglichen Kolonnen ihr Marschtempo selbst. General Horrocks brauchte Ultra nicht lebensnotwendig, als sein XXX. Korps durch Brüssel auf Antwerpen in hohem Tempo vorstieß, noch war es für Pattons 3. Armee notwendig, als sie über Reims hinaus auf Verdun vorging. Sie durchschnitten die schwachen Widerstandslinien mit der Leichtigkeit und Geschwindigkeit eines Käseschneiders. Und dann geschah das Unerwartete. Am Tage nach dem Fall von Paris, am 26. August, lautete die Zusammenfassung der von Eisenhowers Hauptquartier bei SHAEF herausgegebenen Feindzusammenfassung: „Zweiundeinhalb Monate schwerer Kämpfe ... haben das Ende des Krieges in Europa in Sichtweite, fast in Reichweite gebracht.“ Statt dessen errichteten die deutschen Armeen, die weit davon entfernt waren, ins Heimatland zurückzujagen, bis Mitte September eine mehr oder weniger zusammenhängende Verteidigungslinie, die immer noch weit westlich der Zugänge zum Reich lag, – eine dünne Linie, die sich aus ein paar sehr seltsamen Bestandteilen zusammensetzte, aus den „Magenbataillonen“, die aus Männern mit Magengeschwüren gebildet worden waren, „Ohrenbataillonen“ aus Schwerhörigen, jungen Rekruten und alten Männern. Aber es war immerhin eine zusammenhängende Linie, die besonders stark in Räumen wie an der Moselfront war, wo die machtvollen amerikanischen Vorstöße durch die Zähigkeit der Deutschen zum Halten gebracht wurden.

Für Ultra und für den zukünftigen Feldzug hatte diese bemerkenswerte Erholung der scheinbar zerschlagenen deutschen Wehrmacht eine tiefe Bedeutung. Als die Deutschen nach Osten in Richtung auf ihr eigenes Land zurückgingen und eine Front gegen die Alliierten aufbauten, war ihr Heer, um damit zu beginnen, in der Lage, wiederum – wie es das stets vorzog – ein großes und sicheres Fernsprech- und Fernschreibnetz zu benutzen. Je näher die Front zu Deutschland verlief, um so weniger war es wahrscheinlich, daß dieses Netz durch Saboteure unterbrochen wurde, wie das so oft in Westfrankreich zur Zeit des Tages X geschehen war. Und es gab auch keine in das System eingebauten Fehler, wie sie französische Techniker z. B. bewerkstelligt hatten, als sie Kabel zu deutschen Flugplätzen in der Normandie verlegten. So war die Stimme des Heeres weniger oft im Äther zu hören, – und weniger Funk hieß weniger Ultra. Natürlich bestand der Enigma-Verkehr der Marine in der Ostsee und um Skandinavien herum weiter,[5] und natürlich benutzte die deutsche Luftwaffe den Funk ständig weiter. Aber für Ultra wirkte sich das Gesetz der geringer werdenden Meldungen ab September 1944 aus.

Für die Alliierten bestand eine unmittelbare Gefahr in dem Anfall von übertriebenem Optimismus, der nun alle Befehlsebenen befiel. Anfang September, am 5., sagte Eisenhower, daß „die Niederlage der deutschen Armeen nun vollkommen sei“, und sein Adjutant, Captain Harry Butcher, bemerkte in seinem Tagebuch, daß Ike „einige Tage lang glaubte, es wäre offenkundig gewesen, daß unsere Streitkräfte fast nach Gutdünken und lediglich abhängig von der Versorgungslage vorgehen könnten.“ In Washington und London sangen die Nachrichtenstäbe auf höchster Ebene das gleiche Lied: Bei SHAEF war die Stimmung, wie wir gesehen haben, euphorisch. Am 6. September machte sogar der konventionell denkende Director of Military Operations im War Office, Major General Sir John Kennedy, die Bemerkung: „Wenn wir im gleichen Tempo wie in den letzten Tagen vorgehen, müssen wir am 28. in Berlin sein . . .“[6] Das war eine erhabene Vorstellung. Aber, wie Napoleon zum polnischen Botschafter nach dem Rückzug aus

Moskau im Jahre 1812 sagte, „ist es nur ein Schritt vom Erhabenen zum Lächerlichen".
An jedem objektiven Maßstab gemessen, *war* die Niederlage, die die Alliierten gleich erleiden sollten (beim Versuch, den Rhein zu überqueren und die Brücke von Arnheim wegzunehmen, um in die freie norddeutsche Ebene vorzustoßen), lächerlich. Indem sie den anderen Fehler begingen, vor dem Napoleon zu warnen pflegte, und sich „ein Bild vom Feind machten", vergeudeten sie die *Crême de la Crême* ihrer Armeen, – die hervorragenden jungen Soldaten der 1. britischen und 82. und 101. US-Luftlandedivision, der Polen, der Guards Armoured Division und der 43. Wessex Division – bei einer Operation, deren Ergebnisse im Verhältnis zu den großen Hoffnungen, mit denen sie angesetzt worden war, und zu den schweren, damit verbundenen Verlusten lächerlich waren.

Ein dominierendes Thema durchläuft die Planung der Operation *Market Garden*, den Versuch, einen engen Korridor von Belgien über eine Reihe von Flüssen vorzutreiben und sich mit den britischen Luftlandetruppen, die in Arnheim abgesprungen waren, am jenseitigen Ufer des Niederrheins zu vereinigen. Das Thema heißt übergroßes Selbstvertrauen. Es gibt in den Eisenhower-Papieren eine von dem General im Jahre 1966 handgeschriebene Notiz, welche behauptet: „Ich billigte *Market Garden* nicht nur, ich bestand sogar darauf." Dieser irreführende Einfluß, der so aktiv in den Hauptquartieren der oberen Führer wirkte, beherrschte auch die Urteilskraft der Luftlandeverbände. Seit dem Tage X hatten sie für nicht weniger als 17 verschiedene Operationen in Bereitschaft gestanden, aber keine von ihnen war durchgeführt worden. Sie brannten darauf, eingesetzt zu werden. An der Spitze der aus drei Divisionen bestehenden alliierten Luftlandearmee stand General Brereton, USAAF, der besonders dringend auf den Einsatz wartete. Als sein britischer Stellvertreter, Major General Browning, am 4. September sich wegen des letzten mißlungenen Auftrages, der Operation *Linnet II*, mit ihm überwarf, wies Brereton Brownings Beschwerde, der Termin wäre zu kurz, mit folgenden Worten ab: „Die Auflösung des Feindes verlangt es, daß Gelegenheiten wahrgenommen werden." Während der Einweisung seiner Offiziere für *Market Garden* – in seinem Hauptquartier bei Ascot am 20. September auf dem Rennplatz – verkündete General Brereton, daß mit Rücksicht auf die Kürze der Zeit „die wichtigsten Entschlüsse, zu denen wir jetzt gekommen sind, bestehen bleiben müssen, – und diese sofort durchzuführen sind."

Hier haben wir die Elemente – Arroganz, Ungeduld, zur Tat zu schreiten, und die Weigerung, einen eilig für feststehend erklärten Plan richtigzustellen –, die *Market Garden* sogar noch vor dem Sonntag des 17. September zu einem Desaster werden ließen, als die britische Luftlandedivision jenseits dieser „zu weit liegenden Brücke" bei Arnheim absprang, die Panzer des XXX. Korps von Horrocks langsam in Richtung Holland vorrollten, und die 82. und 101. amerikanische Luftlandedivision vor ihnen vom Himmel herabschwebten, um ihnen den Weg zu bahnen. Viele technische Fehler wurden vor und nach dem 17. August begangen: Schlecht berechnete Gefechtspläne, unangemessene Funkverbindungen, weite Lücken im Luftschirm, alles Fehler, die heute feststehen. Aber kein Fehler war so schwerwiegend wie der, daß im voraus die Anwesenheit eines deutschen Panzerkorps im Raum Arnheim nicht erkannt wurde. Denn jenseits allen Unglücks und jenseits aller falschen Beurteilungen, die hinzukamen, war es diese Tatsache, von der der Verlust der großen Brücke über den Rhein abhing. Hier versagte die Feindaufklärung, und der Grund dafür ist in der herrschenden Haltung von Selbstgefälligkeit zu finden. Niemand wollte Genaues wissen.

Tatsächlich hätte die Panzerlage bei Arnheim kaum schlimmer sein können. Im April hatte das II. SS-Panzerkorps mit seiner 9. und 10. SS-Panzerdivision im Rahmen der Heeresgruppe Nordukraine unter Feldmarschall Model erbitterte Schlachten an der russischen Front geschlagen. Als es von Hitler Mitte Juni nach dem Westen verlegt wurde, war die dadurch gegebene Bedrohung in der Normandie immer außergewöhnlich groß gewesen. Jetzt wurde es im Raum Arnheim wieder aufgefrischt und neu ausgerüstet. Durch eine zufällige Laune des Schicksals war das Tafelberghotel in Oosterbeek, 4 km von der Stadtmitte Arnheims entfernt, tatsächlich am 15. September als Hauptquartier des OB, dem das Korps früher gehörte, Feldmarschall Model, übernommen worden. Der Nachfolger Rommels und von Kluges an der Spitze der Heeresgruppe B hatte sich unwissentlich (denn Model hatte keine Vorkenntnis von der Operation *Market Garden*) mitten in dem Raum eingerichtet, in dem zwei Tage später die britischen Fallschirmjäger abspringen sollten. Durch reinen Zufall ergab sich hier die machtvolle Verbindung zwischen einem OB und einem Korps, die ihre Erfahrungen im harten Kampf in Rußland gewonnen hatten, wo sich die Spreu vom Weizen schied.

Da die Deutschen über ein absolut gutes Telefon- und Fernschreibnetz von Holland nach Berlin und zu Hitler und seinem

Oberkommando in der Wolfsschanze bei Rastenburg in Ostpreußen verfügten, mochte es unwahrscheinlich erscheinen, daß Ultra große Warnungen vor diesem Wespennest an die am meisten betroffenen Führungsstäbe übermitteln konnte, – an Montgomerys 21. Heeresgruppe, die alliierte Luftlandearmee und an Eisenhowers Oberstes Hauptquartier. Glücklicherweise wurden die von Bletchley während *Market Garden* herausgegebenen entzifferten Funksprüche Anfang 1978 im Public Record Office zugänglich gemacht. Tatsächlich enthalten sie eine erstaunliche Anzahl von Erkenntnissen, die, wenn sie von den Nachrichtenstäben richtig interpretiert worden wären, sehr wohl deren Vertrauen in das Unternehmen hätten verringern können.

Zunächst einmal wurde durch Ultra die Verlegung von Models Hauptquartier nach Oosterbeek zwei volle Tage vor der Operation *Market Garden* bekanntgegeben. Am 15. um 07.52 Uhr setzte Bletchley folgenden Funkspruch ab: „Neuer Standort Flivo Heeresgruppe B am 14. um 07.00 Uhr Oosterbeek 4 km westlich Arnheim." Es erscheint außergewöhnlich, daß diese klare Aussage (die wie so oft aus der entzifferten Meldung eines Fliegerverbindungsoffiziers stammte) keine größere Sorge bereitete, denn sie gab nicht nur bekannt, daß Models Hauptquartier sich mitten im Zielraum befand, sondern verriet auch, daß dieser entscheidend wichtige Gefechtsstand bei Oosterbeek *zwischen* der Brücke von Arnheim und den Absprungräumen der britischen Luftlandedivision lag. Die verblüffende Tatsache, daß dieser Funkspruch von Bletchley mit niedriger ZZ-Dringlichkeit abgesetzt wurde, kann an und für sich die Erklärung dafür abgeben, daß die Alarmglokken nicht zu läuten begannen.
Darüber hinaus gab es starke Hinweise von Ultra dafür, daß die Deutschen sich bewußt waren, daß wahrscheinlich ein Vorstoß entlang jener Linie erfolgen könnte, die zur Stoßlinie *von Market Garden* werden sollte. Bereits am 13. bezog sich ein in Bletchley entzifferter Funkspruch auf den Wunsch der Heeresgruppe B „festzustellen, ob die alliierten Großverbände sich für einen Stoß auf Aachen bereitstellten oder die Heeresgruppe sich gegen den Vorstoß einer Fallschirmjägerarmee auf Arnheim einrichten solle". Noch genauer gesagt, wurde in einem Funkspruch vom 15. um 16.12 Uhr erwähnt, daß die deutschen Lagebeurteilungen in bezug auf alliierte Pläne „eine mögliche Absicht auf Vorstoß mit Schwerpunkt auf den Wilhelmina-Kanal beiderseits Eindhoven nach Arnheim hinein erkennen lassen."

Natürlich wissen wir heute, daß das nicht die abschließende deutsche Beurteilung war, – wenigstens nicht in dem Sinne, daß beim Eintreffen der 1. Airborne Division über Arnheim nicht sogar Model selbst überrascht gewesen wäre. Aber das spielt hier keine Rolle. Die alliierten Befehlshaber wußten es *zur damaligen Zeit* nicht. Diese Funksprüche hätten zusammen mit der Bezugnahme auf Oosterbeek sicher zu einem gewissen Grad von Besorgnis führen müssen. Wenn man die entzifferten Funksprüche überprüft, ist es auch klar, daß Ultra eine Menge von Informationen über den Weg lieferte, auf dem die deutsche 15. Armee im Norden sich aus dem Raum Antwerpen zurückzog und stetig ostwärts gegen jenen Raum zurücksickerte, der die linke Flanke der Operation *Market Garden* werden sollte. Wenn man die Funksprüche während dieser Periode darüber hinaus als Ganzes nimmt (und sie betreffen die deutsche Front von Antwerpen bis nach Aachen und zum Westwall gegenüber den vorgehenden Amerikanern von General Bradley), so muß gesagt werden, daß es zwar viele Bezugnahmen auf Treibstoff-, Munitions- und andere Knappheiten an Versorgungsgütern sowie Erkenntnisse für die verzweifelten Bemühungen zum Aufbau einer zusammenhängenden Verteidigung gibt. Aber es gibt nur wenig, das bestätigt, daß die Deutschen ihren Kampfwillen verloren hätten, oder Montgomerys optimistische Behauptungen über den fluchtartigen und ungeordneten Rückzug des Feindes Richtung Heimat rechtfertigte. Der Gegensatz zwischen der gekonnten Sicherheit, mit der Ultra bei der Schlacht in der Normandie angewendet wurde und dem Herumfummeln mit Feindnachrichten vor der Operation *Market Garden* ist gewaltig. Übermäßiges Selbstvertrauen und der natürliche Wunsch, „den Krieg vor Weihnachten zu beenden", waren die offensichtliche Ursache. Im März 1978 kam bei einer Konferenz über die Operation *Market Garden* in der Royal United Services Institution in London eine Anzahl derjenigen Männer zusammen, die bei der Operation führend waren, – unter ihnen befanden sich General Sir John Hackett, Major General John Frost und Brigadier Charles Mackenzie von der 1. Luftlandedivision, Major General David Belchem, Montgomerys Chief Operations Officer, und Lieutenant Colonel Antony Tasker, der Leitende Nachrichtenoffizier bei der alliierten Luftlandearmee. Die Zeugen stimmten darin überein, daß Euphorie ihre Urteilskraft beeinträchtigt hatte. Nicht nur Ultra, sondern auch die Hinweise aus „konventionellen" Nachrichtenquellen waren nicht ausgewertet und verwendet, ja nicht einmal mit der angemessenen Wachsamkeit akzeptiert worden.

Der schmerzlichste Fall ist der des Majors Brian Urquhart, der zufällig den gleichen Nachnamen wie der Divisionskommandeur hatte, der bei Arnheim abspringen mußte. Als Nachrichtenoffizier beim I. Luftlandekorps, das unter General Browning die luftgelandeten Teile bei der Operation *Market Garden* befehligte, machte sich Urquhart bereits am 12. September große Sorgen über die mögliche Anwesenheit von Panzerkräften bei Arnheim. Zunächst stützte sich seine Sorge auf von der holländischen Widerstandsbewegung durchgegebene Meldungen, daß sich „angeschlagene Panzerdivisionen vermutlich zur Auffüllung in Holland befanden". Aber am 15. brachten ihm im schiefen Winkel aufgenommene Luftbilder den unbestreitbaren Beweis. „Auf den Luftbildern", so sagte er, „konnte ich klar Panzer erkennen, – wenn auch nicht gerade in den Landungs- und Absprungzonen bei Arnheim, so doch bestimmt dicht dabei." Aber als er sie Browning vorlegte, ging dieser über seine Bemerkungen hinweg. Man hielt ihn für hysterisch. Kurz darauf erhielt er den Befehl, sich auszuruhen und Urlaub zu nehmen. „Die wichtigsten Entschlüsse, zu denen wir jetzt gekommen sind", hatte General Brereton am 10. gesagt, „müssen bestehen bleiben". Das ist eine Episode, die sich mit der vom November 1941 vergleichen läßt, als man Rommel, der von seinen Plänen für den bevorstehenden Angriff auf Tobruk besessen war, Luftbilder der Eisenbahn gezeigt hatte, welche die Briten zur Vorbereitung einer Offensive weiter nach Westen ausbauten, an die Rommel sich weigerte zu glauben. Er warf sie wütend auf den Boden.

Auch in den entfernt liegenderen höheren Atmosphären von Montgomerys 21. Heeresgruppe herrschte selbstverschuldete Blindheit vor. In seinen Memoiren erinnerte sich Major General Sir Kenneth Strong, Eisenhowers leitender Nachrichtenoffizier, daß „ich nicht allzu lange vor dem Luftlandeunternehmen bei Arnheim Bedell Smith sagte, ich hegte einige Zweifel über dessen Erfolg, da es gewisse Beweise dafür gab, daß sich Teile deutscher Panzerverbände, wahrscheinlich mit neuen Panzern, innerhalb Eingreifentfernung von Arnheim befanden"[7]. Strong, ein ernster Schotte mit reicher Erfahrung, der seit Tunesien Eisenhowers Intelligence-Berater war, konnte kaum als jugendlicher Hysteriker abgetan werden. Daher fuhr er mit „Beetle" Smith, dem Generalstabchef bei SHAEF, zu Montgomerys Hauptquartier in Brüssel. Aber wie der abgewiesene Urquhart merkten diese beiden Abgesandten des Obersten Befehlshabers, daß ihre Nachricht nicht einmal unwillkommen war; man ging einfach über sie hinweg. Die

Untersuchungen von General S. L. A. Marshall (des leitenden amerikanischen Historikers für den europäischen Kriegsschauplatz) bestätigen, daß Montgomery darüber lachte. „Ich erreichte gar nichts," erinnert sich Smith. „Montgomery wies meine Einwürfe einfach hochmütig ab", Bedell Smith sprach allein mit Montgomery. Er hielt das Ganze 1945 schriftlich fest.[8] Was konnte es daher für Köpfe, die sich wie Austern verschlossen, für eine Rolle spielen, daß am 16., dem Vorabend der Operation *Market Garden*, SHAEF in seinem Feindlagebericht schließlich erklärte, daß die „9. SS-Panzerdivision vermutlich auch die 10. auf dem Rückzug in den Raum Arnheim in Holland gemeldet wurden."?[9]

Luftnachrichtenoffizier der Luftlandearmee war Wing Commander Asher Lee, ein sehr erfahrener Mann in der Ableitung von Schlußfolgerungen aus Ultra-Nachrichten, da er seit den Tagen der Schlacht um England bei der Abteilung AI 3 b beim britischen Air Staff an der Aufklärung der Kriegsgliederung der deutschen Luftwaffe arbeitete. Nach 1945 erwarb sich Lee durch Bücher und Rundfunksendungen über die Luftstreitkräfte der Welt weithin anerkannte Autorität. Da die alliierte Luftlandearmee kein Ultra-Material erhielt – wenigstens in dem Umfang, in dem Lee durch seine vorhergehende Arbeit daran gewöhnt war –, machte er es zu seiner Aufgabe, sehr früh am Morgen aufzustehen und sich bei einer anderen Ultra-Quelle, zu der er Zugang hatte, einen Überblick zu verschaffen. Bei einem dieser Besuche, so berichtete er dem Autor, fand er Beweise für das Vorhandensein von Panzerkräften bei Arnheim, die so aufschlußreich waren, daß er, allerdings ohne Erfolg, keine Mühe scheute, um den Kommandobehörden in England die Bedeutung dieser Tatsache vor Augen zu führen. Lee reiste daher nach Belgien und merkte, daß auch dort seine Warnungen auf taube Ohren trafen.[10] Es hätte in der Tat eines sehr starken Druckes von Ultra bedurft, um durch eine Mauer zu dringen, die durch Vertrauen, Selbstgefälligkeit und die uncharakteristische Weigerung, Beweise zu prüfen, zementiert war. Denn die Männer in den betroffenen Stäben waren keine Narren; in der Hauptsache waren sie scharfsinnig und kampferfahren. In der Normandie und für einige von ihnen in Nordafrika und Italien war Ultra täglich wie der griechische Gott Zeus herabgestiegen, der sich wie ein Goldregen über seine erwählte Danae ergoß. Jetzt, wo der Regen weniger umfangreich, jedoch noch immer lohnend war, sollten sie aus dem Gleichgewicht gebracht worden sein? Es ist wahrscheinlicher – denn dasselbe gilt, wie wir noch merken

werden, ebenso für die Ardennenschlacht –, daß das Bild, das sie sich im September 1944 von einem am Rande der Niederlage torkelnden Deutschland gemacht hatten, so lebhaft und so allgemeingültig war, daß nichts es ändern konnte.
Eins ist gewiß. Bis zum Mittag des 17. September waren bei der ersten Phase der Luftlandungen bei Arnheim und auf den Wegen dorthin mehr Flugzeuge eingesetzt worden als jemals bei irgendeiner anderen Luftlandeoperation. Captain Sweeny von der 101. Luftlandedivision gab einen Kommentar ab, der von außerordentlich hohem Selbstvertrauen zeugte: „Es sah aus, als könnten wir abspringen und dann den ganzen Weg nach Holland zu Fuß gehen." Vor der Morgendämmerung hatten 1.400 Bomber zur Vorbereitung und Erschütterung des Feindes den Raum mit Bomben belegt. Dann trudelten den ganzen Morgen hindurch 2.023 Transportflugzeuge und Flugzeuge mit Segelflugzeugen im Schlepp, abgeschirmt von 1.500 Jagdflugzeugen, auf die Landezonen zu. Ein so großer Lufttransport, der in der Hauptsache bei hellem Tageslicht durchgeführt wurde, war nur möglich, wenn man die absolute Luftherrschaft besaß (vom 16. bis 26. September führten die RAF und die USAAF 16.977 Flüge für alle Zwecke durch; die Verluste betrugen nur 261 Flugzeuge und 658 Mann der Besatzungen, plus 152 für den Nachschub Verantwortlichen aus den Reihen der Versorgungstruppen.) Dies ist daher der geeignete Augenblick, um sich zu fragen, welche Nachrichten Ultra über die Geheimwaffen lieferte, mit denen Hitler ernsthaft hoffte, die alliierte Luftüberlegenheit über die geschwächte deutsche Luftwaffe verringern, wenn nicht gar ausschalten zu können. Hier war es der Düsenjäger Messerschmitt Me 262, von dem das deutsche Flieger-As, General Adolf Galland, nach einem Testflug im Jahre 1943 erklärte, er flöge „wie von Engeln getragen." „Er könnte", berichtete er, „uns einen unvorstellbaren Vorsprung vor dem Feind garantieren, wenn dieser bei der Kolbenmaschine bleibt".[11]
Theoretisch waren Hitlers Hoffnungen gerechtfertigt. Die Me-262 mit ihren Jumo 004-Motoren war das erste düsengetriebene Flugzeug, das eingesetzt wurde. Nachdem es am 18. Juli 1942 zum erstenmal geflogen worden war, flog es seinen ersten Angriff zwei Jahre später – auf einen Mosquito der RAF am 25. Juli 1944. Schwerwiegende Produktionsschwierigkeiten hatten den Einsatz der Me-262 dennoch nicht so sehr behindert wie die Probleme der Verfahrensweise und der Produktion, durch die der Bau der äquivalenten britischen Maschine, der Meteor, verzögert wurde. Die

Verzögerungen bei der Me-262 wurden vielmehr durch den Entschluß Hitlers, den fast einsatzbereiten Düsenjäger Me-262 zu einem „Blitzbomber" umzurüsten, hervorgerufen. (Erst an Neujahr 1945 sollte der britische Minister für Luftfahrtproduktion in der Lage sein, Düsenjägern höchste Priorität zu geben.) Es war daher für die alliierten Luftwaffenstäbe von ungeheurer Wichtigkeit, den Fortschritt der Produktion von Düsenjägern bei der deutschen Luftwaffe überwachen zu können, denn die mögliche Bedrohung für ihre nun über Deutschland in Schwärmen einströmenden Tagbomber war unberechenbar. Die außergewöhnliche Geschwindigkeit der Düsenflugzeuge und ihre starke Bewaffnung konnten sich als ein entscheidendes Gegenmittel gegen die wunderbare Mustang und als tödlich für die Flotten der Fliegenden Festungen erweisen.

Es war daher ein großes Glück, daß die Alliierten mit Hilfe von Ultra, dem „Y"-Dienst und anderen Nachrichtenquellen den Bericht über die deutschen Düsenjäger wie ein offenes Buch mitlesen konnten. Umfang und Wert des angesammelten Wissens wird in einem jener speziellen Anhänge zu den gewöhnlichen Zusammenfassungen über die Lage in Europa gezeigt, die von der „deutschen" Militärberichtsabteilung in Washington herausgegeben wurde (wie in Kapitel 9 beschrieben). Es ist wert, sich daran zu erinnern, daß Brigadier General Carter Clarke in seinem Nachkriegsüberblick behauptete, die Feindlagezusammenfassungen über Europa hätten sich „auf Ultra-Informationen gestützt, die ungefähr 90 Prozent ihres Inhalts bildeten". Die Anhänge waren als „Tabs" bekannt und das in Frage kommende Tab mit der Kennzeichnung „düsengetriebene Flugzeuge" wurde am 17. November 1944 in streng begrenzten Umlauf gebracht. (Nachdem es von dem Commanding General Army Air Forces und dem Leiter des Nachrichtendienstes beim Air Staff geprüft worden war, wurde eine „gereinigte" Version für das Versuchszentrum für Düsenflugzeuge in Wright Field hergestellt. Daraus wurde jede sich auf Ultra stützende Nachricht gewissenhaft ausgeschlossen.)[12]

Die Nachrichten darüber waren alle umfassend. Zuerst kamen die Decknamen für alle in Dienst gestellten Düsenflugzeugtypen sowie für die, die noch in Erprobung waren. Sie stammten aus einem Funkspruch des Oberkommandos der Luftwaffe vom 27. Oktober, in dem es hieß, daß „aus Sicherheitsgründen" die folgenden „geheimen Bezeichnungen" zu benutzen wären: *Silber* für die Me-262, *Zinn* für den Düsenbomber Arado-234, *Blei* für den Jäger Me-163 und *Kupfer* für die seltsame Dornier-335, bei der je

ein Motor im Bug und im Schwanz des Flugzeugs saß. Personal und Flugzeuge des Hauptstützpunktes für die Jagdbomber Me-262 in Rheine in Nordwestdeutschland waren in genauen Einzelheiten aufgeführt. Von diesem Verband, der 1. Staffel des Kampfgeschwaders 51, war bekannt, daß am 13. Oktober die Zahl der Besatzungen 13 betrug und am 31. Oktober auf 21 einsatzfähige aus einer Zahl von 48 anstieg. Die Stärke dieser „Einsatzabteilung", wie sie genannt wurde, (unter Führung eines gewissen Majors Schenk) ist aus den täglichen Terminmeldungen vom 13. Oktober bis 9. November zu ersehen, wobei sich die Zahl der einsatzfähigen Düsenflugzeuge – mit Schwankungen von 4 aus einer Gesamtzahl von 11 auf 24 aus einer Gesamtzahl von 26 erhob. Wartungsprobleme und Gerätefehler wurden in vollkommenem Umfang dokumentiert, – eine Abschreibung bei der Landung am 5. Oktober mit nur einem Motor, ein Absturz durch Bruch der Treibstoffzuführungsleitung, ein Bugrad, das sich nicht ausfahren ließ und so weiter. Dies ist nur ein Beispiel von dem, was über die 1. Staffel bekannt war.
Ein hervorragender Jagdfliegerverband war das Erprobungskommando Nowotny mit seinem Stützpunkt in Achmer und Hesepe nordwestlich Osnabrück. Nowotny war den Alliierten als einer der Flugzeugführer mit der höchsten Abschußzahl in der deutschen Luftwaffe bekannt – die Abschüsse stammten vor allem von der russischen Front –, dessen 218 Luftsiege ihm im Oktober 1943 das Ritterkreuz mit Eichenlaub, Schwertern und Brillanten eingebracht hatten. Am 1. November verriet ein Funkspruch aus Achmer die Bezeichnung des Verbandes und seine Stärke von 12 Offizieren und 315 Mann. Das Erprob. Kdo. Nowotny und der Stützpunkt befanden sich immer noch im Aufbau, wie es das Verhältnis der nichteinsatzfähigen Flugzeuge und eine Meldung vom 31. Oktober über größere Arbeitsprojekte erkennen ließen. Am 2. November erreichte ein Funkspruch den General der Kampfflieger, in dem es hieß, daß das Erprobungskommando beabsichtigte, den Roboter 11 in seine Me-262 einzubauen, – wahrscheinlich einen automatischen Piloten, der aus Berichten über die Arado-234 bekannt war.
Dieses Flugzeug, das eine Bombenlast von 1 t tragen konnte, wurde vom September an auch für Aufklärungsflüge über England eingesetzt. Es war zusammen mit der Me-262 das einzige erfolgreiche deutsche Düsenflugzeug, und 527 davon wurden 1944 von der deutschen Luftwaffe in Dienst gestellt. Das waren Kräfte, die es wert waren, genau untersucht zu werden. Wie der Anhang

zu den Zusammenfassungen über die Feindlage in Europa zeigt, war eigentlich alles über die Ar-234 bekannt. Da die Alliierten den von den japanischen Militärattachés benutzten Schlüssel entziffern konnten, wurden die Funksprüche der japanischen Botschaft in Berlin zur häufigen Informationsquelle. Ein umfassender technischer Bericht über die Arado, der vom Marineattaché am 31. Oktober nach Tokio gefunkt wurde, lieferte praktisch einen Bauplan der Ar-234. Ihre Abmessungen, die Höchstgeschwindigkeit in verschiedenen Höhen, die Geschwindigkeitsverringerung bei verschiedenen Bombenlasten, die Steiggeschwindigkeit, größte Flughöhe, Reichweite, Landegeschwindigkeit, die Art des automatischen Piloten und die Beschreibung der Verbände der deutschen Luftwaffe, die mit der Maschine flogen, einfach alles war vorhanden.

Eine ähnlich ins einzelne gehende und ausführliche Beschreibung der Me-163 befand sich ebenfalls in einem dieser Anhänge. Man hatte ihn geradewegs aus einem Bericht gewonnen, den der Marineattaché in Berlin am 6. September nach Tokio gefunkt hatte. Obwohl er damals für die alliierten Nachrichtendienste von großem Interesse war, war er doch weniger relevant für den Luftkrieg als die Daten über die Me-262 und die Ar-234, da die Me-163 niemals zu einem wirkungsvollen Jagdflugzeug heranreifte. Aber es gab da noch einen interessanten Zusatz am Ende des Anhangs. Am 11. und 12. Oktober führte der Attaché ein persönliches Interview mit dem Riesen der deutschen Luftfahrtindustrie, dem großen Professor Heinkel selbst, der seine Meinung über das experimentelle „Raketenflugzeug“ von Heinkel abgab. Es wurde gerade von der Firma Hirth in Stuttgart entwickelt, deren „neue Turbinenfabriken größtenteils in Süddeutschland liegen und eine beträchtliche Zahl unterirdischer Einrichtungen einschließen“. In seinem vollständigen Bericht vom 19. Oktober nach Tokio behauptete der Attaché, daß „wenn alles gut vorankäme, so würden bis zum nächsten Frühjahr bis zu 1.000 dieser Flugzeuge gebaut“. Sie wurden nicht gebaut. Aber auf jeden Fall waren die britischen und amerikanischen Luftnachrichtenoffiziere in der Lage, eine solche Behauptung im Licht ihrer Kenntnis von Heinkels ausgedehnten, unergründlichen und verhängnisvollen Fehlschlägen bei der Produktion eines viermotorigen Bombers auszuwerten, der tatsächlich etwas leisten konnte, nämlich seiner He-177.

In dieser Mischung von laufenden, aktuellen und unbezahlbaren Feindnachrichten über die ausgeklügelsten Fortschritte der deutschen Luftfahrttechnologie erkennen wir auf einem einzelnen Gebiet die Bedeutung der alliierten Beherrschung des Schlüssels der deutschen Luftwaffe und des japanischen diplomatischen Dienstes, – eine Beherrschung, die sich aus dem ergab, was im Jahre 1944 die weit zurückliegende Bezwingung der Enigma durch die Polen und Briten und des japanischen „Purpur"-Systems durch Colonel Friedman und seine Kryptologen in Washington erbrachte. Obgleich dieser besondere Anhang zu einer zusammengefaßten Feindlagebeurteilung in Europa als hervorragendes Beispiel für Ultra und die damit verbundene Funkaufklärung im Gefecht herausgestellt worden ist, darf nicht angenommen werden, daß es sich dabei um einen einzig dastehenden Fall handelte. Aus der Zeugenaussage von Richter Powell erfassen wir z. B. den laufenden Wert von Ultra für die alliierten Tagbomber, als die Öl- und Flugzeugproduktion, die Straßen- und Eisenbahnverbindungen, die Produktion von Waffen und das tagtägliche gewöhnliche Leben bei diesen allmächtigen Luftwaffengeschwadern allmählich unterbrochen wurden bzw. zum Stehen kamen. Anfang Dezember faßte SHAEF seine Beurteilung der sinkenden Moral bei der deutschen Zivilbevölkerung tatsächlich in der Bemerkung zusammen: „Als Volk kämpfen sie weiter, weil ihnen keine andere Möglichkeit bleibt, wenn sie sich nicht den Tod oder das Konzentrationslager wünschen."

Doch genau einen Monat, nachdem die Zusammenfassung über die Feindlage auf dem europäischen Kriegsschauplatz ihren Anhang über Düsenflugzeuge zusammengestellt hatte, der mit Informationen über Hitlers Geheimwaffen vollgestopft war, packten die Deutschen die Alliierten überraschend mit einer großen Offensive. Vom 16. Dezember bis zu der Rückeroberung des gesamten verlorenen Geländes Ende Januar kostete der Ardennenfeldzug die Amerikaner 75.482 und die Briten 1.408 Gefallene und Verwundete. Es war eine große Tragödie, daß Ultra vor der Ardennenoffensive genauso wie vor der Schlacht bei Arnheim nicht in der Lage war, jene warnenden Funksprüche herauszugeben, die den ganzen Krieg hindurch so oft Unheil abgewendet oder den Weg zum Sieg gewiesen hatten. Aber der Grund war fundamentaler Art, einfach und unbestreitbar. Die Alliierten waren erfolgreich getäuscht worden. Der unparteiische Historiker ist verpflichtet anzuerkennen, daß, wenn der einen Seite uneingeschränkte Anerkennung für die glänzende Handhabung von *Bodyguard*, *Fortitude*, von Doppelagenten und all den anderen Spezialmitteln der Täuschung gezollt werden muß, ähnliche Anerkennung auch den Deutschen für die Verschleierung ihrer Kräfte und ihrer Ab-

sichten bis zur letzten Minute vor 05.30 Uhr am 16. Dezember zukommt. Als ihre Panzer und Infanterie durch den Nebel vorstießen, während Granaten und fliegende Bomben über ihren Köpfen dahinbrausten, hatten die alte Disziplin und das soldatische Können der deutschen Wehrmacht mit zwei Panzerarmeen, der 5. und der 6. SS, den Alliierten eine Überraschung bereitet, die nur mit Deutschlands großem Tag vom 21. März 1918 verglichen werden kann. Wie ihr katastrophaler Durchbruch an jenem Tag war der 16. Dezember 1944 natürlich nur ein gut in Szene gesetztes Präludium zur dicht bevorstehenden und absoluten Niederlage. Nichtsdestoweniger muß man vor der technischen Meisterschaft Achtung haben.
Hitlers Kind, der Gedanke eines Durchbruchs durch die Ardennen in Richtung auf Antwerpen, (der die *Wacht am Rhein* genannt wurde, um die Vorstellung zu erwecken, die bereitgestellten Armeen hätten die Aufgabe, das Flußgebiet um Köln gegen einen alliierten Angriff zu verteidigen), wurde im Oktober gefaßt und nahm mit einer förmlichen Weisung, die am 10. November herausgegeben wurde, Form an. Obgleich von Rundstedt als Oberbefehlshaber West in der vordersten Linie stand, kamen alle peinlich genauen und ins einzelne gehenden Instruktionen von Hitler und trugen sein persönliches Siegel – das Adjektiv „unabänderlich". Die striktesten Sicherheitsbestimmungen wurden von Anfang an auferlegt, und nur eine Handvoll Befehlshaber und Generalstabsoffiziere teilte das Geheimnis. Wie alle von Hitlers persönlichem Einsatz her wußten, hatte alles einen besonderen Ansporn, um sicherzustellen, was tatsächlich auch vollbracht wurde, nämlich die Einhaltung vollkommener Sicherheitsbestimmungen. Denn keiner hatte die Abschlachtung hochgestellter Offiziere vergessen, die dem fehlgeschlagenen Attentat vom 20. Juli folgte. Ein einziger Fehler, – und man war in Ungnade oder stand vor einem Erschießungskommando. *Bodyguard* war das Produkt von Männern, die ihre Pflicht in einer freien Gesellschaft taten, aber die Abschirmung für die „*Wacht am Rhein*" war von Männern geschaffen worden, die auch aufpassen mußten, daß sie nicht ihr Leben verloren. Zum Glück für sie erwies sie sich als undurchdringlich.
Die Literatur über die Ardennenoffensive ist ungeheuer groß. Es gibt Geschichten, Gefechtsstudien, Autobiographien und Biographien der Generäle und ihrer Untergebenen von mehreren Nationen. Aber nichts ist aufgetaucht, was auf irgendeine bedeutende Weise das Urteil der britischen offiziellen Geschichte über die Präliminarien der Schlacht ändern könnte: „Das gut gehütete Ge-

heimnis über das, was hinter der deutschen Szene vorgegangen war, blieb in hohem Maße der alliierten Feindaufklärung verborgen oder wurde mißverstanden und damit von den alliierten Befehlshabern nicht geahnt." Und wenige von den letzteren haben versucht, ihren Fehler zu bemänteln. Denn wie könnten sie auch? Montgomery hatte für Weihnachten um Urlaub gebeten. Am Angriffstag fand bei SHAEF eine Konferenz im Lagezimmer in Versailles statt, an der Eisenhower, Tedder, Spaatz, Strong und andere teilnahmen, – und zwar um über den im Augenblick bestehenden Mangel an Infanterieverstärkungen zu diskutieren! Bradley, der die Offenheit selbst ist, gibt in seinem Buch *A Soldier's Story* zu, daß „wir zu sehr unseren Sinn auf einen vorausgeahnten Gegenangriff an der Roer gerichtet hatten, um dem Feind phantasievollere und ehrgeizigere Absichten beizumessen." Sogar der muntere „Monk" Dickson, G 2 oder Leitender Feindnachrichtenoffizier bei der 1. US Army von Hodges, dessen angebliche Vorahnungen dessen, was kommen würde, so viele Kontroversen hervorgerufen haben, ging am 15. Dezember auf Urlaub nach Paris. Das war kaum das Verhalten eines Mannes, der weiß, daß die Armee, der er dient, in Kürze von der Wucht eines deutschen Panzerangriffes getroffen werden sollte.

Tatsache ist, daß jeder im dunkeln tappte. Ein striktes Funkverbot bedeutete, daß es für Ultra keine verräterischen abgefangenen Funksprüche gab. Als die Deutschen auf die Reichsgrenze zurückgingen, hörten die von Widerstandsbewegungen oder Geheimagenten kommenden Nachrichten allmählich auf. Keinem Deutschen, der von der Offensive Kenntnis hatte, wurde es erlaubt, westlich des Rheins zu fliegen, – wegen möglicher Unfälle. Truppenbewegungen verliefen bei Nacht. Schlechtes Wetter verhinderte die alliierte Luftbildaufklärung. Die besten Nachrichtenoffiziere, wie auch Major General Strong bei SHAEF, Brigadier Williams bei der 21. Heeresgruppe und Dickson hatten das Gefühl in den Knochen, daß etwas in der Luft lag, und im nachhinein erweist es sich, daß es tatsächlich genügend Hinweise in den vorhandenen Beweismitteln für eine vorauszusagende Offensive gab. Es war so, wie Williams dem Autor sagte: „Uns juckte die Handfläche". Aber solche Hinweise werden nur bedeutungsvoll, wenn man schon hellwach ist, und alle Hauptquartiere hatten sich in ein bequemes Sicherheitsgefühl eingelullt in dem Glauben, daß sogar Hitler nicht eine Operation versuchen würde, die wie militärischer Selbstmord aussah. Die bekannte Gegenwart jenes soliden kon-

servativen Soldaten, von Rundstedt, schien dafür eine sichere Garantie zu sein. Der Selbstbetrug war vollkommen.
In wissenschaftlichen Studien ist es oftmals möglich, die Wirkung eines besonderen Faktors oder Elementes dadurch abzuwägen, daß man prüft, was in einer gegebenen Lage geschieht, wenn er oder es fehlt. Die Ardennenangelegenheit erhellt den Wert von Ultra für die Befehlshaber in der Schlacht auf genau diese negative Weise. Wenn wir die Normandie als Beispiel nehmen, so war es nicht, genau genommen, die exakte Vorwarnung vor einem bevorstehenden Angriff, die eine Rolle spielte, – wie im Falle des Vorstoßes von Kluges auf Avranches. In Begriffen der *täglichen* Schlachtführung ausgedrückt, war vielleicht noch bedeutender die Art und Weise, auf welche Ultra die bestehenden Vorstellungen der Generäle und ihrer Generalstäbe bestätigen, stärken, qualifizieren oder ausweiten konnte. Aber der praktische Wert der geheimen Feindaufklärung hängt von der Geisteshaltung der Empfänger ab, die die Nachrichten über den Feind erhalten. In der Normandie vermochten Montgomery und sein Team, die dem breiten Konzept hingegeben waren, die Masse der deutschen Panzerkräfte vor der britischen Front zu fesseln, sofort die Bedeutung jener reichlich vorhandenen Funksprüche zu ermessen, durch die ihnen Standort, Stärke, Ausrüstung und Führung der deutschen Panzerdivisionen bekannt wurden. Es paßte in das Bild, das sie sich im Geiste gemacht hatten. Aber diese bestätigende Wirkung von Ultra fehlte niemals auf verhängnisvollere Weise mehr als vor der Ardennenoffensive. Gleich ob sie Briten oder Amerikaner waren, die Offiziere, die den entscheidenden Rat zu geben oder entscheidende Entschlüsse zu fassen hatten, machten sich ein Feindbild, das nicht stimmte. Sie versäumten es daher, die Erkenntnisse, die ihnen aus den konventionellen Quellen zur Verfügung standen, richtig zu interpretieren. Es gab kein Ultra, das ihre einmal gefaßten Gedanken hätte in eine andere Richtung lenken können.
Der Mangel an Ultra-Nachrichten kann auf dramatische Weise sinnbildlich dargestellt werden. Wie die Befehlshaber und ihre Stäbe im Feld war Bletchley zu der Auffassung gekommen, daß der Krieg in seine Schlußphase eingetreten wäre und der Patient nicht mehr lange durchhalten könnte. Die Männer in den *Huts*, in denen Funksprüche entziffert und bearbeitet wurden, hatten sowohl vor als auch nach dem Tage X unter rücksichtslosem Druck gearbeitet. Im Verlaufe des Herbstes machten einige auf Grund der Überarbeitung, des Mangels an Urlaub und der konzentrier-

ten Anstrengungen schlapp. Sie hielten sich nur durch den allgemeinen Glauben an den kurz bevorstehenden Sieg aufrecht. Der Ultra-Verkehr an der deutschen Front war auf ein ermutigendes Maß abgesunken. Plötzlich und unerwartet stand Mitte Dezember die Ardennenfront in Flammen. Es gab mehr als einen Fall, daß ein Einzelner in der Station X zusammenbrach, einfach deshalb, weil er sich vorstellte „er müsse durch all das noch einmal gehen". Diese natürliche Reaktion scheint erst bei Angriffsbeginn eingetreten zu sein.
Aber obwohl die Alliierten in bezug auf die „*Wacht am Rhein*" im dunkeln tappten, ist es doch gerade deshalb möglich, daß, wie im Falle von Arnheim, Ultra hätte in der Lage sein können, einen winzigen Lichtspalt zu öffnen. Bei der 1. Armee von Hodges war Adolph Rosengarten Ultra-Berater. Er hatte die kluge Angewohnheit, enge Verbindung mit Bill Williams beim Hauptgefechtsstand von Montgomerys 21. Heeresgruppe und mit Joe Ewart, der Feindnachrichten auf dem vorgeschobenen Gefechtsstand des Feldmarschalls bearbeitete, zu halten. Nachdem die Flutwelle der Ardennenoffensive zurückgeebbt war, traf sich Rosengarten, wie er dem Autor sagte, mit Colonel Ewart, wobei sie alle vor der Schlacht verfügbaren Informationen noch einmal überprüften, um festzustellen, ob sie irgendeinen wichtigen Hinweis übersehen hätten. Dem war nicht so: Gewiß gab es keinen wichtigen Hinweis von Ultra. Dennoch stimmten sie darin überein, daß, wenn sie auf die Wahrscheinlichkeit eines Angriffs an der Ardennenfront gefaßt gewesen wären, es doch einen einzigen kleinen Funkspruch von Ultra gegeben hätte, der die Aufmerksamkeit wachsamer Nachrichtenoffiziere eigentlich hätte erregen müssen. Er kam charakteristischerweise von einem Fliegerverbindungsoffizier, bei der im Schwerpunkt eingesetzten 6. SS-Panzerarmee, jener Armee, deren Standort und Ziel alliierte Offiziere festzustellen versucht hatten, seit sie wußten, daß sie zur Bildung einer starken Panzerreserve aufgestellt worden war.
Im Funkspruch des Fliegerverbindungsoffiziers gab es einen verräterischen Satz: Er bezog sich auf etwas wie „die kommende große Operation." (Vermutlich galt die strikte Funkstille beim Heer nicht auch für die deutsche Luftwaffe, deren Verbindungen der Fliegerverbindungsoffizier zu benutzen pflegte, oder vielleicht war es auch ein typischer Fall für die laxe Handhabung der Sicherheitsbestimmungen durch die deutsche Luftwaffe.) Da die Gedanken der Alliierten auf den Raum im Süden um Köln und die Ruhr gerichtet waren, konnte es natürlich so aussehen, als stünde

eine „kommende große Operation“ in diesem Raum unmittelbar bevor. Wären aber ihre Antennen, ihre Sensoren, ihre Aufmerksamkeit und Befürchtungen auf die Möglichkeit eines deutschen Panzervorstoßes gegen die dünnen amerikanischen Linien zur Deckung der Ardennen gerichtet gewesen, welche Alarmsignale hätte solch ein Funkspruch in den Köpfen mit Vorstellungskraft begabter Männer wie Ewart* und Rosengarten ausgelöst! Schauen Sie nur auf ein Schachbrett aus einem Blickwinkel, und die weißen Quadrate ziehen ihr Auge an; von einem anderen Blickpunkt aus gesehen, ragen die schwarzen Quadrate heraus. Der Oberst und der Ultra-Berater – und auch alle anderen – hatten ihre Gedanken auf die falsche Farbe konzentriert.
Es wird geschätzt, daß die Winterschlacht in den Ardennen und weiter südlich im Elsaß die Alliierten zwischen 15 und 25 Prozent ihrer Waffen und Versorgungsgüter – Geschütze, Panzer, Fahrzeuge, Treibstoff, Granaten – und ungefähr 10 Prozent ihrer Mannschaftsstärken kostete. Aber derartige dramatische Statistiken sind irreführend. Die Verluste betrafen in der Hauptsache die Amerikaner. Die Ressourcen und die Spannkraft der Vereinigten Staaten waren noch unvergleichlich groß. Innerhalb von Wochen nach dem Abschluß der Operation „*Wacht am Rhein*“ befanden sich neun frische amerikanische Divisionen in Europa. Viel zutreffender war die Tatsache, daß „Hitlers letztes Spiel“ im Westen gescheitert war. Sein einziger starker Reservegroßverband war zerschlagen worden. Sepp Dietrich nahm an, daß der Eliteverband der 6. SS-Panzerarmee „37.000 Gefallene, Verwundete und Erfrorene“ verloren hatte sowie zwischen 300 und 400 Panzerfahrzeuge. An der ganzen Westfront betrugen die deutschen Verluste ungefähr 130.000 Mann, von denen 19.000 gefallen waren. Und nun schrie Hitler: „Ich kriege einen Schreckensanfall, wenn ich nur höre, daß wir uns hier oder dort zurückziehen müssen“, und machte sich daran, einen Wall im Osten zu bauen, als seine Grenzen bereits zerbröckelten. Denn am 12. Januar begann Stalin auf eine dringende Bitte Churchills vom 6. hin eine Offensive entlang der gesamten mittleren Front. Am 22. befanden sich Dietrich und seine Panzerarmee auf dem Marsch, – und zwar nach Ungarn. Im Februar wurden 2.000 Panzer und Sturmgeschütze aus Deutsch-

* Durch einen mutwilligen Schicksalsschlag wurde Col. Ewart bei einem Kraftfahrzeugunfall bald nach der Zeremonie der deutschen Kapitulation getötet, der er als Mitglied des Stabes von Montgomery beigewohnt hatte.

land an die russische Front geschickt, aber nur 100 an die Westfront.
In anderen Worten, es sollten von nun an Eisenhowers Armeen ständig vorgehen und die ihm gegenüberstehenden Truppen entweder sich verteidigen oder zurückgehen. Eine der spektakulärsten Aufgaben von Ultra, das Vorauserkennen feindlicher Pläne für einen Großangriff – wie bei Alam Halfa oder Medenine oder bei Avranches und Mortain – war nun erfüllt, denn es sollte keine weiteren Großangriffe mehr geben. Gewiß, es fanden weitere harte Kämpfe statt. Im Monat Februar kostete die siegreiche Schlacht im Reichswald, die Operation *Veritable*, die Briten und Kanadier etwa 15.500 Verluste, als sie sich ihren Weg an die Ufer des Rheins in harten Kämpfen Mann gegen Mann bahnten, die an den *Wilderness*–Feldzug im amerikanischen Bürgerkrieg erinnerten. Es war im wesentlichen ein träge verlaufender Kampf, eine Schlacht „zwischen Soldaten". Ultra hatte aufgehört, lebenswichtig zu sein. Das blieb auch weiterhin so, als die großen Vorstöße nach Deutschland begannen, beim Ruhrkessel, bei der Verbindungsaufnahme von Hodges mit den Russen bei Torgau an der Elbe, bei Montgomerys Vorstoß nach Hamburg und Bremen und bei Pattons Eilmarsch nach Österreich. Bei diesen unwiderstehlichen Bewegungen bildeten die überwältigende Stärke der Alliierten und der Zerfall des deutschen Reiches die entscheidenden Faktoren.
Obwohl das so war, sah sich *Hut 6* in Bletchley im Frühjahr 1945 vor einem schweren Problem. Sir Stuart Milner-Barry und andere haben dem Autor ihre Sorgen beschrieben, als man gewahr wurde, daß eine wichtige Veränderung bei der Enigma-Maschine eingeführt worden war. Es handelte sich um eine ausgeklügeltere Abart der Umkehrwalze. Wenn man einen Buchstaben auf dem Tastenbrett der Enigma anschlug, so ging, wie man sich erinnern wird, ein elektrischer Impuls durch die Walzen, der dann durch die Umkehrwalze über die Walzen auf einem anderen Weg zurückgeworfen wurde. Die neue Version der Umkehrwalze bedeutete auf Grund der weiteren Komplizierung dieses Prozesses, daß es eine beträchtliche Verzögerung, wahrscheinlich von Monaten, geben würde, bevor Bletchley seine eigene, den „*Bombs*" angepaßte Technologie revidierte und wieder die Möglichkeit erwarb, die mit Hilfe der jüngsten Maschinen verschlüsselten Funksprüche zu knacken. Zwei Tatsachen retteten die Lage. Die erste wurde bereits festgestellt: Ultra war jetzt lediglich noch wichtig, aber nicht mehr lebenswichtig. Die zweite war der Zusammenbruch

Deutschlands. Die neue Maschine konnte nicht schnell genug hergestellt und verteilt werden, – und die Deutschen machten einen einfachen und fast kindischen Fehler. Ein Funkspruch wurde verschlüsselt und mit der neuen Maschine von einer Station abgesetzt. Dann, wenn er an eine andere Station, die immer noch den älteren Enigma-Typ benutzte, wiederholt werden mußte, wurde er wiederum mit Hilfe einer dieser unveränderten Maschinen verschlüsselt, bevor er gesendet wurde. Aber das geschah natürlich in einem Schlüssel, den Bletchley schon seit langem entziffert hatte, so daß alles, was *Hut 6* nun brauchte, ein abgefangener Funkspruch des wiederholten Spruches war, und damit konnte der Klartext gewöhnlich zusammengestellt werden. Vermutlich wurden nicht alle Funksprüche wiederholt. Obgleich Bletchley es auf diese Weise gelang, mit der Lage bis zur deutschen Kapitulation Schritt zu halten, war das auf jeden Fall eine spannungsreiche Zeit. Einem Team von Professionellen und Perfektionisten war das zur Genüge bekannt. Doch im Hinblick auf das Schlußstadium des Krieges war die Gefahr für die alliierte Sache wahrscheinlich eher imaginärer Art als tatsächlicher.
Während dieser letzten Wochen wurden jedoch viele hartgesottene Soldaten von Gespenstern verfolgt. „Monate vorher," erinnerte sich Omar Bradley „hatte der G 2 uns einen Hinweis auf einen phantastischen Plan des Feindes für einen Rückzug der Truppen in die österreichischen Alpen gegeben, wo Waffen, Versorgungsgüter und sogar Flugzeugfabriken für den allerletzten Widerstand versteckt gemeldet wurden. Da würde der Feind vermutlich versuchen, den Nazi-Mythos am Leben zu erhalten, bis die Alliierten müde wurden, das Reich im Besatzungszustand zu erhalten, – oder bis sie selbst übereinander herfielen".[13] Dies war das Märchen von der „Alpenfestung". Mit der starren Ehrlichkeit, die seine Memoiren charakterisiert, fügte Bradley hinzu: „Das wurde zu einem so übertriebenen Plan, daß ich mich wundere, daß wir so unschuldig daran glauben konnten, wie wir es tatsächlich taten." Aber die Unschuldigen glaubten es. Bei SHAEF wurde ihr Glaube durch eine große Karte bewiesen, die die Überschrift trug „Unbestätigte Einrichtungen im gemeldeten Reduit-Raum".[14] Dieser Raum umfaßte ungefähr 20.000 Quadratmeilen, das Alpengebiet, in dem Süddeutschland, Norditalien und Westösterreich zusammenkamen und in dessen Mitte Hitlers Berghof bei Berchtesgaden lag. Die Qualifizierungen in der Überschrift über der Karte wurden kaum durch die unten gedruckte Legende auf der Karte unterstützt, denn diese zeigte eine ganze Reihe von Symbolen für

Lebensmittel-, Munitions- und Betriebsstofflager, Gefechtsstände, Hauptquartiere und Kasernen, Funkeinrichtungen, Fabriken, Standorte von Truppen und ein Lager für Waffen zur chemischen Kriegführung. Es war die sogenannte Alpenfestung, in der die Getreuen des Führers, wie man vermutete, ihren letzten Widerstand im Stile Wagnerscher Helden leisten sollten: Die SS und die Fanatiker vom „Werwolf".

Dutzende von Geheimdienstberichten unterstützten den Mythos und hielten ihn am Leben, der besonders die Amerikaner vom War Department abwärts beeinflußte. Die Briten blieben kühler. Als Alexanders Armeen von Süden her näher an die Alpen herankamen, standen sie der verwirrenden Aussicht gegenüber, sich ihren Weg kämpfend in sie bahnen zu müssen, – wenn die Alpenfestung bestand. Obgleich aber Alexanders höchster Nachrichtenoffizier, Major General Airey, die laufenden Gerüchte zugetragen bekam, bestätigte er dem Autor gegenüber, daß er nie an sie geglaubt hätte, und zwar weil die ganze Vorstellung militärisch unsinnig war. Das war auch tatsächlich der Fall, und die Deutschen wußten es. Der SS-General Gottlob Berger, der am 7. Mai in Berchtesgaden gefangengenommen wurde, und der General der Gebirgstruppen Georg Ritter von Hengl (der von April ab den Befehl im Alpenraum führte und im österreichischen Tirol am 6. Mai gefangengenommen wurde) wurden von den Amerikanern genau vernommen. Sie leugneten ausdrücklich und fast verächtlich, daß eine Alpenfestung bestanden oder auch nur in Betracht gezogen worden wäre; das wurde von alliierten Truppen bestätigt, als sie das Gebiet überrannten. Jede weitere Vernehmung nach dem Krieg und die Auswertung erbeuteter Dokumente erzählten die gleiche Geschichte. Die britische offizielle Geschichte schließt ihren speziellen Anhang über das Thema mit den Worten ab, daß „für Hitler die Vorstellung eines Reduit nicht mehr als eine Augenblickseingebung war, die ihm durch den Kopf ging und sofort danach wieder verschwand."[15]

Am 11. März hatte der Geheimdienst bei SHAEF einen schönen phantasiereichen Essay zusammengestellt. „Theoretisch werden die Kräfte, die bis dahin Deutschland geführt haben, innerhalb dieser Festung . . ., die sowohl von der Natur als auch von den wirksamsten Waffen, die bisher erfunden worden sind, verteidigt wird, überleben, um ihre Wiederauferstehung zu organisieren." Aber Hitler starb in seinem Berliner Bunker, und weit weg in Flensburg an der dänischen Grenze, im Hauptquartier des neu ernannten Reichspräsidenten, Großadmiral Karl Dönitz, hörten die

Glühwurmlichter auf der Enigma-Maschine auf zu flackern. Zum erstenmal seit 1939 wurden Funksprüche von höchster Ebene im Klartext abgesetzt. Die deutschen Armeen im Norden ergaben sich Montgomery, und drei Tage später sollte Eisenhower seine historische Meldung an die Joint Chiefs of Staff machen: „Der Auftrag dieser alliierten Streitkräfte wurde am 7. Mai 1945 um 02.41 Uhr örtlicher Zeit erfüllt." Aber noch immer blieb Japan übrig, und eine Menge Arbeit war zu tun. Doch in Flensburg in Schleswig-Holstein wurde Ultra in bezug auf den deutschen Krieg demobilisiert. Das Abschiedszeremoniell jedoch wurde in jenem Land des Mythos und der Phantasie, der Alpenfestung, in Szene gesetzt, und zwar in treffender Weise durch einen Mann aus Bletchley.

Als Deutschland zusammenbrach, eilten viele Vernehmungsteams auf der dringenden Suche nach den Geheimnissen des Feindes ins Reich, bevor diese vernichtet werden konnten oder in die Hände der Russen fielen. Die amerikanische ALSOS und ihre Kollegen vom britischen Wissenschaftlichen Geheimdienst stellten erfolgreich die Zentren der deutschen Atomforschung fest und übernahmen sie. Auf Grund der raschen Wegnahme wesentlicher Unterlagen und des sofortigen Abtransportes vieler führender Physiker nach England ermöglichten sie es den Alliierten, den begrenzten Fortschritt in Richtung auf die Atombombe festzustellen, den die Deutschen vor der Kapitulation erreicht hatten, – und zwar mit Erleichterung. Andere Unterlagen und andere Männer wurden durch Spezialeinheiten gejagt, deren Auftrag es war, die letzten Informationen über die deutsche U-Boot- und Flugzeugentwicklung, die Auswirkung der Bombenangriffe, die gestohlenen Kunstschätze oder militärische Archive zu entdecken. Am allerdringendsten war dabei die Suche nach Konzentrationslagern und alliierten Kriegsgefangenen. Die Jagd ging über ein weites Gebiet, das von der Ostsee bis zum Balkan reichte, und natürlich nahmen daran Offiziere aus Bletchley Park teil. Es gab viel über deutsche Schlüsseltechniken und -technologie zu entdecken. Viele Fragen mußten gestellt und viele Dokumente gerettet und untersucht werden.

Von den Leuten aus *Hut 3* bei der Station X stieß Oscar Oeser, der damals Wing Commander bei der RAF und später Professor für Psychologie war, südwärts in das Gebirgsreich der Alpenfestung vor.[16] Ein Sender, das wußte er, arbeitete immer noch im Raum Berchtesgaden. Er fand seine Spur und übernahm ohne Schwierigkeit von den deutschen Bedienern einen Schlüsselwagen, in

dem sich moderne Enigma-Maschinen befanden. Um sie in sicherem Gewahrsam zu haben, übergab er diese den verblüfften Truppen der 7. US Army von General Patch, die am 4. Mai Salzburg, Berchtesgaden und die Höhe des Brennerpasses erreicht hatten, wobei sie am gleichen Tage sich mit der 5. US Army aus Italien vereinigten. Es war eine Zeit großer Verwirrung, in der sich einige Deutsche glücklich dem Feind übergaben, andere waren verblüfft, wieder andere arrogant und kriegslustig. In dem Raum befanden sich viele Gebirgshütten, die einstmals von Hitlers Umgebung benutzt worden waren. Einige waren durch kurz vorher stattgefundene Bombenangriffe zerstört und andere durch ihre Bewacher von der SS in Brand gesteckt worden. Oeser fand das Haus Görings; er fand auch eine verschlossene Kapelle, bei der sich herausstellte, daß sie mit Akten der deutschen Luftwaffe vollgestopft war, als ihre Türen aufgebrochen wurden. Darunter befand sich ein Band mit topographischen Daten über die britische Küste, der für die Invasion 1940 vorbereitet worden war. Für einen gewissen Strand bestand die Illustration aus einer Bildpostkarte, die von einer Firma herausgebracht worden war, die Millionen von britischen Urlaubern bekannt war. Inmitten der Trümmer eines Reiches, das tausend Jahre bestehen sollte, erschien es unvorstellbar, daß man zufällig auf den Namen von Raphael Tuck stieß.
Aber Oeser entdeckte auch einen ganzen Eisenbahnzug, der zur Verwendung als Gefechtsstand fertig war. Möglicherweise war es derjenige, den Kesselring benutzte, dem Hitler den Oberbefehl über alle Streitkräfte im Süden anvertraut hatte, oder vielleicht der Zug, den der Führer stets in der Nähe des Berghofes wissen wollte. Verlassen stand er auf einem kleinen ländlichen Eisenbahnhof. Die verschwenderisch eingerichteten Abteile, die als Fernmeldezentren eingerichtet waren, enthielten mehrere Enigma-Maschinen und andere Schlüsselmaschinen jüngster Bauart. Wing Commander Oeser befahl, sie aus dem Wagen zu nehmen und in einer Reihe auf dem verlassenen Bahnsteig still neben dem stillen Zug auszulegen. Und mit dieser Stille, so könnte man sagen, kam der Friede zu Ultra.

Anmerkungen

1. Die Glühlampen-Maschine

[1] Der Gedanke, eine Glühlampen-Maschine mit sich drehenden Walzen zur Verschlüsselung zu benutzen, war tatsächlich bereits 1921 von einem in Kalifornien lebenden Amerikaner namens Edward H. Hebern öffentlich bekannt gemacht worden. Bei seinem Modell wurden wie bei der Scherbius-Maschine die verschlüsselten Buchstaben auf einem von unten beleuchteten alphabetischen Feld angezeigt. In dem im Besitz des Autors befindlichen Verkaufspamphlet behauptet Hebern „eine Kapazität von ungefähr 40, 303, 146, 321, 064, 147, 046, 400, 000 gänzlich verschiedenen Codes (zu erzielen) ohne die Code-Walzen zu wechseln“. Diese übertriebenen Hoffnungen erfüllten sich nicht, obgleich die US Navy von Zeit zu Zeit Modelle kaufte. Einige waren tatsächlich bis nach Pearl Harbor in Gebrauch, als zwei von ihnen durch die Japaner erbeutet wurden. Die Italiener erwarben eine frühe Version, die Briten besichtigten eine. Aber Hebern kam mit seinem Modell niemals voran und die wahre Entwicklungslinie der Enigma ist von Scherbius abzuleiten.

[2] Die einschlägige Korrespondenz befindet sich in den National Archives Washington.

[3] Wegen dieses Absatzes vergleiche Ronald Clark, *The Man Who Broke Purple*, Kapitel 6.

[4] Professor I. J. Good, Vortrag im National Physical Laboratory über „Frühe Arbeiten an der Entwicklung von Computern in Bletchley“.

[5] Der Bericht von Evans befindet sich in den National Archives, Washington.

[6] Persönlich dem Autor gegenüber von Oberst Mayer.

[7] *Ibid.*

[8] Penelope Fitzgerald, *The Knox Brothers*, S. 230.

2. Der britische Durchbruch

[1] Persönlich dem Autor gegenüber von Oberst Mayer.

[2] Alle Bezugnahmen auf die Rolle von Welchman während dieser frühen Periode stützen sich auf die Unterhaltung und die Korrespondenz des Autors mit diesem.

[3] Im wesentlichen war Ultra ein Wort, das die höchste Sicherheitseinstufung anzeigte. Obgleich der Hauptstrom von Meldungen aus Bletchley mit dieser Kennzeichnung Informationen aus enigmaverschlüsselten Funksprüchen enthielt, wurden auch Feindnachrichten mit der gleichen Überschrift herausgegeben, die aus dem Brechen anderer Schlüssel und Codes stammten. In einem Rechenschaftsbericht über die Einstufung von Dokumenten aus der Kriegszeit bei der Admiralität hat Captain Stephen Roskill (*Churchill and the Admirals*, S. 290) darauf hingewiesen, die Beschriftung Ultra auf in der Registratur der britischen Marine befindlichen Papieren bedeute, daß ihr Inhalt „aus kryptologisch gewonnenen Feindnachrichten *oder anderen sehr geheimen Quellen* stammte“. Nichtsdestoweniger ist seit der Veröffentlichung von Winterbothams *The Ultra Secret* Ultra zum allgemeinen akzeptierten Begriff geworden, mit dem die Verfahren und Ereignisse, wie sie in diesem Buch beschrieben werden, abgedeckt werden. Es gibt kein anderes Wort von äquivalenter Präzision.

[4] Persönlich an den Autor von MacFarlan.

[5] Die Änderungen des Planes von Gort werden gut in dem Buch *France and Belgium, 1939–1940* von Brian Bond zusammengefaßt.

[6] Persönlich von Winterbotham an den Autor.

[7] Cadix vermochte nach England alle „Schlüssel" oder andere relevante Informationen über das Auflösen von Schlüsseln zu senden, die es zusammenstellen konnte. Aber es handelte sich dabei um einen Einbahnverkehr. Aus Sicherheitsgründen wurden keine Nachrichten aus England zurückgefunkt. (Quelle: Oberstleutnant Lisicki.)

3. *Ein Plan namens Smith*

[1] J. C. Masterman, *The Double-Cross System*, beschreibt im einzelnen das Ausheben der deutschen Agenten.

[2] Derek Wood und Derek Demster, *The Narrow Margin.*

[3] Die Ernennung von R. V. Jones ergab sich aus drei Treffen des Committee for the Scientific Survey of Air Defence im Jahre 1939, am 9. Februar, 16. April und 17. Mai. Unter Vorsitz von Tizard umfaßte diese achtunggebietende Gruppe hervorragende Wissenschaftler wie Appleton, Blackett, A. V. Hill und Thomas Merton. Winterbotham, der damals noch Squadron Leader war, wohnte den Treffen bei, um „mit dem Intelligence Directorate über die wissenschaftliche Zusammenarbeit zu sprechen". Bei der Besprechung wurden Schwächen im Verbindungssystem aufgedeckt. Beim dritten Treffen berichtete der Director of Scientific Research, D. R. Pye (Protokoll 390 b), „die Ernennung eines Scientific Officer bei seinem Stab wäre für Verbindungsaufgaben mit dem Intelligence Directorate gebilligt worden und die Ernennung würde vorgenommen werden, sobald ein passender Mann für diese Stelle gefunden werden könnte". Der Mann war R. V. Jones. Anfangs war er Winterbothams Sektion A. I. 1(c), dem Luftnachrichtenzweig des Geheimdienstes zugeteilt worden, mit dem er bei Kriegsausbruch nach Bletchley umzog. Dort wurde er mit Winterbothams Hilfe in die *Hut 3 eingeführt.*

[4] Ronald Clark, *Tizard*.

[5] Die Akten von MI 14 befinden sich in der PRO-Akte WO 199/911 A. Aber vergleiche dazu die offizielle Geschichte des britischen Nachrichtendienstes, Band 1, von F. H. Hinsley *et al.* (HMSO 1979), die den Wert von Ultra in der Schlacht um England konservativer einschätzt, als dies in dem Kapitel des vorliegenden Buches geschieht.

[6] Das Gedicht von Stephen Spender beginnt „I think continually of those who were truly great" und befindet sich in seinen *Poems*, 1933.

[7] R. V. Jones, *Most Secret War.*

[8] Die Denkschriften über *Seelöwe* befinden sich in der PRO-Akte WO 199/911 A. Siehe auch WO 166/3 „Original War Diary of GS 1(x)GHQ Home Forces".

[9] Dem Autor von Sir John Martin mitgeteilt.

[10] Wegen weiterer Einzelheiten über den Air Staff und den Luftangriff auf Coventry vergleiche den wertvollen Artikel „Air Intelligence and the Coventry Raid" von N. E. Evans in dem Journal of the Royal United Services Institute, September 1976.

[11] Der volle Wortlaut des Berichtes von Inglis befindet sich in PRO/AIR 40 2023.

[12] Persönlich von Cavendish-Bentinck dem Autor gegenüber.

[13] Ivan Maisky, *Memoirs of a Soviet Ambassador,* S. 149.

4. *Station X*

[1] Brief Shepards an den Autor.

[2] Die persönlichen Erinnerungen von Milner-Barry sind in einer Zusammenfassung von Aufsätzen eingeschlossen, die zu Ehren von Alexanders Leistungen beim Schachspiel von der Oxford University Press veröffentlicht wurden: *The Best Games of C. H. O'D. Alexander*, Herausgeber Harry Golombek und William Hartston, 1975.

[3] Monroe persönlich dem Autor gegenüber. Gemäß dem Vortrag von Good wurde Wylie später zur *Newmanry* versetzt (siehe dazu Kapitel 4 weiter unten).

[4] Jean Alington (Msr. Roger Howard) persönlich dem Autor gegenüber.

[5] Telford Taylor persönlich dem Autor gegenüber.

[6] Zitiert in *From the Dreadnought to Scapa-Flow* von Arthur Marder, Band III, S. 42.

[7] Sir Edgar Williams persönlich dem Autor gegenüber. Unter den anderen, die persönliche Besuche abstatteten, befanden sich auch Feldmarschall Alexander und die Chiefs of Staff.

[8] Der am meisten ins einzelne gehende Bericht über den *Colossus* ist die Schrift von Professor Randell (siehe Bibliographie). In seinem Vortrag sagte Good in bezug auf Heath Robinson: „Sein vertikaler Querschnitt hatte ungefähr den Umfang von ein paar Türen. Er wurde mit zwei Papierbändern mit je fünf Löchern gefüttert, die er mit einer Geschwindigkeit von 200 Buchstaben pro Sekunde las . . . Die Bänder wurden sowohl durch ihre Zahnradlöcher als auch von Rollen transportiert. Die Analyse geschah durch photoelektrische Lesevorrichtungen und elektronische Stromkreise."

In bezug auf *Colossus* bemerkte Good: „Die *Colossus*-Maschine wurde nur mit einem einzigen Band gefüttert, weil die Funktion des anderen gefütterten Bandes in die interne Elektronik der Maschine inkorporiert war. Ein wichtiger Vorteil dieser Tatsache bestand darin, daß dadurch die Notwendigkeit zur umfangreichen Vorbereitung zusätzlicher Bänder umgangen wurde. Ein weiterer Vorteil bestand darin, daß das Band gänzlich durch Rollen angetrieben wurde, ohne daß es notwendig war, zwei Bänder miteinander durch Zahnradlochantrieb zu synchronisieren. Die *Colossus*-Maschine las das Band mit einer Geschwindigkeit von 5.000 Buchstaben pro Sekunde. Mindestens in der Mark 2 waren die Stromkreise fünffach, so daß in einem gewissen Sinn das Lesen mit einer Geschwindigkeit von 25.000 Buchstaben pro Sekunde durchgeführt wurde." Good fügte auch hinzu, „der *Colossus* erzeuge eine recht große Hitze, so daß einmal vorgeschlagen wurde, daß die Bediener ohne Mütze arbeiten sollten".

[9] Wegen Cooper siehe Jones und Winterbotham.

[10] Diese Koordination wurde von Professor Vincent dem Autor gegenüber beschrieben.

5. *Die Geheimen Tommies*

[1] Winterbotham.

[2] Powell persönlich dem Autor gegenüber.

[3] Poole, dessen private Unterlagen und Aussagen viele Einsichten lieferten, dem Autor gegenüber.

[4] Reynolds an Winterbotham: Brief in der Winterbotham-Akte.

[5] Air Marshal Sir Edward Chilton persönlich dem Autor gegenüber.

[6] Shearer persönlich dem Autor gegenüber.

[7] Hamer persönlich dem Autor gegenüber.

[8] Siehe Anmerkung 15, Kapitel 9, wo die betreffende Akte angegeben wird.
[9] Sir Leslie Rowan in *Action this Day: Working with Churchill*, Macmillan, 1968.
[10] Crawshaw in Caserta: persönlich dem Autor gegenüber.
[11] Persönlich dem Autor gegenüber von Robinson, der auch zur Konferenz von Jalta als SLU-Offizier ging. Er konnte sich jedoch an keine Funksprüche erinnern, – „vielleicht an zwei, aber ich dachte, es hätte sich um Testsprüche gehandelt". In Rußland durfte nicht gewagt werden, Ultra-Sprüche zu senden.
[12] SLU in Versailles, von Poole persönlich dem Autor gegenüber.
[13] Zitiert in Winterbotham, S. 173.

6. *Die Ufer des Mittelmeeres*

[1] Brief von Woodhouse an den Autor.
[2] Williams persönlich dem Autor gegenüber.
[3] Die beste Analyse von Freybergs Schwierigkeiten und Fehlern befindet sich in I. McD. G. Stewart, *The Struggle for Crete*, Oxford University Press, 1966.
[4] David Irving, *The Trail of the Fox*.
[5] Shearers spöttische Einschätzung befindet sich in John Connell, *Wavell: Scholar and Soldier*.
[6] MacFarlan persönlich dem Autor gegenüber.
[7] Shearer persönlich dem Autor gegenüber.
[8] *Ibid*.
[9] David Hunt, *A Don at War*.
[10] Shearer bestätigte die Einzelheiten dieser Fehlrechnung dem Autor gegenüber.
[11] Powell persönlich dem Autor gegenüber.
[12] Wegen Fellers siehe Kahn und ebenso Irving.
[13] Hood persönlich dem Autor gegenüber.
[14] MacFarlan persönlich dem Autor gegenüber.
[15] Hunt, *op. cit.*
[16] Michael Carver, *El Alamein*.
[17] Hood persönlich dem Autor gegenüber.

7. *Mr. Churchills geheime Quelle*

[1] Quelle: private Korrespondenz.
[2] Von Jacob persönlich dem Autor gegenüber.
[3] Martin Gilbert, *Winston S. Churchill*, Band 5, 1922–1939.
[4] Brief von Sir Arthur Benson an den Autor.
[5] Sir Edgar Williams persönlich dem Autor gegenüber.

8. *Ultramarin*

[1] Admiral of the Fleet the Viscount Cunningham of Hyndhope, *A Sailor's Odyssey*, S. 325 ff.
[2] Quellen: Dr. Giulio Divita persönlich dem Autor gegenüber und Umschriften der Plädoyers und des Urteils bei den Hearings im Fall Lais.
[3] Die relevanten Zeitsetzungen können in Patrick Beesly, *Very Special Intelligence*, Kapitel 5, überprüft werden.
[4] Dieser Bericht über die Wegnahme von *U 110* stützt sich auf ein langes Interview, das 1977 aufgenommen wurde; in ihm erzählte David Balme seine Geschichte Peter Hennessy von der *Times*. Hennessy lieh das Tonband dem Autor.

[5] Bis zum Mai 1941 sind die frühen abgefangenen Funksprüche der Marine unter dem vorgesetzten Kennzeichen ZTP für Bletchley in der Akte PRO/DEFE 3 abgelegt. Danach befinden sich die Sprüche serienweise numeriert unter dem vorgesetzten Kennzeichen ZTPG.

[6] Vergleiche dazu Großadmiral Dönitz. *Zehn Jahre und 20 Tage* und Cajus Bekker, *Verdammte See. Ein Kriegstagebuch der deutschen Marine.* Oldenburg 1971.

[7] Marshal of the RAF Sir John Slessor persönlich dem Autor gegenüber, vergleiche auch dazu seine Einführung zu *The Ultra Secret* von Winterbotham.

[8] Es gab einen Agenten, der an der Einfahrt zum Altenfjord arbeitete, aber er sandte nur in unregelmäßigen Abständen Berichte. Damit war sein Schweigen zu einer besonderen Zeit nicht beweiskräftig.

[9] Vergleiche dazu den wertvollen Augenzeugenbericht über das Treffen, auf dem Pound den Entschluß zur Auflösung faßte. Er wurde von einem jungen RNVR-Offizier Lieutenant Arthur Hutchinson verfaßt, der einen außerordentlich scharfen Verstand besaß. Er wird als Anmerkung auf Seite 410 im Buch von Donald McLachlan, *Room 39*, zitiert: „Ich erinnere mich lebhaft an den sehr müde aussehenden Dudley Pound, der dasaß und fasziniert auf eine Seekarte mit kleinem Maßstab des Raums der Barents-See starrte; mit einem Handzirkel berechnete er, wo sich zu dieser Zeit die *Tirpitz* befinden könnte."

[10] Jürgen Rohwer, *Geleitzugschlachten im März 1943;* S. 349.

9. Die Amerikaner werden einbezogen.

[1] Wegen Friedman und Purple vergleiche David Kahn, *The Codebreakers*, und Ronald Clark, *The Man Who Broke Puple*.

[2] Forrest C. Pogue, *George C. Marshall: Ordeal and Hope, 1939–1942.*

[3] Kahn, *op. cit.*

[4] William Stevenson, *A man called Intrepid.* Obgleich dieses Buch die scheinbar gleiche Aufschrift eines Vorwortes durch „Intrepid" (den Decknamen von Sir William Stevenson, der nicht mit dem Autor jenes Buches verwechselt werden darf) sind die darin enthaltenen Fakten ungenau und ungewiß. Ein weniger spekulativer Bericht befindet sich in Montgomery Hyde *The Quiet Canadian*.

[5] Winterbotham, *The Ultra Secret*.

[6] General Eaker unterhielt sich über Ultra und die USAAF mit dem Autor in Washington 1977.

[7] Die lange Verzögerung bei der Entwicklung der Mustang und die dagegen gerichtete Opposition werden im einzelnen in *The Army Air Forces in World War II*, Band II, University of Chicago Press, 1950, von Wesley F. Craven und James L. Cate beschrieben.

[8] Beesly, *Very Special Intelligence*.

[9] Winterbotham.

[10] Dieses Dokument „Synthesis of Experience in the use of Ultra intelligence by US Army Field Commands in the European Theatre of Operations" wird zusammen mit General Marshalls Einführungsbrief an General Eisenhower vom 15. März 1944 mit gewissen Auslassungen in einer privat gedruckten Studie von Ernest L. Bell, *„An Initial View of Ultra as an American Weapon"* wiedergegeben.

[11] The Hon. Lewis Powell persönlich dem Autor gegenüber.

[12] Vergleiche Anmerkung 10 oben.

[13] Churchill und die Ultra-Sicherheit: Winterbotham persönlich dem Autor gegenüber.

[14] Quellen für den Südostasienabschnitt: Korrespondenz und Unterhaltung mit dem Hon. Inzer Wyatt, Benjamin King, persönlich mit dem Autor; Winterbothams Besuch bei Wyatt wird in *the Ultra Secret* wiedergegeben und von Wyatt bestätigt.

[15] Dieser Bericht „Use of CX/MSS ULTRA by the United States War Department (1943–1945)" wird ebenfalls mit Auslassungen von Ernest L. Bell, *op. cit.*, wiedergegeben.

10. Von Alamein bis zu den Alpen

[1] Powell persönlich dem Autor gegenüber.

[2] Airey, Hunt und Williams persönlich dem Autor gegenüber.

[3] David Dilkes, Herausgeber, *The Diaries of Sir Alexander Cadogan*.

[4] Briggs persönlich dem Autor gegenüber.

[5] Winterbotham *The Ultra Secret*.

[6] Die taktischen Einzelheiten und die „Apartheid" Rommels und von Arnims werden in dem Buch *Kasserine Pass* von Martin Blumenson gut beschrieben.

[7] Captain Harry C. Butcher's *Three Years with Eisenhower*, 1946, war eine verbesserte und gekürzte Ausgabe des persönlichen Tagebuches, das er auf Befehl Eisenhowers von seiner Ankunft in London im Jahre 1942 an als Eisenhowers „Marineadjutant" führte. (Ike definierte seine tatsächliche Funktion realistischer: „Butchers Job ist einfach. Er muß mich davon abhalten, verrückt zu werden.") Der Originaltext des Tagebuches, aus dem hier zitiert wird, befindet sich in der Dwight D. Eisenhower Library, Abilene.

[8] Sir David Hunt kam in Tunesien zu dieser Zeit als höherer Nachrichtenoffizier beim Stab Alexanders an. Er bemerkte den Unterschied zwischen dem örtlichen Intelligence-Dienst und dem „Y-Dienst" und zu dem, woran er in der Wüste gewöhnt war. Hunt persönlich dem Autor gegenüber.

[9] Zur Bemerkung Strongs über Spione vergleiche *Men of Intelligence*, Kapitel 6: „Agenten rangieren gewöhnlich in der Hierarchie der nützlichen Quellen unten."

[10] Allen persönlich zum Autor.

[11] Winterbotham.

[12] Bei der letzteren gab es eine heftige Diskussion, was geschehen würde, wenn die Flut den Kanister mit „Major Martin" nicht an den Strand triebe. Churchill entschied: „Sie müssen ihn wieder zurückbringen", sagte er, „und noch einmal schwimmen lassen." Quelle: Colonel John Bevan dem Autor gegenüber.

[13] Gavin persönlich dem Autor gegenüber.

[14] Hackett persönlich dem Autor gegenüber.

[15] Brief von Airey an den Autor.

[16] Quellen für das Lagezimmer in Caserta: Judy Hutchinson, Field Marshal Lord Harding, Lieut. General Sir Terence Airey persönlich dem Autor gegenüber.

[17] Airey persönlich dem Autor gegenüber.

[18] Nigel Nicolson, *Alex*. Das Buch kam 1973 heraus, und das Interview mit Clark fand ganz klar erst kürzlich statt.

[19] Theorie und Technik der Interdiction-Bombenangriffe waren in Nordafrika ausgearbeitet worden; sie wurden dann durch den hervorragenden Zoologen Solly Zuckerman auf das italienische Verbindungssystem für den Feldzug in Sizilien angewendet. Dieser tat als wissenschaftlicher Berater beim Stellvertreter Eisenhowers, Air Chief Marshal Sir Arthur Tedder, Dienst. Die Technik zur Zerstörung eines Eisenbahnnetzes wurde während des Feldzugs in Italien fortge-

setzt. Vor der großen Offensive *Diadem* im Mai 1944 wurden dazu 20.000 Tonnen Bomben abgeworfen, zehn Eisenbahnlinien aufgerissen und wesentliche Verwirrung geschaffen; aber schlechtes Wetter kam dazwischen, und die Deutschen wurden tatsächlich niemals durch Knappheit an Versorgungsgütern geschlagen. Das in dem Buch von Zuckerman *From Apes to Warlords* gebotene Bild ist natürlich rosiger. In seinem Buch ist jedoch Lord Zuckerman ein ausdrücklicher Zeuge für den Wert von Ultra bei der Planung solcher Operationen.

[20] W. G. F. Jackson, *The Battle for Italy,* S. 228. Dieses Buch und General Sir William Jacksons *The Battle for Rome* liefern bewundernswürdige Berichte über *Diadem* und den italienischen Kriegsschauplatz.

[21] Winterbotham.

11. Die Ouvertüre und die Anfänge: Das Präludium zum Tage X

[1] J. M. Stagg, *Forecast for Overlord*, Ian Allan, 1971.

[2] Oberst T. Lisicki persönlich dem Autor gegenüber.

[3] Golombek persönlich dem Autor gegenüber.

[4] Aus privaten Unterlagen.

[5] Winterbotham *The Ultra Secret*.

[6] Die folgenden Zeilen über Täuschungsmaßnahmen und Doppelagenten stützen sich auf Diskussionen mit Colonel Bevan, Colonel Robertson und dem verstorbenen Sir John Masterman, dessen Buch *The Double-Cross System* dazu vor allem herangezogen werden kann.

[7] Bruce Catton, *This Hallowed Ground*, Gollancz, 1957, S. 142.

[8] Masterman, *op. cit.* und Ewen Montagu, *Beyond Top Secret U,* Kapitel 17.

[9] Die Erklärung Professor Trevor-Ropers über den Einbruch in das Funknetz der Abwehr stellte viele Punkte klar.

[10] Beesly, *Very Special Intelligence.*

[11] Das Buch *Practise to Deceive* von David Mure ist eine leichtbeschwingte, aber instruktive Erzählung über seine Erfahrungen in der „A-Force". In Briefen und Unterhaltungen mit dem Autor ging er auf verschiedene Punkte näher ein und erweiterte sie.

[12] Zitiert in Masterman, *op. cit.*

[13] Jones verunglimpfte Ultra nicht; er war einer seiner führenden Nutznießer. Er wollte ausdrücken, daß er als vorsichtiger Wissenschaftler stets die Möglichkeit einräumte, daß Ultra kompromittiert werden könnte. Daher fragte er sich nach jeder seiner gelungenen Befragungen, wie weit er ohne Bletchleys Hilfe hätte gelangen können.

[14] Es gab keine Luftbildaufklärung der deutschen Luftwaffe über London vom Januar 1941 bis zum September 1944.

[15] Die Karte mit dem vermuteten Aufschlag fliegender Bomben in London wurde im Gefechtsstand des Flak-Regiments 155 (W) erbeutet, das die Operation durchführte. Sie wird gegenüber Seite 301 in *Most Secret War* von Jones wiedergegeben. Das Zentrum von London ist eine Masse von schwarzen Punkten, – nach den durch Doppelagenten falsch gemeldeten Aufschlagstellen.

12. Finale und Vorhang

[1] Chester Wilmot, *The Struggle for Europe*, S. 305.

[2] Winterbotham, *The Ultra Secret*.

[3] *Ibid.*

[4] Aus den Ultra-Funksprüchen in dem PRO ist klar zu erkennen, daß Bletchley Bradley mit einem prompten und ununterbrochenen Überwachungsdienst versorgte, der die wechselnden Standorte, Fehlschläge und die fortschreitende Auflösung der Divisionen von Kluges enthüllte. Bei diesen Funksprüchen ist die besorgte Betonung der Wirkung der Luftangriffe eindrucksvoll. Für einen Befehlshaber ist es beträchtlich leichter, kühl zu bleiben, so wie das Bradley bestimmt tat, wenn er einen so großen Überblick über das hatte, was „auf der anderen Seite des Hügels" geschieht.

[5] Beesly, *Very Special Intelligence* enthält Einzelheiten.

[6] John Kennedy, *The Business of War*, S. 351.

[7] Strong, *Intelligence at the Top*.

[8] Zitiert in Cornelius Ryan, *A Bridge Too Far*.

[9] Ryan.

[10] Eine Erfahrung von Asher Lee, wie er sie dem Autor gegenüber persönlich mitteilte.

[11] Zitiert in David Irving, *The Rise and Fall of the Luftwaffe*.

[12] Der Anhang „Düsengetriebene Flugzeuge" ist in Ernest L. Bell, *An Initial View of Ultra as an American Weapon*, abgedruckt.

[13] Bradley, *A Soldier's Story*.

[14] Die Karte ist in Cornelius Ryan, *The Last Battle*, abgedruckt.

[15] *Victory in the West*, Band 2, Anhang X.

[16] Oeser beschrieb seinen Auftrag dem Autor gegenüber. Später wandte er sich seinem Beruf wieder zu und führte tiefenpsychologische Befragungen bei einigen der im Rang hochstehenden Gefangenen in Nürnberg durch.

Anhang

Die folgenden Funksprüche sollen die Vielfalt und den operativen Wert des Materials erhellen, das in Bletchley entziffert und an die entsprechenden Hauptquartiere im Feld gesendet wurde. Sie wurden aus einer Periode von ungefähr vier Wochen im Sommer 1944 ausgewählt und stellen einen trivialen Prozentsatz der Tausende und Abertausende von entzifferten Funksprüchen der Station X dar. Aber für den Leser mag es hilfreich sein, die Form vor Augen zu haben, in der Ultra tatsächlich in Umlauf gebracht wurde. Der erste Funkspruch ist genau in der Art abgedruckt, in der die Meldung von Bletchley abgesandt wurde. Aus den übrigen ist alles Unwesentliche ausgeschieden worden, so daß der Inhalt der Meldung leichter erfaßt werden kann.

1

REF CX/MSS/T223/T54 KV 9177

ZZZ

KV 9177 £ 9177 SH 58 £ 58 AG 87 £ 87 FU 44 £ 44 YK ZE EF 58 £ 58 TA 80 £ 80

INFORMATION ABWEHR OFFICER AOK £ AOK SEVEN ON TWENTYFIRST ACCORDING CAPTURED DOCUMENTS IN ST LO £ LO AREA AMERICAN PASSWORDS AND REPLIES AS FOLLOWS COLON TWENTIETH TO TWENTYSECOND CHICKEN – WIRE £ CHICKEN – WIRE, TWENTYSECOND TO TWENTYFIFTH WALKING – VILLAGE & WALKING – VILLAGE, TWENTYFIFTH TO TWENTYSIXTH HUDDLE – TIME £ HUDDLE – TIME.

PEP/AKW/KH 221533Z/6/44

Anmerkung: Es handelt sich hierbei um die normale Aufmachung eines von Bletchley herausgegebenen Funkspruches. Die CX/MSS-Nummer ist die gewöhnliche Bezugsnummer für Ultra-Material: KV 9177 ist eine spezifische Bezugsnummer für *Hut 3*, in der dieser abgefangene Funkspruch bearbeitet wurde; – für die Marinesektion wäre das typische Bezugszeichen ZTPG. Das Zeichen £ ist ein Kürzel für „wiederhole". In der zweiten Zeile sind die Ziffern SH 58, AG 87 usw. die Zeichen für das besondere Hauptquartier, an das dieser Funkspruch gesendet wurde. Die Abgangszeit aus Bletchley unten rechts (gerade nach 3.30 Uhr nachmittags am 22. Juni) zeigt, daß die Kenntnis der amerikanischen Losungswörter, die der Abwehroffizier beim Hauptquartier der deutschen 7. Armee (Oberkommando 7. Armee oder AOK 7) erworben hatte, durch den entzifferten Funkspruch bekannt geworden war. Die Warnung ging so rechtzeitig an das amerikanische Oberkommando in der Normandie, daß es die meisten seiner kompromittierten

Losungswörter innerhalb von 24 Stunden nach deren Bekanntwerden bei den Deutschen ändern konnte. Links unten befinden sich die Initialen der Einzelpersönlichkeiten, die mit der Herausgabe dieses Funkspruches befaßt waren. Die Prioritätenkennzeichnung ZZZ zeigte seine Dringlichkeit an: Die Prioritäten reichten von Z bis ZZZZZ. Der Funkspruch zeigt Ultra in einem scheinbar kleinen Rahmen bei der Arbeit. Aber diese schnelle Weitergabe von Feindnachrichten, die ständig von Bletchley an die Fronten weitergegeben wurden, retteten viele Leben und verhinderten viele Fehler. Gewiß haben die Amerikaner, die infolge der Kenntnis des Feindes über die Losungswörter mehrerer Tage hätten getötet werden können, allen Grund, Ultra dankbar zu sein.

2

ZZZ KV 9241

ON TWENTYSECOND 17 HRS. BOUNDARY 21 PANZER DIVISION – 12 SS PANZER DIVISION UNCHANGED ALONG RAILWAY FROM CAEN TO NORTH. BOUNDARY 12 SS PANZER DIV-PANZER LEHR DIV: WEST EDGE ST MARTIN T 8767 – EAST SLOPE HEIGHT 103 T 8570 – WEST EDGE DUCY T 8874. LEFT CORPS BOUNDARY WEST EDGE ANCTOVILLE CHURCH ST PAUL T 7470. B). 19 HRS. (FAIR INDICATION 1 SS PANZER) CORPS EXPECTED ATTACK BETWEEN ORNE AND MUC. C). FROM DAY REPORT 14 HRS: NEW LEFT BOUNDARY 1SS PANZER CORPS WITH 47 PANZER CORPS MAISONCELLES – PELVEY (TO 47 CORPS) – ST GERMAINS – GUESNON (TO 1 SS CORPS) – ST PAUL (TO 47 CORPS) – LE BAS (TO 1 SS CORPS) – NORON LA POTERIE (TO 47 CORPS). COMMENT: NEW 47/ 1 SS CORPS BOUNDARY GIVEN APPROXIMATELY IN KV 9200.

230417 Z/6/44

Anmerkung: Dieser entzifferte Funkspruch, der für so viele, die von Bletchley während des Feldzugs in der Normandie herausgegeben wurde, typisch ist, stellt die unschätzbar wertvolle Nachricht an Montgomery über die Bewegung und den Standort der Panzerdivisionen der Deutschen an seiner Front entlang dar. Der letzte mit „Comment“ beginnende Satz wird in dieser Formulierung gewöhnlich in Bletchley benutzt, um anzuzeigen, daß das Folgende nicht unmittelbar aus einem deutschen Text stammt, sondern zur Erklärung hinzugefügt wurde und so dem Empfänger half, entweder den Inhalt eines Funkspruches zu verstehen oder sich einen darauf bezüglichen Funkspruch ins Gedächtnis zurückzurufen, der vorher gesendet worden war.

3

ZZZZ KV 9202

WEATHER SURVEY 1230 HOURS TWENTYSECOND. GENERAL: NO IMPORTANT CHANGE. COOL SEA AIR CONTINUING TO FLOW IN FROM NORTH WILL EXTEND DURING NIGHT OVER WHOLE REICH TERRITORY. OVER WHOLE REICH,

MOSTLY UNBROKEN SHALLOW LAYER OF CLOUD, BASE THREE HUNDRED TO SIX HUNDRED METRES. NOTHERN FRINGE OF MITTELGEBIRGE CLOUD BASE LOWER, IN PLACES DRIZZLE. VISIBILITY (EXCEPT DRIZZLE AREAS) FIVE KILOMETRES ALL NIGHT. OPERATIONS BY TWIN/ENGINED AIRCRAFT UNHAMPERED.

Anmerkung: Viele Tausende von Wetterberichten wurden von den Briten abgefangen, nachdem sie von Wetterschiffen, Flugzeugen zur speziellen Wetterbeobachtung usw. gesendet worden waren. U-Boote pflegten z. B. Wettermeldungen als Routinemeldungen abzusetzen. Dieses von Bletchley um 20.25 Uhr am 22. Juni 1944 abgesetzte Beispiel (d. h. genau acht Stunden nach der Absendung der deutschen Wettervorhersage) zeigt, wie wertvoll eine solche aktuelle Nachricht über die Wetterverhältnisse über Deutschland sein konnte. In diesem Fall lieferte sie Informationen über die Wetterbedingungen in Deutschland, während jener Nacht für jede Operation, welche das Bomber Command durchführen mochte. Der Funkspruch besitzt die sehr hohe Priorität ZZZZ, weil diese Information mit größter Dringlichkeit an das Meteorological Office weitergegeben werden mußte.

4

ZZZ KV 5757

GERMAN ORDER OF BATTLE ACCORDING COMMANDER-IN-CHIEF SOUTH WEST ON TWENTYSEVENTH. (A.) 14 ARMY. COAST, RIGHT WING OF BRIDGEHEAD NOW ONLY GUARDED BY 2/1060 OWING WITHDRAWAL ASSAULT REGIMENT. 1. I PARA CORPS (1) MAIN BODY 4 PARA DIVISION. (2). 65 INFANTRY DIVISION (LESS GROUP 145), ASSAULT GUN UNIT AND ENGINEER BATTALION (LESS ONE COMPANY). (3) 3 PANZERGRENADIER DIVISION WITH INFANTRY LEHR REGIMENT AND ONE FIELD ERSATZ BATTALION (LESS GROUP . . . MOTORISED . . . 8 AND RECONNAISSANCE UNIT 103). (4) 362 DIVISION: ELEMENTS GROUP 956 AND ELEMENTS FUSILIER BATTALION 362, PANZER UNIT 508 (ONE COMPANY HEAVY TANKS), ONE ASSAULT GUN UNIT 103, FUSILIER BATTALION 65, ENGINEER BATTALION 65 LESS ONE COMPANY, PANZER RECONNAISSANCE UNIT 129, ELEMENTS REGIMENT (STRONG INDICATIONS 1060), GROUP 145, 3/8. 2. 76 CORPS. (1) GOERING DIVISION: PANZER REGIMENT I WITH ONE BATTALION AND ELEMENTS TWO BATTALIONS, PANZERGRENADIER REGIMENT 2 WITH TWO BATTALIONS. ELEMENTS RECONNAISSANCE UNIT. IN COURSE OF BEING BROUGHT UP 2/756, WERFER (heavy mortar) REGIMENT 56, HQ WERFER BRIGADE 5, 1/15, 2/8, 1/29. (2) 29 PANZERGRENADIER DIVISION: ELEMENTS GROUP 735, RECONNAISSANCE UNIT 103, GROUP 15 LESS ONE BATTALION . . .

Anmerkung: Das obige ist weniger als die Hälfte des Funkspruchs. Es ist eine Routinemeldung, die Feldmarschall Kesselring, der Oberbefehlshaber der deutschen Armeen in Italien am 30. Mai 1944 über die unter seiner Führung stehenden Verbände absetzte. Solche ungeheuer ins einzelne gehende Terminmeldungen wurden gewohnheitsmäßig von den deutschen Befehlshabern im Feld, gleich, ob sie sich in Afrika, in Italien oder in der Normandie befanden, abgesetzt. Mit großer Regelmäßigkeit wurden sie ebenfalls in Bletchley entziffert. Der Wert der Informationen, die sie für die alliierten Befehlshaber und Feindnachrichtenstäbe enthielten, ist offenkundig. Es ist vielleicht nur möglich, die volle Bedeutung von Ultra abzuschätzen, wenn man sich einen tatsächlichen Funkspruch wie diesen ansieht und sich klar macht, daß es nur einer von sehr vielen ist. (Verbände wie 2/1060, 3/8, 1/15 sind vermutlich einzelne Bataillone von Infanterieregimentern).*

*In einem deutschen Text wären Bataillone in römischen Zahlen angegeben.

5

ZZ KV 9597

AT (FAIR INDICATIONS VENICE) TWENTYFOURTH HOSPITAL SHIP FREIBURG LEFT 20 HOURS FOR CESENATICO, AUXILIARY SAILING VESSEL ENRICO ARRIVED 17 HOURS FROM ANCONA. FREIBURG ARRIVED CESENATICO BY 0530 HOURS TWENTYFIFTH. SECONDLY, LANDING CRAFT ML 685 LEFT PORTO GARIBALDI 13 HOURS TWENTYFOURTH FOR VENICE. THIRDLY, RIMINI DEPARTS 18 HOURS TWENTYFOURTH: AUXILIARY SAILING VESSELS SAN PIETRO FOR CATTOLICA, MARIA PIA FOR RAVENNA, FOURTHLY, MOTOR COASTER LIA LEFT CORSINI 17 HOURS TWENTYFOURTH FOR ANCONA. LANDING CRAFT 813 RETURNED CORSINI BY 1845 HOURS TWENTYFOURTH, LIA 03 HOURS TWENTYFIFTH, BOTH OWING WEATHER CONDITIONS. LANDING CRAFT 518 ARRIVED CORSINI 03 HOURS TWENTYFIFTH FROM VENICE. FIFTHLY, REGIONAL COMMANDER ANCONA INTENDED FORENOON TWENTYFOURTH TO TRANSFER TO MILANO MARITTIMA NEAR CERVIA. SIXTHLY, FOUR HARBOUR DEFENCE VESSELS ARRIVED ANCONA 0145 HOURS TWENTYFIFTH HAVING CARRIED OUT SECOND PART OF OPERATION . . .

Anmerkung: Und so lautet dieser besondere Funkspruch weiter. Wegen der alliierten Luft- und Seeherrschaft verließen sich die Deutschen an den Nordküsten des Mittelmeers, von Südfrankreich bis zum Dodekanes, zu einem sehr beträchtlichen Grade auf den Küstenverkehr, auf kleine Schiffe, die allein oder in unauffälligen Konvois fuhren. Vom Herbst 1943 ab verdichtete sich mit dem Beginn des italienischen Feldzugs dieser Verkehr. Das gleiche gilt für den immensen Fluß von entzifferten Funksprüchen in Bletchley, die wie in diesem Funkspruch vom 26. Juni 1944 die Bewegungen der Achse mit tödlicher Präzision festhielten. Außer der Registrierung von Schiffsbewegungen lieferten die entzifferten Funksprüche auch wertvolle Feindnachrichten über die Lage der Minensperren der Achse, die Stärke und den Standort deutscher Kanonenboote und anderer kleiner Kriegsschiffe, spezifische Befehle für die Abschirmung durch deutsche Flugzeuge usw.

6

Z KV 9179

INFORMATION TWENTYFIRST (A). 3 PARACHUTE DIVISION HAVING NO ARTILLERY REGIMENTAL STAFF ARTILLERY STAFF ZBV 761 EMPLOYED FOR THIS TASK. 2 PARACHUTE CORPS REQUESTED AOK SEVEN (Headquarters 7th Army) TO BRING UP AN EFFECTIVE ARKO STAB (Artillery Command Staff) TO WHICH BOTH ARTILLERY REGIMENTS TO BE SUBORDINATED. (B) PANZER LEHR DIVISION REQUESTED TRANSFER OF HAUPTMANN PLUESKOW OR HAUPTMANN RAEMSCH (BOTH SO FAR AT PANZER TROOPS SCHOOL BERGEN) OR HAUPTMANN KOCHNIR (WITH MILITARY COMMANDER PRAGUE) IN PLACE OF MAJOR MAROWSKY, COMMANDING OFFICER 1 S PANZER LEHR REGIMENT 130. COMMENT: SUGGEST SUGAR MAY EQUAL SCHWER EQUALS HEAVY.

Anmerkung: Aus einer Feindnachricht wie dieser (entzifferter Funkspruch vom 22. Juni 1944) konnte Bletchley einen erstaunlichen Fundus an Erkenntnissen über einzelne deutsche Offiziere und deren verschiedene Aufenthaltsorte zusammenstellen. Die Einzelheiten wurden im Index festgehalten und standen zur Verfügung, wenn der Name des Offiziers in späteren Funksprüchen auftauchte. Die genauen Kenntnisse über ihn konnten einem Funkspruch oft hohe Bedeutung verleihen, der sonst mehr oder weniger unverständlich geblieben wäre. Dieser Funkspruch warf natürlich auf den Zustand der 3. Fallschirmjägerdivision in der Normandie Licht.

7

ZZ KV 5825

REVIEW BY COMMANDER IN CHIEF SOUTH WEST ON TWENTYNINTH ON BATTLE EXPERIENCES IN PRESENT DEFENSIVE BATTLE. FIRSTLY, NOT ONLY FRENCH BUT ALSO BRITISH AND AMERICANS HAD DEPARTED FROM THEIR METHOD OF CONDUCTING OPERATIONS. RECENTLY, ESPECIALLY WITH TANK FORMATIONS, THEY HAD IMMEDIATELY TAKEN FULL ADVANTAGE OF PENETRATIONS AND BREAKS THROUGH, AND ATTEMPTED TO EXPLOIT THEM TO MAKE A STRATEGIC BREAK THROUGH, BY QUICKLY FOLLOWING UP WITH INFANTRY ON LIGHT TRUCKS BEHIND TANK FORMATIONS, AS THE RUSSIANS DO, TERRAIN WON HAD BEEN VERY QUICKLY OCCUPIED IN SUCH STRENGTH THAT LA-

TER COUNTER-ATTACKS BY LOCAL FORCES UNSUCCESSFUL. (COMMENT: INFORMATION HERE INCOMPLETE BUT INCLUDED REFERENCE TO OPERATIONS WITH UP TO FOUR HUNDRED TANKS IN FORMATION.) ESPECIALLY NOTEWORTHY WAS GREAT CROSS COUNTRY MOBILITY OF FRENCH (MOROCCAN) TROOPS, WHO QUICKLY OVERCAME EVEN TERRAIN WHICH HAD BEEN CLAIMED IMPASSABLE, TAKING ALONG THEIR HEAVY WEAPONS MAINLY LOADED ON PACK ANIMALS. THEY ALWAYS ATTEMPTED TO SURROUND GERMAN POSITIONS AND TO BREAK THEM UP FROM REAR. UNSPECIFIED FORCES CROSSED WITH AMPHIBIOUS VEHICLES (FLOATING LORRIES AND ACCORDING TO UNCONFIRMED REPORTS FLOATING TANKS). THEREFORE APPRECIATED THAT EVEN SECTORS OF SUCH COUNTRY MUST BE COVERED WITH AT LEAST WEAK FORCES. MINING OF REARWARD EDGES OF VARIOUS INUNDATED AREAS ETCETERA SEEMED EXPEDIENT ...

Anmerkung: Diese erste Hälfte einer Meldung des Feldmarschalls Kesselring an Berlin übermittelt die Reaktionen Kesselrings selbst und seines Stabes auf die Art, wie Alexanders alliierte Armeen den endgültigen Durchbruch bei Cassino vollzogen hatten. Er wurde knapp nach Mitternacht am 31. Mai 1944 von Bletchley abgesetzt. Beurteilungen dieser Art belieferten die alliierten Befehlshaber mit einer unschätzbar wertvollen Einsicht in die Gedankengänge ihrer Gegner.

Liste der technischen Begriffe und Abkürzungen

Abwehr	Militärische Geheimdienstabteilung des deutschen Generalstabs
„A-Force“	Britischer Verband zur Durchführung von Täuschungsmaßnahmen im Mittleren Osten
Amt Mil.	Geheimdienstabteilung für militärische Angelegenheiten der SS
AI 3 b	Abteilung von Air Intelligence zur Aufklärung und Auswertung der jeweiligen Kräftegliederung der deutschen Luftwaffe
AI 3 c	Abteilung von Air Intelligence zur Aufklärung und Auswertung der langfristigen Gesamtstruktur und Gliederung der deutschen Luftwaffe
BAMS-Code	Der von einzeln fahrenden britischen Handelsschiffen benutzte Code
B-Dienst	Beobachtungsdienst der deutschen Kriegsmarine
B 1 A	Abteilung von MI 5 (des britischen militärischen Geheimdienstes) zur Führung von Doppelagenten
BP	Bletchley Park
C	Leiter des britischen Geheimdienstes, im Buch meist als „Chef“ wiedergegeben
CIGS	Chief of the Imperial General Staff, Chef des (britischen) Reichsgeneralstabs, zugleich nomineller Oberbefehlshaber des britischen Heeres
COSSAC	Chief of Staff to Supreme Allied Commander, Chef des Generalstabs beim Obersten Alliierten Befehlshaber; General Morgan zeitweilig dazu ernannt, da er die Vorplanungen für *Overlord* durchführte, daher COSSAC-Plan
Flak	Deutsch für Flugabwehrkanone
Flivo/FliVO	Fliegerverbindungsoffizier
F 21	Amerikanische Gegenstelle zum britischen Submarine Tracking Room, ursprünglich Op 20 genannt
FUSAG	First US Army Group, ein von der alliierten Täuschungsorganisation so genannter, nicht bestehender Großverband, um den Deutschen vorzuspiegeln, daß außer den für *Neptune* vorgesehenen Landungstruppen viele Divisionen in England für eine Landung am Pas de Calais bereitgehalten würden

GCCS	Government Code and Cipher School, die Vorkriegsorganisation der Briten zum Entziffern von Codes und Schlüsseln, die über MI 6 (des militärischen britischen Geheimdienstes) dem Foreign Office verantwortlich war; während des ganzen Krieges führte Bletchley Park diese Aufgabe durch.
G 2	Abteilung zur Bearbeitung von Feindnachrichten bei amerikanischen Großverbänden
ISK	Intelligence Services Knox, eine Abteilung in Bletchley Park unter Führung von Dillwyn Knox, die sich auf das Brechen besonderer Maschinenschlüssel konzentrierte
ISOS	Intelligence Services Oliver Stratchey, eine Abteilung in Bletchley, die sich mit handverschlüsselten Funksprüchen befaßte
JIC	Joint Intelligence Committee, ein Komitee aus Angehörigen der drei Teilstreitkräfte, das Feindnachrichten für die britischen Chiefs of Staff auswertete
JN 25	Japanese Navy 25, der bedeutendste operative Code der japanischen Flotte
KG	Kommandierender General oder auch Kampfgeschwader der deutschen Luftwaffe
LCS	London Controlling Section, der Leitungsstab zur Koordinierung aller strategischer Täuschungsmaßnahmen
MI 5	Abteilung der britischen Sicherheitsdienste, der für die Sicherheit im Vereinigten Königreich verantwortlich ist
MI 6	Auch als Secret Service oder The Secret Intelligence Service (SIS) bekannt, verantwortlich für alle Sicherheitsangelegenheiten außerhalb des Vereinigten Königreiches
MI 14	Abteilung des militärischen Geheimdienstes (Military Intelligence), der mit der Bearbeitung von militärischen Fragen in bezug auf die deutsche Wehrmacht und deren Absichten befaßt war
OIC	Das Operational Intelligence Centre der britischen Admiralität, zu dem u.a. auch der Submarine Tracking Room gehörte
OB	Oberbefehlshaber
OKH	Oberkommando des (deutschen) Heeres
OKL	Oberkommando der (deutschen) Luftwaffe
OKM	Oberkommando der (deutschen) Marine
OKW	Oberkommando der (deutschen) Wehrmacht

Op 20	Erste Bezeichnung für die amerikanische Gegenstelle zum britischen Submarine Tracking Room
PM	Premierminister
RAAF	Royal Australian Air Force, kgl. australische Luftwaffe
SEAC	South East Asia Command, Oberkommando Südostasien
SHAEF	Supreme Headquarters Allied Expeditionary Force, oberstes Hauptquartier der alliierten Expeditionsstreitkräfte, das Hauptquartier General Eisenhowers, des Oberbefehlshabers der anglo-amerikanischen Streitkräfte während der Invasion
SLU	Special Liaison Unit, besondere Verbindungseinheit, die für die Aufbewahrung, Verteilung, Sicherheit und spätere Vernichtung von durch Bletchley gesendeten Ultra-Funksprüchen verantwortlich war; manchmal eng verbunden mit einer Fernmeldeeinheit und dann als SLU/SCU bekannt
USAAF	US Army Air Force, Bezeichnung der gesamten amerikanischen Luftstreitkräfte und ihrer Führung während des Zweiten Weltkrieges
USAF	US Air Force, ein Großverband der amerikanischen Luftstreitkräfte während des Zweiten Weltkrieges
WAAF	Women's Auxiliary Air Force, Korps der britischen Luftwaffenhelferinnen, auch Bezeichnung für einzelne Angehörige
WREN	Women's Royal Naval Service, Bezeichnung der britischen Marinehelferinnen, der Wrens
xB-Dienst	Der deutsche Funkentzifferungsdienst
XX Committee	Eine aus allen Teilstreitkräften zusammengesetzte Gruppe zur Festlegung der Verfahrensweisen bei der strategischen Täuschung, dem Behandeln von Doppelagenten u.s.w.
„Y" Service	Der „Y"-Dienst, der britische Funkhorchdienst
zbV	zur besonderen Verwendung
1 a	1. Generalstabsoffizier zur Ausarbeitung von Plänen und Führungsbefehlen bei deutschen Großverbänden
1 c	Feindbearbeiter in Stäben von deutschen Großverbänden

Liste der Decknamen

ADLERTAG	Entscheidungssuchender Angriff der deutschen Luftwaffe auf die Jagdfliegerkräfte der RAF während der Schlacht um England
ÄGIR	Funkschlüsselbereich der deutschen Handelsstörer und Hilfskreuzer bis 1941 „Außerheimische Gewässer“
ANVIL	Das alliierte Landungsunternehmen in Südfrankreich 1944
ASPIRIN	Die britischen Störmaßnahmen gegen Knickebein
AVALANCHE	Die alliierten Landungen bei Salerno
AUSSER-HEIMISCHE GEWÄSSER	siehe Ägir
BARBAROSSA	Der deutsche Angriff auf Rußland
BATTLEAXE	Britische Offensive in Nordafrika unter Wavell
BODYGUARD	Der Gesamttäuschungsplan der Alliierten für die zweite Front 1944
BOMB	Das britische Gerät zum Knacken Enigma-verschlüsselter deutscher Funksprüche
BOMBA	Das polnische Gerät zum Knacken Enigma-verschlüsselter deutscher Funksprüche
BONIFACE	Eine der inoffiziellen Bezeichnungen für Ultra
BROMIDE	Maßnahmen zur Störung des deutschen X-Gerätes
COBRA	Der amerikanische Durchbruch bei St. Lo 1944
COLD WATER	Der britische Angriff zur Zeit des deutschen Luftangriffes auf Coventry; er zielte auf Städte in Deutschland ab
COLOSSUS	Verbessertes britisches Gerät zum Entziffern maschinenverschlüsselter deutscher Funksprüche
CONDOR	Deutscher Versuch zur Einschmugglung von Agenten der Abwehr in Kairo 1942
CROSSBOW	Gegenoffensive alliierter Luftstreitkräfte gegen die Abschußstellungen der V-Waffen
CRUSADER	Britische Offensive unter Auchinleck in Nordafrika 1942 zur Entsetzung von Tobruk und zur Vernichtung des Afrikakorps
DIADEM	Der Durchbruch der Alliierten durch die Gustavlinie bei Monte Cassino 1944
DOMINO	Störmaßnahmen gegen das deutsche Y-Gerät

DYNAMO	Das Sammeln und Einsetzen britischer Schiffe aller Art zur Rückführung der Truppen aus Dünkirchen 1940
EAGLE	Zeitweiser Name der 12. US H.Gr. 1944
EINHEITSPREIS	Wolverhampton 1940
EPSOM	Britischer Angriff auf die Übergänge von Orne und Odon 1944
FERDINAND	Der alliierte Täuschungsplan für die Landung in Sizilien
FISH	Die britischen Sicherheitsmaßnahmen für Ultra
FORTITUDE	Der alliierte Täuschungsplan im Rahmen von Bodyguard; Fortitude North umfaßte Skandinavien, Fortitude South betraf den Pas de Calais
FRITZ	Erster Name für Barbarossa
GEHEIM-SCHREIBER	Ein deutsches Fernschreib-Schlüsselgerät
GOODWOOD	Der größte britische Panzerangriff in der Normandie 1944 ostwärts Caen
HEIMISCHE GEWÄSSER	Schlüsselbereich der deutschen Marine in Nord- und Ostsee bis Anfang 1942 später Hydra
HELLBLAU	Deutscher Luftwaffenschlüssel im Mittelmeerraum, vom X. Fliegerkorps benutzt
HERKULES	Der geplante deutsch-italienische Angriff auf Malta
HUSKY	Die alliierte Landung auf Sizilien
HYDRA	Deutscher Schlüssel zur Führung des küstennahen Verkehrs von Norwegen bis Frankreich (ab 1942)
KNICKEBEIN	Deutsches Funkleitsystem zur Führung der Luftwaffenverbände zu ihren Zielen während der Schlacht um England
KORN	Deckname für Coventry 1940
LION	Zeitweiliger Name der britischen 21. H.Gr. Montgomery 1944
LUCKY	Zeitweiliger Name der 3. US Armee 1944
MAGIC	Sammelname für alle von den Amerikanern gewonnenen Feindnachrichten aus der Entzifferung japanischer diplomatischer Funksprüche
MARITA	Die deutsche Offensive in Griechenland
MARKET GARDEN	Die alliierten Luftlandungen bei Arnheim 1944
MEDUSA	Deutscher Marineschlüssel für das Mittelmeer
MERKUR	Der deutsche Angriff auf Kreta
MINCEMEAT	Deckname für den mit „Major Martin", den Mann, den es niemals gab, verbundenen Täuschungsplan vor der Landung in Sizilien
MONDSCHEIN-SONATE	Der deutsche Luftangriff auf Coventry 1940

NEPTUN	Deutscher Marineschlüssel für die großen Schiffe
NEPTUNE	Die ersten Landungen der Alliierten 1944 zur Errichtung eines Landekopfes in der Normandie 1944
OMAHA	Bezeichnung für eine Küste und den Gefechtsstreifen amerikanischer Verbände in der Normandie 1944
OSTFRONT	Unternehmen deutscher Marinekräfte gegen den Geleitzug JW 55 B im Dezember 1943
OVERLORD	Die alliierte Invasion in Nordwesteuropa 1944
PAUKENSCHLAG	Die Offensive deutscher U-Boote Anfang 1942 vor der Küste der USA
PURPUR	Teil von Magic, der der reinen Entzifferung japanischer diplomatischer Sprüche diente (engl. purple)
REGENSCHIRM	Deckname der deutschen Luftwaffe für Birmingham
ROBINSON-Familie	Geräte der Briten zur Erleichterung der Entzifferung maschinenverschlüsselter deutscher Funksprüche; sie besaßen eine größere Leistungsfähigkeit als die Bombs
SALAAM	Unternehmen des Grafen Almaszy zur Durchschleusung deutscher Agenten durch die Wüste nach Kairo
SEELÖWE	Die geplante Invasion Englands 1940
SHINGLE	Die amerikanische Landung bei Anzio im Januar 1944
SMITH	Britische Tarnbezeichnung für das deutsche Unternehmen Seelöwe
SÜD	Deutscher Marineschlüsselbereich für das Mittelmeer
SUPERCHARGE	Der entscheidungsbringende letzte Angriff Montgomerys bei El Alamein
THETIS	Der deutsche Marineschlüsselbereich in der Ostsee
TORCH	Die alliierten Landungen in Nordwestafrika
TRITON	Schlüsselbereich der deutschen U-Boote für den Verkehr mit dem Befehlshaber der U-Boote nach Hydra vom Februar 1942 ab
UTAH	Eine Küste mit Landungsstreifen in der Normandie 1944
VENEZIA	Deutsches Unternehmen zur Eroberung Tobruks 1942
VERITABLE	Der alliierte Angriff im Reichswald 1945
WACHT AM RHEIN	Das letzte große deutsche Unternehmen des Zweiten Weltkrieges in den Ardennen

WALKÜRE	Stichwort für den Einsatz der Wehrmacht am 20. Juli 1944, ursprünglich zur Abwehr feindlicher Luftlandungen gedacht
WICHER	Polnische Bezeichnung für alle Maßnahmen zur Entzifferung des deutschen maschinenverschlüsselten Funkverkehrs
ZEPPELIN	Bezeichnung für den Plan der „A-Force“, den Deutschen zu suggerieren, eine alliierte Landung wäre im Sommer 1944 im Balkanraum geplant.

Bibliographie

„Als ich meine Arbeit an diesem Buch (Ende 1973) abschloß", schrieb John Lukacs am Ende seiner enzyklopädischen Studie, *The Last European War*, „schätzte ich, daß sich die Zahl der gedruckten Unterlagen – d. h. Bücher und Artikel, die sich auf diesen Titel beziehen – annähernd auf 60.000 beläuft . . . Die gewöhnliche Praxis, am Ende eines Buches wie diesem eine große und scheinbar gelehrte Bibliographie anzuschließen, wäre schlimmer als Heuchelei, da dies keinen praktischen Nutzen besäße." Im Jahre 1978 und mit Bezug auf ein Buch, das sich mit dem gesamten Krieg befaßt, lassen sich diese Überlegungen noch in verstärktem Maße anwenden. Ich habe daher nicht versucht, die von mir herangezogene Literatur in bezug auf die Gesamtkriegführung aufzuführen, sondern einfach Quellen erwähnt, die sich auf die eine oder andere Weise direkt auf die Geschichte von Ultra beziehen. Ein wesentlicher Bezugsrahmen wird natürlich durch die Serie der britischen und amerikanischen offiziellen Geschichtsbücher gegeben. Die Ultra-Funksprüche im Public Record Office in Kew können in der Akte DEF/E 3 eingesehen werden. Darüber hinaus habe ich die folgenden Bücher für relevant angesehen:

ALEXANDER, FIELD MARSHALL THE EARL, *The Alexander Memoirs,* Cassell, 1962.

AMBROSE, STEPHEN E., *The Supreme Commander: The War Years of General Dwight D. Eisenhower,* Cassell, 1971.

ASTLEY, JOAN BRIGHT, *The Inner Circle*, Hutchinson, 1971.

BEESLY, PATRICK, *Very Special Intelligence,* Hamish Hamilton, 1977.

BEKKER, CAJUS, *Hitler's Naval War*, MacDonald and Jane's, 1974.

BELL, ERNEST L., *An Initial View of Ultra as an American Weapon,* TSU Press, Drawer F., Keene, Hew Hamshire.

BERTRAND, GUSTAVE, *Enigma*, Plon, 1973.

BETHELL, NICHOLAS, *The War Hitler Won*, Allen Lane The Penguin Press, 1972.

BIRKENHEAD, THE EARL OF, *The Prof in Two Worlds*, Collins.

BLUMENSON, MARTIN, *Kasserine Pass*, Houghton Mifflin, 1967.

BÖHMLER, RUDOLF, *Monte Cassino,* Cassell, 1964.

BOND, BRIAN, *France and Belgium 1939–1940,* Davis-Poynter, 1975.

BRADLEY, OMAR N., *A soldier's Story,* Eyre and Spottiswoode, 1951.

BRIGGS, ASA, *The War of Words, the History of Broadcasting in the United Kingdom*, Bdx. 3, Oxford University Press, 1965.

BRYANT, ARTHUR, *The Turn of the Tide,* Collins, 1957, *Triumph in the West,* Collins, 1959.

BULLOCK, ALAN, *Hitler*, Odhams Press, 1952.

CARVER, MICHAEL, *El Alamein*, Batsford, 1962.
CAVE BROWN, ANTHONY, *Bodyguard of Lies,* W. H. Allen, 1976.
CECIL, ROBERT, *Hitler's Decision to invade Russia*, 1941, Davis-Poynter, 1975.
CHURCHILL, WINSTON, *The Second World War,* 6 Bände, Cassell, 1948–54.
CIANO, GALEAZZO, *The Ciano Diaries; 1939–1943, William Heinemann, 1947.*
CLARK, RONALD, The Man Who Broke Purple, Weidenfeld and Nicolson, 1977. *Tizard*, Methuen, 1965.
COLLIER, BASIL, *The Battle of the V-weapons, 1944–45,* Hodder and Stoughton, 1964.
COLVILLE, JOHN, *Man of Valour: Field Marshall Lord Gort*, Collins, 1972. *Footprints in Time*, Collins, 1976.
CONNELL, JOHN, *Auchinleck,* Cassell, 1959. *Wavell: Scholar and Soldier,* Collins, 1964.
COSGRAVE, PATRICK, *Churchill at War: Alone, 1939–1940*, Collins, 1974.
CRUICKSHANK, CHARLES, *The Fourth Arm: Psychological Warfare, 1938–45* Davis-Poynter, 1977.
CUNNINGHAM OF HYNDHOPE, THE VISCOUNT, *A Sailor's Odyssey*, Hutchinson, 1951.

DAVIN, D. M.,*Crete.* Official History of New Zealand in the Second World War, Oxford University Press, 1953.
DEIGHTON, LEN, *Fighter: the True Story of the Battle of Britain*, Jonathan Cape, 1977.
DEUTSCH, HAROLD C. „The Historical Impact of Revealing the Ultra Secret", in *Parameters, Journal of the U. S. Army War College,* Band 7, Nr. 3 *The Conspiracy against Hitler in the Twilight War,* Oxford University Press, 1968.
DILKES, DAVID, (ED), *The Diaries of Sir Alexander Cadogan*, Cassell, 1971.
DIXON, NORMAN, *The Psychology of Military Incompetence,* Jonathan Cape, 1976.
DÖNITZ, GRAND ADMIRAL KARL, *Memoirs*, Weidenfeld and Nicolson, 1958.
DORNBERGER, WALTER, *V2*, Hurst and Blackett, 1954.

EISENHOWER, DWIGHT D., *Crusade in Europe*, William Heinemann, 1949.
EISENHOWER, JOHN S. D., *The Bitter Woods,* Putnam, 1969.
EISENHOWER FOUNDATION, *D-Day: The Normandy Invasion in Retrospect,* The University Press of Kansas, 1971.
ERICKSON, JOHN, *The Road to Stalingrad*, Weidenfeld and Nicolson, 1975.

FARAGO, LADISLAS, *The Broken Seal*, Arthur Barker, 1967.
FEIS, HERBERT, *Churchill, Roosevelt, Stalin*, Oxford University Press, 1957.
FITZGERALD, PENELOPE, *The Knox Brothers*, Macmillan, 1977.
FLEMING, PETER, *Invasion, 1940,* Hart-Davis, 1974.
FOOT, M. R. D., *S. O. E. in France,* H. M. Stationery Office, 1976.
FRIENDLY, ALFRED, *„Confessions of a Code Breaker"*, in *The Washington Post*, 27. Oktober 1974.

GILBERT, MARTIN, *Winston S. Churchill*, Bd. V, 1922–1939, William Heinemann, 1976.
GREENFIELD, KENT ROBERTS, *American Strategy in World War II,* Johns Hopkins Press, 1970. *Command Decisions,* (Ed.), Methuen, 1960.

GRETTON, PETER, *Convoy Escort Commander,* 1964. *Former Naval Person: Winston Churchill and the Royal Navy*, Cassell, 1968.

HARRIMAN, W. AVERELL, *Special Envoy to Churchill and Stalin,* Hutchinson, 1976.

HIBBERT, CHRISTOPHER, *The Battle of Arnheim,* Batsford, 1975.

HINSLEY, F. H., *Hitler's Strategy*, Cambridge University Press, 1951.

HOFFMANN, PETER, *The History of the German Resistance 1933–1945* Macdonald and Jane's 1977.

HOWARD, MICHAEL, *The Mediterranean Strategy in the Second World War,* Weidenfeld and Nicolson, 1968.

HUNT, DAVID, *A Don at War*, William Kimber, 1966.

HYDE, H. MONTGOMERY, *The Quiet Canadian,* Hamish Hamilton, 1962.

IRVING, DAVID, *Breach of Security: The German Secret Intelligence File on events leading to the Second World War,* William Kimber
The Mare's Nest, William Kimber, 1964.
The Destruction of Convoy P. Q. 17, Cassell, 1968.
Hitler's War, Holder and Stroughton, 1977.
The Rise and Fall of the Luftwaffe, Weidenfeld and Nicolson, 1974.
The Trial of the Fox, Weidenfeld and Nicolson, 1977.

JACKSON, W. G. F., *Alexander of Tunis*, 1971. *The Battle for Rome*, 1969. *The Battle for Italy*, Batsford, 1967.

JAMES, D. CLAYTON, *The Years of MacArthur,* 2 Bände, Leo Cooper, 1970.

JONES, R. V., *Most Secret War*, Hamish Hamilton, 1978.

KAHN, DAVID, *The Codebreakers*, Weidenfeld and Nicolson, 1974.

KENNEDY, JOHN, *The Business of War*, Hutchinson, 1957.

KENNEDY, LUDOVIC, *Pursuit: the sinking of the Bismarck,* Collins, 1974.

KESSELRING, FIELD MARSHAL, *Memoirs*, William Kimber, 1974.

LASH, JOSEPH P, *Roosevelt and Churchill, 1939–1941,* André Deutsch, 1977.

LEE, RAYMOND E., *The London Observer: The Journal of General Raymond E. Lee, 1940–1941,* Hutchinson, 1972.

LOEWENHEIM, FRANCIS L. (Ed.) with HAROLD D. LANGLEY and MANFRED JONAS, *Roosevelt and Churchill: their secret wartime correspondence,* Barrie and Jenkins.

McLACHLAN, DONALD, *Room 39: Naval Intelligence in Action, 1939–1945,* Weidenfeld and Nicolson, 1968.

MAISKY, IVAN, *Memoirs of a Soviet Ambassodor: the War, 1939–1945* Hutchinson, 1967.

MARDER, ARTHUR, *Winston is back: Churchill at the Admirality*, Longmans, 1972.

MASTERMAN, J. C., *On the Chariot Wheel,* Oxford University Press, 1975, *The Double-Cross System,* Yale University Press, 1972.

MONTAGU, EWEN, *Beyond Top Secret U*, Peter Davies, 1977, *The Man Who Never Was*, Evans, 1966.

MONTGOMERY, FIELD MARSHAL THE VISCOUNT, *Memoirs*, Collins, 1958.

MORGAN, FREDERICK, *Overture to Overlord*, Hodder and Stoughton, 1950.
MURE, DAVID, *Practise to Deceive,* William Kimber, 1977.

NICOLSON, NIGEL, *Alex*, Weidenfeld and Nicolson, 1973.

PAGE, BRUCE with DAVID LEITCH and PHILIP KNIGHTLEY, *Philby*, André Deutsch, 1968.
PATTON, GEORGE S, *War as I saw it*, W. H. Allen, 1950.
POGUE, FORREST C., *George C. Marshall*, 3 Bände, Viking, 1963ff.
POPOV, DUSKO, *Spy/Counterspy,* Weidenfeld and Nicolson, 1974.
POWNALL, SIR HENRY, *Chief of Staff: the Diaries of Lieut-General Sir Henry Pownall,* 2 Bände (Ed. Brian Bond), Leo Cooper, 1973.
PRICE, ALFRED, *Instruments of Darkness*, William Kimber, 1967.

RANDELL, B., *Report on Colossus,* Statistical Dept., Newcastle University.
ROHWER, JÜRGEN, *The Critical Convoy Battles of March 1943, USNIP 1977, Chronology of the War at Sea,* 2 Bände, Ian Allen, 1972, 1974.
ROMMEL, ERWIN, *The Rommel Papers*, (Ed. BH. Liddell Hart), Collins, 1953.
ROSKILL, STEPHEN, *Churchill and the Admirals,* Collins, 1977.
RYAN, CORNELIUS, *A Bridge Too Far,* Hamish Hamilton, 1974. *The Last Battle,* Collins, 1973.

SEATON, ALBERT, *The Russo-German War, 1941–1945,* Arthur Barker, 1971.
SHIRER, WILLIAM, *The Rise and Fall of the Third Reich*, Sekker and Warburg, 1960.
SLESSOR, SIR JOHN, *The Central Blue*, Cassell, 1956.
SPEER, ALBERT, *Inside the Third Reich,* Weidenfeld and Nicolson, 1970. *Spandau: the Secret Diaries,* Collins, 1976.
STEVENSON, WILLIAM, *A Man Called Intrepid*, Macmillan, 1976.
STRAWSON, JOHN, *Hitler as Military Commander,* Batsford, 1971. *The Battle for the Ardennes*, Batsford, 1972.
STRONG, SIR KENNETH, *Intelligence at the Top,* Cassell, 1968. *Men of Intelligence,* Cassell/Giniger, 1970.

TEDDER, SIR ARTHUR, *With Prejudice,* Cassell, 1966.
THOMPSON, R. W., *Churchill and Morton,* Hodder and Stoughton, 1976.
TREVOR-ROPER, HUGH, *The Philby Affair,* William Kimber, 1968.

WHEELER-BENNETT, SIR JOHN (ED.), *Action this day: Working with Churchill,* Macmillan, 1968.
WILMOT, CHESTER, *The Struggle for Europe*, Collins, 1965.
WINTERBOTHAM, F. W., *The Ultra Secret*, Weidenfeld and Nicolson, 1974.
WINGATE, SIR RONALD, *Lord Ismay*, Hutchinson, 1970.
WOHLSTETTER, ROBERTA, *Pearl Harbor: Warning and Decision*, Stanford University Press, 1962.
WOOD, DEREK and DEMPSTER, DEREK, *The Narrow Margin: the Battle of Britain and the Rise of Air Power, 1930–1940,* Hutchinson, 1969.
WRIGHT, ROBERT, *Dowding and the Battle of Britain,* Macdonald, 1969.

ZUCKERMAN, SOLLY, *From Apes to Warlords,* Hamish Hamilton, 1978.

Neuere Literatur zum Thema

Funkaufklärung im Zweiten Weltkrieg

(aus Marine-Rundschau 10/1980)

In den letzten Wochen und Monaten sind beim Arbeitskreis für Wehrforschung, bei der Redaktion der Marine-Rundschau und bei der Bibliothek für Zeitgeschichte in Stuttgart so viele Anfragen nach Literatur zur Funkaufklärung im Zweiten Weltkrieg, insbesondere zu den Stichworten „Enigma"und „Ultra", aber auch zu den Leistungen der deutschen Entzifferungsdienste eingegangen, daß wir in der folgenden, in der Bibliothek für Zeitgeschichte bearbeiteten Bibliographie die wichtigsten Veröffentlichungen zu diesem Themenkreis zusammengestellt haben. Es wurden Buchveröffentlichungen und größere Aufsätze in wissenschaftlichen Zeitschriften aufgenommen, Beiträge in Tageszeitungen jedoch weggelassen. Die besonders wichtigen und inhaltsreichen Veröffentlichungen sind mit einem * gekennzeichnet, sofern sie noch dem gegenwärtigen Stand der Forschung entsprechen.

Beesly, Patrick: The Operational Intelligence Centre of the Admiralty.
In: Naval Review (London): July 1975, October 1975 and January 1976.
- Das „Operational Intelligence Centre" der britischen Admiralität im Zweiten Weltkrieg.
In: Marine-Rundschau 73 (1976), S. 147–164, 368–383, 698–707.
- „Special Intelligence" und die Konvoisteuerung. Der Tanker-Konvoi TM.1 im Januar 1943.
In: Marine-Rundschau 74 (1977), S. 169–182.
- *Very Special Intelligence. The Story of the Admiralty's Operational Centre 1939–1945.
London: Hamish Hamilton 1977. 271 S.
Revised edition:
London: Sphere Books Ltd. 1978. 352 S.
- *(deutsch): Very Special Intelligence. Geheimdienstkrieg der britischen Admiralität 1939–1945.
Berlin: Ullstein 1978. 326 S.
- Das Operational Intelligence Centre der britischen Admiralität und die Schlacht im Atlantik.
In: Rohwer/Jäckel: Die Funkaufklärung und ihre Rolle . . . S. 133–151.
- Very Special Admiral. The Life of Admiral J. H. Godfrey C. B.
London: Hamish Hamilton 1980. 375 S.

Beesly, Patrick (und) *Rohwer,* Jürgen: „Special Intelligence" und die Vernichtung der „Scharnhorst".
In: Marine-Rundschau 74 (1977), S. 556–568.

Bell, Ernest L.: An Initial View of Ultra as an American Weapon.
New Hampshire: TSU Press, Drawer F. Keene. 1977.

Bennett, Ralph: Ultra in the West. The Normandy Campaign 1944–1945.
London: Hutchinson 1979. 305 S.

Bertrand, Gustave: Enigma ou la plus grande énigme de la guerre 1939–1945. Paris: Plon 1973. 295 S.
Blumenson, Martin: Will „Ultra" Rewrite History?
In: Army, August 1978, S. 43–48.
Bonatz, Heinz: Die deutsche Marine-Funkaufklärung 1914–1945.
Darmstadt: Wehr und Wissen 1970. 174 S. (Beiträge zur Wehrforschung Bd. 20/21)
– *Seekrieg im Äther 1939–1945. Die Leistungen der deutschen Marine-Funkaufklärung. Herford: Mittler & Sohn 1980. 424 S.
Brown, Anthony Cave: Bodyguard of Lies. Secret Service in World War 1939–1945.
New York: Harper and Row 1975. 947 S.
deutsch: Die unsichtbare Front. Entschieden Geheimdienste den 2. Weltkrieg? München: Desch 1976. 828 S.

Calvocoressi, Peter: The Secrets of Enigma.
In: The Listener, London, 20–27. 1. 1977.
– Aufbau und Arbeitsweise des britischen Entzifferungsdienstes in Bletchley Park.
In: Rohwer/Jäckel: Die Funkaufklärung und ihre Rolle . . ., S. 88–99.
– *Top Secret Ultra.
London: Cassell 1980. IX, 132 S.
Campbell, J. P.: The Ultra Revelations. The Dieppe Raid in a new Light as an Example of Now Inevitable Revisions in Second World War Historiography.
In: Canadian Defence Quarterly 6 (1976), S. 36–42.
Clark, Ronald William: The Man Who Broke Purple. The Life of the World's Greatest Cryptologist, Colonel William F. Friedman.
London: Weidenfeld & Nicolson 1977. IX, 271 S.
Boston: Little Brown 1977.
**Cochran,* Alexander S. (Hrsg.): Magic Diplomatic Summary. U.S. Strategic Intelligence Reports 1942–1945.
Vol. I–VIII, ca. 4000 S.
New York: Garland 1980.
Cruickshank, Charles G.: The Fourth Arm: Psychological Warfare, 1938–45.
London: Davis-Poynter 1977. 200 S.
– Deception in World War II.
Oxford University Press 1979, 248 S.
Costello, John (und) *Hughes,* Terry: The Battle of the Atlantic.
London: Collins 1977. 314 S.
deutsch: Atlantikschlacht. Der Krieg zur See 1939–1945. Mit einem Vorwort von Jürgen Rohwer: Die Rolle der Funkaufklärung in der Atlantikschlacht.
Bergisch-Gladbach: Lübbe Verlag 1977. 479 S.

Denning, Sir Norman: Erfolge und Mißerfolge bei der Nutzung von Aufklärungserkenntnissen: Beispiele aus meiner eigenen Erfahrung.
In: Rohwer/Jäckel: Die Funkaufklärung und ihre Rolle . . ., S. 265–299.
*Department of Defense (USA): The „Magic" Background of Pearl Harbor. Vol. I–V (14. February 1941 to 7 December 1941).
Washington: U. S. Government Printing Office 1977–1978, 54 + 219, 212 + 609, 337 + 662, 281 + 554, 146 S.
Deutsch, Harold C.: The Historical Impact of Revealing the Ultra-Secret.

In: Parameters 8 (1978), Nr. 4, S. 2–15.
– *Welchen Einfluß hatte die Funkaufklärung auf den Verlauf des Zweiten Weltkrieges?
In: Rohwer/Jäckel: Die Funkaufklärung und ihre Rolle . . ., S. 300–324.

Farago, Ladislas: The Tenth Fleet.
New York: Obolensky 1962. XV, 366 S.
– The Broken Seal. The Story of operation „Magic" and the Pearl Harbor Disaster.
New York: Random House 1967. 439 S.
deutsch: Codebrecher am Werk. Trotzdem kam es zu Pearl Harbor.
Berlin: Ullstein 1967. 386 S.

Garliński, Józef: Intercept. The Enigma War.
London: Dent & Sons 1979. XX, 219 S.
Giessler, Helmuth: Der Marine-Nachrichten- und Ortungsdienst.
München: Lehmanns 1971. 156 S.
(Wehrwissenschaftliche Berichte 10)
Good, I. J.: Early Work on Computers at Bletchley.
In: National Physical Laboratory, Division of Computer Science. NPL Report Com Sci 82, September 1976. 12 S.

Haswell, Jock: British Military Intelligence.
London: Weidenfeld & Nicolson 1973. 262 S.
– Spies and Spymasters. A Concise History of Intelligence.
London: Thames & Hudson 1977. 176 S.
– The Intelligence and the Deception of the D-Day Landings.
London: Batsford 1979. 208 S.
Hepp, Leo: Funktäuschung. Ein Hilfsmittel der operativen Führung.
In: Wehrwissenschaftliche Rundschau 4 (1954), S. 116–123.
– Das größte Geheimnis des Zweiten Weltkrieges / Enigma.
In: Wehrkunde (1976).
**Hinsley,* F. H., *Thomas,* E. E., *Ransom,* C. F. G., *Knight,* R. C.: British Intelligence in the Second World War. Its Influence on Strategy and Operations.
Vol. I. London: H. M. Stationery Office 1979. XIII, 601 S. (History of the Second World War). (Vol II ca. April 1981, vol. III 1982).
**Holmes,* W. Jasper: Double-edged Secrets. U.S. Naval Intelligence Operations in the Pacific during World War II.
Annapolis: U.S. Naval Institute 1979. X, 231 S.
Horner, D. M.: Special Intelligence in the South-West-Pacific Area in World War II.
In: Australian Outlook 32 (1978), S. 310–327.
Hüttenhain, Erich: Erfolge und Mißerfolge der deutschen Chiffrierdienste im Zweiten Weltkrieg.
In: Rohwer/Jäckel: Die Funkaufklärung und ihre Rolle . . ., S. 100–116.

**Johnson,* Brian: The Secret War.
London: British Broadcasting Co. 1978, 352 S.
Joint Session on Codebreaking and Intelligence during AHA meeting. (Lectures

by David Kahn, Telford Taylor, Harold C. Deutsch and Jürgen Rohwer).
In: Newsletter (U.S. Commission on World War II), No. 17, 1977, S. 3–8.

Jones, Reginald V.: Möglichkeiten, Grenzen und Gefahren der im Zweiten Weltkrieg angewandten Verfahren elektronischer Kriegführung.
In: Rohwer/Jäckel: Die Funkaufklärung und ihre Rolle . . ., S. 228–254.

– *Most Secret War.
London: Hamish Hamilton 1978. 556 S.

Kahn, David: Hitler's Spies. German Military Intelligence in World War II.
New York: Macmillan 1978. 671 S.

– *The Codebreakers. The Story of Secret Writing.
London: Weidenfeld & Nicolson 1967. XVI, 1164 S.
gekürzte Ausgabe: The Codebreakers.
London: Sphere Books 1977, XVI, 476 S.

– Le rôle du décryptage et du renseignement dans la stratégie et la tactique des Alliés.
In: Revue d'histoire de la Deuxième Guerre Mondiale. 1978, Nr. 111, S. 73–85.

– Cryptology goes public.
In: Foreign Affairs, 58 (1979), S. 141–159.

– Fernmeldewesen, Chiffriertechniken und Nachrichtenaufklärung in den Kriegen des 20. Jahrhunderts.
In: Rohwer/Jäckel: Die Funkaufklärung und ihre Rolle . . ., S. 17–48.

Kozaczuk, Wladislaw: Bitwa o tajemnice.
Warszawa: Ksiązka i Wiedza 1967.
3. Aufl. 1975. 482 S.
deutsch: Enigma. Wie der Code der Faschisten gebrochen wurde.
In: Horizont, 1975, No. 41–49.

– *W kręgu Enigmy.
Warszawa: Ksiązja i Wiedza 1979. 407 S.

Lewin, Ronald: Funkaufklärung und Funktäuschung bei der alliierten Landung in der Normandie.
In: Rohwer/Jäckel: Die Funkaufklärung und ihre Rolle . . ., S. 202–227.

– *Ultra goes to War. The Secret Story.
London: Hutchinson 1978. 398 S.
deutsch: Entschied ULTRA den Krieg? Alliierte Funkaufklärung im 2. Weltkrieg.
Bonn: Wehr und Wissen 1981. 485+XVI S.

Manchmal stotterte das Orakel. Wie der britische Geheimdienst die Funkschlüssel der Wehrmacht knackte.
In: Der Spiegel 32 (1978), Nr. 47, S. 121–129.

Lisicki, Tadeusz: Die Leistung des polnischen Entzifferungsdienstes bei der Lösung des Verfahrens der deutschen „Enigma"-Funkschlüsselmaschine.
In: Rohwer/Jäckel: Die Funkaufklärung und ihre Rolle . . ., S. 66–86.

Masterman, J. C.: The Double Cross System in the War of 1939–1945.
Princeton: Yale University Press 1972. XIX, 2033.
deutsch: Unternehmen Doppelspiel.
Wien: Molden 1973. 239 S.

McLachlan, Donald: Room 39. Naval Intelligence in Action 1939–1945.
London: Weidenfeld & Nicolson 1968. XVII, 438 S.

Meckel, Hans: Die Funkführung der deutschen U-Boote und die Rolle des xB-Dienstes (deutscher Marine-Funkentzifferungsdienst).
In: Rohwer/Jäckel: Die Funkaufklärung und ihre Rolle . . ., S. 121–132.
Montagu, Ewen: Beyond Top Secret U.
London: Peter Davies 1977. 192 S.

Norman, Bruce: Secret Warfare. The Battle of Codes and Ciphers.
Newton Abbot: David and Charles 1973. 190 S.

Paillole, Paul: Services Speciaux 1935–1945.
Paris: Laffont 1978. 565 S.
**Potter,* Elmer B.: Nimitz.
Annapolis: U.S. Naval Institute 1976.
Praun, Albert: Über Klartext und Geheimschriften.
In: Wehrwissenschaftliche Rundschau 18 (1968), S. 399–415.

Randall, Brian: The Colossus. Paper presented at the International Research Conference on the History of Computing.
Los Alamos Scientific Laboratory, Univ. of California June 10–15th, 1976.
Rhoer, Edward von der: Deadly Magic. A Personal Account of Communications Intelligence in World War II in the Pacific.
New York: Scribner 1978. 225 S.
Rohwer, Jürgen: Wußte Roosevelt davon? Zur Vorgeschichte des japanischen Angriffs auf Pearl Harbor.
In: Wehrwissenschaftliche Rundschau 4 (1954), S. 459–475.
– Der Kriegsbeginn im Pazifik 1941. Das Funkbild als Grundlage der amerikanischen Lagebeurteilung.
In: Marine-Rundschau 53 (1956), S. 194–208.
– Die Pearl Harbor-Frage in der historischen Forschung.
In: Europa und Übersee. Festschrift für Egmont Zechlin.
Hamburg: Bredow-Institut 1961. S. 241–261.
Nachdruck in: Hillgruber, A. (Hrsg.): Probleme des Zweiten Weltkrieges.
Köln: Kiepenheuer und Witsch 1967, S. 119–133.
– La radiotélégraphie auxiliaire du commandement dans la guerre sousmarine.
In: Revue d'histoire de la Deuxième Guerre Mondiale, 1966, S. 42–66.
– Die Nachrichtentechnik und der Angriff auf Pearl Harbor. Ein Literaturbericht.
In: Militärgeschichtliche Mitteilungen 1968, Nr. 2, S. 156–164.
– Die Funkführung der deutschen U-Boote im Zweiten Weltkrieg. Ein Beitrag zum Thema Technik und militärische Führung: Funkpeilung von Bord.
In: Wehrtechnik 1969. S. 324–328, 360–364.
– Vorläufige Bemerkungen zur Frage der Sicherheit der deutschen Schlüsselmittel.
In: Marine-Rundschau 72 (1975), S. 527–533.
englisch: In: Critical Convoy Battles of March 1943, Appendix 10, S. 229–242.
– Geleitzugschlachten im März 1943. Führungsprobleme im Höhepunkt der Schlacht im Atlantik.
Stuttgart: Motorbuch-Verlag 1975. 356 S.
englisch: The Critical Convoy Battles of March 1943. The Battle for HX.229/SC.122.
London: Ian Allen 1977. 256 S.
Annapolis: U.S. Naval Institute 1977. 256 S.

– American Neutrality 1939–1941 and the Battle of the Atlantic.
Lecture at the Colloquy of the International Commission on Military History at Tehran, 6–16. July 1976.
In: Acta Nr. 3, Bukarest 1978, S. 311–328.
– War „Ultra“ kriegsentscheidend?
In: Marine-Rundschau 76 (1979), S. 29–36.
– „Special Intelligence“ und die Geleitzugsteuerung im Herbst 1941.
In: Marine-Rundschau 75 (1978), S. 711–719.
– *Die alliierte Funkaufklärung und der Verlauf des Zweiten Weltkrieges.
In: Vierteljahrshefte für Zeitgeschichte 27 (1979), Heft 3, S. 325–369.
**Rohwer,* Jürgen (und) *Jäckel,* Eberhard (Hrsg.): Die Funkaufklärung und ihre Rolle im 2. Weltkrieg. Eine internationale Tagung in Bonn-Bad Godesberg und Stuttgart vom 15.–18. November 1978.
Stuttgart: Motorbuch-Verlag 1979. 406 S.
Rohwer, Jürgen: Die Auswirkungen der deutschen und britischen Funkaufklärung auf die Geleitzugoperationen im Nordatlantik.
In: Rohwer/Jäckel: Die Funkaufklärung und ihre Rolle . . ., S. 167–200.
– War „Ultra“ kriegsentscheidend?
In: Rohwer/Jäckel: Die Funkaufklärung und ihre Rolle . . ., S. 404–406.
– *„Ultra“, xB-Dienst und „Magic“. Ein Vergleich ihrer Rolle für die Schlacht im Atlantik und den Krieg im Pazifik.
In: Marine-Rundschau 76 (1979), S. 637–648.
– Die Funkaufklärung und ihre Rolle im Zweiten Weltkrieg. (Vortrag ETH Zürich, W/S 1979/80).
In: Krieg im Äther, Folge XIX, 1980, S. 6, 1–25.
Rosengarten, A. G.: With Ultra from Omaha to Weimar. A Personal View.
In: Military Affairs, October 1978, S. 127–133.
Roskill, Stephen W.: The Secret Capture.
London: Cassell 1959.
deutsch: Das Geheimnis um U 110.
Frankfurt/Main: Bernard & Graefe 1960. 147 S.
– Churchill and the Admirals.
London: Collins 1977. 351 S.

Sambuy, Vittorio di: Un segreto svelato: In segreto „Ultra“.
In: Rivista Marittima 109 (1976), No. 1, S. 103–108.
Santoni, Alberto (und) *Mattesini,* Francesco: La Partecipazione Tedesca alla Guerra Aeronavale nel Mediterraneo.
Roma: Ateneo & Bizzarri 1980. 639 S.
Schofield, Brian B.: The Arctic Convoys.
London: Macdonald-Jane 1977. 198 S.
deutsch: Geleitzugschlachten in der Eishölle des Nordmeeres.
Herford: Koehler 1980. 256 S.
– Die Rolle der Trade Division der Admiralität und die Gründe für die Wende in der Schlacht im Atlantik im Frühjahr 1943.
In: Rohwer/Jäckel: Die Funkaufklärung und ihre Rolle . . ., S. 152–166.
Shulman, David: An annotated Bibliography of Cryptography.
New York: Garland 1976.
(Garland Reference Library of Humanities, vol. 37).
Spiller, Roger, J.: Some Implications of Ultra.
In: Military Affairs, April 1976, S. 49–54.

– Assessing Ultra.
In: Military Review 59 (1979), No. 8, S. 13–29.
Stevenson, William: A Man Called Intrepid. The Secret War.
New York: Harcourt, Brace, Jovanovich 1976. XXV, 486 S.
Strong, Sir Kenneth: Intelligence at the Top. The Recollections of an Intelligence Officer.
London: Cassell 1969, 2. Aufl., XIII, 271 S.
deutsch: Geheimdienstchef in Krieg und Frieden.
Wien: Zsolnay 1969. 326 S.
– Men of Intelligence.
London: Cassell/Giniger 1970.
deutsch: Die Geheimnisträger. Männer im Nachrichtendienst.
Wien: Zsolnay 1971. 275 S.
Strumph-Wojtkewicz, St.: Die Enigma. Die größte Sensation des Zweiten Weltkrieges.
In: Radar. Deutsche Ausgabe, Warschau 1/1979.

Trenkle, Fritz: Die deutschen Funk-Navigations- und Funk-Führungsverfahren bis 1945.
Stuttgart: Motorbuch-Verlag 1979. 208 S.

„Ultra" and the Battle of the Atlantic. (Lectures of Patrick Beesly, Jürgen Rohwer, Kenneth Knowles and Sir Norman Denning during the 3rd Naval History Symposium at Annapolis 1977)
Annapolis, U.S. Naval Institute 1981.
Ultra Secret. The Ultra Documents. 52.000 Messages. 104 reels of microfilm.
New York: Clearwater 1979.

Werther, Waldemar: Die Entwicklung der deutschen Funkschlüsselmaschinen: Die „Enigma".
In: Rohwer/Jäckel: Die Funkaufklärung und ihre Rolle . . ., S. 50–65.
Whiting, Charles: The Enigma Variations. 1. Dora, Sissy, Lucy and other; 2. Who is Werther? 3. Jim.
In: Whiting: The Battle for Twelfeland. London 1975. S. 79–104.
Winterbotham, Frederick W.: The Ultra Secret.
London: Weidenfeld & Nicolson 1974. 199 S.
deutsch: Aktion Ultra. Deutschlands Codemaschinen helfen den Alliierten siegen.
Berlin: Ullstein 1976. 226 S.
* *Wohlstetter,* Roberta: Pearl Harbor, Warning and Decision.
Stanford: University Press 1962. XVI, 426 S.
deutsch: Pearl Harbor. Signale und Entscheidungen.
Zürich: Reutsch 1966, 431 S.
Woytak, Richard A.: The Origins of the Ultra-Secret Code in Poland. 1937–1938.
In: The Polish Review, New York, Vol. XXIII, 1978, Nr. 3.

Register

Seaton, Albert

Der russisch-deutsche Krieg 1941—1945

Herausgegeben von
Andreas Hillgruber

Aus dem Englischen
übersetzt von
Hans Jürgen Baron von Koskull

Sonderausgabe 1980 der
1. Auflage 1973. 478 S., 29
Kartenskizzen, geb.
ISBN 3-7637-5116-5

Dönitz, Karl

10 Jahre und 20 Tage

7., erweiterte Auflage 1980.
509 S., 60 Abbildungen, 6 Kartenskizzen, geb.
ISBN 3-7637-5186-6

Raven, Alan
Roberts, John

Die britischen Schlachtschiffe des 2. Weltkrieges

Entwicklung und technische
Geschichte der Schlachtschiffe
und Schlachtkreuzer der
Royal Navy von 1911–1946

Aus dem Englischen übersetzt
von Gerhard Koop

Band 1: 1980, 176 Seiten,
81 Fotos, 27 Skizzen,
ISBN 3-7637-5191-2, geb.

Band 2: 1981, ca. 176 Seiten,
138 Fotos, 21 Skizzen,
ISBN 3-7637-5192-0, geb.

Band 3: 1981, ca. 176 Seiten,
75 Fotos, 7 Skizzen,
ISBN 3-7637-5193-9, geb.

Spielberger, Walter

Von der Zugmaschine zum Leopard 2

Geschichte der Wehrtechnik bei
Krauss-Maffei

1978, 316 Seiten, 148 Skizzen
und 456 Fotos, 8 Farbklapptafeln,
ISBN 3-7637-5202-1, geb.

Manstein, Erich von

Soldat im 20. Jahrhundert

Unter Verwendung des Buches
„Aus einem Soldatenleben"
herausgegeben und bearbeitet
von Rüdiger von Manstein unter
Mitarbeit von Theodor Fuchs

1980. Ca. 550 S., ca. 30 Abbildungen, geb.
ISBN 3-7637-5214-5

Breyer, Siegfried

Großkampfschiffe 1905–1970

Eine Dokumentation in Bildern

Herausgegeben von der
Bibliothek für Zeitgeschichte

Band 1

Großbritannien und Deutschland

1977, 176 Seiten, 190 Fotos,
15 Zeichnungen,
ISBN 3-7637-5145-9,
geb.

Band 2

USA und Japan

1978, 176 Seiten, 200 Fotos,
15 Zeichnungen,
ISBN 3-7637-5175-0,
geb.

Band 3

Mittelmeeranlieger, Rußland/ Sowjetunion, Niederlande und ABC-Staaten Südamerikas

1979, 176 Seiten, 185 Fotos, 17 Zeichnungen,
ISBN 3-7637-5176-9,
geb.

Rössler, Eberhard

Geschichte des deutschen U-Bootbaus

1974, 472 Seiten, 94 Abbildungen, 81 Tabellen, 221 Skizzen, 17 Faltpläne in einer Tasche beigefügt,
ISBN 3-7637-0507-4,
geb.

Terzibaschitsch, Stefan

Flugzeugträger der U.S. Navy

Band 1

Flottenflugzeugträger

1978, 360 Seiten, 322 Fotos, 94 Skizzen,
ISBN 3-7637-5180-7,
geb.

Band 2

Geleitflugzeugträger

1979, 232 Seiten, 238 Fotos, 21 Skizzen,
ISBN 3-7637-5212-9,
geb.

Terzibaschitsch, Stefan

Schlachtschiffe der US-Navy im 2. Weltkrieg

1976, 208 Seiten, 148 Fotos, 115 Skizzen, Deckspläne und Seitenrisse von Siegfried Breyer, Bildtexte und Tabellen deutsch/englisch,
ISBN 3-7637-0576-7,
geb.

Salewski, Michael

Die deutsche Seekriegsleitung 1935—1945

Band I: 1935—1941

1970, XVI, 595 Seiten, 17 Abbildungen, Beilagekarte,
ISBN 3-7637-5069-X,
Ln.

Band II: 1942—1945

1975, IX und 701 Seiten, 21 Fotos,
ISBN 3-7637-5138-6,
geb.

Band III: Denkschriften und Lagebetrachtungen 1938—1944

1973, 411 Seiten, 1 Abb., 13 Karten und Skizzen, 1 Beilagekarte,
ISBN 3-7637-5121-1,
Ln.

Band 1—3 cpl.
ISBN 3-7637-5168-8,
geb.